Ingeborg Schüßler

Studien zur Genealogie
des europäischen Denkens

Études généalogiques
de la pensée occidentale

I

Neuere Phänomenologie

herausgegeben von

Dr. Klaus Neugebauer
Prof. Dr. Francesco Alfieri
Univ.-Prof. Dr. Paola L. Coriando
Prof. Dr. Harald Seubert

Band 2

LIT

Ingeborg Schüßler

Studien zur Genealogie des europäischen Denkens

Teilband I

Griechische Antike

Études généalogiques de la pensée occidentale

Tome I

Antiquité grecque

Herausgegeben von / édité par
Dr. Klaus Neugebauer, Gerlingen (Deutschland)

in Zusammenarbeit mit / en collaboration avec
Dr. Michel Herren, Lausanne (Suisse)

LIT

Umschlagbild:
Raffael (1483–1520), *Die Schule von Athen*, Ausschnitt: Parmenides.
https://upload.wikimedia.org/wikipedia/commons/2/20/Sanzio_01_Parmenides.jpg

The publisher Librairie Philosophique J. Vrin, Paris, has given
the permission to republish the following articles:
Ingeborg Schuessler: "La vie et la mort au début de la philosophie
occidentale. Héraclite et Platon",
Ingeborg Schuessler: "Les mathématiques dans la cosmologie ancienne
et dans les sciences modernes. Aristote et Kant.".
© Librairie Philosophique J. Vrin, Paris. http://www.vrin.fr

Gedruckt auf alterungsbeständigem Werkdruckpapier entsprechend
ANSI Z3948   DIN ISO 9706

Bibliografische Information der Deutschen Nationalbibliothek
Die Deutsche Nationalbibliothek verzeichnet diese Publikation in der
Deutschen Nationalbibliografie; detaillierte bibliografische Daten sind
im Internet über http://dnb.dnb.de abrufbar.

ISBN 978-3-643-80296-5 (br.)
ISBN 978-3-643-85296-0 (PDF)

© LIT VERLAG GmbH & Co. KG Wien,
Zweigniederlassung Zürich 2021
Flössergasse 10
CH-8001 Zürich
Tel. +41 (0) 76-632 84 35   E-Mail:
zuerich@lit-verlag.ch   http://www.lit-verlag.ch

Auslieferung:
Deutschland: LIT Verlag, Fresnostr. 2, D-48159 Münster
Tel. +49 (0) 2 51-620 32 22, E-Mail: vertrieb@lit-verlag.de

Gedruckt mit Unterstützung der folgenden Institutionen:
Imprimé avec le soutien des institutions suivantes :

Fondation pour l'Université de Lausanne

Fonds des publications de l'Université de Lausanne

Fondation Chuard-Schmid à l'Université de Lausanne

Société Académique Vaudoise (SAV) à Lausanne

Danksagung

Wir wurden durch den Cheflektor des LIT-*Verlages*, Herrn Dr. Michael J. Rainer, sowie durch den Herausgeber der Reihe *Neuere Phänomenologie*, Herrn Dr. Klaus Neugebauer, dazu ermuntert, unsere seit Anfang der 70ger Jahre international verstreut publizierten Aufsätze und Studien in einer einheitlichen, aus drei Teilbänden bestehenden Sammlung der Öffentlichkeit in den Originalsprachen (vor allem deutsch und französisch) zugänglich zu machen. Wissenschaftlich gefördert wurde die Publikation durch meine Kollegen, die Herren Professoren Pascal David (Brest/Frankreich), Jean Grondin (Montreal/Kanada) und Harald Seubert (Basel/Schweiz). Und sie wurde großzügig durch Druckkostenzuschüsse von seiten der *Fondation pour l'Université de Lausanne*, des *Fonds des publications de l'Université de Lausanne*, der *Fondation Chuard-Schmid à l'Université de Lausanne* sowie der *Société Académique Vaudoise (SAV)* in Lausanne unterstützt.

Die konkrete Realisierung des Projektes wäre nicht möglich gewesen, wenn uns nicht sachkompetente und tatkräftige Unterstützung zuteil geworden wäre. So hat Herr Dr. Klaus Neugebauer die von uns auf deutsch verfassten Artikel Korrektur gelesen. Monsieur le Docteur Michel Herren, der zweisprachig und vor allem französischsprachig ist, hat alle von uns auf französisch verfassten Artikel noch einmal einer Revision unterzogen, um in ihnen Stil und Geist der französischen Sprache noch mehr sprechen zu lassen. Beide Herren haben sich um die « bibliographischen Hinweise (indications bibliographiques) » am Ende des Bandes bemüht, die Monsieur Michel Herren schließlich in beiden Sprachen zusammengestellt hat. Die an den Universitäten Zürich und Neuchâtel lehrende Gräzistin, Madame la Doctoresse Camille Semenzato, hat uns bewogen, die neue griechische Police *Unicode (Alkaios)* zu verwenden und hat selbst zügig den größten Teil der altgriechischen Eintragungen besorgt. Und schließlich hat die Maschinenbau-Studentin der Eidgenössischen Technischen Hochschule Lausanne (EPFL), Mademoiselle Lore Hoffmann, (auch mit Hilfe ihrer Schwester Claire Hoffmann) die Worddateien der gescannten Artikel überarbeitet und in flüssige Texte verwandelt.

Ihnen allen sei unser herzlicher Dank zum Ausdruck gebracht.

Pully/Schweiz, im November 2019　　　　　　　　　　Ingeborg Schüßler

Remerciements

Monsieur le Docteur Michael J. Rainer, éditeur en chef du LIT *Verlag*, ainsi que Monsieur le Docteur Klaus Neugebauer, directeur de la série *Nouvelles Etudes phénoménologiques*, nous ont encouragée de rendre accessibles au grand public nos articles et études parus en différents lieux (internationalement disséminés) depuis le début des années soixante-dix dans un recueil d'articles en trois tomes plurilingue (surtout en allemand et français). Mes collègues, les professeurs Pascal David (Brest/France), Jean Grondin (Montréal/Canada) et Harald Seubert (Bâle/Suisse), ont promu la publication du point de vue académique. Le *Fonds des publications de l'Université de Lausanne*, la *Fondation pour l'Université de Lausanne*, la *Fondation Chuard-Schmid à l'Université de Lausanne* ainsi que la *Société Académique Vaudoise (SAV)* à Lausanne l'ont généreusement soutenue par des subsides de publication.

La réalisation concrète du projet n'aurait pas été possible sans soutien compétent et énergique. Ainsi, Monsieur le Docteur Klaus Neugebauer a relu les articles rédigés en allemand. Monsieur le Docteur Michel Herren, bilingue et avant tout francophone, a révisé les articles rédigés en français pour mieux faire parler le style et l'esprit de la langue française. Tous deux se sont en outre occupés des *Indications bibliographiques* de fin de volume, finalement établies dans les deux langues par le second nommé. Madame la Doctoresse Camille Semenzato, hélleniste enseignant aux Universités de Zurich et de Neuchâtel, nous a incitée à utiliser la nouvelle police grecque *Unicode (Alkaios)* et a elle-même rapidement mené à bien l'insertion de la majeure partie des mots et citations grecs. Finalement, Mademoiselle Lore Hoffmann, étudiante en génie mécanique à l'EPFL (*Ecole polytechnique fédérale de Lausanne*), a transformé (avec l'aide de sa sœur Claire Hoffmann) les articles scannés en fichiers *Word* faciles à traiter.

Nous leurs exprimons à tous nos remerciements les plus cordiaux.

Pully / Suisse, novembre 2019   Ingeborg Schüßler

Studien zur Genealogie des europäischen Denkens
Etudes généalogiques de la pensée occidentale

Teilband I / Tome I

Griechische Antike / Antiquité grecque

Inhalt / Table

Vorwort
Einführung in die „Studien zur Genealogie des europäischen
Denkens" 1

Préface
Introduction aux « Etudes généalogiques de la pensée
occidentale » 7

A. Vorsokratik / La pensée présocratique

1. Heidegger und die Vorsokratiker.
   Anaximander – Heraklit – Parmenides 17
2. La « différence » dans la *Parole* d'Anaximandre.
   Prolégomènes à une lecture interculturelle. 38
3. La vie et la mort au début de la philosophie occidentale.
   Héraclite et Platon. 48
4. La question de la nature au commencement de la pensée
   occidentale : Destruction ou conservation ?
   Considérations à propos du *Poème* de Parménide 57

B. Plato, Aristoteles / Platon, Aristote

5. Le *Sophiste* de Platon dans l'interprétation de M. Heidegger . . . 75

II

6. Semantik und Logik.
   Der elenktische Beweis des Satzes vom Widerspruch in der
   Metaphysik des Aristoteles 98
7. Sprache und Logos.
   Die Entdeckung der Kategorien in der *Kategorienschrift* des
   Aristoteles. 113
8. Die Frage der εὐδαιμονία in der *Nikomachischen Ethik* des
   Aristoteles. 137
9. Φύσις et Θεός *(Aristote, Métaphysique* Λ) 196
10. Le rapport temps/espace chez Aristote et Bergson 210
11. Leib – Seele – Sport.
    Versuch einer philosophischen Bestimmung des Sports im
    Ausgang von Aristoteles. 218
12. Möglichkeiten des Sportverständnisses im Ausgang von
    Aristoteles. 237
13. Pour inciter à repenser la vie.
    La biologie moléculaire et l'essence de la vie selon Aristote. . . . 253
14. Les mathématiques dans la cosmologie ancienne et dans les
    sciences modernes.
    Aristote et Kant 264

C. Durchblicke / Aperçus

15. Das Wesen der Wahrheit und seine Wandlungen.
    Von den griechischen Anfängen bis zur postmetaphysischen
    Wesensbestimmung der Wahrheit 287
16. La fondation de la philosophie de l'art à l'Antiquité grecque et
    son déploiement aux Temps modernes. Problèmes et perspectives . 359
17. a) La motivation de la philosophie.
    Etonnement – Doute – Angoisse. 387
    b) Vom Ursprung der Philosophie.
    Staunen – Zweifel – Angst 402

18. a) La norme et la folie dans l'histoire de la philosophie occidentale.
Platon – Descartes – Nietzsche 419
b) Norm und Wahnsinn in der Geschichte der europäischen Philosophie.
Plato – Descartes – Nietzsche 434

Bibliographische Hinweise / Indications bibliographiques. . 453

Nachweise 467

Documentation. 473

Vorwort
Einführung in die „Studien zur Genealogie des europäischen Denkens"

Wir leben heute zwischen „Optimismus" und „Pessimismus": Der offensichtliche *Fortschritt* von Freiheit, Wissenschaft und Technik geht mit der latenten *Angst* vor dem Ausbruch des Abgrundes, d.i. der Zerstörung der Erde durch Ausbeutung, Klimawandel und Massenvernichtungswaffen zusammen. Woher kommt diese Zweideutigkeit? Sie stammt nicht erst von heute, sondern hat ihre Herkunft aus dem *europäischen Denken*, wie es in der *griechischen Antike* bereits mit den *Vorsokratikern* beginnt. Deshalb bedarf es heute einer *Genealogie* des europäischen Denkens, die sowohl die Grundstrukturen desselben und deren Wandlungen wie auch seine verborgenen Voraussetzungen klärt. Ziel derselben ist, ein *Umdenken* vorzubereiten, das ja in seiner Möglichkeit allein aus dem innersten Wesen des europäischen Denkens selbst und d.h. aus den bislang verborgenen Voraussetzungen desselben kommen kann. Dieser Aufgabe widmen sich drei Bände: Der erste gilt dem Anfang des europäischen Denkens in der griechischen Antike, der zweite dem Austrag und der Vollendung desselben in der Neuzeit und der dritte dem notwendigen Umdenken angesichts der gegenwärtigen Bedrohung, wie es M. Heidegger versucht hat.

Die Bände bestehen aus einer Sammlung von Aufsätzen und kürzeren Abhandlungen, die seit den siebziger Jahren des zwanzigsten Jahrhunderts entstanden sind[1]. Bei aller Vielfalt sind sie durch einen *Leitfaden* geeint, der sich allmählich geklärt hat. Dieser sei hier durch das *Grundwort* des griechischen Denkens angezeigt: ἀλήθεια, das die Römer mit „veritas", „Wahrheit" übersetzten, das aber ursprünglich „Un-verborgenheit" bzw. „Ent-

---

[1] Diese erscheinen hier teils in ihrer ursprünglichen Fassung, teils in überarbeiteter bzw. durchgesehener Fassung, teils in einer anderen Nationalsprache oder auch als Erstpublikationen. Vgl. die bibliographischen Nachweise am Ende der Bände.

bergung" bedeutet, wie dies das wörtlich genommene Wort selbst sagt². Das Wort ἀ-λήθεια, „Un-verborgenheit", „Ent-bergung" aber weist vor aller *Ent*-bergung in die *Verbergung als Grunddimension*. Die *Verbergung* des Seins dessen, was ist, ist Grund der lichtenden *Ent-bergung* und damit des offenen Erscheinens des Seins, so wie ja auch das in sich Zurückquellen einer Quelle Grund und Ursprung ihres Auf- und Hervorquellens ist. Anders gesagt: Der in sich zurückgehende, sich entziehende *Ab-grund* ist der *gewährende Grund der Lichtung des Seins*. Das *Ab-wesen* gewährt *Anwesen*.

Aber diese in der Verbergung beruhende Lichtung bringt sich im griechischen Anfang als φῶς, als das auflodernde Feuer der φύσις ins Spiel³ und geht so über ihr Maß hinaus. Sie ist *über-mäßig* und d.h. *maß-los* und seither in die Steigerung ihrer selbst bis in die äußerste, alles überblendende *Über-helle* losgelassen⁴. Indes kommt im griechischen Anfang nicht nur die Lichtung, sondern auch die Dimension der Verbergung in *extremer* Weise ins Spiel und muss so als ihre *in sich zurückquellende Quelle* ins Spiel kommen. Auch sie ist *maß-los,* aber in umgekehrtem Sinne, dergestalt, dass sie sich in immer tieferem Rückgang in sich selbst am Ende bis in das tiefste Dunkel, d. i. die *Nacht* des *Ab*-grundes entzieht.

Nun ist das Übermaß der Lichtung des Seins im griechischen Anfang zwar Grund des offenen Erscheinens des *Seins* (εἶναι) dessen, was ist, vor dem *Denken* (νοεῖν), wie dies das Lehrgedicht des *Parmenides* bezeugt⁵. Mit anderen, uns heute geläufigeren Worten: Das Übermaß der Lichtung

---

[2] Das Wort ἀ-λήθεια setzt sich zusammen aus dem ἀ-privativum und dem Element -λήθεια, das zu λήθη, „Vergessenheit", und λανθάνειν, dorisch λάθειν, „verborgen sein", gehört (vgl. lat. *latere*, „verborgen sein", *latens*, "verborgen", und sanskrit *râtri*, „Nacht"). Demnach bedeutet ἀ-λήθεια wörtlich : „Un-verborgenheit", „Ent-bergung".

[3] Pindar, *Olympische Oden* I, 1 : αἰθόμενον πῦρ, „entflammtes Feuer". φύσις und φῶς sind etymologisch verwandt. Φύσις gehört zu φύειν, „wachsen", griechisch verstanden: „aufgehen ins Erscheinen", und meint ursprünglich den Aufgang des Seins alles dessen, was ist, in das Offene des Erscheinens.

[4] Entscheidende Hinweise dazu gibt M. Heidegger in dem von ihm 1969 in Le Thor geleiteten Seminar. In: „Seminar in Le Thor 1969", in *Martin Heidegger Gesamtausgabe* [zitiert: GA], *Seminare,* hrsg. von Curd Ochwadt, Band 15, Klostermann, Frankfurt a. M. 1986, S. 326-371, insbes. S. 331 *sq*.

[5] Fragment III: [...] τὸ γὰρ αὐτὸ νοεῖν ἐστίν τε καὶ εἶναι. „[...] dasselbe nämlich ist Denken sowohl wie auch Sein." (Übersetzung von Vf.).

des Seins ist Grund und Ursprung der *Herrschaft der Vernunft* (νοῦς, *ratio*) und damit – da diese so weit wie der Wesensbereich jener Lichtung reicht – der *griechisch-europäischen Rationalität*. Auch ist die Lichtung des Seins im Übermaß ihrer selbst der Grund der *Onto-logia universalis* sowie der diese vollendenden *Theologia rationalis,* d.h. des *doppelten Transzensus der Meta-physik,* – mag diese nun wie im griechischen Anfang bei *Platon* und *Aristoteles phänomenologisch* oder wie in der Neuzeit bei *Kant* und seinen Nachfolgern *kritisch-transzendental* gewendet und in den Bereich der die Objektivität konstituierenden Subjektivität eingezeichnet sein. Und sie ist sogar der Grund *der ontischen Einzelwissenschaften,* die ja seit ihrem griechischen, platonisch-aristotelischen Anfang in rationalen Definitionen und Axiomen und neuzeitlich gemäß *Descartes* in der Methode der *mathesis universalis* gründen.

Jedoch bleibt die Lichtung des Seins (bzw. die Vernunft) selbst stets im *Ab-grund* gegründet. Zwar *besteht* sie im Übermaß ihrer selbst *auf sich selbst* und trachtet danach, sich frei *auf sich selbst zu stellen.* Zwar geht sie von ihm *fort* und scheidet sich im *"Fort-schritt"* zunehmend von ihm ab, um sich am Ende als *schlechthin freie – alles selbst machende – Subjektivität*[6] gänzlich auf sich selbst zu stellen, dergestalt, dass ein *Bruch im ursprünglich einigen Seinsgefüge von Verbergung und Entbergung* geschieht[7]. Jedoch bleibt sie – recht bedacht – sogar in diesem *Bruch* letztlich im *Ab-grund* gegründet. Wenn dieser die Lichtung des Seins schon im Anfang in das Übermaß und die Überhelle hat aufstrahlen lassen, dann wird er sie am Ende aus seinem Wesensbereich *ent-lassen* und in den sich beschleu-

---

[6] Kant sagt im *Opus posthumum mit Bezug* auf die freie transzendentale Subjektivität: „Wir machen alles selbst." In: *Kants gesammelte Schriften.* Hrsg. von der Preußischen Akademie der Wissenschaften. Band XXII. Dritte Abteilung. Handschriftlicher Nachlaß. Neunter Band. Berlin und Leipzig 1938. Walter de Gruyter & Co. S. 82. (Daher im übrigen die Herrschaft des Machens, d.i. die *Machenschaft* in Neuzeit und Gegenwart, die freilich älter ist und bereits mit dem Übermaß der φύσις beginnt.)

[7] Diesen *Bruch* erwähnt M. Heidegger in „Das Wesen der Sprache" (1957/58), in *Unterwegs zur Sprache,* hrsg. von Friedrich-Wilhelm von Herrmann, GA 12, 1985, S. 147-204, insbes. S. 195. Er bereitet sich anfänglich in der griechischen φύσις mit der „Entwindung" der Dimension der Entbergung aus dem „Gewinde" mit der Verbergung vor. (Zur „Entwindung", vgl. M. Heidegger, *Der Spruch des Anaximander* [Sommer/Herbst 1942], hrsg. von Ingeborg Schüßler; GA 78, 2010, S. 173-178).

nigenden, immer rasanteren Fort-schritt *los-lassen* (sie gleichsam aus sich heraus in diesen „schleudern").

Aber der *Ab-grund* ist nicht nur *gründend-gewährender Grund*, sondern ebensosehr *rückgänglich sich entziehender Ab*-grund. Und auch als solcher ist er am *Bruch* im ursprünglich einigen Wesensgefüge des Seins beteiligt. So wie sich nämlich die Lichtung im Übermaß ihrer selbst fortschreitend von ihm fort-wendet, so wendet sich umgekehrt auch der Abgrund im *rückgänglichen Entzug* seiner selbst zunehmend von der Lichtung *ab* und lässt in der *Ab*-scheidung von ihr den *Zwie-spalt zwischen sich und der Lichtung* immer mehr aufklaffen.

Indes bringt er sich doch als entziehender *Ab*-grund in der Lichtung des Seins zur Geltung, und dies jeweils desto mehr, je mehr er sich selbst entzieht. Und da er sich im losgelassenen Fortschritt der Lichtung am meisten entzieht, kommt sein Entzugswesen, das schon von Anfang an im Gange war, gerade in diesem zur vollen Macht. Im entziehenden Entzug seiner selbst höhlt er gleich einem *Sog* zunehmend das Wesen des von ihm gelichteten Seins aus und setzt es in der *Verödung und Wesen-losigkeit* seiner selbst zunehmend zum *leeren Gemächte der Machenschaft* herab, – eine Wesensverödung, die *Nietzsche* in der *„Heraufkunft des europäischen Nihilismus"* erfahren hat[8].

Aber die Lichtung greift auch ihrerseits im Übermaß ihrer selbst auf den Wesensbereich des *Ab-grundes* (die Verbergung) über. Sie *duldet keine Verbergung*, und dies so wenig, dass sie umgekehrt alles Verborgene in die *Überhelle* ihrer selbst hervorzubringen und als *offen* vorliegenden *Gegenstand* in die Hand zu bekommen trachtet. Sie stellt im Kalkül der *mathesis methodisch* allem Seienden nach und *fordert* es *heraus*, als *bereitstehender Bestand* überall und jederzeit auf der Stelle (auf Knopfdruck bzw. per click) bestellbar zu sein, – wie dies in der *modernen Technik* geschieht. Sie *verwüstet* die *Erde*, indem sie im gehetzten sich Überholen der immer nur

---

[8] Friedrich Nietzsche, *Sämtliche Werke,* Nietzsche, *Nachgelassene Fragmente,* Herbst 1887 bis März 1888, 11 [411], „Vorrede", 2, in: *Kritische Gesamtausgabe,* G. Colli und M. Montinari (Hrg.), Walter de Gruyter & Co, 1970, VIII, 2, S. 431.

Das *Machen* kommt also sowohl durch den Fortschritt der Lichtung (vgl. *supra,* S. 3 und Fußnote Nr. 6) wie auch durch den verödenden Sog des *Ab*-grundes zur Herrschaft. Die *Machenschaft* (qua Herrschaft des Machens) beruht in einem *zweifachen* Grund. Ihr eigentlicher Grund ist indessen der *Bruch im Wesensgefüge des Seins.*

für das weitere Bestellen bereitstehenden Bestände ein mögliches *Wachstum je und je unterbindet.* Ja, sie hat sie immer schon verwüstet, indem sie *im reißenden „Fort-schritt" und Losriss ihrer selbst von den verborgenen, in sich zurückgehenden Wachstumskräften der Erde – ohne Rücksicht auf sie – alles mögliche Wachstum immer schon unterbunden hat.* Und da diese das *eigentlich rückgänglich* Verborgene und Wachstum Gewährende sind, stellt sie gerade ihnen – in pervertierender Gegenwendung gegen ihr rückgängliches Wesen – kalkulierend-methodisch nach, um sie ihrerseits *herauszufordern*, in *Heraus-förderung* ihrer selbst *offen* als bereitstehende Energiebestände überall und jederzeit auf Knopfdruck (per click) bestellbar, d.h. in Gang setzbar zu sein, um die in ihnen gespeicherten Kräfte loszulassen und arbeiten zu lassen, d. h. *auszubeuten.* Aber solche Energiebestände tendieren auch immer schon dazu, von sich her loszugehen und auszubrechen. Denn als *Energien* sind die verborgenen Kräfte der Erde im Übermaß der Lichtung in das übermäßig Offene ihrer selbst *herausgefördert*, dergestalt, dass sie in und unter der *Macht der heraus-fordernden und heraus-fördernden Lichtung schon selbst in das Offen auf-gebrochen*[9] und nicht weit von ihrem aktuellen Aus-bruch sind. In Wahrheit aber ist mit solchen freigelegten Energien die Erde schon zum Aus-bruch gebracht. Sie ist schon auf-gesprengt. Auf-geborsten liegt sie im EX der Lichtung da[10]. Solche Auf-sprengung ist die *höchste Verwüstung der Erde,* – unterbindet sie doch mit Gewalt, ja *höchster Gewalt* ihre *verborgenen* Wachstumskräfte *als solche.* Dieses Lichtungsgeschehen der schon in der griechischen φύσις hinterlegten, *stellenden Lichtung* hat bekanntlich M. Heidegger in Zusammenarbeit mit dem Physiker W. Heisenberg bereits seit Ende der vierziger

---

[9] „Energien" sind die eigens ins *Offene* herausgeförderten Kräfte. Gemäß Aristoteles unterscheidet sich die ἐνέργεια dadurch von der δύναμις, dass in ihr das Seiende eigens in das Offene seines Wesens hervorgebracht ist, während ihm dieses in der δύναμις noch vorenthalten ist. Insofern schließt der Terminus „Energie" an die ἐνέργεια des Aristoteles an.

[10] Die atomaren Energiebestände sowie die Lager der Massenvernichungswaffen sind hier nur – freilich ausgezeichnete – Beispiele. In ihnen ist, ontologisch gesehen, die Erde schon zum Ausbruch gebracht, d.h. gesprengt. Der faktisch-wirkliche Ausbruch derselben ist insofern nur die ontische Manifestation dessen, was schon seit langem in ontologischer Hinsicht geschehen ist.

Jahre des vergangenen Jahrhunderts unter dem Namen des „*Gestells*" *als das Wesen der modernen Technik* vorausgedacht[11].

Heute beginnt sich dieses ganze Verhältnis von Lichtung und Verbergung in der nochmaligen Steigerung ins Äußerste seiner selbst mehr und mehr auf eine erste Weise zu offenbaren. In der *Über-mäßigkeit* und Maßlosigkeit seiner selbst ist das *über-helle* Licht der anfänglichen Lichtung inzwischen zur allgemeinen *Über-hitzung* geworden, die alle Gebiete ergreift, während sich die Dimension der *Verbergung* zugleich bis in den *äußersten Ab-grund* entzogen hat, der ebenso verzehrend wie *explosiv* ist. Indem er in seiner Spitze alle verborgenen Wesenkräfte der Erde in ihrem äußersten *Ab*wesen und d.h. in der *Ab*-wendung, ja in „pervertierender" *Gegen-wendung gegen* die aufgehenlassende Erde in sich versammelt, droht auch er – und er zuerst – immer schon aus-zubrechen, sie als freie *Energien* aus sich herauszuschleudern und so die Erde als solche zu sprengen.

So bedarf es in der Tat eines *Umdenkens*. Dessen Aufgabe beruht offenbar darin, die *Maßlosigkeit beider Dimensionen durch wechselseitige Beschränkung ins rechte Maß zurückzunehmen, ihr Aus- und Gegen-einander in ein Zu-einander umzuwenden* und so den *Bruch* im Wesensgefüge des Seins zu heilen. Dann würde sich Europa aus dem drohenden Land der *Nacht* in das milde Land des *Abends* verwandeln und dann erst ein „Abendland" im eigentlichen Sinne sein.

So einfach der Linienzug dieses Leitgedankens ist, so mannigfach sind die Einblicke, die er gewährt. Es sind Einblicke in das innere Gefüge des europäischen Denkens, wie es von den großen Denkern in seinen Gipfeln und Abgründen ausgestaltet ist. Die in den drei Bänden versammelten Aufsätze und Studien versuchen, dazu einen Beitrag zu leisten, wie gering er auch sei.

Ingeborg Schüßler
Pully / Schweiz, im September 2018.

---

[11] Insbesondere in „Das Ge-stell" (1949), in *Bremer und Freiburger Vorträge*, hrsg. von Petra Jaeger, GA 79, 1994, S. 24-45, und in „Die Frage nach der Technik" (1953), in *Vorträge und Aufsätze*, hrsg. von Friedrich-Wilhelm von Herrmann, GA 7, 2000, S. 5-36.

Préface
Introduction aux « Etudes généalogiques de la pensée occidentale »

Nous vivons aujourd'hui entre "optimisme" et "pessimisme" : le *progrès* évident de la liberté, de la science et de la technique va de pair avec la *peur* latente de l'éclatement de l'*abysse*, c'est-à-dire de la destruction de la terre par l'exploitation, le changement climatique et les armes de destruction massive. D'où provient cette ambivalence ? Loin d'être récente, elle provient de la *pensée occidentale* telle qu'elle commence dans l'*Antiquité grecque*, déjà avec les *présocratiques*. Aussi avons-nous besoin aujourd'hui d'une *généalogie* de cette pensée qui élucide ses structures fondamentales, leurs transformations ainsi que ses présuppositions cachées. Le but en est de préparer une *réorientation* de notre manière de penser, dont la possibilité ne peut relever que de l'essence intime de la pensée occidentale, soit précisément de ses présuppositions à ce jour cachées. Nos trois volumes se consacrent à cette tâche : le premier porte sur le commencement de la pensée occidentale à l'Antiquité grecque, le deuxième sur son déploiement et accomplissement aux Temps modernes (cartésiens) et le troisième, en réponse aux menaces actuelles, sur la nécessaire *réorientation* de la pensée, prolongeant celle proposée par M. Heidegger.

Les trois volumes consistent en un recueil d'articles et de brefs traités que nous avons rédigés à partir des années 1970 jusqu'à nos jours[1]. Aussi divers soient-ils, ils comportent un *fil conducteur* qui s'est progressivement clarifié. Nous l'indiquons ici par le mot fondamental de la pensée grecque : ἀλήθεια, que les Romains ont traduit par *veritas*, *vérité*, mais qui signifie originellement – selon le mot lui-même – *dés-occultation*, *dé-couvrement*,

---

[1] Ils paraissent ici soit dans leur version originale, une version retravaillée ou revue, une langue différente, ou encore en première édition. *Cf.* la documentation en fin de chaque volume.

dés-abritement (Ent-bergung, Un-verborgenheit)[2]. Or avant tout dévoilement, le mot ἀλήθεια vise la *dimension fondamentale* de la λήθη, du *retrait et de la "latence"' (Ver-bergung)*. Le *retrait* de l'être est le *fond (Grund)* de sa *dés-occultation* ou *éclaircie (Lichtung)* et donc de sa *présence ouverte*, – tout comme une source laisse *jaillir* ses eaux en les reprenant, en se retirant et plongeant en soi. En d'autres termes : le *fond* qui se retire et s'*ab*-sente en soi, l'*Ab-grund*, est le fond qui accorde l'éclaircie de l'être. L'ab-sence (*Ab-wesen*) accorde la pré-sence (*An-wesen*).

Mais au commencement grec, cette éclaircie – qui relève donc du retrait – entre en jeu comme φῶς, comme *feu* flambloyant de la φύσις[3]. Elle dépasse ou *"trans*-cende" ainsi sa propre mesure (*Maß*). Elle est <u>dé</u> -mesurée (*<u>über</u> -mäßig*) et par suite *sans mesure (maß-los)*, de sorte qu'elle se trouve lâchée et lancée (*los-gelassen*) dans l'accroissement d'elle-même jusqu'à la *clarté (Helle) la plus extrême*, par *<u>trop</u>* brillante et éblouissante (*<u>Über</u> -helle*)[4]. Et l'éclaircie n'est pas la seule à intervenir ainsi, de manière *extrême*, au commencement grec. En tant que *source* de l'éclaircie, qui *se retire en soi*, la dimension du *retrait (Verbergung)* fait de même. Elle est elle aussi *sans mesure*, mais dans le sens inverse : elle se retire toujours plus dans ses profondeurs, finalement jusque dans l'obscurité la plus profonde, *l'abysse de la nuit*, l'<u>Ab</u> *-grund*, le *fond abyssal*, *fond* qui réside dans l'*ab*-sence devenue *abyssale*.

Comme l'atteste le *Poème* de Parménide[5], la dé-mesure ou l'*excès (Über-maß)* de l'éclaircie est certes le fond qui permet à l'*être* (εἶναι) de ce qui est d'apparaître *ouvertement* à la *pensée* (νοεῖν). En termes plus fa-

---

[2] Le mot ἀ-λήθεια se compose d'un ἀ-privatif et de l'élément -λήθεια qui appartient à λήθη, *oubli*, et à λανθάνειν, en dorique λάθειν, *être-caché, être-occulté* (*cf.* le latin *latere, être-caché* et *latens, caché, latent* et le sanscrit *râtri, nuit*). Il signifie donc littéralement : *dés-occultation, dés-abritement (Ent-bergung, Un-verborgenheit)*.

[3] Pindare, *Olympiques* I, 1 : αἰθόμενον πῦρ, *feu enflammé*. φύσις et φῶς sont étymologiquement apparentés. φύσις appartient à φύειν, *croître*, au sens grec : *se lever, é-clore, apparaître*, et vise originellement l'*é-closion (Aufgang)* de l'être de tout ce qui est, *é-closion* par laquelle ce dernier vient dans l'ouvert (*Offene*) qui lui permet d'apparaître.

[4] Heidegger en donne des indications décisives dans le séminaire dirigé en 1969 au Thor (« Séminaire du Thor 1969 », *in* : *Questions IV*, Paris, Gallimard, 1976, p. 259-306, en particulier p. 264 *sq*, texte originel en français).

[5] Parménide, Fragment III : « [...] le même en effet est [le] penser aussi bien que [l']être ([...] τὸ γὰρ αὐτὸ νοεῖν ἐστίν τε καὶ εἶναι) » (nous traduisons).

miliers : l'excès de l'éclaircie de l'être est à l'origine du *règne de la raison* (νοῦς, *ratio, Vernunft*) et ainsi – comme il s'étend aussi loin que l'éclaircie – de la *rationalité gréco-occidentale*. Dans son *dépassement de la mesure* (*Über* -*maß*) ou sa "trans-cendance", cette même éclaircie est certes aussi le fond originel de l'*ontologia universalis* qui culmine dans la *theologia rationalis*, autrement dit du double *trans-census* de la *méta-physique*, – qu'elle soit d'ordre *phénoménologique*, comme au commencement grec chez *Platon* et *Aristote*, ou d'ordre *critico-transcendantal*, inscrite dans la sphère de la *subjectivité* constitutive de *l'objectivité (Gegenständlichkeit)*, comme aux Temps modernes chez *Kant et ses successeurs*. Elle est même le fond et l'origine des *sciences particulières (ontiques)*, fondées dès leurs débuts platonico-aristotéliciens sur des définitions et des axiomes *rationnels* et dès les Temps modernes cartésiens sur la méthode de la *mathesis universalis*.

Mais cette éclaircie de l'être (la raison) demeure *elle-même toujours "fondée" dans ce fond qu'est la dimension de l'ab-sence*, l'*Ab-grund*. Dans sa dé-mesure, elle insiste certes obstinément *sur soi* et tend à se fonder uniquement sur *elle-même* pour s'établir finalement comme *subjectivité* autonome qui *fait tout elle-même*[6] ; dans ce *"pro-grès" (Fort-schritt)*, elle s'*é loigne (geht fort)*[7] et se *sépare* certes toujours plus de ce fond, de telle sorte qu'une *fracture (Bruch)* apparaisse au sein de *l'unité originelle* que forme ce dernier (le retrait) et elle-même (l'éclairice) ; unité propre à la *structure intégrale* de l'être. Mais à bien le penser, l'éclaircie demeure, même dans cette *fracture*, toujours fondée dans ce *fond* qu'est l'*ab-sence (Ab-grund)*. Si ce dernier a déjà initialement laissé jaillir l'éclaircie dans la *démesure*

---

[6] Visant la subjectivité transcendantale libre, Kant dit dans l'*Opus posthumum* : « Nous faisons tout nous-mêmes (*Wir machen alles selbst*). » (Concernant les références bibliographiques, *cf. supra* la version allemande de notre *Préface*, p.3, notre note de bas de page n° 6). De là d'ailleurs, à l'époque moderne (cartésienne) et à l'époque actuelle, la *domination du faire*, la *Machenschaft*, qui est toutefois plus ancienne : elle commence déjà avec la démesure de la φύσις grecque.

[7] Le substantif *Fortschritt* signifie habituellement *progrès*. Mais le verbe *fort-schreiten* a deux sens : conformément à son préfixe *fort*-, il signifie 1) *voran-schreiten, pro - gresser, avancer, faire des pro-grès*, et 2) *weg-schreiten, weg-gehen von..., s' é-loigner de...* Selon sa parenté avec *fort-schreiten*, le mot *Fort-schritt* veut donc dire à la fois 1) *pro-grès, avancement* et 2) *éloignement*.

(Über-maß) et l'*excès de sa clarté (Über-helle)*, il va en effet finalement la faire *sortir (ent-lassen)* hors *(ex)* de son domaine et la faire partir *(los-lassen)* dans le mouvement qui n'a de cesse de s'accélérer et devenir plus impétueux de son propre pro -*grès (Fort -schritt)* : il va l' "é-jecter" et la "catapulter" dans celui-ci.

Mais ce fond qu'est l'absence n'est pas seulement *Ab-grund*, fond qui *fonde (gründet)* et *accorde*, mais tout aussi bien *Ab -grund*, fond qui retourne en soi, *se retire et s'ab-sente*. En tant que tel il participe lui aussi à la *fracture* qui apparaît au sein de l'unité originelle de la structure intégrale de l'être. De même en effet que l'éclaircie, dans sa dé-mesure, se dé-tourne *"pro-gressivement" (fort-schreitend)* de ce *fond abyssal*, de même ce dernier se dé-tourne *inversément*, dans son retrait et *ab-*sentement, toujours davantage de la dimension de l'éclaircie et laisse toujours plus s'ouvrir, dans sa *sé-paration (Ab -scheidung)* d'avec l'éclaircie, *la béance* entre lui-même et celle-ci.

Cependant, ce même *fond abyssal* ne cesse de se manifester *comme tel*, comme celui qui se retire et s'*ab-*sente, au sein de l'éclaircie de l'être ; et plus il se retire et ab-sente, plus il s'y manifeste. Et comme c'est dans le progrès impétueux de l'éclaircie éjectée hors de lui qu'il se retire et s'absente le plus, qu'il y joue comme *ab-sence la plus extrême* – comme *fond abyssal*, comme *Ab -grund* au sens propre, comme *abysse* –, c'est précisément dans cette éclaircie-ci qu'il manifeste en toute sa puissance son absence ab-sentante à l'œuvre dès le début. Telle l'aspiration d'un tourbillon, il *évide et creuse (höhlt aus)* toujours davantage l'*être* (de ce qui est) comme tel, en le rabaissant toujours plus, dans son *évidement (Verödung)* et son *manque d'essence (Wesen-losigkeit)*, au pur et simple *factice (Gemächte)* de la *"faisance"* ou *fabrication (Machenschaft)*, – évidement d'essence *(Wesensverödung)* que Nietzsche a expérimenté en termes d'« *avènement du nihilisme occidental* »[8].

---

8   Nietzsche, *Fragments posthumes*, Automne 1887-Mars 1888, 11 [411], « Préface », 2, in : *Œuvres philosophiques complètes*, G. Colli et M. Montinari (éd.), P. Klossowski et H.-A. Baatsch (trad.), Paris, Gallimard, 1976, XIII, p. 362.
      Ce n'est donc pas seulement le *pro-grès* de l'éclaircie, mais aussi l'*évidement* de l'être par l'aspiration du fond abyssal qui est à l'origine de la *domination du faire* (*cf. supra*, p. 9, et la note n° 6). L'origine de la *Machenschaft* est *double*. Son origine proprement dite est toutefois la *fracture* au sein de la structure intégrale de l'être.

Mais dans sa dé-mesure, dans son excès, l'éclaircie empiète également à son tour sur la dimension de l'*Ab-grund* (le retrait, le caché). Elle ne tolère en effet aucun retrait ; à tel point qu'elle cherche inversement à tirer tout caché dans son *trop de clarté* pour l'avoir en main comme *ob-jet (Gegen-stand) ouvertement* présent (sans la moindre absence). Par le calcul de la *mathesis*, elle traque méthodiquement tout étant et le *pro-voque* à devenir un *fonds disponible (bereitstehender Bestand)* convocable *(bestellbar)* partout, en tout temps, sur le champ (par pression de bouton ou par *clic*), comme c'est le cas dans la *technique moderne*. Pressée de dépasser chaque fonds disponible à peine présent au profit d'un autre, elle *empêche* à chaque fois *la croissance possible*, de sorte qu'elle *dévaste et désertifie (verwüstet) la terre*. Bien plus : emportée par son pro-grès impétueux, elle s'est *toujours déjà arrachée* des *forces cachées* (qui retournent en soi) de la terre, de sorte que, *sans égard* pour elles, elle a *toujours déjà inhibé (unterbunden) toute croissance possible* et donc *toujours déjà dévasté et désertifié* la terre. Et comme ces forces sont le proprement caché qui, par son retrait, accorde la croissance, c'est précisément sur elles – dans un tournant "per-vertissant", qui va à l'encontre de leur retrait donateur de croissance – qu'elle dirige finalement, de manière méthodique et calculée, sa *traque* pour les *pro-voquer à leur tour à être* – à travers leur *ex-traction* – *ouvertement présentes* en tant que *fonds d'énergies disponibles, convocables*, permettant eux aussi et eux d'abord de *libérer et faire partir (los-lassen)* partout, en tout temps, sur le champ, *les forces stockées en eux* pour les faire travailler, c'est-à-dire les *ex-ploiter (aus-beuten)*. Mais ces énergies disponibles *tendent aussi* toujours déjà *elles-mêmes* à se libérer, à se faire partir et *éclater*. En tant qu'*énergies disponibles*, les forces cachées de la terre (qui retournent en soi) sont en effet présentes *ouvertement*[9], sans retenue ni restriction, dans et sous la *sphère de l'éclaircie en toute son excessivité, sous la puissance de <u>pro</u> -vocation et d'<u>ex</u> -traction* qui lui est propre, de sorte que, tirées par elle hors (*ex*) de leur latence originelle, elles sont alors

---

[9] Ce qu'on appelle « énergie », ou « les énergies », sont les forces extraites de la terre, transportées dans l'ouvert. Selon Aristote, l'ἐνέργεια (ou l'ἐντελέχεια), l'*actualité*, réside dans la présence *accomplie* de la chose en question, où celle-ci est *ouvertement* présente ; alors que la δύναμις, la *possibilité* de la chose réside dans une présence où cette ouverteté fait défaut. En ce sens, le terme actuel « énergie » renoue avec l'ἐνέργεια d'Aristote.

présentes dans une *"ex-position"* qui n'est pas loin de leur é-clatement effectif. A vrai dire, avec l'ex-traction pro-vocatrice de ces énergies, la terre a déjà *é-claté* : elle est là, "éventrée", dans l' *"ex"*, le *"hors"* de l'éclaircie. Les fonds disponibles d'énergie atomique et les dépôts d'armes de destruction massive n'en sont que quelques exemples éminents. En eux la terre a déjà éclaté au niveau ontologique. Leur éclatement effectif (leur explosion) n'est alors que la manifestation *ontique* de ce qui est déjà intervenu (depuis longtemps) sur le plan ontologique. Supprimant par la *violence* et même par la *violence extrême* ces forces cachées *comme telles*, cet éclatement de la terre en ses forces comme énergies disponibles est sa *dévastation et désertification suprême*. Ce déploiement de l'*éclaircie traquante (stellende Lichtung)* – germinalement déjà à l'œuvre dans la φύσις grecque –, Heidegger, on le sait, l'a pensé dès la fin des années 1940, en collaboration avec le physicien Heisenberg, sous le nom de *Gestell*, d'*arraisonnement*[10], comme *essence (Wesen) de la technique moderne*.

Dans son nouvel accroissement, jusqu'à l'extrême, tout ce rapport entre éclaircie et retrait se manifeste aujourd'hui de plus en plus, au moins d'une certaine manière. Dé-mesurée (*über-mäßig*) et sans mesure, la lumière *par trop claire (über-hell)* de l'éclaircie initiale est entre-temps *devenue surchauffe généralisée (allgemeine Über-hitzung)* qui s'étend à tous les domaines ; alors qu'en même temps la dimension de *l'ab-sence* s'est absentée jusqu'à *l'abysse le plus extrême*, aussi engloutissant qu'*explosif*. En concentrant en lui toutes les forces cachées de la terre sur le mode de leur *ab*-sentement *extrême* et donc sur le mode de leur *dé*-tournement, voire de leur *re-tournement "per-vers" contre* la terre, source d'éclosion, cet abysse risque lui aussi – et lui d'abord – d'éclater, soit de les éjecter hors de lui comme *énergies* libres et de faire ainsi éclater la terre.

Une *réorientation de la pensée* est ainsi effectivement nécessaire. Sa tâche est évidemment de ramener à sa *juste mesure* la démesure des deux dimensions de l'être ; et ce en les *limitant* réciproquement l'une par l'autre – autrement dit en *retournant leur rapport d'éloignement, de dé-tournement*

---

[10] En particulier dans la conférence de Brème intitulée « *Das Ge-stell* » (1949) (non encore traduite) et dans la conférence de Munich intitulée « *Die Frage nach der Technik* » (1953), « La question de la technique », traduite par André Préau et parue *in : Essais et conférences*, Paris, Gallimard, 1958, p. 9-48.

et d'ad-versité en un rapport de rap-prochement et d'égard réciproque –, guérissant ainsi la *fracture* au sein de la structure intégrale de l'être. Pour que l'Occident se mue de menaçant pays de la *nuit* en doux pays du *soir* pour être enfin l'Occident, *Abend-land* au sens propre : le pays du soleil couchant.

Aussi simple que soit le tracé de cette pensée rectrice, aussi diverses sont les perspectives qu'il ouvre. Il s'agit de perspectives qui nous permettent de jeter un regard profond dans la structure *intime* de la pensée occidentale telle qu'elle a été élaborée en ses sommets et ses abysses par les grands penseurs de la tradition. Les articles et brefs traités rassemblés dans nos trois volumes cherchent à contribuer, ne serait-ce qu'un peu, à ce projet[11].

Ingeborg Schüßler
Pully / Suisse, septembre 2018

---

[11] Nous remercions le Docteur Michel Herren d'avoir relu notre traduction du point de vue de la langue française.

A. Vorsokratik / La pensée présocratique

1. Heidegger und die Vorsokratiker.
Anaximander – Heraklit – Parmenides

In dem von ihm gemeinsam mit Eugen Fink durchgeführten Heraklitseminar unterscheidet Heidegger drei Weisen des Denkens: 1. das „metaphysische Denken", 2. das „nicht mehr metaphysische Denken" und 3. das „noch nicht metaphysische Denken."[1] Diese Unterscheidungen gilt es näher zu erläutern.

Das *„metaphysische Denken"*, das mit Plato und Aristoteles beginnt, ist gemäß der bekannten Formel der *Metaphysik* des *Aristoteles* durch die Aufgabe bestimmt,

τὰς ἀρχὰς καὶ αἴτια τῶν ὄντων [ἢ ὄντων ζητεῖν],

die ersten Gründe und Ursachen des Seienden [als Seiendem] zu erforschen.[2]

Als die eigentlichen Ursachen (αἰτίαι) alles „Werdens und Seins" hat aber bereits *Platon* in seiner im *Phaidon* durchgeführten *Ursachenforschung* die *Ideen* erkannt und als solche angesetzt[3]. Demgemäß ist das metaphysische Denken durch die Aufgabe bestimmt, im Ausgang vom *Seienden* zu dessen *Sein* als seinen Grund überzugehen, ihm den Grund seines Seins in *Ideen* zu ergründen und es aus ihnen zu begründen. Dieses Denken hat bekanntlich in Hegels *absolutem Idealismus* seine Vollendung erlangt. Denn in diesem hat die Idee – wie Hegel zu Beginn der *Enzyklopädie*

---

[1] „Martin Heidegger – Eugen Fink: Heraklit. Seminar. Wintersemester 1966/1967" (1970), in: Martin Heidegger, *Seminare*, hrsg. von Curd Ochwadt, *Martin Heidegger Gesamtausgabe* [= GA], Band 15, Klostermann, Frankfurt a. M. 1986, insbes. S. 110.

[2] Zu Beginn des 6. Buches der Metaphysik (Met. VI, 1, 1025b 3 sq) heißt es: Αἱ ἀρχαὶ καὶ τὰ αἴτια τῶν ὄντων ζητεῖται, δῆλον δὲ ὅτι ᾖ ὄντα. „Die ersten Gründe und die Ursachen des Seienden werden [hier] erforscht, es ist aber offensichtlich, dass [es um diejenigen Gründe und Ursachen des Seienden geht, die es begründen], sofern es Seiendes ist."

[3] *Phaidon*, 100a sqq.

zeigt[4] – das *absolute Denken* zu ihrem Element, so dass sie als *absoluter Begriff* in der dialektisch-spekulativen Identität von Selbst- und Sachpräsenz in der absoluten Gewissheit ihrer selbst sich des Seienden absolut sicher ist. Das „*nicht mehr metaphysische*" oder „*postmetaphysische*" Denken[5] – und dieses versucht Heidegger selbst – ist durch die Aufgabe bestimmt, in die bisher ungedachte *Voraussetzung* des metaphysischen Denkens im sog. „Schritt zurück"[6] zurückzugehen, diese zu thematisieren und sie eigens produktiv aufzuschließen. Diese Voraussetzung aber besteht – wie Heidegger u.a. in der „Einleitung" zu „Was ist Metaphysik?" gezeigt hat[7] – in Folgendem. Soll es möglich sein, das Seiende als solches aus seinem Sein als seinem Grund zu begründen, ja soll es auch nur möglich sein, das Seiende als solches auf seinen Grund hin zu befragen, so muss das Seiende schon vorgängig *als solches* irgendwie *da* und *offenkundig* sein. Denn wäre es selbst *weg* und *verschlossen*, so würde sich alle Frage nach seinem Grund erübrigen. Seiendes ist aber nur da und es kommt nur in eine Offenkundigkeit hervor, sofern zuvor sein *Sein* aus dem *Unterschied* zum Seienden ins *Offene* herausgetreten ist und als ein aus ihm her sich öffnendes *An-wesen* das menschliche Denken vorgängig schon in Anspruch genommen hat[8]. Denn nur solches das Denken angehende *Anwesen* lässt allererst Seiendes für es offen da und anwesend sein. Wo solches vorgängig schon das Denken angehende Anwesen fehlt, da ist für das Denken gar nichts da, da liegt für es

---

[4] *Enzyklopädie der philosophischen Wissenschaften im Grundrisse (1830)*. Erster Teil: Die Wissenschaft der Logik. Vorbegriff. §§ 19-23.

[5] Den latinisierenden Ausdruck „post-metapysisches Denken" hat der Kölner Philosoph Karl-Heinz Volkmann-Schluck (1914-1981) geprägt und ihn durch seine seit 1949 bis zu seinem Tode an der Universität zu Köln gehaltenen Vorlesungen und Seminare bekannt gemacht. Er bezeichnet auf präzise Weise das „nicht mehr metaphysische" bzw. „nach-metaphysische" Denken.

[6] U.a. in: „Protokoll zu einem Seminar über den Vortrag ‚Zeit und Sein'", in: *Zur Sache des Denkens* (1969), hrsg. von Friedrich-Wilhelm von Herrmann, GA 14, 2007, insbes. S. 35 sq.

[7] „Einleitung zu: ‚Was ist Metaphysik?'" (1949), in: *Wegmarken* (1967), hrsg. von F.-W. von Herrmann, GA 9, 1976, insbes. S. 365-368.

[8] Thomas von Aquin stellt bereits heraus: „[...] illud autem quod primum intellectus concipit [...] est ens. / „[...] Jenes aber, was der Verstand als erstes begreift, ist [...] [das] Sein [des Seienden]." In: *De veritate*, Quaestio I, Articulus I. In: *S. Thomae Aquinatis opera omnia*. 3. Quaestiones disputatae. Quaestiones quodlibetales. Opuscula. Frommann. Stuttgart-Bad Cannstadt 1980, S. 1.

gar nichts vor, worauf es sich richten und es auf sein Sein hin befragen oder ihm gar im Sein den Grund ergründen könnte. Der öffnende *Unterschied* aber zum Seienden, aus dem her sich das Sein als solches Anwesen erst eröffnet, ist selbst *kein* Seiendes, also *nicht* ein Seiendes und so das *Nein und Nicht des Seienden*, welches *Nicht* im *Abweis* des Seienden gerade den *Raum* eröffnet, aus dem her und in dem allein Sein als Anwesen sich eröffnen kann. Dieses *Nicht* ist – wie Heidegger in „Was ist Metaphysik?" gezeigt hat – in der *Angst* offenbar[9]. Denn in der Angst ist das menschliche Dasein im Entgleiten des Seienden vor das *Nichts* gebracht, das selbst *kein* Seiendes ist, sondern als solches *Kein* und *Nicht* des Seienden dieses in die Bedeutungslosigkeit verweist. Dieses Nein und Nicht, das selbst schlechthin *abweisend* und verweigernd ist, ist aber letztlich – und so ist es in der Angst immer schon offenbar – der *alles verweigernde Tod*. Mithin wäre letztlich der Tod – der schon immer das menschliche, sterbliche Dasein zu sich entrückt hat – der *weigernd-öffnende Unterschied*, der im Abweis des Seienden erst den Raum eröffnet, aus dem und in dem allein Sein als Anwesen sich eröffnen kann. Dies jedenfalls gibt Heidegger in seinem späten Aufsatz „Das Ding" zu verstehen:

> Der Tod ist der Schrein des Nichts, dessen nämlich, was in aller Hinsicht niemals etwas bloß Seiendes ist, was aber gleichwohl west, sogar als das Geheimnis des Seins selbst. Der Tod birgt als der Schrein des Nichts das Wesende des Seins in sich.[10]

Der Tod ist das *Nichts*, d.h. das *Nicht* des Seienden, der weigernde Unterschied zu ihm, der im Abweis des Seienden allererst den Raum einräumt, aus dem und in dem allein sich Sein als Anwesen eröffnen kann, das seinerseits Seiendes, es freigebend, erst da und anwesend sein lässt. Diesen *Unterschied* zum Seienden, sofern aus ihm erst sich Sein eröffnet, nennt Heidegger bekanntlich die *„ontologische Differenz"*[11], während er das aus ihm sich eröffnende *Sein, sofern es Seiendes freigibt,* also aus dem *Unter-*

---

[9] „Was ist Metaphysik?" (1929), in: GA 9, insbes. S. 112-115.
[10] „Das Ding" (1950), in: *Vorträge und Aufsätze* (1954), hrsg. von F.-W. von Herrmann, GA 7, 2000, insbes. S. 180.
[11] Vgl. z.B. „Vom Wesen des Grundes" (1929), in: *Wegmarken*, GA 9, insbes. S. 134, und „Seminar in Le Thor 1969", in: *Seminare*, GA 15, inbes. S. 346.

schied sich mit ihm einigt, die „*Zwiefalt*" von Sein und Seiendem nennt[12]. Demnach besteht die Aufgabe eines postmetaphysischen Denkens darin, die ontologische Differenz bzw. die Zwiefalt von Sein und Seiendem als die ungedachte Voraussetzung des metaphysischen Denkens zu thematisieren und in den Reichtum der in ihr beschlossenen Strukturmomente zu entfalten.

Nun kommt zwar das postmetaphysische Denken, gemäß dieser Aufgabenstellung, aus dem metaphysischen Denken her. Denn die ontologische Differenz bzw. die Zwiefalt von Sein und Seiendem ist ja gerade als Voraussetzung des metaphysischen Denkens gewonnen. Wenn sie aber die Voraussetzung des metaphysischen Denkens ist, dann müsste sie auch bereits in einem Denken am Werk sein, das selbst erst auf dem Wege zum metaphysischen Denken und insofern „noch nicht metaphysisch" ist. Das in diesem Sinne *vor-metaphysische Denken* ist das sog. „vorsokratische" Denken, wie es sich vor Sokrates und Plato ausgebildet hat. So sieht sich das postmetaphysische Denken auf das vormetaphysische Denken verwiesen. Dieses gewinnt auf Grund der Aufgabe des postmetaphysischen Denkens für dieses eine neue wesentliche Bedeutung. Denn wenn auch das metaphysische Denken erst dank des vorgängigen Aufbruchs der ontologischen Differenz – also des Unterschieds des weigernden Todes in das sterbliche Dasein – dem Seienden im Sein seinen Grund zu ergründen vermag, so hat sich ihm eben diese ontologische Differenz – der *weigernde* Tod samt des aus ihm eröffneten Seins – gerade auch schon in dem Maße verweigert und entzogen, als es das Sein *vom Seienden her in identifizierendem Rückbezug auf es als dessen Grund* denkt. Demgemäß aber müsste gerade in einem „noch nicht metaphysischen" Denken, das doch erst *vorbereitend* für das metaphysische Denken ist – also das sich ihm dank des Aufbruchs der ontologischen Differenz eröffnende *Sein* noch nicht in rückbezüglicher Identität mit dem Seienden als dessen Grund denkt –, die *ontologische Differenz in höherem Maße* ihre Spur hinterlassen haben als in dem nachmaligen metaphysischen Denken. So sagt Heidegger in seinem „Der Spruch des Anaximander" betitelten Aufsatz:

---

[12] Vgl. z. B. „Moira (Parmenides, Fragment VIII, 34-41)", in: *Vorträge und Aufsätze*, GA 7, insbes. S. 245.

A. Vorsokratik / La pensée présocratique

Der Unterschied des Seins zum Seienden kann [...] nur dann als ein vergessener [d.h. als der, der sich selbst verweigert und entzogen hat] in eine Erfahrung kommen, wenn er sich schon mit dem Anwesen des Anwesenden enthüllt und so eine Spur geprägt hat, die in der Sprache, zu der das Sein kommt, gewahrt bleibt. So denkend dürfen wir vermuten, daß eher im frühen Wort des Seins als in dem späten der Unterschied sich gelichtet hat, ohne jedoch jemals als ein solcher genannt zu sein.[13]

Demgemäß stellt sich Heidegger die Aufgabe, in einem produktiven Zwiegespräch von postmetaphysischem und vormetaphysischem Denken die im Letzteren geprägte Spur der ontologischen Differenz eigens zu thematisieren, um ihm – wie er in seinem Aufsatz zu Heraklits Logos sagt – zumindest „einige Züge des Maßraumes [...] deutlicher zu zeichnen"[14], aus dem seine *wesentlichen Worte* sprechen und diese aus ihm her zur Sprache zu bringen.

Entsprechend dieser Aufgabe hat sich Heidegger bekanntlich insbesondere mit drei vorsokratischen Denkern befasst: mit Anaximander, Heraklit und Parmenides. Das wesentliche Wort des Anaximander ist – gemäß Heidegger – τὸ Χρεών, gewöhnlich übersetzt mit „das Notwendige", das wesentliche Wort des Heraklit ὁ Λόγος und das des Parmenides ἡ Μοῖρα. Deren Verhältnis bestimmt Heidegger in seinem Anaximander-Aufsatz so:

Der Spruch des Anaximander erläutert, das Anwesende in seinem Anwesen denkend, das, was τὸ χρεών nennt. Das im Spruch gedachte χρεών ist die erste und höchste denkende Auslegung dessen, was die Griechen unter dem Namen Μοῖρα als das Erteilen des Anteils erfahren [...]. Τὸ Χρεών [– ein Wort, das Heidegger mit: „der Brauch" übersetzen wird –] birgt in sich das noch ungehobene Wesen des lichtend-bergenden Versammelns. Der Brauch ist die Versammlung: ὁ Λόγος. Aus dem gedachten Wesen des Λόγος bestimmt sich das Wesen des Seins als des einenden Einen: Ἕν. Dasselbe Ἕν

---

[13] „Der Spruch des Anaximander" (1946), in: *Holzwege* (1950), hrsg. von F.-W. von Herrmann, GA 5, 1977, S. 320-376, inbes. S. 365.
[14] „Logos (Heraklit, Fragment 50)", in: *Vorträge und Aufsätze* (1954), hrsg. von F.-W. von Herrmann, GA 7, 2000, S. 211-234, inbes. S. 224.

denkt Parmenides. Er denkt die Einheit dieses Einenden ausdrücklich als die Μοῖρα [...]. Die aus der Wesenserfahrung des Seins gedachte Μοῖρα entspricht dem Λόγος des Heraklit. Das Wesen von Μοῖρα und Λόγος ist vorgedacht im Χρεών des Anaximander.

[...]

Wir Späteren [...] müssen im Andenken zuvor den Spruch des Anaximander gedacht haben, um das Gedachte des Parmenides und des Heraklit nachzudenken.

[...]

Um jedoch den Spruch des Anaximander zu denken, ist es nötig, daß wir allererst [...] zu dem über- setzen, was das überall ungesprochene Wort ἐόν, ἐόντα, εἶναι sagt. Es sagt: Anwesen in die Unverborgenheit.[15]

Wir folgen diesem Hinweis Heideggers und versuchen, aus der vorgängigen Klärung des Grundwortes ἐόν die wesentlichen Worte des Anaximander, des Heraklit und des Parmenides, τὸ χρεών, ὁ λόγος, ἡ μοῖρα, in ihrem Verhältnis, wie es sich bei Heidegger gemäß seiner postmetaphysischen Aufgabenstellung darstellt, im Anhalt an die entsprechenden von Heidegger veröffentlichten Aufsätze in freierer Überlegung darzustellen.

Das griechische Wort ὄν, in der archaischen Form ἐόν, das bei allen drei Denkern in verschiedener grammatischer Form zur Sprache kommt[16], ist bekanntlich das Partizip praesens zum griechischen Verb εἶναι, *sein*, und meint also: *seiend*[17]. Als Partizip hat es an zwei Bedeutungen teil – wie dies auch das Wort *seiend*, recht gehört, selbst zu verstehen gibt: einmal nämlich meint es in verbaler Bedeutung: *sein*, so zwar, dass es dieses *Sein* sogleich auch schon als ein *Sein von Seiendem* meint, zum anderen meint es in nominaler Bedeutung das *Seiende*, und zwar so, dass es auch dieses sogleich wieder als *Seiendes im Sein* meint. Wenn aber das Partizip ὄν – seiend – einmal *sein*, zum anderen *Seiendes*, also *Unterschiedenes*, wenn auch Beides

---

[15] „Der Spruch des Anaximander", in GA 5, S. 369 sq.
[16] Bei Anaximander in Fragment I, Diels-Kranz I, S. 89; bei Heraklit in Fragment VII, Diels/Kranz I, S. 152; bei Parmenides z. B. in Fragment VIII, Vers 3, Vers 35, Diels/Kranz I, S. 235, S. 238.
[17] Vgl. zum Folgenden „Der Spruch des Anaximander", GA 5, S. 344 sq.

sogleich in wechselseitigem Bezug meint, so besagt das, dass in ihm der raumgebende *Unterschied* zum Seienden, aus dem her sich Sein allererst als das das Seiende freigebende *Anwesen* zu eröffnen vermag, angezeigt ist:

> In der Zwiefalt der partizipialen Bedeutung des ὄν verbirgt sich der Unterschied von „seiend" und „Seiendem".[18]

In diesem Sinne ist das Partizip ὄν ein Grundwort, in dem die ontologische Differenz ihre Spur geprägt hat.

Was also liegt in ihm eigentlich beschlossen? Um das Wort aus dem Bereich des frühen Griechentums selbst sprechen zu lassen, geht Heidegger in seinem Anaximander-Aufsatz zunächst auf die Bedeutung zurück, in der es bei *Homer* spricht[19]. Im Beginn der Ilias wird der Seher Kalchas als derjenige bezeichnet

> ὅς ᾔδη τά τ' ἐόντα τά τ' ἐσσόμενα πρό τ' ἐόντα [...].[20]
>
> der gesehen hatte sowohl das Seiende wie das sein Werdende wie das vorher schon Seiende [...].[21]

Τὰ ἐόντα, das Seiende, meint also zunächst und vor allem das *gegenwärtig Seiende*. Und demgemäß meint Sein im frühen Griechentum zunächst und vor allem: *gegenwärtig sein*. Aber der Seher Kalchas sieht auch das, was sein wird – τὰ ἐσσόμενα, wie auch das, was war, das vormals Seiende – τὰ πρὸ ἐόντα. Seiendes – ἐόντα – ist also auch das Zukünftige und das Gewesene. Und Sein besagt demgemäß auch: *zukünftig-* und *gewesensein*, also *nicht* gegenwärtig-sein, *ab-wesen*, wobei dieses Abwesen eine eigene Art von *Anwesen* in sich enthält. Und der Seher Kalchas sieht das Ganze dieses gegenwärtigen, zukünftigen und gewesenen Seienden in der Weise, dass er schon gesehen hatte – ᾔδη. Er ist also derjenige, der eigens in den Unterschied des Todes entrückt ist, der dem sterblichen Dasein *immer schon* den offenen Bereich eingeräumt hat, aus dem her allein sich das

---

[18] Ibid.
[19] Vgl. zum Folgenden GA 5, S. 345 sqq.
[20] Ilias I, 70 (von Heidegger zitiert ibid.).
[21] Übersetzung von Vf.

Sein als das das Seiende freigebende Anwesen eröffnen kann. In der Tat ist der Tod – wie Heidegger in seinem Aufsatz *Das Ding* andeutet – das, was der Mensch als das sterbliche Dasein „sowohl vor sich wie auch hinter sich hat"[22].

Der Mensch, das sterbliche Dasein, hat den Tod „*hinter sich*", insofern der Tod ihm mit dem Sich-Öffnen seines *Da*, d.h. mit seiner Geburt immer schon überantwortet ist. Und er hat den Tod „*vor sich*", insofern dieser aus solchem Überantwortetsein immer schon zukünftig auf ihn zukommt. Indem also der weigernde Tod das sterbliche Dasein immer schon zu sich entrückt hat, hat er es auch schon – in eins mit ihm selbst – in das zweifache Weg (Ex) von Zukunft und Vergangenheit entrückt, so dass das mit dem Tod sich öffnende Offene die Weite des – ekstatisch gesehen – primär aus Zukunft und Vergangenheit gefügten Zeitraumes ist, aus deren Zusammenspiel sich erst – wie Heidegger in seiner späten Abhandlung *Zeit und Sein* gezeigt hat – die Dimension der Gegenwart eröffnet[23]. Dieser aus dem ekstatischen Entrücktsein in den Tod sich öffnende Zeitraum ist von der Art eines eigens freigemachten, offenen Bereiches – griechisch, mit Heidegger gesagt, des Bereiches der „Unverborgenheit" (ἀλήθεια) –, aus dem her und in den hinein sich *alles Anwesen* – sowohl das Anwesen der Gegenwart wie das im Abwesen spielende Anwesen der Zukunft und Vergangenheit – allererst eröffnet, und zwar so, dass dieses dreifache Anwesen jeweils das ihm entsprechende gegenwärtige, zukünftige und vergangene Seiende, es in ihn freigebend, je auf seine Weise *da* und in ihm anwesend sein lässt. Mag nun auch das Seiende in dieser Weise in den offenen, gelichteten Bereich – die von Heidegger sog. „Lichtung" – auf *mannigfache Weise* an- und abwesen und so selbst ein mannigfaltiges Seiendes sein, so bricht doch dieses Seiende nicht in isolierte Stücke auseinander; was allerdings dann geschehen würde, wenn das jeweilig Seiende jeweils in identifizierendem Rückbezug auf sich – gleichsam monadologisch – sich auf sich selbst versteifen würde. Vielmehr lässt das Sein als *Anwesen*, so wahr und sofern es sich selbst aus dem Unterschied und dem *Weg* des Todes eröffnet, das von ihm freigegebene Seiende auch immer schon so in den offenen Bereich der

---

[22] „Das Ding", in GA 7, insbes. S. 180.
[23] „Zeit und Sein" (1962), in: *Zur Sache des Denkens* (1969), hrsg. von F.-W. von Herrmann, GA 14, 2007, S. 3-30, insbes. S. 18.

Lichtung anwesend sein, dass es dieses seinerseits in den Unterschied und das *Weg* des Todes *zurück*gehalten – in diesen geborgen – und so von sich selbst *weg*-orientiert, also in die *Rücksicht* auf Anderes, *ihm zu,* geöffnet, *zu* ihm *hin* gewiesen hat[24]. Das Sein des Seienden, sofern es sich aus der ontologischen Differenz eröffnet, west also – seinem eigenem Wesen nach genommen – wie Heidegger in seinem Aufsatz zum Spruch des Anaximander sagt – als „lichtend-bergende Versammlung" alles Seienden (d.h. als *Welt),* wenn anders *Welt* – im Sinne der griechischen οἰκουμένη – ein eigens freigemachter, vom sterblichen Dasein bewohnter, alles in ihn An- und Abwesende in sich versammelnder, offener Bereich ist. So sagt Heidegger im „Spruch des Anaximander":

[Die] lichtend-bergend[e] Versammlung [...] [deutet sich] als ein bislang verhüllter Grundzug des Anwesens, d.h. des Seins, [an][25].

Das ἐόν – das, was im Partizip *seiend* gemeint ist – stellt sich also – sofern die in ihm geprägte Spur der ontologischen Differenz eigens nachgezeichnet wird – am Ende als *„lichtend-bergende Versammlung"* und d.h. als *einzig Eines,* als Ἕν, heraus[26]. Das aus der ontologischen Differenz eröffnete Sein west als Ἕν, als einzig Eines im Sinne der *„lichtend-bergenden Versammlung",* d.h. als *Welt.*

Wie nehmen sich von hier aus die wesentlichen Worte der drei vorsokratischen Denker, das Wort des Anaximander, τὸ χρεών, das Wort des Heraklit, ὁ λόγος, das Wort des Parmenides, ἡ μοῖρα, aus? In jedem dieser Worte hat – gemäß Heidegger – die ontologische Differenz ihre Spur geprägt. Alle bringen also jeweils auf ihre Weise einen bestimmten Grundzug des Seins ins Wort, sofern es aus der Differenz als lichtend-bergende Versammlung, als Welt, waltet.

---

[24] „Der Spruch des Anaximander", GA 5, S. 353 und S. 360.
[25] *Op. cit.,* GA 5, S. 348.
[26] *Op.cit.,* GA 5, S. 369.

1) Der Spruch des Anaximander, in dem das Wort τὸ χρεών gesagt ist, lautet:

ἐξ ὧν δὲ ἡ γένεσίς ἐστι τοῖς οὖσι καὶ τὴν φθορὰν εἰς ταῦτα γίνεσ-
θαι κατὰ τὸ χρεών· διδόναι γὰρ αὐτὰ δίκην καὶ τίσιν ἀλλήλοις τῆς
ἀδικίας κατὰ τὴν τοῦ χρόνου τάξιν.[27]

Woher dem Seienden der Aufgang ist, dahin geht auch sein Schwund, κατὰ τὸ χρεών, nach der Notwendigkeit. Denn die αὐτά, die jeweils Seienden, geben δίκη, Recht, und τίσις, Genugtuung, einander für die ἀδικία, das Un-recht, nach der Ordnung der Zeit.[28]

Im Spruch ist also von den ὄντα, den Seienden, die Rede. Gemäß dem Homer-Zitat hat sich gezeigt, dass das Seiende – τὰ ἐόντα – im frühgriechischen Denken zwar sowohl das Anwesende wie das Abwesende, aber doch primär das *gegenwärtig Anwesende* meint. Aus der ontologischen Differenz gedacht, besagt dies, dass das das Seiende freigebende Anwesen *in der Weise* aus dem räumenden Unterschied des Todes eröffnet wird, dass *im Wesen des Todes* selbst, der ja das schlechthin Weigernde ist, eine zu ihm immer schon gehörige *Tendenz, nämlich die, sich selbst zu verweigern und, im Abweis von sich, sich in die Vergessenheit zu entziehen,* im Strukturgefüge der Zwiefalt von Sein und Seiendem *vordringlich*, griechisch gesagt: „*aufständisch*" wird. Denn in solchem „Aufstand", solcher στάσις[29] des Todes – der als das schlechthin Abweisende dann *von sich selbst abweist* – wird das das Seiende freigebende *Anwesen* in der Weise eröffnet, dass es als ein primär durch *Gegenwart* bestimmtes Anwesen, im *Entzug* seiner selbst, primär auf das von ihm freigegebene gegenwärtig *Seiende* verweist, so dass dieses in solcher sich verhüllenden Todes- und Seinsvergessenheit die Tendenz hat, sich *nicht* in den Unterschied, d.i. das *Weg* des Todes zu

---

[27] Anaximander, Fragment I, Diels-Kranz I, S. 89.
[28] Die Übersetzung, die Vf. hier vorlegt, hält sich weitgehend an die *vor* Heidegger üblichen Übersetzungen; sie soll nur der Orientierung dienen. Heidegger deutet die wesentlichen Worte um.
[29] Heidegger gebraucht den Ausdruck στάσις in „Der Spruch der Anaximander", GA 5, S. 356 und S. 372. Plato spricht von der στάσις der für die menschliche ψυχή konstitutiven Seelenteile z.B. in *Der Staat* IV, 440e 5 (ἐν τῇ τῆς ψυχῆς στάσει) und in *Der Sophist*, 228a 6 und b 8.

fügen und sich in das Zu-einander zu Anderem zu öffnen und ihm zu weichen, sondern umgekehrt gerade im identifizierenden Rückbezug auf sich selbst *sich auf sich selbst zu versteifen und auf sich zu beharren*. Demgemäß sind die freigegebenen ὄντα – wie der Spruch des Anaximander sagt – von der Art der αὐτά, d.h. dessen, was jeweils als *Selbst* auf sich selbst beharrt. Dann sind die ἐόντα – wie Anaximander sagt – in der ἀδικία, im „Unrecht", wie Heidegger übersetzt: im „Un-fug"[30], weil sie sich nicht in das einander weichende, jeweils nur übergängige Weilen *fügen*, das ihnen aus dem Gefüge der Zwiefalt, sofern sie im Rechten ist, eigentlich zuerteilt ist. Und sie sind ohne τίσις, ohne „Genugtuung", wie Heidegger übersetzt: ohne „Rücksicht" gegeneinander: die τίσις im Sinne der τιμή geht ihnen ab[31].

Jedoch kann es bei dem Aufstand – στάσις – des jeweils Seienden nicht bleiben. Vielmehr – so hieß es im Spruch –

διδόναι [...] αὐτὰ δίκην καὶ τίσιν ἀλλήλοις,

gibt das jeweils als Selbst Seiende Fug zu und Rücksicht einander,

und dies, wie es vorangehend hieß: κατὰ τὸ χρεών, gemäß dem χρεών. Was meint χρεών? Gewöhnlich wird das Wort mit „Notwendigkeit" übersetzt. Aber das Verhältnis des aus der *Differenz* sich eröffnenden Seins zum Seienden kann nicht – da zu ihm das *Sich-Zurückhalten* gehört – von der Art der zwingenden Notwendigkeit sein. Vielmehr kann dieses Verhältnis allein von der Art sein, dass es das Seiende auf sich selbst hin *frei lässt*, so jedoch, dass es dieses dabei *nicht gänzlich los lässt* – das wäre gerade das Verhältnis des in der στάσις des Todes eröffneten und sich selbst in die στάσις des Seienden entziehenden Seins –, sondern es zugleich in die Differenz mit einbehält und es so gerade in die ihm eigene Grenze – πέρας – eines übergängigen Weilens im offenen Bereich der Un-verborgenheit freigibt. Dieses Verhältnis versucht Heidegger sprachlich dadurch zu fassen, dass er das griechische Wort τὸ χρεών, in dessen Umkreis griechisch χρῆσθαι – deutsch „brauchen" – gehört, durch das deutsche Wort „der Brauch" übersetzt. „Brauchen" – mittelhochdeutsch „bruchen", stammverwandt mit

---

[30] „Der Spruch des Anaximander", GA 5, S. 355.
[31] *Op. cit.*, GA 5, S. 358-361.

lat. *frui* – versteht Heidegger – gemäß einer Definition des Augustinus – als *praestu habere quod diligis*, „bei sich gegenwärtig halten, was man *gerne* hat" – also zugleich *frei* lässt[32]. So erweist sich das Verhältnis des aus der Differenz eröffneten Seins zu dem von ihm in den offenen Bereich der Lichtung freigegebenen Seienden, sofern in ihm τὸ χρεών waltet, als eine Art von *liebendem Verlangen*, welches das jeweils Seiende in die Grenze seines Weilens *freilässt*, so jedoch, dass es dieses zugleich zu sich *einbehält*. Denn nur so vermag das aus der Differenz, d.h. aus dem Unterschied des Todes und so selbst stets gefährdete Sein als die Alles bergend-lichtende Versammlung, d.h. als *Welt* zu walten. Damit eine *Welt* sei, muss τὸ χρεών, der Brauch, das freilassende Bei-sich-Behalten, als Grundzug im Sein walten. So zeigt sich, dass im wesentlichen Wort des Anaximander die ontologische Differenz in der Tat ihre Spur eingeprägt hat.

2) Ebenso wird es mit dem wesentlichen Wort des Heraklit, ὁ λόγος, stehen. In ihm werden bestimmte Grundzüge, die sich im χρεών des Anaximander vorzeichneten, wiederkehren, sich weiter entfalten und bereichern. Das sei im Anhalt an Heideggers Interpretation des *Fragments 50* des Heraklit gezeigt, die er in seinem Aufsatz zum Logos des Heraklit vorlegt[33]. Dieses lautet:

οὐκ ἐμοῦ ἀλλὰ τοῦ λόγου ἀκούσαντας
ὁμολογεῖν σοφόν ἐστιν ῞Εν πάντα.

Habt ihr nicht mich, sondern den Logos, den Sinn, vernommen,

so ist es weise, im gleichen Sinne zu sagen: *Eins* ist Alles.[34]

Der Λόγος sagt also: *Eins* ist Alles. Also waltet in ihm der Grundzug des Einens und Versammelns, wie er ja auch im χρεών des Anaximander, dem freilassenden Bei-sich-Behalten, waltete. Das gibt auch das griechische Wort Λόγος selbst zu verstehen. Das griechische Verb λέγειν besagt ursprünglich – wie auch das mit ihm stammverwandte lateinische Verb *legere* und das deutsche Verb *lesen* – *lesen, sammeln*. Aber der versammelnde

---
[32] *Op. cit.*, GA 5, S. 367.
[33] „Logos (Heraklit, Fragment 50)", in GA 7, S. 211-234.
[34] Heraklit, Fragment 50 (vgl. Diels/Kranz I, S. 161) und dessen Übersetzung von Bruno Snell, zitiert von Heidegger, *op.cit.*, GA 7, S. 213.

A. VORSOKRATIK / LA PENSÉE PRÉSOCRATIQUE

λόγος des Heraklit gibt auch – wie τὸ χρεών, der „Brauch" des Anaximander – ins *ruhige Weilen* frei. Das geht zunächst wieder aus dem griechischen Wort selbst hervor. Denn dieses besagt ursprünglich nicht nur *lesen* und *sammeln*, sondern auch *legen, niederlegen* – wie es denn auch mit dem deutschen Wort *legen* stammverwandt ist³⁵. Was aber dank eines solchen Legens da und anwesend ist, das *liegt*, d.h. es ist irgendwie in einem ruhigen Liegen und Lagern zu Anderem da. Beide Grundzüge, die das griechische Wort λέγειν in seiner ursprünglichen Bedeutung anzeigt, das Sammeln und das Legen, stehen aber nicht unverbunden nebeneinander, sondern das λέγειν als *legen* ist in sich selbst schon ein *Zueinanderlegen* und *Versammeln*. Dafür zeugt, dass bei Aristoteles das Liegen, κεῖσθαι, zur Kategoriengruppe des πρός τι, dessen, was *in Bezug auf etwas ist*, gehört³⁶. Alles Liegen ist ein sich-in-einer-bestimmten-Lage- und so sich-in-einem-Verhältnis-zu-Anderem-Befinden. Der λόγος als Legen legt also das Gelegte zueinander, d.h. er ist in sich selbst immer schon versammelnd. Voll verständlich aber wird die Einheit der beiden im Wort λόγος sprechenden Grundzüge erst, wenn sie aus der ontologischen Differenz gedacht werden. Denn gerade im Wort λόγος, sofern es das *versammelnde Legen* bedeutet, hat die ontologische Differenz ihre Spur geprägt. In der Tat: das aus dem Unterschied des bergenden Todes sich eröffnende Anwesen gibt das Seiende in *der* Weise in den mit ihm sich öffnenden Bereich der Lichtung frei, dass es dieses – entgegen aller selbstmächtigen *Positio* des aufständisch auf sich selbst bestehenden Seienden – gerade in ein sich in die Differenz zurücknehmendes, in ihrem Grunde immer schon ruhendes Liegen und Lagern zu Anderem freigibt, – also in ein *Von-sich-her-in-seinem-Grunde-Vorliegen*, – wie es noch im Grundwort der aristotelischen Ontologie, im κεῖσθαι des ὑποκείμενον ins Wort kommt, welches κεῖσθαι, wie gesagt, zugleich ein πρός τι ist. So wird aus der Zurücknahme des λόγος in die ontologische Differenz in der Tat verständlich, inwiefern dieser das Seiende in der Weise der Einheit der

---

³⁵ *Op. cit.*, GA 7, S. 214. Das griechisch-deutsche Großwörterbuch von Hermann Menge (Langenscheidt 1913, Berlin, 27. Auflage 1991) führt ebenfalls diese beiden Grundbedeutungen an, so freilich, dass es λέγω = legen auf *legh-* („liegen") und λέγω = lesen auf *leg-* („sammeln") zurückführt.

³⁶ κεῖσθαι, „liegen", ist hier als Verb zum Substantiv θέσις, „Lage", zu nehmen. Gemäß der Kategorienschrift des Aristoteles gehört solche θέσις, Lage, zur Kategoriengruppe des πρός τι (*Cat.*, cap. 7, 6b 2 sq und 12; vgl. auch *Cat.*, cap. 6, 5a 15-21).

bisher angezeigten Grundzüge des λέγειν frei gibt, – nämlich, wie Heidegger sie formelhaft zusammenfasst, in der Weise des „*Beisammen-vorliegen-Lassens*".

Mag jedoch auch das griechische λέγειν ursprünglich sammeln und legen bedeuten, so meint es doch, seiner zunächst bekannten und, wie man meint, späteren Bedeutung nach: *sagen, erzählen, reden*, d.h. überhaupt irgendwie *Sprache* und, seit Plato und Aristoteles, insbesondere *Aussage, Urteil, Begriff*[37]. Diese Bedeutung geht auch aus dem zitierten Fragment des Heraklit selbst hervor: in ihm ist ja von einem Hören des λόγος die Rede, was voraussetzt, dass der λόγος selbst irgendwie spricht, also von der Art der Sprache ist. Damit aber kommt ein Grundzug ins Spiel, von dem bisher – so jedenfalls scheint es – gar nicht die Rede war. Jedoch verhält es sich in Wahrheit anders. Wenn der λόγος des Heraklit sich bisher sowohl im Rückblick auf das χρεών des Anaximander wie in Rücksicht auf die Bedeutung des griechischen Wortes selbst als ein „Beisammen-vorliegen-Lassen" herausgestellt hat, so ist in Bezug auf dieses der λόγος als Sagen so wenig ein neues Phänomen, dass vielmehr umgekehrt der λόγος *gerade als Sagen* – recht bedacht – ein solches *Beisammen-vorliegen-Lassen*, ja am Ende sogar ein *Alles in den offenen Bereich der Lichtung freigebendes, in sie Versammeln und Erscheinen-lassen* ist. Dafür legt zunächst die platonisch-aristotelische Bestimmung des λόγος als Aussage ein spätes Zeugnis ab: gemäß Aristoteles ist ja bekanntlich jede Aussage – mag sie affirmativ oder negativ sein – dadurch bestimmt, dass sie – als „apophantischer λόγος" – *ein synthetisch-dihairetisches* ἀποφαίνεσθαι, ein *Von-ihm-selbst-her-erscheinen-Lassen des von ihm vorgelegten Sachverhaltes ist*[38]. Noch aber fragt sich, inwiefern im λόγος des Heraklit, sofern er von dieser Art des Sagens, also ein Sagen im Sinne des Alles versammelnden Erscheinenlassens ist, die *ontologische Differenz* ihre Spur geprägt hat bzw. wie dieses Sprachwesen selbst aus ihr zu denken ist. Damit wird allererst vollends deutlich werden, inwiefern Sprache, λόγος, Sagen in der Tat ein

---

[37] Vgl. *op. cit.*, GA 7, S. 214.
[38] Gemäß Aristoteles ist *jede* Aussage, sowohl die *Bejahung* (affirmatio, κατάφασις), wie die *Verneinung* (negatio, ἀπόφασις), synthetisch-dihairetischer Struktur (vgl. *Met*. VI, 4; insbes. 1027b 23-25). Den apophantischen Charakter der Aussage (λόγος ἀποφαντικός) stellt Aristoteles *De Int.*, cap. 4, 17a 2-3 und cap. 5 heraus.

A. Vorsokratik / La pensée présocratique

Alles versammelndes Erscheinenlassen ist. Dazu gilt es, die ontologische Differenz selbst noch genauer zu durchdenken. Dann zeigt sich – und das ist eine Erfahrung, die Heidegger auf dem Weg seines „nicht mehr metaphysischen", die Metaphysik zunehmend verwindenden Denkens gemacht hat –, dass die bloße Differenz, d.h. der Unterschied des weigernden Todes, nicht zureicht, um die Eröffnung des Seins als das das Seiende *da* und *anwesend* sein lassende *Anwesen* einsichtig werden zu lassen. Denn mag auch der Tod im ekstatischen Entrücktsein des sterblichen Daseins zu ihm im Abweis des Seienden räumend und öffnend sein, mag er also auf seine Weise das Offene einräumen, in dem allein Sein als Anwesen sich öffnen kann, so bleibt doch uneinsichtig – zumindest für ein nicht mehr in transzendentalen Bedingungsverhältnissen denkendes, postmetaphysisches Denken –, wie aus dem Tod allein, der doch *ab*-weisend ist und insofern ins *Weg* geht, *Anwesen*, das doch durch *Zu-wendung* gekennzeichnet ist, sich soll eröffnen können. Das ist offenbar nur dann möglich, wenn – wie Heidegger in seiner späten Abhandlung „Zeit und Sein" zeigt – diese beiden von ihm sog. „Sachen", das *Weg* des Todes und das *Zu* des Anwesens, immer schon in ein *Verhältnis* zusammengehalten werden, das sie als der anfängliche „*Sach-verhalt*" allererst „*gibt*". Heidegger nennt bekanntlich diesen am Ende Alles sich jeweils übereignenden und Alles miteinander vereignenden Sach-verhalt das „*Ereignis*"[39]. Dieses aber ist – da auch den

---

[39] Der hier vorgelegte Gedankengang liegt der späten Abhandlung „Zeit und Sein" (1962) (in: *Zur Sache des Denkens*, GA 14, S. 1-25) zugrunde. Deren Grundbewegug charakterisiert Heidegger in dem beigefügten Protokoll („*Protokoll zu einem Seminar über* den Vortrag »Zeit und Sein« ", 1962, GA 14, S. 31-66) folgendermaßen: „Mit der gebotenen Vorsicht könnte man sagen, daß der Vortrag die Bewegung und den Wandel des Heideggerschen Denkens von *Sein und Zeit* zum späteren Sagen des Ereignisses wiederholt." (GA 14, S. 35). Das einheitliche Phänomen des aus dem Entzug bzw. dem *Weg* sich eröffnenden Seins fasst Heidegger im Protokoll als „Zuwendung im Entzug" (GA 14, S. 50). Dieses ist durch die ontologische Differenz allein für ein nicht mehr in transzendentalen Bedingungsverhältnissen denkendes, postmetaphysisches Denken nicht einsichtig. Es muss vielmehr aus der einheitlichen Mitte des das Zu- und das Weg zueinander- und auseinanderhaltenden Verhältnisses – des „Sach-Verhaltes" – gedacht werden. Dieser bringt Beide anfänglich in eins und zumal in ihr Eigenes und ist insofern das „*Ereignis*". Dieses charakterisiert Heidegger in *Zeit und Sein* folgendermaßen:

> [...] Was beide Sachen zueinandergehören läßt, was beide Sachen nicht nur in ihr Eigenes bringt, sondern in ihr Zusammengehören verwahrt und darin hält, der Verhalt beider Sachen, der Sach-Verhalt, ist das Ereignis. Der Sach-Verhalt kommt nicht nachträglich als aufgestocktes Verhältnis zu Sein und Zeit [bzw. Anwesen, Zuwendung und Entzug] hinzu. Der Sach-Verhalt ereignet erst Sein und Zeit aus ihrem Ver-

Tod ereignend und umgekehrt selbst in das diesem eigene *Weg* mit einbehalten – das sich immer schon selbst entziehende, uns gelegentlich nur streifende, öffnend-lichtende, Scheinen und Anwesen allererst aufscheinen lassende, vorgängige *Sagen – dicere*, δεικνύναι – *der Sprache*⁴⁰. Dass *Tod und Sprache* zusammengehören, geht daraus hervor, dass allein der Mensch als das sterbliche Dasein spricht⁴¹. Und dass *Sprache* erst *Lichtung* und *Seiendes freigebendes Anwesen* gewährt, zeigt sich u.a. daran, dass erst das lösende wesentliche Wort so etwas wie ein *Wesen*, ein Wesentlichsein aller Dinge gewährt, das diese offen da sein und erscheinen lässt⁴². Die-

---

hältnis in ihr Eigenes und zwar durch das im Geschick und im lichtenden Reichen sich verbergende Ereignen. Demnach bezeugt sich das Es, das gibt, im ‚Es gibt Sein', ‚Es gibt Zeit', als das Ereignis. (GA 14, S. 24).

⁴⁰ Heidegger denkt das Wesen der Sprache als Sach-Verhalt und Ereignis vor allem in „Das Wesen der Sprache" (drei Vorträge, 1957/58, in: *Unterwegs zur Sprache* (1959), hrsg. von F.-W. von Herrmann, GA 12, 1985, S. 147-204). Im ersten Vortrag heißt es mit Bezug auf die Erfahrung der Sprache durch den Dichter Stefan George: „Was heißt Verzicht? Das Wort »Verzicht« gehört zum Zeitwort verzeihen. Eine alte Wendung lautet: »sich eines Dinges verzeihen«, etwas aufgeben, darauf verzichten. Zeihen ist dasselbe Wort wie das lat. dicere, sagen, das griechische δείκνυμι, zeigen, althd. sagan: unser sagen. Der Verzicht ist ein Entsagen. [...] Nur dies? Nein, in der Absage ist [dem Dichter] schon etwas zugesagt [...]." (GA 12, S. 158). Insbesondere der dritte Vortrag thematisiert die Sprache als den Alles zueinander haltenden Sach-Verhalt bzw. als die Alles nähernde Nähe (z.B. S. 202). Dass das Ereignis die Sprache ist, geht auch aus einer Randbemerkung Heideggers zum „Brief über den ‚Humanismus'" (1946) hervor: „[...] Sein als Ereignis, Ereignis die Sage. Denken: Entsagen die Sage des Ereignisses." (in *Wegmarken*, GA 9, S. 315, Randbemerkung a). Im Aufsatz zur *Moira* des Parmenides denkt Heidegger die Sprache als das, was ἀλήθεια gewährt: „Was geschieht in der Φάσις und im Λόγος? Sollte das in ihnen waltende, versammelnd-rufende Sagen jenes Bringen sein, das allererst ein Scheinen erbringt, das Lichtung gewährt, in welchem Währen erst Anwesen sich lichtet, damit in seinem Licht Anwesendes erscheine und so die Zwiefalt beider walte? Sollte die Entfaltung der Zwiefalt darin beruhen, daß sich lichtendes Scheinen ereignet? Seinen Grundzug erfahren die Griechen als das Entbergen. Dementsprechend waltet in der Entfaltung der Zwiefalt die Entbergung. Die Griechen nennen sie ᾿Αλήθεια." (GA 7, S. 252).

⁴¹ Das deutet Heidegger in „Das Wesen der Sprache" an: „Die Sterblichen sind jene, die den Tod als Tod erfahren können. Das Tier vermag dies nicht. Das Tier kann aber auch nicht sprechen. Das Wesensverhältnis zwischen Tod und Sprache blitzt auf, ist aber noch ungedacht." (GA 12, S. 203)

⁴² Das deutet Heidegger in „Das Wesen der Sprache" an, indem er Verse von Stefan George (GA 12, S. 167) und Hölderlin (GA 12, S. 194) anführt. In dem auf diese Abhandlung folgenden Aufsatz „Das Wort" sagt er: „[...] Das Wort [verleiht] erst Anwesen,

ses Sprachwesen im Sinne des vorgängig waltenden, *Alles lichtenden und versammelnden wesentlichen Wortes* kommt, gemäß Heideggers Zwiegespräch mit Heraklit, in dessen Grundwort ὁ Λόγος ins Wort. In diesem hat nicht nur die ontologische Differenz, sondern diese, sofern sie in das als *Ereignis* gedachte Sprachwesen zurückgenommen ist, ihre Spur geprägt. Das deutet Heidegger gegen Ende seines Aufsatzes zu Heraklits λόγος an:

> Was geschieht, wenn das Sein des Seienden, das Seiende in seinem Sein, wenn der Unterschied beider *als* Unterschied zur Sprache gebracht wird? „Zur Sprache bringen" [...] [meint] jetzt Sein in das Wesen der Sprache bergen. Dürfen wir vermuten, daß solches sich vorbereitete, als für Heraklit ὁ Λόγος zum Leitwort seines Denkens, weil zum Namen des Seins des Seienden wurde?[43]

Wenn aber die aus der Differenz eröffnete Zwiefalt von Sein und Seiendem am Ende der Alles versammelnde λόγος ist, dann muss sie auch das Denken des Menschen zu sich versammeln. So stellt sich die Frage, wie das Denken des Menschen zur Zwiefalt von Sein und Seiendem steht.

3) Auf diese Frage gibt – gemäß Heidegger – das wesentliche Wort des Parmenides, Μοῖρα, die Antwort. Die entsprechenden Verse des Fragments VIII, die Heidegger in seinem Aufsatz zur Μοῖρα[44] des Parmenides interpretiert, lauten:

> ταὐτὸν δ' ἐστὶ νοεῖν τε καὶ οὕνεκεν ἔστι νόημα.
> οὐ γὰρ ἄνευ τοῦ ἐόντος, ἐν ᾧ πεφατισμένον ἐστιν,
> εὑρήσεις τὸ νοεῖν· οὐδ' ἦν γὰρ ἢ ἔστιν ἢ ἔσται
> ἄλλο πάρεξ τοῦ ἐόντος, ἐπεὶ τό γε Μοῖρ' ἐπέδησεν
> οὖλον ἀκίνητόν τ' ἔμμεναι [...].[45]

---

d.h. Sein, worin etwas als Seiendes erscheint." (in GA 12, S. 214). „Wort" meint hier das sich gewährende, rechte Wort. Dieses kann ein einziges Wort sein, besteht aber vor allem in einem Wortzusammenhang.

[43] GA 7, S. 232.
[44] „Moira (Parmenides VIII, 34-41)" (1952), in *Vorträge und Aufsätze* (1954), GA 7, 2000, S. 235-261.
[45] Fragment VIII, 34-41. Diels-Kranz I, S. 238. Zitiert von Heidegger in GA 7, S. 237.

> Dasselbe aber ist Denken sowohl wie auch das, worumwillen der
> Gedanke ist.
> Denn nicht ohne das ἐόν, in dem es gesagt ist,
> wirst du das Denken finden: es war nämlich und ist und wird sein
> nichts Anderes außerhalb des ἐόν, da die Μοῖρα es gebunden hat,
> ganz sowohl wie auch unbewegt zu sein [...].⁴⁶

Das ἐόν, die aus der Differenz des Todes eröffnete Zwiefalt von Sein und Seiendem, ist also mit dem Denken *dasselbe* – αὐτό –, d.h. das Denken ist mit ihm *verselbigt*, in es versammelt, und zwar so, dass es um willen des ἐόν, unterwegs zu ihm, also als Denken des sterblichen Daseins ek-statisch in es entrückt ist⁴⁷. Das Denken aber ist in dieser Weise ins ἐόν versammelt, weil – wie Parmenides sagt – es (das Denken) in ihm (im ἐόν) πεφατίσμενον, „gesagt" ist, weil also eine φάσις, ein Sagen, in der Zwiefalt des ἐόν waltet⁴⁸. Diese φάσις ist das Sprachwesen, das bei Heraklit ὁ λόγος hieß, freilich so, dass dieses jetzt vor allem auf das Verhältnis zum Menschen hin orientiert ist. Diese – gemäß dem Ereignis – aus der Absenz des Todes her kommende φάσις, das vorgängige Sagen des wesentlichen Wortes, entbreitet und gewährt allererst ein Offenes, Lichtung, Scheinen, in welchem sich Anwesen eröffnet und aufscheint, das seinerseits Seiendes allererst *da* sein und *vorliegen* lässt⁴⁹, und zwar so, dass diese φάσις – indem sie als λόγος Seiendes *vorgelegt* hat – auch schon – gleichsam im Sinne des lat. *fas* – rufend-heischend das sterbliche Dasein aufruft, im sterblichen λόγος das Vor- und Zueinander-liegen des Seienden in einer *Welt* eigens zu vollbringen, d.h. es ins philosophische Wort zu bringen und es in die Acht eines sich auf es sammelnden νοεῖν, eines es *verwahrenden, bergenden Denkens* zu nehmen⁵⁰. Denn nur so vermag der auf dem Grunde des weigernden Todes letztlich als *Gunst* eröffnete offene Bereich einer *Welt* zu währen.

Diese φάσις, die rufend-heischend nach dem Denken des sterblichen Daseins – es brauchend – verlangt, – ein Brauchen und Verlangen, das offenbar dem χρεών des Anaximander entspricht –, erfuhr Parmenides

---

⁴⁶ Übersetzung von Vf.
⁴⁷ *Op. cit.*, GA 7, S. 247 und S. 251.
⁴⁸ *Op. cit.*, GA 7, S. 252.
⁴⁹ Ibid.; vgl. *supra*, S. 31 Fußnote Nr. 40.
⁵⁰ *Op. cit.*, GA 7, S. 250.

als μοῖρα, als ein Zuteilen des zugemessenen Anteils, und zwar, wie es im Prooemion des Lehrgedichts heißt: als οὐ μοῖρα κακή[51], nicht als ein „arges", also als gutes „Geschick"[52], wie Heidegger das griechische Wort μοῖρα übersetzt. „Ge-schick" meint hier – wie dies auch das von Heidegger als philosophischer Terminus geprägte Wort selbst anzeigt – das aus der Differenz her Alles in die Lichtung Versammelnde (was eben in dem die Versammlung meinenden Präfix *ge-* angezeigt ist), das – sich selbst immer schon in die Differenz zurücknehmend – einem Jeden den ihm zugemessenen „schicklichen" Anteil des Anwesens in ihr – nicht etwa in der Weise eines unausweichlichen Schicksals (denn Zwang gehört nicht in den Bereich der Differenz) –, sondern in der Weise eines mit sich selbst zurückhaltenden, also freilassenden *Schickens* zuteil werden lässt, – wie es ja eben zum Schicken gehört, mit sich selbst zurückzuhalten und, ohne sich selbst aufzudrängen, lediglich sein Geschicktes zu überlassen[53]. Dieses Ge-schick, sofern es das sterbliche Dasein in den Anteil freigibt, die sich im Sprachwesen vorgängig lichtende Welt im sterblichen λόγος eigens ins Wort zu bringen, sie so zu vollbringen und in die Acht des bergenden Denkens zu nehmen, ist in der Tat keine μοῖρα κακή, kein „arges Geschick". Denn dass überhaupt mit der φάσις des apriorischen Sprachwesens ἀλήθεια, Offenes, Scheinen und d.h. der offene Bereich einer Welt sich entbreitet, ist für das sterbliche, in das Dunkel des weigernden Todes entrückte Dasein von der Art der *Gunst*, also – wie Heidegger in seinem Ding-Aufsatz sagt: „*Geschenk*"[54]. Insofern hat auch in der als „Ge-schick" gedachten μοῖρα des Parmenides die in das Ereignis des Sprachwesens zurückgenommene ontologische Differenz ihre Spur geprägt. Das deutet Heidegger am Ende seines Moira-Aufsatzes an:

> Das Wesen der Sterblichen [ist] in die Achtsamkeit auf das Geheiß gerufen [...], das sie in den Tod kommen heißt. Er ist als äußerste Möglichkeit des sterblichen Daseins nicht Ende des Möglichen,

---

[51] Parmenides, *Lehrgedicht*, Diels-Kranz 28 B 1, V. 26.
[52] *Op. cit.*, GA 7, S. 256.
[53] *Op. cit.*, S. 256 sq.
[54] „Das Ding" (1950), in GA 7, S. 165-187, insbes. S. 174. (Freilich ist hier das Wort „Geschenk" in einem viel bestimmteren Sinne gemeint, aber die Bedeutung von „Gunst" schwingt überall in der analytischen Bestimmung desselben mit.)

sondern das höchste Ge-birg (das versammelnde Bergen) des Geheimnisses der rufenden Entbergung.[55]

Aus dem aus dem Grunde des Todes schweigend rufenden Sprachwesen öffnet sich Welt, so dass das Dasein aufgerufen ist, diese als ihm Überantwortete im sterblich-bergenden Denken in die Sorge zu nehmen.

Damit ist gezeigt, dass in den wesentlichen Worten der drei vorsokratischen Denker – im Χρεών des Anaximander, im Λόγος des Heraklit, in der Μοῖρα des Parmenides – jeweils die ontologische Differenz ihre Spur geprägt hat.

Diese selbst aber wurde – wie Heidegger gegen Ende seines Moira-Aufsatzes andeutet – gemäß der Weisung der Göttin 'Αλήθεια im Lehrgedicht des Parmenides, das μὴ ἐόν, das μή, das Nein und Nicht im ἐόν, nicht zu denken[56], nicht eigens thematisch gedacht. Der Unterschied des weigernden Todes, der doch das eigentlich Raumgebende in der Entfaltung der Zwiefalt ist, fiel gemäß der ihm eigenen Tendenz der Weigerung seiner selbst in eins mit dem sich aus ihm eröffnenden Sein im abweisenden Verweis auf das *Seiende* in eine zunehmende „Vergessenheit". In eins mit dieser sich verhüllenden Todes- und Seinsvergessenheit wandelt sich das aus dem Unterschied sich nährende ekstatisch versammelnde Anwesenlassen von Welt – wie dies sich im Spruch des Anaximander ansatzhaft vorzeichnete – in die στάσις des Seienden, das sich – in rückbezüglicher Identität mit sich selbst – im Sein den Grund seiner selbst ergründet und sich im Vergessen von Welt in die sich selbst sichernde bloße Beständigkeit seiner selbst versteift. Diese Metaphysik der begründenden Selbstbeständigung kommt – gemäß Heidegger – im Zeitalter der Technik in ihre äußerste und letzte Möglichkeit. Die vom Bergen verlassene Wesenlosigkeit des Seienden als bloßen technischen Bestandes ist aber die *Erschütterung* des Seienden, sein Verweis in die Nichtigkeit[57]. Damit aber steht der

---

[55] *Op. cit.,* GA 7, S. 261.
[56] Fragment II, 5-8 (insbes. 8); Diels / Kranz I, S. 231.
[57] Heidegger sagt im Humanismus-Brief:
   Kann sich das Denken noch fernerhin dessen entschlagen, das Sein zu denken, nachdem dieses in langer Vergessenheit verborgen gelegen und zugleich im jetzigen Weltaugenblick sich durch die Erschütterung alles Seienden ankündigt? (GA 9, S. 353)

Unterschied gerade als solcher auf. Mit Heidegger gesagt: Im „Ab-schied" der Metaphysik kommt gerade der „Ab-schied" als solcher als Aufgabe auf ein postmetaphysisches Denken zu[58]. Das Zwiegespräch von Heideggers postmetaphysischem Denken mit dem vorsokratischen Denken ist in einer sachlichen Affinität gegründet. Das vormetaphysische Denken denkt *aus* der Differenz, die in ihm nur ihre Spur geprägt hat. Es bereitet den „Abschied" und damit das metaphysische Denken vor. Auf das postmetaphysische Denken kommt im äußersten Abschied die ontologische Differenz gerade als *thematische* Aufgabe zu. Wenn dieses sich auf ein Zwiegespräch mit den Vorsokratikern einlässt, so geschieht dies nicht, um vorsokratisch zu werden, sondern um im Zeitalter des vollendeten „Ab-schieds" des Seienden in Umkehr des Unterschieds zur *Bergung* von *Sein Welt* in das weltverlassene Seiende einkehren zu lassen. Dies jedenfalls ist das sachliche Motiv für Heideggers denkendes Zwiegespräch mit den Vorsokratikern.

---

[58] Dies deutet Heidegger in „Der Spruch der Anaximander" folgendermaßen an:

> Das Altertum, das den Spruch des Anaximander bestimmt, gehört in die Frühe der Frühzeit des Abend-Landes. Wie aber, wenn das Frühe alles Späte, wenn gar das Früheste das Späteste noch und am weitesten überholte? Das Einst der Frühe des Geschickes käme dann als das Einst zur Letze (ἔσχατον), d.h. zum Abschied des bislang verhüllten Geschickes des Seins. Das Sein des Seienden versammelt sich (λέγεσθαι, λόγος) in die Letze seines Geschickes. Das bisherige Wesen des Seins geht in seine noch verhüllte Wahrheit unter. Die Geschichte des Seins versammelt sich in diesen Abschied. (*Op. cit.*, GA 7, S. 327)

2. La « différence » dans la Parole d'Anaximandre. Prolégomènes à une lecture interculturelle

Le philosophe présocratique Anaximandre vécut de la fin du VIIe au milieu du VIe siècle avant notre ère. Sa *Parole* est considérée comme la plus ancienne de la philosophie occidentale. En voici le texte :

ἐξ ὧν δὲ ἡ γένεσίς ἐστι τοῖς οὖσι, καὶ τὴν φθορὰν εἰς ταῦτα γίνεσθαι κατὰ τὸ χρεών · διδόναι γὰρ αὐτὰ δίκην καὶ τίσιν ἀλλήλοις τῆς ἀδικίας κατὰ τὴν τοῦ χρόνου τάξιν.[1]

Nous présentons d'abord une traduction plutôt habituelle :

> Ce d'où les étants prennent leur naissance (γένεσις), là également va leur dépérissement (φθορά), conformément à la Nécessité (κατὰ τὸ χρεών). Car ils rendent eux-mêmes (αὐτά) justice (δίκη) et réparation (τίσις) réciproquement pour l'injustice (ἀδικία), conformément à l'ordre du temps.[2]

Le texte consiste en deux parties :

1. Une première partie qui parle des étants (τὰ ὄντα) et de leur manière d'être, en l'occurrence de leur naissance (γένεσις) et de leur dépérissement (φθορά), en avançant que ce dernier a lieu « conformément à la Nécessité » (κατὰ τὸ χρεών).

2. Une seconde partie qui précise pourquoi il en est bien ainsi : les étants, insistant d'abord sur eux-mêmes et violant donc les autres, rendent finalement justice (δική), et même réparation (τίσις) les uns aux autres, « conformément à l'ordre du temps ».

On pourrait d'abord comprendre ce texte de la façon suivante : Anaximandre, qu'on compte d'ailleurs suivant la tradition doxographique issue d'Aristote et de Théophraste, au nombre des philosophes ioniens de la nature, chercherait à expliquer ici certains processus de la nature. Pour cela,

---

[1] Anaximandre, fragment I, *in* : Diels/Kranz I, p. 89.
[2] Notre traduction.

il se servirait de certains concepts relevant du domaine du droit et les transférerait au domaine de la nature. Il représenterait donc les processus de la nature comme s'ils se déroulaient dans un tribunal. Ce transfert serait certes illicite, mais cependant bien compréhensible : au temps d'Anaximandre, la science de la nature n'en était qu'à ses débuts, et encore primitive. Cette interprétation est d'ailleurs encore habituelle aujourd'hui.

Toutefois, à considérer le texte de plus près, il faut constater qu'Anaximandre ne parle pas de la nature en particulier, comme d'un domaine à l'intérieur de ce qui est, pour l'expliquer à partir d'un autre, celui du droit, mais il parle tout simplement *des étants* (τὰ ὄντα). Il parle de toutes les choses qui sont, quelles qu'elles soient – des choses naturelles ou artificielles, hommes ou dieux ; il parle des « étants » dans leur ensemble, comme le dit d'ailleurs le mot grec τὰ ὄντα, convertible avec τὰ πάντα. Anaximandre ne transfère donc pas des concepts du domaine du droit à celui de la nature : ces domaines font eux-mêmes partie du *tout*. Ainsi les mots qui nous suggèrent cette interprétation n'auraient pas une signification spécifiquement juridique, mais seraient à comprendre autrement. La représentation du tribunal doit être écartée.

Mais comment donc comprendre dès lors la parole d'Anaximandre ? Quelle est la dimension à partir de laquelle elle parle[3] ?

Pour gagner cette dimension, considérons de nouveau ce dont Anaximandre parle. Ce sont, nous l'avons vu, *les étants* (τὰ ὄντα). Pour bien saisir le sens de ce mot, il convient de préciser ce qu'il veut dire en grec conformément à sa forme grammaticale. Τὰ ὄντα ou τὰ ἐόντα est le pluriel

---

[3] Heidegger a essayé de dégager la dimension « pré-métaphysique » de la *parole* d'Anaximandre par la voie d'un dialogue entre la pensée « pré-métaphysique » et la pensée « post-métaphysique » dans son essai : « Der Spruch des Anaximander » (1946) [cité SdA], *in : Holzwege*, GA 5 : Frankfurt a. M., Klostermann, 1977 [cité GA 5] / « La Parole d'Anaximandre » [cité : PA], *in : Chemins qui ne mènent nulle part*, Paris, Gallimard, 1962 [cité : *Chemins*]. Nous devons à cet essai les pensées essentielles de notre contribution. Concernant la distinction entre pensée « pré-métaphysique » et pensée « post-métaphysique », *cf.* « Martin Heidegger – Eugen Fink, „Heraklit", *Seminar. Wintersemester* 1966/67 » (1970), *in : Seminare*, hrsg. von Curd Ochwadt, GA 15, 1986, p. 9-266, en part. p. 110 / *Héraclite*, *Séminaire. Semestre d'hiver* 1966/67, Paris, Gallimard, 1973, en part. p. 94. Nous avons essayé de clarifier cette distinction dans notre précédent essai intitulé « Heidegger und die Vorsokratiker. Anaximander – Heraklit – Parmenides », *cf. supra*, p. 16-36, en part. p. 16-20

de ὄν, ἐόν, participe présent du verbe εἶναι (*être*). ὄν veut donc dire : *étant*. Comme participe, il a deux significations, comme le mot français « étant » le donne lui-même à entendre. D'une part, il désigne, en une signification *verbale* : l'*être* – désignant pourtant du même coup cet être comme *être de l'étant*. D'autre part, il désigne, en une signification *nominale* : l'*étant* – désignant celui-ci du même coup comme *un étant en train d'être*. Or, si le participe ὄν désigne d'une part l'*être* et d'autre part l'*étant* – bien que tous deux d'emblée dans un rapport réciproque –, cela veut dire que dans ce participe est indiquée une certaine *différence* entre l'être et de l'étant – différence qui implique du même coup le rapport entre eux[4].

Qu'en est-il de cette différence ? Elle n'est – à bien la méditer – ni d'ordre purement grammatical, ni d'ordre purement logique, mais s'avère être un certain phénomène que l'on rencontre dans l'existence humaine. Il s'agit en fait de la *différence indispensable* pour que l'être puisse *se détacher* d'avec l'étant et ressortir donc lui-même, pour faire alors apparaître, par son *rapport* à l'étant, ce dernier comme tel. En effet, pour que l'être puisse se détacher d'avec l'étant et ressortir lui-même, il faut que l'étant dans son ensemble soit d'abord renvoyé dans l'insignifiance, qu'il soit *néanti (ge-nichtet)*[5] et donc d'une certaine manière *écarté*. Ce n'est que

---

[4] *Cf.* SdA, GA 5, p. 317*sq* / PA, *Chemins*, p. 280 *sq.*

[5] *Ge-nichtet* est le *participe parfait* du terme *nichten* qu'on a traduit par *néantir*. *Nichten* est un néologisme que Heidegger a créé pour désigner les mouvements qui sont en jeu dans ce phénomène qu'est l'*ouverture de l'être comme tel*. Il l'a formé en analogie avec les verbes *bieten (offrir)* et *weisen (montrer)*, y compris les mots apparentés à ces derniers. *Nichten* désigne alors 1) le mouvement de *renvoyer l'étant* dans l'insignifiance (*nichten* au sens "négatif" de *ver-nichten*, à entendre ici non pas au sens physique de *détruire*, mais bien en analogie avec les mots composés *ver-bieten*, *défendre*, et *ab-weisen*, *renvoyer*) ; et 2) le mouvement de laisser apparaître et d'*accorder* l'être (*nichten* au sens "positif", à entendre en analogie avec les *simplicia bieten*, *offrir*, *accorder*, et *weisen*, *montrer*, ou encore avec le *compositum ver-weisen*, *renvoyer à...*). La raison de cette terminologie – somme toute de teneur "négative" – réside dans le fait que ladite « différence » *n'est pas un étant, nec entem, né-ant, nichts (√ ni eo [= nio] wicht, nie etwas, [ce qui n'est] jamais quelque chose)*. De telle sorte qu'elle se déploie sous la forme de mouvements de l'ordre de ce *nichts*, et donc de l'ordre du *nichten (néantir)*. Heidegger a développé cette terminologie dans sa Leçon inaugurale intitulée « Was ist Metaphysik ? » (1928), *in :* Wegmarken, GA I, 9, 1976, p. 103-122, en part. p. 113 *sqq* / « Qu'est-ce que la métaphysique ? », traduit par Henry Corbin, *in : Questions 1*, Paris, Gallimard, 1968, p. 47-72, en part. p. 60 *sqq.*

par là que s'ouvre l'*espace* indispensable pour que l'être puisse se dégager, être là, ouvertement, et ressortir donc lui-même. Or, c'est la *différence* qui – en *dif-férant*, en renvoyant l'étant – ouvre cet espace. Cette différence qui *néantit (nichtet)*, renvoie les étants dans l'insignifiance, et qui, manifestement, n'est elle-même pas un étant – *nec entem, néant (nichts)*[6] – est en dernière analyse l'œuvre de la mort (ou la mort à l'œuvre), – la mort comprise comme phénomène existentiel, toujours présente dans l'existence humaine, qu'on se l'avoue ou non. Car la mort, à laquelle l'homme, en sa *mortalité*, se trouve toujours exposé, est précisément cette instance face à laquelle tous les étants ont toujours déjà sombré dans l'insignifiance, ou plutôt cette instance qui – elle-même essentiellement refusante – les a elle-même toujours déjà renvoyé dans l'insignifiance. La mort est l'instance du refus, niant à tous égards, qui, comme telle, écarte les étants, mais qui, d'autre part, a par là même toujours déjà libéré et ouvert un certain espace, – indispensable à l'être pour qu'il puisse se dégager, être là, ouvertement, et ressortir donc lui-même, ne serait-ce que rapidement, nous effleurant à peine, pour se rapporter aussitôt aux étants et les laisser être là, dans cet espace, comme tels[7]. Cette différence, Heidegger l'a nommée la « différence ontologique (*ontologische Differenz*) »[8]. Car cette différence, toujours à l'œuvre, toujours latente dans l'existence de l'homme *mortel* permet à la pensée philosophique, pour autant qu'elle la thématise, de concevoir (λέγειν) l'être (ὄν) en sa possibilité même et d'être en ce sens « onto-logique »[9].

---

[6] *Ibid.*
[7] Heidegger indique ce rôle de la mort dans : « Das Ding », *in : Vorträge und Aufsätze*, GA 7, p. 165-187, en part. p. 180 / « La chose », *in : Essais et conférences*, traduit de l'allemand par André Préau et préfacé par Jean Beaufret, Paris, Gallimard, 1958, p. 194-218, en part. p. 212 *sq*.
[8] Concernant la « différence ontologique », *cf. Die Grundprobleme der Phänomenologie*, Marburger Vorlesung Sommersemester 1927, hrsg. von F.-W. von Herrmann, GA 24, 1975, en part. p. 454 / *Problèmes fondamentaux de la phénoménologie*, traduit par J.-F. Courtine, Paris, Gallimard, 1985, en part. p. 382 *sq*. Heidegger y a présenté pour la première fois la « différence ontologique » au public. *Cf.* aussi « Vom Wesen des Grundes » (1929) [cité WG], *in :* GA 9, p. 123-175, en part. p. 134 et l'apostille b / « Ce qui fait l'être essentiel d'un fondement ou ‹ raison ›, traduit par H. Corbin, *in :* *Questions I*, p. 85-138 en part. p. 100.
[9] Relevons que la *différence* de l'être d'avec l'étant implique d'emblée son *rapport* à l'étant. L'être, à peine là, dans l'espace ouvert par la mort refusante, et, jamais sans

C'est donc cette différence qui est indiquée dans le mot ὄν, ὄντα – qui est ce dont nous parle Anaximandre dans sa Parole. Cela laisse entendre que c'est précisément cette différence, c'est-à-dire la mort, l'instance du refus ouvrant l'espace pour l'être, qui est la *dimension* à partir de laquelle Anaximandre pense sa Parole. Cela ne veut pas dire que cette différence soit thématiquement présente pour lui – non seulement parce qu'une dimension n'est jamais que ce *d'où* l'on pense, mais avant tout parce que cette dimension de la différence (ou l'espace pour l'être, libéré par la mort comme refus) a elle-même toujours déjà tendance à se refuser, c'est-à-dire à se retirer et à se soustraire. Ainsi, cette différence, si elle est bien la dimension de la Parole d'Anaximandre, n'a cependant pu que laisser sa *trace* dans celle-ci[10].

Nous suivons maintenant cette indication pour essayer de comprendre la Parole d'Anaximandre à partir de la dimension de la différence ontologique. Or, ce dont parle Anaximandre, ce sont les étants ; et ce qu'il dit de ceux-ci, c'est leur manière d'être. Comment donc cette manière d'être se présente-t-elle maintenant quand nous la pensons à partir de la différence ontologique ? Elle consiste d'abord – comme le dit la première partie de la Parole – en ce que les étants ont une genèse, une naissance (γένεσις), et un dépérissement (φθορά). Or, ces processus, pensés maintenant à partir de la

---

elle, affecté lui-même en cette co-appartenance d'une certaine manière par le refus, – cet être, à peine là, cède aussitôt lui-même, pour se rapporter, renvoyer, se « donner », à l'étant, – pour *le* laisser être là, dans cet espace, et *le* laisser apparaître comme tel, comme étant. Ce rapport de l'être à l'étant, s'accomplissant à partir de la *différence* et appartenant à celle-ci, Heidegger l'a appelé le « pli » (*Zwiefalt* – à entendre comme *Zwi-ent-faltung*) de l'être et de l'étant. La *différence* et le *pli* de l'être et de l'étant constituent donc l'ensemble d'un seul et même phénomène, seulement explicité sous ses aspects différents. Le mot allemand *Unterschied*, souvent employé par Heidegger au lieu de l'expression latinisante *ontologische Differenz*, indique lui-même ce rapport : la préposition *unter* y a l'ancien sens de *zwischen* (entre). Cf. *Vom Wesen des Grundes*, GA 9, en part. p. 134 et les apostilles / « L'être essentiel d'un fondement… », *in* : *Questions* I, en part. p. 100. Concernant le « pli » (*Zwiefalt*), *cf.* entre autres SdA, GA 5, p. 317 *sq* / PA, *Chemins*, p. 280 *sq*, et « Moira (Parmenides, Fragment VIII, 34-41) », *in* : GA 5, en part. p. 245 / « Moira » (Parménide, Fragment VIII, 34-41) », *in* : *Essais et conférences*, traduit par André Préau et préfacé par Jean Beaufret, Paris, Gallimard, 1958, p. 279-310, en part. p. 289. *Cf.* également *supra* notre essai précédent intitulé « Heidegger und die Vorsokratiker. Anaximander – Heraklit – Parmenides », en part. p. 18 *sq*.

10   *Cf.* SdA, GA 5, p. 336 et p. 364 / PA, *Chemins*, p. 405 *sq* et p. 439.

différence ontologique, se présentent de la façon suivante : vu que l'*être* se donne aux *étants* à partir de la différence de la mort, la γένεσις des étants, leur venue à l'être, consiste alors à *apparaître à partir de l'absence de la mort* dans l'espace libéré et ouvert par la différence de la mort. Cet espace est celui du monde, au sens de l'οἰκουμένη des Grecs, soit l'espace libéré, habitable, à l'intérieur de ce qui est clos. De même, la φθορά, le dépérissement des étants, consiste alors à *disparaître* de cet espace *vers l'absence de la mort*, dans ce qui est clos. Ainsi, les étants qui sont là et présents à partir de la différence de la mort, ne sont présents que dans l'intervalle entre deux absences – dans la *jointure (Fuge)* qu'elles forment –, de sorte qu'ils ne font que *séjourner de façon transitoire* dans l'espace ouvert du monde. D'autre part – et ce toujours conformément à la différence ontologique, conformément donc à l'être qui se donne aux étants à partir de la différence – les étants sont présents (pour le dire avec Aristote) comme des καθ' ἕκαστα[11], des *chacuns*, existant καθ' αὐτό[12], *de soi, de façon libre* – l'être, par suite du retrait qui lui est propre, les laissant précisément *libres*. Ils sont donc présents, en séjournant chacun de façon transitoire dans l'espace ouvert du monde.

Toutefois, les étants, loin de se plier sans autre à la différence, soit au séjour transitoire qui leur est assigné, ont bien plutôt tendance – et ce comme les *chacuns* qu'ils sont à chaque fois – à *s'insurger* c'est-à-dire à insister, chacun, sur soi-même et – au lieu de céder – à persister. Ils ont tendance – comme l'exprime Anaximandre dans la seconde partie de sa Parole – à exister comme des αὐτά, chacun comme un *soi-même* insistant et persistant sur lui-même. Cette tendance, les étants ne l'ont d'ailleurs originellement pas d'eux-mêmes. Mais vu qu'ils sont là grâce à l'être qui se donne à eux à partir de la différence, c'est bien celle-ci, la différence de la mort, qui en est en fin de compte l'origine. En effet, la mort, l'instance du *refus* a toujours tendance à se refuser elle-même, et – *s'insurgeant* ainsi – à se faire oublier, à tomber dans l'oubli. Dans ce cas, l'être, affecté par ce refus et entraîné par

---

[11] Par ex. Aristote, *Métaphysique* [cité *Mét.*], VII, 1 ; 1028 a 27.
[12] Par ex. *Mét.* VII, 4 ; 1029 b 13, où le καθ' αὐτό est d'ordre « logique », et 1030 a 25 *sq*, où il revient au τόδε τι (le *ceci* qui existe *de soi* ou *en soi* et qui est l'οὐσία). *Cf.* également la définition de la φύσις, *in :* Aristote, *Physique* (cité *Phys.*), II, 1 ; 192 b 21 *sqq*.

lui, se refusera lui-même, – tout en se rapportant toujours à l'étant, de sorte qu'il le laisse alors être là, *entièrement* pour soi, comme αὐτό, et s'oublie dans lui. *L'insurrection* – la στάσις – de *la mort* se trouve donc *à l'origine de l'insurrection de l'étant*. Dès lors, l'étant, s'insurgeant au lieu de suivre la différence de l'être, va au contraire – comme le αὐτό qu'il est – faire *retour* sur lui-même et donc *identifier réflexivement* l'être avec lui-même. En lieu et place de la différence de l'être et de l'étant, s'établit alors *l'identité réflexive de l'étant avec l'être*. L'être, au lieu d'être *lui-même,* c'est-à-dire la *faveur* qu'il est suite à la différence, n'est plus admis que « métaphysiquement » comme *fondement de l'étant* qui, par lui, s'assure de lui-même.

Mais il y a plus. Auparavant, au stade où l'être, en sa différence à l'égard de l'étant, ne se refusait pas, le rapport de l'étant à l'être consistait à suivre la différence, à s'ab-senter (*ent-rücken*) dans celle-ci et à exister donc *hors de soi*, ek-statiquement, sous tous les rapports possibles. Cela veut dire que chaque étant s'ouvrait alors à *l'autre*, qu'il était πρός lui[13], *rapport* à lui, tout en prenant égard à lui. En ce sens, la mort, comme instance de la différence ek-statique, était – et est – l'instance de *l'ouverture de l'un à l'autre*. L'être, pour autant qu'il se donne à l'étant à partir de la différence ek-statique de la mort, ouvre donc ek-statiquement les étants les uns aux autres – πρὸς ἄλληλα –, il les *rassemble,* les laisse être *là* en une *communauté* (κοινωνία), dans l'espace d'un monde alors essentiellement commun (κοινόν)[14]. Mais quand l'être, en sa différence d'avec l'étant, suite à l'insurrection de la mort, se refuse et s'oublie dans l'étant, tous ces rapports s'inversent : l'étant, au lieu d'être ek-statiquement hors de soi, auprès des autres, et de prendre égard à eux, s'insurge lui-même, comme le αὐτό qu'il est, et – dans l'insistance et le retour réflexif sur lui-même – cherche *à s'approprier* les *autres*. C'est-à-dire : chaque étant, existant *en soi*, comme *substance*, va chercher à rendre les autres dépendants de lui-même comme ses attributs ; bien plus encore, chaque étant, existant pour soi, comme *Ego monadologique* va chercher finalement à s'intégrer *le monde*[15]. L'insurrec-

---

[13] Le πρός τι, *en rapport à quelque chose*, se définit, chez Aristote, comme πρὸς ἕτερον, *en rapport à un a utre* (*cf.* Aristote, *Catégories*, chap. 7 ; 6 a 36 *sqq*).

[14] Chez Platon, le concept de κοινωνία est (entre autres) le concept fondamental de la πόλις (*cf.* par ex. Platon, *Politique*, 276 b 7 et *République*, II, 371 b 6).

[15] *Cf.* SdA, GA 5, p. 352 / PA, p. 424.

tion de la mort comme refus, entraînant l'oubli de l'être lui-même dans l'insurrection de l'étant, s'avère être ainsi l'origine de ce type de pensée qu'on appelle « *Eurocentrisme* ». Cet état de fait est celui – comme le dit Anaximandre – de l'ἀ-δικία, de l'*in-justice*, ou plutôt du *dis-joint (Un-fug)*, les étants se trouvant hors de la *jointure (Fuge)* qui leur est assignée – δεικτόν – comme δίκη (le *juste*, le *joint, der Fug) par la* δεῖξις, *par l'assignation de la part de la différence*[16].

Mais cet état de fait, l'insurrection universalisée, ne va pas durer. Les étants vont – comme le dit Anaximandre – διδόναι δίκην, *rendre justice*, ou, plus exactement, se rendre à ce qui leur est assigné (δεικτόν), rentrer donc dans la *jointure* qui leur est assignée à partir de la différence ek-statique de la mort ; ils vont par conséquent – comme l'ajoute Anaximandre – rendre τίσιν ἀλλήλων, τιμήν : *prendre égard* les uns aux autres, en cédant donc chacun, et en s'ouvrant les uns aux autres[17]. Car l'être, s'il s'ouvre bien à partir de la différence de la mort, ne va pas pour autant succomber au *refus* et *dé-vier* les étants, mais va se rapporter à eux – comme le dit Anaximandre – κατὰ τὸ χρεών, *conformément à la nécessité*, comme on traduit habituellement la formule. Cependant, pensé conformément à la différence, le rapport de l'être à l'étant ne peut pas être de l'ordre de la nécessité contraignante : la retenue appartient essentiellement à l'être. Cette retenue n'étant pas refus et abandon par rapport à l'étant, τὸ χρεών – d'ailleurs apparenté à ἡ χείρ, *la main* – désignera un *rapport* qui tient en main, auprès de soi, mais qui, comme χάρις, *faveur* – mot auquel τὸ χρεών est également apparenté –, laisse en même temps *libre*. Ce rapport est alors de l'ordre d'un *amour* qui, d'une part, est *désir*, et d'autre part réjouissance à la simple présence de l'objet aimé – comme le dit d'ailleurs l'allemand *gern* lui aussi étymologiquement apparenté au grec τὸ χρεών, χρή[18]. C'est

---

[16] Concernant cette traduction de ἀδικία et δίκη, *cf.* SdA, GA 5, p. 354 *sqq* / PA, *Chemins*, p. 428 *sqq* ; *cf.* également la locution grecque ἵππος ἄδικος, *cheval non-dressé*.

[17] Concernant cette traduction de τίσις, *cf.* SdA, GA 358 *sq* / PA, *Chemins*, p. 432 *sq*. Τίσις, *réparation, satisfaction* appartient à τίνω, rendre à un autre ce qu'on lui doit, et τίω (ou τιμάω), *reconnaître, estimer, respecter, rendre honneur*. Τίσις est apparenté au latin *caerimonia, vénération*.

[18] Concernant cette traduction de τὸ χρεών, *cf.* SdA, GA 5, p. 365 *sqq* / PA, *Chemins*, p. 440 *sqq*. Les mots χρή et χρεών sont apparentés à l'allemand *begehren, désirer*, et *gern, cher*. Χρή, traduit habituellement par *il est nécessaire*, est originellement un substantif qui veut dire *besoin, nécessité, désir*. Par contraction avec le verbe εἶναι, *être*, il

donc parce que ce χρεών – une sorte de *désir aimant qui tient en main tout en laissant libre* – appartient constitutivement à l'être en sa différence d'avec l'étant, que ni l'insurrection de la mort ni l'insurrection de l'étant ne peuvent se maintenir. Ce χρεών fera – selon Anaximandre – son apparition dans la différence de l'être, de sorte que les étants vont alors cesser de s'insurger, et – en s'ouvrant, chacun, ek-statiquement à la différence d'une mort dès lors apaisée – vont se plier, chacun, à la δίκη, à la *jointure* du séjour transitoire qui leur est assigné dans l'espace du monde ; tout comme ils vont s'ouvrir les uns aux autres et se rendre réciproquement τίσις, *égards*. C'est alors que l'être se déploiera comme *rassemblement* des étants dans l'espace d'un monde essentiellement *commun*.

Quel est alors le rapport des étants les uns aux autres ? A méditer librement les indications d'Anaximandre, on peut le penser ainsi : le rapport des étants – ou des hommes et des peuples qui, en leur mortalité, assument toujours déjà ek-statiquement la différence de la mort tout en assumant, par là même, la présence des étants comme tels[19] – ne sera plus celui des αὐτά qui, dans l'oubli de la mort, s'insurgent et qui, existant comme des « substances » ou des « égos » cherchent à s'approprier les autres, à les rendre dépendants, à se les intégrer, assimiler ou asservir, de sorte que, finalement, ils ne sont plus que des centres ou « blocs » de puissance hostiles les uns aux autres – comme c'est le cas au stade de *l'apogée de l' "égoïsme monadologique", ou de l' "Eurocentrisme" universalisé*. Mais ce rapport sera le suivant : exposé, avec tous les autres, à la différence de la mort comme sort commun, chaque peuple, se pliant aux limites de son séjour dans l'espace du monde commun, cédant et s'ouvrant ek-statiquement à l'autre en son altérité, loin de vouloir le convaincre – ce qui ne constituerait qu'une autre forme d'asservissement – va bien plutôt *écouter l'autre* ; l'écoute étant précisément *l'ouverture ek-statique* à l'autre[20]. D'autre part, la différence de

---

a donné le verbe χρῆναι (provenant de χρὴ εἶναι), *être nécessaire*... Le mot χρεών en est le participe présent et veut dire *étant nécessaire*. Pourvu d'un article, τὸ χρεών veut dire *le nécessaire*...

[19] En ce sens, ils sont d'une certaine manière identiques aux étants : ἡ ψυχὴ τὰ ὄντα πώς ἐστι [...], *l'âme est d'une certaine manière les étants* [...] (Aristote, *De Anima*, III, 8 : 431 b 21).

[20] Cf. Heidegger, *Sein und Zeit* (1927), hrsg. von F.-W. von Herrmann, GA 2, 1977, § 34, en part. p. 217, et § 60, en part. p. 395 / *Être et temps*, traduit de l'allemand par François Vezin, Paris, Gallimard, *nrf*, 1986, en part. p. 210 et p. 356 *sq*.

l'être, soit la différence de la mort, demeurera, en même temps que le sort le plus commun, le sort le plus propre ; si bien qu'elle sera à l'œuvre différemment dans chacun des peuples, de sorte que les différentes modalités de la différence constitueront les différences des uns par rapport aux autres. Ces différences résideront en ceci que l'espace du monde, bien que commun et habité en commun par les peuples, se dégagera cependant différemment pour chacun d'entre eux, et sera ainsi assumé, habité différemment par chacun d'entre eux. De plus, ce monde, commun et différent à la fois, se dégagera encore différemment selon les différentes époques historiques, telles qu'elles sont possibles conformément aux mouvements possibles de la différence. Ainsi l'écoute réciproque des peuples et des « cultures », pour autant qu'elle soit conforme au niveau de chaque époque, trouvera son sens en ce que chacun, en écoutant l'autre, découvrira précisément ses possibilités propres, jusqu'ici cachées, d'habiter dans un monde commun[21]. Chacun sera ainsi, dans l'écoute réciproque, pour ainsi dire la « conscience » de l'autre[22], qui lui fera savoir qui il est, et aura à être, *lui*, dans un monde commun. Dès lors, plus sûr de lui-même, chacun va s'ouvrir d'autant plus à l'autre. Or, pour autant que l'écoute réciproque soit conforme *à notre époque* – marquée par la menace persistance de la mort en insurrection – cette écoute, s'accomplissant alors sur le fond de cette menace, aura pour sens de dévoiler réciproquement les possibilités, réservées dans chacun, de convertir cette insurrection de la mort comme refus qui consume et détruit, en un apaisement qui protège et garde.

En retournant au commencement de la philosophie occidentale chez le présocratique Anaximandre, et en mettant en relief la différence ontologique qui figure à titre de trace dans sa Parole, nous avons dégagé dans la pensée occidentale "eurocentrique" une autre possibilité qui se prête à un dialogue *interculturel* et contribuons ainsi à celui-ci.

---

[21] Concernant le rapport réciproque des peuples et des cultures, pensé à partir de la différence, *cf.* Heidegger, « Wege zur Aussprache » (1937), *in : Aus der Erfahrung des Denkens*, hrsg. von Hermann Heidegger, GA 13, 1983, p. 15-21, en part. p. 15-17. / « Chemins d'explication » (1937), traduction de J.-M. Vaysse et L. Wagner, *in : Cahiers de l'Herme Martin Heidegger*, sous la direction de M. Haar. Editions de l'Herme, 1983, p. 59-62, en part. p. 59 *sq.*
[22] Concernant les références, *cf. supra*, p. 45, notre note n° 20.

3. La vie et la mort au début de la philosophie occidentale. Héraclite et Platon

Dans son œuvre de jeunesse intitulée *La naissance de la tragédie à partir de l'esprit de la musique* (1872), Nietzsche a mis au jour que la culture apollinienne des Grecs a pour fondement caché l'expérience du *dionysiaque*, c'est-à-dire l'expérience de *l'unité de la vie et de la mort*. La culture apollinienne des Grecs, en sa prétendue sérénité, reposerait sur l'expérience du caractère tragique de la vie, de l'horreur et de la souffrance que celle-ci comporte. Elle se serait développée à partir de cette expérience, « comme des roses éclosent d'un buisson d'épines (*wie Rosen aus dornigem Gebüsch hervorbrechen*) »[1]. Cette expérience tragique de la vie, Nietzsche ne l'attribue pas seulement à l'âge préhomérique des Titans, avec ses combats et son « âpre philosophie populaire » (*herbe Volksphilosophie*)[2], mais également à l'âge de la tragédie grecque, celle d'un Eschyle en particulier, ainsi qu'à la pensée des présocratiques[3].

Quel est donc le statut de la vie et de la mort chez les présocratiques ? Nous nous limitons à quelques fragments d'Héraclite. Commençons par le fragment 53 :

> Πόλεμος πάντων μὲν πατήρ ἐστι, πάντων δὲ βασιλεύς, καὶ τοὺς μὲν θεοὺς ἔδειξε τοὺς δὲ ἀνθρώπους, τοὺς μὲν δούλους ἐποίησε τοὺς δὲ ἐλευθέρους.

---

[1] *Die Geburt der Tragödie aus dem Geiste der Musik* [cité *GT*], Kapitel 3 (4. Absatz), *in* : Friedrich Nietzsche, *Kritische Gesamtausgabe Werke* [cité *KGW*], hrsg. von Giorgio Colli und Mazzino Montinari, Walter De Gruyter, & Co, Berlin/New York, 1972, III, 1, en part p. 32. / *La naissance de la tragédie à partir de l'esprit de la musique* [cité *NT*], chapitre 3 (alinéa 4), *in* : Friedrich Nietzsche, *Œuvres philosophiques complètes* [cité *OPC*], vol. I, 1, G. Colli et M. Montinari (éd.), traduit par Michel Haar, Philippe Lacoue-Labarthe et Jean-Luc Nancy, Paris, Gallimard, 1977, p. 51. Concernant le dionysiaque comme fond de l'apollinien chez les Grecs, *cf.* en part. les chap. 1-5 et le chap. 9.

[2] *GT*, Kap. 4 (5. Absatz), p. 41 / *NT*, chap. 4 (alinéa 5), p. 37-38.

[3] Concernant la pensée présocratique, *cf.* Nietzsche, *Die Philosophie im tragischen Zeitalter der Griechen* (1873), *KGW*, 3, 2, p. 293-366 / *La philosophie à l'âge tragique des Grecs*, *OPC* I, 2, p. 207-273

Le conflit [ou plutôt la guerre] est le père de toutes choses, de toutes le roi. Les uns, il les montre comme dieux, les autres comme hommes ; des uns, il fait des esclaves, des autres des hommes libres.[4]

Pour bien comprendre ce texte, rappelons d'abord le thème essentiel de la pensée d'Héraclite comme des présocratiques en général. D'après le témoignage d'Aristote, ce thème est bien la φύσις, la *nature*[5]. Mais cette nature n'est pas, pour les présocratiques, un domaine limité parmi les autres ; elle est bien plutôt pour eux *l'essence de ce qui est dans son ensemble*. Cette essence, cette φύσις, consiste en ce que l'ensemble de ce qui est, le monde, se trouve en un constant mouvement, en une alternance incessante de contraires, du jour et de la nuit, de l'été et de l'hiver, de la chaleur et du froid, etc. Pourtant, il ne s'agit pas là d'une simple suite de l'un des contraires *après* l'autre, mais bien plutôt de *la montée de l'un dans le déclin de l'autre*. Dans la mesure où le jour apparaît, la nuit disparaît ; dans la mesure où le jour disparaît, la nuit apparaît de nouveau, etc... Cette ré-apparition de ce qui vient de disparaître – le fait que, dans et malgré la disparition incessante, la φύσις ne cesse d'être, mais demeure bien ce qu'elle est : φύσις, *croissance, éclosion* –, était le phénomène qui étonnait les présocratiques et suscitait leur pensée philosophique. Ils cherchaient à le comprendre en supposant que, dans toute cette alternance incessante des contraires, il doit y exister quelque chose comme un *être permanent* qui apparaît tantôt comme l'un, tantôt comme l'autre[6]. Cet être permanent dans

---

[4] Héraclite, fragment 53, in : *Die Fragmente der Vorsokratiker*, Griechisch und deutsch von Hermann Diels, hrsg. von Walther Kranz, Drei Bände, Dublin/Zürich, 6. Auflage 1951/52 (unverändert bis zur 16. Auflage 1972) [cité Diels/Kranz], Band I, p. 162. Nous suivons la numérotation des fragments d'Héraclite établis par Diels/Kranz / A. Jeannière, *Héraclite*, Traduction intégrale des fragments, précédée d'une introduction, Paris, Aubier-Montaigne, 1977 (trad. mod.).

[5] Par ex. Aristote, *Métaphysique* [cité *Mét.*] IV, 3 ; 1005 a 31- b 2. Concernant les "doctrines" des présocratiques, *cf.* l'abrégé historique de celles-ci que donne Aristote dans *Mét.* I, 3-5 et dans sa *Physique* I, 4-6.

[6] Nous suivons ici l'interprétation des présocratiques par Aristote dans *Mét.* I, 3 ; 983 b 17-18 : δεῖ εἶναί τινα φύσιν ἢ μίαν ἢ πλείους μιᾶς ἐξ ὧν γίγνεται τἆλλα σωζομένης ἐκείνης. (« Il doit y avoir une nature [*i.e.* quelque chose qui éclôt, φύει, constamment] qui peut être ou bien une ou bien une multiplicité. ») (notre trad.). *Cf.* aussi l'interprétation de ce passage que Karl-Heinz Volkmann-Schluck (philosophe allemand, 1914-1981) a présentée dans son cours magistral sur les présocratiques donné à plusieurs

ses manifestations différentes, Thalès l'a vu dans l'eau, Anaximène dans l'air, Anaximandre dans l'ἄπειρον, le *sans-limite*, et Héraclite, qui était ici le plus radical, dans le pur et simple rapport d'unité, en soi mouvementé, des contraires eux-mêmes. Ce rapport d'unité, il l'appelait λόγος, – le mot λόγος voulant précisément dire *rapport* dans sa signification la plus générale.

Conformément à ce rapport d'unité des contraires qu'est ce λόγος, la φύσις, dans toute la disparition incessante, demeure néanmoins φύσις, *croissance, éclosion*, puisque la disparition de l'un des contraires, du jour par exemple, n'est pas une disparition pure et simple, une abolition, mais bien plutôt le retrait en une absence qui, à vrai dire, est de l'ordre d'une *co-présence cachée* dans la présence actuelle de l'autre contraire, en l'occurrence dans celle de la nuit qui est venue se lever dans la mesure où le jour a décliné. Dans la présence actuelle de la nuit se trouve donc recelé le jour, en une co-présence cachée ; et vice versa : dans la présence manifeste du jour se trouve recelée la nuit, en une pareille co-présence cachée. En effet, le jour ne peut être ce qu'il est – à savoir jour, lumière qui éclaire – que s'il y a, dans lui, de l'obscurité qui est à éclairer. Et la nuit ne peut apparaître comme nuit, en son obscurité même, que s'il y a, dans elle, de la lumière qui l'éclaire, – la lumière des étoiles par exemple. Et plus le jour est clair, plus l'obscurité de la nuit qu'il éclaire est profonde ; et plus l'obscurité de la nuit est profonde, plus la lumière qui la laisse apparaître en cette obscurité même, est claire. Les contraires, dans leur union réciproque, plus ils sont des contraires l'un par rapport à l'autre, plus ils se renforcent réciproquement, plus ils se font apparaître réciproquement en leur essence propre, le jour comme jour, et la nuit comme nuit, – plus, en ce sens, ils sont *Un*, c'est à dire en *harmonie*. Héraclite nous le dit dans le fragment 8 :

> τὸ ἀντίξουν συμφέρον καὶ ἐκ τῶν διαφερόντων καλλίστην ἁρμονίαν.

---

reprises (la dernière fois au semestre d'hiver 1978/9) à l'Université de Cologne et qui a paru sous le titre *Die Philosophie der Vorsokratiker. Der Anfang der abendländischen Metaphysik*, édité par *Paul Kremer*, Königshausen & Neumann, Würzburg, 1992, en part. p. 34. On y trouve également une excellente interprétation de l'abrégé historique des présocratiques qu'a donné Aristote dans sa métaphysique et dans sa physique (*cf. supra*, notre note n° 5). Nous devons à ce cours l'initiation à la pensée présocratique.

Ce qui s'oppose, se favorise, et de ce qui diffère, naît la plus belle harmonie.[7]

Et dans le fragment 80, il résume :

[...] γινόμενα πάντα κατ' ἔριν [...].

Tout devient [c'est-à-dire apparaît] par discorde.[8]

Or, dans le fragment 53 que nous avons cité au début, il était bien question de la discorde et même de la guerre (πόλεμος). Et cette discorde, cette guerre, concernait avant tout les dieux et les hommes. Qu'en est-il donc des dieux et des hommes ? Le mot « guerre », nous l'indique : dans la guerre, il y va de la vie et de la mort. Dans le rapport des dieux et des hommes, il y irait donc de la *vie* et de la *mort*. Or, la vie et la mort, c'est ce couple de contraires dans lequel se résument tous les autres, de sorte qu'il les comprend tous comme ses propres modifications : le jour et la nuit, l'été et l'hiver, la lumière et l'obscurité etc... En effet, la vie (ζωή) est, selon Aristote, en son *actualité* même, en son ἐνέργεια, de l'ordre de la ψυχή[9] et celle-ci de l'ordre de la φύσις. La vie a donc pour essence la venue au jour, le processus de s'ouvrir, d'apparaître à la lumière : elle est *flamme*. La mort par contre a pour essence le déclin, la fermeture, la disparition dans l'obscurité qui engloutit et emporte tout. La mort est *extinction, refus, oubli*, – comme l'indique le fleuve de la λήθη, tel que Platon le représente dans le mythe final de la *République*[10]. Or, tout comme les autres contraires, ceux de la vie et de la mort – et ceux-ci avant tout – se trouvent en un rapport de co-présence réciproque, de sorte que, dans la vie même, la mort est présente, de façon latente, cachée. Mais le seul être qui, dans la vie même, a un rapport *ouvert* à la mort, c'est *l'homme*. Certes, l'animal a lui aussi peur de la mort ; mais son rapport à la mort est d'ordre instinctuel. Seul l'homme *sait* qu'il est mortel de sorte que, pour lui, sa vie durant, la mort – cette instance du refus – est présente *comme telle*. En ce sens, les hommes sont bien les *mortels*, θνητοί, comme l'ont vu les présocratiques. Or – conformément au λόγος d'Héraclite, conformément au rapport d'unité des contraires – c'est dans la mesure – et *seulement* dans la mesure – où la

---

[7] Diels/Kranz I, p. 152 (notre trad.).
[8] *Ibid.*, p. 169 (traduction A. Jeannière).
[9] *Cf.* Aristote, *De anima* II, 1412 a 16-21.
[10] *Cf.* Platon, *République* [cité *Rép.*] XII.

mort est présente *comme telle*, comme mort, que la vie, elle également, peut apparaître *comme vie*. Ce n'est que dans l'obscurité de la mort, sur le fond et à partir de celle-ci, que la vie apparaît comme la lumière, comme la flamme, qu'elle est. Mais ceux qui vivent la vie en toute sa pureté, ce sont les *dieux* qui sont les ἀεὶ ζῶντες, les *toujours vivants*[11], exempts de mort, *im-mortels*. Ainsi les dieux ne peuvent donc apparaître comme dieux, en leur vie qui s'enflamme toujours, que dans le rapport antagonique avec les hommes mortels. Car ce n'est que grâce à ces hommes mortels que la mort est présente comme telle. Or la vie et la mort étant les contraires (ἐναντία) qui comprennent tous les autres, c'est à partir du rapport antagonique des dieux et des hommes qu'apparaissent également tous ces autres contraires *en tant que tels* : la lumière et l'obscurité, le jour et la nuit, l'abondance estivale et le refus hivernal etc... C'est en ce sens que la guerre (πόλεμος) est bien le « père » et « roi » de toutes choses.

La dépendance réciproque des dieux immortels et des hommes mortels est exprimée de façon succinte dans le fragment 62 :

ἀθάνατοι θνητοί, θνητοὶ ἀθάνατοι,
ζῶντες τὸν ἐκείνων θάνατον,
τὸν δὲ ἐκείνων βίον τεθνεῶτες.

Immortels mortels, mortels immortels,
ceux-ci [les immortels] vivant la mort de ceux-là [des mortels],
ceux-là mourant la vie de ceux-ci.[12]

Les dieux immortels et les hommes mortels sont donc unis par une unité indissoluble. Les dieux *sont* d'une certaine manière les mortels ; et les mortels *sont* d'une certaine manière les dieux immortels. En effet, les dieux, du fait qu'ils sont les « toujours vivants », *vivent*, par leur *vie* même, la

---

[11] Dans le *fragment* 30, Héraclite emploie cette formule par rapport au feu (l'exposant éminent de la φύσις) : « πῦρ ἀείζωον (feu toujours vivant) ». Aristote emploie une formule analogue par rapport à Dieu : « [...] τὸν θεὸν [...] ζῷον ἀίδιον ἄριστον ([...] Dieu est [le] vivant qui vit toujours et qui est le meilleur) » (*Mét.* XII, 7 ; 1072 b 29). Ou encore : « Θεοῦ [...] ἐνέργεια ἀθανασία · τοῦτο δ' ἐστὶ ζωὴ ἀίδιος (L'être effectif de Dieu est l'immortalité, c'est-à-dire la vie qui est toujours). » (*De Caelo* II, 286 a 9). (Nous essayons de rendre, dans nos traductions, les affinités linguistiques des mots grecs).

[12] Nous traduisons.

mort des hommes mortels, c'est-à-dire laissent apparaître cette mort *comme telle*, en son obscurité même, comme le refus qu'elle est. Et inversément, les hommes mortels, du fait qu'ils sont *mortels* – du fait qu'ils ont, leur vie durant, un rapport ouvert à la mort – « meurent » la vie des dieux immortels, c'est-à-dire laissent apparaître cette vie *comme telle*, en sa lumière, comme la flamme qui s'enflamme sans cesse.

L'homme mortel est donc un partenaire indispensable des dieux immortels. Et vu que la vie et la mort sont les contraires qui comprennent tous les autres, ce même homme, en sa mortalité, est même un partenaire indispensable dans le « jeu » du monde en son ensemble tel que le pense Héraclite[13]. Ce n'est que grâce à l'homme, grâce à sa mortalité, que la φύσις est présente *comme telle*. C'est lui qui tient ouverte la dimension à partir de laquelle la φύσις éclot, s'enflamme, toujours à nouveau. Cette dimension est bien celle de l'obscurité de la mort. Mais cette dimension de l'obscurité n'est peut-être pas seulement ce qui refuse et fait disparaître, mais également – comme le montre par exemple l'obscurité de la nuit – ce qui *voile* et *protège*. Cette protection est indispensable pour que la φύσις ne s'épuise pas. Et ce n'est même qu'à partir de cette dimension du *repos* et du *recueillement* que la φύσις peut être ce qu'elle est : éclosion, flamme qui s'enflamme toujours à nouveau. C'est peut-être en ce sens qu'Héraclite a pu dire :

[...] φύσις κρύπτεσθαι φιλεῖ.
[...] la nature aime à se cacher.[14]

D'autre part, toute cette dimension de l'obscurité de la mort – quelle qu'en soit l'expérience, celle du refus ou celle de la protection, de la ressource et de la renaissance – n'est envisagée par Héraclite – et par les présocratiques en général – qu'*en vue de la vie*, pour ainsi dire comme une "condition" pour celle-ci. Dans le rapport réciproque de la vie et de la mort, c'est donc *la vie qui prévaut*. La dimension de la φύσις, de l'*éclosion*, de la lumière, l'emporte dans la pensée occidentale à partir de ses débuts dans la pensée présocratique.

---

[13] Héraclite, fragment 52 : « αἰὼν παῖς ἐστι παίζων, πεσσεύων · παιδὸς ἡ βασιληίη (le monde est un enfant qui joue, poussant les pions : [affaire] d'un enfant – la royauté). » (Diels/Kranz I, p. 162 ; notre trad.).
[14] Héraclite, fragment 123 (Diels/Kranz I, p. 178 ; trad. A. Jeannière).

Comment cela est-il à comprendre ? A l'envisager à partir de cette même pensée présocratique, il convient de le comprendre de la façon suivante : si, selon cette pensée présocratique, la vie n'est qu'un terme à l'intérieur du rapport indissoluble de la vie *et de la mort*, la vie, la φύσις, ne peut pas l'emporter uniquement par elle-même. Pour que la φύσις puisse l'emporter, il faut bien plutôt que la dimension de la mort y joue son rôle également et que donc cette dimension – qui est bien celle du *refus* – va de son côté *se refusant*. Et plus cette dimension se refuse, plus la vie, la φύσις, l'emporte, de sorte que cette φύσις se présente finalement comme exempte du rapport à l'obscurité de la mort, comme *pure lumière*. C'est de cette façon que Platon en a fait expérience, concevant les *idées* (ἰδέαι) comme pure lumière[15]. Or les idées sont chez lui des *natures*, φύσεις, – les termes ἰδέα et φύσις étant chez lui souvent interchangeables[16]. Et ces idées, exemptes de toute obscurité, se trouvent situées, chez Platon, au-dessus de la sphère des phénomènes purement sensibles qui pourraient les obscurcir, dans une sphère suprasensible.

L'homme n'est dès lors plus le mortel, mais cet être vivant qui, par sa raison (νοῦς), pense les idées : Il est l'« animal rationnel » (ζῷον νοῦν ἔχον). Certes, l'homme meurt toujours ; sa vie prend fin. Mais la mort n'est alors plus que le processus biologique de la dissolution du corps. L'âme est incorruptible, immortelle. Platon le prouve dans les « preuves de l'immortalité de l'âme » à plusieurs reprises, dans le *Phédon*, dans la

---

[15] En atteste p. ex. la « métaphore du soleil » (*Rép.* VI, 506 b 4 *sqq*) où Platon compare l'idée suprême, celle du bien, au soleil, et les autres idées à la lumière répandue par le soleil. Nous citons Platon selon l'édition de ses *Œuvres complètes* dans Les Belles Lettres (texte établi et traduit par plusieurs auteurs). Notons que les structures de la pensée ancienne se retrouvent, de façon transformée, dans la pensée moderne, p. ex. chez Descartes qui compare, dans ses *Regulae ad directionem ingenii*, l'*ingenium* de l'homme au soleil (*Regula* I) et la méthode à la lumière (*Regula* IV). Nous élucidons ces rapports dans notre article intitulé « Ontologie et méthode. L'émancipation des sciences dans les *Regulae* de Descartes », publié d'abord dans la *Freiburger Zeitschrift für Philosophie und Theologie*, vol. 33, III, Fribourg (Suisse) / 1986, p. 553-569, et qui sera republié dans nos *Etudes généalogiques de la pensée occidentale*, tome II : *Neuzeit / Temps modernes*.

[16] P. ex. *Rép.* II, 359 b 5 : ἡ φύσις δικαιοσύνης (la nature de la justice) ; *Sophiste*, 257 d 12 : ἡ τοῦ καλοῦ φύσις (la nature du beau). Cette convertibilité s'est maintenue jusqu'aujourd'hui : nous parlons aussi bien de l'« essence » du beau que de la « nature » du beau (l'οὐσία étant identique à l'ἰδέα).

République (livre X) et dans le *Phèdre*[17]. L'essentiel de ces preuves réside dans le rapport de l'âme aux idées. C'est du fait que l'âme, en sa « partie » pensante, s'apparente aux idées éternelles, qu'elle est immortelle. Toutefois, l'expérience présocratique de l'homme comme mortel trouve un dernier écho chez Platon dans le « mythe de la Λήθη » à la fin de la *République*[18]. Les âmes qui choisissent elles-mêmes leurs destins, doivent traverser, avant de venir au monde, le champ désertique de la Λήθη où rien ne pousse. La Λήθη est donc cette instance qui empêche et étouffe toute croissance ; elle est le *refus* de la φύσις. Platon la décrit ainsi :

> [...] πορεύεσθαι ἅπαντας εἰς τὸ τῆς Λήθης πεδίον διὰ καύματός τε καὶ πνίγους δεινοῦ· καὶ γὰρ εἶναι αὐτὸ κενὸν δένδρων τε καὶ ὅσα γῆ φύει.
>
> [Les âmes] toutes ensemble se rendirent au champ de la Λήθη, au travers d'une chaleur étouffante et terrible ; vide, ce champ ne porte en effet ni arbre ni rien qui pousse sur la terre.[19]

La seule "chose" qui existe dans ce champ de la Λήθη, c'est un fleuve dont le caractère correspond bien à celle-ci : c'est le fleuve ᾽Αμέλης[20], *sans souci*, le fleuve de l'oubli, dont toutes les âmes doivent boire les eaux. Par là, elles s'incorporent intimément la λήθη. Les hommes viennent au monde comme mortels, comme θανατοφόροι, comme ceux qui portent en eux le destin de la mort[21].

Ainsi, l'essor de l'âme humaine vers la lumière des idées s'accomplirait donc, selon Platon, à partir de son ouverture à l'obscurité de la mort, et à l'encontre de celle-ci. Mais le « mythe de la Λήθη » se trouve à la *fin* de la *République*. La λήθη est donc, chez Platon, une limite ultime de sorte qu'il n'y a plus rien à dire sur toute cette dimension. La dimension de la mort va se refusant : c'est « *l'oubli de la mort* ».

Mais selon l'expérience des présocratiques, la dimension de la vie est toujours déjà unie par un rapport indissoluble à celle de la mort. Ainsi, dans la mesure où cette dimension léthique se refuse, la dimension de la

---
[17] Platon, *Phédon* 70 d-107 a ; *Rép.* X, 608 d-612 a ; *Phèdre*, 245 b-249 d.
[18] *Rép.* X, 620 d-621 b.
[19] *Ibid.*, 621 b 2 *sqq* (traduction Emile Chambry, mod. par nous).
[20] *Ibid.*, 621 a 5 *sq.*
[21] *Ibid.*, 617 d 9 : La venue au monde est pour les hommes le commencement (ἀρχή) d'un parcours qui apporte la mort (περιόδου θανατηφόρου).

vie en est déterminée, – "co-déterminée"' – elle aussi, et ce principalement dans plusieures sens. Dans un premier sens, la vie, la φύσις, se trouve alors *dépourvue du voile* qui l'a obscurcie. Elle est présente en une *transparence* qui la pénètre toujours plus, de part en part. Mais dans la mesure où cette transparence parfaite va précisément de pair avec le refus de la dimension de la mort qui est, selon l'expérience d'Héraclite, en même temps celle de la protection, du repos, de la ressource, cette transparance, ce dé-couvrement sans égards, revient finalement – et c'est là l'autre sens – à *priver la vie de ses ressources*. La vie se trouve alors *affectée* par la dimension du *refus* qui la ronge et consume.

Nietzsche, dans ses poèmes tardifs, « Les Dithyrambes de Dionysos », décrit ce processus dans cette image effrayante :

> Die Wüste wächst : weh dem, der Wüsten birgt !
> Stein knirscht an Stein, die Wüste schlingt und würgt.
> Der ungeheure Tod blickt glühend braun
> und *kaut*, – sein Leben ist sein Kaun.

> Le désert croît : malheur à qui recèle des déserts !
> Pierre contre pierre crisse, le désert avale et dévore.
> La monstreuse mort jette un regard brun de braise
> et *mâche*, – sa vie est mâchement.[22]

Mais si la λήθη s'immisce ainsi dans l'εἶδος de la vie elle-même, elle atteste par là précisément son *unité* avec celle-ci. Ainsi la tâche de la pensée philosophique à l'époque actuelle consiste donc à *repenser le rapport de la vie et de la mort*. Elle suit le sens inverse à celui que la pensée occidentale a suivi depuis ses débuts chez les présocratiques : elle n'envisage plus la vie à partir de la mort (tout en oubliant finalement la mort), mais – tenant compte de l'expérience actuelle de la dimension du refus – pense inversément la mort à partir de la vie, – non pas pour succomber à cette dimension, mais – demeurant bien pensée occidentale – en vue de la *vie*...

---

[22] Nietzsche, *Dionysos-Dithyramben*, « Unter Töchtern der Wüste », KGW, 1969, VI, 3, p. 379-385, en part. p. 385 / *Dithyrambes de Dionysos*, « Parmi les filles du désert », OPC, 1974, VIII/2, Jean-Claude Hémery (trad.), Gallimard, 1974, VIII, 2, p. 22-35, en part. p. 35 (trad. modifiée, nous soulignons).

4. La question de la nature au commencement de la pensée occidentale : Destruction ou conservation ? Considérations à propos du Poème de Parménide

Parménide a vécu à Elée, en Italie, dans la seconde moitié du VIe et la première moitié du Ve siècle avant notre ère. Son *Poème* constitue le *commencement* de la pensée occidentale. Il consiste en deux parties :

1) La *première partie* – largement conservée – porte sur la vérité (ἀλήθεια)[1], c'est-à-dire sur l'être (ἐόν)[2], expérimenté comme étant présent de manière manifeste et constante ; être qui détermine tout, qui s'étend universellement et embrasse et comprend tout en lui-même, de sorte que tout est là en une seule et même présence.

2) La *deuxième partie* porte sur l'*apparence* (δόξα)[3], sur la genèse de celle-ci à partir de l'*être*, plus précisément dit : sur la genèse de celle-ci à partir des *contraires* (ἐναντία) que l'être comprend en lui-même – tels le jour et la nuit, la lumière et l'obscurité, la vie et la mort etc. Contraires qui, par leur union et leur mouvement cyclique, sont à la fois les éléments (στοιχεία) constitutifs de la nature (φύσις), soit du monde dans son ensemble (διάκοσμος)[4]. La deuxième partie est donc non seulement de l'ordre d'une "doxogonie", mais également d'une cosmogonie ou *cosmologie*. C'est en ce dernier sens qu'elle nous intéresse ici.

Ces deux parties orientent en des directions différentes :

1) Par la pensée de l'être comme présence manifeste et constante, la *première partie* oriente *vers l'avant*, en la direction de la pensée occidentale telle qu'elle va se déployer *à la suite* de Parménide ; et ce même jusqu'à l'époque actuelle où l'être, comme présence manifeste et constante, se

---

[1] Parménide, *Poème*, Fragment I, 29. Nous citons le *Poème* d'après Diels/Kranz, *Die Fragmente der Vorsokratiker*, Band I, Weidmann, Dublin/Zürich, 6. Auflage 1951, oftmals wieder aufgelegt, p. 227-246 ; en part. p. 230. *Cf.* aussi fragment VIII, 51, p. 239.
[2] Fragment VI, 1, p. 232.
[3] Fragment I, 30, p. 230. *Cf.* aussi fragment VIII, 52, p. 239.
[4] Fragment VIII, 60, p. 240.

répand puissamment par le processus des sciences, de la technique, de l'industrie... – visant à mettre à disposition en une seule et même *présence disponible*, en un seul et même *"là"*, tout ce qui est dans son ensemble.

Mais ce processus – en perpétuel accroissement, en perpétuelle accélération – de l'extension universelle de l'être comme présence disponible – processus qui semble bien d'abord être celui de la *productivité* d'une vie exubérante – recèle pourtant en lui-même, comme l'a vu Nietzsche, le processus inverse d'une consommation ou *consomption* incessante qui ronge la vie en ses forces vitales. Nietzsche l'a formulé dans cette image effrayante :

> Die Wüste wächst : weh dem, der Wüsten birgt !
> Stein knirscht an Stein, die Wüste schlingt und würgt.
> Der ungeheure Tod blickt glühend braun
> und *kaut*, – sein Leben ist sein *Kaun*...
>
> Le désert croît ; malheur à qui recèle des déserts ;
> Pierre contre pierre crisse, le désert avale et dévore.
> La monstrueuse mort jette un regard brun de braise
> et *mâche*, – sa vie est *mâchement*... [5]

Le processus d'extension universelle de l'être comme présence manifeste et constante recèle donc bien le processus qui ronge la nature en ses forces vitales : la *mort* y est à l'œuvre.

2) Par la pensée de l'union et du mouvement cyclique des contraires – de la lumière du jour et de l'obscurité de la nuit –, la *deuxième partie* du *Poème* oriente en l'autre direction, *vers l'arrière*, vers ceux qui sont *antérieurs* à Parménide, les φυσιολόγοι, les anciens "philosophes de la nature", comme un Thalès, un Anaximène et un Héraclite, qui relèvent l'indispensable nécessité de la dimension *nocture* (étrangère à nous aujourd'hui) pour la nature et qui cherchent par là à la *sauvegarder* en ses ressources vitales.

La question se pose de savoir où se trouve Parménide lui-même. Notre réponse est la suivante : à la *croisée des chemins* (ὁδοί), entre celui qui aboutit à notre époque à la *destruction* de la nature, et celui, ancien, de la *sauvegarde* de la nature. Toutefois, Parménide lui-même cherche à pen-

---

[5] Nietzsche, *Dionysos-Dithyramben*, « Unter Töchtern der Wüste », *in* : KGW ; 1969, VI, 3, p. 379-385, en part. p. 385 / *Dithyrambes de Dionysos*, « Parmi les filles du désert », *in* : *Dithyrambes de Dionysos*, OPC, VIII/2, Jean-Claude Hémery (trad.), p. 22-35, en part. p. 35 (trad mod., nous soulignons).

ser la nature en ce qu'elle est *intégralement*, – comme l'indique d'ailleurs d'emblée le *titre* de son *Poème* : Περὶ Φύσεως, *De la Nature*.

Mais que veut dire ici le mot « nature », φύσις ? Aristote nous donne une indication. Dans son "abrégé historique" de la philosophie avant lui[6], il dit par rapport à « ceux qui se sont mis à philosopher » (φιλοσοφήσαντας) eu égard à l'ensemble des « étants » (τὰ ὄντα) ainsi qu'« autour de la vérité » (περὶ τῆς ἀληθείας), qu'ils auraient été à la recherche d'un « être permanent » (οὐσία ὑπομένη) qui, dans le mouvement incessant de « l'apparaître et du disparaître » (γίγνεσθαι καὶ ἀπόλλυσθαι) des étants, soit une φύσις, une « nature » qui ne disparaît jamais, mais qui, dans tout ce processus du disparaître, est « toujours sauvée » (ἀεὶ σωζομένη)[7]. Cela laisse entendre : 1) que le mot « nature » (φύσις) – loin de désigner un simple domaine à l'intérieur de l'ensemble de ce qui est – désigne bien plutôt chez les Anciens l'*être*, l'οὐσία *de tout ce qui est dans son ensemble*, soit – comme on dit aujourd'hui encore – la « *nature des choses* » ; et 2) que ce même être (l'être de tout ce qui est) est lui-même « nature » (φύσις), c'est-à-dire – comme l'indique le mot φύσις, apparenté à φύειν, *croître, éclore*, et à φῶς, *feu* – en perpétuelle *éclosion*, sans jamais disparaître, mais en se « sauvegardant » toujours dans l'incessant processus de l'apparaître et du disparaître des choses qui sont.

Tel serait donc le phénomène que Parménide a en vue en parlant de la φύσις : l'être de ce qui est dans son ensemble, cet être comme tel, lui-même, en tant qu'il est là, partout, toujours, en une présence manifeste qui ne cesse d'éclore, – exempt donc de tout dépérissement et toute genèse.

Mais ce phénomène de l'être, il faut d'abord le voir, le saisir ; et ce par la *pensée* (νοεῖν)[8]. Car pour la δόξα, l'*opinion* – qui s'en tient à ce qui est là, actuellement, dans la seule sphère manifeste et qui tient *cela* pour ce qui *est* (en ce sens pour l'*être*) – l'être est alors bien quelque chose qui apparaît et disparaît. Ainsi par exemple, quand c'est le jour, la lumière, la vie – bref : le "positif" – qui est là, la δόξα tient ce positif pour ce qui *est*. Mais quand c'est la nuit, le ténébreux, la mort – bref : le "négatif" – qui apparaît et qui est là, alors elle tient ce négatif pour l'être. Et ce qui *était* d'abord – le

---

[6] Aristote, *Métaphysique* I [cité *Mét.*], 3-5.
[7] *Mét.* I, 3 ; 983 b 1 *sqq*.
[8] Parménide, *Poème*, fragment III et VI,1.

jour –, est désormais ce qui *n'est pas, non-être*. Et inversément : quand la lumière du jour apparaît de nouveau, c'est de noueau le jour qui est ce qui *est*, – alors que la nuit est pour elle ce qui n'est pas, non-être. Ainsi, pour la δόξα, chaque chemin qui s'ouvre se retourne aussitôt en son contraire (παλίντροπος)⁹ : le chemin de l'être en celui du non-être et inversément. Pour elle, l'être et le non-être ne cessent de se confondre. Pour voir donc l'être en sa *vérité* (ἀλήθεια) – en sa présence permanente où il ne cesse d'éclore comme φύσις –, il faut le libérer de cette confusion doxique avec le non-être, en le distinguant radicalement du *non-être*, de *ce qui n'est jamais être*, du οὐκ ὄν¹⁰. Mais ce non-être est alors *non-être* à un tout autre degré que le « non-être » de la δόξα. Comme l'exprime le mot grec de négation οὐκ, cet οὐκ ὄν, *non-être*, est de l'ordre d'un *non-être absolu* : absence totale où tout se refuse. C'est en distinction d'avec *ce* non-être que l'être se montre par suite comme ce qui n'est affecté par aucun non-être, comme ce qui est présent et rien que présent, ne cessant d'éclore comme φύσις.

C'est par cette distinction radicale entre l'être et le non-être que s'ouvrent *deux chemins* (ὁδοί) radicalement différents pour la pensée : *celui de l'être* et *celui du non-être*. De telle sorte que Parménide – ici encore – se trouve à une *croisée des chemins*, – comme il le dit cette fois lui-même dans son *Poème*¹¹. Pourtant le second chemin, celui du non-être, à peine ouvert, se referme déjà *comme chemin de la pensée*. En effet, le non-être total, on ne *peut* le penser : il n'y a rien ; on ne peut le rendre « présent » (ἀνυστόν)¹². Il n'y a pas de *vue* pour la pensée, mais uniquement éclipse, gouffre de l'ab-sence où tout s'abîme. Ce chemin doit donc être *écarté*. Ne reste alors que l'autre chemin, celui de l'être, seul à permettre une *vue* pour la pensée. En tant que νοεῖν, *vue*, la pensée est en effet incapable à "penser" le non-être. Elle ne peut saisir que l'*être*. En ce sens il y a bien – comme nous le dit Parménide – *identité* entre la pensée et l'être :

[...] τὸ γὰρ αὐτὸ νοεῖν ἐστίν τε καὶ εἶναι,

[...] le même en effet est penser aussi bien que être.¹³

---

9   Fragment VI, 7.
10 *Cf.* fragment II, 5 et VI, 2.
11 Fragment II, 2 *sqq*.
12 Fragment II, 7.
13 Fragment III (notre traduction).

Pour la vue de la pensée, l'être se montre par suite comme ce qui n'est affecté par aucun non-être, puisque ce dernier en a été écarté. L'être se montre donc à la pensée comme pure présence, sans absence, comme φύσις qui ne cesse d'éclore, toujours et partout.

Pourtant la δόξα objectera que cet être – que la *pensée* prétend voir – n'existe pas. Elle se tient ici à l'évidence la plus naturelle : tout ce qui est se trouve en perpétuel passage entre présence et absence. Le jour est présent, il *est*, mais passe et disparaît quand la nuit apparaît. Et inversément, la nuit qui *est* alors présente, disparaît quand le jour se lève de nouveau. Et quand le jour a disparu, quand il est absent, alors il *n'est pas*. De même pour la nuit. La δόξα s'en tient à ce qui est à chaque fois présent dans la sphère qui lui est manifeste et le tient pour ce qui est. C'est contre cette vue que Parménide lance ce mot :

> λεῦσσε δ' ὅμως ἀπεόντα νόῳ παρεόντα βεβαίως · [...].
>
> Mais vois l'absent, vois-le, comment il est, malgré tout, constamment présent pour la pensée ; [...].[14]

Certes, le jour, d'abord présent, passe dans l'absence. Mais en cette absence, il n'est pas quelque chose qui n'est pas du tout : il *est*, il *est pré-sent* (παρ-εόν) comme *l'ab-sent* (ἀπ-εόν) qu'il est. *L'absent comme tel*, qu'importe qu'il appartienne au passé ou à l'avenir, a une présence, un être, – qui ne revient donc pas seulement à ce qui est présent actuellement. Mais cela, nous dit Parménide, on ne le voit que par la vue de la pensée (νοῦς), jamais par les yeux de la δόξα. Ainsi, pour la pensée, c'est même l'absent qui est *présent*, en éclosion, comme φύσις : « l'ab-sent – pré-sent » (ἀπ-εόν – παρ-εόν). Il *est*. Ainsi, l'être ne cesse jamais d'être : il n'est jamais « ni ce qui était une fois ni ce qui sera une fois » (οὐδέ ποτ' ἦν οὐδ' ἔσται)[15], mais il est « maintenant », « présentement » (νῦν)[16] : il est présence universelle qui comprend tout, même l'absent, et qui ne cesse d'éclore.

Parménide ne le montre pas seulement "phénoménologiquement", mais en toute nécessité par une *preuve* en trois étapes, toujours plus rigou-

---

[14] Fragment IV, 1 (notre trad.).
[15] Fragment VIII, 5.
[16] *Ibid.*

reuses[17]. Nous renonçons à la présenter ici[18] et nous contentons d'en rappeler le résultat qui découle également de ce que nous venons de montrer : étant donné que l'être est distinct du non-être au sens radical (οὐκ ὄν), que c'est même l'absent qui est présent et donc « être », cet être – ainsi vu par la pensée – est bien exempt de toute genèse et tout dépérissement :

> [...] γένεσις μὲν ἀπέσβεσται καὶ ἄπυστος ὄλεθρος.
>
> [...] la genèse est éteinte et le dépérissement est introuvable.[19]

Voilà donc pour l'*être* en tant qu'il est lui-même "nature" (φύσις) qui ne cesse d'éclore, de sorte qu'il est là, présentement, toujours et partout.

Pourtant c'est précisément cet *être*, vu ainsi, qui rend la *nature* problématique. Aristote l'a déjà reconnu à sa façon[20]. Son argument est le suivant : si l'être est exempt de tout apparaître et disparaître et donc de tout mouvement (κίνησις), s'il est, comme le dit Parménide lui-même, « immobile » (ἀκινητόν)[21], stable, constant, alors *le mouvement n'est pas*. Mais le mouvement est, selon Aristote, précisément le trait fondamental de la nature :

> ἡμῖν δ' ὑποκείσθω τὰ φύσει [...] κινούμενα εἶναι· δῆλον δ' ἐκ τῆς ἐπαγωγῆς.
>
> Nous supposons [comme principe] que les choses qui sont selon la nature sont [...] en mouvement ; cela est manifeste pour une vue qui part de l'expérience.[22]

Ainsi donc, si, selon Parménide, le mouvement n'est pas un trait intrinsèque de l'être, alors la nature n'a pas d'être : elle *n'est* pas. Loin donc que l'être, comme présence permanente, soit *la "nature" même* en son essence, c'est

---

[17] Fragment VIII, 6-21.
[18] Nous renvoyons ici à Karl-Heinz Volkmann-Schluck qui présente une succincte et excellente interprétation de cette preuve dans : *Die Philosophie der Vorsokratiker*, hrsg. von Paul Kremer, Königshausen & Neumann, Würzburg, 1992, p. 76-79.
[19] Fragment VIII, 20 (notre trad.).
[20] En atteste son abrégé historique de la philosophie avant lui, non seulement celui dans la *Métaphysique,* orienté sur la découverte progressive des quatre « causes » (*Mét*. I, 3-5 ; *cf.* en part. I, 3), mais aussi – et surtout – celui dans la *Physique* [cité *Phys*.] (I, 1-7, *cf*. en part I, 2), orienté sur la question du nombre et du genre des « éléments » (στοιχεῖα) constitutifs de la nature.
[21] Fragment VIII, 26.
[22] Aristote, *Phys*. I, 185 a 12 *sq* (notre trad.).

au contraire *par cet être* que la nature, telle qu'elle se manifeste de manière élémentaire dans l'expérience (ἐμπειρία), se trouve *abolie*. Aristote cherche alors à sauver la nature en son mouvement en l'interprétant causalement ou téléologiquement par le concept de ποίησις, *poïèse, pro-duction* ou – plus précisément – par celui d'*auto-poïèse, auto-production*[23]. Car ce qui se produit soi-même en sa *forme eidétique*, passe progressivement de la puissance (δύναμις) à l'acte (ἐνέργεια) : il se trouve en *mouvement*. Mais avec cette conception, Aristote se trouve à vrai dire précisément à la *suite* de la pensée parménienne de l'être comme présence manifeste et constante, voire la renforce encore. Car tout le processus de production de la nature est orienté, chez Aristote, en direction de ladite « forme eidétique » ou εἶδος, qui n'est autre – on le sait – que la réinterprétation socratico-platonicienne de la pensée parménienne de l'être comme présence manifeste et constante ; réinterprétation qu'Aristote reprend à sa façon. Ainsi, si la nature est selon Aristote *auto-poïèse*, le processus de la nature est régi de part en part par l'εἶδος comme οὐσία constante ; et ce à un tel degré qu'il n'y a plus de

---

[23] C'est au moins ainsi qu'on comprend le plus souvent le passage concerné dans la *Physique* (II, 1 ; 192 b 21-23). Mais à y regarder de plus près, il s'avère toutefois qu'Aristote y *distingue* précisément la genèse telle qu'elle relève de la nature (φύσις) et telle qu'elle se fait par l'art (τέχνη). Il présente comme exemple le processus de la guérison. Un homme malade est lui-même médecin : il se traite lui-même pour récupérer la santé. La santé semble bien affaire d'une *auto-poïèse* : l'homme se guérit lui-même. Mais il a beau de se traiter tant qu'il peut par son art médical : si ce n'est pas *sa nature même* qui, par ses propres forces, lui accorde finalement la santé, tout son art médical reste vain. Or, cette nature lui appartient en tant qu'*homme*, « être vivant qui possède la raison » (ζῷον λόγον ἔχον), et non en tant que médecin. La guérison n'est donc finalement pas affaire de l'auto-traitement, soit de l'*auto-poïèse*, mais bien de la nature en tant qu'ἀρχή, *principe élémentaire* inhérent à l'homme. Ce qui n'exclut nullement que l'auto-traitement médical accompagne et soutienne les forces de la nature. Aristote distingue donc bien la genèse par nature de celle par *poïèse* ou *auto-poïèse*. Il cherche à sauvegarder la nature comme telle, contre la primordialité de la *poïèse* qui s'impose de plus en plus depuis Platon. Mais il interprète toutefois la nature à la lumière du *concept de causalité* et plus précisément à la lumière de sa "doctrine des quatre causes" (*cf. Mét.* I, 3-5). Or cette causalité ou quadruple causalité est constitutive de la structure de la *poïèse*. La *poïèse*, voire finalement l'*auto-poïèse* est donc déjà *l'horizon déterminant de l'interprétation que donne Aristote de la nature*, même s'il cherche à la sauvegarder comme telle. Ainsi, les structures ontologiques impliquées dans la *poïèse*, celles de la quadruple causalité, déterminent bien, selon lui, la nature dans le mouvement qui lui est propre. Nos développements ci-dessus demeurent donc tout à fait valables.

place, comme chez Parménide, pour quelque chose qui est *absent*. L'εἶδος y est toujours présent, sinon en acte, alors en *puissance*[24].

Mais il reste toutefois vrai qu'Aristote a vu *à sa façon* que la pensée parmédienne de l'être comme φύσις ou οὐσία en éclosion permanente peut bien conduire à l'abolition de la nature. Depuis Aristote, cette possibilité jette son ombre sur le chemin que suit la pensée occidentale. Preuve en est entre autres le statut qui revient chez Kant au concept aristotélicien de « téléologie » de la nature ; concept qui n'est plus, chez lui, un *principe constitutif* de l'être de la nature elle-même, mais seulement un *principe régulateur* de notre faculté de juger lui permettant de *comprendre* la nature. Exempte (ou presque) de signification ontologique, la téléologie est en train de céder la place à la *causalité efficiente* (le mécanisme)[25]. C'est cette même possibilité qui se déclare pour finir ouvertement chez Nietzsche : « Le désert croît... » : l'εἶδος, le "regard" de la présence disponible de l'ensemble de ce qui est – regard qui est d'abord celui de la productivité d'une vie exubérante – est à la fois celui de la mort qui consume la vie. Telle est donc la possibilité qui se dessine à partir de la *première partie* du *Poème* de Parmenide.

Toutefois, le *Poème* comporte une *deuxième partie*. Celle-ci porte, elle aussi, sur l'*être* comme φύσις, mais le considère cette fois non comme tel, eu égard à lui-même, mais quant au fait qu'il comprend en lui-même *tout ce qui est*, la « nature », le κόσμος, dans son ensemble – comme l'indique aussi le mot « nature » (φύσις) dans le titre du *Poème*. Dans cette *deuxième partie*, Parménide déploie sa pensée de l'être en *cosmologie*. Bien que cor-

---

[24] K.-H. Volkmann-Schluck développe une pensée analogue dans *Die Philosophie der Vorsokratiker* (*cf. supra*, p. 62, note n° 18). Selon lui, Aristote comprend *l'absence* uniquement en termes de στέρησις, *privation* de l'εἶδος, et donc comme mode de l'εἶδος lui-même d'être présent, mode qui est précisément celui de sa privation (*cf. op. cit.*, en part. p. 136 *sq*).

[25] Kant, *Critique de la faculté de juger*, 2e partie : « Critique de la faculté de juger téléologique », en part. §§ 80, 81, 85. *Cf.* aussi notre article intitulé « Le problème de la nature organique dans la Critique de la faculté de juger de Kant », *in :* a) *Fonction et Finalité*, Symposion écrit, Livraison 13, nov. 1984, Association F. Gonseth, Institut de la Méthode, Bienne/Biel, 1984, p. 1-23, en part. p. 11-16 ; b) *Kant actuel*, Hommage à Pierre Laberge, sous la direction de F. Duchesneau, G. Lafrance, C. Piche, Bellarmin, Paris, Vrin, 2000, p. 257-272, en part. p. 264-268. À paraître aussi dans le tome II de nos *Etudes généalogiques de la pensée occidentale*, article n° 8.

rompue et très fragmentaire, il est possible d'en saisir l'essentiel, qui réside dans le fait que l'être comme φύσις, comme présence en perpétuelle éclosion, comprend en lui-même les multiples *contraires* (ἐναντία) qui sont, selon Parménide, constitutifs du κόσμος et qui, dans leur opposition, leur lutte, se contestent la présence et se font réciproquement passer dans l'absence. Ainsi, selon le même fragment IV, qui prend ici toute sa signification, l'être comme φύσις, comme présence manifeste et constante, comporte en lui-même non seulement ce qui est présent, mais également ce qui est *ab-sent* : l'ab-sent est pré-sent (ἀπ-εόν – παρ-εόν). Ces multiples contraires se résument à deux contraires fondamentaux qui sont, comme le dit Parménide :

1) Le « feu éthéré de la flamme » (φλογὸς αἰθέριον πῦρ)[26], c'est-à-dire la *lumière*, entendue comme ce qui laisse apparaître et permet de voir, ainsi que tout ce qui lui est apparenté : le chaud (τὸ θερμόν), l'aéré (τὸ ἀραιόν)[27], le léger ([τὸ] ἐλαφρόν)[28] etc., – la *lumière* étant ce qui se lève, s'aère, *se répand* (σκιδνάμενον)[29] ;

2) La « nuit sans clarté » (νύξ ἀδαής)[30], c'est-à-dire l'*obscurité*, entendue comme ce qui fait disparaître et défend de voir, ainsi que tout ce qui lui est apparenté : le froid (τὸ ψυχρόν)[31], le dense ([τὸ] πυκινόν)[32], le lourd ([τὸ] ἐμβριθές, [τὸ] βαρύ)[33], etc., – l'*obscurité* étant ce qui décline, s'alourdit, s'épaissit, *se contracte* (συνιστάμενον)[34].

Or, tout ce qui est, quel qu'il soit, n'existant selon l'expérience des anciens « philosophes de la nature », d'un Anaximandre par exemple, que sur le mode d'un *séjour transitoire*[35], tout ce qui est – aussi bien le tout (τὸ πᾶν) que toutes les choses (τὰ πάντα) – se trouve constitué par l'union ou,

---

[26] Fragment VIII, 56.
[27] *Scholion* ad VIII, 56-59. Diels/Kranz I, p. 240.
[28] Fragment VIII, 57.
[29] Fragment IV, 3.
[30] Fragment VIII, 59.
[31] *Scholion ad* VIII ; 56-59 (*loc. cit.*).
[32] Fragment VIII, 59.
[33] *Ibid.* et *Scholion ad* VIII, 56-59 (*loc. cit.*).
[34] Fragment IV, 4.
[35] Anaximandre, fragment I ; Diels/Kranz I, p. 89.

selon Parménide, par la μίξις³⁶, le *mélange* de ces deux contraires qui, en leur opposition, ne cessent de se faire la lutte. Ainsi, tout ce qui est porte donc en soi la lutte entre la lumière et l'obscurité. Contrairement à ce que croît la δόξα, aucun de ces deux contraires n'a plus d'être que l'autre, mais tous deux *sont* à titre égal. Parménide de dire :

> πᾶν πλέον ἐστὶν ὁμοῦ φάεος καὶ νυκτὸς ἀφάντου
> ἴσων ἀμφοτέρων, ἐπεὶ οὐδετέρωι μέτα μηδέν.
>
> Tout est plein à la fois de lumière et de nuit qui refuse l'apparaître, égales l'une à l'autre, puisque dans aucune des deux ne s'immisce le néant.³⁷

C'est à partir de ces contraires que Parménide développe sa cosmologie. L'idée rectrice en est la suivante. Selon l'expérience commune des anciens « philosophes de la nature », le κόσμος – à commencer par le ῞Αιδης, où l'élément nocturne est le plus concentré, le plus épais – va s'aérant, s'éclaircissant progressivement grâce à l'élément diurne, au travers de la terre, de l'air, du soleil, du ciel, jusqu'à l'Αἰθήρ qui est le plus clair et à partir duquel a lieu à la fois le mouvement inverse, celui de s'épaissir, de s'obscurcir, de se contracter progressivement par l'élément nocturne³⁸, de sorte que les deux éléments sont partout à l'oeuvre, d'une façon ou d'une autre, tout en se combattant. Il en résulte le mouvement circulaire, cyclique des différentes sphères du κόσμος, du ciel, des astres, du soleil etc. Ainsi,

---

[36] Parménide, fragment XII, 4 ; Diels/Kranz I, p. 243.
[37] Fragment IX, 3 *sq* (notre trad.) ; Diels/Kranz I, p. 241.
[38] Nous devons cette pensée à Heidegger, qui l'indique succinctement dans son cours magistral sur *Parménide* donné au semestre d'hiver 1942/43 à l'Université de Fribourg en Brisgau et édité par Manfred Frings dans la *Martin Heidegger Gesamtausgabe*, Band 54, Klostermann, Frankfurt a. M. 1982, en part. p. 88 (*cf.* également p. 90) / *Parménide,* traduit de l'allemand par Thomas Piel, Gallimard, 2010. Heidegger y interprète les contraires, la lumière et l'obscurité, en leur mouvement propre à partir de l'ἀλήθεια (qui veut dire littéralement *Ent-bergung, dés-occultation, dé-voilement*) : la *lumière* est ce qui dés-occulte, dé-voile (*ent-birgt*), ou le mouvement de dés-occultation, de dé-voilement (*Ent-bergung*) ; l'*obscurité* est ce qui occulte, voile, cache (*ver-birgt*), ou le mouvement du voilement (*Ver-bergung*). Bien que Heidegger ne donne dans ce cours qu'une interprétation du *Prooimion* du *Poème* de Parménide, il a ouvert par celle-ci un nouvel horizon d'interprétation du *Poème* dans son ensemble, avant tout en sa *deuxième partie.*

d'après le témoignage d'Aëtius, doxographe grec du Ier siècle de notre ère, Parménide conçoit le κόσμος comme consistant en des sphères circulaires, qu'il appelle « couronnes » (στεφάναι)[39] – qui sont entrelacées les unes avec les autres et dont les unes sont de pure lumière ou pure obscurité et les autres mélangées. Citons à titre d'exemple les vers suivants :

αἱ γὰρ στεινότεραι πλῆντο πυρὸς ἀκρήτοιο,
αἱ δ' ἐπὶ ταῖς νυκτός, μετὰ δὲ φλογὸς ἵεται αἶσα·
ἐν δὲ μέσωι τούτων δαίμων ἣ πάντα κυβερνᾶι·
πάντα γὰρ στυγεροῖο τόκου καὶ μίξιος ἄρχει
[...].

Les [couronnes] plus étroites sont remplies de feu sans mélange ;
celles ensuite de nuit, entre laquelle est jetée cependant une part de la flamme.
Mais dans le centre de ces couronnes est la Divinité qui gouverne tout ;
car elle amène partout la naissance, porteuse de la mort, et le mélange
[...].[40]

Les couronnes plus proches de la terre et remplies de feu sont la lune et le soleil, chacun en sa trajectoire. La lune appartient encore à la sphère de la terre. Parménide l'appelle « la lumière errant autour de la terre et provenant d'ailleurs » (περὶ γαῖαν ἀλώμενον ἀλλότριον φῶς)[41] : la lune emprunte sa lumière au soleil. Les couronnes qui viennent ensuite sont celles du ciel nocturne dans lequel le feu a jeté sa part : les étoiles. Au milieu de toutes ces couronnes se trouve la Divinité (Δίκη, Justice) qui, accordant à toute chose sa part de lumière et d'obscurité, gouverne tout, de sorte qu'aucun des deux éléments, ni la lumière, ni l'obscurité, ne prenne le dessus et que tout demeure en *équilibre*. Ainsi accorde-t-elle aussi à l'homme sa part de lumière et d'obscurité : elle amène la naissance, la venue à la lumière du monde, de telle manière que cette naissance comporte déjà en elle-même le destin de la mort, c'est-à-dire le retour dans l'obscurité et dans l'absence[42].

---
[39] Diels/Kranz I, *Parmenides*, A : Leben und Lehre, n° 37, p. 224 [16].
[40] Fragment XII, 1-4 ; Diels/Kranz I, p. 242 *sq* (notre trad.).
[41] Fragment XIV ; Diels/Kranz I, p. 243.
[42] Nous devons l'interprétation des fragments XII et XIV à Karl-Heinz Volkmann-Schluck, *op. cit.*, p. 90 *sqq*.

Si, par sa *première partie*, par la pensée de l'être comme φύσις en permanente éclosion, le *Poème* de Parménide oriente bien *vers l'avant*, direction prise par la pensée occidentale *après* lui, ce même *Poème*, par sa *deuxième partie*, par la pensée de l'être investi des contraires, oriente *vers l'arrière*, dans la direction prise par la pensée *avant lui* par les anciens « philosophes de la nature ». Ainsi, selon *Héraclite*, l'être du κόσμος est de l'ordre du *feu*, du « feu toujours vivant qui s'enflamme et s'éteint selon les mesures » (πῦρ ἀείζωον ἁπτόμενον μέτρα καὶ ἀποσβεννύμενον μέτρα)[43]. Selon *Anaximène*, il est de l'ordre de l'*air* qui est soit en expansion (μάνωσις) – s'éclaircissant –, soit en contraction (πύκνωσις) – s'épaississant et s'obscurcissant[44]. Il en va de même chez *Thalès* selon lequel la φύσις est de l'ordre de l'*eau* qui s'évapore et se condense. Selon tous ces penseurs, la φύσις est régie de part en part par la lutte et l'équilibre de ces mouvements inverses.

Mais quelle expérience fondamentale s'exprime par là ? C'est avant tout Héraclite qui nous l'indique, par exemple en disant :

[ὁ ἥλιος] νέος ἐφ' ἡμέρῃ ἐστίν.

[Le soleil] est nouveau chaque jour.[45]

Le soleil n'est donc pas l'astre qui ne fait que briller : il décline chaque jour, disparaît dans la nuit pour se lever à partir de celle-ci chaque jour à nouveau[46]. Car la nuit n'est pas seulement ce qui laisse disparaître et défend de voir, mais également ce qui voile et protège, accorde le recueillement et le repos. Ainsi est-elle *ressource* pour la vie. En ce sens, Héraclite peut bien dire :

[ἡ] φύσις κρύπτεσθαι φιλεῖ.

La nature aime à se cacher.[47]

---

[43] Héraclite, fragment XXX ; Diels/Kranz I, p. 157 *sq* (notre trad.).
[44] Comme le rapporte le néoplatonicien Simplicius dans son commentaire de la *Physique* d'Aristote (en part. chap. 24 et 26). *Cf.* Diels/Kranz I, *Anaximenes*, A : Leben und Lehre, n° 5, p. 91 [15]. *Cf.* aussi l'interprétation qu'en donne K.-H. Volkmann-Schluck, *op. cit.*, p. 61.
[45] Héraclite, fragment VI ; Diels/Kranz I, p. 152
[46] *Cf.* aussi K.-H. Volkmann-Schluck, *op. cit.*, p. 135.
[47] Fragment CXXIII ; Diels/Kranz I, p. 178 (traduction A. Jannière).

La φύσις, l'être en perpétuelle éclosion, est donc amie de la nuit, en laquelle elle retourne toujours à nouveau, puisque la nuit est ressource pour la vie. Ce n'est qu'à partir de la dimension de la nuit que la φύσις peut être ce qu'elle est : éclosion perpétuelle, – tout comme une source ne jaillit que dans la mesure où, reprenant les eaux qu'elle a répandue à profusion, elle retourne sans cesse dans ses propres profondeurs. Sinon, elle s'épuise et tarit.

Comment *penser* alors cette dimension ? Parménide la pense en disant que pour le νοῦς, la pensée qui est *vue*, l'*absent* est lui aussi *présent* (ἀπ-εόν – παρ-εόν). L'être, qui n'est que *présence* (νῦν), sans absence du tout, comprend en lui-même l'*absent*. Parménide *intègre* donc la dimension nocturne dans celle de l'être comme présence, comme φύσις, et *l'assimile* ainsi à celle-ci. Héraclite pense en revanche cette dimension nocturne en *opposition* à la dimension diurne, tout en la pensant néanmoins *eu égard à celle-ci, comme ressource pour celle-ci*. La φύσις, l'éclosion, la vie, est donc ici toujours ce qui *prévaut*. La dimension de l'absence n'est pas admise *comme telle*. Or cette *prédominance initiale de la "catégorie" de la présence* – qu'elle soit plus nette ou non – conduit finalement à la *domination absolue* de celle-ci à notre époque actuelle ; avec, comme revers, ledit processus de la consomption de la vie en ses forces vitales : « Le désert croît... ».

Comment donc penser la dimension de l'absence aujourd'hui ? En *remontant encore plus vers l'arrière, en-deça* des anciens « philosophes de la nature », tout en se tenant à la fois précisément à l'aspect que l'être présente aujourdhui : l'εἶδος de la productivité d'une vie exubérante, qui recèle le regard de « la mort qui mâche », soit dudit processus de la consomption de la vie en ses forces vitales. Car c'est là que la dimension de l'ab-sence est à l'œuvre comme « *ab*-sence », comme *refus*, "en acte".

Mais qu'en est-il de cette ab-sence telle qu'elle se manifeste ici ? Serait-elle finalement le οὐκ ὄν écarté par Parménide parce qu'il ne donne rien à voir à la pensée ? Il en est bien ainsi. Car la dimension de l'ab-sence – quelle que soit son occurrence, qu'elle intervienne comme refus ou sur un autre mode – ne contient jamais quoi que ce soit qui se *pré*-sente à une pensée qui, étant de l'ordre de la vue (νοῦς), est essentiellement *pré*-sentant, objectivant. Ce qui n'est qu'*ab* -sence – au sens propre du terme – ne fait en effet que *s'ab-senter, se retirer, se dé-tourner*. S'il faut penser aujourd'hui la dimension de l'absence – et autrement que les anciens « philosophes de la nature » –, il faudrait donc en un certain sens prendre en "considération" le οὐκ ὂν de Parménide *qui se manifeste aujourd'hui*. Il ne faudrait plus penser l'être d'abord comme φύσις, comme éclosion ou présence, et penser alors, à partir de cet être, la dimension de l'absence – comme l'ont fait les anciens « philosophes de la nature » –, mais aller dans l'autre sens et penser *d'abord cette dimension de l'ab-sence* (qui n'est alors plus *refus*, mais seulement *retrait*) et ensuite seulement, à partir de celle-ci, l'être. Re-mis à cette dimension abyssale de l'absence, l'être ne sera plus de l'ordre de la φύσις, présence manifeste qui ne cesse d'éclore, mais sera *l'énigmatique, l'insaisissable, l'inapparent qui ne cesse de se cacher*.

Pris par cette pensée, que serait pour nous la « nature » ? Elle ne sera plus, comme à la suite des anciens « philosophes de la nature », en premier lieu de l'ordre de l'*éclosion*, et moins encore, comme à la suite d'Aristote, de l'ordre de la *pro-duction* – *auto-poïèse* ou simple *causalité efficiente* –, mais elle sera tout d'abord de l'ordre de ce qui se retire, se renferme sur soi, repose en soi (*das in sich Ruhende*). Autant de traits que nous trouvons de prime abord dans l'épaisseur élémentaire de la *terre* et de ce qui appartient à sa sphère : les *éléments* que sont l'eau, l'air, etc. Mais nous les trouvons aussi dans la secrète croissance de la plante qui plonge ses racines dans la terre, dans le regard énigmatique de l'animal, dans l'ampleur profonde du ciel, etc.

La question se pose alors de savoir quel rapport entretenir à cette « nature » ainsi comprise. Si la « nature » a bien été jusqu'ici *éclosion* ou *production*, on y entretenait un rapport de *culture* (θεραπεία) ou de *maîtrise*, voire d'*exploitation* par une production technique. Mais si la "nature" s'avère être de l'ordre de la *terre* (au sens le plus ample) qui repose en soi, elle demande dès lors qu'on la laisse *en repos* et la *ménage* (*schonen*). Le rapport approprié à la « nature » serait ainsi celui du *ménagement* (*Schonung*).

La pensée occidentale se trouve donc à nouveau à une *croisée des chemins*. Non plus comme Parménide au milieu de son *Poème* et de ses deux parties, entre le chemin de l'être comme pure φύσις aboutissant à notre époque à la destruction de la nature, et le chemin des anciens « philosophes de la nature », celui de la sauvegarde de la φύσις comme telle. Mais à une croisée de chemins autrement décisive : celle entre le chemin suivi jusqu'ici par la pensée occidentale et le chemin, écarté par Parménide, du non-être (οὐκ ὄν), – non pour s'abîmer dans le gouffre du néant, mais pour *rendre* l'être comme φύσις à la dimension de *l'ab-sence* et le sauvegarder ainsi – contre la consomption – comme l'*inapparent*. Est-il possible de choisir ce chemin à notre époque où la vie est basée sur le complexe des sciences, de la technique et de l'industrie ? Ce chemin s'y dessine déjà par maints signes, à l'instar de la nouvelle sensibilité mondiale pour les éléments que sont la terre, l'eau, l'air. Quoi qu'il en soit, c'est à la philosophie que revient la tâche de contribuer à ouvrir, par la pensée, *l'espace* permettant la "ré-volution" de notre rapport à la « nature » de celui de la maîtrise et de l'exploitation en celui d'une *éthique du ménagement*.

B. Plato, Aristoteles / Platon, Aristote

5. Le Sophiste de Platon dans l'interprétation de M. Heidegger

Au semestre d'hiver 1924/5, Heidegger a donné, à l'Université de Marbourg, un cours de quatre heures par semaine sur le *Sophiste* de Platon. Ce cours a paru en 1992 comme tome 19 de la IIe section de la *Martin Heidegger Gesamtausgabe*[1]. Long de 668 pages, ce dernier est un des plus volumineux de la *Gesamtausgabe*.

Pourquoi Heidegger s'est-il occupé si longuement du *Sophiste* de Platon ? Quel est l'enjeu de son interprétation ? Pour le voir, il convient de rappeler d'abord deux choses :
I. Le plan du *Sophiste* lui-même ;
II. L'image qu'on avait couramment du *Sophiste* aux temps du jeune Heidegger.
I. Le plan du *Sophiste* qui contient trois parties :
1. La *1ère partie* établit, par des diérèses dialectiques, sept *définitions du sophiste*.
2. La *2e partie* porte sur *l'être* et élabore, en opposition à Parménide, un nouveau concept du non-être. Elle contient les passages ontologiques du dialogue, – raison pour laquelle celui-ci avait parfois pour titre : Περὶ τοῦ ὄντος, *De l'être*[2]. Cette partie comporte les sections suivantes :
a. La discussion critique des doctrines de l'être antérieures et contemporaines à Platon.

---

[1] *Martin Heidegger Gesamtausgabe*, II. Abteilung : Vorlesungen 1919-1944, Band 19, *Platon : Sophistes*, Marburger Vorlesung Wintersemester 1924 / 25, hrsg. von Ingeborg Schüßler, V. Klostermann, Frankfurt a. M. 1992 (668 pages). Le volume a entre temps paru en traduction française : *Platon : Le Sophiste*, traduit de l'allemand par Jean-François Courtine, Pascal David, Dominique Pradelle, Philippe Quesne, sous la resp. de Jean-François Courtine et Pascal David, Bibliothèque de philosophie, Paris, *nrf*, Gallimard, 2001 (661 pages). Nous nous limitons à citer le texte selon l'édition allemande sous le sigle GA 19. Les références sont indiquées dans la marge du texte de l'édition française.

[2] GA 19, p. 234.

 b. La détermination de ce qu'est, selon Platon, la philosophie : elle est de l'ordre de la dialectique.
 c. L'examen dialectique des μέγιστα γένη, des *genres suprêmes* ou concepts fondamentaux de l'être, qui débouche sur un nouveau concept du non-être.
 d. L'analytique du λόγος et en particulier du λόγος ψευδής, de l'*énoncé faux*.
3. La *3ᵉ partie* reprend la septième définition du sophiste et l'achève.

 Quand on jette un rapide regard sur ce plan, on peut être d'avis – et nous en venons à

 II. L'*image* qu'on avait couramment, aux temps du jeune Heidegger, du *Sophiste* de Platon[3] : que le dialogue est disparate et dépourvu de cohérence interne. Qu'est-ce que les définitions du sophiste établies dans les 1ᵉʳᵉ et 3ᵉ parties ont à faire avec la 2ᵉ partie, proprement ontologique ? 2ᵉ partie qui semble bien la principale, encadrée par les deux autres. Hans Bonitz écrit ainsi par exemple – dans son commentaire du *Sophiste* – que la 2ᵉ partie est le « noyau » et que les deux parties extérieures avec les définitions du sophiste n'en sont que « l'écorce »[4]. Ce serait le noyau qui l'importe ; l'écorce pouvant également faire défaut. Les parties extérieures n'auraient, au fond, rien à voir avec le noyau du dialogue. Elles ne contiendraient que des exercices scolaires visant à établir, par des diérèses dialectiques, des définitions. Elles seraient donc de l'ordre de la simple *méthode* et n'auraient rien à voir avec la *doctrine de l'être* de la partie principale[5]. Mais dans cette dernière, dans ledit « noyau », on trouve *aussi* bien des difficultés. On n'arrive pas à en saisir l'unité. Ainsi était-on par exemple d'avis que, dans l'examen dialectique des concepts fondamentaux de l'être, il ne s'agirait que d'une sorte de « manie » dialectique de couper les cheveux en quatre, que de subtilités dialectiques vides et formelles, dépourvues de sens ou d'objet proprement dit (*ohne sachlichen Sinn*), – tout comme on

---

[3] Cette image, Heidegger ne la présente pas de façon explicite dans son cours. Il n'en donne que quelques indications éparses. Elle constitue plutôt un arrière-fond qui sous-tend l'interprétation qu'il donne du *Sophiste* et, avant tout, de la *dialectique*.
[4] *Cf.* GA 19, p. 232 *sqq.*
[5] *Cf.* par ex. GA 19, p. 263 et p. 289. Nous nous limitons ici à ces deux références. Nous indiquerons par la suite les références essentielles concernées.

voyait, à cette époque, dans la dialectique comme telle un art de la pensée purement formel, une simple technique de l'entendement dépourvue de tout rapport aux choses (*ohne Sachbezug*)[6]. Cette vue, on l'avait suite à la dialectique hégélienne, mal comprise, ainsi que suite à la théorie néokantienne de la connaissance qui, toutes deux, privilégiaient l'entendement en son caractère formel. C'est ainsi qu'on voyait couramment, aux temps du jeune Heidegger, le *Sophiste* de Platon.

En s'opposant à cette vue, Heidegger se donne avant tout comme but dans son interprétation du *Sophiste* de mettre en évidence sa *cohérence*[7]. Il établit alors cette thèse provocante[8] : ce n'est pas la *2e partie* – celle contenant les passages ontologiques – qui constitue le « noyau » du dialogue. Le « noyau » en est bien plutôt ce qu'on a appelé l'« écorce », soit : la *1ère partie* présentant les définitions du sophiste. Cette *1ère partie* est selon Heidegger pour ainsi dire le *noyau dur* qu'il faut briser. Elle est la pierre d'achoppement. Elle est le noyau – pour en rester à cette image – qu'il faut « décortiquer ». Toute la suite du dialogue, c'est-à-dire l'ensemble des passages ontologiques, n'aurait pour tâche que de décortiquer ce noyau, c'est-à-dire de conduire le problème qu'il pose, étape par étape, vers sa solution.

Pour démontrer cette thèse, Heidegger doit évidemment tout d'abord *réviser ledit concept de « dialectique »* qu'on avait couramment à son époque, comme simple technique formelle de la pensée ; sans quoi persisterait l'image de la *1ère partie* comme étant de l'ordre de la méthode formelle. Or, pour réviser ce concept, Heidegger applique le procédé qu'il appelle dans *Être et Temps* la « destruction » (*Destruktion*), terme qu'il entend au sens du mot latin *de-struere*, « déblayer couche par couche »[9]. Il va

---

[6] GA 19, p. 198 *sq*. Il s'agirait d'une « *Denktechnik des dialektischen Hin- und Her...*, *zu der nichts gehört als ein leerlaufender wild gewordener Verstand* » (p. 199) ou d'une « *Begriffsspalterei* » (p. 574). *Cf.* également p. 632.

[7] Heidegger donne une présentation succinte du contenu du *Sophiste* dans son ensemble, attestant de la cohérence de celui-ci, dans GA 19, p. 12 et p. 220. Concernant la cohérence, *cf.* également p. 231, p. 412 et p. 425. « *Das ständige Thema des Dialogs ist die Aufklärung der Existenz des Sophisten* » (p. 573).

[8] GA 19, p. 412. *Cf.* également p. 557 et p. 578.

[9] Heidegger expose le procédé de la « destruction » (*Destruktion*) entre autre dans : 1) *Être et Temps*, §6, et 2) *Séminaire du Thor 1969*, in : *Seminare*, hrsg. von Curd Ochwadt, GA

donc « déblayer » les couches qui se sont superposées sur le sens originel de la dialectique chez Platon, – couches qui consistent précisément dans cette vue de la dialectique que nous venons d'exposer. Il va ainsi libérer et mettre au jour le *sens originel* de la dialectique chez Platon. Comme on peut s'y attendre, ce sens résidera en ce que la dialectique a bien un *Sachbezug*, un *rapport aux choses elles-mêmes*[10].

Cette « destruction » libératrice du sens originel de la dialectique chez Platon, Heidegger la réalise, dans son cours sur le *Sophiste*, en faisant d'abord un retour à *Aristote* ; et ce pour savoir comment celui-ci entend la « dia-lectique » et, d'une manière plus générale, le λόγος. Car on pourrait bien supposer – avance Heidegger – qu'Aristote a compris Platon. Or, l'herméneutique ayant pour règle d'aller du clair à l'obscur (et non l'inverse), et Aristote nous étant plus proche et plus familier que Platon (c'est lui qui, venu après Platon, a formé la tradition), – c'est bien d'*Aristote* qu'il faut partir pour gagner le concept originel de la dialectique chez Platon[11].

Heidegger met en œuvre cette « destruction » libératrice du sens originel du λόγος chez les Grecs dans une ample *partie introductive* de son cours sur le *Sophiste*[12]. Cette longue partie introductive qui constitue un tiers de l'ensemble, contient une interprétation détaillée du *livre VI* de l'*Ethique à Nicomaque* ainsi que de certains passages de la *Métaphysique*, avant tout du livre I, *chapitres 1 et 2*. Le *résultat* de cette interprétation consiste en ce que le λέγειν, le *dire*, l'*énoncer* a pour sens originel l'ἀληθεύειν, le *dé-couvrir* ou *dé-voiler* les choses elles-mêmes en ce qu'elles sont[13]. Ainsi Aristote dit-il au début du chapitre 3 du livre VI de l'*Ethique à Nicomaque* :

[...] ἀληθεύει ἡ ψυχὴ τῷ καταφάναι ἢ ἀποφάναι [...]

15, 1986, p. 326-371, en part. p. 337 / *Questions IV*, Paris, *nrf,* Gallimard, 1976, p. 259-306, en part. p. 271.

[10] *Cf.* GA 19, p. 64 et 641.

[11] GA 9, p. 10 *sqq* et p. 190.

[12] Einleitender Teil. Die Gewinnung der ἀλήθεια als des Bodens der platonischen Seinsforschung. Interpretationen zu Aristoteles. « Nikomachische Ethik » Buch VI und X, Kapitel 6-8, « Metaphysik » Buch I, Kapitel 1-2 (GA 19, p. 21-188). Heidegger reprend les enjeux et les résultats de cette partie de manière succinte dans la *Überleitung* de la *partie introductive* à la *partie principale* (GA 19, p. 189-225).

[13] GA 19, p. 21 et p. 179.

[...] l'âme dé-couvre (dé-voile) [les choses en ce qu'elles sont] par l'affirmation ou par la négation [...].[14]

Le λόγος comme λόγος τι κατά τινος, comme *énoncé de quelque chose au sujet de quelque chose*, a donc bien pour sens ledit ἀληθεύειν. Certes, le λόγος, dans cette forme là, n'accomplit pas – nous avertit Heidegger – l'ἀληθεύειν dans sa possibilité suprême. Car dans la mesure où il ne « dit », dé-couvre, la chose en question que *comme quelque chose* et donc à partir de quelque chose d'autre, il ne la découvre justement pas eu égard à elle-même, καθ' αὐτό. Dire, dé-couvrir, une chose eu égard à elle-même, cela n'est possible que par un pur ὁρᾶν, *voir* qui – sans détour par quelque autre chose – vise directement la chose en question[15]. Mais le λόγος – même quand il *dit* (λέγει) la chose en question *par le truchement* (διά) d'un prédicat différent d'elle-même, même quand il est, en ce sens, *dialectique* –, ce λόγος porte alors néanmoins en lui-même une tendance vers ce pur ὁρᾶν de la chose elle-même. Ainsi s'avère-t-il que la διαλεκτική n'est pas un procédé purement formel, mais a au contraire pour sens – au moins comme tendance – *d'élucider* les choses elles-mêmes en ce qu'elles sont. Comme Aristote le dit dans les *Réfutations sophistiques*, elle est κατὰ πρᾶγμα, orientée *sur les choses*[16], de sorte qu'elle « tente » à découvrir les choses elles-mêmes. Elle est – comme il le dit dans la *Métaphysique* – « en tentative » (πειραστική)[17].

C'est donc ce sens qu'il faut selon Heidegger aussi supposer pour la *dialectique chez Platon*[18]. Cela signifie que les diérèses dialectiques – établies par Platon dans la *partie introductive* du *Sophiste* – ont bien pour sens *d'élucider la chose elle-même* dont il y est question, à savoir le *sophiste*. Ainsi, chacune des définitions du *sophiste*, obtenues par ces diérèses dialectiques, met au jour un certain « aspect » du sophiste, un φάντασμα, un mode d'*apparaître* (φαίνεσθαι), un mode sous lequel celui-ci *apparaît factuellement* dans la πόλις grecque. Toutes ces définitions le décrivent donc,

---

[14] Aristote, *Ethique à Nicomaque* [cité *Eth. Nic.*] VI, 3 ; 1139 b 15. *Cf.* GA 19, p. 21 *sqq*.
[15] Concernant la portée et la limite du λόγος comme ἀληθεύειν, *cf.* §26. *Reichweite und Grenze des* λόγος (GA 19, p. 179 *sqq*) et GA 19, p. 196 *sq*.
[16] *Réfutations* I, 11 ; 171 b 6.
[17] Aristote, *Métaphysique* [cité *Mét.*] IV, 2 ; 1004 b 25. *Cf.* GA 19, p. 214.
[18] *Cf.* GA 19, p. 195 *sqq*.

chacune à sa façon, tel qu'il y existe factuellement[19]. Et ce qui importe finalement, après toute cette ex-position diérétique de ces multiples aspects que présente d'abord le sophiste, c'est d'y mettre au jour le ἕν, ce qu'il y a d'*un*, d'*identique*[20], soit : *la conduite fondamentale* du sophiste, qui se montre dans toutes les autres conduites, quelque disparates soient-elles. Pour avancer le résultat : cette conduite fondamentale s'avérera finalement être de l'ordre du *dire* (λέγειν), ou du *discours* (λόγος), et en particulier de l'ordre du « dire de ce qui est faux » (λόγος ψευδής)[21], du « faux dire »[22]. En effet, ce qui importe au sophiste, ce qu'il cherche par tous ses discours – et c'est là ce que montrent, d'une manière ou d'une autre, toutes les définitions –, c'est d'avoir la puissance sur les hommes et avant tout sur les jeunes, de les *avoir en main* (χειροῦσθαι)[23], pour en tirer un profit personnel (à l'époque, d'ordre financier). Or, le sophiste réussit à atteindre ce but – c'est ce qui s'est montré factuellement dans la πόλις grecque – non seulement du fait qu'il sait bien parler – le εὖ λέγειν, *dire* les choses *bellement*, est bien l'élément de la rhétorique aussi bien que de la sophistique –, mais avant tout du fait qu'il sait ἀντιλέγειν περὶ πάντων[24], *débattre*, au sens de l'éristique, *sur toutes les choses possibles*, quelqu'elles soient, et ce en y apparaissant comme quelqu'un qui *sait*. Or, vu qu'il est impossible pour l'homme mortel de savoir tout sur le mode d'un savoir véritable, fondé sur les choses elles-mêmes, le discours du sophiste, qui porte justement sur tout, loin de pouvoir être de l'ordre d'un tel savoir, ne peut être que de l'ordre d'un *prétendu savoir*, d'un "savoir" *non fondé* sur les choses, dénué du rapport aux choses (*sach-los*), mais qui – tenant compte des opinions et des préjugés des πολλοί, de *la foule*, soit de l'optique du bon sens quotidien – se présente précisément sous l'aspect (δόξα, *Aussehen*)[25] d'être un savoir bien fondé. Ainsi *l'art de la parole* tel que le possède le sophiste n'est pas seulement de l'ordre de l'εἰκαστική[26] de sorte qu'en ses discours, il dirait (λέγει), ren-

---

[19] Par ex. GA 19, p. 19, p. 192, p. 295 et p. 325.
[20] *Cf.* Platon, Sophiste [cité *Soph.*], 232 a 1 *sqq.*
[21] *Soph.*, 236 e 4.
[22] *Soph.*, 241 a 1. *Cf.* par ex. GA 19, p. 301 et p. 352.
[23] *Soph.*, 222 a 10.
[24] *Cf. Soph.*, 232 b *sqq.*
[25] *Cf. Soph.*, 236 a 5.
[26] *Cf. Soph.*, 235 d 7.

drait visibles, les choses sur le mode de l'εἰκός, d'une visibilité qui leur est *semblable*, mais son discours est de l'ordre de la φανταστική[27] de sorte qu'il dit, rend visibles les choses sur le mode du φάντασμα, d'une visibilité en laquelle leurs rapports se trouvent « *faussés* », c'est-à-dire *dé-formés (verzerrt), dé-tournés (verdreht) conformément à l'optique des* πολλοί, – pour se donner par là *l'air* (δόξα, *Aussehen*) auprès de ceux-ci de dire les choses précisément telles qu'elles sont[28]. C'est ainsi que le *dire* (λέγειν) du sophiste est un *dire de ce qui est faux* (ψευδῆ λέγειν)[29], – au sens où l'on dit d'un homme qu'il est faux. Ce ψευδῆ λέγειν est la *conduite fondamentale* du sophiste, en jeu dans toutes ses autres conduites. Et c'est de cette manière que le sophiste se montre, apparaît (φαίνεται) factuellement dans la πόλις grecque. C'est cet *aspect factuel du sophiste*, le *fait (factum)* qu'il apparaît sous l'aspect de cette conduite fondamentale que Heidegger met explicitement au jour par son interprétation détaillée de la *1ère partie du Sophiste*[30].

Ce ψευδῆ λέγειν est le *noyau dur* auquel se heurte Platon et qu'il cherche par la suite à « décortiquer »[31]. En effet, le faux (ψεῦδος) que dit le λόγος n'est *pas* l'étant qu'il prétend dire : il n'*est pas l'étant* : il est μὴ ὄν, non [l']étant : il est *ce qui n'est pas*. Or ce qui n'est pas *n'est pas*, – et ce selon *la doctrine de Parménide* qui dit : *l'étant seulement est, le non-étant n'est pas*. Et aux temps de Platon, Parménide était une autorité – et Heidegger de le relever expressément – dont on ne saurait surestimer l'importance. Selon cette autorité, *le faux n'est donc pas*. Partant, *le faux dire* (ψευδῆ λέγειν) *n'est pas* non plus. La conduite fondamentale du sophiste n'est pas : elle n'existe pas. Car elle *ne peut* exister : elle est ontologiquement impossible. Et c'est pourquoi quelqu'un comme un sophiste ne peut pas non plus exister. D'autre part, cette conduite du ψευδῆ λέγειν est bien de l'ordre d'une *réalité factuelle*, – s'il est bien vrai que le sophiste est précisément lui-même une réalité factuelle dans la πόλις grecque. Et le *faux* dans ce dire – le faux qui se donne l'air de rendre, par la visibilité sienne,

---

[27] *Soph.*, 236 c 7.
[28] *Cf. Soph.*, 236 b 4 *sqq.*
[29] *Soph.*, 236 e 4.
[30] GA 19, p. 381-403.
[31] *Cf.* GA 19, p. 412.

la chose elle-même telle qu'elle est –, ce faux, comme tel, en cet air sien, est bien, lui aussi, un *fait (factum)*. C'est là le « noyau » qu'il faut « décortiquer »[32]. Décortication qui a lieu dans la 2ᵉ *partie* du *Sophiste*, celle qui contient les passages proprement ontologiques.

Mais comment procéder ici ? C'est tout d'abord la doctrine de Parménide qui s'oppose à ce que *le faux* – ce non-étant – soit ontologiquement possible. Car elle dit : l'étant seulement est et le non-étant n'est pas. Pourtant, ce qui vient de s'annoncer, c'est que ce faux contient une συμπλοκή, un *entrelacement*[33] bien étrange entre l'être et le non-être. Certes, le faux tel qu'il est dit dans le λόγος n'est pas l'étant lui-même, prétendument découvert, rendu visible, par lui. Dans cette mesure, le faux *n'est pas*. Mais *comme faux*, comme fausse visibilité, ce faux est bien là ; il se montre, il apparaît. Dans cette mesure, il *est*, – au moins est-il, s'il n'est pas l'étant lui-même, *d'une certaine manière*, πώς[34]. Pour résoudre la problématique ontologique du ψεῦδος, il faut donc trouver un *non-étant*, un μὴ ὄν, qui ἐστί πως, qui *est d'une certaine manière*. Cela signifie qu'il faut *réviser* la doctrine de Parménide. Cela ne signifie cependant pas qu'on doive s'en débarrasser – il ne s'agit pas d'un « parricide »[35] –, mais uniquement la *modifier*[36].

Où commencer ici ? Il faut trouver un *non-étant* qui *est* d'une certaine manière. Mais cela n'est pas possible en partant du *non-étant*. Et cela de nouveau conformément à la doctrine de Parménide selon laquelle le non-étant n'est ni pensable (ἀδιανοητόν) ni dicible (ἄρρητόν)[37]. Car il n'y a là justement *rien* – néant – ; rien ne s'y montre, n'y apparaît : il n'y a là qu'une *totale obscurité*. Ainsi faut-il commencer par *l'étant*. Ce qui est d'ailleurs bien conforme au phénomène du ψεῦδος qui, comme phénomène, *est (existe)*, mais sans pour autant être l'étant prétendûment dévoilé par lui, de sorte que ce même phénomène du faux *n'est pas* sous ce rapport-là (πῇ). Le phénomène du faux est donc bien un étant (ὄν) qui n'est pas sous

---

[32] L'exposition de cette problématique s'étend GA 19, p. 406-434.
[33] *Soph.*, 240 c 1.
[34] *Soph.*, 240 b 9.
[35] *Cf. Soph.*, 241 d 3.
[36] GA 19, p. 192 et p. 433 *sq*.
[37] *Cf. Soph.*, 238 c 9 *sqq* et 241 a 5.

ce rapport-là (οὐκ ἔστι πῇ)³⁸. Le ψεῦδος contient une συμπλοκή de l'être et du non-être, – non pas au sens où le non-être est l'ἐναντίον, le *contraire extrême* de l'être, mais au sens où le non-être se trouve relativisé d'une certaine manière et ainsi *modéré*. Ainsi faut-il bien commencer par *l'étant* et repérer en quel sens celui-ci, sous un certain rapport (πῇ), n'est pas³⁹.

C'est ici que Platon s'engage dans la *discussion critique des doctrines traditionnelles et contemporaines de l'être*⁴⁰. Car Platon revendique pour lui-même – pour son concept de l'être qui rendra compréhensible l'être du non-être, respectivement le non-être de l'être – de ne faire que développer et accomplir ce qui, sous forme de germe, se trouve déjà donné dans ces doctrines-là. C'est pourquoi le procédé qu'il suit est de l'ordre d'une *dialectique élenctique*. Il invite, pour ainsi dire, les représentants de ces doctrines à participer à un dialogue et à y formuler leur doctrine par un λόγος. Par rapport à ce λόγος, Platon va alors leur demander ce qui s'y trouve déjà *dit* de manière implicite et cachée, pour le "mettre au pilori". C'est en cette « dia-lectique », en ce parcours des λόγοι – qui a pour essence de dé-couvrir (ἀληθεύειν) le *dit* implicite et caché –, que consiste alors la philosophie proprement dite, l'activité de celle-ci. Ce n'est qu'en s'engageant dans l'activité même de philosopher qu'on pourra découvrir et déterminer le nouveau concept de l'être. C'est pourquoi il n'est pas du tout étonnant – comme le relève Heidegger – que, dans le dialogue intitulé *Le Sophiste*, Platon saisisse d'abord non pas le sophiste, mais bien le *philosophe* en ce qu'il est⁴¹.

Nous ne pouvons retracer ici dans les détails la discussion critique des doctrines traditionnelles et contemporaines de l'être. Nous n'en relèverons que certaines étapes importantes :

1. Les *philosophes de la nature*, qui disent que *l'être* de ce qui est, le ὄν, est *deux* (ὄν = δύο)⁴², comme par exemple le chaud et le froid, doivent bien avouer *ou bien* que l'être (ὄν) *coïncide* avec chacun de ces deux termes – chacun *est* –, avec la conséquence que ces deux termes coïncideraient entre

---

³⁸ *Soph.*, 241 d 6 *sq.*
³⁹ Dans le paragraphe qui précède, nous avons précisé le développement qui ne se trouve qu'en partie chez Heidegger.
⁴⁰ GA 19, p. 435-486.
⁴¹ GA 19, p. 12 *sq*, p. 245 *sqq*, p. 531 *sq.*
⁴² *Soph.*, 234 d 8 *sq.*

eux et seraient finalement *un*, ce qui, vu leur contrariété, est *impossible*, – *ou bien* que l'être est un *tiers* (τρίτον)[43] *en dehors d'eux*. Mais que veulent-ils alors à proprement parler dire par le mot « être » ? C'est ici qu'intervient la phrase que Heidegger a choisie comme exergue de *Être et Temps* : « Que voulez-vous dire au juste quand vous prononcez : être ? » (τί ποτε βούλεσθε σημαίνειν ὁπόταν ὂν φθέγγησθε ;)[44]. L'être devient ainsi complètement énigmatique et par là précisément affaire d'un *questionnement*[45].

2. Les *Eléates*, qui disent que le *Tout* (ὅλον) *est Un* (ἕν)[46], doivent bien avouer que, par là même, ils ont déjà supposé du *multiple* – à savoir au moins : *l'Un* (ἕν) et le *est* (ὄν), et qu'ils n'ont pu supposer le Tout comme Un que parce qu'implicitement, ils ont déjà conçu ce Tout – qui, comme tel, contient des parties – comme étant déterminé par le ἕν, comme subissant le πάθος τοῦ ἑνός[47]. Qu'il existe un tel rapport de *détermination* de l'un par l'autre, – c'est là précisément ce qu'il faut retenir.

3. Ceux qui supposent comme *étant* uniquement les *corps sensibles, visibles*, les σώματα[48] – nous pouvons les appeler les *"matérialistes"*[49] – doivent avouer – vu que, selon eux, il y *a bien aussi* des corps *animés*, ἔμψυχα[50] –, qu'il y a aussi de la *vie*, ψυχή[51], qui anime les corps, – et – vu que, toujours selon eux, cette vie peut être juste ou non-juste – qu'il y a finalement quelque chose comme la justice, soit : de *l'invisible* (ἀορατόν)[52]. Ils devront donc dire finalement : tous deux – le visible et l'invisible – *sont*. Mais que visent-ils alors à proprement parler par ce *"sont"* ou cet *être* ? Evidemment ce qui, *au préalable, s'est déjà montré comme le commun* à ces deux termes : le συμφυὲς γεγονός[53]. Or c'est là le fait que – sur le mode d'un *pouvoir* d'abord inexplicite, d'une δύναμις *non encore mani-*

---

[43] *Soph.*, 234 e 2.
[44] *Soph.*, 244 a 5 *sq.*
[45] GA 19, p. 446 *sqq.*
[46] *Cf. Soph.*, 244 b 6 *sqq.*
[47] *Soph.*, 245 b 4.
[48] *Soph.*, 246 a 9 *sqq.*
[49] Nous avons ajouté ce terme.
[50] *Cf. Soph.*, 246 e 7.
[51] *Soph.*, 246 e 9.
[52] *Cf. Soph.*, 247 b 3.
[53] *Soph.*, 247 d 3.

feste, cachée, ces deux termes se déterminent et se trouvent déterminés l'un par l'autre réciproquement. L'être, comme le commun npriorique, consiste donc en la δύναμις τοῦ ποιεῖν τε καὶ πάσχειν⁵⁴, *le pouvoir* – d'abord non encore manifeste – *de se déterminer l'un l'autre et d'être déterminé l'un par l'autre réciproquement*. Par là s'annonce le concept de l'être que Platon va reprendre plus tard et élaborer : la δύναμις κοινωνίας, – être ensemble l'un avec l'autre, être en communauté, sur le mode du pouvoir (non manifeste, implicite, latent, caché)⁵⁵.

4. Ceux qui disent que le proprement *étant* (l'οὐσία)⁵⁶ ne réside que dans les *Idées invisibles* – Platon les nomme les εἰδῶν φίλοι⁵⁷ et vise par là, selon Heidegger, les « Mégaréens »⁵⁸ –, ces *amis des Idées* ou *idéalistes* supposent certes les Idées comme ce qui est toujours identique à lui-même (ἀεὶ ταὐτόν)⁵⁹, en s'opposant par là aux corps des *matérialistes*, qui se trouvent sans cesse emportés par une γένεσις φερομένη⁶⁰, par le fleuve impétueux du devenir. Mais ils doivent avouer – dans la mesure où ils sont attachés à la *connaissance* et au *savoir*, précisément rendus possibles par ces Idées –, que les Idées se trouvent elles aussi en *mouvement* (κίνησις)⁶¹. Et ce pour la raison suivante : la connaissance a lieu dans la mesure où notre ψυχή entre en *communauté*, en une κοινωνία, avec les Idées et où elle les

---

⁵⁴ *Cf. Soph.*, 247 d 8 *sqq.*
⁵⁵ GA 19, p. 470 *sq* et 478 *sq.* Heidegger rassemble GA 19, p. 479 les différentes formulations par lesquelles Platon saisit la δύναμις κοινωνίας dans le *Sophiste*. Dans une apostille *(Randbemerkung)* (GA 19, p. 539), il caractérise la δύναμις κοινωνίας ainsi : ce qui *est* sur le mode de celle-ci est ce qui « *sich geltend macht, an der Macht ist* : δύναμις » (ce qui « se fait valoir », ce qui « est au pouvoir : δύναμις »). Et dans une autre note marginale (GA 19, p. 577), il la caractérise, en la considérant plus particulièrement par rapport au λόγος, comme « *die in sich verweisende Verflechtung* » (« l'entrelacement qui, en soi, est renvoyant »). – Simon Moser, qui a suivi le cours, a pris des notes sténographiées (à partir de l'*Überleitung*) ; il les a dactylographiées et a soumis le manuscrit dactylographié à Heidegger qui l'a autorisé. Il y a ajouté plus tard des apostilles (*cf.* le *Nachwort* de l'éditrice, en part. GA 19, p. 685).
⁵⁶ *Cf. Soph.*, 246 c 1.
⁵⁷ *Cf. Soph.*, 248 a 4 *sq.*
⁵⁸ GA 19, p. 479.
⁵⁹ *Cf. Soph.*, 248 a 12.
⁶⁰ *Soph.*, 246 c 1 *sq.*
⁶¹ *Soph.*, 248 e 7.

connaît alors par le truchement de la pensée (διὰ λογισμοῦ)⁶². Or, quand la connaissance se produit ainsi du côté de la ψυχή, les Idées subissent de leur côté une détermination que, d'abord, elles n'avaient pas : celle d'être connues, le πάθος τοῦ γιγνώσκεσθαι⁶³. Elles *passent* donc de leur état précédent, celui de ne pas être connues, à celui d'être connues, ou bien – la connaissance, le λόγος, étant de l'ordre de l'ἀ-ληθεύειν – elles passent de l'état caché, "latent" (le mot français est apparenté au mot grec λήθη), à celui d'être non-cachées, manifestes. C'est en ce *passage* que réside leur *mouvement*, κίνησις⁶⁴ (auquel se rallie d'emblée celui de leur *union* et de leur *séparation*)⁶⁵. Ainsi les *idéalistes* doivent bien avouer que les Idées se trouvent en mouvement. Ils doivent donc abandonner leur concept figé de l'être. D'autre part, il ne faut pas perdre de vue que la connaissance des Idées n'est possible qu'à condition que chacune des Idées à connaître demeure à la fois *constamment* ce qu'elle est. Sinon, l'entendement (*Verstand*) ne pourrait la penser : tout se confondrait. Les Idées sont donc en *mouvement* (κίνησις) aussi bien qu'en *repos* (στάσις)⁶⁶.

Par là ces deux concepts – le mouvement et le repos – se sont avérés être des *concepts* tout à fait *fondamentaux*. Il est donc inévitable de les retenir et de les considérer comme étant *constitutifs de l'être*. On a par là gagné la *thèse suprême* de l'être, conformément à laquelle on dira : ce qui *est*, le ὄν, est *aussi bien le mouvement que le repos*⁶⁷.

Mais cette thèse aboutit à une *aporie*, qui est d'ailleurs à peu près la même que celle à laquelle aboutissait au début la thèse des *philosophes de la nature*. Il y a de nouveau deux concepts fondamentaux, cette fois le *mouvement* et le *repos*, et puis encore le concept fondamental de *l'être* (τὸ ὄν). Tous les deux – le mouvement aussi bien que le repos – *sont*. Et

---

[62] *Cf. Soph.*, 248 a 10 *sqq.*
[63] *Cf. Soph.*, 248 d 1 *sqq.*
[64] GA 19, p. 481.
[65] L'explicitation de la κίνησις, indiquée dans la parenthèse, ne se trouve pas chez Heidegger. Nous l'avons ajoutée de notre part. Nous la devons à Karl-Heinz Volkmann-Schluck (1914–1981), qui l'a présentée dans ses cours (entre autre sur Plotin) à l'Université de Cologne. Elle précise, à partir des Idées elles-mêmes, en quel sens elles sont bien en mouvement.
[66] *Soph.*, 249 c 1.
[67] *Soph.*, 249 d 3 *sqq.*

l'être (τὸ ὄν) doit bien être un *tiers* (τρίτον)[68], – sinon, le mouvement et le repos coïncideraient et ne feraient qu'un, – ce qui, vu leur caractère opposé, leur ἐναντίωσις[69], est impossible. Ainsi l'être (τὸ ὄν) devient entièrement problématique.

C'est pourquoi un *nouveau début* s'impose ici[70]. Platon s'y engage en reprenant la pensée de la δύναμις κοινωνίας, jusqu'ici non encore thématique, mais seulement inexplicite, pour en faire dès lors le thème explicite de la recherche. Or, tous les représentants des doctrines traditionnelles et contemporaines de l'être vont avouer qu'il faut supposer cette δύναμις κοινωνίας. Sans elle, en effet, ils ne peuvent pas même établir leurs thèses concernant l'être. Car ils ne peuvent dire de *rien* qu'il *est*. Une *onto-logie* (λόγος τοῦ ὄντος) ne serait pas possible[71]. On ne peut en outre pas supposer que cette δύναμις κοινωνίας – le pouvoir de se lier et de se déterminer réciproquement – soit d'ordre absolument universel. Sinon, le mouvement et le repos (par exemple) devraient pouvoir se déterminer réciproquement, – ce qui, vu leur caractère opposé, leur ἐναντίωσις, n'est évidemment pas possible : le mouvement n'est pas en repos, et le repos n'est pas en mouvement. Ainsi faut-il supposer une δύναμις κοινωνίας qui n'est que d'ordre partiel et « conditionné », « be-dingt », au sens propre du mot allemand : « *be-dingt durch die Dinge* »[72], conditionnée par les choses elles-mêmes, par leur contenu propre, – tout comme dans le *domaine des lettres* il y en a qui ne peuvent se lier aux autres. Mais de même qu'il y a certaines lettres qui peuvent se lier à toutes – comme lien (δεσμός)[73] au travers de toutes (διὰ πάντων)[74], et les liant toutes : les *voyelles* ; de même il y a, dans le *domaine des* εἴδη, certains γένη, *"genres" ou concepts fondamentaux* qui passent, comme lien, au travers de tous (διὰ πάντων), de sorte qu'ils en rendent possible la κοινωνία. Or, pour pouvoir connaître un certain *étant* – par exemple l'homme ou le sophiste – en cette κοινωνία des εἴδη qui, au préalable déjà, est constitutive de son essence, il faut évidem-

---

[68] *Soph.*, 250 b 8.
[69] *Cf. Soph.*, 250 a 7.
[70] GA 19, p. 511 *sqq.*
[71] GA 19, p. 514 *sqq.*
[72] GA 19, p. 517 : « Sie [die δύναμις κοινωνίας] ist in den Dingen selbst gegründet. »
[73] *Soph.*, 253 a 5.
[74] *Ibid.*

ment disposer d'un certain *regard*, d'un certain *savoir*. Car il s'agit ici de dé-couvrir et de mettre au jour toute cette δύναμις κοινωνίας en son entièreté, jusqu'aux concepts fondamentaux les plus hauts, soit : la *structure ontologique apriori* tout entière de l'étant en question. Ce savoir ou cette science (ἐπιστήμη)[75], investie de ce regard spécifique d'ordre ontologico-apriorique, c'est la διαλεκτική[76], dont l'affaire est précisément de « parcourir les λόγοι » (πορεύεσθαι διὰ τῶν λόγων)[77], c'est-à-dire de parcourir les *prédicats* exprimés dans les énoncés (λόγοι), et en particulier tous ceux qui sont déjà exprimés avec les autres de façon *implicite et cachée* et de *dé-couvrir* ceux-ci explicitement. Or, celui qui est capable d'une telle dialectique, c'est le *philosophe*, – l'affaire de la philosophie étant précisément de *découvrir l'étant en sa structure d'être*[78]. Platon établit ici explicitement le concept de la « dialectique » sur la base du concept de la δύναμις κοινωνίας. Ce qui importe – et Heidegger de le relever explicitement –, c'est de voir que cette δύναμις κοινωνίας des εἴδη et γένη n'est pas de l'ordre d'un fait gagné *a posteriori* par l'observation des diérèses dialectiques déjà existantes, mais constitue bien plutôt la *présupposition fondamentale (Grundvoraussetzung)*[79] *de tout discours dialectique*, de telle sorte que ce n'est qu'elle qui le rend possible. La dialectique renvoie donc à quelque chose qui la précède, à savoir à la δύναμις κοινωνίας, qui consiste en ce que toutes les déterminations, que la dialectique relève par rapport à un certain étant, se sont au préalable déjà alliées à celui-ci, pour se faire valoir auprès de lui et exercer leur puissance, « latente »[80], sur lui. Cette puissance cachée qu'est la δύναμις κοινωνίας est, selon Heidegger, la *limite extrême* jusqu'à laquelle la philosophie platonicienne peut remonter[81], sans pouvoir pour autant la dépasser, – puisqu'elle a pour élément propre le λόγος comme ἀ-ληθεύειν, – et non le caché.

Cette δύναμις κοινωνίας a lieu non seulement dans le domaine ontique des εἴδη, mais au préalable déjà dans le domaine proprement ontologique

---

[75] *Soph.*, 253 b 10.
[76] *Soph.*, 253 d 3.
[77] *Cf. Soph.*, 253 b 11.
[78] GA 19, p. 523 *sqq*.
[79] GA 19, p. 533, *cf.* également p. 513.
[80] *Cf. supra*, la note n° 55.
[81] GA 19, p. 533.

des *concepts fondamentaux* eux-mêmes, de ces concepts donc qui, comme δεσμός, s'étendent διὰ πάντων, *au travers de tous les autres*, en rendant possible la κοινωνία. Or c'est à ces concepts fondamentaux – appelés par Platon les « genres suprêmes » (μέγιστα γένη)[82] – qu'appartient également le concept de l'« être lui-même » (ὂν αὐτό)[83]. En effet, chaque εἶδος *est*. De plus, la thèse suprême sur l'être avait déjà établi le ὂν αὐτό comme concept fondamental. Or cet *être lui-même* est évidemment le simple et élémentaire *être* de Parménide. Ce n'est donc que dans le *domaine des concepts fondamentaux* et de leur δύναμις κοινωνίας qu'on peut découvrir finalement le concept qu'on cherche à proprement parler, – celui de *l'être* qui, sous un certain rapport (πώς), *n'est pas*, et réviser par là la doctrine de Parménide[84]. C'est là ce qui a lieu dans *l'examen dialectique des concepts fondamentaux de l'être* qui suit maintenant.

Selon la thèse suprême sur l'être, ces concepts fondamentaux sont, jusqu'ici, les suivants : κίνησις – στάσις – ὄν[85]. Ces concepts, Platon les reprend maintenant pour en faire le *sujet thématique* de la recherche. Or, c'est également la κίνησις qui intervient ici, – cette κίνησις qui a lieu, comme Platon l'a montré, du côté de l'εἶδος, quand la ψυχή en réalise la *connaissance*. C'est cette κίνησις qui est donc le *fil conducteur* suivant lequel Platon va accomplir l'examen dialectique des concepts fondamentaux de l'être, – bien qu'il aurait pu l'accomplir en suivant le fil conducteur de n'importe quel autre concept fondamental. Si la κίνησις fonctionne comme *concept conducteur* dans cet examen dialectique fondamental, cela indique, selon Heidegger, qu'il ne s'agit pas, dans cet examen dialectique fondamental, de « subtilités » dialectiques « vides » et « formelles » où l'on « coupe les cheveux en quatre », mais que le phénomène de la *connaissance* s'y trouve d'emblée impliqué, et non seulement la connaissance, mais également tout ce qui est en rapport avec elle, soit le λόγος, la ψυχή, le *Dasein* de l'homme[86]. C'est donc de tous ces phénomènes qu'il va dans cet

---

[82] Cf. *Soph.*, 254 c 3.
[83] *Soph.*, 254 d 4.
[84] Le développement présenté par nous dans ce paragraphe ne se trouve qu'en partie chez Heidegger.
[85] Cf. *Soph.*, 254 d 4 *sq.*
[86] GA 19, p. 576 *sqq*, avant tout p. 578 *sq*. Cf. également GA 19, p. 537, p. 552, p. 557 *sq* et p. 573 *sq*.

examen prétendûment abstrait. Cela signifie que ce n'est pas seulement le λόγος ψευδής, mais bien le λόγος comme tel qui est le phénomène central (*das Kernphänomen*)[87] du *Sophiste* de Platon. Toutefois, conformément au thème du dialogue, c'est le λόγος ψευδής qui est impliqué en *premier* lieu dans l'examen dialectique fondamental. Mais cela ne se montre qu'à la fin du dialogue[88].

Nous ne pouvons pas présenter ici cet examen dialectique des concepts fondamentaux dans ses détails. Nous nous limitons à relever certaines étapes essentielles, à savoir celles qui conduisent d'abord au phénomène du *non-l'être* et, par le truchement de celui-ci, finalement au *concept de l'être du non-'être*. Pour pouvoir réaliser cet examen, il faut évidemment d'abord déterminer quels (ποῖα) sont les concepts fondamentaux[89]. Selon la thèse suprême sur l'être, ce sont les concepts suivants : mouvement (κίνησις) – repos (στάσις) – être (ὄν)[90]. Mais à considérer ici les choses de plus prés – et c'est par là que commence l'analyse dialectique –, on remarque que *deux autres concepts* sont ici déjà implicitement en jeu. Chacun de nos trois concepts (κίνησις – στάσις – ὄν) a en effet un *contenu propre*. Chacun est donc le *même* (ταὐτόν) par rapport à lui-même, mais à la fois *différent, autre* (ἕτερον) par rapport aux autres[91]. Les concepts ici déjà implicitement en jeu, sont donc les concepts du *même* (ταὐτόν) et de l'*autre* (ἕτερον). Mais chacun de ces deux concepts a évidemment lui aussi un *contenu propre* qui ne se recouvre avec aucun contenu propre aux concepts fondamentaux précédents. Chacun d'entre eux est donc – faut-il dire – à son tour le *même* par rapport à lui-même, mais à la fois différent, *autre*, par rapport aux austres[92]. Ainsi, ces deux concepts sont eux aussi des concepts fondamentaux de l'être. Et vu que chacun de tous ces concepts mentionnés se présente – compte tenu de son contenu propre – comme quelque chose

---

[87] GA 19, p. 580. *Cf.* également p. 639 (ajoût n° 41).
[88] GA 19, p. 578 et p. 580. Le rôle éminent que joue le ἕτερον dans l'examen dialectique fondamental atteste bien qu'il y va avant tout du non-être (ou de la liaison entre la κίνησις, soit : la ψυχή ou le λόγος, avec le non-être) – et donc du λόγος ψευδής.
[89] *Soph.*, 254 c 4.
[90] *Cf. Soph.*, 254 d 4 *sq.*
[91] *Cf. Soph.*, 254 d 14 *sq.*
[92] *Ibid.*

qui existe *séparément* (ἀποοχωριζόμενον)[93] des autres, "en soi", il s'avére donc que les concepts fondamentaux de l'être sont au nombre de *cinq*[94] Par là, Platon les fixe par l'ἀριθμός. De sorte qu'il peut bien les soumettre alors à l'examen dialectique proprement dit, à cet examen donc, qui vise à découvrir ce qu'il en est de leur δύναμις κοινωνίας[95].

Nous l'avons dit : cet examen dialectique, Platon l'accomplit en suivant le fil conducteur de la κίνησις. C'est donc cette dernière qui est considérée eu égard au rapport qu'elle a aux quatre autres concepts ; et ce étape par étape. Il apparaît alors que la κίνησις se trouve co-déterminée par chacun des autres, – comme par exemple par le concept du *même* (la κίνησις est bien le même eu égard à elle-même) : elle participe (μετέχει)[96] donc de chacun des autres et se trouve en une κοινωνία avec eux. Mais elle ne devient *pas* pour autant *identique* aux autres, mais demeure bien différente, *autre*, par rapport à eux. Il se montre donc d'ores et déjà que l'altérité (ἕτερον) *co-apparaît* continûment dans la κίνησις, – tout comme elle co-apparaît dans tous les autres. Or, ce rapport bien étrange de *participer* à un certain concept fondamental sans pour autant *être* ce concept lui-même, mais demeurer *autre* que lui intervient maintenant également dans le rapport qu'a la κίνησις au concept fondamental du ὂν αὐτό[97]. C'est ce rapport qui importe ici. En effet, la κίνησις est bien co-déterminée par le ὄν, elle participe de lui – elle *est* –, mais elle n'est pas pour autant identique à cet ὄν lui-même, mais demeure autre (ἕτερον) par rapport à celui-ci. Il en résulte que la κίνησις est certes un *étant*, mais de telle sorte qu'elle n'est *pas le* ὄν *lui-même*[98]. Car elle est *autre* que le ὄν lui-même. C'est donc une étrange συμπλοκή de l'être et du non-être qui apparaît ainsi dans la κίνησις : elle est quelque chose qui *est* – un *étant* – qui ne *est* pas. Il en sera de même de tous les autres concepts fondamentaux ainsi que de tous les εἴδη en général quant au rapport qu'ils ont à l'ὂν αὐτό : tous participent certes de ce dernier – ils *sont* –, sans pour autant être *cet* ὄν *lui-même*, mais ils sont bien quelque

---

[93] *Soph.*, 256 b 3.
[94] *Soph.*, 255 d 9.
[95] *Cf. Soph.*, 254 c 5.
[96] *Cf. Soph.*, 256 a 1 *sqq.*
[97] *Cf. Soph.*, 256 d 5.
[98] *Cf. Soph.*, 256 d 8 *sq.*

chose d'*autre* que lui[99]. Et ce double rapport vaut également – telle est la pointe – du ὂν αὐτό, de l'être lui-même en son rapport à tous les autres concepts fondamentaux et à tous les autres εἴδη[100]. Tous sont, à chaque fois, quelque chose qui *est*. Tous sont, chaque fois, quelque chose d'étant, un étant. Et c'est par tous que le ὂν αὐτό se trouve co-déterminé d'une certaine manière, – s'il est bien vrai qu'il *les* détermine. Mais ce même ὂν αὐτό demeure à la fois différent de tous, *autre* que tous : il n'est *pas tous ces autres étants*. Il s'avère donc ainsi que l'*être lui-même* (ὂν αὐτό), le concept fondamental de Parménide, *n'est pas*, qu'il est *non-être* de multiples, voire d'*innombrables* manières[101], – et ce au contraire de la doctrine de Parménide qui dit que *l'étant est* et ne fait qu'être. Or, il est apparu maintenant que l'ὂν αὐτό se trouve en une συμπλοκή avec le non-être, précisément cette συμπλοκή qu'il a fallu trouver : celle conformément à laquelle *l'étant lui-même n'est pas sous un certain rapport* (πῇ), à savoir sous son rapport aux autres étants : il n'est *pas* ces autres étants, il est *autre* que ceux-ci.

Mais si *l'étant* se trouve bien ainsi en une συμπλοκή avec le *non-être* et si l'étant est bien ainsi un non-étant, cela signifie alors inversement qu'il y a bien du *non-étant* qui, à la fois, est *étant*. Car *l'étant* – dans la mesure où il *n'est pas* l'autre étant– n'est aucunement aboli par là comme étant, mais demeure bien *étant*. Ainsi doit-il être possible de trouver maintenant – à partir de la συμπλοκή de l'étant avec le non-être – la συμπλοκή recherchée à proprement parler, à savoir celle du *non-être avec l'être*, et de la saisir *conceptuellement*. C'est là l'affaire de la dernière étape de l'examen dialectique fondamental. En quel sens a-t-on donc entretemps trouvé quelque chose comme un non-étant qui est ? Dans le sens suivant : s'il est vrai que le non-étant est non-étant uniquement dans la mesure où il est *autre* que l'autre étant, le non-étant n'est alors *pas exclu* de l'être par ce *non*, de sorte qu'il sombrerait dans le vide ou la nuit du non-être, – comme ce serait le cas si la négation était de l'ordre de l'ἐναντίωσις, de l'opposition pure et simple. Mais ce non-étant, loin de sombrer dans la nuit du non-être, *apparaît* au contraire – grâce à cette négation qu'est l'altérité – *en son propre*

---

[99] *Soph.*, 256 e 6.
[100] *Soph.*, 257 a 1 *sqq.* Heidegger ne relève pas cette pointe.
[101] *Soph.*, 257 a 4 *sqq.*

être, en son εἶδος[102] à lui : il est un ἀληθές, – et ce précisément dans la mesure où son être apparaît comme un *être autre que*... [103] Or ce non-être, au sens de l'être-autre, s'étend au travers de tous les étants, pour autant qu'ils sont. Il est donc perpétuellement et partout présent : il est οὐσία[104]. C'est pourquoi il faut accueillir ce non-être au sens de l'être-autre comme *sixième concept* fondamental dans l'ensemble des concepts fondamentaux[105]. Par là Platon a découvert ce concept du non-être qu'il lui fallait découvrir pour pouvoir saisir conceptuellement le ψευδῆ λέγειν du sophiste, – à savoir le concept du non-être, conformément auquel le *non-étant est*.

La tâche est donc maintenant de montrer en quel sens on peut bien saisir, par ce concept, le phénomène du ψευδῆ λέγειν. Platon l'accomplit dans la dernière étape du dialogue, celle de l'*analyse dialectique du* λόγος[106]. – Le point de départ est une objection[107] : le ἕτερον – au sens du concept fondamental de l'altérité – peut bien se trouver en une δύναμις κοινωνίας avec tous les étants, – ce qui résulte d'ailleurs de l'examen dialectique fondamental qui avait pour objet précisément les concepts fondamentaux de *l'étant comme tel*. Mais ce même ἕτερον n'entre pas pour autant en une κοινωνία avec le λόγος, le *dire*, le *discours*, – celui-ci étant bien, semble-t-il, un phénomène différent de tout étant. Il est donc impossible de comprendre, par le ἕτερον, le ψεῦδος du λόγος. Pour réfuter cette objection, Platon relève d'abord – et c'est là selon Heidegger la base du concept dialectique du ψευδῆ λέγειν – que le λόγος est toujours λόγος τινός[108], c'est-

---

[102] *Soph.*, 258 c 4.
[103] Heidegger met en lumière la différence entre la *négation* au sens de l'ἐναντίωσις et la *négation* au sens du ἕτερον (ou de l'ἀντίθεσις) (GA 19, p. 558-564). Il relève tout particulièrement la fonction aléthique du ἕτερον. *Cf.* également les ajouts concernant le « non » et le « non-être » dans les *Annexes*, GA 19, p. 643 *sqq*.
[104] *Soph.*, 258 b 10.
[105] *Soph.*, 258 c 3.
[106] Heidegger interprète de manière détaillée cette analyse *dialectique* du λόγος (*Soph.*, 261 c – 263 d. GA 19, §80, p. 581-606). Il met en lumière les diverses structures dialectiques (les κοινωνίαι) qui sont selon Platon constitutives du λόγος. Il montre par là que l'interprétation platonicienne du ψεῦδος est d'ordre « purement dialectique » (GA 19, p. 603). Nous ne relevons que le plus essentiel.
[107] *Soph.*, 260 b 6 *sqq*.
[108] *Cf. Soph.*, 262 e 6.

à-dire λόγος *de quelque chose, d'un étant*[109]. Or, le concept fondamental d'altérité (ἕτερον) étant un concept qui se trouve en une κοινωνία possible avec *tous* les étants, il est bien nécessaire qu'il se trouve également en une δύναμις κοινωνίας avec l'étant en tant qu'il est à dire, à dé-couvrir, par le λόγος, en tant qu'il est donc ὂν λεγόμενον[110]. Ainsi quand le ἕτερον, le concept fondamental d'*altérité*, gagne en fait, au sens de la δύναμις κοινωνίας, un pouvoir caché par rapport au λόγος – un pouvoir qu'il va alors exercer en secret sur lui –, cela veut dire que le λόγος – qui se trouve alors, pour ainsi dire, sous la domination de *l'altérité* – va alors dire, rendre visible *l'étant* en question comme *un autre que ce qu'il est lui-même*. Le λόγος est *faux* (ψευδής)[111]. Et ce *faux*, ce ψεῦδος – qui n'est certes pas l'étant en question lui-même – n'est alors pas pour autant un non-étant ou néant, mais il *est* : il est seulement un *autre étant* que l'étant en question, – *autre étant* que celui que le λόγος a dit, rendu visible, à la place de celui-ci, en le posant devant lui et en le recouvrant et dissimulant ainsi. Et cet autre étant *est*, – même s'il n'est pas l'étant que le λόγος, prétendument, dit, dé-couvre, par lui. Par contre, quand le ταὐτόν, le concept fondamental d'*identité*, se fait valoir auprès du λόγος et gagne la puissance sur lui, alors le λόγος va dire, dé-couvrir, l'étant comme ce qu'il est lui-même, c'est-à-dire tel (*so*) comme (*wie*) il est : le λόγος est *vrai*, ἀληθής[112]. C'est ainsi

---

[109] GA 19, p. 597.

[110] GA 19, 603 *sq*.

[111] Heidegger précise comme suit la manière selon laquelle le ψεῦδος s'introduit dans le λόγος : le λόγος est toujours λόγος τινός, *de quelque chose*. Le τί de ce τινός est d'ordre *synthétique* puisque le λόγος dit – dé-couvre – quelque chose (par ex. Théétète) *comme* quelque chose (par ex. comme assis) (GA 19, p. 599 *sq*). C'est en particulier cette structure synthétique qui rend possible que le ψεῦδος s'introduise dans le λόγος : quand le ἕτερον gagne la puissance sur lui, le λόγος va lier au « sujet » en question (Théétète) un « prédicat » *autre* que celui qui se trouve en vérité auprès de ce sujet (par ex. volant au lieu d'assis), – tout en posant cet autre prédicat *devant* ce sujet avec son prédicat, tout en le recouvrant par lui et en faisant ainsi semblant que le sujet en question soit bien ce prédicat : le λόγος est *faux*, ψευδής (GA 19, p. 606). Nous ne pouvons pas entièrement suivre l'interprétation que propose Heidegger concernant les termes περὶ οὗ et ὅτου par lesquels Platon explicite le τί ou le « sujet » du λόγος (*Soph.*, 263 a 4 *sq* / GA 19, p. 599 *sq*). Selon nous, le περὶ οὗ vise le « sujet » *avec* – autour de lui (περί) – les « prédicats » possibles (Théétète – assis, volant etc.), alors que le ὅτου vise ce même « sujet » (Théétète) comme tel.

[112] GA 19, p. 604 *sq*.

que Platon a compris le λόγος en ses deux modalités, en sa *vérité* et en sa *fausseté* : il l'a compris *dialectiquement* par le truchement de la δύναμις κοινωνίας des concepts fondamentaux d'« altérité » et d'« identité » par rapport au λόγος.

Telles sont donc les principales articulations de l'interprétation du *Sophiste* telle que Heidegger la présente dans son cours à Marbourg au semestre d'hiver 1924/5. Elle excelle du fait qu'elle en met au jour la *cohérence*.

*

La question se pose de savoir quel est selon Heidegger à proprement parler *l'enjeu* du *Sophiste* de Platon. Cette question, Heidegger ne la pose pas explicitement dans son cours. Et il n'établit pas non plus explicitement des thèses à ce sujet. Il laisse à son lecteur le soin de le faire. Nous nous limitons ici à relever trois enjeux que nous repérons dans le *Sophiste* de Heidegger :

1) Le procédé de la « de-struction » (*Ab-bau*) du concept logico-formelle de la dialectique qui existait aux temps du jeune Heidegger, a mis au jour, à l'aide d'un retour à Aristote, que le λόγος a chez Platon pour sens originel l'ἀ-ληνεύειν, le *dé-couvrir* les choses en ce qu'elles sont. Cela atteste – à le prendre dans un sens plus ample – que la pensée gréco-platonicienne, soit la pensée occidentale *à son commencement*, a bien pour dimension essentielle la *vérité*, l'ἀ-λήθεια, la « dés-occultation », le « dé-couvrement » de ce qui est.

2) C'est à l'interieur de cette dimension qu'apparaît le phénomène du ψευδῆ λέγειν ainsi que, dans un sens plus large, celui du ψεῦδος en toutes ses modifications (εἴδωλον, εἰκών, φάτασμα, δόξα, ψευδής δόξα)[113]. Ce ψεῦδος appartient par sa nature propre au domaine des phénomènes qui *dissimulent et cachent* et qui ont la λήθη, l'*oubli*, le *retrait*, l'*occultation*, la *mort* (son exposant éminent) pour *dimension originaire* ; dimension qui œuvre de maintes façons dans le *Dasein* mortel de l'homme. Or, *avant* Platon, *Parménide*, dans son *Poème*, avait écarté de la dimension de l'ἀ-λήθεια ou de *l'être* (ἐόν) cette dimension originelle de la λήθη qui est, selon lui, celle de la nuit du *non-être total* (οὐκ ὄν)[114] : il l'en avait écartée par le

---

[113] *Soph.*, 239 d *sqq* et 263 d *sqq*.
[114] Parménide, *Poème*, fragments II et VI, 1-2 ; Diels/Kranz I, p. 231 et p. 232.

truchement d'une « négation » qui – selon le *Sophiste* de Platon – est de l'ordre de l'ἐναντίωσις, de la simple opposition et donc de l'exclusion[115]. Pourtant, cette même λήθη (qui, semble-il, ne se laisse pas supprimer) se fait alors jour, de façon transformée, dans la dimension de l'ἀ-λήθεια elle-même : elle y apparaît comme le ψεῦδος qui est son « rejeton » (*Abkömmling*)[116]. La tâche est alors d'"extirper" la λήθη sous la forme du ψεῦδος, son rejeton, et ce en saisissant celui-ci précisément par un concept "clair" de la raison (διάνοια). C'est cette tâche que Platon résout dans le *Sophiste* : il saisit le ψεῦδος ou le ψευδῆ λέγειν (qui, selon lui, en est la structure) par un *concept dialectique*, celui de la δύναμις κοινωνίας *du* ἕτερον *avec le* λόγος *aléthique*. Or le ψεῦδος, saisi par ce concept, est dès lors quelque chose de « dé-couvert ». *Platon est venu à bout de lui* comme ce qui cache et occulte. Le ψεῦδος se montre pour ainsi dire à "visage dé-couvert" : il est εἶδος, il est un ἀ-ληθές. En saisissant le ψεῦδος par le dit concept dialectique, Platon a *à sa façon* écarté la dimension de la λήθη. En effet, si Parménide a bien écarté la dimension même de la λήθη comme telle par le truchement d'une « négation » de l'ordre de l'ânantÐwsis, de l'*opposition* et donc de l'*exclusion*, Platon ne saisit cette dimension que sous la forme de son « rejeton », le ψεῦδος, et ce par le truchement d'une « négation » qui n'est plus que de l'ordre de l'altérité (ἕτερον), et l'intègre par là – en le transformant en un ἀ-ληθές ou en un « être-autre » – précisément dans la dimension de l'ἀ-λήθεια ou de l'être.

---

[115] *Cf. supra*, p. 93, notre note n° 103.

[116] *Cf.* à ce propos GA 34 : *Vom Wesen der Wahrheit. Zu Platons Höhlengleichnis und Theätet*. Freiburger Vorlesung, Wintersemester 1931/2, hrsg. von Hermann Mörchen. Erster Teil, Drittes Kapitel : *Die Frage nach dem Wesen der Unwahrheit*, §§16-19, en part. §§17-18 / *De l'essence de la vérité*, traduit de l'allemand par Alain Boutot, nrf Gallimard 2001. Le mot *Abkömmling* ne se trouve pas dans le cours sur le *Sophiste* de Platon (GA 19). Nous l'avons introduit de notre part. Nous l'avons repris au traité de Heidegger, intitulé « Vom Wesen und Begriff der Φύσις. Aristoteles, Physik B 1 » (rédigé en 1939), in *Wegmarken*, hrsg. von F.-W. von Herrmann, GA 9, 1976, p. 239-301, en part. p. 300 / « De l'essence et du concept de la Φύσις. Aristote, Physique B 1 ». Traduit par François Fédier, dans : MARTIN HEIDEGGER *Questions II*, nrf, Gallimard, 1968, p. 165-176, en part. p. 274. Heidegger utilise ici ce mot par rapport à la φύσις telle que l'entend Aristote : Elle est un *Abkömmling* de la φύσις telle que l'ont originellement expérimentée les présocratiques. Notons qu'il convient d'entendre ici le mot *Ab-kömmling* littéralement au sens du « descendant » *(der Abkomme)* qui « dé-vie » *(ab-)* de ce dont il provient. L'*Ab-kömmling* est un « dé-rivé ».

3) Selon le *Sophiste* de Platon, le λόγος – qui est lui-même de l'ordre de l'ἀ-ληθεύειν – a pour *présupposition fondamentale (Grundvoraussetzung)*[117] la δύναμις κοινωνίας qui – étant à l'œuvre sur le mode d'un pouvoir *caché* – est bien la limite extrême de la philosophie grécoplatonicienne[118]. A considérer ici les choses de manière plus générale, on peut observer que le λόγος, soit le *langage humain* (qui se met, chez Platon, dans le λόγος comme énoncé ou proposition, *Aussagesatz*) repose sur un fondement différent de lui, antérieur à lui : la δύναμις κοινωνίας. C'est en cette δύναμις κοινωνίας que réside selon Platon *l'être* de ce qui est. *Le langage humain reposerait donc sur l'être compris ainsi*. Une tâche s'ouvre par là pour *une pensée à venir* : le rapport entre langage et « être » compris comme δύναμις κοινωνίας. Cette pensée à venir renouera avec la pensée gréco-platonicienne, mais ne sera elle-même plus d'ordre grécoplatonicienne : elle cherchera bien plutôt à remonter jusqu'à la présupposition fondamentale de celle-ci pour la thématiser et l'ouvrir productivement. Cette pensée, loin de reculer devant cette δύναμις κοινωνίας, va bien plutôt chercher à l'approfondir et à la comprendre en sa provenance[119]. Elle se trouvera donc à nouveau confrontée à la question posée par Platon dans le *Sophiste* :

τί ποτε βούλεσθε σημαίνειν ὁπόταν ὂν φθέγγησθε·

Que voulez-vous dire au juste quand vous prononcez le mot « être » ?[120]

Elle se trouvera confrontée à cette question par rapport au langage.

---

[117] *Cf. supra*, p. 88, notre note n° 79.

[118] *Cf. supra*, p. 88, notre note n° 81.

[119] Heidegger donne à entendre, par deux brèves apostille (GA 19, p. 524 et p. 534) qu'il convient de comprendre la δύναμις κοινωνίας, le rassemblement caché des genres et des εἴδη, à partir du temps (GA 19, p. 534) : le genre (γένος) a pour dimension temporelle celle de la « *Gewesenheit* » (l'« être-été ») et l'εἶδος celle de l'« *Anwesenheit* » (la « présence ») (GA 19, p. 524). Dans une autre apostille (GA 19, p. 577), déjà mentionnée plus haut (*cf. supra*, notre note n° 55), Heidegger indique que la δύναμις κοινωνίας serait, comme fondement du λόγος, la « *in sich verweisende Verflechtung* » (« l'entrelacement qui, en soi, est renvoyant »). Cela laisse entendre que la δύναμις κοινωνίας a pour provenance *l'être* entendu comme *rassemblement du monde* (thème de la pensée tardive de Heidegger). La δύναμις κοινωνίας – qui est dans le *Sophiste* de Platon la « présupposition fondamentale » de la dialectique et du λόγος – aurait donc pour provenance le *phénomène du monde déterminé par le temps*.

[120] *Cf. supra*, p. 84 et notre note n° 44.

6. Semantik und Logik.
Der elenktische Beweis des Satzes vom Widerspruch in der Metaphysik des Aristoteles

Es ist bekannt, dass der Satz vom Widerspruch ein sowohl ontologisches als auch logisches Prinzip ist. Als semantisches Prinzip der Sprache ist er dagegen so gut wie unbekannt. Indessen nimmt seine semantische Bedeutung in der Begründung der Axiomatik durch Aristoteles im vierten Buch der Metaphysik[1] breiten Raum und eine entscheidende Stellung ein. Hier zeigt sich, dass der Satz vom Widerspruch, aller möglichen *logischen* Regelung der Sprache zuvor, ein *Anspruch* (ἀξίωμα) ist, dem diese, sofern sie überhaupt etwas besagt, d.h. Sinn und Bedeutung hat (σημαίνειν), schon immer entsprochen hat. Der Satz vom Widerspruch erweist sich als *Axiom der Sprache*.

Dass die semantische Bedeutung des Satzes vom Widerspruch in Vergessenheit geraten ist, hat seinen Grund in der der Metaphysik eigenen Sprachphilosophie. Wenn diese das Wesen der Sprache im Ausgang vom ontisch vorliegenden λόγος bestimmt, hat sie den semantischen Grundzug der Sprache nicht eigens thematisiert. Die Sprache aber als Sprache *vermeint* (σημαίνει) Seiendes in seinem Sein; im Sagen der Sprache eröffnet sich Sein. Zwar fasst auch Aristoteles das σημαίνειν der Sprache nicht eigens ins Auge. Aber es bildet doch die Grundlage für den aristotelischen Aufweis der semantischen Bedeutung des Satzes vom Widerspruch. Da die metaphysische Sprachphilosophie den Eröffnungscharakter der Sprache nicht thematisierte, geriet er im Verlauf ihrer Geschichte aus dem Blickfeld, so dass auch die in ihm beruhende aristotelische Begründung des Satzes vom Widerspruch als eines semantischen Prinzips weitgehend unverstanden blieb, wie sich dies schon bei den spätantiken Kommentatoren zeigt[2]. Die semantische Bedeutung des Satzes vom Widerspruch geriet in Vergessenheit. Erst M. Heidegger thematisierte in seinen Sprachaufsätzen

---
[1] Met. IV, 4; 1005b 35-1007b 18.
[2] *Scholia in Aristotelem*, Berlin, 1836, S. 653-658, insbes. S. 658.

den Eröffnungscharakter der Sprache. Damit schuf er die Möglichkeit eines erneuten Zugangs zu den aristotelischen Gedanken. Folgt man diesen, zeigt sich ein Verhältnis von Sprache und Logik, das von anderer Art ist als die Logifizierung der Sprache durch die technischen Wissenschaften: Vor dieser sind Sprache und Logik so innig eins, dass die Sprache schon immer der Logik entsprochen hat.

Wie kommt Aristoteles dazu, den Satz vom Widerspruch als Axiom der Sprache aufzuweisen? Sofern die Philosophie dadurch bestimmt ist, Wissenschaft (ἐπιστήμη) vom Seienden als solchem im Ganzen zu sein, erkennt sie den obersten *Grund* (ἀρχή), durch den alles und jedes überhaupt *ist*. Dieser – der sog. Satz vom Widerspruch bzw. die Unmöglichkeit des Widerseins – kommt als der oberste Grund in einer freien ontologischen Überlegung zum Vorschein[3]. Diese nimmt ihren Ausgang von dem Gedanken, dass das Seiende *ist*. Daraus aber ergibt sich die Unmöglichkeit des Widerseins als Prinzip des Seins des Seienden. Denn wenn das Seiende *ist*, ist ein Beisammen von Sein und Nichtsein bei ein und demselben unmöglich. Wenn nämlich ein und dasselbe zumal sein Nichtsein, d.h. sein Gegenteil (ἐναντίον)[4] wäre, wäre es in den Unbestand des Durcheinanders von Sein und Nichtsein verschlungen. Seiendes sollte aber gerade *sein*, d.h. als ein vom Nichtsein Geschiedenes *bestehen*. Folglich ist angesichts des Seins (= Bestandes) des Seienden das Beisammen von Sein und Nichtsein *unmöglich*. Damit ist die ἀρχή, in der alles Seiende als ein solches gründet, gefunden: Es ist die Unmöglichkeit des Widerseins. Zwar bringt die freie ontologische Überlegung diese erst als Prinzip des Seins explizit zum Vorschein. Indessen ist jeder Logos schon immer in die Offenkundigkeit dieses Prinzips eingelassen. Wenn nämlich in ein und demselben Logos Sein und Nichtsein zumal angenommen würden (ὑπολαμβάνειν)[5], wäre er sich

---

[3] Vgl. Met. IV, 3; insbes. 1005b 18-34. Wir haben eine ausführliche Interpretation des ontologischen Beweises des Satzes vom Widerspruch (bzw. des Satzes vom Widersein) vorgelegt in: *Aristoteles. Philosophie und Wissenschaft (Das Problem der Verselbständigung der Wissenschaften)*, Klostermann, Frankfurt a. M., 1982, insbes. S. 83-92. Zum Satz vom Widerspruch bei Aristoteles, vgl. auch Karl-Heinz Volkmann-Schluck, „Der Satz vom Widerspruch als Anfang der Philosophie", in: *Festschrift zum 70. Geburtstag von Martin Heidegger*. Pfullingen 1959, S. 134-156.

[4] Met. IV, 3; 1005b 27 *sq*.

[5] b 24.

selbst entgegengesetzt; als sich selbst entgegengesetzter Logos (ἀντίφα-σις)⁶ wäre er, da kein Seiendes in eins mit seinem Gegenteil *sein* kann, in den Unbestand des Durcheinanders entgegengesetzter ineinander übergehender δόξαι verschlungen. Sofern also der Logos überhaupt *Bestand* hat, ist es unmöglich, dass er das Beisammen von Sein und Nichtsein bei sich an- und aufnimmt, es „erträgt" (ἐνδεχέται)⁷. Also ist es notwendig, dass jeder Logos Sein und Nichtsein unterscheidet. Die Geschiedenheit von Sein und Nichtsein, d.h. die Unmöglichkeit des Widerseins, hat den Logos als Prinzip seines Bestandes *schon immer beansprucht*: Sie ist für ihn *unumgängliches Axiom* (ἀξίωμα).

Gegen die Unmöglichkeit des Widerseins erhebt sich jedoch ein Einwand. Denn das von Natur Seiende scheint doch ganz offensichtlich zu bezeugen, dass ein Beisammen von Sein und Nichtsein möglich ist. Wenn nämlich die Natur (φύσις) das Prinzip der Bewegung eines von sich selbst her Bewegten ist⁸, ist die Seinsart des von Natur Seienden die Bewegung (κίνησις im Sinne der μεταβολή). Als solches aber *ist* es, indem es zugleich *nicht ist*; noch seiend, ist es auch schon nicht mehr; schon seiend, ist es auch noch nicht. Auch erscheint es angesichts der offenkundig vorliegenden φύσει ὄντα als möglich, Sein und Nichtsein zumal ins Auge zu fassen. Mithin stellt die φύσις auch den behaupteten Axiomcharakter des Satzes vom Widerspruch in Frage.

Damit stehen sich zwei Seinsthesen gegenüber: Die auf einer freien ontologischen Überlegung beruhende Seinsthesis der Unmöglichkeit des Widerseins und die „natürliche" Seinsthesis der Möglichkeit des Beisammen von Sein und Nichtsein⁹. Da beide für sich Wahrheit (τὸ ἀληθές)¹⁰beanspruchen, diese also strittig ist, ist ein Beweis des Satzes vom Widerspruch notwendig. Der „Naturphilosoph", dessen Seinsthesis den Vorzug hat, sich an der φύσις, dem sich von sich her Zeigenden, zu orientieren,

---

6 b 29.
7 b 26 *sq.*
8 Aristoteles, Physik II, 1; 192b 21 sq.
9 Met. IV, 4 ; 1005b 35 sqq.
10 Gemäß Aristoteles hat die Philosophie zur Aufgabe: τὸ θεωρεῖν τὸ ἀληθὲς καὶ τὸ ψεῦδος [τῶν ἀξιωμάτων], „das Wahre und das Falsche [der Axiome] zu betrachten". Met. II, 997a 14 sq.

nötigt den „Ontologen", seine Seinsthesis durch einen Beweis zu verteidigen.
   Wie aber soll ein solcher Beweis überhaupt möglich sein?[11] Diese Frage stellt sich, da es zunächst scheint, als sei ein Beweis des Satzes vom Widerspruch schlechterdings unmöglich. Denn neben den Definitionen sind es gerade auch die *Axiome*, in denen der Beweis als seinen ἀρχαί gründet. Während er als *Apodeixis* den Definitionen die sachliche Konsequenz verdankt, ist es das Grundaxiom des Satzes vom Widerspruch, durch welches er als *Syllogismus* in jedem seiner λόγοι Bestand und eben dadurch formale Konsequenz gewinnt; denn wäre nicht jeder λόγος, d.i. jeder Begriff (C, B, A) eines Syllogismus identisch mit sich selbst, so wäre eine syllogistisch zwingende Konsequenz (C – B – A) unmöglich[12]. Was aber ἀρχή des Beweises ist, ist selbst notwendig unbeweisbar. Denn wären die ἀρχαί beweisbar, bestünde das ihnen entsprechende Wissen in der ἕξις ihres Beweises aus ihren Gründen, die jedoch ihrerseits aus vorausgehenden Gründen zu beweisen wären. Auf diese Weise würde sich dem Beweis jeder Grund in die Unendlichkeit hinaus (εἰς ἄπειρον) wiederum als Grund entziehen, so dass er auf keinen festen Grund und Boden kommen, sondern ohne Halt und Bestand ins Bodenlose versinken würde[13]. Demnach ist es notwendig, dass die ἀρχαί des Beweises begründungsunbedürftige, *gründende* Gründe sind, um als solche den festen Grund und Boden eines in ihnen beruhenden standhaltenden Beweises abgeben zu können. Allen ἀρχαί voran aber muss das Grundaxiom des Satzes vom Widerspruch, das – im Unterschied zu den Definitionen – gerade den formalen Bestand des Beweises selbst begründet, den vorzüglichen, begründungsunbedürftigen, gründenden Grund des Beweises abgeben. Folglich ist es unmöglich, den Satz vom Widerspruch durch eine syllogistische Apodeixis zu beweisen.
   Dennoch ist ein Beweis notwendig. Dieser wäre allein dann möglich, wenn in ihm der Satz vom Widerspruch nicht selbst als Beweisprinzip, als welches er ja gerade unbeweisbar ist, fungieren würde. Dieser Bedingung

---

[11] Met. IV, 4 ; 1006a 5 sqq.
[12] Die Axiome werden von Aristoteles auch συλλογιστικαὶ ἀρχαί, „syllogistische Prinzipien" genannt. Met. IV, 3; 1005b 7.
[13] Met. IV, 4; 1006a 8 sq: εἰς ἄπειρον γὰρ ἂν βαδίζοι, ὥστε μηδ' οὕτως ἀπόδειξιν. „Man würde ins Unendliche fortgehen, so dass auf diese Weise auch kein Beweis stattfände."

aber entspricht der *elenktische* Beweis. Dieser würde den Satz vom Widerspruch nicht auf Grund seiner eigenen Voraussetzung, sondern im Ausgang von dem, was der *Gegner* des Satzes vom Widerspruch selbst *sagt*, beweisen. Denn der ἔλεγχος eines elenktischen Beweises besteht darin, den Gegner einer These durch den Nachweis zu widerlegen, dass das, was er selbst sagt, sich – sofern man es beim Wort nimmt – als gerade das erweist, was die Wahrheit der von ihm bestrittenen These impliziert. Also dürfte ein elenktischer Beweis des Satzes vom Widerspruch möglich sein.

Indessen ist dem Naturphilosophen, der ihn bestreitet, das Verfahren des elenktischen Beweises bekannt. Wenn er nur überhaupt etwas sagt, läuft er Gefahr, schon widerlegt zu sein. Deshalb versucht er, den elenktischen Beweis dadurch zu umgehen, dass er überhaupt nichts sagt und sich ins Schweigen zurückzieht. Schweigend würde er die Wahrheit des Satzes vom Widerspruch bestreiten. Jedoch ist ihm dieser Ausweg verwehrt. Denn wenn er verstummt, das Sprechen also aufgibt, ist er, wie Aristoteles sagt, „einer Pflanze gleich"[14]. Dann aber kann er auch keinen Beweis des Satzes vom Widerspruch verlangen. Denn es wäre lächerlich (γελοῖον)[15], einer Pflanze, die selbst, in der Sprachlosigkeit verweilend, nichts bestreitet, einen Beweis vorzuführen. Wenn also der Gegner des Satzes vom Widerspruch einen Beweis verlangt, muss er auch die Bedingung erfüllen, unter der er ihn allein verlangen kann: Er muss überhaupt irgendetwas sagen[16]. Indessen darf der Verteidiger des Satzes vom Widerspruch von jenem auch nicht zu viel verlangen. Denn was soll der Gegner des Satzes vom Widerspruch sagen? Würde er von ihm verlangen, einen λόγος auszusagen, würde dieser jenem mit Recht vorwerfen, dass er ihm eine von ihm selbst intendierte petitio principii zugemutet habe. Denn jeder λόγος sagt etwas als seiend *oder* als nicht seiend aus, so dass er immer schon die Geschiedenheit von Sein und Nichtsein, die es ja allererst zu beweisen gilt, behauptet. Wenn aber das Sagen des Gegners nicht in einer Aussage bestehen kann, fragt sich, was er überhaupt noch sagen kann. Sein Sagen

---

[14] 1006a 14 sq: ὅμοιος [...] φυτῷ ὁ τοιοῦτος ᾖ τοιοῦτος ἤδη. „Ein solcher ist [...] als solcher einer Pflanze gleich."
[15] a 13.
[16] a 12 sq: μόνον τι λέγῃ ὁ ἀμφισβητῶν. „Der Widerstreitende [muss] nur überhaupt irgend etwas [sagen].?

könnte lediglich noch von der Art sein, dass es überhaupt etwas besagt, d.h. in ihm etwas vermeint ist (σημαίνειν γέ τι)[17], und zwar so, dass das im Sagen Vermeinte weder als seiend noch als nicht-seiend behauptet wird. Dieser Forderung, unter Verzicht auf alle Seinsthesis, lediglich etwas zu sagen (εἰπεῖν)[18], was Sinn und Bedeutung hat, muss der Gegner des Satzes vom Widerspruch entsprechen. Denn würde ein Wort nichts besagen, wäre es kein sprachlicher Laut, sondern ein bloßes Geräusch, so dass jener wiederum auf das Sein einer sprachlosen Pflanze reduziert wäre. Damit ist die Vorgabe des elenktischen Beweises des Satzes vom Widerspruch bestimmt: Es ist das Gesagte, sofern es überhaupt etwas besagt, die Sprache in ihrer elementaren, rein semantischen Gestalt.

Was aber sagt der Gegner des Satzes vom Widerspruch? Dieser streitet seine Wahrheit ab und behauptet – wenn er sich z.B. an das Nächstliegende, sich selbst, hält –: „Ein und dasselbe ist Mensch und ist nicht Mensch". Was er sagt, ist nun schlechterdings nicht als Seinsthesis, auch nicht als seine eigene, sondern lediglich in semantischem Sinne zu nehmen. Was also besagen die in seiner Seinsthesis enthaltenen ὀνόματα – „ist Mensch" und „ist nicht Mensch"?

1) Zunächst ist von sich her evident (αὐτὸ ἀληθές), dass im ὄνομα „sein" Sein, im ὄνομα "nicht sein" Nichtsein, d.h. in beiden ὀνόματα eben „dieses" (τοδί), Sein *oder* Nichtsein – und nichts anderes – vermeint ist[19]. Das im ὄνομα „sein" vermeinte Sein ist ausschließlich als *Sein,* nicht aber als Nichtsein, d.h. als ein Eines und selbes (ἕν), vom Nichtsein Verschiedenes, im Vermeinen gegenwärtig.

Dass die ὀνόματα „sein" und „nicht sein" jeweils Verschiedenes besagen, würde der Gegner des Satzes vom Widerspruch zugestehen. Denn er behauptet ja nicht, dass die Wörter „sein" und „nicht sein" Ein und dasselbe bedeuten, sondern vielmehr umgekehrt, dass das Verschiedene, was sie bedeuten – Sein und Nichtsein –, in Wirklichkeit im Beisammen bei ein und demselben vorkommen.

---

[17] a 21.
[18] 1006b 29.
[19] 1006a 29 sq: τοῦτό γ᾽ αὐτὸ ἀληθές, ὅτι σημαίνει τὸ ὄνομα τὸ εἶναι ἢ μὴ εἶναι τοδί. „Dies ist an sich selbst offenbar, dass das ὄνομα ‚sein' oder ‚nicht sein' [gerade] dieses bedeutet."

2) Folgt man ferner dem Wortsinn des ὄνομα „Mensch", so zeigt sich, dass in ihm ein einheitlich Eines und selbes (ἕν)[20], etwa – wenn dadurch der Wortsinn getroffen sein sollte – aufrechtes Lebewesen (ζῷον δίπουν) – vermeint ist. Da aber das in ihm Vermeinte auch ein Vieles – das Aufrechte und das Lebendige – ist, fragt sich, worin der Grund seiner *Einheit* besteht; denn dieser ist selbst von sich her (αὐτό) im Vermeinen nicht evident. (ἀληθές). Folglich stellt sich die Frage nach dem Grund, durch den sich das im ὄνομα Vermeinte zur *Einheit* eines Wortsinnes fügt. Dazu fasst Aristoteles das im ὄνομα „Mensch" Vermeinte noch genauer ins Auge.

In diesem ist nicht allein ein Eines (ἕν), sondern auch Etwas (τι)[21] vermeint. Denn das, was in ihm genannt wird und in diesem Nennen gegenwärtig ist – eben Mensch –, ist als solches nicht schlechterdings nichts, sondern es ist. Indessen behauptet das Sagen des ὄνομα nicht, dass das in ihm Vermeinte ein wirklich Seiendes ist; vielmehr lässt es dieses nur im Sagen selbst gegenwärtig sein[22]. Das im ὄνομα „Mensch" Vermeinte – Mensch – ist, auch wenn über seine Wirklichkeit im Sagen selbst nichts ausgemacht ist, als solches nicht ein nichtiges Nichts, sondern Etwas. Denn es ist im Sagen selbst gegenwärtig.

Wenn aber zuzugestehen ist, dass Mensch überhaupt Etwas ist, so folgt daraus, dass das im ὄνομα „Mensch" vermeinte einheitlich Eine (ἕν) – aufrechtes Lebewesen – das *Sein* dieses Etwas, das Menschsein (τὸ ἀνθρώπῳ εἶναι), ist[23]. Denn mit dem Schwund von jenem würde auch dieses, der Mensch als er selbst, aus der (semantischen) Gegenwart (= Sein) schwinden. Folglich ist in dem im ὄνομα „Mensch" vermeinten ζῷον δίπουν das Sein des im Nennen gegenwärtigen Menschen vermeint.

Damit aber ist der gesuchte Grund seiner Einheit gefunden. Dazu gilt es, die anfänglich aufgewiesenen Bedeutungen der ὀνόματα „sein" und „nicht sein" wiederum zu betrachten. Wenn das im ὄνομα „sein" vermeinte Sein ausschließlich als Sein, d.h. als Eines und selbes (ἕν) vermeint ist, dann ist auch das im ὄνομα „Mensch" vermeinte Mannigfaltige (ζῷον δί-

---

[20] a 31: τὸ ἄνθρωπος σημαίνει ἕν[.] „Das ὄνομα Mensch bedeutet Eines [.]"
[21] a 33.
[22] Ibid. Die bloß semantische Gegenwart des Vermeinten im Vermeinen des ὄνομα bringt Aristoteles hier durch einen indefiniten Bedingungssatz zum Ausdruck: „Wenn Mensch etwas ist" (ἂν ᾖ τι ἄνθρωπος), d.h. ob er in Wirklichkeit etwas ist, bleibt unentschieden.
[23] a 33 sq.

πουν), wenn anders in ihm das Mensch *sein* vermeint ist, als ein einheitliches Eines und selbes (ἕν) vermeint. Weil im ὄνομα „Mensch" das Mensch *sein* im Vermeinen gegenwärtig ist, schließt sich das in ihm vermeinte Mannigfaltige zur Einheit und Selbigkeit zusammen. Die Einheit des im ὄνομα vermeinten geeinten Vielfältigen verdankt sich dem in ihm vermeinten Sein.

In eins mit dem Aufweis des Einheitsgrundes des im ὄνομα Vermeinten ist aber auch dieses selbst weiter bestimmt; denn es zeigte sich, dass im ὄνομα („Mensch") *das einheitliche Sein eines im Vermeinen gegenwärtigen Seienden vermeint ist.* Aber es ist nicht allein Faktum, dass eben dieses im ὄνομα vermeint ist, sondern das so bestimmte Vermeinte ist auch die *Bedingung* dafür, dass ein ὄνομα überhaupt ein sinnvolles Wort und nicht ein bloßer Laut ohne Sinn und Bedeutung ist. Denn nur sofern in ihm das einheitliche (Was-)*Sein* vermeint ist, ist in seinem Vermeinen überhaupt *Etwas* – ein Seiendes – und nicht ein nichtiges Nichts gegenwärtig. Wenn sich nämlich im Vermeinen des ὄνομα das einheitliche Sein zeigt, ist in ihm das Seiende selbst in semantischer Gegenwart, also Etwas anwesend; dann aber besagt es Etwas und hat Sinn und Bedeutung.

Dass das identische Sein das eigentlich und notwendig Vermeinte des ὄνομα ist, zeigt sich – e contrario – auch auf die folgende Weise: Wenn man einem Laut (a) zwei (oder mehrere) heterogene Bestimmungen (x und y, z.B. lachend und Dreieck) zuordnen würde, die sich nicht zur Einheit eines einheitlich Vermeinten fügen, so wäre jener ein bloßer Laut, in dem Nichts vermeint ist, also ein Laut ohne Sinn und Bedeutung. Wenn also in ihm nicht ein Eines (ἕν) vermeint ist, ist in ihm nicht Etwas, sondern *nichts* vermeint (τὸ γὰρ μὴ ἓν σημαίνειν οὐθὲν σημαίνειν ἐστίν)[24]. Da aber die Einheit und Identität des Vermeinten im vermeinten einheitlichen Sein gründet, erweist sich dieses als das eigentlich und notwendig Vermeinte des ὄνομα.

Damit ist die *Beweisvorgabe* des elenktischen Beweises des Satzes vom Widerspruch aufgestellt. Denn dass sich aus der Einheit und Selbigkeit des im ὄνομα Vermeinten als der Bedingung von Sinn und Bedeutung überhaupt die Unmöglichkeit des Widerspruchs beweisen lässt, steht zu vermuten.

---
[24] 1006b 7.

Allerdings erhebt der Gegner des Satzes vom Widerspruch auch sogleich einen der Sprache selbst entnommenen Einwand gegen die behauptete Bedeutungs *einheit* des ὄνομα. Denn es gibt Wörter, die nicht ein Eines (ἕν), sondern Vieles (πλείω)[25] bedeuten. Mithin stellt er die Bedeutungseinheit des ὄνομα durch das Faktum der *Homonymie* in Frage.

Indessen widerstreitet diese nicht der aufgewiesenen grundsätzlichen Bedeutungseinheit des ὄνομα. Denn es ist möglich, jeder einzelnen Bedeutung innerhalb der Bedeutungsvielfalt jeweils einen eigenen Namen (ἴδιον ὄνομα)[26] zu geben; dann würde wiederum jedes Wort ein Eines und selbes (ἕν) besagen. Die homonyme Bedeutungsvielfalt stellt also die behauptete grundsätzliche Bedeutungseinheit des ὄνομα nicht in Frage.

Vielmehr bestimmt diese umgekehrt jene. Denn wenn ein ὄνομα nur insofern etwas besagt, als in ihm ein Eines vermeint ist, ist auch seine mögliche Bedeutungsvielfalt notwendig durch Einheit bestimmt, d.h. der Anzahl nach begrenzt[27]. Würde nämlich einem ὄνομα eine anzahlmäßig unbegrenzte (ἄπειρα) Bedeutungsvielfalt entsprechen, wäre das, was es bedeuten würde, immer auch noch anders, also niemals ein Eines und selbes. Folglich würde es, da in ihm schlechterdings kein einheitliches Sein vermeint sein kann, nichts besagen[28]. Auch in der anzahlmäßigen Begrenzung der homonymen Bedeutungsvielfalt eines ὄνομα spricht das in den ὀνόματα vermeinte einheitliche Sein, der Grund von Sinn und Bedeutung überhaupt.

Indessen gibt der Einwand des Gegners noch mehr zu bedenken. Denn warum sollten – im Sinne einer radikalisierten unendlichen homonymen Bedeutungsvielfalt – die ὀνόματα (insgesamt) nicht etwa auch Nichts bedeuten können? Dieser Annahme widerspricht jedoch eine zweifache Folge, die ihrerseits unmöglich ist. Zum einen wäre jede Möglichkeit eines Gesprächs von Menschen untereinander (τὸ διαλέγεσθαι πρὸς ἀλλήλους)[29] aufgehoben; denn wenn die jeweils ausgesprochenen ὀνόματα nichts besagten, gäbe es auch nichts zu verstehen. Zum anderen wäre auch das Ge-

---

[25] 1006a 34 und 1006b 5.
[26] 6b 5.
[27] 6b 4: ὡρισμένοι δὲ τὸν ἀριθμόν. „[Die gemeinten λόγοι wären] aber der Anzahl nach begrenzt."
[28] 6b 6 sq.
[29] 6b 8 sq.

spräch eines Menschen mit sich selbst (πρὸς αὐτό)[30], das Denken (νοεῖν)[31], unmöglich. Denn wenn sich dem Denken das, was es denkt, nicht wiederum entziehen soll, muss das Gedachte *gefasst* werden; die Fassung des Gedachten geschieht aber dadurch, dass es in einem ὄνομα benannt wird. Wenn aber alles Denken immer auch sprachliche Fassung des Gedachten in ὀνόματα ist, wäre ein Denken, wenn diese Nichts besagen würden, unmöglich. Folglich widerspricht das Faktum des Gesprächs des Menschen mit sich selbst und mit Anderen der Annahme, dass die ὀνόματα im Sinne einer unendlichen Homonymie nichts bedeuten. Umgekehrt zeigt sich, wodurch das Gespräch (τὸ διαλέγεσθαι) überhaupt möglich ist: Weil in den ὀνόματα das einheitliche identische Sein vermeint ist, ist in ihnen *Etwas* vermeint, so dass sie Sinn und Bedeutung haben. Die Möglichkeit des Gesprächs entspringt der im vermeinten einheitlichen Sein gegründeten identischen Bedeutung der ὀνόματα.

Demnach bleibt es bei der aufgestellten ἀρχή des Beweises des Satzes vom Widerspruch: Wenn ein ὄνομα überhaupt Sinn und Bedeutung hat, wenn es Etwas (τι) bedeutet, bedeutet es immer auch schon ein Eines (ἕν). Denn es bedeutet überhaupt nur deshalb Etwas, weil in ihm das einheitliche identische (Was-)Sein gegenwärtig ist[32].

Inwiefern aber ergibt sich aus dieser Beweisvorgabe die Unmöglichkeit des Widerspruchs? Zwar sagt der Gegner des Satzes vom Widerspruch: „Ein und dasselbe ist Mensch und ist nicht Mensch." Sobald jedoch das ὄνομα „Mensch" in der Weise gesagt ist, dass es Sinn und Bedeutung hat, ist es unmöglich, zumal das ὄνομα „nicht Mensch" auf sinnvolle Weise auszusprechen. Denn der *Sinn* des ὄνομα „Mensch" *selbst* lässt ein sinnvolles Sagen von „nicht Mensch" zumal nicht zu. Wenn nämlich das im ὄνομα, „Mensch" Vermeinte ein Eines und selbes (ἕν) (= das einheitliche Sein) ist, ist im ὄνομα „nicht Mensch" ein von jenem Verschiedenes (ἕτερον) vermeint; dann aber fügt sich dieses mit jenem nicht zur Einheit eines Vermeinten. Da aber ein Sagen nur dann Sinn und Bedeutung hat, wenn sich das Gesagte in eine Sinneinheit zusammenschließt, wäre – sofern „Mensch" und „nicht Mensch" zumal in der Weise genannt würden,

---

[30] Ibid.
[31] 6b 10.
[32] 6b 11 sqq.

dass jedes ὄνομα Sinn und Bedeutung haben soll – doch aller Sinn überhaupt aufgehoben. Denn der einmal eröffnete Sinn des ὄνομα „Mensch" selbst verwehrt es, auf sinnvolle Weise zumal das ὄνομα „nicht Mensch" zu sagen. Also ist es unmöglich, einander widersprechende ὀνόματα auf sinnvolle Weise auch nur zu sagen (εἰπεῖν)[33].

Damit ist der Satz vom Widerspruch – die Unmöglichkeit sinnvollen Sagens widersprechender ὀνόματα – auf Grund dessen, was der Gegner des Satzes vom Widerspruch selbst sagt, bewiesen. Wenn dieser sich einmal in den Sinn der ὀνόματα begeben hat, sei es auch dadurch, dass er nur ein einziges ὄνομα – „Mensch" – ausspricht, so hat er durch sein eigenes Tun auch schon den Satz vom Widerspruch zugestanden: Denn ihm selbst als Sprechendem ist auf Grund des vermeinten Sinnes der Widerspruch unmöglich.

Aber der Gegner des Satzes vom Widerspruch gibt sich damit nicht geschlagen. Zwar sieht er ein, dass das im ὄνομα „Mensch" Vermeinte ein Eines (ἕν)*ist* und dass Einheit und Identität des Vermeinten überhaupt die Bedingung von Sinn und Bedeutung der ὀνόματα ist. Warum aber sollte deshalb das, was er sagt – „ein und dasselbe ist Mensch und nicht Mensch" – ein sinnloses Lautgebilde sein? Warum sollten die ὀνόματα „Mensch" und „nicht Mensch", zumal gesagt, sinnlos sein? Denn – und damit unternimmt der Gegner einen ersten Versuch, der Sinnlosigkeit seines Sagens zu entgehen – „nicht Mensch" bedeutet nichts anderes als „Mensch", ist doch in „nicht Mensch", z.B. „weiß", „gebildet" und „Mensch" jeweils der eine und selbe Mensch in seinem vielheitlichen Gesamtbestand vermeint[34].

Indessen fragt sich, ob der Gegner hier nicht einer Zweideutigkeit dessen, was „Sinnidentität" besagt, erlegen ist. Deshalb gilt es, das, was das „Eines vermeinen" (ἓν σημαίνειν) selbst vermeint, näher zu bestimmen. In den ὀνόματα „Mensch" „weiß" „gebildet" etc. ist auf zweifache Weise ein Eines und selbes vermeint:

1) Sie bedeuten insofern ein Eines und selbes, als in ihnen die bestimmenden Prädikate eines und desselben vermeint sind.

---

[33] 6b 29.
[34] 6b 14 sqq.

2) Aber sie bedeuten nicht allein in Bezug auf ein Eines (καθ' ἑνός)[35], sondern auch jeweils schon für sich selbst ein Eines (ἀλλὰ καὶ ἕν)[36].

„Sinnidentität" der ὀνόματα, sofern sie überhaupt Sinn und Bedeutung haben, ist aber selbst so zu verstehen, dass diese jeweils schon selbst ein Eines bedeuten. Denn wenn die Bedeutungseinheit der ὀνόματα nur jeweils darin bestehen würde, dass in ihnen Prädikate ein und desselben vermeint wären, wären „Mensch" „weiß" „gebildet" etc., d.h. alle ὀνόματα, in denen Prädikate des Menschen vermeint sind, und – da das Ganze des Seienden sich im Umkreis des Menschen mit eingestellt hat – schließlich alle ὀνόματα überhaupt Synonyme; sie würden alle insgesamt in einer einzigen Bedeutung zusammen fallen[37], so dass alles Sagen immer nur ein und dasselbe besagen würde. Indessen ist es ein Faktum, dass in den ὀνόματα eine Vielfalt von Verschiedenem vermeint ist. Das aber wäre unmöglich, wenn die Bedeutungseinheit der ὀνόματα lediglich eine Einheit καθ' ἑνός wäre; folglich ist es notwendig, dass jedes ὄνομα schon für sich selbst ein Eines (ἕν) bedeutet. Dann aber ist es unmöglich, in eins mit dem ὄνομα „Mensch" das ὄνομα „nicht Mensch" zumal, auf sinnvolle Weise auszusprechen. Denn der Sinn von jenem lässt eine Vielheit in der Einheit nicht zu.

Jedoch versucht der Gegner durch einen weiteren Ausweg, den ihm wiederum die Sprache selbst anbietet, der Sinnlosigkeit seiner Rede – „Mensch und nicht Mensch" – zu entgehen. Denn da in anderen Sprachen das, was im Deutschen „Mensch" genannt wird, nicht „Mensch", sondern im Griechischen z.B. ἄνθρωπος genannt wird, scheint es möglich, auf sinnvolle Weise unter Wahrung der Sinnidentität „Mensch" und „nicht Mensch" zumal zu sagen. Der Gegner versucht mithin, im Ausgang von der Homonymie des ὄνομα „nicht Mensch", die sich aus dem vergleichenden Hinblick auf andere Sprachen ergibt, eine erneute Synonymie von „Mensch" und „nicht Mensch" herbeizuführen. Denn „nicht Mensch" bedeutet teils (als „*nicht* Mensch") die Negation des Menschseins, teils (als „nicht ‹ *Mensch* ›") das Menschsein.

---

[35] 6b 14.
[36] 6b 15.
[37] 6b 17: ἓν ἅπαντα ἔσται. „Alles wird Eins sein."

Mit diesem Versuch hat der Gegner jedoch die eigentliche Problemstellung verlassen. Denn wenn zur Frage steht, ob es möglich ist, sinnvoll „Mensch" und „nicht Mensch" zu sagen, fragt sich nicht, ob das im Namen „Mensch" Genannte auch mit einem anderen Laut (τὸ ὄνομα) benannt werden kann, sondern ob Mensch und nicht Mensch der Sache nach (τὸ πρᾶγμα) zumal vermeint werden können. Der Streit um den Satz vom Widerspruch soll zwar *elenktisch,* vermittelst des bloßen *Gesagten* als solchen, entschieden werden; aber er selbst ist kein bloßer Wortstreit um verschieden lautende Benennungen, sondern ein Sachstreit um das, was sachlich in der Sprache vermeint ist[38].

Damit stellt sich die Aufgabe, die Sachproblematik selbst erneut ins Auge zu fassen. Dabei gilt es, vor dieser nicht in die Problematik bloßer Benennungen auszuweichen, sondern sich lediglich im Umkreis einer einzigen, in diesem Falle der deutschen Sprache aufzuhalten.

Den Ausgang der erneuten Sachbetrachtung bildet wiederum das, was der Gegner selbst sagt. Er behauptete, „Mensch" und „nicht Mensch" seien dem Sinn nach Eines. Was aber ist damit gemeint? Wenn „Mensch" und „nicht Mensch" dem Sinn nach Eines sein sollen, so besagt dies, dass sich beide ὀνόματα wie „Kleid" und „Gewand" zueinander verhalten, also in Hinsicht auf das ihnen *Gesagte* (λόγος) ein und dasselbe sind. Aber eine solche Synonymie ist bei den ὀνόματα „Mensch" und „nicht Mensch" *schlechterdings unmöglich.* Denn das, was das ὄνομα „Mensch" besagt, ist das Mensch *sein* (τὸ εἶναι ἀνθρώπῳ), das, was das ὄνομα „nicht Mensch" besagt, die Negation des Menschseins, das Nicht-Menschsein (τὸ μὴ εἶναι ἀνθρώπῳ)[39]. ὀνόματα aber, in denen Sein und Nichtsein vermeint ist, können unmöglich Synonyme sein. Denn der Sinn des ὄνομα „Sein" lässt eine Identität mit dem vermeinten Nichtsein nicht zu. Das hat bereits die anfängliche Sinnbestimmung des ὄνομα „sein" grundsätzlich gezeigt[40]. Indessen entfaltet Aristoteles diese erst hier in ihre volle Schärfe. Das im ὄνομα "sein" vermeinte Sein ist als eben dieses, d.h. ausschließlich und al-

---

[38] 6b 21 sq: τὸ δ' ἀπορούμενον οὐ τουτό ἐστιν, εἰ ἐνδέχεται τὸ αὐτὸ ἅμα εἶναι καὶ μὴ εἶναι ἄνθρωπον τὸ ὄνομα, ἀλλὰ τὸ πρᾶγμα. „Das Gefragte ist nicht dies, ob dasselbe zugleich Mensch sein und nicht sein kann dem ὄνομα nach, sondern der Sache nach."

[39] 6b 27.

[40] b 28: ἐδέδεικτο ὅτι ἕτερον σημαίνει. „Es wurde aber gezeigt, dass es [das Sein und das Nicht-sein] Verschiedenes meint."

lein als Sein, nicht aber als Nicht-Sein, also in der Weise vermeint, dass von ihm jedes mögliche Nichtsein ausgeschlossen ist. Als solches ist es selbst mit Notwendigkeit (ἀνάγκη)[41] Sein, und nichts anderes. Das im Vermeinen gegenwärtige Sein zeigt sich als in die ἀνάγκη seines eigenen Wesens ohne allen Spielraum des So und anders eingeschlossen. Es ist mithin nicht einfachhin, sondern mit Notwendigkeit ein Eines und selbes (ἕν); seine Identität ist ein ἀναγκαῖον. Dann aber ist eine Synonymie des im ὄνομα „Mensch" vermeinten Mensch*seins* mit dem im ὄνομα „nicht Mensch" vermeinten *Nicht*-Mensch*sein* schlechterdings unmöglich. Denn das in seine eigenen Grenzen unausweichlich eingeschlossene Mensch *sein,* das als solches jede Möglichkeit des Nichtseins von sich ausgeschlossen hat, lässt eine Identität mit diesem schlechterdings nicht zu. So ist jeder weitere Versuch, eine Synonymie von „Mensch" und „nicht Mensch" herbeizuführen und damit die Sinnidentität im widersprüchlichen Sagen zu wahren, grundsätzlich ausgeschlossen.

Ferner ist eine vertiefte Einsicht in den Einheitscharakter des im ὄνομα Vermeinten gewonnen. Denn es zeigt sich, dass die Sinnidentität des ὄνομα in der ἀνάγκη des in ihm vermeinten Seins beruht. Wenn ein ὄνομα Sinn und Bedeutung hat, wenn in ihm Etwas (τι) vermeint ist, so ist dieses als ein *Notwendiges,* das nicht anders sein kann, und *deshalb* als ein Eines (ἕν) vermeint.

Damit aber ist die Unmöglichkeit (ἀδύνατον) des Widerspruchs, sofern sie sich aus dem *Sinn* der ὀνόματα selbst ergeben soll, vollends durchsichtig geworden. Denn wenn dieser ein schlechthin notwendiges Eines und selbes (ἕν qua ἀναγκαῖον) ist, dann ist allerdings einsichtig, dass die Identität dieses Sinnes den Vieles vermeinenden Widerspruch schlechterdings nicht zulässt. Dementsprechend führt Aristoteles erst jetzt den eigentlichen elenktischen Beweis des Satzes vom Widerspruch in aller Kürze durch[42]: Das im ὄνομα „Mensch" vermeinte Menschsein ist in der Weise im Vermeinen gegenwärtig, dass es mit *Notwendigkeit* (ἀνάγκη) das ist, was es ist. Mit Notwendigkeit sein – besagt: Ohne alle Möglichkeit des Nichtseins sein. Folglich ist das im ὄνομα „Mensch" vermeinte Menschsein selbst ohne alle Möglichkeit des Nichtseins. Dann aber lässt es selbst

---

[41] Ibid.
[42] 6b 28-34.

nicht zu, auf sinnvolle Weise zumal „nicht Mensch" zu sagen. Denn damit wäre seine Einheit und Identität, die, da schlechthin notwendig, alle Verschiedenheit von sich ausgeschlossen hat, notwendig aufgehoben. „Also ist es unmöglich, zumal [sinnvoll] zu sagen, dasselbe sei Mensch und nicht Mensch."[43] Die alle Verschiedenheit von sich ausschließende notwendige Sinnidentität des ὄνομα lässt ein sinnvolles Sagen des widersprechenden ὄνομα selbst nicht zu; denn sie *erträgt* (οὐκ ἐνδέχεται) keinen Widerspruch.

Demnach ist der Gegner des Satzes vom Widerspruch, sofern er auch nur ein einziges ὄνομα sinnvoll ausspricht, als sprechendes Wesen schon in die Unmöglichkeit des Widerspruchs eingelassen und hat mit jenem diese zugestanden. Der Sinn der Sprache hat das Sprechen des Menschen schon immer so beansprucht, dass er einen Widerspruch nicht zulässt. Die Unmöglichkeit des Widerspruchs ist mithin ein *Anspruch* (ἀξίωμα) des Sinnes der Sprache selbst, dem alles sinnvolle Sprechen immer schon entsprochen hat. Sofern der Mensch ein sprechendes Wesen ist, ist er unter den Anspruch der Unmöglichkeit des Widerspruchs in allem sinnvollen Sagen gestellt. Gerade diese Axiomatik des Satzes vom Widerspruch wurde aber von seinem Gegner bestritten; er behauptete ja, es sei durchaus möglich, in entgegengesetzten λόγοι Sein und Nichtsein zumal, anzunehmen. Jetzt aber hat sich gezeigt, dass Sein und Nichtsein nicht einmal sinnvoll zumal gesagt werden können. Der Satz vom Widerspruch ist ein Anspruch, der den Menschen unausweichlich beansprucht.

---

[43] 6b33 sq: οὐκ [...] ἐνδέξεται ἅμα [...] εἰπεῖν τὸ αὐτὸ ἄνθρωπον εἶναι καὶ μὴ εἶναι ἄνθρωπον.

7. Sprache und Logos.
Die Entdeckung der Kategorien in der Kategorienschrift des Aristoteles

Die Kategorien sind ein bekanntes Lehrstück der aristotelischen Ontologie. Weniger bekannt, ja vergessen ist, wie Aristoteles sie entdeckt hat. Bis hin zu ihrer Wiederaufnahme durch Kant sind die Kategorien „Praedikamente"[1], d. h. ontologische Prädikate a priori, die als solche zunächst im Urteil auftreten. Demgemäß gewinnt Kant sie aus den Urteilsformen. Diese aber sind einfach vorgegeben. Wie es zur Bedeutungsvielfalt der Kopula kommt, wird nicht eigens bedacht. Darin bekundet sich die Vergessenheit des ursprünglichen Lichtungsbereiches der Kategorien. Dieser ist die *Sprache*[2]. Das zeigt sich in der *Kategorienschrift* des Aristoteles, in der dieser die Kategorien entdeckt hat.

---

[1] KrV, A 81 / B 107.

[2] Aristoteles definiert die Sprache als φωνὴ σημαντική (De Int. 4; 16b 26), als „stimmliche Verlautbarung, die etwas zu bedeuten gibt", d. h. es zeigt (σημαίνει). Bekanntlich hat Husserl dieses Wesen der Sprache in der ersten, „Ausdruck und Bedeutung" betitelten, *Logischen Untersuchung* wieder aufgenommen (Edmund Husserl. *Logische Untersuchungen. Zweiter Band, Untersuchungen zur Phänomenologie und Theorie der Erkenntnis. I. Teil. 6. Auflage, 1980. Unveränderter Nachdruck der 2., umgearbeiteten Auflage 1913. Max Niemeyer Verlag, Tübingen 1980, I. Logische Untersuchung, S. 23-105). Die Sprache ist „bedeutsames Zeichen" (§ 5, S. 30), „sinnbelebter Ausdruck" (§ 8, S. 35), „Wort (oder vielmehr [...] anschauliche Wortvorstellung)", dessen „Funktion" es „geradezu" ist, „in uns den sinnverleihenden Akt zu erregen und auf das, was ‚in' ihm intendiert [...] ist, hinzuzeigen" (§ 10, S. 40). Sprachliche Zeichen sind im Unterschied zu bloßen „Anzeichen" von sich her immer schon dazu bestimmt, „etwas", nämlich eine bestimmte *„Gegenständlichkeit"* (§ 12, S. 46 sqq) zu bedeuten zu geben, d.h. diese in einem „Hinzeigen" (§ 8, S. 40) in bestimmter Weise offenbar werden zu lassen. In diesem Sinne wird Sprache auch von Vf. im folgenden Beitrag verstanden. – Eine knappe, ausgezeichnete Darstellung des allgemeinen Wesens der Sprache bei Aristoteles findet sich bei E. Vollrath, *Studien zur Kategorienlehre des Aristoteles*, Ratingen bei Düsseldorf, A. Henn Verlag, Ratingen bei Düsseldorf, 1969, insbes. S. 8-13. Die These, dass die Sprache der Ursprungsbereich der Kategorien ist, verdankt Vf. Karl-Heinz Volkmann-Schluck (1914-1981), der sie erstmals in einem von ihm im Sommersemester 1980 an der Universität zu Köln zur *Kategorienschrift* des Aristoteles

*

Demgemäß setzt die Kategorienschrift zunächst mit einer rein *sprachlich-semantischen Betrachtung* ein: Sie bestimmt die möglichen Verhältnisse, in denen die in den ὀνόματα gemeinten *Sachen* zu den ὀνόματα *selbst* zu stehen kommen können. Diese sind dreifacher Art. Die in den ὀνόματα gemeinten Sachen können sein:

1) *homonym* (ὁμώνυμα), d.h. ihrer Definition (λόγος τῆς οὐσίας), also ihrem Wesen nach verschieden und nur ihrem Namen nach ähnlich, wie etwa das im griechischen Wort ζῷον Gemeinte, sofern dieses einmal Lebewesen, zum anderen Gemälde, bedeutet[3];

2) *synonym* (συνώνυμα), d. h. sowohl ihrer Definition, also ihrem Wesen, wie ihrem Namen nach identisch, wie etwa wiederum das im Wort ζῷον Gemeinte, sofern dieses einmal einen Menschen, zum anderen ein anderes Lebewesen, z.b. einen Stier, zu bedeuten geben kann[4];

3) *paronym* (παρώνυμα), d. h. der grammatischen Form nach verschieden und eines nach dem anderen benannt, wie etwa der „Schriftkundige" (γραμματικός) nach der „Schriftkunde" (γραμματική) benannt ist[5].

Nun könnte man freilich meinen, dass diese rein sprachlich-semantischen Verhältnisse nichts mit den Kategorien zu tun haben. Und doch zeichnen sich hier im Bereich reiner Sprachlichkeit bereits auf eine erste Weise die entscheidenden Verhältnisse vor, die sodann im Bereich des λόγος die Einführung der Kategorien unumgänglich machen. Wenn man nämlich dem σημαίνειν der Sprache folgt, ohne doch dem möglichen Schein der bloßen Homonyme zu erliegen, so zeichnen sich mit Bezug auf die Synonyme und Paronyme die folgenden möglichen Verhältnisse der in der Sprache gemeinten Sachen vor: Zum einen, bei den Synonymen, das Verhältnis der *Wesensidentität*, zum anderen, bei den Paronymen, das der *Wesensverschiedenheit*. Denn das Paronym ist ja so vermeint, dass es selbst

---

durchgeführten Hauptseminar aufgestellt hat. Vf. ist dieser These im Zusammenhang mit einem von ihr im WS 1987/88 an der Universität Lausanne/Schweiz zur *Kategorienschrift* durchgeführten Hauptseminar vertiefend nachgegangen. Der vorliegende Beitrag ist ein Ergebnis dieser Untersuchungen.

[3] Cat. 1; 1a 1sqq.
[4] 1a 6sqq.
[5] 1a 12sqq.

ein Anderes ist als das, wonach es benannt ist. Der γραμματικός ist nicht die γραμματική selbst, sondern jemand (ein Mensch), der schriftkundig ist[6]. Und doch ist er nach der γραμματική benannt, was eben besagt, dass er seinsmäßig durch sie bestimmt, also doch auch mit ihr identisch ist, – so wahr die namentliche Ansprechung (προσηγορία)[7] das Angesprochene in seinem Sein offenbar macht (ἀγορεύειν). *Wie aber ist diese Identität in der Nicht-Identität möglich? Wie kann etwas ein Anderes als es selbst sein?* Diese Frage, die sich bereits hier, im Bereich reiner Sprachlichkeit, stellt, wird als *Leitfrage* die folgende Untersuchung begleiten, ohne zunächst selbst thematisch erörtert zu werden.

Zunächst geht es Aristoteles darum, die Grundmöglichkeiten herauszustellen, denen gemäß etwas gesagt (λέγεται), d. h. durch Sprache gezeigt und so sichtbar gemacht werden kann:

Τῶν λεγομένων τὰ μὲν κατὰ συμπλοκὴν λέγεται, τὰ δὲ ἄνευ συμπλοκῆς. τὰ μὲν οὖν κατὰ συμπλοκήν, οἷον ἄνθρωπος τρέχει, ἄνθρωπος νικᾷ· τὰ δὲ ἄνευ συμπλοκῆς, οἷον ἄνθρωπος, βοῦς, τρέχει, νικᾷ.

Von dem Gesagten wird das eine gemäß einer Verflechtung, das andere ohne Verflechtung gesagt. Das nun, was gemäß einer Verflechtung gesagt wird, ist etwa „Mensch läuft", „Mensch siegt", das aber, was ohne Verflechtung gesagt wird, etwa „Mensch", „Stier", „läuft", „siegt".[8]

Die λεγόμενα, das Mannigfaltige des Gesagten, d.h. die gesagten und gesprochenen ὀνόματα können in zweifacher Weise gesagt werden:

1. κατὰ συμπλοκήν, gemäß einer Verflechtung, wie etwa „Mensch läuft", „Mensch siegt".

---

[6] Met. VII, 1; 1028 a 26*sqq*: [...] τὸ ὑποκείμενον [...] ἐμφαίνεται ἐν τῇ κατηγορίᾳ τῇ τοιαύτῃ [...]. „[...] das schon Vor- und Zugrundeliegende [=das Subjekt] erscheint als mitenthalten in einem solchen Ausgesagten (=im Prädikat)." (Übersetzung von Vf. gemäß *Aristoteles, Metaphysik*. Übersetzt von Hermann Bonitz, ed. Wellmann. Mit Gliederungen, Registern und Bibliographie. Hrsg. von Héctor Carvallo und Ernesto Grassi. Rowohlt, 1966, S. 138sq).
[7] Cat. 1; 1a 13.
[8] Cat. 2; 1a 16 sqq (Übersetzung von Vf.).

2. ἄνευ συμπλοκῆς, ohne Verflechtung, wie etwa „Mensch", „Stier", „läuft", „siegt".

Es gibt also zwei Grundmöglichkeiten, durch ὀνόματα etwas zu sagen und so sichtbar zu machen: 1) durch ihre Verflechtung, 2) ohne Verflechtung, also durch die einzelnen ὀνόματα rein für sich. Die *erste Grundmöglichkeit* ist die des apophantischen λόγος, d. h. der *Aussage*, deren Grundfunktion das δηλοῦν bzw. das ἀπυφαίνεσθαι ist, das ausdrückliche Offenbarmachen des Seienden in dem, was bzw. wie es selbst „*wirklich*" ist (ἔστιν)[9]. Dabei geht der λόγος so vor, dass er zunächst durch ein ὄνομα (nomen, „Nennwort") – „Mensch" – eine Sache nennt, sie gleichsam herbeiruft und so gegenwärtig sein lässt und sie dann, indem er mit dem ὄνομα ein ῥῆμα (verbum, „Sagewort") – „läuft" – verflicht, sie von ihr selbst her eigens in dem aufzeigt, was bzw. wie sie *ist*: „Mensch läuft" (= „ist laufend")[10]. Die *zweite Grundmöglichkeit*, Sachen zu sagen und sie so sichtbar zu machen, ist die der ὀνόματα selbst und allein. Denn nicht erst dadurch, dass Worte miteinander verflochten werden, sondern durch das σημαίνειν der Worte selbst und allein, werden bereits die in ihnen gemeinten Sachen, wenngleich in einer gegenüber dem apophantischen λόγος nur vorläufigen, noch verhüllten Weise, sichtbar gemacht. So gibt etwa das ὄνομα „Mensch", wenn man seinem σημαίνειν folgt, rein an sich selbst schon die Sache Mensch in ihrem Wesensumriss zu sehen. Ebenso steht es mit den ῥήματα rein für sich: „läuft", „siegt".

Wenn man die von Aristoteles angeführten Beispiele dieser beiden Grundmöglichkeiten betrachtet, so zeigt sich, dass sich auch in ihnen wieder dieselbe Frage wie bei den Paronymen vorzeichnet: Die einzelnen ὀνόματα „Mensch", „läuft", machen jeweils *Verschiedenes* sichtbar. Wie also kann der apophantische λόγος durch ihre Verflechtung besagen, dass der Mensch *selbst* läuft (= laufend *ist*), also *identisch* mit dem Laufen ist?

---

[9] Plato bestimmt die Aussage durch das δηλοῦν, das Offenbarmachen des Seienden in seiner πρᾶξις bzw. in seinem Sein (οὐσία) (*Sophistes* 262c 2sqq). Aristoteles bestimmt sie durch das ἀποφαίνεσθαι, das Erscheinenlassen (φαίνεσθαι) des Seienden in dem, was bzw. wie es *ist*, und zwar im Blick auf es selbst von ihm selbst her (ἀπο-) (De Int. 4; 17a 2sq). – Das betonte ἔστιν, dass etwas „wirklich" *ist*, wird von Aristoteles auch durch das ὑπάρχει (es liegt vor) wiedergegeben (Cat. 5; 2b 25sqq).

[10] Aristoteles zeigt Met. V, 7, dass in allen Prädikaten immer schon das *ist* gemeint ist (siehe *infra*, S. 126sq).

Aber auch jetzt lässt Aristoteles diese Frage liegen. Denn es geht ihm nun zunächst darum, die beiden Grundmöglichkeiten des Sagens selbst näher zu bestimmen. Dabei fasst er zuerst die *zweite Grundmöglichkeit* ins Auge, also den apophantischen λόγος, der durch συμπλοκή von ὄνομα und ῥῆμα die im ὄνομα genannte und vorgelegte Sache vermittels des ῥῆμα eigens in dem offenbar macht, was sie *ist*. Um zu klären, wie Seiendes durch solche συμπλοκή offenbar gemacht wird, betrachtet Aristoteles *das Seiende überhaupt* (τὰ ὄντα)[11] *im Hinblick auf seine möglichen Verhältnisse überhaupt*. Hier zeigt sich nun zunächst ein *durchgängiges Ausschließungsverhältnis*:

1) Wenn Seiendes καθ' ὑποκειμένου τινὸς λέγεται[12], wenn es als Prädikat bestimmend über ein bestimmtes ὑποκείμενον, ein bestimmtes schon Vor- und Zugrundeliegendes, ausgesagt wird – wie etwa Mensch über einen einzelnen Menschen (τοῦ τινὸς ἀνθρώπου)[13] –, dann ist es nicht ἐν ὑποκειμένῳ[14], *in* bzw. *an* diesem: Es ist ihm nicht inhärent. Denn dann wäre das ὑποκείμενον ein Anderes als es. Der einzelne Mensch ist aber gerade selbst Mensch: Das καθ' ὑποκειμένου λεγόμενον ist also identisch mit dem ὑποκείμενον. Und nur solches *Identische* kann eben bestimmend über ein ὑποκείμενον ausgesagt werden und es durch solche συμπλοκή in dem offenbar machen, was es selbst ist.

2) Wenn umgekehrt Seiendes ἐν ὑποκειμένῳ[15], *in* bzw. *an* einem ὑποκείμενον, also diesem inhärent ist – wie etwa eine bestimmte γραμματική der ψυχή des Menschen[16] –, dann kann es nicht καθ' ὑποκειμένου von diesem ausgesagt werden. Denn es ist eben ein Anderes als dieses selbst. Es vermag es nicht in dem offenbar zu machen, was es selbst ist.

Wenn also Seiendes καθ' ὑποκειμένου ausgesagt wird, dann ist es nicht ἐν ὑποκειμένῳ; und wenn es ἐν ὑποκειμένῳ ist, dann wird es nicht καθ' ὑποκειμένου ausgesagt. Nur Identisches vermag καθ' ὑποκειμένου von einem ὑποκείμενον ausgesagt zu werden und es in dem offenbar zu machen, was es selbst ist. Nicht-Identisches ist ihm nur inhärent.

---

[11] Cat. 2; 1a 20.
[12] a 20.
[13] a 22.
[14] a 20sq.
[15] a 23.
[16] a 25sq.

Freilich könnte man versucht sein, Gegenbeispiele anzuführen, um die Durchgängigkeit dieses Ausschließungsverhältnisses zu widerlegen. Man könnte anführen,

1) dass z.B. so etwas wie Wissen (ἐπιστήμη) καθ' ὑποκειμένου ausgesagt wird – nämlich z.B. über die γραμματική – und doch zugleich ἐν ὑποκειμένῳ ist – nämlich in der ψυχή des Menschen[17] –, dass es also durchaus möglich ist, dass ein aussagefähiges Identisches zugleich ein Inhärentes und d. h. ein Anderes ist. Aber das ὑποκείμενον ist hier doch nicht ein und dasselbe. Wissen wird nicht von der ψυχή selbst ausgesagt – man kann nicht sagen: „Die ψυχή ist Wissen" –, sondern es wird nur von der γραμματική ausgesagt, die freilich ihrerseits *in* der ψυχή ist und vermittels deren (als des Besonderen) das Wissen erst in der ψυχή ist[18]. Das καθ' ὑποκειμένου Ausgesagte fällt hier also selbst auf die Seite dessen, was ἐν ὑποκειμένῳ ist. Der Versuch, Identität mit der in der Inhärenz liegenden Andersheit zu vereinen, schlägt fehl.

2) hält auch der umgekehrte Versuch, beide im Ausgang von der Andersheit zu vereinen, der kritischen Prüfung nicht stand. Zwar könnte man zunächst versucht sein, anzuführen, dass doch ein ἕτερον καθ' ἑτέρου[19], etwa „Lebewesen" oder „vernünftig", von einem Menschen καθ' ὑποκειμένου ausgesagt werden kann. Aber dies ist doch nur deshalb möglich, weil Lebewesen und vernünftig die Explikate des Wesens des Menschen selbst sind, nämlich dessen γένος und spezifische Differenz. Sie sind also vorgängig schon mit *Mensch* identisch. Das Verhältnis der vermeintlichen Andersheit erweist sich als Verhältnis der Identität.

So bleibt es – zumindest zunächst – bei dem durchgängigen Ausschließungsverhältnis: Nur Identisches kann καθ' ὑποκειμένου ausgesagt werden; was nur ἐν ὑποκειμένῳ ist, kann nicht καθ' ὑποκειμένου ausgesagt werden.

Damit ist auf eine erste Weise geklärt, wie Seiendes durch συμπλοκή der ὀνόματα gesagt (λέγεται) und so im apophantischen λόγος in dem, was es *ist,* sichtbar und offenbar gemacht werden kann: Nur vorgängig schon Identisches – so jedenfalls scheint es bisher – vermag von ihm καθ'

---

[17] 1b 1sqq.
[18] Diese ontologischen Fundierungsverhältnisse klärt Aristoteles Cat. 5; 2a 35sqq.
[19] 1b 10sqq.

ὑποκειμένου gesagt zu werden und es so in dem, was es *ist*, offenbar zu machen.

Zugleich ist die συμπλοκή des apophantischen λόγος selbst genauer bestimmt:
1) Die ὀνόματα, die er miteinander verflicht, sind:
a) das καθ' ὑποκειμένου λεγόμενον bzw. das κατηγορούμενον[20], das, was bestimmend (κατά) über ein ὑποκείμενον ausgesagt wird, so dass es dieses in dem offenbar macht (ἀγορεύει), was es *ist*;
b) das ὄνομα (nomen), das die in ihm gemeinte Sache als ὑποκείμενον für eine mögliche Bestimmung vor- und zugrundelegt.
2) Die συμπλοκή beider ist – so jedenfalls stellt sie sich bisher dar – von der Art der identifizierenden *Identität*.

So zeigt sich: Das in den Synonymen der Sprache sich vorzeichnende Verhältnis der Wesensidentität bestimmt die συμπλοκή des λόγος. Die in den Paronymen der Sprache (sowie in den ersten Beispielen für den λόγος) sich vorzeichnende Frage, wie etwas ein Anderes als es selbst sein kann, ist abgedrängt.

Hier ist es angebracht, kurz an den Unterschied der Auslegung des λόγος bei *Plato* und *Aristoteles* zu erinnern. Bekanntlich bestimmt *Plato* den λόγος im *Sophistes* als συμπλοκή von ὄνομα und ῥῆμα[21]. Das ὄνομα (nomen, „Nennwort") *nennt* ein bestimmtes πρᾶγμα, ruft es gleichsam durch solches Nennen herbei und lässt es so gegenwärtig sein. Das ῥῆμα (verbum, „Sagewort") *sagt* und macht dieses πρᾶγμα offenbar (δηλοῦν) in Hinblick auf seine πρᾶξις, im weiten Sinne des Wortes genommen, d. h. im Hinblick darauf, worum es sich bei ihm „handelt". Dabei kommt es vor allem auf das δηλοῦν durch das ῥῆμα an. Da dieses *das eigentlich Offenbarmachende* ist, ist das in ihm Gemeinte selbst und als solches von Plato als ein κεχωρισμένον gesetzt, als eine von dem im Werden befindlichen αἰσθητόν abgetrennte, in ihrem eigenen Lichte erscheinende *Idee*. Deshalb bleibt die für den λόγος konstitutive συμπλοκή von ὄνομα und ῥῆμα durch das Verhältnis der μέτεξις und d. h. der ἑτερότης bestimmt. Die συμπλοκή des λόγος ist κοινωνία der ἕτερα[22], „*Gemeinschaft des Anderen*".

---

[20] Cat. 3; 1b 11.
[21] *Sophistes* 262 c.
[22] Das geht u.a. aus der Widerlegung des bloß tautologischen λόγος des Antisthenes im

Anders steht es mit dem λόγος bei *Aristoteles*. Das im ὄνομα Genannte wird als ὑποκείμενον vor- und zugrundegelegt, dergestalt, dass das im ῥῆμα Gesagte als κατηγορούμενον bestimmend über es ausgesagt wird und es so in dem, was es *selbst* ist, offenbar macht. Das Verhältnis der für den λόγος konstitutiven συμπλοκή ist das der *Identität*. Das ὑποκείμενον, etwa ein einzelner Mensch, ist selbst schon das, wodurch es offenbar gemacht wird: Mensch. Während Plato das im ῥῆμα Gesagte als das eigentlich Offenbarmachende gegenüber dem αἰσθητόν für sich als κεχωρισμένον setzt, führt Aristoteles es auf das im ὄνομα vorgelegte ὑποκείμενον zurück und setzt es mit diesem identisch. Diese Umdeutung des λόγος hat ihren Grund darin, dass für Aristoteles die φύσις der tragende Grundbereich ist. Zum eigentlich Seienden gehört es, ὑποκείμενον zu sein, d. h. von sich her schon vor- und zugrunde zu liegen. Das eigentlich Seiende ist φύσει ὄν. War Plato vorrangig am δηλοῦν des ῥῆμα orientiert und in die Offenbarkeit der Ideen entrückt, so gewährt der identifizierende Rückbezug des κατηγορούμενον auf das ὑποκείμενον einem Aristoteles zugleich den *freien Blick auf die ὀνόματα selbst und als solche*, die dann im λόγος in eine συμπλοκή eingehen. Deshalb eben kann Aristoteles eigens das σημαίνειν, die „bedeutende" Nennkraft der ὀνόματα selbst, thematisieren. Schon bevor sich ὄνομα und ῥῆμα zu einem apophantischen λόγος verflechten, geben sie als reine ὀνόματα kraft ihres Nennens etwas zu bedeuten. Das stellt Aristoteles in Περὶ Ἑρμενείας eigens heraus:

> Λόγος δέ ἐστι φωνὴ σημαντική, ἧς τῶν μερῶν τι σημαντικόν ἐστι κεχωρισμένον, ὡς φάσις ἀλλ' οὐχ ὡς κατάφασις. λέγω δέ, οἷον ἄνθρωπος σημαίνει τι, ἀλλ' οὐχ ὅτι ἔστιν ἢ οὐκ ἔστιν (ἀλλ' ἔσται κατάφασις ἢ ἀπόφασις ἐάν τι προστεθῇ) [...]. ἔστι δὲ λόγος ἅπας μὲν σημαντικός [...], ἀποφαντικὸς δὲ οὐ πᾶς, ἀλλ' ἐν ᾧ τὸ ἀληθεύειν ἢ ψεύδεσθαι ὑπάρχει· οὐκ ἐν ἅπασι δὲ ὑπάρχει, οἷον ἡ εὐχὴ λόγος μέν, ἀλλ' οὔτ' ἀληθὴς οὔτε ψευδής.
>
> Λόγος ist eine stimmliche Verlautbarung, die [etwas] bedeutet und deren Teile abgetrennt für sich [etwas] bedeuten, als [einfaches] Sa-

---

Sophistes hervor (251a 5 – c 6; 252b 8 – c 9). Das Wesen des λόγος besteht darin: [τι] [...] κοινωνίᾳ παθήματος ἑτέρου θατέρου προσαγωρεύειν (b 9 sq), „etwas als ein Anderes, es ihm zusprechend, offenbar zu machen, und zwar auf Grund seiner Gemeinschaft mit dem es bestimmenden Anderen." (Übersetzung von Vf.). Vgl. auch 259 d 9-260 a 3.

gen (φάσις), nicht aber als Zu-sagen (κατάφασις). Ich meine aber: Mensch z. B. bedeutet etwas, aber nicht, dass es *ist* oder nicht *ist* (ἔστιν ἢ οὐκ ἔστιν) (sondern es wird ein Zu-sagen oder Ab-sagen erst sein, wenn man etwas hinzusetzt). [...] Jeder λόγος ist zwar bedeutend (σημαντικός) [...], aussagend (ἀποφαντικός) aber ist nicht jeder [λόγος], sondern nur der, in dem das Wahr- oder Falschsein vorkommt; diese aber kommen nicht in allen λόγοι vor, z. B. ist die Bitte zwar ein λόγος, aber sie ist weder wahr noch falsch.[23]

Jeder λόγος, im weiten Sinne des Wortes genommen, jede Art von Worte zusammenfügende und sie verlauten lassende „Rede", ist eine φωνὴ σημαντική, d. h. eine stimmliche Verlautbarung (φωνή), die etwas zu bedeuten (σημαίνειν) gibt, und zwar so, dass nicht erst diese „Rede" selbst als Ganzes, sondern bereits ihre Teile, die einzelnen Worte, getrennt für sich etwas bedeuten. Die Art, wie sie dieses zu bedeuten geben, ist die φάσις, das einfache reine Sagen, das als solches die gesagte Sache zeigt und erscheinen lässt. So bedeuten diejenigen ὀνόματα, die dann im λόγος als ὀνόματα im engeren Sinne (d.h. als nomina, „Nennwörter") fungieren, schon rein an sich selbst etwas. „Mensch" bedeutet etwas, nämlich den Sachgehalt Mensch in seinem eigenen Wesensumriss. Diese einfache φάσις ist von der κατάφασις, dem „Zu-sagen" (affirmatio, Bejahung) bzw. der ἀπόφασις, dem „Ab-sagen" (negatio, Verneinung), zu unterscheiden. Diese beiden Weisen des Sagens kommen erst dadurch zustande, dass man zu dem im ὄνομα Gemeinten „etwas hinzusetzt" (τι προστεθῇ), d. h. mit ihm ein in einem möglichen ῥῆμα Gemeintes in einer συμπλοκή verflicht. Dadurch erst wird das im ὄνομα Genannte als ein solches gemeint, was selbst *ist oder nicht ist* (ἔστιν ἢ οὐκ ἔστιν), d.h. als ein solches, was eine vorliegende Sache (πρᾶγμα)[24] in dem, was sie „wirklich" *ist oder nicht ist*, „wahrhaft" zu sehen gibt, d. h. aufdeckt und offenbar macht (ἀληθεύειν). In den reinen ὀνόματα selbst und allein liegt die „Idee" eines solchen „wahrhaften", „wirklichen" Seins (bzw. Nicht-Seins) nicht. Und doch sagen sie etwas, d.h. geben etwas zu bedeuten. Das zeigt sich auf ausgezeichnete Weise bei denjenigen ὀνόματα, die solches bedeuten, was niemals ein „wirklich" Seien-

---
[23] De int. 4; 16b 26sqq (Übersetzung von Vf.).
[24] De int. 3; 16b 23.

des sein kann. So bedeutet z.B. τραγέλαφος (Bock-Hirsch) *etwas*, nämlich ein bestimmtes Fabelwesen, ohne doch damit besagen zu wollen, das dieses in ihm Bedeutete „wahrhaft" und „wirklich" ist[25].

Ebenso steht es mit denjenigen ὀνόματα, die dann im λόγος als ῥήματα fungieren:

> αὐτὰ μὲν οὖν καθ' αὑτὰ λεγόμενα τὰ ῥήματα ὀνόματά ἐστι καὶ σημαίνει τι, – ἵστησι γὰρ ὁ λέγων τὴν διάνοιαν, καὶ ὁ ἀκούσας ἠρέμησεν, – ἀλλ' εἰ ἔστιν ἢ μή οὔπω σημαίνει· οὐ γὰρ τὸ εἶναι ἢ μὴ εἶναι σημεῖόν ἐστι τοῦ πράγματος, οὐδ' ἐὰν τὸ ὂν εἴπῃς ψιλόν. αὐτὸ μὲν γὰρ οὐδέν ἐστιν [...].

> Selbst an ihnen selbst gesagt sind die Verba (ῥήματα) Worte (ὀνόματα) und bedeuten etwas, – denn wer sie sagt, bringt sein Denken (διάνοια) zum Stehen, und wer sie hört, hält es still, – aber ob es *ist* oder nicht, bedeuten sie noch nicht; denn das Wort „sein" oder das Wort „nicht sein" ist nicht Zeichen der Sache, so wenig wie wenn man bloß „seiend" sagt. Dieses nämlich ist an sich selbst nichts [...].[26]

Die ῥήματα, sofern sie rein an sich selbst gesagt werden, sind ὀνόματα, „Namen", die nennend etwas bedeuten (ὀνομάζειν), es zeigen und zu sehen geben. Dafür zeugt, dass sowohl der, der sie ausspricht und sagt, wie auch der, der sie hört und versteht, die Bewegung seines Denkens (διάνοια) zum Stillstand gebracht findet. In ihnen zeigt sich also etwas, das, in *fester Gestalt* dastehend, das sich auf es richtende Denken fixiert. Aber wenn auch die ῥήματα rein an sich selbst schon etwas Bestimmtes zu bedeuten geben, so vermögen sie es doch nicht als ein „wirkliches" Sein bzw. „wirkliches" Nicht-Sein (ἔστιν ἢ μή) aufzudecken (ἀληθεύειν). Denn obzwar die ῥήματα, wie noch genauer zu zeigen ist, immer schon dieses: zu sein (εἶναι) mitvermeinen, so vermögen sie doch den Bezug auf ein πρᾶγμα, eine vorliegende Sache, von sich her nicht herzustellen, – ebenso wenig wie umgekehrt die reinen ὀνόματα (nomina, „Nennworte"), obzwar sie ein πρᾶγμα vermeinen, für sich allein doch nicht zu dessen „wirklichem" Sein bzw. Nicht-Sein (ἔστιν ἢ μή) zu gelangen vermochten.

---

[25] De int. 1; 16a 16sqq (Übersetzung von Vf.).
[26] De int. 3; 16b 19sqq (Übersetzung von Vf.).

Und schließlich sind es nicht nur einzelne Worte, die rein an sich selbst etwas besagen – ohne eine vorliegende Sache in ihrem „wirklichen" Sein aufdecken zu können –, sondern ebenso steht es auch mit bestimmten *Wortverbindungen*, die selbst nicht von der Art des apophantischen λόγος sind, also nicht darauf zielen, Seiendes *von ihm selbst her* aufzudecken, wie etwa eine Bitte oder andere Wortverbindungen, die, wie Aristoteles sagt, in das Gebiet der Rhetorik oder der Poetik fallen. Die Sprache von Rhetorik und Poetik ist also von der Art der φάσις, des reinen Sagens.

*

Nachdem Aristoteles in der *Kategorienschrift* zunächst die Art bestimmt hat, wie die κατὰ συμπλοκὴν λεγόμενα Seiendes offenbar machen, geht er nun dazu über, die κατὰ μηδεμίαν συμπλοκὴν λεγόμενα, also die reinen ὀνόματα selbst und als solche, näher zu betrachten. Dabei geht es darum, genauer zu bestimmen, was diese reinen ὀνόματα eigentlich in ihrer reinen φάσις sagen und zu bedeuten geben.

> Τῶν κατὰ μηδεμίαν συμπλοκὴν λεγομένων ἕκαστον ἤτοι οὐσίαν σημαίνει ἢ ποσὸν ἢ ποιὸν ἢ πρός τι ἢ ποὺ ἢ ποτὲ ἢ κεῖσθαι ἢ ἔχειν ἢ ποιεῖν ἢ πάσχειν.

> Von dem ohne Verflechtung Gesagten bedeutet ein Jegliches entweder das Wesen oder ein Wieviel oder ein Wiebeschaffen oder ein In-Beziehung-auf-etwas oder ein Wo oder ein Wann oder ein Liegen oder ein Haben oder ein Tun oder ein Leiden.[27]

Die ὀνόματα rein für sich selbst bedeuten also nicht nur einen bestimmten Sachgehalt, dergestalt dass sie diesen in seinem eigenen Umriss auf eine erste Weise zu sehen geben, sondern sie bedeuten darüber hinaus, ja vorgängig und zuerst – wie Aristoteles im 5. Buch der *Metaphysik* sagt – das σχῆμα[28], in das dieser jeweils von ihnen gemeinte Sachgehalt immer schon zu stehen gekommen ist. σχῆμα gehört zu ἔχειν, haben, halten, sich verhalten, und meint die Haltung, die Gestalt, in die sich etwas zusammen- und aufgestellt hat, in der es sich hält und der gemäß es sich verhält. Dass

---

[27] Cat. 4; 1b 25sqq.
[28] Met. V, 7; 1017 a 23.

ein jedes ὄνομα den von ihm gemeinten Sachgehalt immer schon in ein solches σχῆμα zu stehen kommen lässt, zeigt Aristoteles zunächst in der Weise des ὡς τύπῳ εἰπεῖν[29], d.h. dadurch, dass er für jedes dieser σχήματα ein „typisches" Beispiel anführt, so dass jedes in einem ersten, noch allgemeinen Wesensumriss sichtbar wird. So meint etwa das ὄνομα „Mensch" den Sachgehalt Mensch, und zwar so, dass es diesen nicht nur in seiner sachhaltigen Bestimmtheit zu sehen, sondern vorgängig schon in seinem σχῆμα, nämlich als οὐσία, als *Wesen*, d. h. als das wesentliche, das Sein eines möglichen Seienden eigentlich ausmachende *Was* zu verstehen gibt. Denn das im ὄνομα „Mensch" Gemeinte gibt die mögliche Antwort auf die Frage, *was* etwas ist (τί ἐστιν)[30]. Ebenso gibt z. B. das ὄνομα „δίπηχυ", „zwei Ellen lang", eben diesen Sachgehalt als einen solchen zu verstehen, der sich in das σχῆμα des ποσόν, des Wieviel, aufgestellt hat. Denn das in diesem ὄνομα Gemeinte ist eben die mögliche Antwort auf die Frage, *wieviel* etwas ist. Der Sachgehalt: zwei Ellen lang, stellt sich im vorhinein im σχῆμα des Wieviel dar. Es sei hier darauf verzichtet, die Beispiele der übrigen σχήματα im Einzelnen durchzugehen. Stattdessen sei Aristoteles selbst zitiert:

ἔστι δὲ οὐσία μὲν ὡς τύπῳ εἰπεῖν οἷον ἄνθρωπος, ἵππος· ποσὸν δὲ οἷον δίπηχυ, τρίπηχυ· ποιὸν δὲ οἷον λευκόν, γραμματικόν· πρός τι δὲ οἷον διπλάσιον, ἥμισυ, μεῖζον· ποῦ δὲ οἷον ἐν Λυκείῳ, ἐν ἀγορᾷ· ποτὲ δὲ οἷον χθές, πέρυσιν· κεῖσθαι δὲ οἷον ἀνάκειται, κάθηται· ἔχειν δὲ οἷον ὑποδέδεται, ὥπλισται· ποιεῖν δὲ οἷον τέμνειν, καίειν· πάσχειν δὲ οἷον τέμνεσθαι, καίεσθαι.

Wesen aber ist, um es im Umriss zu sagen, etwa Mensch, Pferd; Wieviel etwa zwei Ellen lang, drei Ellen lang; Wiebeschaffen etwa weiß, schriftkundig; In-Beziehung-auf-etwas etwa doppelt, halb, größer; Wo etwa im Lyzeum, auf der Agora; Wann etwa gestern, im vorigen Jahr; Lage etwa liegt, sitzt; Haben etwa ist beschuht, ist bewaffnet;

---

[29] Cat. 4; 1b 27sq.
[30] Wenn Aristoteles auch die σχήματα der in den ὀνόματα gemeinten Sachgehalte rein dem σημαίνειν der ὀνόματα selbst entnimmt, so bleiben diese ὀνόματα doch auf die Aufstellung eines möglichen λόγος hin orientiert, d. h. sie sind als mögliche Antworten auf mögliche Fragen anvisiert. Auch bei Aristoteles bleibt Sprache, wenn auch in freierer Weise als bei Plato, durch den Horizont des apophantischen λόγος bestimmt.

Tun etwa schneiden, brennen; Leiden etwa geschnitten werden, gebrannt werden.[31]

Auf die Anzahl dieser σχήματα kommt es Aristoteles nicht an, wohl aber darauf, dass jedes von jedem *unterschieden* und so selbst eine feste Gestalt ist, – was freilich nicht ausschließt, dass sie selbst so oder anders zusammengehören. So gehört etwa das σχῆμα des Habens (ἔχειν) teils zu dem πρός τι – jedes Haben ist Haben *von* etwas[32] –, teils zu dem des ποιόν, denn etwas zu haben (d. h. es beständig inne zu haben) ist für den, der es hat, ein Beschaffensein[33]. Diese σχήματα selbst sowie ihre Verhältnisse genau zu bestimmen, d.h. sie eigens in den λόγος heben und so zu definieren, ist Sache der folgenden Kapitel der *Kategorienschrift*.

Jedoch gilt es, noch weiter herauszustellen, was in der Dimension reiner Sprachlichkeit in den in den ὀνόματα vorgängig schon gemeinten σχήματα eigentlich gemeint ist. Das zeigt Aristoteles im 7. Kapitel des 5. Buches der Metaphysik:

> ἐπεὶ οὖν τῶν κατηγορουμένων τὰ μὲν τί ἐστι σημαίνει, τὰ δὲ ποιόν, τὰ δὲ ποσόν, τὰ δὲ πρός τι, τὰ δὲ ποιεῖν ἢ πάσχειν [...], ἑκάστῳ τούτων τὸ εἶναι ταὐτὸ σημαίνει· οὐδὲν γὰρ διαφέρει τὸ ἄνθρωπος [...] βαδίζων ἐστὶν ἢ τέμνων τοῦ ἄνθρωπος βαδίζει ἢ τέμνει, ὁμοίως δὲ καὶ ἐπὶ τῶν ἄλλων.

> Da nun von den Prädikaten die Einen bedeuten, was es ist, die Anderen, wie beschaffen [es ist], Andere, wie groß [es ist], Andere Tun oder Leiden [...], so bedeutet das „Sein" (εἶναι) dasselbe mit Jedem von diesen. Denn „Mensch [...] ist gehend oder schneidend" unterscheidet sich keineswegs von „Mensch geht oder schneidet"; ebenso steht es mit den Anderen.[34]

Die in den ὀνόματα gemeinten Sachgehalte – sofern sie im Vorhinein auf den apophantischen λόγος bezogen und mögliche Prädikate desselben sind[35] – sind in der Weise gemeint, dass in ihnen immer schon das

---

[31] Cat. 4; 1b 27sqq.
[32] Cat. 7; 6b 1.
[33] Cat. 8; 8b 28.
[34] Met. V, 7; 1017 a 24sqq. (Übersetzung von Vf.).
[35] S. *supra*, S. 120sq, Fußnote Nr. 22.

Sein (εἶναι) mitgemeint ist. So meint „schneidet" eben dasselbe wie „ist schneidend" bzw. „schneiden" dasselbe wie „schneidend (zu) sein". Ebenso bedeutet „weiß" ebendasselbe wie „ist weiß" bzw. „weiß (zu) sein". Da nun aber die in den ὀνόματα gemeinten Sachgehalte jeweils vorgängig in einem bestimmten σχῆμα verstanden sind, so ist vorgängig schon dieses σχῆμα selbst als σχῆμα *des Seins (εἶναι)* vermeint. So meint z. B. das im Sachgehalt weiß mitvermeinte Wiebeschaffen – analog zu weiß (zu) sein – wiebeschaffen-(zu)-sein. Die in den ὀνόματα vorgängig schon verstandenen σχήματα der in ihnen gemeinten Sachgehalte sind, recht bedacht, *Gestalten des Seins*. „Sein", „zu sein" meint: (et-)was-zu-sein, so-groß-zu-sein, so-beschaffen-zusein, tätig-sein, leidend-sein etc. Freilich ist dieses in den ὀνόματα gemeinte Sein in der Mannigfaltigkeit seiner σχήματα nicht das ἔστιν im Sinne des „wahrhaften", „wirklichen" Seins:

> οὐ γὰρ τὸ εἶναι ἢ μὴ εἶναι σημεῖόν ἐστι τοῦ πράγματος, οὐδ' ἐὰν τὸ ὂν εἴπῃς ψιλόν. αὐτὸ μὲν γὰρ οὐδέν ἐστιν [...].
>
> Denn das [Wort] „sein" oder das [Wort] „nicht sein" ist nicht Zeichen der Sache, so wenig wie wenn man bloß „seiend" sagt. Dieses nämlich ist an sich selbst nichts [...].[36]

Das in den reinen ὀνόματα gemeinte Sein ist – da ohne Prätention, Seiendes in seinem „wirklichen" Sein aufzudecken (ἀληθεύειν) – „wirklichkeitslos" gleichsam nur dahingespiegelt, und dies so sehr, dass es rein an sich selbst *nichts* (οὐδέν) ist. Gleichwohl gibt es sich in einer Mannigfaltigkeit von σχήματα zu verstehen, in die es sich vorgängig aufgestellt hat. Damit hat Aristoteles aus der Sprache selbst und allein die σχήματα *des Seins* gewonnen. Diese sind in den reinen ὀνόματα selbst schon vermeint.

Das stellt Aristoteles gegen Ende des 4. Kapitels der *Kategorienschrift* eigens heraus:

> ἕκαστον δὲ τῶν εἰρημένων αὐτὸ μὲν καθ' αὑτὸ ἐν οὐδεμιᾷ καταφάσει λέγεται, τῇ δὲ πρὸς ἄλληλα τούτων συμπλοκῇ κατάφασις γίγνεται· ἅπασα γὰρ δοκεῖ κατάφασις ἤτοι ἀληθὴς ἢ ψευδὴς εἶναι, τῶν δὲ κατὰ μηδεμίαν συμπλοκὴν λεγομένων οὐδὲν οὔτε ἀληθὲς οὔτε ψεῦδός ἐστιν, οἷον ἄνθρωπος, λευκόν, τρέχει, νικᾷ.

---

[36] De Int. 3; 16b 22sqq (Übersetzung von Vf.).

Jedes der gesagten [Worte] wird selbst an sich selbst in keinem Zu-Sagen (κατάφασις) gesagt, durch ihre Verflechtung in Bezug aufeinander aber entsteht das Zu-Sagen; jedes Zu-Sagen nämlich scheint allerdings wahr oder falsch zu sein; von dem ohne jede Verflechtung Gesagten ist aber Keines weder wahr noch falsch wie etwa „Mensch", „weiß", „läuft", „siegt".[37]

Dass die reinen ὀνόματα selbst und allein schon etwas – nämlich ein je sachhaltig bestimmtes, sich vorgängig in ein bestimmtes σχῆμα fixierendes Sein – zu bedeuten geben, ohne dass es dazu der κατάφασις, der auf dem bestimmenden „Zu-Sagen" beruhenden Aussage, d. h. des apophantischen λόγος bedarf, das eben zeigt sich daran, dass die *Grundzüge der* κατάφασις dieser reinen φάσις der ὀνόματα abgehen. In der Tat werden 1.) die genannten ὀνόματα jedes *selbst an sich selbst* (αὐτὸ καθ' αὑτό), jedes jeweils für sich, und nicht erst in wechselseitiger Verflechtung, wie in der κατάφασις, gesagt. Und doch geben sie als rein für sich selbst Gesagte jeweils ein sachhaltig bestimmtes, sich vorgängig in ein bestimmtes σχῆμα fixierendes Sein zu bedeuten. 2.) ist das in ihnen gemeinte reine Sein *weder wahr noch falsch* (οὔτε ἀληθὲς οὔτε ψεῦδος), d. h. sie meinen das in ihnen bedeutete Sein nicht in der Weise, dass es ein πρᾶγμα in seinem ἔστιν, seinem „wirklichen" Sein, aufdecken (ἀληθεύειν) würde, – welches Aufdecken im übrigen immer schon von seiner eigenen Gegenmöglichkeit, der des täuschenden Verdeckens (ψεύδεσθαι), begleitet ist. Denn das in den ὀνόματα gemeinte reine Sein wird eben erst dann als ein „wirkliches", ein vorliegendes πρᾶγμα aufdeckendes Sein (ἔστιν) vermeint, wenn das in den reinen ὀνόματα Gemeinte miteinander in einer συμπλοκή *verflochten wird,* – sei es, dass mit dem in einem möglichen ῥῆμα Gemeinten (weiß, weiß zu sein) ein in einem möglichen ὄνομα (nomen) Gemeintes (Mensch) verflochten wird, sei es dass zu dem im ὄνομα Gemeinten das im ῥῆμα immer schon gemeinte εἶναι hinzugesetzt wird. Erst durch solche πρόσθεσις des im ῥῆμα gemeinten εἶναι mit dem im ὄνομα rein Gesagten kommt der apophantische λόγος zustande[38]. Und da er eben erst durch solche συμπλοκή zustande kommt, kann das im ῥῆμα gemeinte, sachhaltige εἶναι eben

---

[37] Cat. 4; 2a 4sqq (Übersetzung von Vf.).
[38] De Int. 4; 16b 28 sqq; 5; 17a 9sqq. Vgl. *supra*, S. 122sq.

auch mit einem in einem solchen ὄνομα Gemeinten verbunden werden, dessen „wirkliches" Sein (ἔστιν) es gerade nicht ist. Dann ist das in diesem λόγος Ausgesagte zwar als aufdeckend (ἀληθές) vermeint, in Wahrheit aber verstellend und falsch (ψεῦδος). Wahrheit und Falschheit sind *Wesensbeschaffenheiten*[39] des auf συμπλοκή beruhenden, apophantischen λόγος. Eben diese gehen dem in den reinen ὀνόματα gemeinten reinen Sein ab. Das in den ὀνόματα „Mensch", „weiß", „läuft", „siegt" Bedeutete ist weder wahr noch falsch. Und ohne dass sie ein πρᾶγμα in seinem ἔστιν aufdecken, geben sie doch jeweils ein sachhaltig bestimmtes, sich vorgängig in ein σχῆμα fixierendes Sein zu verstehen. Damit findet sich bestätigt, dass bereits die ὀνόματα selbst und allein das Sein (εἶναι) selbst und als solches in den ihm eigenen σχήματα zu bedeuten geben.

*

Blickt man von hier aus zurück auf die Frage, wie sie sich zu Beginn in den Paronymen der Sprache (z. B. γραμματικός) sowie den ersten Beispielen für den apophantischen λόγος (ἄνθρωπος τρέχει) vorgezeichnet hat, so wird diese – so jedenfalls scheint es zunächst – nur desto fraglicher. In der Tat: Wenn etwa im ὄνομα „weiß" der Sachgehalt weiß im σχῆμα des Wiebeschaffen (ποιόν) verstanden ist, – wie soll es dann möglich sein, dass der im ὄνομα „Mensch" gemeinte Sachgehalt Mensch, der doch im σχῆμα des Wesens (οὐσία) verstanden ist, *selbst wirklich und wahrhaft weiß ist*? Wie kann solches (Mensch), das ein Anderes ist, selbst etwas Anderes (weiß) sein (ἔστιν)? Diese Frage, die sich zunächst bloß *ontisch* aus der Verschiedenheit der bloßen Sachgehalte stellte, stellt sich nunmehr *ontologisch* aus der Unterschiedenheit der entsprechenden σχήματα derselben und wird eben damit nur desto fraglicher.

In ihre volle Fraglichkeit kommt diese Frage jedoch erst dadurch, dass Aristoteles nunmehr das Erste der in den ὀνόματα vermeinten σχήματα des ὄν, das *Wesen* (οὐσία), in den λόγος hebt. Denn damit wird erst das ὑποκείμενον voll bestimmt, das doch gemäß der aufgeworfenen Frage ein *Anderes* war als das ihm apophantische λόγος zugesprochene κατηγορού-

---

[39] Plato versteht Wahrheit bzw. Falschheit als ποιόν, als „Wesensbeschaffenheit", des λόγος (*Sophistes* 263 a 11 sqq).

μενον. Die Andersheit des ὑποκείμενον wird jetzt erst voll heraustreten. – Diese Bestimmung der οὐσία ist notwendig. Denn in den ὀνόματα, die sie meinen, liegt eine Zweideutigkeit. Das ὄνομα „Mensch" meint *Mensch* einmal im Sinne des εἶδος des Menschen, zum anderen im Sinne des *einzelnen Menschen* (ὁ τὶς ἄνθρωπος). So fragt sich, worin die οὐσία im eigentlichen Sinne besteht.

Οὐσία δέ ἐστιν ἡ κυριώτατά τε καὶ πρώτως καὶ μάλιστα λεγομένη, ἣ μήτε καθ' ὑποκειμένου τινὸς λέγεται μήτε ἐν ὑποκειμένῳ τινί ἐστιν, οἷον ὁ τὶς ἄνθρωπος ἢ ὁ τὶς ἵππος. δεύτεραι δὲ οὐσίαι λέγονται, ἐν οἷς εἴδεσιν αἱ πρώτως οὐσίαι λεγόμεναι ὑπάρχουσιν, ταῦτά τε καὶ τὰ τῶν εἰδῶν τούτων γένη· οἷον ὁ τὶς ἄνθρωπος ἐν εἴδει μὲν ὑπάρχει τῷ ἀνθρώπῳ, γένος δὲ τοῦ εἴδους ἐστὶ τὸ ζῷον [...].

Wesen (οὐσία) im beherrschendsten und ranghöchsten und vorzüglichsten Sinne ist das, was weder über ein Vor- und Zugrundeliegendes (ὑποκείμενον) ausgesagt wird noch in einem Vor- und Zugrundeliegenden sein Bestehen hat, wie etwa der einzelne Mensch oder das einzelne Pferd. Wesen in zweiter Linie ist das, worin als ihren Anblicken (εἴδη) jene Wesen in erstem Sinne zugegen sind, – jene sowohl wie auch die Herkünfte (γένη) dieser [Anblicke], wie etwa der einzelne Mensch im Anblick des Menschen zugegen ist, die Herkunft dieses Anblicks aber das Lebewesen ist [...].[40]

Aristoteles entscheidet also die Frage nach der οὐσία auf folgende Weise: οὐσία im ersten, ranghöchsten Sinne ist das Einzel-Seiende, wie etwa ein einzelner Mensch (ὁ τὶς ἄνθρωπος); dagegen ist das εἶδος als solches sowie das γένος, aus dem es herstammt, nur οὐσία in zweiter Linie. Denn – so geht die Überlegung des Aristoteles – was als οὐσία im vollen Sinne des Wortes soll fungieren können, das kann weder καθ' ὑποκειμένου noch ἐν ὑποκειμένῳ, weder nur als bestimmendes *Prädikat* eines ὑποκείμενον, eines schon Vor- und Zugrundeliegenden, noch *in* bzw. *an* einem ὑποκείμενον sein. Vielmehr muss es selbst schon ὑποκείμενον sein.

Damit weist Aristoteles die Bestimmung der οὐσία durch Plato zurück, und zwar so, dass er sie nicht einfach verwirft, sondern aufnimmt und modifiziert. *Plato* hat bekanntlich die οὐσία ins εἶδος verlegt und dieses als

---
[40] Cat. 5; 2a 11sqq (Übersetzung von Vf.).

ein Abgetrenntes (κεχωρισμένον) für sich gesetzt. Denn im λόγος, in dem das ἔστιν eigens gesagt und vermeint ist und der so der Ort ist, an dem sich die Frage nach dem Sein entscheidet, steht dieses ἔστιν zunächst beim ῥῆμα: das ῥῆμα *sagt, was* das im ὄνομα Gemeinte *ist*, und zwar so, dass es dieses dann *offenkundig* gegenwärtig sein lässt. Eben deshalb hat Plato, wie gesagt, das im ῥῆμα gesagte εἶδος *für sich gesetzt*[41]. Aristoteles hält grundsätzlich an der Bestimmung der οὐσία durch Plato fest. Auch für ihn ist zunächst das εἶδος die οὐσία. Denn auch für ihn ist der λόγος der Ort, an dem sich die Frage nach der οὐσία entscheidet. Aber Aristoteles deutet den λόγος um. Das zeigt sich an den negativen Bestimmungen der ersten οὐσία, die Aristoteles zunächst anführt: οὐσία in erstem Sinne ist das, was weder καθ' ὑποκειμένου noch ἐν ὑποκειμένῳ, weder bloßes bestimmendes Prädikat eines ὑποκείμενον noch einem solchen bloß inhärent ist. So wenig wie das, was bloß ἐν ὑποκειμένῳ ist, vermag also das καθ' ὑποκειμένου Gesagte an sich selbst zu sein. Das im ῥῆμα vermeinte εἶδος ist nicht καθ' αὐτό. Denn es ist eben *bloßes bestimmendes Prädikat*, so dass es nur *sein* kann, sofern es als die *Bestimmtheit* eines schon von sich her vorliegenden ὑποκείμενον ist bzw. selbst schon vorgängig in der Weise des ὑποκείμενον ist. Das εἶδος, wenn es als οὐσία soll fungieren können, muss selbst schon ὑποκείμενον sein. Diese Umdeutung des λόγος hat, wie gesagt, ihren Grund darin, dass dieser sich einem Aristoteles aus dem Horizont der φύσις darstellt, deren Grundzug darin besteht, als tragender Grundbereich von sich her in der Weise des ὑποκείμενον zu sein. Demnach gehört zum eigentlich Seienden das Von-sich-her-Sein im Sinne des schon Vor- und Zugrundeliegens. Und so kann das im ῥῆμα als *bloßes Prädikat vermeinte* εἶδος rein für sich selbst nicht schon die οὐσία im vollen Sinne des Wortes sein. Nur sofern es selbst ὑποκείμενον ist, vermag es οὐσία zu sein. Dies aber ist es dann, wenn es ἄτομον καὶ ἓν ἀριθμῷ[42], „unteilbar und der Zahl nach Eines" ist, d.h. nicht mehr als κοινόν von Vielen geteilt und so viele Male anwesend, sondern selbst unteilbar und nur ein Mal anwesend ist. So ist *das* εἶδος *als unteilbares Einzelnes*, z. B. Mensch als Einzelner, *der einzelne Mensch* – ὁ τὶς ἄνθρωπος – οὐσία im vollen Sine des Wortes. – Das bedeutet nicht, dass das εἶδος als solches nicht οὐσία wäre. Aristoteles

---

[41] Vgl. *supra*, S. 120
[42] Cat. 2; 1b 6sqq.

hält am εἶδος als οὐσία fest. Denn zur οὐσία im vollen Sinne gehört gerade, dass sie in bestimmtem Wesensumriss *offenkundig* zugegen ist (ὑπάρχειν)[43]. Dies aber verdankt sie eben dem εἶδος, dem Anblick dessen, was sie ist, sowie dem γένος, aus dem dieses herkommt. Demnach sind εἶδος und γένος, rein für sich genommen, οὐσία in zweiter Linie. Zur οὐσία im ersten und ranghöchsten Sinne aber gehört, dass sie nicht nur offenkundig in bestimmtem Wesensumriss da und gegenwärtig, sondern eben auch *von sich her* schon anwesend ist. Das erste verdankt sie dem εἶδος, in dem sie zugegen ist, das zweite dem Grundzug, dass dieses schon selbst als ὑποκείμενον vorliegt. Die οὐσία im ersten und ranghöchsten Sinne ist gemäß Aristoteles das εἶδος *qua* ὑποκείμενον. Und dieser Bestimmung entspricht das Einzel-Seiende.

Diese Wesensbestimmung der ersten οὐσία bringt nun das ὑποκείμενον, wie es zuvor schon im 2. Kapitel anlässlich der Bestimmung der κατὰ συμπλοκὴν λεγόμενα, d. h. innerhalb des apophantischen λόγος auftrat, zur vollen Klarheit[44]. Dieses ὑποκείμενον ist nicht ein an sich selbst unbestimmtes, bloßes ὑποκείμενον, sondern es ist immer schon ein *eidetisch bestimmtes* ὑποκείμενον. Ja, das ὑποκείμενον ist nichts Anderes als das εἶδος selbst, sofern dieses ὑποκειμένῳ vorliegt. So besteht eine ursprüngliche *differenzlose Identität* zwischen εἶδος und ὑποκείμενον.

Da jetzt erst das ὑποκείμενον voll bestimmt ist, kann auch jetzt erst voll geklärt werden, wie es möglich ist, Seiendes durch συμπλοκή der ὀνόματα zu sagen und offenbar zu machen. So nimmt Aristoteles die möglichen Verhältnisse der in den ὀνόματα vermeinten Sachgehalte – wie er sie bereits im 2. Kapitel vorläufig dargestellt hat – wieder auf, um sie weiter durchzuklären:

> φανερὸν δὲ ἐκ τῶν εἰρημένων ὅτι τῶν καθ᾽ ὑποκειμένου λεγομένων ἀναγκαῖον καὶ τοὔνομα καὶ τὸν λόγον κατηγορεῖσθαι τοῦ ὑποκειμένου· οἷον ἄνθρωπος καθ᾽ ὑποκειμένου λέγεται τοῦ τινὸς ἀνθρώπου, καὶ κατηγορεῖταί γε τοὔνομα [...].

Aus dem Gesagten erhellt, dass bei dem καθ᾽ ὑποκειμένου Gesagten notwendigerweise sowohl das ὄνομα wie der λόγος bestimmend

---

[43] 2a 15.
[44] Vgl. *supra*, S. 118 *sqq*

über das ὑποκείμενον ausgesagt wird, wie etwa Mensch καθ' ὑποκειμένου über den einzelnen Menschen ausgesagt wird, und es wird auch das ὄνομα über ihn ausgesagt [...].[45]

Durch συμπλοκή vermochte zunächst – gemäß den Darlegungen des 2. Kapitels – nur dasjenige ein Seiendes offenbar zu machen, was καθ' ὑποκειμένου von ihm ausgesagt werden kann, ohne doch jemals ἐν ὑποκειμένῳ zu sein. Nur solches, was schon vorgängig mit dem ὑποκείμενον identisch ist – nicht aber als ein Anderes ihm nur inhärent ist – vermag das ὑποκείμενον in dem offenbar zu machen, was es ist. Mit der inzwischen erfolgten Wesensbestimmung der ersten οὐσία aber hat sich gezeigt, dass das ὑποκείμενον immer schon eidetisch bestimmt bzw. in differenzloser Identität nichts Anderes als das als ὑποκείμενον vorliegende εἶδος selbst ist. Deshalb eben ist es *notwendig* – so präzisiert Aristoteles jetzt –, dass bei dem, was καθ' ὑποκειμένου von diesem ὑποκείμενον ausgesagt wird, nicht nur das ὄνομα, d.h. der im Namen vermeinte Sachgehalt, sondern sogar der λόγος des ὄνομα, d. h. die Definition dieses Sachgehalts, also dessen *Wesen* selbst und als solches bestimmend von diesem ὑποκείμενον ausgesagt werden kann. Das aber bezeugt, dass die Identität des καθ' ὑποκειμένου Ausgesagten mit dem ὑποκείμενον von der Art der *Wesensidentität* ist. Das, was wesensidentisch mit dem ὑποκείμενον ist, kann καθ' ὑποκειμένου von ihm ausgesagt werden und es so durch συμπλοκή in dem offenbar machen, *was es ist* (ἔστιν). Damit ist das Seinsverhältnis der Wesensidentität, wie es sich bereits im 1. Kapitel im Bereich reiner Sprachlichkeit im Phänomen der Synonymie vorzeichnete, eigens in den λόγος gehoben.

Jedoch eröffnet sich auf Grund der geklärten Möglichkeit, Seiendes durch συμπλοκή der ὀνόματα, nämlich durch ein λέγειν καθ' ὑποκειμένου offenbar zu machen, eine weitere Möglichkeit, Seiendes καθ' ὑποκειμένου auszusagen. Standen das καθ' ὑποκειμένου λεγόμενον und das ἐν ὑποκειμένῳ ὄν im 2. Kapitel in durchgängigem Ausschließungsverhältnis, so stellt sich ihr Verhältnis nunmehr differenzierter dar. Dazu gilt es freilich, das Ganze des bisher Dargelegten – und vor allem das Phäno-

---

[45] Cat. 5; 2a 19sqq (Übersetzung von Vf.).

men der in den ὀνόματα selbst vermeinten σχήματα des εἶναι – in einen einzigen Blick zusammenzunehmen.

τῶν δ' ἐν ὑποκειμένῳ ὄντων ἐπὶ μὲν τῶν πλείστων οὔτε τοὔνομα οὔτε ὁ λόγος κατηγορεῖται τοῦ ὑποκειμένου· ἐπ' ἐνίων δὲ τοὔνομα μὲν οὐδὲν κωλύει κατηγορεῖσθαι τοῦ ὑποκειμένου, τὸν δὲ λόγον ἀδύνατον· οἷον τὸ λευκὸν ἐν ὑποκειμένῳ ὂν τῷ σώματι κατηγορεῖται τοῦ ὑποκειμένου, – λευκὸν γὰρ σῶμα λέγεται, – ὁ δὲ λόγος τοῦ λευκοῦ οὐδέποτε κατὰ τοῦ σώματος κατηγορηθήσεται.

Von dem ἐν ὑποκειμένῳ Seienden wird aber bei dem Meisten weder das ὄνομα noch der λόγος bestimmend über das ὑποκείμενον ausgesagt; bei Einigem steht nichts im Wege, dass das ὄνομα über das ὑποκείμενον ausgesagt wird, unmöglich aber der λόγος, wie etwa das Weiß, in einem ὑποκείμενον, dem Körper, seiend, von dem ὑποκείμενον bestimmend ausgesagt wird – als weiß nämlich wird der Körper ausgesagt –, niemals aber wird der λόγος des Weiß über den Körper bestimmend ausgesagt.[46]

Nachdem sich gezeigt hat, dass bei den καθ' ὑποκειμένου λεγόμενα sowohl das ὄνομα wie die Definition bestimmend über das ὑποκείμενον ausgesagt werden können, springt in abhebender Unterscheidung heraus, dass zwar bei dem Meisten, was ἐν ὑποκειμένῳ ist, weder das ὄνομα noch die Definition καθ' ὑποκειμένου ausgesagt werden können, dass aber bei Einigem doch zumindest das ὄνομα, d. h. der in ihm gemeinte Sachgehalt, wenn auch nicht dessen Definition, also dessen Wesen selbst und als solches, καθ' ὑποκειμένου über das entsprechende ὑποκείμενον ausgesagt werden kann. So ist z. B. der im ὄνομα „weiß" vermeinte Sachgehalt weiß zwar ἐν ὑποκειμένῳ, z.B. *in* bzw. *an* einem Menschen, sofern dieser auf Grund seiner Lebewesenhaftigkeit ein körperhaft Seiendes (σῶμα) ist; und das Weiß ist in solcher bloßen Inhärenz ein *Anderes* als das in seinem eigenen εἶδος anwesende ὑποκείμενον selbst. Und doch ist es möglich, das ὄνομα „weiß", d. h. den in ihm gemeinten Sachgehalt, καθ' ὑποκειμένου über dieses ὑποκείμενον auszusagen, ohne dass jedoch die Definition des Weiß καθ' ὑποκειμένου von ihm ausgesagt werden könnte. Denn es ist möglich zu sagen: Ein Mensch ist weiß, nicht aber: ein Mensch ist eine

---

[46] Cat. 5; 2a 27sqq (Übersetzung von Vf.).

helle Farbe (sofern dies die Definition des Weiß wäre)⁴⁷. Sofern nun das Weiß *nicht* seiner Definition nach καθ' ὑποκειμένου über einen Menschen ausgesagt werden kann, bleibt es beim Verhältnis der *Wesensverschiedenheit* des Weiß gegenüber dem ὑποκείμενον, wie es sich im Seinsverhältnis der Inhärenz bekundete. Sofern aber das Weiß gleichwohl seinem ὄνομα nach καθ' ὑποκειμένου über das ὑποκείμενον ausgesagt werden kann, ist es doch mit diesem *identisch*, und dies obwohl das ὑποκείμενον seinerseits in einem bestimmten eigenen εἶδος vorliegt, also notwendigerweise *wesensverschieden* ist. So fragt sich, wie eine solche κατάφασις gleichwohl möglich ist, d.h. wie sie das in seinem eigenen εἶδος gegenwärtige ὑποκείμενον in seinem ἔστιν, seinem „wirklichen" Sein, aufdecken (ἀληθεύειν) und so wahr (ἀληθής) sein kann.

Hier nun kommen die in den reinen ὀνόματα immer schon verstandenen σχήματα des εἶναι ins Spiel. Zwar schien es zunächst, dass diese einer Identität des Verschiedenen im Wege stehen. Denn ihnen zufolge ist das, was in den ὀνόματα vermeint ist, nicht nur als seinem Sachgehalt nach, sondern sogar als seinem Sein nach verschieden vermeint. *Mensch* hat sich vorgängig schon in das σχῆμα des τί ἐστιν, des wesentlichen Wasseins, *weiß* in das des ποιόν, des Wiebeschaffenseins gestellt. Wenn jedoch der im ὄνομα gemeinte Sachgehalt (weiß) καθ' ὑποκειμένου, als ontisches Prädikat, bestimmend über ein ὑποκείμενον (einen einzelnen Menschen) ausgesagt wird, so wird in eins damit vorgängig schon das σχῆμα des εἶναι, in das sich dieser Sachgehalt semantisch fixiert hat, als onto-logisches Prädikat – als *Kategorie* (im eigentlichen Sinne) – mitausgesagt, so dass das ὑποκείμενον vorgängig immer auch schon im σχῆμα *seines* ἔστιν, seines „wirklichen" Seins, offenbar wird. Das bedeutet, dass das ἔστιν des ὑποκείμενον selbst nichts Einfaches ist, sondern im apophantischen λόγος vorgängig schon in ebenso vielen σχήματα offenbar wird, wie die ὀνόματα σχήματα des reinen εἶναι zu bedeuten geben. *Den semantischen σχήματα des εἶναι entsprechen gemäß ihrer im apophantischen λόγος erfolgenden Prädikation ebenso viele onto-logische σχήματα des ἔστιν, d. h. Kategorien.* Da also das ἔστιν des ὑποκείμενον nicht lediglich im σχῆμα des

---

⁴⁷ Gemäß der Definition des Aristoteles (Top. III, 5; 119a 30 und Met. X, 7; 1057 b 8sqq) ist Weiß eine Farbe, die für das Sehen die Unterschiede auseinandertreten lässt (wohingegen Schwarz sie zusammengehen lässt).

Was, also als *Was-sein,* sondern auch in den übrigen σχήματα, also z. B. als Wiebeschaffensein, erscheint, ist es möglich, zu sagen: der Mensch *ist* weiß, und damit gerade das ὑποκείμενον Mensch in seinem „wirklichen" Sein aufzudecken (ἀληθεύειν). Ebenso steht es mit den Sachgehalten, die sich semantisch in die übrigen σχήματα des εἶναι fixiert haben. Auch sie können über ein wesensverschiedenes ὑποκείμενον „wahrhaft" ausgesagt werden. Denn mit ihnen werden eben immer schon die semantischen σχήματα ihres Seins über dieses ὑποκείμενον mit ausgesagt, so dass dieses immer schon in den entsprechenden σχήματα seines ἔστιν offenbar wird. Demnach werden die ὄντα, sofern sie im apophantischen λόγος gemäß den σχήματα ihres ἔστιν gesagt und offenbar gemacht werden – auch wenn von ihnen Wesensverschiedenes ausgesagt wird – am Ende sogar, wie Aristoteles in Met. V, 7 eigens herausstellt, *in ihrem* καθ' αὐτὰ εἶναι, *dem Sein, wie es ihnen von ihnen selbst her zukommt,* dargelegt. Denn ihr eigenes Sein ist eben in sich selbst vielfältig.

καθ' αὐτὰ δὲ εἶναι [λεγόμενα] λέγεται ὅσαπερ σημαίνει τὰ σχήματα τῆς κατηγορίας.

Von ihm selbst her [etwas] zu sein, wird [das Gesagte] in ebenso vielen Weisen ausgesagt, wie sie die σχήματα der Aussage zu bedeuten geben.[48]

Damit aber ist die Frage, wie sie sich zu Beginn in den Paronymen der Sprache (und den ersten Beispielen des apophantischen λόγος) vorzeichnete, beantwortet. Es ist geklärt, wie es möglich ist, dass ein Paronym, das als ein Anderes nach einem Anderen benannt ist, dieses gleichwohl *sein* kann. Der γραμματικός, der von der γραμματική verschieden ist und doch nach ihr benannt ist, kann „wirklich" und „wahrhaft" γραμματικός sein dank eines bestimmten σχῆμα des ἔστιν, nämlich des Wiebeschaffenseins.

*

Abschließend sei daran erinnert, dass, gemäß Aristoteles, alle konstitutiven Bestandstücke des λόγος sich anfänglich im reinen σημαίνειν der ὀνόματα selbst im Bereich der Sprache eröffnen. Das gilt sowohl von den Axiomen,

---
[48] Met. V, 7; 1017 a 2sq (Übersetzung von Vf.).

dem Satz vom Widerspruch bzw. der Identität, die dem λόγος seinen formalen Bestand ermöglichen, wie von den Definitionen seiner „Begriffe"[49], wie von den σχήματα des diese als „Kopula" verbindenden ἔστιν, den Kategorien. Der λόγος hat anfänglich seine Herkunft aus dem Bereich der Sprache. Damit aber eröffnet sich die Frage, ob es nicht möglich ist, die im technischen Zeitalter unbedingt gewordene Herrschaft des λόγος in die Dimension des reinen σημαίνειν der Sprache zurückzunehmen[50].

---

[49] In Met. IV, 4 legt Aristoteles einen semantischen Beweis des Satzes des Widerspruchs (bzw. der Identität) vor. (Vgl. dazu unseren Artikel Nr. 6: „Semantik und Logik. Der elenktische Beweis des Satzes vom Widerspruch in der Metaphysik des Aristoteles", s. *supra*, S. 99sqq). In An. Post. II, 10 unterscheidet Aristoteles drei sich aufsteigernde Arten der Definition des τί ἐστιν: 1. die *Nominaldefinition*, 2. die *Kausaldefinition*, 3. die *Wesensdefinition*. Anfänglich zeigt sich das τί ἐστιν in dem, was das ὄνομα zu bedeuten gibt (τὸ σημαίνει τὸ ὄνομα) (93 b 30). (Vgl. dazu unsere Arbeit: *Aristoteles. Philosophie und Wissenschaft*. Frankfurt a. M., 1982, insbes. S. 53-55)

[50] Dieser Aufgabe hat sich bekanntlich M. Heidegger in seinen Sprachaufsätzen gewidmet.

8. Die Frage der εὐδαιμονία in der Nikomachischen Ethik des Aristoteles[1]

Bestimmung der Aufgabe

Die Aufgabe, die sich Aristoteles in der Nikomachischen Ethik stellt, besteht darin, zu bestimmen, worin die εὐδαιμονία, das geglückte Leben des Menschen besteht. Die abschließende und eigentliche Bestimmung erfolgt erst im zehnten und letzten Buch der Nikomachischen Ethik. Dieser gemäß besteht die εὐδαιμονία in ihrer höchsten, vollendeten Gestalt (ἡ τελεία εὐδαιμονία)[2] in der philosophischen θεωρία. Die πρᾶξις vermag nur die dem Rang nach zweite εὐδαιμονία abzugeben. Wie kommt es zu dieser Entscheidung?

Wenn die eigentliche Bestimmung der εὐδαιμονία auch erst am Ende der Nikomachischen Ethik erfolgt, so wird sie doch durch ihren gesamten Gang vorbereitet und erst aus ihm verständlich. Deshalb sei hier zunächst dieser Gang in seinen relevanten Hauptschritten dargestellt und abschließend die Bestimmung der εὐδαιμονία in ihrer höchsten Gestalt, der θεωρία, vorgeführt.

---

[1] Der Beitrag geht ursprünglich auf eine Einladung der belgischen Zeitschrift OUSIA zurück, an einem den *phänomenologischen Interpretationen zu Aristoteles* gewidmeten Band mitzuarbeiten (siehe *Nachweise*, S. 468 / *cf. Documentation*, p. 474) Er ist mit Bezug auf die folgenden phänomenologischen Interpretationen zu Aristoteles entstanden: 1) Martin Heidegger: *Platon: Sophistes*, Marburger Vorlesung Wintersemester 1924/25, hrsg. von Ingeborg Schüßler, GA 19, 1992. Darin: *Einleitender Teil: Die Gewinnung der ἀλήθεια als des Bodens der platonischen Seinsforschung. Interpretationen zu Aristoteles.*»Nikomachische Ethik«, Buch IV und X, Kapitel 6-8.»Metaphysik«, Buch I, Kapitel 1-2; S. 21-188; 2) Karl-Heinz Volkmann-Schluck: „Ethos und Wissen in der Nikomachischen Ethik des Aristoteles", in: *Sein und Ethos. Untersuchungen zur Grundlegung der Ethik,* hrsg. von Paulus Engelhardt. Walberger Studien Bd. 1, Mainz, 1963, S. 56-68. Die deutschen Übersetzungen der zitierten griechischen Texte wurden von Vf. mit Rücksicht auf die Übersetzungen und Interpretationen von M. Heidegger und K.-H. Volkmann-Schluck angefertigt.

[2] Eth. Nic. X, 7; 1077 a17.

I. Einleitender Teil:
Die Gewinnung der Frage der εὐδαιμονία

§ 1. Die εὐδαιμονία als höchstes Gut und als τέλος der πρᾶξις
(Eth. Nic. I, 1-3)

Ausgangspunkt ist der Anblick, den der Mensch zunächst im tagtäglichen Leben bietet. Dieser besteht darin, dass er sich auf mannigfache Weise mit den Dingen zu schaffen macht, um dieses oder jenes zustande zu bringen. Seinem nächsten Anblick nach ist der Mensch ein Wesen der πρᾶξις, im weiten Sinne des Wortes genommen. Dabei kommt es ihm in allen seinen Verrichtungen darauf an, dass das zu Verrichtende gut verrichtet wird. Das Gute ist das, worauf der Mensch in allen seinen Verrichtungen und Verhaltungen aus ist:

> πᾶσα τέχνη καὶ πᾶσα μέθοδος, ὁμοίως δὲ πρᾶξίς τε καὶ προαίρεσις, ἀγαθοῦ τινὸς ἐφίεσθαι δοκεῖ· διὸ καλῶς ἀπεφήναντο τἀγαθὸν οὗ πάντ' ἐφίεται.[3]
>
> Jede „Kunst" und jede Untersuchung, insgleichen jedes Handeln und jede Vor-nahme sind offenbar auf irgendein Gutes aus; deshalb hat man das Gute treffend als das dargelegt, wonach alles strebt.

„Gut", ἀγαθόν, aber ist das zu Verrichtende und zu Verfertigende, wenn es nach jeder Hinsicht „fertig", wenn es gelungen und geglückt ist, d. h. wenn es am Ende ganz so ist, wie es nur sein kann, so dass an ihm nichts mehr aussteht und es daher auch an ihm nichts mehr zu verrichten gibt. Insofern ist das „*Gute*" das τέλος[4], d. h. das Ende der Verrichtung, das sie beschließt und vollendet: das vollendende Ende. Dieses τέλος aber kann – und hier deutet Aristoteles einen für das Folgende bedeutsamen Unterschied an – zweifacher Art sein: Entweder ist es ein Werk (ἔργον), das außerhalb (παρά)[5] der Verrichtung zu stehen kommt, oder es liegt immanent in der Verrichtung, dem „Am-Werke-Sein" (ἐνέργεια)[6], selbst, dergestalt, dass es nichts anderes als deren eigene vollendete Ausführung ist, wie dies z. B.

---

[3] I, 1; 1094 a1 sqq.
[4] Cf. a4.
[5] a 5.
[6] Cf. a4.

beim Spielen eines Musikinstrumentes der Fall ist. Wie es jedoch auch mit diesem Grundunterschied bestellt sein mag, so ist zunächst festzuhalten, dass der Mensch in allen seinen Verrichtungen auf das Gute als τέλος derselben aus ist.

Nun aber gibt es eine Vielheit von Verrichtungen, deren jede jeweils auf ein bestimmtes τέλος aus ist. Demgemäß gibt es auch eine Vielheit verschiedener τέλη. Andererseits fallen die τέλη doch nicht in eine bloße Vielheit auseinander. So wie vielmehr bestimmte Verrichtungen – z. B. die am Hausbau Beteiligten – in dem Verhältnis zueinander stehen, dass jeweils eine bestimmte – im Beispiel die Baukunst (ἀρχιτεκτονική) – die übrigen leitet und führt, so wie also die Verrichtungen „architektonische" Einheiten bilden, ebenso stehen auch die τέλη derselben in dem Verhältnis zueinander, dass diejenigen τέλη, auf die die jeweils führenden Verrichtungen aus sind, jeweils „vor-züglicher" (αἱρετώτερα)[7] und d. h. als τέλη vollendeter sind als die τέλη der übrigen Verrichtungen, – werden doch die letzteren nur um der ersteren willen „verfolgt" (διώκεται)[8]. Sollte es nun ein τέλος geben, auf das der Mensch rein um seiner selbst willen aus ist, so dass er es nur um seiner selbst willen (δι' αὐτό)[9] begehrt, alle anderen τέλη aber nur um seiner willen (διὰ τοῦτο)[10], sollten also nicht alle τέλη immer nur um anderer willen gewählt und vorgezogen werden, so wäre dieses τέλος offenbar das *höchste Gute* überhaupt (τἀγαθὸν καὶ τὸ ἄριστον)[11]. Denn da es auf kein anderes τέλος mehr verweist, sondern selbst das ist, auf das letztlich alle anderen verweisen, *steht an ihm nichts mehr aus*, so dass es *ganz und gar vollendet* ist. Dass es aber ein solches letztes τέλος aller πρᾶξις gibt, ist gemäß Aristoteles notwendig; denn würde die Reihe der τέλη ins Unbegrenzte fortgehen, so wäre alles Streben am Ende „leer und vergeblich" (κενὴν καὶ ματαίαν)[12].

Damit stellt sich die Frage, was dieses höchste Gute ist (τί ἐστίν)[13]. Einen ersten Hinweis vermag hier die Architektonik der Verrichtungen, wie

---

[7] a15.
[8] a16.
[9] a19.
[10] Ibid.
[11] a22.
[12] a21.
[13] Cf. a25.

sie sich vorzeichnete, abzugeben. Offenbar müsste das gesuchte höchste Gute als letztes, schlechthin vollendetes τέλος das τέλος derjenigen Verrichtung sein, die unter allen Verrichtungen des Menschen die Führendste (ἡ μάλιστα ἀρχιτεκτονική)[14] ist. Dies aber ist offenbar die πολιτική[15]. Denn als Wissen um das Leben der Menschen im Ganzen des Zusammenlebens in der πόλις weist die πολιτική allen übrigen Verrichtungen innerhalb der πόλις ihr τέλος an. Mithin müsste eben das τέλος der πολιτική das gesuchte höchste Gute sein. Und ihm nachzugehen und es zu verfolgen, müsste selbst Sache der πολιτική beziehungsweise – wie Aristoteles andeutend sagt – Sache einer „gewissen πολιτική" (πολιτική τις)[16] sein.

Nun aber ist das τέλος der πολιτική *das menschliche Gute* (τἀνθρώπινον ἀγαθόν)[17], d. h. das Gut- und Vollendetsein des menschlichen Lebens selbst und als solchen. Ist aber das Leben des Menschen ganz so, wie es nur sein kann, ist es gelungen und geglückt, – dann ist der Mensch glücklich (εὐδαίμων). So wäre denn *die εὐδαιμονία, d. h. das gelungene und geglückte Leben des Menschen, in dem er selbst glücklich ist*, das höchste, alles sonstige Gute immer schon überragende Gute (τὸ ἀκρότατον τῶν ἀγαθῶν)[18], auf das der Mensch, recht bedacht, letztlich und anfänglich immer schon aus ist. Dass es zumindest dem Namen (ὄνομα)[19] nach mit der „εὐδαιμονία" angezeigt ist, damit stimmt auch die allgemeine Ansicht (δόξα) der Menschen – auf die sich Aristoteles hier, wie oft, in der Ethik beruft – überein. Denn sie würden ja selbst sagen, dass es in der εὐδαιμονία bestehe und dass diese ihrerseits irgendwie mit dem εὖ ζῆν, dem *„gut Leben"*, beziehungsweise mit dem εὖ πράττειν, dem *„gut Handeln"*[20], ein und dasselbe sei. Was sie aber selbst sei, darüber entzweien sie sich, und die πολλοί[21], d. h. die Menschen in ihrer nächsten Existenz einerseits, und die σοφοί[22], d. h. die eigentlich Wissenden, „Weisen", andererseits, würden

---

[14] Cf. a27.
[15] Ibid.
[16] b11.
[17] b7.
[18] Cf. I, 2; 1095 a16 sq.
[19] Cf. a17.
[20] a19
[21] a21.
[22] Ibid.

es durchaus nicht in gleicher Weise bestimmen. Deshalb eben stellt sich nunmehr die Frage, *was* das gesuchte, unter dem Namen „εὐδαιμονία" angezeigte, höchste Gute des menschlichen Lebens (τὸ ἀγαθὸν καὶ ἡ εὐδαιμονία)[23] *eigentlich ist.*

§ 2. Der Wesensumriss der εὐδαιμονία
(Eth. Nic. I; 5-6)

Um das fragliche höchste Gute einer konkreten Bestimmung näher zu bringen, geht Aristoteles so vor, dass er es zunächst in einem allgemeinen *Umriss* (περιγραφή)[24] entwirft. Dabei legt er zugrunde, dass es – wie sich dies in der sich bis zur πολιτική aufsteigernden Architektonik der Verrichtungen vorzeichnete – im τέλος des menschlichen Lebens selbst, d. h. im Gut- und Vollendetsein desselben liegt, – wie es ja dem Menschen in der Tat in allem Tun und Lassen zuletzt um sein eigenes gelungenes und geglücktes Leben geht. Die „formal" ontologische Idee des τέλος und seiner möglichen Aufsteigerung ist der maßgebliche Hinblick, von dem sich Aristoteles im Entwurf des Wesensumrisses des höchsten Guten leiten lässt. Soll aber die Idee des τέλος samt seiner Aufsteigerung als dieser leitende Hinblick für die Bestimmung des ἀγαθόν fungieren können, so bedarf es zunächst eines Zweifachen: einmal muss eigens herausgestellt werden, dass das ἀγαθόν in der Tat von der Art des τέλος ist; zum anderen muss der Gedanke des τέλος selbst sowie seiner Aufsteigerung begrifflich fixiert werden. Demgemäß setzt Aristoteles im *5. Kapitel* des *1. Buches der Nikomachischen Ethik* mit einer erneuten – und jetzt streng begrifflich geführten – Betrachtung der πρᾶξις ein. Denn das ἀγαθόν ist das, worauf der Mensch in aller πρᾶξις, im weiten Sinne des Wortes genommen, aus ist.

Betrachtet man nun die πρᾶξις in ihrem ganzen Umfang, so zeigt sich zunächst, dass das ἀγαθόν in jeder πρᾶξις ein anderes ist. Denn jede ist auf ein Anderes als *ihr* Gutes aus. Gemäß der Vielheit der πράξεις gibt es also zunächst auch eine Vielheit von ἀγαθά. Nun aber ist – auf den Begriff gesehen – das ἀγαθόν einer jeden πρᾶξις dasjenige, *um dessentwillen*

---

[23] I, 3; 1095 b14 sq.
[24] Cf. I, 7; 1098 a23.

(οὗ χάριν)²⁵ alles Übrige in ihr durchgeführt wird. Dieses aber ist offenbar z. B. in der Heilkunst die Gesundheit des Leibes, in der Baukunst das fertige Haus und überhaupt in jeder πρᾶξις das τέλος, d. h. das fertig Hervor- und Zustandegebrachte, das sie in seinem Fertig- und Vollendetsein beschließt und vollendet. Denn eben um seinetwillen (τούτου ἕνεκα)²⁶ wird in der jeweiligen πρᾶξις alles Übrige durchgeführt. So zeigt sich, dass das ἀγαθόν, auf das jede πρᾶξις aus ist, in der Tat mit dem τέλος derselben ein und dasselbe ist. Damit ist die Identität des ἀγαθόν mit dem τέλος begrifflich fixiert. So kann Aristoteles die Schlussfolgerung ziehen: wenn es am Ende ein einziges τέλος für alle πρᾶξις gäbe, dann wäre dieses das gesuchte ἀγαθόν, wenn aber mehrere – wie dies angesichts der anfänglichen Vielheit der ἀγαθά wie auch angesichts der Vielheit der δόξαι bezüglich des höchsten ἀγαθόν durchaus in Betracht zu ziehen ist –, dann gäbe es eben mehrere solcher ἀγαθά.

Angesichts der möglichen Vielheit der letzten τέλη aber kommt die Idee der *Aufsteigerung* derselben in ihrem τέλος-Charakter auf, so dass diese jetzt begrifflich zu fixieren ist. Angenommen also, es gäbe viele solche τέλη, so wären doch offenbar diejenigen unter ihnen, die immer noch um willen eines anderen (δι' ἕτερον)²⁷ „vorgenommen" bzw. „vorgezogen" (αἱρεῖται) werden²⁸, selbst als τέλη noch nicht vollendet (τέλεια)²⁹; denn sofern sie nur um willen von anderem sind, steht an ihnen noch etwas aus. Das höchste Gute (τὸ ἄριστον)³⁰ aber ist offenbar ein *Vollendetes* (τέλειον)³¹. Demnach müsste das gesuchte Gute in einem τέλος τέλειον, einem *vollendeten* τέλος, bestehen. Und wenn es wieder mehrere solcher τέλη τελεία geben sollte, dann eben in dem zuhöchst Vollendeten unter diesen, im τέλος τελειότατον³². Mithin muss auch dieses jetzt begrifflich fixiert werden. Nun aber ist auch im möglichen Bereich der τέλη τελεία stets das-

---

²⁵ I, 5; 1097 a18.
²⁶ Cf. a21.
²⁷ a 26.
²⁸ Cf. ibid.
²⁹ a28.
³⁰ Cf. ibid.
³¹ Ibid.
³² a30.

jenige τέλος, das im Hinblick auf es selbst (καθ' αὐτό)[33] verfolgt wird, vollendeter (τελειότερον)[34] als dasjenige, das nur um eines anderen willen (δι' ἕτερον)[35] verfolgt wird. Noch vollendeter aber ist dasjenige, das niemals um eines anderen willen (τὸ μηδέποτε δι' ἄλλου αἱρετόν)[36], gegenüber dem, was zwar im Hinblick auf es selbst, aber doch letztlich um jenes willen „vor-züglich" ist. Mithin ist das schlechthin Vollendete (τὸ ἁπλῶς τέλειον)[37] dasjenige, *was stets und allein im Hinblick auf es selbst und niemals um eines anderen willen „vor-züglich" ist* (τὸ καθ' αὑτὸ αἱρετὸν ἀεὶ καὶ μηδέποτε δι' ἄλλου)[38]. Damit sind die τέλη in ihrer Aufsteigerung bis hin zum höchsten τέλος begrifflich-formal fixiert.

Zugleich springt heraus, worin das τέλος τελειότατον „inhaltlich" besteht: wie „vor-züglich" auch die übrigen τέλη sein mögen, so ist das Allervorzüglichste, schlechthin Vollendete, doch die εὐδαιμονία. Sie ist das τέλος ἁπλῶς τέλειον[39], das schlechthin vollendete τέλος, das τέλος τελειότατον. Als solche ist sie das, was, um zu sein, auf nichts anderes mehr angewiesen ist, keines anderen mehr bedarf (μηδενὸς ἐνδεᾶ)[40]: sie ist ein αὔταρκες[41], etwas, was sich selbst genügt. Als solches ist sie allem Vergleich mit dem, was sonst als vorzüglich Gutes geschätzt wird, im Vorhinein schon enthoben. Sie ist ein schlechterdings Höchstes, das alles überragt (ἀκρότατον)[42]. Damit ist die formal-ontologische Idee des τέλος bzw. des τέλος τελειότατον begrifflich fixiert.

Demgemäß ist es jetzt möglich, aus dem leitenden Hinblick auf diese formale Idee einen ersten allgemeinen Umriss (περιγραφή)[43] dessen zu entwerfen, worin die εὐδαιμονία am Ende besteht. Dazu ist zunächst der *Ort* zu bestimmen, an dem das fragliche τέλος des Menschenseins, sein

---

[33] a31.
[34] a30.
[35] a31.
[36] a31 sq.
[37] a33.
[38] a33 sq.
[39] Cf. a33.
[40] I, 5; 1097 b15.
[41] b8.
[42] I, 2; 1095 a16.
[43] Cf. I, 7; 1098 a23.

schlechthin vollendetes Sein, zu suchen ist. Nun liegt offenbar bei allem, bei dem es so etwas wie ein *Werk* (ἔργον) gibt, das durch eine bestimmte πρᾶξις hervor- und zustande gebracht wird, das ἀγαθόν bzw. das εὖ⁴⁴, d. h. das volle Sein – eben das τέλος als Seinsvollendung – in nichts anderem als in diesem *Werk* selbst, *sofern es fertig und vollendet ist*. Vorausgesetzt also, dass es auch beim Menschen selbst und als solchen ein gewisses Werk gibt, das er durch eine entsprechende πρᾶξις zu vollbringen hat, so müsste das gesuchte τέλος des Menschen, sein εὖ, eben in diesem Werk liegen, sofern es fertig und vollendet ist. Dass die εὐδαιμονία des Menschen am Ende irgendwie in einem solchen Werk liegen dürfte, – das hat sich ja auch schon in der allgemeinen Ansicht der Menschen vorgezeichnet, dergemäß sie in einem gewissen εὖ πράττειν, einer εὐπραξία, bestehen soll. Freilich könnte man zunächst in Frage stellen, ob der Mensch überhaupt ein solches Werk zu vollbringen habe. Demgegenüber gibt Aristoteles jedoch das Folgende zu bedenken: Sollte es dem Schreiner und Schuster zustehen, jeweils bestimmte Werke durch bestimmte πράξεις hervor- und zustande zu bringen, der Mensch aber etwa als Mensch von Natur dazu bestimmt sein, ohne alles Werk – „Werk-los" (ἀγρός)⁴⁵ – zu sein? Oder sollte es sich nicht vielmehr so verhalten, dass – sowie alle Organe seines lebendigen Leibes jeweils ihre bestimmten Werke zu vollbringen haben – auch der lebendige Mensch selbst und als solcher ein bestimmtes Werk, das von ihnen allen verschieden ist, zu vollbringen hat? Dieses Werk wäre offenbar dasjenige, das dem Menschen als solchem vorbehalten und ihm zu eigen (ἴδιον)⁴⁶ ist; es wäre das durch ihn zu vollbringende „Menschen-Werk". Worin aber sollte dieses bestehen?

Zunächst könnte man meinen, dass es das *Leben* (τὸ ζῆν)⁴⁷ als solches ist. Jedoch teilt dieses der Mensch mit den Pflanzen. Das bloß vegetative Leben ist also auszuscheiden. Von diesem aber unterscheidet sich das Leben, das der *sinnlichen Wahrnehmung* fähig ist (ζωὴ αἰσθητική)⁴⁸. Aber dieses ist dem Menschen mit jedem Tier gemeinsam. So bleibt als das Ei-

---

⁴⁴ I, 6; 1097b 27.
⁴⁵ Cf. b 30.
⁴⁶ b 34.
⁴⁷ b 33.
⁴⁸ Cf. 1098a 2.

gene (ἴδιον) des Menschen nur ein *Leben,* das – in einem seiner „Teile" – irgendwie den „λόγος hat" (λόγον ἔχον)⁴⁹. In der Tat unterscheidet sich der Mensch dadurch vom Tier, dass er das, was ihn umgibt, nicht nur wahrnimmt, sondern darüber hinaus in dem anspricht (λέγει), was es ist, und es so in dem, was es ist, – seinem Sein – versteht. Und er versteht nicht nur das jeweils Begegnende, sondern am Ende – ja vielmehr allem Einzelnen zuvor – das Ganze dessen, was überhaupt ist, immer schon in seinem Sein. Und weil sein Leben durch solche λόγος-Habe ausgezeichnet ist, deshalb ist auch der Mensch allein der πρᾶξις fähig. Denn die πρᾶξις – *das ausdrückliche Durch- und Ausführen von etwas* – besteht nicht etwa in einer ὄρεξις, dem strebenden Aussein auf etwas, das – wie beim Tier – nur von der sinnlichen Wahrnehmung begleitet ist, sondern in einer ὄρεξις, die – da synthetisch mit dem λόγος geeint – das τέλος, auf das sie aus ist, als Worumwillen (οὗ ἕνεκα) in dem versteht, was es ist, und, indem sie es – sehend-verstehend, sich auf es entwerfend – vorweg- und sich eigens vornimmt (προαιρεῖται), es aus solcher προαίρεσις, sehend-verstehend, *durch- und ausführt* (πράττει).

Τρία δή ἐστιν [...] τὰ κύρια πράξεως [...], αἴσθησις νοῦς ὄρεξις. τούτων δ' ἡ αἴσθησις οὐδεμίας ἀρχὴ πράξεως· δῆλον δὲ τῷ τὰ θηρία αἴσθησιν μὲν ἔχειν πράξεως δὲ μὴ κοινωνεῖν⁵⁰. [...] πράξεως [...] ἀρχὴ προαίρεσις [...] προαιρέσεως δὲ ὄρεξις καὶ λόγος ὁ ἕνεκά τινος⁵¹. [...] διὸ ἢ ὀρεκτικὸς νοῦς ἡ προαίρεσις ἢ ὄρεξις διανοητική, καὶ τοιαύτη ἀρχὴ ἄνθρωπος.⁵²

Die beherrschenden Momente der πρᾶξις [...] sind drei: sinnliche Wahrnehmung, [geistiges] Sehen, Streben. Unter diesen aber ist die sinnliche Wahrnehmung von keiner πρᾶξις Prinzip; dies ist daraus ersichtlich, dass auch die Tiere zwar sinnliche Wahrnehmung, aber nichts mit der πρᾶξις zu tun haben [...]. Prinzip der πρᾶξις ist die Vor-nahme, das der Vor-nahme aber das Streben und der λόγος des Worumwillen [...]. Deshalb ist die Vornahme entweder ein streben-

---
⁴⁹ Cf. a 3sq.
⁵⁰ Eth. Nic. VI, 2; 1039 a17 sqq.
⁵¹ a31 sqq.
⁵² b4 sq.

des Sehen oder ein sehendes Streben, und ein solches Prinzip ist der Mensch.

So erweist sich als das Eigene des Menschen dasjenige Leben, das den λόγος hat und daher – wie Aristoteles andeutend sagt – „einer gewissen πρᾶξις fähig ist" (πρακτική τις).

> λείπεται δὴ πρακτική τις τοῦ λόγον ἔχοντος.[53]
>
> Es bleibt offenbar das einer gewissen πρᾶξις fähige Leben dessen, was den λόγος hat.

Mithin müsste das gesuchte, dem Menschen als solchem eigene *Werk* eben in diesem *durch λόγος-Habe bestimmten Leben* liegen.

Jedoch ist es damit noch nicht zureichend bestimmt. Denn es kommt eben – gemäß dem leitenden Hinblick des sich in seinem Vollendungscharakter aufsteigernden τέλος – darauf an, dass der Mensch dieses Werk letztlich in seiner höchsten Vollendung, als τέλος τελειότατον, vollbringt. Mithin kann es sein Bewenden nicht etwa damit haben, dass im Menschen sein durch λόγος-Habe bestimmtes Leben nur der Möglichkeit (δύναμις) nach anwesend ist, also, gleichsam schlafend, in sich zurückgegangen und verschlossen ist. Vielmehr muss es – soll es in *vollendeter* Weise da und gegenwärtig sein – eigens in das Offene des Erscheinens und Sich-Zeigens (εἶδος) hervor- und herausgebracht werden. Und in dieser Hervorgebrachtheit in das erscheinende Sich-Zeigen würde eben das „Werk" (ἔργον) bestehen, das der Mensch eigens durch eine πρᾶξις in weitem Sinne des Wortes genommen – bzw. durch eine ἐνέργεια, das sich hervorbringende, sich zum Vollzug Bringen seines den λόγος-habenden Lebens selbst – zu vollbringen hätte. Dieses ἔργον würde dann aber nicht etwa außerhalb (παρά) dieses sich selbst zum Vollzug bringenden Lebens bestehen, sondern es würde als das „Am-Werke-sein" (ἐνέργεια) immanent in diesem selbst liegen. Das durch den Menschen zu vollbringende Menschen-Werk wäre also das Am-Werke-Sein seines den λόγος habenden Lebens. Das Leben aber, sofern es ins Offene aufgeht und erscheint, nennt Aristoteles ψυχή. So ist das durch den Menschen eigens zu vollbringende Menschen-Werk: ἐνέργεια τῆς ψυχῆς κατὰ λόγον[54], *das Am-Werke-Sein seiner ψυχή gemäß dem λόγος.*

---

[53] I, 6; 1098 a3 sq.
[54] Cf. a7.

Aber auch diese Bestimmung reicht noch nicht zu. Denn dieses „Menschen-Werk" muss nicht nur irgendwie, sondern so vollbracht werden, dass es εὖ[55], in das volle Erscheinen hervorgebracht und so καλόν[56], „schön", ist. So wie nun ein Saitenspiel „gut" und „schön" allein dadurch ist, dass der Spieler über eine Könnerschaft verfügt und es gemäß dieser vollbringt, ebenso vermöchte auch das Menschenwerk nur dann „gut" und „schön" zu sein, wenn der Mensch es gemäß einer entsprechenden ἀρετή[57] – d. h. einer „Tauglichkeit", die ihn eigens dazu befähigt und tauglich macht – nach allen Kräften (σπουδαίως)[58] vollbringt. Demnach wäre zu der bisherigen Bestimmung noch hinzuzusetzen, dass das Menschenwerk gemäß einer solchen ἀρετή und d. h. in hervorragender, ja überragender Weise (ὑπεροχή)[59] zu vollbringen ist. Denn als τελειότατον ist es ein ἀκρότατον. So erweist sich das durch den Menschen zu vollbringende Menschenwerk als die ψυχῆς ἐνέργεια κατ' ἀρετήν[60], das Am-Werke-Sein der ψυχή gemäß der ἀρετή. Und sollte es mehrere solcher ἀρεταί geben, so bestünde das höchste Gute (τὸ ἄριστον) und die höchste Vollendung des Menschseins, also die eigentliche εὐδαιμονία eben in seinem Am-Werke-Sein, ἐνέργεια, gemäß der höchsten und vollendetsten ἀρετή (κατὰ τὴν ἀρίστην καὶ τελειοτάτην)[61]. Schließlich aber müsste eine solche ἐνέργεια auch noch ein ganzes Leben hindurch (ἐν βίῳ τελείῳ)[62] währen. Denn „wie eine Schwalbe noch keinen Sommer macht"[63], so vermöchte auch jene ἐνέργεια – so vollendet und erfüllend sie auch in sich selbst sein mag –, wenn sie nur kurze Zeit dauert, dem sterblichen Menschen, der den Wechselfällen (μεταβολαί) des Lebens[64] ausgesetzt ist, nicht glücklich (εὐδαίμων)[65] zu machen. Erst wenn die zuhöchst vollendete ἐνέργεια auch

---

[55] a12.
[56] Ibid.
[57] a11.
[58] Cf. a9.
[59] Cf. a11.
[60] Cf. a16 sq.
[61] a17.
[62] a18.
[63] a18 sq.
[64] I, 10; 1100 a5.
[65] Cf. a9.

noch das volle Leben hindurch dauern würde, wäre das Menschenleben in vollem Sinne gelungen und geglückt. Eine solche ἐνέργεια aber dürfte dem sterblichen Menschen am Ende allein – das zeichnet sich vor – dank eines göttlichen Geschicks (κατά τινα θείαν μοῖραν)[66] als Göttergeschenk (θεῶν δώρημα)[67] zuteilwerden können. Damit ist die εὐδαιμονία im Umriss entworfen. Die weitere Aufgabe besteht darin, diesen auszufüllen.

II. Hauptteil:
Die Wesensbestimmung der εὐδαιμονία

§ 3. Die Frage nach der ἀρετή überhaupt
(Eth. Nic. I; 13)

Die εὐδαιμονία wurde bestimmt als ψυχῆς ἐνέργειά τις κατ' ἀρετὴν τελείαν[68], als ein „gewisses AmWerke-Sein der ψυχή gemäß der vollendeten ἀρετή". Demgemäß stellt sich nunmehr die Frage, was diese vollendete ἀρετή bzw. zunächst, was überhaupt die ἀρετή ist. Was ist das, was den Menschen dazu befähigt und tauglich macht, das Menschenwerk auf vollendete Weise zu vollbringen? Und was ist, wenn es mehrere solcher ἀρεταί geben sollte, die *höchste* ἀρετή? Dazu gilt es, zunächst die ψυχή näher zu betrachten. Diese Betrachtung führt Aristoteles am Ende des *1. Buches*[69] *der Nikomachischen Ethik* durch.

Nun hat sich bereits gezeigt, dass der Mensch das bloß vegetative Leben mit der Pflanze teilt. Dem Bereich dieses Lebens kann die fragliche ἀρετή also nicht angehören, da sie ja den Menschen gerade dazu befähigen soll, das ihm eigene Menschenwerk, die ψυχῆς ἐνέργεια κατὰ λόγον, zu vollbringen. Demnach müsste die fragliche ἀρετή dem spezifisch menschlichen „Teil" der ψυχή, d. h. dem λόγον ἔχον angehören, dem Teil also, der den λόγος hat (ἔχει) bzw. an ihm „teilhat" (μετέχει)[70]. Nun teilt der Mensch zwar die ὄρεξις mit Pflanze und Tier, so jedoch, dass diese bei ihm in synthetischer Einheit schon immer auf den λόγος bezogen, d. h. auf ihn hören

---
[66] I, 10; 1099 b10.
[67] b11.
[68] I, 13; 1102 a5 sq.
[69] I; 13.
[70] Cf. I, 13; 1102 b13.

und ihm folgen kann. Die spezifisch menschliche ὄρεξις bewegt sich stets im Lichte des λόγος, der ihr gleichsam als „Auge" (ὄμμα)[71] eingesetzt ist[72]. Und allein durch den λόγος vermag der Mensch inmitten der πάθη, die ihn überkommen und mitzureißen drohen, das zu erblicken, was für sein Leben jeweils das Beste (τὸ βέλτιστον)[73], d. h. das eigentlich Gedeihliche ist. Mag jedoch der λόγος „richtig" (ὀρθός)[74] sein, d. h. die Richtung auf das „Beste", ohne abzuweichen, innehalten, mag er die ὄρεξις dazu aufrufen, ihrerseits „richtig" zu sein und die Richtung auf dieses Beste einzuschlagen und innezuhalten, so ist es doch möglich – zumal wenn der Mensch die ὄρεξις nicht in seiner Gewalt hat –, dass sie, von dem ihr innewohnenden Drang (ὁρμή)[75] und den Begierden (ἐπιθυμίαι)[76] mitgenommen, an dieser Richtung vorbei und so fehl geht (παραφέρεται)[77], ja sich in einer dieser entgegengesetzten Richtung bewegt (ἀντιβαίνον)[78] und sich so dem λόγος widersetzt und *entgegenspannt* (ἀντιτείνει)[79]. Freilich ist es auch möglich, dass sie auf den λόγος hört und mit ihm *zusammenstimmt* (ὁμοφωνεῖ)[80]. Sofern nun die ὄρεξις zwar stets auf den λόγος bezogen ist, andererseits aber in einen Zwiespalt mit ihm auseinandergehen, ja sich ihm entgegenspannen kann, so sind innerhalb des synthetischen Ganzen des λόγον ἔχον zwei verschiedene „Teile" (μόρια) zu unterscheiden:

1) die ὄρεξις, die nur am λόγος teil hat (μέτεχει)[81],

2) der λόγος selbst und als solcher.

Angesichts des möglichen Auseinandergehens (διαφορά)[82] von λόγος und ὄρεξις kann nun auch die fragliche ἀρετή, die den Menschen in Stand setzen soll, das Menschenwerk – das Am-Werke-sein seines den λόγος ha-

---

[71] Cf. VI, 13; 1144 a30.
[72] Ibid.: Die δεινότης bzw. die φρόνησις ist τὸ ὄμμα τῆς ψυχῆς, „das Auge der ψυχή". Die φρόνησις aber ist eine Gestalt des λόγος.
[73] Cf. I, 13; 1102 b16.
[74] b15.
[75] Cf. b21.
[76] Cf. b30.
[77] b 20
[78] b24 sq.
[79] b18.
[80] b28.
[81] b 13 sq und b 26.
[82] 1103 a4.

benden Lebens – auf vollendete Weise zu vollbringen, nichts Einfaches, sondern sie muss in sich gedoppelten Wesens sein. Demnach muss es zwei Arten von ἀρεταί geben:

1) diejenigen, die den λόγος in Stand setzen, das Menschenwerk auf vollendete Weise zu vollbringen: die sog. „*dianoetischen*" ἀρεταί (ἀρεταὶ διανοητικαί)[83],

2) diejenigen, die die ὄρεξις in Stand setzen, es auf vollendete Weise zu vollbringen, d. h. die Richtung auf das βέλτιστον innezuhalten: die sog. „*ethischen*" ἀρεταί (ἀρεταὶ ἠθικαί)[84].

Demgemäß stellt sich die Aufgabe, diese beiden ἀρεταί selbst näher zu bestimmen.

§ 4. Die Frage nach der „ethischen" ἀρετή
(Eth. Nic. II; 1-6)

Zunächst gilt es, bezüglich der menschlichen ἀρετή, grundsätzlich gesehen, das Folgende zu bedenken. Sofern der Mensch kein bloßes Naturwesen ist, sofern er vielmehr das sterbliche Lebewesen ist, das den λόγος hat, ist er, da er durch den λόγος jegliches und alles in seinem Sein versteht, im vorgängigen Verstehen des Seins des Ganzen dessen, was ist, immer schon in *dieses Ganze heraus- und freigesetzt*. Während das Tier in den ihm wesensgemäßen und gedeihlichen Naturbereich von Natur immer schon eingelassen ist, muss der Mensch – da eben in das Ganze freigesetzt – sich sein Ethos, im weiten Sinne des Wortes genommen, d. h. den *Aufenthalt*, in dem er als Mensch wohnt und gedeiht, eigens selbst *gründen*. Dieser „Aufenthalt" besteht aber – gemäß Aristoteles – in nichts anderem als in der besagten, in sich gedoppelten ἀρετή. In dieser also wird der Mensch eigens seinen Stand *nehmen*, ja sie eigens *ausbilden* müssen, – wenn anders er als Mensch soll gedeihen, ja womöglich sich in die höchste Vollendung soll bringen können.

Demgemäß werden auch die im engeren Sinne von Aristoteles sog. „ethischen" ἀρεταί – diejenigen also, die die menschliche ὄρεξις in Stand setzen, die Richtung auf das βέλτιστον innezuhalten – dem Menschen nicht

---
[83] Cf. a5.
[84] Ibid.

aus bloßer Natur zukommen, vielmehr wird ihm, so Aristoteles, solches ἦθος – wie dies auch der Name selbst sage – allein ἐξ ἔθους[85], „aus Gewöhnung", zuteil. Das Ethos entsteht dem Menschen erst, indem er sich unablässig in es einübt und eingewöhnt. Erst durch das sittliche Handeln selbst entsteht die Sittlichkeit. Das besagt jedoch nicht, dass sich das Ethos des Menschen wider die Natur (παρὰ φύσιν[86]) ausbilden könnte. Denn was von Natur ist, liegt fest und kann durch keine Gewöhnung verändert werden. Kein Stein vermöchte sich jemals nach oben zu bewegen, so oft man ihn auch nach oben geworfen haben mag. Die ethischen ἀρεταί entstehen dem Menschen also weder allein von Natur (φύσει)[87] noch wider die Natur (παρὰ φύσιν), sondern der Mensch hat von Natur die Eignung, sie bei sich aufzunehmen, so freilich, dass er sie selbst durch Übung und Gewöhnung zur Vollendung bringen muss. Er muss also unablässig sich einüben und eingewöhnen, seine ὄρεξις angesichts dessen, was ihn überkommt, ihn mitzunehmen und mitzureißen droht (πάθος), eigens im λόγος zu *halten*. Durch solches sich Eingewöhnen wird dieses sich Halten zur *Haltung* (ἕξις)[88]. In solcher Haltung ist die ὄρεξις, entgegen den πάθη, in einer ihr eigenen προαίρεσις[89] immer schon auf das „Beste" hin, d. h. das eigentlich Gedeihliche für das menschliche Leben ausgespannt. Da nun – ebenso wie für die Gesundheit des Leibes – so auch für das menschliche Leben zweierlei von Schaden ist, nämlich Übermaß (ὑπεροχή) einerseits sowie Mangel (ἔλλειψις)[90] andererseits, so ist das für das menschliche Leben „Beste", d. h. das, was es eigentlich gedeihen und in das Volle seines Erscheinens hervorkommen lässt, die jeweilige Mitte (μέσον)[91] zwischen Übermaß und Mangel. In allem, in seinem Leben im Ganzen, sowohl in seinem πάθη wie in seinen πράξεις[92], kommt es für den Menschen darauf an, die rechte Mitte, das μέσον, zu treffen. Und die ethische ἀρετή ist diejenige *Haltung* (ἕξις), die die ὄρεξις in Stand setzt, sich in der Richtung auf die rechte

---

[85] II, 1; 1103 a17.
[86] a24.
[87] Ibid.
[88] Cf. II, 4; 1106 a12.
[89] Cf. 3; 1105 a31 sq.
[90] Cf. 5; 1106 a29.
[91] b28.
[92] b16 sq.

Mitte zu halten. Die ethische ἀρετή ist das *Innehalten der rechten Mitte zwischen Übermaß und Mangel*, die μεσότης[93]. So kommt es z. B. bei einer drohenden Gefahr darauf an, nicht etwa, vom πάθος der Furcht (φόβος) gescheucht, im Ergreifen der Flucht kopflos herumzuirren, oder, vom πάθος der Kühnheit (θάρσος)[94] gedrängt, sich blindlings in die Gefahr zu stürzen, sondern im Innehalten der Mitte – worin gerade der tapfere Mut (ἀνδρεῖα)[95] besteht – der Gefahr standzuhalten und gefasst das maßbestimmte Rechte zu tun. Während nun die Verfehlungsmöglichkeiten nach beiden Seiten, sowohl im Hinblick auf das Zuviel wie im Hinblick auf das Zuwenig, unbegrenzt viele (ἄπειρα)[96] sind, ist das μέσον, die maßbestimmte Mitte, nur eine einzige, ganz bestimmte Möglichkeit (πεπερασμένον)[97]. Deshalb ist es leicht (ῥᾴδιον), das μέσον zu verfehlen, es zu treffen, dagegen schwer (χαλεπόν)[98] und daher selten (σπάνιον)[99]. Sofern nun das μέσον stets nur eine ganz bestimmte einzige Möglichkeit ist, ist auch die ethische ἀρετή, die μεσότης, als Innehalten der Richtung auf eben dieses μέσον, jeweils selbst immer nur eine einzig eine, bestimmte und, da dem möglichen Mehr und Minder entnommen und so keiner Steigerung fähig, selbst immer schon ein Höchstes (ἀκρότης)[100]. Insofern stehen die verschiedenen ethischen ἀρεταί, in die sich das Ethos gliedert, nicht im Verhältnis möglicher Aufsteigerung zueinander, sondern jede ist schon selbst auf ihre Weise zuhöchst vollendet (τελειότατον).

Mag jedoch die ὄρεξις dank der ethischen ἀρετή sich in der Richtung auf das μέσον halten und auf dieses ausgespannt sein, so ist es doch Sache des λόγος, dieses selbst aus dem Maß- und Grenzenlosen der unbegrenzt vielen Verfehlungsmöglichkeiten des Zuviel und Zuwenig eigens in seiner Bestimmtheit herauszugrenzen (ὁρίζειν)[101] und sichtbar zu machen. Dazu

---

[93] b27.
[94] Cf. 2; 1104 a20 sqq.
[95] Ibid.
[96] Cf. 5; 1106 b29.
[97] Cf. b30.
[98] Cf. b32.
[99] 9; 1109 a29.
[100] 6; 1107 a8.
[101] Cf. a1.

aber ist der λόγος nur imstande, sofern er selbst „richtig" (ὀρθός)[102] ist, d. h. sich selbst, ohne abzuweichen, eigens in der Richtung auf das μέσον hält. Der sich in solcher Gerichtetheit haltende λόγος ist der von Aristoteles sog. ὀρθὸς λόγος[103]:

τὸ δὲ μέσον ἐστὶν ὡς ὁ λόγος ὁ ὀρθὸς λέγει.[104]

Das μέσον aber ist: wie der „richtige" λόγος [es] sagt.

Demnach gilt es jetzt, den ὀρθὸς λόγος in dem, was er ist (τίς ἐστιν)[105], zu bestimmen. Dieser Aufgabe unterzieht sich Aristoteles im 6. *Buch der Nikomachischen Ethik*[106].

§ 5. Die Frage nach der „dianoetischen" ἀρετή
(Eth. Nic. VI; 2-3)

Auch der λόγος wird allein dank einer bestimmten ἀρετή imstande sein, die Richtung auf das μέσον innezuhalten. Demnach gilt es jetzt – so jedenfalls stellt sich die weitere Aufgabe zunächst dar –, die entsprechende ἀρετή zu finden und zu bestimmen. Da jedoch – gemäß der Frage nach der εὐδαιμονία des Menschen – die grundsätzliche Aufgabe darin besteht, diejenige ἀρετή herauszufinden, die ihn in Stand setzt, das Menschenwerk – das Am-Werke-sein seines durch λόγος-Habe bestimmten Lebens (ἐνέργεια τῆς ψυχῆς κατὰ λόγον) – in seiner *höchsten Vollendungsmöglichkeit*, als τέλος τελειότατον, zu vollbringen, und da diese gesuchte ἀρετή selbst unter allen ἀρεταί die τελειοτάτη sein muss, geht Aristoteles nun so vor, dass er *anlässlich* der Frage nach dem ὀρθὸς λόγος den λόγος im Ganzen seiner „dianoetischen ἀρεταί" durchläuft und kritisch durchmustert. Denn – wenn überhaupt – so können allein noch diese dianoetischen ἀρεταί untereinander im Verhältnis der Steigerung stehen, so dass am Ende eine unter ihnen die gesuchte ἀρετὴ τελειοτάτη wäre.

---

[102] Cf. I, 13; 1102 b15.
[103] Cf. II, 2; 1103 b32.
[104] VI, 1; 1138 b19 sq.
[105] b34.
[106] Cf. VI 1; 1138 b18 sqq.

Dazu aber gilt es, den „Teil" der menschlichen ψυχή näher zu betrachten, der selbst das λόγον ἔχον im eigentlichen (engeren) Sinne ist, d. h. den λόγος in sich selbst (ἐν αὐτῷ) hat[107]. Dann zeigt sich das Folgende: Ebenso wie sich das synthetische Ganze der menschlichen ψυχή angesichts der möglichen διαφορά von ὄρεξις und λόγος in zwei „Teile" unterscheiden ließ, ebenso lässt sich der letztere Teil, das λόγον ἔχον, – gleichsam in einer sich *aufsteigernden* διαφορά – seinerseits in zwei „Teile" unterscheiden, nämlich:

1) den Teil – und hier blickt Aristoteles sogleich in die höchste διαφορά voraus –, durch den der Mensch alles dasjenige Seiende (τὰ τοιαῦτα τῶν ὄντων)[108] betrachtet, das *nicht er selbst* ist, auf das er aber als Wesen des λόγος immer schon bezogen ist: das *Ganze des Seienden*, die *Welt* im Sinne des κόσμος[109]: Erde und Himmel, Land und Meer – wie es im ewigen Kreisgang der Gestirne schwingt und immer erneut aufgeht. Dazu gehört auch alles übrige welthaft Seiende, wie z. B. die Sachverhalte der Mathematik. Alles dieses Seiende ist ontologisch dadurch bestimmt, dass es höchsten ersten Gründen – ἀρχαί – untersteht, die sich nicht anders verhalten können (μὴ ἐνδέχονται ἄλλως ἔχειν)[110], so dass auch dieses Seiende selbst sich nicht anders verhalten kann.

Vom Teile des λόγος, der auf das Seiende der Welt geht, ist

2) der Teil zu unterscheiden, durch den der Mensch dasjenige Seiende im Blick hat, das gerade *er selbst*, sein eigenes Leben, βίος, d. h. seine Existenz ist. Zu dieser als dem letzten Worumwillen gehört auch alles das, was um willen von ihr ist, wie z. B. Häuser, Werkzeuge usw. Das Seiende dieses ganzen nächsten Bereiches der ἀνθρώπινα[111] ist aber ontologisch dadurch bestimmt, dass es sich stets so oder anders verhalten (ἐνδεχόμενα ἄλλως ἔχειν)[112] und demgemäß durch die πρᾶξις des Menschen so oder anders vollbracht werden kann.

Die Unterscheidung des λόγον ἔχον in die beiden Teile gründet also in einem ontologischen Unterschied innerhalb des Seienden selbst, nämlich

---

[107] Cf. I, 13; 1103 a2 sq.
[108] VI, 2; 1139 a7.
[109] Cf. VI, 7; 1141 b1.
[110] 2; 1139 a7 sq.
[111] 8; 1141 b 8 sq.
[112] Cf.. 2; 1139 a7 sq.

dem Unterschied zwischen dem, was sich nicht anders verhalten kann (μὴ ἐνδεχόμενα ἄλλως ἔχειν)[113], d. h. dem Seienden der *Welt*, und dem, was sich anders verhalten kann (ἐνδεχόμενα ἄλλως ἔχειν)[114], d. h. dem Seienden im *Bereich des menschlichen Lebens selbst*. Demgemäß ist die Unterscheidung des λόγος in die beiden entsprechenden Teile notwendig. Denn da die ψυχή, sofern sie das Seiende durch den λόγος betrachtet, *bei* diesem und auf es *bezogen* – „zu" (πρός)[115] ihm – ist, lässt sie sich, sofern sie es erkennt, durch dieses selbst bestimmen, so dass sie sich ihm *angleicht* und ihm ähnlich wird[116]. Das aber ist nur möglich, wenn die ψυχή als Erkennende, d. h. das λόγον ἔχον ihm von Haus aus schon zugeartet (οἰκεῖον)[117] ist. Demnach geht gemäß der διαφορά innerhalb des Seienden – der zwischen dem μὴ ἐνδεχόμενον und dem ἐνδεχόμενον – auch das λόγον ἔχον der ψυχή notwendigerweise in zwei „Teile" auseinander, nämlich

1) den Teil, der auf das μὴ ἐνδεχόμενον geht und „Wissenschaft" (ἐπιστήμη) ausbilden kann: das ἐπιστημονικόν[118],

2) den Teil, der auf das ἐνδεχόμενον geht und die praktische Überlegung (λογίζεσθαι) ausbilden kann: das λογιστικόν[119].

Gemäß dieser διαφορά im λόγον ἔχον wird sich auch die dianoetische ἀρετή in eine zweifache ἀρετή unterscheiden: einmal in die des ἐπιστημονικόν, zum anderen in die des λογιστικόν, von denen Eine am Ende die gesuchte höchste ἀρετή des λόγος, die ἀρετή τελειοτάτη, sein müsste.

Um diese ἀρεταί zu finden, schlägt Aristoteles nun den folgenden Weg ein. Der λόγος überhaupt – sowohl der des ἐπιστημονικόν wie der des λογιστικόν – ist, im Hinblick auf die fragliche ἀρετή gesehen, dadurch bestimmt, dass er das Seiende, indem er es in dem *anspricht, was es ist*, aus der Verborgenheit ins Offene hervorholt und in seinem Sein *offenbar macht* (ἀληθεύει):

ἀληθεύει ἡ ψυχὴ τῷ καταφάναι ἢ ἀποφάναι [...].[120]

---
[113] Cf. 3; 1139 b20 sq.
[114] Ibid.
[115] a8.
[116] Cf. a10.
[117] Cf. a11.
[118] a12.
[119] a12.
[120] 3; 1139 b15.

Die ψυχή macht offenbar dadurch, dass sie zu- oder abspricht [...].

Demnach ist das Werk (ἔργον) des λόγος in jedem der beiden Teile die *Wahrheit* (ἀλήθεια):

ἀμφοτέρων [...] τῶν [...] μορίων ἀλήθεια τὸ ἔργον.[121]

Das Werk [...] jedes der beiden Teile ist die Wahrheit.

Sollte es nun innerhalb jedes der beiden Teile bestimmte „Haltungen" (ἕξεις)[122] geben, denen gemäß der λόγος, sich in ihnen haltend, sich *ständig* in der Wahrheit hält, also – ohne jede Möglichkeit täuschender Verdeckung (διαψεύδεσθαι)[123] – das Werk der Wahrheit ständig vollbringt, sollte es darüber hinaus innerhalb der beiden Teile jeweils solche ἕξεις geben, denen gemäß ein jeder das Werk der Wahrheit in seinem Bereich in höchster Weise (μάλιστα)[124] vollbringt, so wäre diese ἕξις jeweils die βελτίστη ἕξις[125], die „beste", d. i. vollendete Haltung eines jeden Teils, d. h. dessen ἀρετή. Denn sie würde ihn eben instand setzen, sein Werk, die Wahrheit, auf die ihm höchste Weise zu vollbringen.

καθ' ἃς οὖν μάλιστα ἕξεις ἀληθεύσει ἑκάτερον, αὗται ἀρεταὶ ἀμφοῖν.[126]

Diejenigen Haltungen, denen gemäß jeder der beiden Teile in höchster Weise offenbar machen wird, – diese werden die ἀρεταί beider sein.

So stellt sich zunächst die Aufgabe, die ἕξεις der beiden Teile zu durchmustern und jeweils die βελτίστη ἕξις eines jeden, seine ἀρετή, herauszufinden[127]. Erst in einem weiteren, letzten Schritt gilt es, unter diesen beiden ἀρεταί die τελειοτάτη zu bestimmen. Denn in der ἐνέργεια der ψυχή gemäß dieser ἀρετὴ τελειοτάτη müsste das durch den Menschen eigens zu

---

[121] 2; 1139 b12.
[122] b13.
[123] 3; 1139 b17 sq.
[124] b13.
[125] 2; 1139 a16.
[126] b12 sq.
[127] Cf. a15 sq.

vollbringende Menschenwerk – das Am-Werke-sein seines den λόγος habenden Lebens – in seiner höchsten Vollendung, d. h. die εὐδαιμονία bestehen.

Nun gibt es in der Tat fünf Weisen des reinen ἀληθεύειν, die selbst ohne Möglichkeit täuschenden Verdeckens sind:

> ἔστω δὴ οἷς ἀληθεύει ἡ ψυχὴ τῷ καταφάναι ἢ ἀποφάναι, πέντε τὸν ἀριθμόν· ταῦτα δ' ἐστὶ τέχνη ἐπιστήμη φρόνησις σοφία νοῦς [...][128]
>
> Es seien der Weisen, denen gemäß die ψυχή durch Zu- und Absprechen offenbar macht, der Anzahl nach fünf; diese sind [...]

1) die τέχνη, das technisch-praktische Wissen,
2) die ἐπιστήμη, das wissenschaftliche Wissen,
3) die φρόνησις, das sittlich-praktische Wissen,
4) die σοφία, das philosophische Wissen,
5) der νοῦς, die Vernunft als schlichtes Sehen der ἀρχαί.

Diese Weisen des reinen ἀληθεύειν werden sich folgendermaßen auf die beiden Teile des λόγον ἔχον verteilen:

Der νοῦς, das schlichte Sehen der ἀρχαί, wird in bestimmtem Sinne beiden Teilen gemeinsam sein.

Sofern es nun darum geht, unter diesen Weisen des reinen ἀληθεύειν die fraglichen ἀρεταί zu finden, gilt es, eine jede sowohl in dem, *was sie ist*, wie nach *Ausmaß* und möglichen *Grenzen* ihres ἀληθεύειν zu bestimmen.

---

[128] Cap. 3; 1139 b15 sqq.

§ 6. Die kritische Prüfung der ἕξεις des ἀληθεύειν und die Bestimmung der „dianoetischen" ἀρεταί
(Eth. Nic. VI; 3-7)

a) ἐπιστήμη
(VI; 3)

Als Ausgangspunkt wählt Aristoteles die Bestimmung der ἐπιστήμη[129]. Damit springt er – wie sich zeigen wird – sogleich in die διαφορά zwischen dem λόγος als solchem und dem σύνθετον – der synthetisch mit dem λόγος geeinten ὄρεξις – voraus und zeichnet so von Anfang an den Horizont für das höchste ἀληθεύειν, die ἀρετή, des λόγον ἔχον vor. In der Tat ist die ἐπιστήμη, ihrem eigenen Selbstverständnis nach, dadurch bestimmt, dass das Seiende, das sie weiß, sich niemals anders verhalten kann (μὴ ἐνδέχεσθαι ἄλλως ἔχειν)[130]. Sie ist also immer schon über den Bereich der ἐνδεχόμενα hinaus. Würde sich nämlich das Seiende, das sie weiß, anders verhalten können, so würde es, wenn es nicht je gerade offensichtlich vor Augen liegt, sondern aus der Sicht verschwindet, „verborgen bleiben" (λανθάνει)[131] in Hinsicht darauf, ob es ist oder nicht. Dann aber wäre das sog. „Wissen" eigentlich kein Wissen, sondern eine bloße δόξα, die auch falsch, d. h. das Seiende in dem, was es ist, verdecken kann. Die ἐπιστήμη, das wissenschaftliche Wissen, ist also, dadurch ausgezeichnet, dass es das Seiende, das es weiß, *ständig* als Aufgedecktes (ἀληθές) da und gegenwärtig „*hat*" (ἔχει) und ständig über seine Aufgedecktheit (ἀλήθεια) verfügt. Insofern erweist es sich in der Tat als ein ständiges *Sich-in-der-Wahrheit-Halten*, d. h. *als ἕξις des ἀληθεύειν*. Diesen Vorzug aber verdankt es – wie Aristoteles jetzt eigens herausstellt – der ausgezeichneten Seinsart des Seienden, das es weiß: dieses ist ein Sich-nicht-anders-verhalten-Könnendes, Notwendiges (ἐξ ἀνάγκης), Unvergängliches (ἀίδιον), von allem Entstehen und Vergehen Freies (ἀγένητον καὶ ἄφθαρτον)[132], kurz: ein ἀεὶ ὄν[133], solches, was *immer* ist. In den Bereich dieses höchsten Seins, der eigentlich erst Sache der σοφία sein wird, blickt also schon die ἐπιστήμη hinaus.

---

[129] VI, 3; 1139 b18 sqq.
[130] Cf. b 20 sq.
[131] b 22.
[132] Cf. b 24sq.
[133] Cf. VI, 7; 1141a 24.

Aber die bloße ἐπιστήμη für sich wird eine *Grenze* des ἀληθεύειν haben. Das weist Aristoteles auf, indem er zunächst einen weiteren Vorzug der ἐπιστήμη herausstellt. Dieser besteht darin, dass die ἐπιστήμη, das wissenschaftliches Wissen, lehrbar (διδακτή)[134] und lernbar ist, und dies wiederum, ohne dass es der aktuellen Gegenwart des entsprechenden Seienden bedarf. In diesem Sinne lehr- und lernbar aber ist das wissenschaftliche Wissen, weil es das fragliche Seiende aus dem, was im voraus bekannt ist, nämlich seinen Gründen (αἰτίαι), und am Ende aus seinen letzten bzw. ersten Gründen, seinen ἀρχαί[135], als dem höchsten, durchgängig bestimmenden Allgemeinen (καθόλου)[136] vermittelst des συλλογισμός[137] in zwingender Allgemeinheit aufweisen, d. h. *beweisen* (ἀποδεικνύναι) kann. Zum wissenschaftlichen Wissen gehört, dass es über den Beweis (ἀπόδειξις) verfügt, d. h. ihn jederzeit vorbringen und so das entsprechende Seiende – auch ohne seine aktuelle Gegenwart – aufweisen kann. Und nur weil es ständig über den Beweis verfügt, vermag es eine ἕξις des ἀληθεύειν zu sein. Das wissenschaftliche Wissen ist ἕξις des ἀληθεύειν als ἕξις ἀποδεικτική[138]. Darin liegt jedoch zugleich seine *Grenze*. Denn soll es über den Beweis *verfügen*, d. h. sich ständig in der Aufgedecktheit des Seienden *halten*, so müssen die ἀρχαί als das Woraus (ἐξ οὗ)[139] des Beweises in höherem Maße (μᾶλλον)[140] bekannt und offenkundig (γνώριμοι)[141] sein als das aus ihnen erst aufzuweisende Seiende. Die ἀρχαί selbst und als solche eigens ins Offene herauszustellen (ἀληθεύειν), kann aber nicht Sache des wissenschaftlichen Wissens selbst sein. Denn es ist ja nicht auf diese selbst, sondern als ἀπό-δειξις auf das, was *aus* ihnen *folgt*, orientiert. Demnach *steht beim wissenschaftlichen Wissen am Werk der Wahrheit etwas aus.* Es vermag selbst nicht die βελτίστη ἕξις des ἐπιστημονικόν, d. h. dessen ἀρετή zu sein. Andererseits ist doch mit der ἐπιστήμη, sofern auch sie schon in den Bereich des ἀεί entrückt ist, bereits der Bereich angezeigt, in dem am Ende allein ei-

---

[134] VI, 3; 1139b 25.
[135] b 30.
[136] b 29.
[137] Cf. b 38.
[138] b31 sq.
[139] Cf. b30.
[140] b34.
[141] b33.

ne ἕξις des ἀληθεύειν ohne Einbruch der μεταβολαί des sterblichen Lebens ihrem eigenen Sinne nach als bruchloses continuum (συνεχές)[142] möglich sein wird.

b) τέχνη
(VI; 4)

Das ἀληθεύειν, so wie es sich zunächst, natürlicherweise, zeigt, ist nicht Sache der eigenständigen ἐπιστήμη, sondern es gehört ursprünglich in synthetischer Einheit zur menschlichen ὄρεξις, der ja der λόγος als „Auge" eingesetzt ist. Und dieser λόγος, sofern er die menschliche ὄρεξις leitet, steht selbst zunächst im Dienste der ποίησις[143], d. h. der Herstellung von Gebrauchsdingen. Die ποίησις aber, sofern sie μετὰ λόγου[144], d. h. durch den λόγος geführt und geleitet ist, ist: τέχνη. Denn im Unterschied zur bloßen Erfahrungspraxis (ἐμπειρία), die nur darauf orientiert ist, *dass* (ὅτι) das Herzustellende zustande kommt, verfügt die τέχνη über das Wissen dessen, *was* (ὅ) und d. h. zugleich *wodurch* (διότι) das Herzustellende ist[145]. Sofern sie aber über den λόγος des Herzustellenden verfügt, vermag sie alle Schritte des Herstellungsvorganges im Ausgang von ihm durch schlussfolgernde „praktische" Überlegung (λογίζεσθαι) eigens aufzudecken und zu begründen, so dass sie sich durch die ganze ποίησις hindurch *ständig* in der Wahrheit hält. Auch die τέχνη erweist sich als ἕξις des ἀληθεύειν. Sie ist ἕξις μετὰ λόγου ποιητική[146]: eine Haltung, die unter Führung des λόγος sich auf das Herstellen versteht.

Nun aber scheint die τέχνη, sofern sie über den λόγος des Herzustellenden verfügt, schon fast eine Art von ἐπιστήμη zu sein. Mag jedoch die τέχνη auch das Herzustellende sowie die Schritte des Herstellungsvorganges in dem „betrachten" (θεωρεῖν)[147], *was* sie sind, so geschieht doch solches Betrachten nicht eigenständig um seiner selbst willen, sondern in Absicht darauf, dass etwas entsteht (ὅπως ἂν γένηταί τι)[148]. Was aber durch

---

[142] Cf. Eth. Nic. X, 7; 1177 a21.
[143] VI, 4; 1140 a6.
[144] a4.
[145] Cf. Met. I, 1; 981 a1 sqq.
[146] Cf. Eth. Nic. VI, 4; 1140 a10.
[147] Cf. a11 sq.
[148] a12.

ποίησις entsteht und durch sie allererst hervorgebracht wird, ist solches, was sein oder auch nicht sein kann (ἐνδεχόμενον καὶ εἶναι καὶ μὴ εἶναι)[149]. Das Seiende, das die τέχνη in ihrem ἀληθεύειν aufdeckt, ist von der Art des ἐνδεχόμενον. In dessen Bereich gehört die τέχνη. Sie ist also nicht, wie die ἐπιστήμη, in das ἀεί entrückt. Damit kommt sie als ἕξις des ἀληθεύειν *unter* die ἐπιστήμη zu stehen. Denn da sie nicht ein immer Selbiges (ταὐτὸν ἀεί)[150] betrachtet, sondern vielmehr auf den Wechsel der Gegebenheiten stets erneut Rücksicht zu nehmen hat, kann ihr ἀληθεύειν, seinem eigenen Sinne nach, kein ununterbrochenes continuum (συνεχές) sein. Andererseits – und darin besteht ein gewisser Vorzug der τέχνη gegenüber der ἐπιστήμη – verfügt sie über ihre ἀρχή. Denn die ἀρχή der ποίησις, sofern sie durch den λόγος geführt und geleitet ist, ist eben die *Aufgedecktheit* dessen, *was* das Herzustellende ist: sein εἶδος. Dieses εἶδος aber befindet sich – im Unterschied zu dem, was von Natur (κατὰ φύσιν)[151] entsteht – anfänglich *nicht* in dem, was entstehen soll, sondern im Herstellenden selbst (ἐν τῷ ποιοῦντι)[152]. Denn dieser nimmt es ja in der προαίρεσις des Herzustellenden als dessen bestimmendes εἶδος vorweg. Diese προαίρεσις aber ist der Anfang der Bewegung der ποίησις, der sie im Ganzen bestimmt, d. h. deren ἀρχή. Insofern verfügt die τέχνη über ihre ἀρχή. Jedoch verfügt sie nicht über ihr τέλος, d. h. das fertige Werk: sobald dieses fertig ist, ist es auch schon aus der ποίησις entlassen, um frei für sich, außer (παρά) ihr[153], zu stehen. Denn wenn es fertig und vollendet ist, gibt es eben nichts mehr an ihm herzustellen. Ja, auf dieses freie Für-sich-Stehen hat es die τέχνη ihrem eigenen Sinne nach gerade abgesehen, – macht dieses doch gerade den Vollendungscharakter des Werkes selbst aus. Darin aber liegt erneut eine *Grenze* des ἀληθεύειν, und zwar jetzt ihre eigentliche im Bereich des ἐνδεχόμενον selbst. Denn mag auch das fertige Werk τέλος der ποίησις sein, so ist es doch *keineswegs* τέλος *schlechthin*. Vielmehr ist das herzustellende Werk im Vorhinein schon dazu bestimmt, für eine bestimmte Verwendung durch diesen oder jenen Menschen zur Verfügung zu stehen:

---

[149] Cf. a12.
[150] VI, 7; 1141 a24.
[151] 4; 1140 a15.
[152] a13.
[153] Cf. I, 1; 1094 a5.

ἕνεκα γάρ του ποιεῖ πᾶς ὁ ποιῶν, καὶ οὐ τέλος ἁπλῶς (ἀλλὰ πρός τι καὶ τινός) τὸ ποιητόν [...].[154]

Um willen von etwas stellt der Herstellende her, und das Hergestellte ist nicht τέλος schlechthin (vielmehr ist es für etwas und für jemanden) [...].

Sofern nun das Hergestellte *für etwas* (πρός τι), d. h. für eine bestimmte Verwendung, und *für jemanden* (τινός) ist, *weist es immer schon über sich hinaus auf anderes*. Auf dieses aber vermag sich das ἀληθεύειν der τέχνη nicht mehr zu erstrecken. Denn das Hergestellte springt eben als fertiges Werk aus der ποίησις heraus und kommt außer ihr zu stehen. *Wie* und *durch wen* es verwendet wird, fällt nicht mehr in den Bereich des ἀληθεύειν der τέχνη. Insofern *steht bei der* τέχνη *am Werk der Wahrheit etwas aus*. Sie vermag im Bereich des ἐνδεχόμενον das Werk der Wahrheit nicht auf vollendete Weise zu vollbringen. Sie vermag also nicht die βελτίστη ἕξις, d. h. die ἀρετή des λογιστικόν zu sein.

Diese vermöchte allein in einer ἕξις des ἀληθεύειν liegen, die ihrem eigenen Sinn nach auf das τέλος ἁπλῶς hin orientiert ist. Dieses τέλος ἁπλῶς, das letzte Worumwillen (οὗ ἕνεκα)[155], um das es dem Menschen in allem Tun und Lassen zuletzt geht, ist aber die εὐπραξία, das rechte Am-Werke-sein des Menschen selbst, d. h. der auf das μέσον hin orientierte wechselseitige Gleichklang von ὄρεξις und λόγος:

τέλος ἁπλῶς [...] τὸ πρακτόν· ἡ γὰρ εὐπραξία τέλος.[156]

τέλος schlechthin [...] ist das durch πρᾶξις zu Vollbringende; denn die εὐπραξία ist τέλος.

Dasjenige ἀληθεύειν aber, das eigens auf die εὐπραξία als letztes Worumwillen orientiert ist, ist Sache der φρόνησις. Mithin gilt es nun, diese in dem zu bestimmen, was sie ist.

---

[154] VI, 2; 1139 b1 sqq.
[155] 1139 a32.
[156] b2.

c) φρόνησις
(VI; 5)

Zunächst fragt sich, wohin überhaupt der Blick zu lenken ist, um das Phänomen der φρόνησις zu Gesicht zu bekommen. Nun geht es dem Menschen, was immer er auch verrichten, bewerkstelligen und „leisten" mag, doch immer schon zuletzt bzw. zuerst darum, in seinem eigenen Leben als Mensch geglückt zu sein. Da darauf aber gerade das ἀληθεύειν der φρόνησις geht, gehört die φρόνησις offenbar zum *Menschen selbst und als solchen*. Deshalb gilt es, um sie zu fassen, eben den Menschen selbst in den Blick zu nehmen, – genauer gesagt, denjenigen, in dem sie auf vorzügliche Weise zum Zuge kommt: den sog. φρόνιμος[157]. Dieser aber zeichnet sich offenbar dadurch aus, dass er imstande ist:

[...] καλῶς βουλεύσασθαι περὶ τὰ αὑτῷ ἀγαθὰ καὶ συμφέροντα.[158]

[...] auf schöne Weise mit sich zu Rate zu gehen in Bezug auf das, was für ihn selbst gut und zuträglich ist.

Der φρόνιμος geht also auf „schöne" Weise mit sich zu Rate. Auf „schöne" Weise (καλῶς) besagt: auf eine Weise, die „erscheinen" lässt, d. h. offenbar macht, also ein ἀληθεύειν ist. Der φρόνιμος macht etwas offenbar, und dies, indem er mit sich selbst zu Rate geht. Was er aber in dieser Weise aufdeckt, ist das, was *für ihn selbst* (αὑτῷ) *als Mensch* gut und zuträglich ist, und zwar nicht etwa nur in bestimmter Hinsicht, wie z. B. die Gesundheit, sondern in Bezug auf sein εὖ ζῆν überhaupt (πρὸς τὸ εὖ ζῆν ὅλως)[159], also in Bezug darauf, dass sein menschliches Leben selbst εὖ – in der bestmöglichen Verfassung – ist. Der φρόνιμος ist derjenige, der, indem er auf schöne Weise mit sich selbst zu Rate geht, das aufdeckt, was für das εὖ ζῆν als solches im Ganzen gut und zuträglich ist. So mag jemand wissen, dass für die Wiederherstellung der Gesundheit der Arzt zuständig ist, – ob er aber im bestimmten konkreten Falle – wenn er sich nicht wohl fühlt – den Arzt in Anspruch nimmt oder nicht, – hier in rechter Weise mit sich zu Rate zu gehen und zum rechten Schluss zu kommen (λογίζεσθαι)[160], dies

---

[157] Cf. VI, 5; 1140a 25.
[158] a 26 sq.
[159] a 28.
[160] Cf. a 30.

eben ist Sache des φρόνιμος. Bei solchem Mit-sich-zu-Rate-Gehen aber gibt offenbar der Hinblick auf dasjenige τέλος den Ausschlag, das nicht etwa, wie die τέλη der τέχνη, im Belieben steht, sondern das selbst das τέλος σπουδαῖον[161] ist, das τέλος also, mit dem es dem Menschen immer schon *Ernst* ist, – und dies ist das εὖ des eigenen Lebens, der eigenen *Existenz*. Der φρόνιμος ist derjenige, der in Bezug auf das τέλος σπουδαῖον seine eigene Existenz in rechter Weise mit sich zu Rate zugehen versteht: Er ist der βουλευτικός[162], der „Wohlberatene". Damit ist die Erscheinung des φρόνιμος selbst sichtbar geworden.

So kann jetzt im Blick auf diesen das ἀληθεύειν der φρόνησις durchbestimmt werden. Um es in seinem Eigenen zu fassen, grenzt Aristoteles es gegen die bisherigen Weisen des reinen ἀληθεύειν ab. Nun geht man offenbar nur in Bezug auf dasjenige mit sich zu Rate, was sich so oder anders verhalten (ἐνδεχόμενον ἄλλως ἔχειν)[163] und durch einen selbst (αὐτῷ) – nämlich durch eine πρᾶξις, ein „Handeln", – eigens durch- und ausgeführt werden kann (ἐνδεχόμενον αὐτῷ πρᾶξαι)[164]. Demgemäß kann das ἀληθεύειν der φρόνησις – auch wenn es ein λογίζεσθαι ist und eine gewisse Notwendigkeit in sich trägt – doch nicht zwingende ἀπόδειξις und die φρόνησις selbst nicht ἐπιστήμη sein. Aber die φρόνησις kann auch nicht τέχνη sein, – obwohl sie, ontologisch gesehen, auf dasselbe wie diese geht: nämlich auf ein ἐνδεχόμενον, das durch den Menschen selbst hervorgebracht werden kann. So wahr vielmehr die φρόνησις auf das geht, was durch die πρᾶξις – das „*Handeln*" des Menschen – eigens aus- und durchgeführt werden muss, ist ihre Blickwendung von Grund auf verschieden von der der τέχνη. Denn πρᾶξις und ποίησις sind eben von Grund auf verschieden[165]: aus der ποίησις springt das τέλος, d. h. das fertige Werk stets als ein Anderes heraus, so dass es außerhalb des sie leitenden ἀληθεύειν der τέχνη zu stehen kommt. Bei der πρᾶξις aber – die durch das ἀληθεύειν der φρόνησις geleitet ist – vermag das τέλος gar nicht aus ihr herauszu-

---

[161] Cf. a29.
[162] a31.
[163] Cf. a32.
[164] Cf. a32.
[165] b3 sq.

springen, – ist es doch in gewisser Weise die πρᾶξις selbst, nämlich die ihr immanente εὐπραξία:

τῆς μὲν γὰρ ποιήσεως ἕτερον τὸ τέλος, τῆς δὲ πράξεως οὐκ ἂν εἴη· ἔστι γὰρ αὐτὴ ἡ εὐπραξία τέλος.[166]

Bei der ποίησις ist das τέλος ein anderes, bei der πρᾶξις aber kann es [dies] nicht sein; denn die εὐπραξία ist selbst das τέλος.

So wahr die πρᾶξις grundverschieden von der ποίησις ist, die φρόνησις aber gerade auf die πρᾶξις geht, kann das ἀληθεύειν der φρόνησις nicht von der Art des ἀληθεύειν der τέχνη sein. Vielmehr ist die φρόνησις – so wahr sie das aufdeckt, was der Mensch selbst durch seine eigene πρᾶξις durch- und auszuführen hat – eine eigene ἕξις des ἀληθεύειν: eben diejenige, die als konstitutiver Bestandteil der πρᾶξις selbst durch den λόγος (in Gestalt des λογίζεσθαι bzw. βουλεύεσθαι) das für den *Menschen selbst* Gute aufzudecken versteht. Die φρόνησις ist: ἕξις μετὰ λόγου πρακτικὴ περὶ τὰ ἀνθρώπῳ ἀγαθά[167], eine *„Haltung, die unter Führung des λόγος sich auf die πρᾶξις im Umkreis des für den Menschen Guten versteht"*.

Die φρόνησις ist also eine ἕξις des ἀληθεύειν, die sich auf die πρᾶξις versteht. Das wird – gemäß Aristoteles – dadurch bestätigt, dass die φρόνησις nicht ohne eine bestimmte ethische ἀρετή, nämlich die σωφροσύνη möglich ist. Die σωφροσύνη, die „Mäßigung" – das sich mit sich zurückhaltende An-sich-Halten der ψυχή in dem, was sie als ἡδονή und λύπη, als „Lust" und"Leid", überkommt –, ist diejenige ethische ἀρετή, die – wie auch, so Aristoteles, der Name selbst sage – die „φρόνησις rettet" (σῴζει τὴν φρόνησιν)[168]. Denn wenn ἡδονή und λύπη die ψυχή als πάθος überkommen, ergreifen und mitnehmen, verdunkelt sich ihr die ἀρχή (οὐ φαίνεται ἀρχή)[169] – nämlich das in der προαίρεσις vorweggenommene letzte *Worumwillen* der πρᾶξις: dass es in allem Tun und Lassen zuletzt darauf ankommt, als Mensch selbst εὖ zu sein, d. h. in der εὐπραξία sich im wechselseitigen Gleichklang von ὄρεξις und λόγος im μέσον zu halten. Beide – sowohl ἡδονή wie λύπη – nehmen jeweils die ψυχή ganz in die Gegenwart gefangen, – die ἡδονή indem sie sie in die erfüllende Gegenwart

---

[166] b6 sq.
[167] Cf. 1140 b5.
[168] Cf. b12.
[169] b18.

des Erfreulichen aufgehen lässt, die λύπη, indem sie sie herabdrückt und in sich selbst versinken lässt. Beide Male spannt die ψυχή sich nicht auf das letzte Worumwillen der πρᾶξις aus und nimmt sich nicht selbst in ihm, indem sie es durch den λόγος aufgedeckt hält, prohairetisch vorweg. Insofern verdunkelt sich ihr die ἀρχή. Die σωφροσύνη aber, das sich mäßigende An-sich-Halten angesichts von ἡδονή und λύπη, „rettet die φρόνησις", indem sie den Blick für das prohairetisch vorwegzunehmende Worumwillen der πρᾶξις offenhält. Damit bestätigt sich, dass die φρόνησις eine ἕξις des ἀληθεύειν ist, die sich auf die πρᾶξις versteht. Denn sie deckt eben das für den Menschen Gute auf, in dem sie die ἀρχή der πρᾶξις eigens im Blick hat, ja selbst diese ἀρχή in Gestalt des das Worumwillen aufdeckenden und sich prohairetisch in ihm vorwegnehmenden λόγος ist.

Ferner zeigt sich, dass die φρόνησις nicht nur das τέλος der πρᾶξις, die εὐπραξία, stets bei sich behält, sondern auch die ἀρχή der πρᾶξις eigens im Blick hat. Insofern ist das ἀληθεύειν der φρόνησις sowohl dem der τέχνη – die ja nicht über ihr τέλος verfügt– wie dem der ἐπιστήμη – die ja nicht selbst ihre eigene ἀρχαί aufdeckt – überlegen. Weder τέλος *noch* ἀρχή *der* πρᾶξις stehen beim ἀληθεύειν der φρόνησις aus. Damit zeichnet sich vor, dass sie ein *vollendetes* ἀληθεύειν ist. Ja, sie ist dies so sehr, dass es bei ihr die defizienten Modi des ἀληθεύειν der τέχνη erst gar nicht gibt: weder das täuschende ψεῦδος wie bei der ἀτεχνία[170] noch das Zurückbleiben hinter sich selbst bzw. die mögliche Steigerung seiner selbst wie bei der τέχνη als solcher[171]. Denn sofern die φρόνησις das für das Leben des Menschen Gute aufdeckt, dieses aber das μέσον zwischen den unbegrenzt vielen Möglichkeiten des Zuviel und Zuwenig und als solches immer nur eine einzige, ganz bestimmte Möglichkeit ist, ist die φρόνησις dadurch ausgezeichnet, dass sie – *wenn* sie es aufdeckt – es immer schon *trifft*. So ist ihr ἀληθεύειν, da immer schon allem Mehr oder Weniger enthoben, von Haus aus vollendet. Insofern „hat" die φρόνησις keine ἀρετή, sondern sie *ist* wesentlich *selbst* ἀρετή[172]. Sie erweist sich als die βελτίστη ἕξις des λόγος im Bereich des ἐνδεχόμενον, d. h. als ἀρετή des λογιστικόν. Und wenn sie durch ἡδονή und λύπη verdunkelt werden kann, so gibt es doch bei ihr

---

[170] Cf. VI, 4; 1140a 21 sqq.
[171] Cf. VI, 5; 1140b 21 sqq.
[172] Cf. b 22 sqq.

keine λήθη[173]. Denn der Mensch kann sich nicht *selbst* vergessen. Insofern ist die φρόνησις sogar in ausnehmendem Sinne ἕξις des ἀληθεύειν. Damit ist jedoch nicht entschieden, dass die φρόνησις womöglich die höchste Weise des ἀληθεύειν, d. h. die ἀρετή des λόγον ἔχον überhaupt ist. Denn mag sie auch die ἀρχή aller πρᾶξις eigens im Blick haben, mag sie innerhalb des Bereichs des ἐνδεχόμενον ein vollendetes ἀληθεύειν sein, so steht doch immer noch die Frage an, welches das ἀληθεύειν ist, das für die ἀρχαί des „*wissenschaftlich*" Wissbaren (ἐπιστητόν)[174] – dessen, was notwendig, μὴ ἐνδεχόμενον, immer ist[175] – zuständig ist. Zunächst also muss geklärt werden, welches die höchste Weise des ἀληθεύειν innerhalb des anderen Teils des λόγον ἔχον, des ἐπιστημονικόν ist.

d) νοῦς
(VI; 6)

Es fragt sich, welches das „Vermögen" ist, das eigens die ἀρχή des μὴ ἐνδεχόμενον ins Offene zu bringen vermag. Offenbar kommen hier die bisher durchgangenen Weisen des ἀληθεύειν nicht in Betracht: weder die ἐπιστήμη – denn diese weist ja immer nur im Ausgang von den ἀρχή (ἐξ ἀρχῶν)[176] durch ἀπόδειξις das Seiende in dem auf, was und wie es ist –, noch τέχνη und φρόνησις – denn diese bewegen sich im Bereich des ἐνδεχόμενον. Also wäre das ἀληθεύειν der ἀρχαί des *μὴ* ἐνδεχόμενον – gemäß den zunächst aufgestellten fünf Weisen des reinen ἀληθεύειν – Sache der σοφία. Aber auch sie kommt hier nicht in Betracht. Denn – so bemerkt Aristoteles – der σοφός, der „Weise", ist gerade derjenige, der *bestimmte Dinge beweisen* kann:

τοῦ σοφοῦ περὶ ἐνίων ἔχειν ἀπόδειξίν ἐστιν.[177]

Es gehört zum Weisen, in Bezug auf bestimmte Dinge den Beweis zu haben.

So schrieben die Griechen – wie Aristoteles dies in seiner Darstellung der sich aufsteigernden Stufen des Wissens im *1. Kapitel der Metaphysik* ge-

---
[173] b 29.
[174] Cap. 6; 1140b34.
[175] b 32 sqq.
[176] Cf. VI, 3; 1139 b30.
[177] VI, 6; 1141 a1 sq.

zeigt hat – bereits dem τεχνίτης zu, „weiser" (σοφώτερος) als der bloße ἔμπειρος zu sein, weil er eben, im Unterschied zu diesem, über den λόγος des Herzustellenden verfügt[178]. Und sie bestaunten gegenüber den Menschen, wie sie zunächst und zumeist sind, denjenigen als „weise", der über die allen gemeinsamen Sinneswahrnehmungen hinaus (παρὰ τὰς κοινὰς αἰσθήσεις)[179] die Dinge aus ihrem Wodurch (διὰ τί)[180] aufzuweisen verstand. Weil der σοφός, über die Kenntnis des bloßen Dass (ὅτι) hinaus, die *Gründe* (τὸ διότι) der Dinge kennt und sie aus ihnen in einem „Beweis" (ἀπόδειξις) aufzuweisen vermag, eben deshalb verfügt er über ein *eigentliches Wissen* der Dinge und ist in diesem Sinne „*weise*", σοφός. Auch die σοφία ist also ἐπιστήμη μετὰ λόγου[181]: Wissenschaft, die das zu Wissende unter Führung des λόγος, d. h. aus seinem *Was* (τί) bzw. *Durchwas* (διὰ τί), also aus seinem *Grunde*, apodeiktisch aufweist. Als solche aber ist die σοφία nicht für das ἀληθεύειν der ἀρχαί selbst zuständig. So bleibt allein der νοῦς für dieses übrig. In der Tat vermögen die ἀρχαί als erste, einfache Bestimmungen (πρῶτοι ὅροι)[182] – da aus nichts Höherem mehr aufweisbar – nur durch ein einfaches „Ver-Nehmen" (νοεῖν) – das, sie gleichsam „vornehmend", ihnen lediglich die Gelegenheit gibt, *von sich her* auf- und einzuleuchten – eigens in Offene herausgebracht zu werden. Wäre denn also solches reine νοεῖν die gesuchte höchste Weise des ἀληθεύειν? Und wäre es womöglich die ἀρετή des λόγον ἔχον überhaupt? Jedoch ist das reine νοεῖν selbst und als solches *keine eigentlich menschliche Möglichkeit*. Denn der Mensch ist als der *Sterbliche,* d. h. als der dem Dunkel des Todes Ausgesetzte, zunächst an das *Seiende* verwiesen, um es vermittelst des λόγος „*dia-noetisch*" in dem offenbar zu machen, was und wie es ist. Der Mensch ist als das *sterblich-vernünftige* Lebewesen das *Wesen des* λόγος. Wenn der Mensch auch den νοῦς in sich zum Vollzug zu bringen vermag – und er geht ja „dia-noetisch" in jedem λόγος durch ihn hindurch –, so ist doch das reine νοεῖν selbst, als hellste, von keinem Dunkel getrübte *Offenbarkeit des reinen Seins selbst,* eine *göttliche Seinsart.*

---

[178] Met. I, 1; 981 a24 sqq.
[179] b14.
[180] b12.
[181] Cf. Eth. Nic. VI, 6; 1140 b33.
[182] Cf. VI, 12; 1143 36.

So bliebe denn doch die σοφία als höchste Möglichkeit des ἀληθεύειν für das ἐπιστημονικόν. Was also ist die σοφία?

e) σοφία
(VI; 7)

Es wurde bereits darauf hingewiesen, dass die Griechen den τεχνίτης für „weiser" (σοφώτερος) hielten als den bloßen ἔμπειρος, – und dies, weil er über den λόγος des Herzustellenden verfügt und insofern „wissender", d. h. eben „weiser" ist. Das aber deutet darauf hin, *dass die σοφία bereits in gewisser Weise in der τέχνη steckt.* Wenn die τέχνη zunächst – aus dem Horizont der πρᾶξις gesehen – nichts für das τέλος ἁπλῶς, d. h. die εὐπραξία und εὐδαιμονία des Menschen, austrug und deshalb zugunsten der φρόνησις ausgeschieden wurde, so ist doch andererseits in ihr eine Tendenz auf das reine Sehen und Wissen als solches am Werk, die sich in der σοφία selbst und als solcher erfüllen und vollenden müsste. Deshalb greift Aristoteles die τέχνη wieder auf, um von ihr her die σοφία zu bestimmen. Dabei zieht er hier zunächst – wie auch sonst oft in der Nikomachischen Ethik – das, was die Griechen selbst sagen, in Betracht. Denn in dem, was sie über die σοφία sagen, spricht sich ein elementares Verständnis derselben aus, das, recht bedacht, Aufschluss über ihr Wesen zu geben vermag. Nun aber schrieben die Griechen die σοφία

1) zunächst bereits bestimmten τεχνίτεις zu, denjenigen nämlich, die innerhalb ihrer τέχνη jeweils die ἀκριβεστάτοι[183] sind. So nannten sie z. B. einen Phidias einen „weisen Bildhauer"[184], weil er das ἀκριβές in seiner τέχνη, der Bildhauerkunst, auf höchste Weise vollbringt. ἀκριβές zu sein, gehört also von Haus aus zur τέχνη und das ἀκριβέστατον, das ἀκριβές in seiner höchsten Steigerungsmöglichkeit, ist jeweils ihre ἀρετή. In solcher ἀρετὴ τέχνης[185], der höchsten Vollendungsmöglichkeit einer jeden τέχνη selbst, bestünde also zunächst die σοφία. Was also bedeutet ἀκριβές? Wenn auch die Etymologie strittig ist, so lässt sich doch – gemäß dem leitenden Zusammenhang des ἀληθεύειν – eine in sich gedoppelte Bedeutung mit ihm verbinden: ἀκριβές ist

---

[183] Cf. VI, 7; 1141 a9.
[184] a10.
[185] a12.

a) – sofern in ihm das α-intensivum und κρίνειν, „unterscheiden" gehört wird – das, was die Dinge in ihren *Unterschieden* und d. h. in ihren eigenen Bestimmtheiten eigens zum Vorschein bringt, also „*genau*" (exactum) ist, und dies

b) – und hier gilt es in ihm ἄκρος „Spitze", „Gipfel", „äußerstes Ende" zu hören –, weil es die Dinge jeweils aus ihren äußersten, höchsten *Gründen* sichtbar macht, also „*gründlich*" ist.

Das ἀκριβές ist das „*Gründlich-Genaue*". Demnach besteht die ἀρετή einer τέχνη darin, das ἀκριβές, das „Gründlich-Genaue", auf höchste Weis zu vollbringen, also z. B. wie der „weise Bildhauer" Phidias, ein Bildwerk aus der Sicht auf seine höchsten bestimmenden Gründe eigens in seiner Bestimmtheit hervor- und zum Scheinen zu bringen. In solcher ἀρετὴ τέχνης besteht jeweils die σοφία, wie sie innerhalb einer bestimmten τέχνη zum Zuge kommt. Darüber hinaus aber schrieben die Griechen

2) „einigen" zu, nicht etwa nur innerhalb eines bestimmten Bereiches (κατὰ μέρος)[186], sondern irgendwie *im Ganzen* (ὅλως)[187] „weise" zu sein. Die σοφιά bezieht sich jetzt also irgendwie auf das Ganze (τὸ ὅλον) im Ganzen (ὅλως).

Nimmt man nun beide Bestimmungen zusammen, so ergibt sich als das eigentliche Wesen der σοφία, dass sie das ἀκριβές nicht etwa nur, wie die einzelnen τέχναι und ἐπιστῆμαι, in Bezug auf bestimmte Teilbereiche, sondern in Bezug auf *das Ganze dessen, was überhaupt ist*, vollbringt. Das schließt ein, dass sie es auf *allerhöchste* Weise vollbringt, also unter allen ἐπιστῆμαι diejenige ist, die die ἀκριβεστάτη[188], die *Gründlichst-Genaueste* ist. Denn in Bezug auf das Ganze dessen, was ist, ἀκριβέστατον zu sein, besagt eben, dieses aus solchen Gründen (αἴτια) aufzuweisen (ἀποδεικνύναι) und zu Gesicht zu bringen (εἰδέναι)[189], die selbst – über alle anderen untergeordneten Gründe der Teilbereiche hinaus – die höchsten (ἀκρότατα)[190], allerersten (πρῶτα)[191], d. h. die ἀρχαί[192] – „*Anfangs-Gründe*" – im

---
[186] a13.
[187] Ibid.
[188] a16.
[189] a17 sq.
[190] Cf. Met. IV, 1; 1003 a26 sq.
[191] Met. I, 1; 981 b28.
[192] Ibid.

eigentlichen Sinne sind. Diese Gründe aber sind als die schlechthin Ersten von der Art, dass sie rein sie selbst, schlechthin einfach (ἁπλᾶ)[193], ohne jeden Zusatz (πρόσθεσις)[194] sind. Denn sonst könnten sie nicht die *ersten* Gründe von *Allem* sein[195]. Als solche aber sind sie die Bestimmungen und Artikulationen dessen, was selbst das μάλιστα καθόλου[196], das höchste, alles bestimmende und umfassende Allgemeine, ist: – *des reinen Seins selbst und als solchen*. Aus dem reinen Sein selbst als dem ἀκρότατον und μάλιστα καθόλου weist also die σοφία das Ganze des Seienden *als seiend* auf und bringt es so in der ihm eigenen Bestimmtheit – der: *zu sein* – zum Vorschein. Nun aber müssen – wie sich dies anlässlich der ἐπιστήμη als ἕξις ἀποδεικτική gezeigt hat – die ἀρχαί stets offenkundiger (μᾶλλον γνώριμοι)[197] sein als das aus ihnen aufgewiesene und gewusste Seiende. Denn sonst wäre dieses nicht *eigentlich gewusst*. Da nun die ἀρχαί des *Ganzen des Seienden* überhaupt als die schlechthin *ersten* Gründe solche höchste Offenbarkeit keineswegs irgendwelchen höheren Gründen verdanken können, ist für die σοφία der Aufweis des Ganzen *aus* seinen ἀρχαί nur insofern möglich, als sie sich *zugleich* immer schon aus dem Umkreis des Seienden in den Umkreis der ἀρχαί selbst entrückt und diese im reinen νοεῖν von sich her auf- und sich einleuchten und so allererst voll ins Offene heraustreten lässt. Mithin ist die σοφία dadurch bestimmt,

μὴ μόνον τὰ ἐκ τῶν ἀρχῶν εἰδέναι, ἀλλὰ καὶ περὶ τὰς ἀρχὰς ἀληθεύειν.[198]

nicht nur das, was *aus* den ἀρχαί ist, zu wissen, sondern auch *im Umkreis der* ἀρχαί offenbar zu machen.

Insofern ist die σοφία nicht nur ἐπιστήμη, die das Seiende „apodeiktisch" *aus* den ἀρχαί aufweist, sondern sie macht als νοῦς auch die ἀρχαί *selbst*

---

[193] Cf. I, 8; 989 b17.
[194] I, 2; 982 a27.
[195] Auch in der Mathematik vermag nur die Eins (μονάς), nicht aber der Punkt (στιγμή) – als die durch den Zusatz (ἐκ προσθέσεως) der Lage bestimmte Eins – die ἀρχή alles Mathematischen, sowohl des Geometrischen wie des Arithmetischen, zu sein (cf. Met. I, 2; 982 a25 sqq).
[196] Cf. 982 a21 sqq.
[197] Cf. Eth. Nic. VI, 3; 1139 b33 sq.
[198] VI, 7; 1141 a17 sqq.

offenbar. Freilich macht sie diese nicht rein um ihrer selbst willen, sondern – da primär auf das *Seiende* orientiert – *für dieses* offenbar. Insofern nimmt die σοφία eine *Zwischenstellung* zwischen dem Seienden und dem Sein selbst ein. Sie ist – wie Aristoteles sie abschließend bestimmt – νοῦς καὶ ἐπιστήμη[199], νοῦς *und* ἐπιστήμη. Und sie ist – ὥσπερ κεφαλὴν ἔχουσα[200], gleichsam den „Kopf", als Sitz des geistigen Auges, innehabend – ἐπιστήμη τῶν τιμιωτάτων[201], Wissenschaft des „Ehrwürdigsten", d. h. dessen, was, über alles Bemühen des Menschen hinaus, sich als ein Göttliches letztlich *von sich her* gewähren muss[202]. Sofern nun die σοφία ἐπιστήμη und νοῦς ist, also immer auch als νοῦς das ἀληθεύειν der ἀρχαί des Ganzen des Seienden vollbringt, ist sie die höchste Weise des ἀληθεύειν des ἐπιστημονικόν. Sie ist dessen βελτίστη ἕξις, d. h. seine ἀρετή. Ja, es zeichnet sich vor, dass sie in ihrer *Zwischenstellung* zwischen νοῦς und ἐπιστήμη überhaupt die höchste Möglichkeit des ἀληθεύειν ist, die dem Menschen als *sterblich-vernünftigem* Lebewesen gewährt ist. Dazu kommt, dass auch sie – ebenso wie die φρόνησις, das rechte Bedachtsein des Menschen auf sich selbst, – nicht der λήθη anheimfällt[203]. Denn der Mensch hängt als Wesen des λόγος immer schon in der vorgängigen Offenbarkeit der ἀρχαί. Die σοφία wäre also die „unvergessliche" höchste ἕξις des ἀληθεύειν, die dem Menschen möglich ist.

Jedoch ist damit die Frage nach dem *höchsten* ἀληθεύειν des *Menschen* keineswegs entschieden. Im Gegenteil: Erst jetzt, nachdem sowohl φρόνησις wie σοφία in dem bestimmt sind, was sie sind, entsteht der Streit, welche von beiden die *Höchste* für den *Menschen* ist.

---

[199] a19.
[200] Ibid.
[201] Ibid.
[202] Aristoteles unterscheidet (Eth. Nic. I, 12) das ἐπαινητόν, d. h. das, was durch Verdienst und Leistung des Menschen selbst aufgebracht werden kann und so des „Lobes" (ἔπαινος) wert ist, von dem τίμιον, d. h. dem, was als ἀκρότατον, als nicht ableitbares Letztes und Höchstes, sich letztlich von sich her gewährt, so dass ihm – als dem alles Menschliche überragenden Göttlichen – einzig „Ehre" (τιμή) zu zollen ist.
[203] Cf. I, 11; 1100 b17.

§ 7. Der Streit von φρόνησις und σοφία um den höchsten Rang (Eth. Nic. VI; 7-12)

a) Die Kritik der σοφία von Seiten der φρόνησις (VI; 7)

Von Seiten der φρόνησις erhebt sich der folgende Einwand[204] gegen die σοφία: Wenn die σοφία als νοῦς in das ἀληθεύειν der letzten und höchsten ἀρχαί, der τιμιώτατα, entrückt ist, so dürfte sie schwerlich das ἀληθεύειν sein, das dem Menschen *als Menschen gemäß* ist. Denn das spezifisch *menschlich Gute*, das ἀνθρώπινον ἀγαθόν[205], hat sie dann nicht im Blick. Dieses aber ist dasjenige τέλος, um das es jedem Menschen zunächst *als Mensch* geht. Denn es ist das, was das εὖ, das Gelungen- und Geglücktsein, seines eigenen Lebens (τοῦ αὐτοῦ βίου)[206] ausmacht. Mit dem eigenen Leben (βίος), der eigenen *Existenz*, aber ist es dem Menschen *ernst*. Es ist das τέλος σπουδαῖον[207]. Wenn die σοφία in die Sicht der höchsten ἀρχαί des Ganzen entrückt ist, so überfliegt sie gleichsam „abstrakt" die konkrete Frage der menschlichen Existenz[208]. Insofern geht der σοφία der Ernst ab. Sie kann also nicht das ἀληθεύειν sein, das dem Menschen *als Menschen* gemäß ist. Und deshalb kann sie in der „Architektonik" der Weisen des ἀληθεύειν auch nicht die Führende sein und die Führung über das menschliche Dasein übernehmen. Das kann vielmehr allein diejenige, die das eigentlich menschliche τέλος, das ἀνθρώπινον ἀγαθόν, in seinem ganzen Umfang im Blick hat: die φρόνησις in Gestalt der πολιτική, – wie dies auch zu Beginn der Nikomachischen Ethik ins Auge gefasst wurde[209].

Diesem Einwand begegnet die σοφία[210] auf die folgende Weise. Dass es ihr an Ernst fehle, das treffe sie so wenig, dass sie vielmehr umgekehrt gerade diejenige Weise des ἀληθεύειν sei, die die *Ernsthafteste* (σπου-

---

[204] Dieser Einwand wird von Aristoteles nicht eigens formuliert, liegt aber dem folgenden Gedankengang (VI, 7; 1141 a20 sqq) zugrunde.
[205] Cf. I, 1; 1094 b7.
[206] Cf. VI, 7; 1141 a27 sq.
[207] Cf.VI, 5; 1140 a29 sq.
[208] Aristoteles vergleicht (VI, 9) den σοφός mit dem μαθηματικός, der seine Gegenstände durch „Abstraktion" (δι' ἀφαιρέσεως [cf. 1142 a18]) gewinnt.
[209] I, 1; 1094 a26 sqq.
[210] VI, 7; 1141 a20 sq.

δαιοτάτη)²¹¹ ist, – weil es in ihr den letzten und höchsten Ernst gebe. Denn wenn sie in die Sicht der letzten und höchsten ἀρχαί des Ganzen entrückt sei und diese eigens ins Offene gelangen lasse, so gehe ihr ἀληθεύειν eben nicht auf das bloß menschlich Gute (ἀνθρώπινον ἀγαθόν), sondern auf das *höchste Gute* – das ἄριστον – *in der Welt überhaupt* (τὸ ἄριστον τῶν τῷ κόσμῳ)²¹². In der Tat sind ja diese ἀρχαί nichts anderes als die letzten bzw. ersten Bestimmungen und Artikulationen des einfachen reinen Seins selbst, das als solches ohne „Zusatz" (πρόσθεσις), frei von jedem Bestimmtsein durch ein Anderes seiner selbst, also *ohne jedes Nichtsein* ist. Insofern steht an ihm nichts an Sein aus; es ist zuhöchst vollendet: τέλος τελειότατον, das ἄριστον, der θεός. Als dieses τέλος τελειότατον aber ist es das letzte Worumwillen (οὗ ἕνεκα)²¹³, um das es allem Seienden letztlich geht. Denn – wie es im ersten Satz der Nikomachischen Ethik hieß – „Alles strebt nach dem Guten" (πάντ᾽ ἐφίεται τοῦ ἀγαθοῦ)²¹⁴, d. h. danach, selbst in vollendetem Sein da zu sein. Daher hat das ἀληθεύειν der σοφία den höchsten Ernst. Denn sie macht mit dem ἄριστον eben eigens das offenbar, worum es Allem im Letzten geht. Insofern steht ihr die höchste Führung zu. Sie hat die ἀρχικωτάτη²¹⁵, die „Führendste", zu sein. Denn sie ist immer schon aus der Einsicht in das Höchste und Letzte – als eine Art von φρόνησις (τοιαύτη φρόνησις)²¹⁶, gleichsam als „Über-φρόνησις" – auf das Gedeihen des Ganzen bedacht.

Jedoch liegt eben darin zugleich ihre *Grenze*. Denn gerade weil es ihr im letzten Ernst um das Letzte und Höchste – das ἄριστον in der Welt überhaupt – geht, deshalb hat sie das, womit es dem Menschen *zunächst als Mensch* ernst ist, nicht eigens im Blick: die *je eigene Existenz des Menschen selbst* und das, was für sie gut und zuträglich ist: die ἀνθρώπινα ἀγαθά²¹⁷. Und sie kann sie nicht im Blick haben, ja sie scheidet sie aus ihrer Blickbahn aus und setzt sich über sie hinweg. Denn das σοφόν, das „Weise", ist

---

²¹¹ Cf. a21.
²¹² a21 sq.
²¹³ Met. I, 2; 982 b10.
²¹⁴ Cf. I, 1; 1094 a3.
²¹⁵ Met I, 2; 982 b4.
²¹⁶ b24.
²¹⁷ Eth. Nic. VI, 7; 1141 b8.

ontologisch dadurch bestimmt, dass es immer dasselbe – ταὐτὸν ἀεί[218] – ist. Dagegen ist das, was für den eigenen βίος des Menschen gut und zuträglich ist, gemäß den verschiedenen Lebensverfassungen, *je und je anders*, ἕτερον[219]. Die σοφοί mögen also in ein *Sehen* (ἰδεῖν)[220] entrückt sein, das sie Dinge sehen lässt, die weit über das gewohnte Maß der Menschen hinausgehen (περιττά), die erstaunlich (θαυμαστά), schwer (χαληπά), ja dämonisch (δαιμόνια)[221] sind, – so trägt doch dieses ganze Sehen nichts aus, da alle diese Dinge für das praktische Leben *zu nichts nütze*, ἄχρηστα[222], sind. Denn die σοφοί sind eben von Haus aus nicht auf die ἀνθρώπινα ἀγαθά[223] orientiert. Die *Nutzlosigkeit* ist der Mangel, an dem – jedenfalls von der φρόνησις her gesehen – die σοφία leidet.

b) Die weitere Bestimmung der φρόνησις
(VI; 8-12)

α) Die φόνησις als praktische αἴσθησις
(VI; 8-9)

Es hat sich gezeigt, dass die σοφία zwar in das Sehen des ἄριστον in der Welt überhaupt entrückt ist, jedoch gerade deshalb – jedenfalls von der φρόνησις her gesehen – für das Leben zu nichts nütze ist. Damit erweist sich die φρόνησις erneut als *überlegen*. Denn ihr Blick geht gerade in die *entgegengesetzte Richtung*: Sie geht auf die *menschlichen Dinge*, die ἀνθρώπινα ἀγαθά[224], und vermag hier, den rechten Rat (εὐβουλία) zu erteilen[225]. Demgemäß ist ihre Blickwendung von der der σοφία ganz verschieden. Denn sofern die φρόνησις ihr ἀληθεύειν in der Weise des Sich-mit-sich-Beratens vollzieht, fällt nicht nur der gesamte Bereich des μὴ ἐνδεχόμενον aus ihrer Blickbahn heraus – so dass sie sich, so wie zuvor die σοφία von ihr, nunmehr ihrerseits von der σοφία absetzt –, sondern sie ist

---
[218] a24.
[219] a25.
[220] b5.
[221] b6 sq.
[222] Ibid.
[223] b8.
[224] VI, 8; 1141 b8 sq.
[225] Cf. b10.

in solchem Sich-Beraten auch immer schon auf ein bestimmtes τέλος (τέλος τι)²²⁶ hin *gerichtet* und ausgespannt, nämlich das *praktisch Gute* (τὸ πρακτὸν ἀγαθόν)²²⁷, d. h. das rechte Sein der eigenen Existenz, wie es in einer bestimmten προαίρεσις vorweggenommen ist. Denn nur um eines solchen τέλος willen, um es durch eine entsprechende πρᾶξις als ἔργον hervorzubringen, geht man mit sich zu Rate. So ist die φρόνησις durch und durch *praktisch* (πρακτική)²²⁸, d. h. sie ist auf das „wirkliche" Durch- und Ausführen des τέλος, auf das sie gerichtet und ausgespannt ist, orientiert. Das bedeutet aber, dass sie zuletzt und vor allem auf das jeweils Einzelne (τὸ καθ' ἕκαστον)²²⁹ geht und dieses in Absicht auf das her vorzuführende τέλος aufzudecken trachtet. Denn allein beim Einzelnen vermag die πρᾶξις einzusetzen. War die σοφία in ihrer höchsten und eigentlichen Gestalt *reines Sehen* – (θεωρία) – *des zuhöchst Allgemeinen* (μάλιστα καθόλον), so ist die φρόνησις der *praktische Blick für das jeweils tunliche Einzelne*. Aber die φρόνησις scheidet sich noch weiter von der σοφία ab und kommt so mehr und mehr in ein Gegenüber zu ihr zu stehen. Denn in Bezug auf dieses Einzelne kommt es darauf an, innerhalb des ἐνδεχόμενον, d. h. der unbegrenzt vielen Verfehlungsmöglichkeiten die jeweils einzige rechte Möglichkeit, das μέσον, zu erblicken, in dem jeweils in concreto das εὖ der eigenen Existenz besteht. Diese aber ist – da allem Mehr oder Weniger, allem Besseren oder Schlechteren enthoben – das schlechthin Beste, das ἄριστον *für den jeweiligen Menschen selbst* (τὸ ἄριστον ἀνθρώπῳ)²³⁰. War die σοφία in das reine Sehen des ἄριστον *in der Welt* entrückt, so ist die φρόνησις als εὐβουλία ein Treffen dessen, *was das* ἄριστον *für den jeweiligen Menschen* ist:

ὁ δ' ἁπλῶς εὔβουλος ὁ τοῦ ἀρίστου ἀνθρώπῳ τῶν πρακτῶν στοχαστικός [...]²³¹

---

[226] b12.
[227] b12.
[228] b16.
[229] Cf. b16.
[230] Cf. b13.
[231] b12 sqq.

Der schlechthin sich wohl Beratende ist der, der unter dem [mannigfaltigen] Tunlichen das für den Menschen Beste zu treffen imstande ist [...].

Da dieses nun ein jeweils Einzelnes ist, das als ein „Letztes" (ἔσχατον)[232] im praktischen λογίζεσθαι nicht weiter von Anderem her aufgewiesen werden kann, besteht das Treffen desselben darin, es in einer spezifisch praktischen αἴσθησις[233] einfachhin wahrzunehmen. So kommt die φρόνησις in das äußerste Gegenüber zur σοφία zu stehen. War die σοφία: νοῦς καὶ ἐπιστήμη, so erweist sich die φρόνησις weder als νοῦς noch als ἐπιστήμη, sondern als *praktische* αἴσθησις. Denn der νοῦς ging auf die höchsten, allgemeinsten und äußersten Bestimmungen (ὅροι) des reinen Seins, die φρόνησις aber geht als praktische Wahrnehmung auf das praktische Einzelne:

> ἀντίκειται μὲν δὴ τῷ νῷ· ὁ μὲν γὰρ νοῦς τῶν ὅρων, ὧν οὐκ ἔστι λόγος, ἡ δὲ τοῦ ἐσχάτου, οὗ οὐκ ἔστιν ἐπιστήμη ἀλλ' αἴσθησις [...].[234]

Sie [die φρόνησις] liegt offenbar dem νοῦς gegenüber. Denn der νοῦς geht auf die höchsten Bestimmungen, von denen es keinen λόγος gibt, die φρόνησις aber auf das Letzte, von dem es keine ἐπιστήμη, sondern nur αἴσθησις gibt.

Die φρόνησις konzentriert sich also zuletzt in eine αἴσθησις.

Diese αἴσθησις gilt es, noch genauer zu bestimmen. Sie ist nicht sinnlich-theoretische, sondern *praktische Wahrnehmung*. Als diese deckt sie das ἄριστον, die jeweils beste Möglichkeit des Handelns, das μέσον, innerhalb der unbegrenzt vielen Verfehlungsmöglichkeiten des Zuviel und Zuwenig auf. Sie entspringt aus dem βουλεύεσθαι, das im vorgängigen und ständigen *Gerichtet- und Ausgespanntsein* (ὀρθότης) auf das τέλος dieses im Hinblick auf die Mittel und Wege seiner Durchführung durch den λόγος in Gestalt des praktischen λογισμός[235] analysiert und sich am Ende in ihr (der αἴσθησις) beschließt.

---

[232] Cf. VI, 9; 1142 a26.
[233] a2 sq.
[234] a25 sqq.
[235] Cf. VI, 8; 1141 b14.

β) Der ὀρθὸς λόγος als εὐβουλία
(VI; 10)

Damit aber kommt offenbar das Phänomen des ὀρθὸς λόγος ins Spiel, wie es gemäß der vorbereitenden Bestimmung der Möglichkeit der εὐπραξία angezeigt war[236]. Dieser gemäß war ja die εὐπραξία des Menschen als ἐνέργεια ζωῆς κατὰ λόγον nur dadurch möglich, dass sich die ὄρεξις dank der ethischen ἀρετή in Richtung auf das μέσον hält, welches der λόγος in Gestalt des ὀρθὸς λόγος seinerseits aufdeckt und umgrenzt. Dieser ὀρθὸς λόγος erweist sich nunmehr als das βουλεύεσθαι, sofern es durchgängig in der gesamten Analyse des auszuführenden πρακτόν auf das εὖ in Gestalt des μέσον *gerichtet* und ausgespannt und insofern selbst εὖ – εὐβουλία – ist.

ὀρθότης τις ἡ εὐβουλία ἐστίν [...].[237]

Ein gewisses Gerichtetsein ist das sich wohl Beraten.

Dieses Gerichtetsein, die ὀρθότης des ὀρθὸς λόγος, besteht dann, genauer gesagt, darin, dass das βουλεύεσθαι in der Analyse des Ganzen der Handlung im Hinblick auf alle ihre konstitutiven Momente – also im Hinblick auf ihr *Was* (ὅ), d. h. ihr τέλος, im Hinblick auf ihr *Wodurch* (δι' οὗ), d. h. die Mittel und Wege, sowie im Hinblick auf ihr *Wann* (ὅτε), d. h. den Zeitpunkt der Ausführung, durchgängig auf das μέσον gerichtet ist. Die εὐβουλία ist

ὀρθότης ἡ κατὰ τὸ ὠφέλιμον, καὶ οὗ δεῖ καὶ ὡς καὶ ὅτε.[238]

das Gerichtetsein, das dem Gedeihlichen folgt, im Hinblick darauf, sowohl was zu tun, wie auch wann und wie es zu tun ist.

Das bedeutet, dass die zunächst gesuchte dianoetische ἀρετή, die überhaupt den Anlass gab, das λόγον ἔχον zu durchmustern – diejenige, die den λόγος in Stand setzen sollte, ein ὀρθὸς λόγος zu sein – nichts anderes ist als die φρόνησις *in Gestalt der* εὐβουλία. Denn indem sich der λόγος in ihr als ἕξις hält, ist er durchgängig auf das εὖ qua μέσον gerichtet[239].

---

[236] S. *supra*, S. 154.
[237] VI, 10; 1142 b8 sq.
[238] b27 sq.
[239] Cf. Eth. Nic. VI, 13; 1144 b23 sq: ὀρθὸς [λόγος] [...] ὁ λόγος κατὰ τὴν φρόνησιν. Der „richtige" λόγος ist der λόγος gemäß der φρόνησις.

γ) σοφία und φρόνησις als Gestalten des νοῦς
(VI; 12)

Ein weiteres Licht fällt auch auf die fragliche praktische αἴσθησις, in der sich das βουλεύεσθαι beschließt. Dieses vollzieht sich – wie gesagt – in der Weise des praktischen λογισμός: es ist μετὰ λόγου. Es geht so vor, dass es durch den *praktischen* συλλογισμός[240] das Ganze der Handlung im Ausgang von ihrem prohairetisch vorweggenommenen τέλος, einer bestimmten εὐπραξία, Schritt für Schritt bis hin zum ἔσχατον, dem eigentlichen πρακτόν in Gestalt des κατ' ἕκαστον, aufdeckt: Wenn das und das das τέλος ist, so muss, um es auszuführen, das und das getan werden, und wenn das und das, dann das und das, etc. Wenn aber das βουλεύεσθαι in dieser Weise μετὰ λόγου ist, so bedeutet das, dass das ἔσχατον, in dem es sich beschließt – d. h. das jeweils Einzelne, bei dem die πρᾶξις einsetzt –, da als Letztes nicht weiter von anderem her aufweisbar, ἄνευ λόγου, ohne λόγος, aufgedeckt werden muss. Es muss sich also am Ende *von sich her* in einem einfachen, es ver- und hinnehmenden Sehen zeigen. Dieses aber ist Sache des νοῦς. So erweist sich die fragliche praktische αἴσθησις, in die sich die φρόνησις schließlich konzentriert, als eine Gestalt des νοῦς. Am Ende reines νοεῖν zu sein, – darin kommt also die φρόνησις mit der σοφία überein. Jedoch kommt sie damit gerade in das *eigentliche Gegenverhältnis* zu ihr zu stehen. Ging in der σοφία der νοῦς auf die πρῶτα[241], d. h. die ἀρχαί, die selbst unwandelbar (ἀκίνητα)[242], ἀεί, göttlichen Wesens, sind, so geht in der φρόνησις der νοῦς auf das ἔσχατον, das jeweils einzelne konkrete πρακτόν, das sich immer auch anders verhalten kann:

> [...] ὁ νοῦς τῶν ἐσχάτων ἐπ' ἀμφότερα· καὶ γὰρ τῶν πρώτων ὅρων καὶ τῶν ἐσχάτων νοῦς ἐστὶ καὶ οὐ λόγος, καὶ ὁ μὲν κατὰ τὰς ἀποδείξεις τῶν ἀκινήτων ὅρων καὶ πρώτων, ὁ δ' ἐν τοῖς πρακτικοῖς[243] τοῦ ἐσχάτου καὶ ἐνδεχομένου [...].[244]
>
> [...] der νοῦς geht auf beiden Seiten auf die äußersten Bestimmungen; denn sowohl die ersten [höchsten] Bestimmungen wie auch die

---

[240] Cf. VI, 10; 1142 b23 und 12; 1143 b2.
[241] Cf. VI, 12; 1143 b2.
[242] Ibid.
[243] Zu ergänzen: συλλογισμοῖς. Lesart gemäß Susemil.
[244] 1143 a35 sqq.

letzten [Tatbestände] sind Sache des νοῦς, und nicht des λόγος; und der eine [νοῦς], der gemäß den Beweisen, geht auf die unwandelbaren und ersten [höchsten] Bestimmungen, der andere [νοῦς], der in den praktischen Syllogismen, geht auf das Letzte und das sich-anders-verhalten-Könnende [...].

Aber auch dieses Letzte, das jeweils konkrete Einzelne, bei dem die Handlung einsetzt, ist ἀρχή[245], bestimmender Anfang: Es ist der ausschlaggebende Anfang der Handlung, der ihren ganzen Gang entscheidend bestimmt. Und dieses letzte Einzelne, die rechte Möglichkeit des Einsatzes der Handlung, mit der im Dunkel der ἀπορία[246] sich überhaupt erst ein Weg auftut, muss sich dem νοεῖν von sich her eröffnen und gewähren. Insofern ist nicht nur das ἀληθεύειν der σοφία, sondern auch das der φρόνησις – da, wie dieses, sich im νοεῖν der letztlich sich von sich her eröffnenden und gewährenden ἀρχαί beschließend – *vollendeten, göttlichen Wesens.* Wie die σοφία ist auch die φρόνησις eine βελτίστη ἕξις; sie ist ἀρετή – nicht, wie die σοφία, ἀρετή des ἐπιστημονικόν, dank derer dieses das ἀληθεύειν in Bezug auf das ἀεί vollbringt –, sondern ἀρετή des λογιστικόν, das im Bereich des ἐνδεχόμενον für die ἀνθρώπινα zuständig ist. So ist die Aufgabe, wie sie sich zunächst stellte – nämlich unter den Weisen des reinen ἀληθεύειν jeweils die ἀρετή der beiden „Teile" des λόγον ἔχον, sowohl des ἐπιστημονικόν wie des λογιστικόν, zu finden und zu bestimmen – gelöst[247].

Damit aber ist die φρόνησις, die schon durch die σοφία in den zweiten Rang verwiesen schien, auf die Ranghöhe der σοφία gehoben: wie diese ist sie ein vollendetes ἀληθεύειν, ἀρετή. Ja, sofern sie ihr ἀληθεύειν im Bereich der ἀνθρώπινα vollbringt, hat sie sogar die Frage der εὐδαιμονία auf ihrer Seite: sie deckt das auf, was für den Menschen als solchen gut und zuträglich ist, d. h. das, was ermöglicht, dass ihm sein Menschenwerk, die εὐπραξία, gelingt, so dass er als Mensch geglückt und so glücklich ist. Trug die σοφία im Entrücktsein in das ἀεί für die Frage der εὐδαιμονία des Menschen nichts aus, war das, was sie aufdeckte *„zu nichts nütze"*, ἄχρ-

---

[245] Cf. b4.
[246] Cf. VI, 11; 1143 a6.
[247] Cf. VI,12; 1143 b14 sqq.

ηστον²⁴⁸, so deckt die φρόνησις im Bereich des ἐνδεχόμενον gerade das auf, was dem Menschen als solchem in der konkreten Frage seiner Existenz von Nutzen ist: das, woraus ihm die εὐδαιμονία entsteht. Insofern ist die φρόνησις ein Wissen, das nicht nur βέλτιστον, sondern auch χρήσιμον, nützlich²⁴⁹, ist. Damit ist sie der σοφία jetzt sogar *überlegen*.
Jedoch wird sich gerade gegen die Nützlichkeit, wie sie die φρόνησις beansprucht, ein Einwand erheben.

§ 8. Die Vorzeichnung der Lösung des Streites von φρόνησις und σοφία (Eth. Nic. VI; 13)

a) Das ἀληθεύειν als Kriterium der Lösung des Streites

Der Einwand, der sich gegen die *Nützlichkeit* der φρόνησις erhebt, ist der folgende: Gewiss, – die φρόνησις mag im Unterschied zur σοφία das wissen, woraus dem Menschen die εὐδαιμονία entsteht²⁵⁰; aber solches gleichsam bloß „theoretische" Wissen ist doch selbst zu nichts nütze. Denn wenn der Mensch auch *weiß*, was das jeweils für ihn Gute ist, so wird er doch auf Grund des bloßen Wissens desselben dieses noch lange nicht tun. Soll er das für ihn Gute tun, so bedarf es der ethischen Grundhaltungen, der ἠθικαὶ ἀρεταί, dank derer sich seine ὄρεξις in Richtung auf das μέσον *hält*. Nicht das Wissen, sondern das *Ethos* verbürgt dem Menschen, das für ihn Gute in der πρᾶξις des Lebens selbst zu tun und sich damit selbst in eine gute Verfassung (das εὖ ζῆν, die εὐπραξία) zu bringen, – so wie ja auch nicht das bloße Wissen der Heilkunst, sondern die ἕξις des Leibes selbst – das gesund Leben – die Gesundheit und das Wohlbefinden in ihm hervorbringen. Wozu also bedarf es des Wissens der φρόνησις? Es ist am Ende so wenig wie das der σοφία für die εὐπραξία und εὐδαιμονία des Menschen von Nutzen. Damit ist die φρόνησις um ihren „existenziellen" Vorteil, die Nützlichkeit für die εὐδαιμονία, gebracht und hat insofern jetzt nichts mehr vor der σοφία voraus. Beide, sowohl σοφία wie φρόνησις, tragen also – so jedenfalls ist der Stand – für die existenzielle Frage der εὐδαιμονία nichts

---

[248] Cf. VI 7; 1141 b7.
[249] Cf. VI, 13; 1143 b18.
[250] Cf. b19 sq.

aus. Die Frage nach dem Vorrang von σοφία oder φρόνησις mündet in eine „existenzielle Aporie"[251].

Diese Aporie ist jedoch zugleich produktiv. Denn durch sie sind beide, sowohl φρόνησις wie σοφία, von der existenziellen Frage der εὐδαιμονία entlastet. So können sie jetzt rein im Blick auf sie selbst, als die Phänomene, die sie selbst sind, nämlich als *reine Weisen des* ἀληθεύειν, betrachtet werden. Dann zeigt sich, dass beide – auch wenn sie für die εὐδαιμονία gar nichts austragen würden – schon rein an sich selbst „vor-züglich" (καθ' αὑταὶ αἱρεταί)[252] sind. Denn jede ist eben die ἀρετή eines Teiles des λόγον ἔχον, so dass jede – was ihr ἀληθεύειν als solches betrifft – *vollendet*, τελεία, ist. Damit aber ist das *Kriterium* angezeigt, durch das die Frage nach dem Vorrang von φρόνησις oder σοφία – gemäß Aristoteles – zu entscheiden ist: Dieses ist nicht primär die Nützlichkeit für die εὐδαιμονία, sondern der *ontologische Rang des* ἀληθεύειν, *dessen* τελείωσις.

Andererseits ist es möglich, nachdem das eigentliche Kriterium fixiert ist, auch der Frage der εὐδαιμονία ihr Recht zurückzuerteilen. Dann zeigt sich: jede der beiden, sowohl φρόνησις wie σοφία, bringt jeweils die εὐδαιμονία hervor (ποιοῦσι)[253], aber jede auf verschiedene Weise. Das macht Aristoteles hier zunächst durch einen analogischen Vergleich zwischen den Verhältnissen innerhalb des geistigen Lebens und entsprechenden Verhältnissen innerhalb des leiblichen Lebens sichtbar. – Was die σοφία betrifft, so bringt sie in der ψυχή die εὐδαιμονία in der Weise hervor, wie die Gesundheit im Leibe das Wohlbefinden desselben hervorbringt. Nun aber bringt die Gesundheit im Leib das Wohlbefinden offenbar allein schon dadurch hervor, dass er sie „hat" und sie in ihm „am Werke ist" (τῷ ἔχεσθαι καὶ τῷ ἐνεργεῖν)[254]. Denn die Gesundheit ist die beste Verfassung des Leibes – sein εὖ –, diejenige also, nach der er als τέλος immer schon strebt, so dass – wenn er sie „hat", d. h. sich in ihr als τέλος hält („ἐντελέχεια") und sie sich in ihm in seinen Lebensvollzügen bekundet (ἐνεργεῖν) – er sich wohl befindet, – ist doch die sich bekundende Gegenwart des in sich vollendeten Seins (τέλος) rein als solche erfüllend und beglückend. Dementsprechend

---

[251] Cf. b18.
[252] Cf. 1144 a1 sq.
[253] a3 sq.
[254] Cf. a6.

wird auch die σοφία lediglich dadurch, dass die ψυχή sie „hat" und sie in ihr „am Werk ist", die εὐδαιμονία in ihr hervorbringen. Denn die σοφία ist – als höchstes ἀληθεύειν schlechthin –, die allerbeste Verfassung der ψυχή ihr höchstes εὖ –, diejenige Verfassung, nach der sie, recht bedacht, als τέλος immer schon strebt, so dass, wenn sie sich in solcher höchsten Seinsvollendung befindet und diese – durch ihren Vollzug – sich eigens als solche in ihr bekundet, dieses für sie erfüllend und beglückend ist. In diesem Sinne also trägt die σοφία die εὐδαιμονία schon rein in sich selbst. – Was dagegen die φρόνησις betrifft, so bringt sie die εὐδαιμονία immer nur in der Weise hervor, wie die *Heilkunst* die Gesundheit im Leibe hervorbringt. Sie trägt sie also nicht schon rein in sich selbst, sondern bringt sie immer nur als ein *Anderes* als sie selbst, außer (παρά) ihr, hervor. Denn mag die φρόνησις auch aufdecken, worin das für den Menschen Gute – sein εὖ –, d. h. das μέσον in concreto besteht, so kommt doch das „Werk" (ἔργον)[255], d. h. die εὐπραξία selbst und als solche, nur dadurch zustande, dass die ὄρεξις, indem sie dank der ethischen ἀρετή die Richtung auf das μέσον innehält, von sich her mit ihr zusammenstimmt (ὁμοφωνεῖ)[256]. In dieser εὐπραξία, als der Seinsvollendung (τέλος) des Menschen als *Menschen*, d. h. als des sterblichen, sinnlich-bedingten Vernunftwesens, liegt aber allererst die spezifisch *menschliche* εὐδαιμονία. Mithin bringt die φρόνησις in der Tat die εὐδαιμονία immer nur als ein Anderes als sie selbst, außer (παρά) ihr, hervor. Die σοφία aber bringt sie – wie gesagt – bereits rein durch sich selbst hervor: sie trägt sie in sich selbst. Insofern ist die σοφία jetzt der φρόνησις sogar im Hinblick auf die εὐδαιμονία, die doch bisher deren eigenster Vorzug war, *überlegen*. Dies ist freilich bisher nur durch den *Vergleich* mit den entsprechenden Verhältnissen innerhalb des leiblichen Lebens, nicht aber *begrifflich* aus der Sache selbst aufgewiesen. Jedoch ist damit bereits in vorläufiger Weise angezeigt, welches am Ende der *eigentliche Grund* ist, durch den der Vorrang der σοφία in der Frage der εὐδαιμονία begründet ist. Dieser Grund ist rein *ontologischer* Natur: Es ist der τέλος-*Charakter, die* τελείωσις *des* ἀληθεύειν, wie es der σοφία zu eigen ist. Damit hat Aristoteles den ontologischen Grundzug der εὐδαι-

---

[255] a6.
[256] Cf. Eth. Nic. 1, 13; 1102 b28.

μονία, wie er ihn umrisshaft in der περιγραφή derselben im 1. Buch der *Nikomachischen Ethik*[257] vorausentworfen hat, eingeholt.

Unter diesem Hinblick gilt es jetzt, zunächst die φρόνησις, die ja bisher im Vorteil war, noch weiter zu prüfen.

b) Die Grenze des ἀληθεύειν der φρόνησις

Es hat sich bereits gezeigt, dass die φρόνησις die εὐπραξία und εὐδαιμονία – auf die sie doch als ihr eigenstes τέλος abzielt – immer nur als ein Anderes, außer sich, hat. Jetzt aber – im Hinblick auf das ἀληθεύειν gesehen – stellt sich heraus, dass sie nicht einmal das ihr *eigene ἀληθεύειν als solches* allein durch sich selbst zu vollbringen vermöchte. Denn nur dadurch, dass die ὄρεξις ihrerseits im Ethos gehalten und so im vornhinein auf das Gute als Ziel (σκόπος)[258] gerichtet ist, vermag die φρόνησις das ihr eigene ἀληθεύειν als φρόνησις zu vollbringen. Entfällt das Ethos, so wird die φρόνησις zur δεινότης[259], d. h. zur bloßen „Findigkeit", der Fähigkeit, zu beliebigen Zielen die entsprechenden Mittel zu finden, ja womöglich zur πανουργία[260], dergemäß – wie das Wort sagt – ein Mensch „zu allem fähig" ist. Die δεινότης, die zunächst als „Auge" der ψυχή (ὄμμα τῆς ψυχῆς)[261] haltlos mit den Bewegungen der durch die πάθη mitgenommenen ὄρεξις mitgeht, wird erst dadurch zur *Haltung* – ἕξις – der φρόνησις, dass die ὄρεξις sich zunächst ihrerseits in den ἠθικαὶ ἀρεταί als ihren ἕξεις hält. *Ohne Ethos ist die φρόνησις als eigentliche φρόνησις (κυρία φρόνησις)*[262] *nicht möglich.*

ἀδύνατον φρόνιμον εἶναι μὴ ὄντα ἀγαθόν.[263]

Es ist unmöglich, φρόνιμος zu sein, ohne gut zu sein.

Die φρόνησις bleibt also auf die ἠθικαὶ ἀρεταί verwiesen. Aber umgekehrt bleiben auch diese auf die φρόνησις verwiesen. Denn allein durch sich

---
[257] I, 6.
[258] VI, 13; 1144 a8.
[259] Cf. a23 sq.
[260] a27.
[261] Cf. a30.
[262] Cf. 1144 b4.
[263] 1144 a36 sq.

selbst vermögen auch sie nicht, die εὐπραξία und εὐδαιμονία hervorzubringen. Im Gegenteil, rein für sich, sofern sie nicht durch den hellen Blick des praktischen νοῦς geleitet sind, können sie dem Menschen, der dann im ethischen Drang zwar das „Beste" will, aber doch gleichsam abstrakt die konkrete Situation überfliegt, großen Schaden zufügen, – wie ja auch einem starken Leib – wenn er sich in seinen Bewegungen nicht durch den Blick des Auges leiten lässt – gerade auf Grund seiner Stärke ein gewaltiger Sturz droht.

ἄνευ νοῦ βλαβεραὶ φαίνονται οὖσαι.[264]

Ohne νοῦς sind [die ethischen ἀρεταί] offenbar von Schaden.

Erst durch den praktischen νοῦς, der erkennt, worin jeweils das ἀγαθόν in concreto besteht, werden die ethischen ἀρεταί zu *eigentlichen* ἀρεταί (κύριαι ἀρεταί)[265], die dem Menschen ermöglichen, die εὐπραξία zu vollbringen. So wie also die φρόνησις erst durch die ethische ἀρετή zur eigentlichen φρόνησις wird, so wird auch umgekehrt *die ethische* ἀρετή *erst durch die* φρόνησις *zur eigentlichen* ἀρετή. φρόνησις und ethische ἀρετή sind von Haus aus aufeinander verwiesen. Das bedeutet aber – grundsätzlich gesehen –, dass die φρόνησις *kein eigenständiges* ἀληθεύειν *ist*.

Andererseits ist der Einwand widerlegt, dass die φρόνησις in Bezug auf die εὐδαιμονία zu nichts nütze sei. Denn da das Ethos erst in *Einheit mit der* φρόνησις zum eigentlichen Ethos wird, bringt die φρόνησις insofern allerdings die εὐπραξία und εὐδαιμονία des Menschen hervor. Jedoch wäre sie – so fügt Aristoteles eigens hinzu –, auch wenn sie „praktisch" gar nichts austrüge, dennoch „von Nöten" (ἔδει αὐτῆς)[266]. Denn – rein auf das ἀληθεύειν als solches gesehen – ist die φρόνησις die ἀρετή eines der beiden „Teile" des λόγον ἔχον, – des λογιστικόν. Das bedeutet aber nicht, dass die φρόνησις womöglich *über* die σοφία zu stehen käme und „Herrin" (κυρία)[267] über sie wäre, – so wenig, wie sie überhaupt „Herrin" über das ἐπιστημονικόν im Ganzen zu sein vermöchte. Denn dieser „Teil" ist im *Ganzen*, d. h. einschließlich der ἐπιστήμη genommen – da in seinem

---

[264] 1144 b9.
[265] Cf. b16 sq.
[266] Cf. 1145 a2.
[267] a6.

ἀληθεύειν ins ἀεί entrückt – dem maßgeblichen Kriterium des ἀληθεύειν nach „besser" (βέλτιον)²⁶⁸, d. h. vollendeter als das λογιστικόν. So ist ja auch die Heilkunst nicht die „Herrin" der Gesundheit des Leibes. Denn sie macht nicht von ihr „Gebrauch", sondern sie „sieht zu", dass sie *entsteht*²⁶⁹. Und wenn die Heilkunst Anweisungen gibt, also doch auf ihre Weise ein *führendes* Wissen ist, so gibt sie diese doch nicht der Gesundheit selbst, sondern sie gibt sie *um ihretwillen* (ἐκείνης ἕνεκα)²⁷⁰. Sonst wäre es so, wie wenn die πολιτική – nur weil sie in Fragen der ἀνθρώπινα im Bereich der πόλις das führende Wissen ist – damit auch schon die Herrschaft über die *Götter* ausüben würde.

Damit zeichnet sich das *rechte Verhältnis von* πολιτική *und* σοφία vor. Die πολιτική ist *nicht* – wie dies zu Beginn der *Nikomachischen Ethik* zunächst scheinen konnte – in der Architektonik der mannigfaltigen Weisen des Wissens, wie sie im Umkreis der πόλις ins Spiel kommen, das schlechthin führende Wissen. Dies ist vielmehr, was die Fragen der „letzten Dinge", d. h. der ἀρχαί des Ganzen betrifft, die σοφία. Demgemäß kann auch das letzte τέλος des Menschseins, die höchste, schlechthin vollendete εὐδαιμονία nicht Sache der πολιτική sein. Vielmehr ist sie Sache der σοφία, sofern sie ja in dieser selbst liegt. Aber so wie die Heilkunst „zusieht", dass der Leib gesund wird, ebenso muss die πολιτική Sorge dafür tragen – und d. h. die Bedingungen dafür bereitstellen –, dass der Mensch sich als sterbliches Wesen, ohne Schaden in seinem sterblichen Leben zu nehmen, in die σοφία verlegen kann. Allein in diesem Sinne ist das letzte τέλος des Menschseins Sache der πολιτική: es ist nicht Sache der πολτική schlechthin, sondern nur – wie dies Aristoteles zu Beginn bereits angedeutet hat – einer „gewissen" πολιτική (πολιτική τις)²⁷¹, derjenigen πολιτική nämlich, die sich in den *Dienst* der σοφία stellt. Denn eben in dieser liegt die höchste, vollendete εὐδαιμονία des Menschseins.

Jedoch ist bisher nur durch *Vergleich* mit entsprechenden Verhältnissen innerhalb des leiblichen Lebens *angezeigt*, dass die σοφία in sich selbst schon die höchste εὐδαιμονία des Menschen trägt. Demnach stellt sich *ab-*

---

²⁶⁸ Cf. a7.
²⁶⁹ a8 sq.
²⁷⁰ Cf. a9.
²⁷¹ I, 1; 1094 b11.

schließend die Aufgabe, dies *begrifflich* aus der Sache selbst aufzuweisen. Dazu aber ist der *Begriff der* εὐδαιμονία selbst zugrunde zu legen, wie Aristoteles ihn bereits im I. Buch der Nikomachischen Ethik aufgestellt hat. Nun bestand die εὐδαιμονία, ihrer rein „formal"-ontologischen Idee nach, zunächst darin, dass sie als das letzte Worumwillen, um das es dem Menschen in aller πρᾶξις immer schon geht, im eigenen Sein des Menschen selbst liegen muss, sofern es auf nichts anderes mehr verwiesen, ohne Ausstand an Sein, τέλος τελειότατον[272], also in der Weise der höchsten Seinsvollendung ist. Gemäß dieser „formalen" Idee bestand dann die εὐδαιμονία, ihrem ersten „materialen" Wesensumriss (περιγραφή) nach, in der ἐνέργεια τῆς ψυχῆς κατ' ἀρετὴν τελειοτάτην[273], dem „Am-Werke-Sein" der ψυχή gemäß ihrer zuhöchst vollendeten ἀρετή. Demgemäß gilt es, nunmehr ein zweifaches zu zeigen: zunächst, dass sich die εὐδαιμονία, ihrem „materialen" Begriff nach, gerade in der σοφία erfüllt, sodann, dass die σοφία bzw. ihre ἐνέργεια der „formalen" Idee der höchsten Seinsvollendung in allen ihren wesentlichen Hinsichten entspricht. Die entsprechende abschließende Wesensbestimmung der εὐδαιμονία erfolgt im 7. *Kapitel des 10. Buches der Nikomachischen Ethik.*

§ 9. Die σοφία als höchste εὐδαιμονία
(Eth. Nic. X; 7)

a) Der Aufweis

Zunächst nimmt Aristoteles den „materialen" Vor-Begriff der εὐδαιμονία wieder auf. Denn von ihm her muss eben jetzt das, worin die εὐδαιμονία besteht, gefunden werden.

> Εἰ δ' ἐστὶν ἡ εὐδαιμονία κατ' ἀρετὴν ἐνέργεια, εὔλογον κατὰ τὴν κρατίστην [...][274]
>
> Wenn die εὐδαιμονία ein Am-Werke-Sein gemäß der ἀρετή ist, so ist es wohlbegründet, dass sie dies gemäß der mächtigsten ist [...].

Die εὐδαιμονία des Menschen besteht also in der ἐνέργεια κατ' ἀρετὴν τὴν κρατίστην, einem „Am-Werke-Sein" seiner ψυχή gemäß derjenigen ἀρετή,

---
[272] Cf. I, 5; 1097 a30.
[273] Cf. I, 6; 1098 a16 sqq.
[274] Cf. 7; 1177 a12 sq.

die selbst die „mächtigste" ist, – derjenigen also, dank derer der Mensch das ihm als Wesen des λόγος aufgegebene „Menschenwerk", die Wahrheit (ἀλήθεια), auf höchste Weise zu vollbringen vermag. Es fragt sich, welches die „mächtigste" ἀρετή ist. Offenbar muss sie die ἀρετή dessen sein, was selbst das ἄριστον[275], das „Beste", in der ψυχή des Menschen ist, desjenigen also, dank dessen sie das ἀληθεύειν überhaupt in zuhöchst vollendeter Weise zu vollbringen vermag. Dieses ἄριστον ist aber – wie das 12. Kapitel des 6. Buches gezeigt hat – der νοῦς *als Sicht der* ἀρχαί. Die ἀρετή dieses νοῦς, der ja „auf beiden Seiten" (ἐπ' ἀμφότερα)[276] die ἀρχαί aufdeckt, ist aber offenbar dieser νοῦς *als Sicht der höchsten und allgemeinsten* ἀρχαί *des Ganzen dessen, was ist, also der* νοῦς *in seiner theoretischen Gestalt.* Freilich ist dieser νοῦς – wie das 7. Kapitel des 6. Buches gezeigt hat – selbst keine eigentlich menschliche Möglichkeit. Denn der Mensch ist keineswegs immer schon in die Sicht der höchsten ἀρχαί entrückt, so dass diese ihm immer schon offenbar wären. Solche immer schon vollendete Offenbarkeit der ἀρχαί ist vielmehr einem göttlichen νοῦς vorbehalten. Der Mensch dagegen ist als sterbliches, sinnlich bedingtes Vernunftwesen zunächst auf das *Seiende* orientiert, so dass er immer nur von diesem her und für es die ἀρχαί aufdeckt. Demgemäß kann die höchste Möglichkeit des ἀληθεύειν für den sterblichen Menschen auch immer nur in einem νοῦς liegen, der als Sicht der ἀρχαί zugleich durch den apodeiktischen λόγος auf das Seiende zurückbezogen bleibt. Dies aber ist der νοῦς in Gestalt der σοφία. Demnach besteht die *höchste* εὐδαιμονία, derer der Mensch als Mensch, d. h. als sterbliches Vernunftwesen fähig ist, in der ἐνέργεια der σοφία. Denn in dieser vollbringt er die *Wahrheit* (ἀλήθεια), d. h. die Offenbarkeit dessen, was ist, auf *die ihm mögliche höchste Weise.* Sofern nämlich die σοφία – gemäß dem 7. Kapitel des 6. Buches – die ἀκριβεστάτη aller ἐπιστῆμαι ist[277], bringt der Mensch in der σοφία das *Ganze des Seienden als solches*, in seiner ihm eigenen *Bestimmtheit des Seins*, aus der Entrücktheit in den νοῦς – die Sicht der letzten und höchsten ἀρχαί, d. h. des reinen, vollendeten, *göttlichen Seins* selbst – eigens ins Offene hervor. In der σοφία vollbringt der Mensch die Wahrheit, indem er sich *als Sterblicher ins*

---

[275] Cf. a12.
[276] VI, 12; 1143 a35 sq.
[277] Cf. 1141 a16.

Göttliche übersteigt. Insofern erweist sich die ἐνέργεια κατὰ τὴν σοφίαν allerdings als die höchste εὐδαιμονία, zu der der Mensch als sterbliches Vernunftwesen fähig ist. In ihr liegt für ihn die τελεία εὐδαιμονία[278].

b) Die Bewährung

In der ἐνέργεια der σοφία liegt also die τελεία εὐδαιμονία. Das zeigt sich nun auch dadurch, dass die ἐνέργεια der σοφία alle Bestimmungen erfüllt, die man mit der εὐδαιμονία gemäß der „formalen" Idee der höchsten Seinsvollendung (τέλος τελειότατον) immer schon verbindet:

1.) muss die fragliche ἐνέργεια die κρατίστη[279], die *„mächtigste"*, unter den Weisen des ἀληθεύειν sein. Sonst wäre sie durch einen Mangel an Sein bestimmt und könnte nicht die zuhöchst *vollendete* Seinsweise des Menschen, d. h. die εὐδαιμονία sein. Das „mächtigste" Vermögen des ἀληθεύειν aber ist im Menschen der νοῦς, – bringt er doch das eigens ins Offene heraus, was selbst das „Mächtigste"[280] ist: das reine, von allem Nicht-Sein freie Sein selbst, das – wie sich dies im 7. Kapitel des 6. Buches zeigte – als das ἄριστον ἐν τῷ κόσμῳ[281] das letztlich von Allem erstrebte τέλος ist und so dafür gut steht, dass das Ganze des Seienden ist.

2.) muss die fragliche ἐνέργεια die συνεχεστάτη[282], die *„kontinuierlichste"* sein, d. h. als bruch-loses continuum ohne Unterbrechung fortwähren. Sonst könnte sie wiederum nicht die schlechthin *vollendete* εὐδαιμονία sein. Nun aber ist die σοφία in die θεωρία[283], das reine Betrachten des Ganzen in seinen ἀρχαί, d. h. dessen entrückt, was selbst ἀεί, immer, ἀΐδιον, immerwährend, ist. Solches reine Betrachten ist aber, da es beim Immerwährenden weilt, seinem eigenen Sinne nach selbst ein ununterbrochen fortwährendes continuum. Dagegen muss die φρόνησις, als die leitende Sicht der πρᾶξις, dem ἐνδεχόμενον, d. h. den beständig wechselnden Umständen des jeweiligen πρακτόν, jeweils Rechnung tragen und demgemäß *immer wieder neu einsetzen.* Allein in der σοφία vermag sich die fortwährende Kontinuität, die zur vollendeten εὐδαιμονία gehört, zu erfüllen.

---

[278] X, 7; 1177a 17.
[279] a 19.
[280] Ibid.
[281] Cf. 1141a 21sq.
[282] a 21.
[283] Cf. a 20.

3.) muss die fragliche ἐνέργεια von der Art sein, dass sie den Menschen in die ἡδονή stimmt, d. h. ihn *glücklich* macht. Dieses Gestimmtsein gehört wesentlich zur εὐδαιμονία, dem vollendeten, geglückten Menschensein, mit hinzu. Sonst könnte sie wieder nicht das τέλος des Menschseins sein. Denn zu jedem Am-Werke-Sein (ἐνέργεια) des Menschen, sofern es *vollendet* und geglückt ist, gehört, dass es ihn stimmungsmäßig erfüllt und beglückt. Das Erfüllende und Beglückende verleiht ihm letztlich sogar seine Vollendung[284]. Demgemäß ist die ἐνέργεια κατὰ τὴν σοφίαν, sofern sie das *zuhöchst vollendete* Am-Werke-Sein des Menschen als solchen (d. h. als des *vernünftigen* Lebewesens) ist, sogar diejenige, die für ihn die zuhöchst Erfüllende und Beglückende (ἡδίστη)[285] ist. Dazu kommt, dass die ἡδονή, in die die σοφία den Menschen stimmt, in Hinblick auf ihre Reinheit und Beständigkeit[286] für ihn als Sterblichen über das gewohnte Maß hinausgeht und insofern erstaunlich (θαυμαστόν)[287] ist. Denn da die σοφία als reine θεωρία aus dem ἐνδεχόμενον in das ἀεί entrückt ist, stimmt sie in eine ἡδονή, die ihrem eigenen Sinn nach immerwährend, also nicht durch den drohenden Schwund getrübt ist. Die σοφία stimmt in die höchste und ungetrübteste Freude, die für den sterblichen Menschen möglich ist.

4.) muss die fragliche ἐνέργεια *an sich selbst ihr Genüge* haben: ihr muss die αὐτάρκεια zu eigen sein. Denn zur Idee des vollendeten Seins gehört, dass es keines anderen mehr bedarf (μηδενὸς ἐνδεής)[288], also ohne auf anderes verwiesen und angewiesen zu sein, sich selbst genügt. Solche αὐτάρκεια ist wieder der σοφία am meisten zu eigen. Während die πρᾶξις, sofern sie die ἀναγκαῖα des sterblichen Lebens des Menschen besorgt, immer schon auf das Miteinandersein (συζῆν) verwiesen ist, ist die σοφία als reine θεωρία immer schon über die ἀναγκαῖα und alle *Bedingtheit* des sterblichen Lebens hinaus in das ἀεί und letztlich in das ἄριστον τῶν ἐν τῷ κόσμῳ entrückt, das selbst als das schlechthin vollendete Sein das αυταρκέστατον[289] ist. So ist die σοφία in dem ihr eigenen Sehen, dem

---
[284] Eth. Nic. X, 4; 1175 a21: πᾶσαν τε ἐνέργειαν τελειοῖ ἡ ἡδονή. Jede ἐνέργεια vollendet die ἡδονή.
[285] a23.
[286] a26.
[287] Cf. a25.
[288] Cf. I, 5; 1097 b15 und X, 6; 1176 b5.
[289] Cf. Met. XIV, 4; 1091 b16 sq.

θεωρεῖν, ihrem eigenen Sinn nach, auf nichts anderes mehr verwiesen, also sich selbst genügend: αὐταρκής. Deshalb kann der Mensch das θεωρεῖν der σοφία auch dann zum Vollzug bringen, wenn er ganz für sich allein ist (καθ' αὑτὸν ὤν)[290]. Ja, je mehr er sich in das reine θεωρεῖν der σοφία erhebt, d. h. je mehr er sich in das ἀεί und das ἄριστον, das eigentliche αὐταρκές, entrückt, desto mehr wird er solches θεωρεῖν, dessen eigenem Sinne nach, allein, für sich selbst, zum Vollzug bringen, desto „selbständiger" (χωριστόν)[291] wird er sein. „Besser aber ist es vielleicht" – so fügt Aristoteles hinzu[292] –, wenn der σοφός in solchem reinen θεωρεῖν σύνεργοι hat, solche also, die mit ihm gemeinsam, im συμφιλοσοφεῖν[293], das Werk der Wahrheit vollbringen. Denn dann ist der Mensch nicht nur in seinem eigenen Leben, sondern in seinem ganzen Lebenszusammenhang in das vollendete Sein der θεωρία entrückt, so dass seine εὐδαιμονία nur desto vollendeter ist. Gleichwohl bleibt der σοφός, auch in solchem συμφιλοσοφεῖν, jeweils der αὐταρκέστατος[294], der sich in höchster Weise selbst Genügende.

5) muss die fragliche ἐνέργεια von der Art sein, dass sie lediglich *um ihrer selbst willen* begehrt wird (δι' αὐτὸ βούλεται), niemals aber um eines anderen willen (μηδέποτε δι' ἕτερον), wie dies Aristoteles vor allem im formal-ontologischen Vorentwurf der εὐδαιμονία im 1. Buch der Nikomachischen Ethik herausgestellt hat[295]. Denn sonst könnte die fragliche ἐνέργεια nicht die εὐδαιμονία als das schlechthin letzte τέλος als τέλος τελειότατον sein. Auch dieser Bestimmung entspricht die ἐνέργεια der σοφία. Allein ihr nämlich ist der Mensch lediglich um ihrer selbst willen zugetan (δι' αὑτὴν ἀγαπᾶσθαι)[296]. Denn aus solcher θεωρία springt gar nichts anderes außer (παρά)[297] ihr als ἔργον heraus, sondern – wenn überhaupt – nur sie selbst, nämlich das reine *In-der-Wahrheit-Stehen als solches*. Dagegen springt aus aller πρᾶξις – und sogar aus dem τέλος der

---

[290] Eth. Nic. X, 7; 1177 a33.
[291] Cf. Met. VI, 1; 1026 a11.
[292] Eth. Nic. X, 7; 1177 a34.
[293] Cf. IX, 12; 1172 a5.
[294] X, 7; 1177 b1.
[295] Cf. I, 1; 1094 a18 sq und I, 5; 1097 a30 sqq.
[296] X, 7; 1177 b1 sq.
[297] b2.

πρᾶξις als solcher, der εὐπραξία – stets noch ein ἔργον als Anderes außer ihr heraus, das immer *auch* mit in Absicht gestellt werden kann. Da dieses nun in der reinen θεωρία der σοφία nicht in Betracht kommen kann, diese vielmehr ohne alles παρά schlechthin auf sich vereinzelt (μόνη)[298] ist, ist solches In-der-Wahrheit-Stehen – als zuhöchst *erfüllende* Seinsvollendung des Menschen als des sterblich-bedingten *Vernunftwesens* – dasjenige, dem er lediglich um seiner selbst willen zugetan ist.

6.) liegt die εὐδαιμονία irgendwie in der σχολή, der sog. *„Muße"*, d. h. dem erfüllten Verweilen in sich selbst, das sich des geschäftigen Umtuns (περιποιεῖσθαι)[299] enthält[300] und auf kein weiteres τέλος außer ihm mehr hin ausgespannt ist[301]. Sonst könnte die εὐδαιμονία wieder nicht letztes τέλος, τέλος τελειότατον, sein. Nun aber vermag keine πρᾶξις – wie hoch sie auch gestellt sein mag – diese Bestimmung zu erfüllen. Denn mag sie auch eine ἐνέργεια sein, die gemäß den praktischen ἀρεταί[302] vollbracht wird, mag sie also auch als εὐπραξία ihre Erfüllung in sich selbst tragen, so ist sie doch immer auch auf ein bestimmtes τέλος außer ihr hin ausgespannt – wie z. B. die politische πρᾶξις, das πολιτεύεσθαι[303], auf Macht, Ehre usw. –, dergestalt, dass es ihr immer auch zugleich um dieses geht. Die πρᾶξις ist also von Haus aus ἄσχολος[304], ohne erfülltes Verweilen in sich selbst. Keine der ἐνέργειαι κατ᾽ ἀρετὰς πρακτικάς, sondern allein die ἐνέγρεια des νοῦς[305] in Gestalt der σοφία, vermag die σχολή, das erfüllte Verweilen in sich selbst, zu gewähren. Denn in der theoretischen Sicht der ἀρχαί ist der Mensch gerade aus allem Sich-Umtun (περιποιεῖσθαι)[306] der ποίησις, die es auf das ἔργον außer ihr abgesehen hat, entrückt und verweilt, indem er in der höchsten Offenbarkeit des Ganzen in seinen ἀρχαί steht, in höchster Seinsvollendung in sich selbst.

---

[298] b1.
[299] Cf. b13.
[300] gr. σχολή gehört zum Verb ἀπέχειν „sich enthalten".
[301] Cf. b20.
[302] Cf. b5.
[303] b13.
[304] b12.
[305] Cf. b19.
[306] Cf. b13.

7.) Zur εὐδαιμονία gehört, dass sie μετὰ σπουδῆς[307], dass es mit ihr dem Menschen *ernst* ist, so dass er sich im Ernst nach allen Kräften um sie bemüht. Denn sofern der Mensch das sterblich-vernünftige Lebewesen ist, wird ihm die τελείωσις seines Seins keineswegs allein von Natur zuteil. Auch diese Bestimmung des Ernstes erfüllt die σοφία. Denn mag der Mensch auch in der ἐνέργεια des νοῦς aus aller πρᾶξις und ποίησις entrückt und nicht weiter auf ein anderes τέλος außer ihr angespannt sein, so ist doch solche σχολή keineswegs von der Art eines bloßen Spiels (παιδία)[308], dem der Ernst abgeht. Vielmehr zeichnet sich die ἐνέργεια des νοῦς durch den höchsten Ernst aus[309], – ist sie doch als θεωρία in das ὁρᾶν des θεός, das reine Betrachten des Gottes, entrückt, bei dem, als dem ἄριστον und dem letzten Worumwillen des Ganzen dessen, was ist, – wie sich dies im 7. Kapitel des 6. Buches der Nikomachischen Ethik zeigte – es den *höchsten Ernst* gibt. Gerade als θεωρητική ist die ἐνέργεια des νοῦς die σπουδαιοτάτη[310].

Damit ist gezeigt, dass die σοφία den wesentlichen Bestimmungen der εὐδαιμονία als τέλος τελειότατον des Menschseins entspricht. In der ἐνέργεια des νοῦς also würde – so schließt Aristoteles – die vollendete εὐδαιμονία (τελεία εὐδαιμονία)[311] des Menschen liegen, – vorausgesetzt freilich, dass diese ἐνέργεια, die ja schon ihrem eigenen Sinne nach ein συνεχές, d. h. ein ununterbrochenes continuum ist, sich auch noch – wie Aristoteles hinzufügt – „durch das ganze Leben (βίος) des Menschen hindurch erstreckt"[312]. Denn nichts darf an der εὐδαιμονία „un-vollendet" (ἀτελές)[313] sein. Die εὐδαιμονία wäre also erst schlechthin vollendet, wenn die ἐνέργεια des νοῦς – die θεωρία als Stehen in der Offenbarkeit des göttlichen Seins – die Zeitlichkeit der sterblichen Existenz des Menschen durchdauert.

c) Die Sterblichkeit des Menschen und die Transzendenz der σοφία

---

[307] X, 6; 1177 a2.
[308] Cf. X, 6; 1176 b27 sq.
[309] Cap. 7; 1177 b19.
[310] Cf. 1140 a21.
[311] Cf. b24.
[312] b25.
[313] Ibid.

Diese vollendete εὐδαιμονία scheint freilich eine Existenzweise zu sein, die den sterblichen Menschen schlechterdings *übersteigt* und ihm *nicht gemäß* ist. Denn das beständige Stehen in der vollendeten Offenbarkeit des Seins scheint vielmehr dem unsterblichen νοῦς des θεός vorbehalten zu sein. Sofern jedoch der νοῦς im Menschen – dieses „Auge der ψυχή" – nicht nur ein σύνθετον[314] ist, das mit der ὄρεξις zusammen ist, sondern „auf beiden Seiten" (ἐπ' ἀμφότερα)[315] auf das Äußerste geht, also sowohl Sicht des ἔσχατον, d. h. des einzelnen πρακτόν, wie Sicht der πρῶτα, d. h. der Bestimmungen und Artikulationen des reinen Seins selbst ist, dieser νοῦς aber in dieser letzten Gestalt „etwas Göttliches" (θεῖον τι)[316] im Menschen ist, kommt es für den sterblichen Menschen gerade darauf an, sich selbst als Sterblichen, soweit es ihm als solchem möglich ist, *ins Unsterbliche, Göttliche, zu übersteigen*:

> χρή [...] ἐφ' ὅσον ἐνδέχεται ἀθανατίζειν.[317]
>
> Es ist nötig [...], soweit es möglich ist, sich unsterblich zu machen.

Denn so wie auch sonst in den jeweils einzelnen Menschen ihre jeweils beste Fähigkeit gerade ihr eigentliches *Selbst* (ἕκαστον)[318] ausmacht, so macht auch im Menschen als solchem der νοῦς als das „gewaltigste Vermögen" in ihm (τὸ κράτιστον)[319] sein eigentliches Selbst als Mensch aus. *Der Mensch erreicht sich erst als Mensch, sofern er sich ins Göttliche übersteigt.* Dabei bleibt er freilich zugleich der Sterbliche, so dass er im *Überstieg* selbst und als solchen verbleibt. Insofern vermag er bei allem Bemühen (σπουδή) rein durch sich selbst niemals in die τελεία εὐδαιμονία zu gelangen. Diese bleibt stets das, was als τιμιώτατον alles sterbliche Bemühen übersteigt. Das höchste Menschenwerk – durch die ἐνέργεια des νοῦς in der vollendeten Offenbarkeit des Seins des Ganzen dessen, was ist, zu stehen – vermag nicht durch solche εὐπραξία des Menschen allein, son-

---

[314] Cf. X, 7; 1177 b28 sq.
[315] VI, 12; 1143 a35 sq.
[316] X, 7; 1177 b28.
[317] b31 sqq. Gemäß einem mündlichen Hinweis von K.-H. Volkmann-Schluck besagt ἀθανατίζειν auch: „in unsterblich machen", „auf der Seite der Unsterblichen mitmachen".
[318] Cf. 1178 a5.
[319] 1177 b34.

dern nur durch ein ἀντευποιεῖν³²⁰, ein „Wiedervergelten" des Guten, von Seiten der Götter selbst, d. h. durch göttliche Gunst vollendet zu werden. Die εὐδαιμονία bleibt – anfänglich und zuletzt –, wie auch ihr Name selbst sagt, Sache eines „guten Geschicks"³²¹.

---

[320] X, 9; 1179 a28.
[321] Aristoteles deutet zu Beginn des 10. Kapitels des 1. Buches der Nikomachischen Ethik an, dass die εὐδαιμονία etwas sei, das dem Menschen κατά τινα θείαν μοῖραν, „gemäß einem gewissen göttlichen Geschick", zuteil wird, dass sie θεῶν δώρημα, ein „Göttergeschenk", θεόπεμπτος, „durch den Gott geschickt", sei (1099 b9 sqq). Vgl. *supra* S. 148sq.

9. Φύσις et Θεός
(Aristote, Métaphysique Λ)

Dans le 1er livre de la *Métaphysique*, au chapitre 2, Aristote dit :

> διὰ [...] τὸ θαυμάζειν οἱ ἄνθρωποι καὶ νῦν καὶ τὸ πρῶτον ἤρξαντο φιλοσοφεῖν [...].
> C'est [...] par l'étonnement que les hommes, aujourd'hui aussi bien qu'au début, ont commencé à philosopher [...].[1]

L'étonnement est à l'origine de la philosophie. Or, on s'étonne à l'égard d'une chose quand elle ne va pas de soi, quand – nous dit Aristote – elle est ἄτοπος, quelque chose qui sort du familier, de sorte qu'on ne la comprend pas (διαπορεῖσθαι). C'est pourquoi précisément, on cherche à s'expliquer cette chose en se demandant quelles en sont les causes (αἴτια) pour dépasser ainsi cette incompréhension (ἄγνοια) et pour aboutir à un savoir (εἰδέναι) à son égard[2]. C'est de cette manière – nous dit Aristote – que les hommes se seraient étonnés d'abord des choses qui se trouvaient dans leur proximité, τὰ πρόχειρα, *à portée de main*, comme par exemple des plantes et des animaux, puis, progressant peu à peu, des phénomènes plus éloignés et plus importants, de la lune, du soleil et de son cours journalier et annuel, des astres, du ciel des étoiles fixes et de sa rotation qui, avec le soleil, nous procure le changement régulier du jour et de la nuit ainsi que des saisons. Ils se seraient donc finalement étonnés *du Tout* (τοῦ παντός), du fait que

---

[1] Aristoteles, *Metaphysica*, recognovit adnotatione critica instruxit W. Jaeger, Oxford, 1957 [cité : *Mét.*] / Aristote, *Métaphysique*, nouvelle édition entièrement refondue, avec commentaire par Jean Tricot, tome I et tome II, Paris, Vrin, 1986. Nous avons aussi consulté la traduction allemande suivante : *Aristoteles' Metaphysik*, Neubearbeitung der Übersetzung von Hans Bonitz, mit Einleitung und Kommentar, herausgegeben von Horst Seidl, Griechischer Text in der Edition von Wilhelm Christ, Meiner, Hamburg, 3. verbesserte Auflage, 1989. *Mét.* I, 2 ; 982 b 12*sq* (trad. mod.).

[2] 982 b 13 *sqq*.

celui-ci se lève et éclôt toujours à nouveau : Ils se seraient étonnés de la φύσις[3].

C'est ce chemin de l'étonnement qu'Aristote reprend au livre XII (Λ) de la *Métaphysique* pour le poursuivre jusqu'à son bout : *Dieu comme cause suprême purement intelligible de la nature sensible*. Nous nous proposons de retracer ce chemin en ses étapes principales, tout en nous demandant quelle est, à proprement parler, la raison qui oblige Aristote de *dépasser* la nature sensible vers un principe suprasensible, *méta-physique*. Pour l'anticiper : cette raison résidera dans la *constitution même des choses qui appartiennent à la nature*[4].

C'est pourquoi Aristote commence par considérer ces choses sensibles, et tout particulièrement celles parmi elles qui sont des οὐσίαι, soit : des êtres proprements dits, existant indépendamment en eux-mêmes (χωριστά)[5] ; car c'est d'eux que dépendent tous les autres, en n'en étant que des propriétés et des attributs (qualitatifs, quantitatifs, relationnels etc.). Or, ces οὐσίαι *sensibles* (οὐσίαι αἰσθηταί) qui appartiennent bien à la sphère de la nature et qui se manifestent par les sens (αἴσθησις), seront – nous dit anticipativement Aristote[6] – de deux sortes : les unes seront ἀΐδια, *impérissables, éternelles* – il s'agira avant tout du ciel des étoiles fixes dans son mouvement circulaire éternel –, les autres φθαρταί, *périssables*, comme par exemple les plantes et les animaux, sur lesquelles tout le monde tombe

---

[3] 982 b 17 : « [Ils se sont finalement étonnés] de la genèse du tout (περὶ τοῦ παντὸς γενέσεως) ». Nous comprenons ici par γένεσις la γένεσις εἰς οὐσίαν (au sens large) : le processus de devenir présent en son être, soit le processus d'apparaître et d'éclore en celui-ci. Ce processus d'apparaître et d'éclore, pour autant qu'il se produit *de soi* (καθ' αὑτό), "spontanément", caractérise la φύσις en tant que telle. Heidegger donne une interprétation succinte du passage sur l'étonnement comme origine de la philosophie (*Mét.* I, 2 ; 982 b 11 *sqq*) dans son cours magistral du semestre d'hiver 1924/25 intitulé *Platon : Sophistes*, édité par Ingeborg Schüßler, *Martin Heidegger Gesamtausgabe*, Band 19 [cité GA 19], Klostermann, Frankfurt a. M., 1992, S. 125 *sqq*.
[4] La constitution fondamentale des choses de la nature résidera dans le *mouvement* (κίνησις) en sa "causalité" propre. *Cf.* à cet égard Karl-Heinz Volkmann-Schluck, *Die Metaphysik des Aristoteles*, Klostermann, Frankfurt a. M., 1979, en part. p. 158 *sq* et p. 186 *sqq*. En partant de cette constitution de la nature, l'auteur donne une excellente interprétation de la preuve de l'existence de Dieu comme cause suprême ou ἀρχή dans *Mét.* XII, 1-7 et 9. Nous lui devons les inspirations essentielles de la présente contribution.
[5] *Mét.* XII, 1 ; 1069 a 24.
[6] a 30 *sqq*.

d'ailleurs d'accord (ὁμολογοῦσιν)[7], puisqu'elles se manifestent dans la perception sensible. Toutefois, ces deux sortes d'οὐσίαι sensibles, quelque différentes qu'elles soient, coïncideront dans un certain trait commun : elles se trouvent en *mouvement*, κίνησις. C'est pourquoi précisément elles appartiennent à la *nature*. Car le trait fondamental de celle-ci réside – comme Aristote l'a statué au début de la *Physique*[8] et comme il le répète ici – dans le *mouvement* :

ἐκεῖναι μὲν δὴ φυσικῆς· μετὰ κινήσεως γάρ [...].

Celles-ci [les οὐσίαι sensibles] sont l'objet de la physique ; car elles sont en mouvement.[9]

Comment comprendre ce mouvement ? Quelles en sont les causes (αἴτια) ou les éléments constitutifs (στοιχεῖα) ? Pour bien les saisir, il convient d'abord de se mettre sous les yeux le phénomène même du mouvement tel que l'expérimentaient les Grecs. Aristote l'indique ainsi :

ἡ [...] αἰσθητὴ οὐσία μεταβλητὴ [...].

L'être sensible est assujetti au revirement.[10]

Le mouvement est donc de l'ordre de la μεταβολή, du *revirement*. Les êtres de la nature, s'ils sont d'abord présents et s'ils sont présents tels qu'ils sont, cessent d'être présents et cessent d'être présents tels qu'ils sont. D'abord présents, ils passent dans l'absence, et de celle-ci de nouveau à la présence. Les fleurs fanent en automne et disparaissent en hiver pour réapparaître au printemps. C'est à ce revirement qu'est assujetti tout ce qui est par nature, voire la totalité de la nature dans son ensemble. Or, il est évident qu'une telle μεταβολή se produit entre des termes qui sont de véritables *contraires*, ἐναντία[11], qui s'excluent l'un l'autre, comme par

---

[7] a 31.
[8] *Physique* I, 2 ; 185 a 12 *sqq* : « Nous supposons comme principe que les étants qui sont par nature, se trouvent – ou tous ou quelques uns – en mouvement ; cela est manifeste par l'induction (ἡμῖν δ' ὑποκείσθω τὰ φύσει ἢ πάντα ἢ ἔνια κινούμενα εἶναι· δῆλον δ' ἐκ τῆς ἐπαγωγῆς) ». On traduit habituellement ἐπαγωγή par *induction* ; mais l'ἐπαγωγή est bien plutôt le regard qui, s'orientant sur un παράδειγμα, un exemple paradigmatique, en saisit l'essentiel ou le général (le καθόλου). Cf. *Analytica posteriora* I, 1 ; 71 a 9 *sqq*.
[9] *Mét.* XII, 1 ; 1069 a 36 *sq*.
[10] 1069 b 3.
[11] 1069 b 5.

exemple le blanc et le noir. Ainsi, ces deux contraires ne pourront pas passer *eux-mêmes* l'un *dans* l'autre, comme si le blanc devenait lui-même le noir. Comment donc la μεταβολή est-elle possible ? Il est clair qu'il faut ici un *troisième élément*, différent des deux contraires, un élément qui est au fondement (ὑπεῖναι) du passage de l'un à l'autre et qui, subsistant (ὑπομένει)[12] dans celui-ci, passe précisément *lui-même* tantôt dans l'un, tantôt dans l'autre de ces contraires. Cet élément est la *matière* (ὕλη)[13]. C'est en effet la matière qui est déjà là ; et c'est elle qui passe d'un contraire à l'autre, du noir au blanc, de l'obscur au clair, et réciproquement ; ou bien – le processus étant orienté par Aristote sur le terme "positif" – elle passe de la στέρησις à l'εἶδος, de l'absence privative à la présence effective de ce dernier. Ainsi, Aristote peut résumer :

> τρία δὴ τὰ αἴτια [...], δύο μὲν ἡ ἐναντίωσις ἧς τὸ μὲν [...] εἶδος τὸ δὲ στέρησις, τὸ δὲ τρίτον ἡ ὕλη.
>
> Trois sont les causes [du mouvement], deux [sont impliquées dans] le couple des contraires, dont l'un est [...] l'εἶδος, l'autre la στέρησις ; la troisième est la matière.[14]

Mais à y regarder de plus près, ces trois causes ne suffisent pas pour expliquer vraiment le mouvement. Certes, la matière, comme cause tierce, est bien ce qui *peut* être l'un ou l'autre (δυναμένη ἄμφω)[15]. Mais c'est précisément pour cette raison que cette matière, quand elle est l'un – à savoir la στέρησις, l'absence privative de l'εἶδος –, n'est alors cet εἶδος que sur le mode de la simple *possiblité*, δυνάμει, et non sur le mode de *l'actualité*, ἐνεργείᾳ[16]. Aussi faut-il une quatrième cause, externe cette fois, qui, initialement, met cette matière en mouvement (τὸ πρῶτον κινοῦν)[17] de sorte qu'elle passe de la présence potentielle à la présence actuelle de l'εἶδος concerné. Pour en être capable, cette quatrième cause doit évidemment être *elle-même* déjà *actuellement* ce que la matière respective n'est d'abord que potentiellement : « c'est un *homme* qui engendre un homme (ἄνθρωπος ἄν-

---

[12] *Cf.* 1069 b 6 *sqq.*
[13] *Mét.* XII, 2 ; 1069 b 3.
[14] 1069 b 32 *sqq.*
[15] 1069 b 14.
[16] 1069 b 15 *sq.*
[17] *Mét.* XII, 3 ; 1070 a 1.

θρωπον γεννᾷ) »[18]. Ainsi, le mouvement, trait fondamental des êtres de la nature, est donc possible par *quatre causes*, dont les *trois* premières sont des causes *internes* (ἐνυπάρχοντα), appelées par Aristote στοιχεῖα, *éléments*, et qui sont la matière, la στέρησις et l'εἶδος, et dont la *quatrième* est une cause *externe* (ἐκτός), le principe initial, l'ἀρχή du mouvement[19].

Telles sont donc les causes qui sont constitutives des êtres sensibles (οὐσίαι αἰσθηταί). Aristote les a gagnées en considérant avant tout les οὐσίαι φθαρταί, les *êtres périssables*, végétaux et animaux ; car ceux-ci n'appartiennent pas seulement à la sphère qui se trouve dans notre proximité, mais ils sont également – nous l'avons dit – l'objet d'un commun accord puisqu'ils se manifestent en toute évidence dans la perception sensible.

Mais la question est précisément de savoir s'il existe aussi des οὐσίαι qui ne sont pas périssables, mais qui sont *im-périssables*, ἀΐδια, éternelles, et si peut-être certaines d'entre elles existent déjà à l'intérieur de la sphère de la nature sensible. C'est avec cette question que commence le passage du sensible au suprasensible qui aboutira au θεός comme cause intelligible de la nature sensible.

Comment procéder ici ? Vu qu'il s'agit de dépasser la nature sensible pour aboutir finalement à l'οὐσία suprasensible, Aristote change de *méthode*. Car une telle οὐσία entièrement méta-physique ne saurait s'attester par la perception sensible. Il faut la démontrer en toute *nécessité* (ἀνάγκη)[20] et donc par la pure pensée (λόγος). Aristote s'engage donc dans cette *pure pensée*. Le point de départ est ladite question de savoir si, oui ou non, il n'existe que des οὐσίαι périssables. Or s'il en était ainsi, tout ce qui existe serait périssable (πάντα φθαρτά). Car c'est de l'οὐσία comme πρῶτον ὄν que dépendent toutes les autres choses qui sont (propriétés, attributs, relations, etc.). Toutefois, c'est à l'intérieur de la sphère de la nature sensible elle-même qu'il existe quelque chose qui n'est pas périssable. Il s'agit du *mouvement* (κίνησις), qui s'avère être toujours (ἀεί)[21]. Cela se montre dans

---

[18] *Ibid.* 1070 a 8 *sq* et a 28 *sqq*. Aristote précise : la matière sanguine de la femelle, présence potentielle de l'enfant, a besoin du sperme pour le devenir effectivement (*cf. Mét.* XII, 6 ; 1071 b 30 *sq*).
[19] *Mét.* XII, 4 ; 1070 b 22 *sqq* et XII 5 ; 1071 a 34.
[20] *Mét.* XII, 6 ; 1071 b 4 *sq*.
[21] 1071 b 6 *sq*.

la mesure où la pensée s'avance jusqu'au dernier horizon de la nature sensible : le *temps*. En effet, le temps est toujours (ἀεί) : et ce nécessairement. Car sinon, si le temps avait commencé d'être, il n'aurait pas été *antérieurement* (πρότερον) ; et s'il cessait un jour d'être, il ne serait pas *postérieurement* (ὕστερον)[22]. Mais l'antériorité et la postériorité sont à leur tour des parties du temps. Le temps est donc nécessairement toujours. Or, le temps est justement *quelque chose dans le mouvement* (κινήσεώς τι πάθος)[23]. Car le temps n'est présent que là où il y a du mouvement. Le temps est en effet – comme Aristote l'a montré dans la *Physique* – « le nombre du mouvement [soit : le mouvement compté] eu égard à ce qui, dans lui, est antérieur est postérieur (ἀριθμὸς τῆς κινήσεως κατὰ τὸ πρότερον καὶ τὸ ὕστερον) »[24]. Or ce sont là les *phases* du mouvement, qui se suivent selon l'ordre de l'antériorité et de la postériorité. Ces phases comme telles sont les *maintenants*. Le temps est ainsi la *suite irréversible* des *maintenants*. Mais parmi tous les types de mouvement (substantiel, quantitatif, qualitatif, etc.[25]), ce n'est que le *mouvement local*, la φορά, qui suit un ordre absolument irréversible (on ne peut parvenir à partir du lieu A au lieu E qu'en parcourant *l'un après l'autre* tous les lieux intermédiaires : B, C, D). Le temps se fonde sur le *mouvement local*. Ainsi, vu que le temps est toujours, il faut donc qu'il existe un certain *mouvement local* qui, lui aussi, est toujours. Bien plus, le temps, la suite des maintenants, étant en lui-même un *continuum* (συνεχές)[26], sans trou ni interruption (chaque maintenant *con-tient* [συν-έχει] le maintenant qui le précède et celui qui lui succède[27]), il faut qu'il existe un certain mouvement local absolument continuel. Or, ce ne peut être que le *mouvement circulaire* ; car c'est en lui que coïncident à chaque point la fin et le commencement (les autres mouvements locaux, quand ils changent de direction, s'arrêtent un instant). Il doit donc nécessairement exister un certain *mouvement circulaire* éternel (ἀΐδιον)[28].

---

[22] 1071 b 8.
[23] 1071 b 10.
[24] *Physique* IV, 11 ; 219 b 1 *sq.*
[25] *Cf. Mét.* XII, 2 ; 1069 b 9 *sqq.*
[26] *Mét.* XII, 6 ; 1071 b 9
[27] *Physique* IV, 2 ; 220 a 5 *sqq.*
[28] *Mét.* XII, 6 ; 1071 b 19.

Ce mouvement local circulaire est, lui aussi, de l'ordre de la μεταβολή : *revirement* du fait d'*être ici* au fait d'*être là*. Il est donc déterminé par les mêmes structures que tout autre mouvement. Il est le passage de quelque chose, d'une certaine matière, à partir de quelque chose à quelque chose, à partir du fait d'*être ici* au fait d'*être là*, et ce par quelque chose qui le met en mouvement (κινητικόν)[29]. Comment penser ici cette cause du mouvement ? De même que toute autre cause du mouvement, cette cause doit, elle aussi, déjà exister sur le mode de l'*actualité* (ἐνεργείᾳ) ; sinon, elle ne pourrait produire le passage de la possibilité à l'actualité, soit : du pouvoir être là au fait d'être là effectivement. Mais vu que le mouvement est ici éternel et absolument continuel, vu qu'il est sans commencement ni fin ni interruption, cette cause du mouvement est *actualité depuis toujours, pour toujours, sans interruption*. Elle n'est donc jamais présente sur le mode de la simple possibilité, mais – exempte de cette dernière, exempte donc de matière (ἄνευ ὕλης)[30] – a son être tout entier (οὐσία) dans l'*actualité pure* (ἐνέργεια) :

δεῖ ἄρα εἶναι ἀρχὴν τοιαύτην ἧς ἡ οὐσία ἐνέργεια.

Il faut donc qu'il existe une ἀρχή telle que son être même soit actualité.[31]

Aristote a ainsi réalisé, au moyen de la pure pensée, le passage à partir de la nature sensible jusqu'à sa cause suprasensible dont l'être même réside dans l'ἐνέργεια pure. C'est de cette cause suprasensible que relève ledit mouvement circulaire éternel.

Toutefois, la nature ne peut pas seulement dépendre de ce mouvement circulaire éternel ; car elle n'est pas seulement éclosion pure. Elle présente bien encore un autre aspect, déjà en vue avec l'οὐσία périssable et repris ici explicitement : la *genèse et le dépérissement* (γένεσις καὶ φθορά)[32]. Si tout *éclôt* au printemps, il est vrai aussi qu'avec l'automne commence déjà le *dépérissement*. La genèse et le dépérissement est le second mouvement

---

[29] 1071 b 12. Il convient de noter qu'Aristote parle ici aussi du ποιητικόν, de ce qui *produit* le mouvement. Cela prélude à concevoir la cause suprême du monde finalement comme *causa efficiens* (cause inconnue par Aristote).
[30] 1071 b 21.
[31] 1071 b 19 *sq.*
[32] *Mét.* XII, 6 ; 1072 a 11 *sq.*

fondamental de la nature. Il faut donc supposer une *seconde cause* du mouvement de la nature, la cause de cette genèse et de ce dépérissement. Et si la première cause a mû la nature toujours dans le même sens (ἀεί ὡσαύτως), la seconde cause doit la mouvoir tantôt dans un sens, tantôt dans un autre (ἄλλως καὶ ἄλλως)[33], de sorte qu'elle amène tantôt la genèse tantôt le dépérissement. D'autre part, dans la mesure où la genèse et le dépérissement se répètent toujours de la même façon, la seconde cause doit la mouvoir *aussi* toujours de la même façon. Mais vu qu'elle meut *d'elle-même* tantôt dans un sens, tantôt dans un autre, elle ne peut mouvoir toujours de la même façon que grâce à la *première*. Bien qu'étant elle-même mouvant, la seconde cause est donc mue aussi par la première. C'est ainsi qu'elle meut aussi bien sur le mode de *la diversité* que celui de *l'uniformité* :

[...] τὸ πρῶτον [...] αἴτιον [...] τοῦ ἀεὶ ὡσαύτως· τοῦ δ' ἄλλως ἕτερον, τοῦ δ' ἀεὶ ἄλλως ἄμφω δηλονότι.

[...] le premier [= la première cause] [...] est la cause de l'uniformité éternelle ; l'autre [= la seconde cause] est la cause de la diversité ; et les deux réunies sont manifestement la cause de la diversité éternelle.[34]

Qu'une telle cause doublement déterminée doit bien exister, c'est d'abord la pensée (λόγος) qui l'exige. Et qu'un mouvement circulaire éternel doit bien exister lui aussi, c'est encore la pensée qui l'exige. Mais ces deux choses ne sont pas seulement affaire de la pure pensée ; elles se manifestent également à titre de faits (ἔργῳ) dans la perception sensible :

[...] τοῦτο οὐ λόγον μόνον, ἀλλ' ἔργῳ δῆλον.

[...] cela n'est pas seulement manifeste par la pensée, mais également par les faits.[35]

En effet, le mouvement circulaire éternel sur lequel se fonde le temps est le mouvement du *ciel*, soit de la sphère des étoiles fixes (πρῶτος οὐρανός)[36]. Et la cause qui meut aussi bien sur le mode de l'uniformité que sur le mode

---

[33] 1072 a 10 *sq.*
[34] 1072 a 15 *sqq.*
[35] *Mét.* XII, 7 ; 1072 a 22. Aristote parle ici uniquement du mouvement circulaire éternel. C'est lui qui est manifeste aussi par les faits. Nous rapportons cet énoncé également à la seconde cause du mouvement.
[36] 1072 a 24.

de la diversité, c'est le *soleil*. En effet, le soleil participe d'une part au mouvement circulaire du ciel des étoiles fixes, par quoi il amène l'alternance éternelle du jour et de la nuit. Mais il suit également son propre cours tout en le répétant toujours de la même façon : il parcourt éternellement le cercle écliptique annuel, par quoi il amène la périodique éternelle des saisons[37].

Ces deux mouvements – le mouvement circulaire du ciel et l'écliptique annuelle du soleil – sont les mouvements fondamentaux de la nature sensible qui impliquent tous les autres. Mais tous deux, en leur *uniformité éternelle*, se doivent à la première cause du mouvement, celle qui meut toujours de la même façon. Car celle-ci est pure actualité (ἐνέργεια), exempte de toute possibilité d'être autre.

Mais si elle est pure actualité, exempte de toute possibilité et donc exempte de tout mouvement (ἀ-κινητός)[38], comment peut-elle alors être la

---

[37] Concernant la 2ᵉ cause du mouvement, nous suivons l'interprétation de K.-H. Volkmann-Schluck qui l'identifie avec le soleil (*op. cit.*, p. 190). Cette interprétation va de pair avec ce que dit Aristote à propos du soleil *in* : *Mét.* XII, 5 ; 1071 a 13 *sqq* : « [...] un homme a pour causes non seulement ses éléments, savoir le feu et la terre, pris comme matière, et sa forme particulière, mais encore une autre cause, cause externe cette fois, c'est-à-dire son père, et enfin, outre ces causes, le soleil et l'écliptique, et ces derniers ni comme matière, ni comme forme, ni comme privation de la forme, ni comme quelque chose qui est de la même forme, mais comme des causes du mouvement ([...] ἀνθρώπου αἴτιον τά τε στοιχεῖα, πῦρ καὶ γῆ ὡς ὕλη καὶ τὸ ἴδιον εἶδος, καὶ ἔτι τι ἄλλο ἔξω, οἷον ὁ πατήρ, καὶ παρὰ ταῦτα ὁ ἥλιος καὶ ὁ λοξὸς κύκλος, οὔτε ὕλη ὄντα οὔτ' εἶδος οὔτε στέρησις οὔτε ὁμοειδές, ἀλλὰ κινοῦντα) » (traduction J. Tricot, revue par nous). Nous nous demandons cependant s'il n'est pas préférable d'identifier la 2ᵉ cause du mouvement avec une 2ᵉ οὐσία suprasensible (exempte de mouvement) qui, elle, serait la cause du mouvement propre du soleil. Cette interprétation irait de pair avec *Mét.* XII, 8 où Aristote suppose comme causes des mouvements propres des *planètes* autant d'οὐσίαι ἀκίνηται. Il en irait de même du soleil, qui serait donc à la fois mû (par l'οὐσία suprasensible en question) et mouvant (la nature). *Cf.* à ce propos la succinte présentation de *Mét.* XII, 8 par J. Tricot (Aristote, *Métaphysique*, tome II, p. 686 *sqq*) qui se réclame avant tout de l'étude de Pierre Duhem, *in* : *Le système du Monde. Histoire des Doctrines cosmologiques de Platon à Copernic*, 5 vol., Paris 1913-1919. Tome I : *La cosmologie héllénique*, Paris, 1913 (p. 130-214). D'autre part, il semble problématique qu'une οὐσία suprasensible a-hylétique (exempte de toute possibilité d'être ceci ou cela) puisse mouvoir sur le mode de la *diversité*, soit : tantôt dans un sens, tantôt dans l'autre. Ce problème semble favoriser l'identification de la 2ᵉ cause du mouvement avec le soleil (qui est une *matière toute lumineuse* et comme telle *toute proche* de l'εἶδος ou de l'ἐνέργεια pure : il meut donc bien en *deux* sens).

[38] *Mét.* XII, 7 ; 1072 b 7.

cause du mouvement ? Une cause doit posséder déjà d'elle-même ce dont elle est la cause[39] ! Pourtant la première cause du mouvement – qui, elle, est *nécessairement* pure actualité – doit mouvoir justement sans être elle-même en mouvement (οὐ κινούμενον κινεῖ)[40]. Comment meut-elle donc ? Nous connaissons des choses – nous dit Aristote – qui meuvent de cette façon : l'objet du désir (τὸ ὀρεκτικόν) et l'objet de la pensée (τὸ νοητόν)[41]. En effet – nous explique Aristote – l'objet du désir (ὄρεξις), c'est le beau (τὸ καλόν)[42]. Car le beau, au sens grec, c'est ce qui est *accompli*, sans aucun manque d'être (un fragment n'est pas beau), plus précisément : c'est cet accompli en tant qu'il est présent dans la splendeur de son propre accomplissement. Ainsi ce beau va-t-il bien mouvoir le désir, et cela sans se mouvoir ni agir lui-même, mais uniquement par sa *présence* comme telle. C'est en effet cette simple présence qui remplit celui qui y aspire de plénitude et de satisfaction[43]. De même, l'objet de la pensée (νοῦς) – comme par exemple un certain objet mathématique – met en mouvement la pensée sans se mouvoir lui-même : il la meut par sa seule présence. Or ces deux objets, l'objet du désir et l'objet de la pensée, bien que semblant d'abord différents, s'avèrent être en dernière ou première instance le seul et même objet. En effet, l'objet *premier* ou suprême de la pensée (τὸ πρῶτον νοητόν)[44], l'objet qui est pour ainsi dire le modèle ontologique originel dont dépendent tous les autres, c'est l'οὐσία au sens suprême, cette οὐσία donc à laquelle ne manque aucun être, qui, a-hylétique, n'est qu'ἐνέργεια pure[45], et qui n'est, en fait, rien d'autre que la première cause du mouvement ici en question. Or cette οὐσία suprême est ce qu'il y a ontologiquement de meilleur (ἄριστον)[46], puisqu'il ne lui manque rien. Mais un tel ἄριστον, recherché uniquement pour lui-même, c'est précisément aussi le *beau*. L'οὐσία su-

---

[39] *Mét.* II, 1 ; 993 b 24 *sqq.*
[40] *Mét.* XII, 7 ; 1072 a 25 *sq.*
[41] 1072 a 26.
[42] 1072 a 28.
[43] Comme l'exprime K.-H. Volkmann-Schluck en allemand : « Es ist das Erfüllende » (*cf. op. cit.*, p. 194), – formule guère traduisible en français.
[44] *Cf. Mét.* XII, 7 ; 1072 a 30 *sqq.*
[45] 1072 a 31 *sq* : « l'être [...] simple [a-hylétique] et existant sur le mode de l'actualité (ἡ οὐσία [...] ἁπλῆ καὶ κατ' ἐνέργειαν) ».
[46] 1072 a 35

prême – celle qui est ἐνέργεια pure – s'avère donc être *belle* : elle est là dans la splendeur de son accomplissement suprême. Ainsi meut-elle, nous dit Aristote, comme meut l'objet aimé (ὡς ἐρώμενον)⁴⁷, – l'objet aimé mouvant en effet du fait qu'il est beau, et donc uniquement du fait de sa *présence* comme telle. La première cause du mouvement – l'οὐσία suprême, qui n'est qu'ἐνέργεια, sans manque d'être – meut donc par sa *simple présence* puisqu'elle accorde la plénitude d'être⁴⁸. C'est pourquoi précisément elle est ce vers quoi tout aspire. Car tout aspire vers l'accomplissement (τέλος) et la plénitude de son être.

C'est donc de cette manière que la cause première met tout en mouvement, éternellement : d'abord le ciel et le soleil et par leur truchement la φύσις dans son ensemble :

ἐκ τοιαύτης ἄρα ἀρχῆς ἤρτηται ὁ οὐρανὸς καὶ ἡ φύσις.

C'est d'un tel principe que dépendent le ciel et la nature.⁴⁹

Mais cette ἀρχή n'est pas seulement ce que toute *autre* chose cherche à atteindre : elle s'est toujours déjà atteinte *elle-même*, – séjournant ainsi éternellement dans la plénitude de son propre être, en y éprouvant une satisfaction, une réjouissance (ἡδονή) éternelle⁵⁰. En effet, cette cause suprême, ἐνέργεια pure, sans manque d'être, ἄριστον, ontologiquement le plus accompli possible, ne saurait être présente *en celle-ci* seulement en *latence*, mais doit toujours être actuellement présente *comme telle*, comme l'ἐνέργεια qu'elle est. Son mode d'être – et Aristote prend ici en considération nous-mêmes, hommes mortels, et nos modes d'être – ne peut donc pas être le sommeil, mais bien la *veille* (ἐγρήγορσις)⁵¹. En effet, quand nous dormons, les choses qui nous entourent, ainsi que d'ailleurs nous-mêmes, sont certes présents actuellement (ἐνεργείᾳ), mais elles ne sont pas présentes en cette ἐνέργεια *comme telle*. En celle-ci, elles sont absentes, tout comme nous-mêmes sommes absents à leur égard. Ce n'est que quand nous

---

[47] 1072 b 3 : « Elle meut [...] comme [meut] l'objet aimé (κινεῖ δὲ ὡς ἐρώμενον) ».
[48] K.-H. Volkmann-Schluck relève que le dieu d'Aristote n'est *nullement une cause efficiente*. Il ne "fait" rien. *Cf. op. cit.*, p. 196 *sq*. Autrement dit, le dieu d'Aristote ne rentre pas dans le registre de la *Machenschaft*, de la "faisance" ou *poïèse*.
[49] *Mét.* XII, 7 ; 1072 b 14.
[50] 1072 b 17.
[51] *Ibid.*

nous réveillons et ouvrons les yeux que l'actualité est pour nous présente *comme telle*. Ainsi donc la cause suprême ne dort pas ; elle a toujours déjà ouvert les yeux et est toujours déjà *présence ouverte actuelle* à son propre égard, – présence ouverte qu'elle réalise, de surcroît, non pas sur un mode déficient, comme par exemple la simple αἴσθησις, dont l'objet, bien qu'actuellement présent, est toujours affecté par une absence possible, mais sur le mode suprême de la pensée (νόησις), celle-ci étant la vue de l'*être même* (οὐσία) et – en son plus haut degré – la vue de l'ἐνέργεια pure (exempte de toute absence). Ainsi la cause suprême s'avère être νοῦς, *esprit*, et plus précisément esprit qui se pense lui-même :

ἑαυτὸν δὲ νοεῖ ὁ νοῦς κατὰ μετάληψιν τοῦ νοητοῦ [...].

Le νοῦς se pense lui-même, selon sa participation à l'objet pensé [...].[52]

Le νοῦς participe (μεταλαμβάνει) ou *contribue* lui-même à la présence de l'objet qu'il pense. Car cet objet, c'est l'être même, l'οὐσία, ou l'ἐνέργεια qui n'est ouvertement présente *comme telle* – nous venons de le voir – qu'à l'aide de la pensée. En ce sens la pensée, dans la mesure où elle pense l'être même ou l'ἐνέργεια, pense en effet à la fois elle-même. Or si le νοῦς tel que *nous* le possédons, nous autres hommes mortels, n'est que la *faculté ou la possibilité* de penser l'être même (τὸ δεκτικὸν [...] τῆς οὐσίας)[53], ce même νοῦς est néanmoins ce qui est en nous *le divin* (θεῖον)[54]. Car il nous permet de nous élever à la vue actuelle de l'*être même* (qui, selon son sens propre, est éternel) et de nous rendre ainsi nous-mêmes *éternels*, au moins pour de rares instants[55]. A plus forte raison, le νοῦς tel

---

[52] 1072 b 20. Concernant cette traduction, *cf.* K.-H. Volkmann-Schluck, *op.cit.*, p. 198.
[53] *Mét.* XII, 7 ; 1072 b 22.
[54] 1072 b 24.
[55] A ce propos, Aristote parle également d'un « se rendre immortel (ἀθανατίζειν) », *cf.* *Ethique à Nicomaque* X, 7 ; 1177 b 33. Notons que ce chapitre 7 de l'*Ethique* constitue une sorte d'arrière-fond qui soutend les développements dans *Mét.* XII ; 7, 1072 b 15-30. Concernant ce chapitre 7 de l'*Ethique*, *cf.* l'interprétation qu'en donne Heidegger dans GA 19, p. 174-179, et notre interprétation dans « Die Frage der εὐδαιμονία in der *Nikomachischen Ethik* des Aristoteles », *cf. supra*, article n° 8, p. 138-196, en part. p. 195sq. *Cf.* aussi la version française intitulée : « La question de l'εὐδαιμονία dans l'*Ethique à Nicomaque* d'Aristote », *in* : *Etudes phénoménologiques*, OUSIA, n° 16, p. 79-102, et n° 17, p. 3-26, Louvain-la-Neuve, 1992 et 1993, en part. n° 17, p. 320-26.

que le possède la cause suprême est divin. Car il est toujours déjà en actualité, éternellement. Ainsi ce νοῦς n'est-il pas seulement quelque chose de divin (θεῖον), mais le *Dieu même*, le Θεός[56]. Ce Dieu séjourne éternellement dans la contemplation actuelle de lui-même dans la pleine réjouissance de lui-même. Or, ce Dieu – à le comparer avec nous autres hommes mortels – est quelque chose de bien étonnant (θαυμαστόν)[57]. Car ce qui n'est accordé à nous que pour de rares instants (la vue actuelle de l'être même ou de l'ἐνέργεια pure), il le détient et s'y maintient *éternellement* (ἔχει [...] ἀεί)[58]. Et s'il le détient même à un degré supérieur au nôtre, il est – nous dit Aristote – d'autant plus étonnant (θαυμασιώτερον)[59]. Or, il en est bien ainsi : Ce Dieu est en effet *toujours déjà* pensée actuelle : œil actuellement ouvert, *vie* (ζωή)[60], – et ce au plus haut degré : depuis toujours et pour toujours, de manière absolument continuelle, sans interruption. Sinon, il ne saurait être l'ἀρχή de la nature en son éclosion éternelle. Ainsi ce Dieu *méta*-physique est-il l'objet d'un étonnement qui va toujours s'accroissant.

---

[56] *Mét.* XII, 7 ; 1072 b 25.
[57] *Ibid.*
[58] *Ibid.* Avec Alexandre Aphrodisiensis et Werner Jaeger, nous lisons le passage de *Mét.* XII, 7 ; 1072 b 23-24 comme suit : « C'est à celui-là [au principe suprême] qu'appartient à un degré supérieur ce que le νοῦς [chez nous] semble posséder comme divin ([...] ἐκείνου μᾶλλον τοῦτο ὃ δοκεῖ ὁ νοῦς θεῖον ἔχειν) ». Mais avec Wilhelm Christ, on peut lire aussi : « Celui-là [τὸ νοητόν, *cf. ibid.* 1072 b 22] possède le divin à un degré supérieur par rapport à ce qui semble être le νοῦς (ἐκεῖνο μᾶλλον τούτου ὃ δοκεῖ ὁ νοῦς θεῖον ἔχειν) ». On peut alors comprendre le passage ainsi : ce qui semble être le νοῦς, c'est *notre* νοῦς ; car celui-ci n'est que δεκτικὸν τοῦ νοητοῦ καὶ τῆς οὐσίας (*ibid.* 1072 a 22). Or, c'est le νοητόν qui le met en mouvement (*ibid.* 1072 a 30). Ainsi, notre νοῦς, mis en mouvement par ce dernier et dès lors en actualité, sera θεωρία [= θεόν ὁρᾶν], *contemplation [actuelle] du* θεός. Car le νοητός est le νοῦς divin qui s'est toujours déjà actualisé (puisqu'il est ce qui met en mouvement le nôtre). Comme tel, il est le Dieu même (ὁ Θεός). On rattachera ainsi le passage à la "doctrine" du νοῦς παθητικός et du νοῦς ποιητικός dans *De Anima* III, 5. Ce ne sont donc pas seulement les choses de la nature, mais également le νοῦς de l'homme qui est mû par la cause première.
[59] *Mét.* XII, 7 ; 1072 b 26.
[60] 1072 b 8.

*

Selon Aristote, la philosophie a son origine dans l'étonnement et s'achève dans un étonnement allant s'accroissant. Et il est vrai que, même aujourd'hui, le Dieu d'Aristote peut être pour nous l'objet d'un étonnement. Car nous nous trouvons à la suite de la représentation platonico-chrétienne de Dieu selon laquelle celui-ci est l'architecte (le "demiurge") et le créateur du monde. Mais le Dieu d'Aristote n'est ni un architecte, ni un créateur. Il ne "fait" rien ; il n'est pas une cause efficiente ; il ne s'impose pas. Et pourtant : il meut tout. « Il meut [...] comme meut l'objet aimé (κινεῖ [...] ὡς ἐρώμενον) »[61] : il meut par sa *pure et simple présence*. Or, selon Nietzsche, le Dieu platonico-chrétien est assujetti à notre époque au processus « nihiliste » de perdre la force – qui lui était propre – de déterminer et façonner la vie humaine. La question est alors de savoir s'il n'est pas possible de penser anticipativement – à l'aide de l'essence du Dieu d'Aristote – l'essence possible d'un Dieu à venir. Et si celui-ci n'était plus pure présence (παρ-ουσία) sans absence, mais inversement – conformément au nihilisme – pure ab-sence (ἀπ-ουσία) sans présence ? Et comme tel précisément sans "faire" (*poïèse*) ?

---

[61] *Cf. supra*, p. 207, notre note n° 48.

10. Le rapport temps/espace chez Aristote et Bergson

A lire l'énoncé du titre de cette contribution, on peut se demander quel sens il peut y avoir de parler du rapport temps/espace à la fois chez Aristote et Bergson. Ces deux philosophes ne sont-ils pas éloignés de plus de deux mille ans ? Bergson, philosophe contemporain de la *subjectivité vivante*, – que pourrait-il avoir en commun avec Aristote, ancien philosophe de la nature ? De plus, Bergson, en critiquant le concept traditionnel du temps, celui du temps quantitatif, et en établissant un autre concept du temps, celui de la « durée », n'a-t-il pas réfuté par là non seulement le concept du temps des sciences naturelles modernes et contemporaines, mais encore celui qu'Aristote avait établi pour la première fois dans sa *Physique* ?

Pourtant – et telle est la thèse que nous défendons dans ce qui suit – Bergson, avec toute sa conception du temps, se meut toujours et encore dans la tradition qu'a instituée Aristote par son concept du temps. De telle sorte pourtant que l'*horizon* à partir duquel et dans lequel nos deux philosophes pensent ce même concept du temps s'est bien *transformé*. Il s'agit donc pour nous de mettre en lumière la façon dont il y a *à la fois continuité et changement* entre les concepts aristotélicien et bergsonien du temps.

Comme on le sait, c'est dans son *Essai sur les données immédiates de la conscience* (1889)[1] que Bergson a pour la première fois distingué les deux concepts du temps que nous venons de mentionner et qui traversent toute son œuvre :

1) Celui du *temps quantitatif* qui ne serait, selon lui, à vrai dire que l'*espace* et donc pas un véritable temps, et

2) celui du *temps/durée*, qui serait alors selon lui le *temps proprement dit*.

C'est avec ce dernier concept que Bergson croit donc avoir enfin découvert le véritable concept du temps.

---

[1] Henri Bergson, *Essai sur les données immédiates de la conscience* [cité *Essai...*], Paris, Alcan, 1889.

Mais à y regarder de plus près, ces deux concepts bergsoniens du temps s'avèrent *tous deux* contenir certains éléments essentiels déjà impliqués dans le *concept aristotélicien* du temps : ils le présupposent et ne sont pas possibles sans lui, – non-obstant le fait qu'ils apparaissent dans un horizon de pensée bien *différent* de celui d'Aristote[2]. Pour le montrer, nous traiterons ces deux concepts bergsoniens l'un après l'autre.

1. Le temps quantitatif

La question est d'abord de savoir comment Bergson peut en venir à identifier le temps quantitatif avec l'espace. Or, le temps quantitatif est le temps dénombré et déterminé par un certain nombre. Le *nombre*, quant à lui, est la somme d'une multiplicité d'unités homogènes ; unités qui doivent être présentes *distinctement et simultanément* à la conscience, – sans quoi elles seraient évanescentes et on ne pourrait les compter. Or l'*espace* est le milieu dans lequel la conscience les place pour qu'elles aient cette présence distincte et simultanée. Car l'espace (au sens du *spatium*) est l'*es-pacé* comme tel : l'extensivité homogène qui n'est qu'ex-tension – jamais succession – et partant pure simultanéité. Ainsi, les unités que l'esprit compte ne sont que :

> [...] des parties d'espace, et l'espace est la matière avec laquelle l'esprit construit le nombre, le milieu où l'esprit le place.[3]

C'est uniquement par là qu'il obtient une idée claire du nombre, car en effet :

> Toutes idées claires du nombre impliquent une vision dans l'espace.[4]

Par conséquent la conscience, pour qu'elle puisse *compter* le temps, doit projeter ce dernier – en soi fluide et évanescent – dans l'espace et le fixer dans celui-ci. Mais ce qu'elle compte alors n'est à vrai dire plus du

---

[2] Heidegger présente brièvement le rapport de Bergson à Aristote dans son cours intitulé *Logik. Die Frage nach der Wahrheit*, Marburger Vorlesung, Wintersemester 1925/26, hrsg. von Walter Biemel, GA 21, 1976, *cf.* en part. p. 250 et p. 266-268 (le cours n'est pas encore traduit en français). Nous devons à ces quelques passages l'intuition fondamentale de notre article.

[3] *Essai*, p. 63.

[4] p. 59.

temps, mais uniquement des unités, distinctement présentes, de l'*espace*. Le temps lui-même a disparu. En ce sens, le *temps quantitatif est bien l'espace*. Et le temps proprement dit est aboli par le concept du temps quantitatif.

Si Bergson saisit ainsi le temps d'abord comme temps quantitatif – ne faisant d'ailleurs qu'y suivre l'aspect que le temps présente pour nous aujourd'hui en tout premier lieu conformément à la domination des sciences –, ce concept du temps quantitatif n'est pourtant possible qu'à la suite du concept du temps tel que l'a originellement établi Aristote. En effet, ce qui peut être compté ou dénombré dans le phénomène du temps, c'est la multiplicité des *maintenants* qui sont identiques et qui se suivent l'un l'autre. Dans la mesure où on les dénombre, c'est par ce dénombrement même qu'on les pose l'un après l'autre, de sorte qu'ils forment une série. Le temps quantitatif est donc le temps considéré comme *suite dénombrable des maintenants*. Or, c'est précisément ainsi qu'Aristote a défini le temps dans sa *Physique*, livre IV :

> τοῦτο γάρ ἐστιν ὁ χρόνος, ἀριθμὸς κινήσεως κατὰ τὸ πρότερον καὶ τὸ ὕστερον.
>
> Voici en effet ce qu'est le temps : le nombre du mouvement selon l'antérieur et le postérieur.[5]

Le temps est quelque chose qui est dénombré dans le mouvement ; et ce en tant que ce mouvement apparaît eu égard à une multiplicité de l'ordre d'un antérieur et d'un postérieur, – multiplicité qui est donc bien la suite des maintenants qui passent et disparaissent. Le temps est à chaque fois *un certain nombre déterminé de ces maintenants*. Le concept actuel du temps quantitatif que Bergson critique remonte donc bien au concept aristotélicien du temps. En ce sens, Bergson, avec le concept du temps quantitatif, se meut toujours dans la tradition instituée par Aristote.

Mais la critique de Bergson ne s'applique pas seulement au concept du temps quantitatif, qui a pour présupposition le concept aristotélicien du temps. Sa critique semble directement toucher ce concept aristotélicien lui-

---

[5] Aristote, *Physique* IV, 11 ; 219 b 1 *sq* (notre traduction). Concernant le texte grec, nous nous référons à *Aristotelis Physica recognovit brevique adnotatione critica instruxit W. D. Ross*, Oxford, first édition 1950, reprinted with corrections 1956, 1960, 1966. Concernant la traduction française, nous nous orientons sur celle d'Henri Carteron, *Physique*, Paris, Les belles lettres, 1952.

même, le démasquer et l'abolir. En effet, Aristote, s'il conçoit le temps comme nombre du *mouvement*, semble bien avoir lui-même déjà conçu le temps selon un modèle *spatial*. Car le mouvement, dira-t-on, est toujours un mouvement *local*, c'est-à-dire le parcours d'une multiplicité des lieux différents ordonnés dans l'espace. Ainsi, ce qui est dénombré dans le mouvement ne serait, à vrai dire, pas le temps, mais les différentes parties de la distance que parcourt le mouvement local. Aristote n'aurait donc pas saisi la véritable essence du temps. Chez lui également, le temps serait espace, puisqu'il serait le nombre du *mouvement local*.

Il faut ici tirer au clair le rapport temps/espace tel qu'il se présente chez Aristote. Pour lui en effet, le temps n'est pas espace, mais « quelque chose du mouvement (τῆς κινήσεώς τι) »[6], quelque chose qui apparaît *dans et avec le mouvement* ; et ce d'ailleurs dans et avec *tout* mouvement, quel que soit son genre. Aristote comprend en effet la notion de mouvement au sens large, soit comme le passage de quelque chose ἔκ τινος εἴς τι, « *à partir de quelque chose jusque vers et dans* quelque chose [d'autre] »[7] ; passage au cours duquel celui qui l'accomplit subit une μεταβολή[8], un *changement d'être*, une transformation, voire *mutation*. Ce mouvement n'est donc pas seulement le mouvement d'ordre local, mais n'importe quel mouvement, n'importe quel changement, aussi bien d'ordre qualitatif (la fleur qui est rouge devient brune), que quantitatif (l'arbre qui est petit, devient grand) ; le mouvement du naître et du disparaître (l'arbre naît, croît, dépérit et disparaît) ou encore celui des pensées dans notre ψυχή[9]. Car partout où apparaît l'un de ces mouvements apparaît aussi le temps. Pourtant, le mouvement local possède une certaine priorité sur les autres mouvements. Car c'est un trait tout à fait essentiel du temps que d'être absolument continu (συνεχές)[10], sans trou ni saut, irréversible, quant à la consécution des *maintenants*, de sorte que, bien qu'avançant toujours vers un maintenant postérieur, il est tout de même régi par la disparition irrévocable de tout maintenant antérieur. Or, comme le dit Aristote :

---

[6] *Physique* IV, 11 ; 219 a 10 (traduction H. Carteron).
[7] 219 a 10 *sq.*
[8] 218 b 33.
[9] 219 a 5 *sq.*
[10] 219 a 14 *sqq.*

τὸ δὴ πρότερον καὶ ὕστερον ἐν τόπῳ πρῶτόν ἐστιν.
[cette irréversibilité de] l'antérieur et [du] postérieur se trouve primordialement dans l'espace[11].

En effet, pour se rendre à partir d'un certain lieu vers un autre, il faut bien passer successivement au travers de tous les lieux intermédiaires, sans pouvoir en omettre aucun ni changer leur ordre. Ainsi, c'est précisément dans le mouvement local que se manifeste en toute évidence l'irrévocabilité de l'ordre du temps ; ordre du temps qui consiste dans l'antériorité et la postérité des *maintenants*, de telle sorte que ceux-ci ne sont à chaque fois que passagèrement présents. Si Aristote élucide donc le phénomène du temps avant tout par rapport au mouvement local, cela ne veut pas pour autant dire que le temps se réduit finalement pour lui à l'espace. Au contraire, un trait tout à fait essentiel du temps ressort justement par là : le fait qu'il y a un *ordre* du temps, consistant dans l'*irréversibilité* de l'antérieur et du postérieur. En d'autres termes, c'est le temps comme χρόνος, comme puissance qui fait passer et disparaître, qui transparaît au travers de l'irréversibilité de l'ordre du mouvement local.

Ce rappel de l'essence du temps chez Aristote nous permet de discerner l'horizon dans lequel celui-ci fait expérience du temps et à partir duquel il en conçoit l'essence. Si le mouvement dans et avec lequel apparaît le temps a pour caractère propre d'être le passage ἔκ τινος εἴς τι, soit de s'étendre, de se tendre continûment à partir de quelque chose vers quelque chose d'autre, alors ce mouvement est propre à la *nature* comme telle en général. Car la nature (φύσις) est régie selon Aristote par une tendance interne irrésistible (ὁρμή)[12] qui la pousse vers l'éclosion, de telle sorte que, selon l'expérience des présocratiques dont on entend ici l'écho, ce mouvement vers l'éclosion recèle en lui-même celui vers le dépérissement (φθορά). C'est donc bien cette φύσις qui représente l'horizon à partir duquel Aristote pense le temps. Le temps est alors le ποσόν, l'*autant* dénombrable de la présence continue de ce mouvement de l'éclosion de la nature, de telle sorte que, dans ce mouvement, c'est avant tout le dépérissement (φθορά) qui apparaît.

On comprend bien que cet horizon de la φύσις des grecs ne peut plus régir la pensée moderne d'un Bergson. L'horizon qui régit la pensée mo-

---

[11] IV, 10 ; 219 a 14 *sq.*
[12] *Physique* II, 1 ; 192 b 18.

derne, cartésienne, est celui de la *relation sujet-objet*, laquelle est, depuis Descartes, le lieu de la *certitude*, et même, depuis les systèmes de l'idéalisme absolu, en particulier d'un Hegel, celui de la *certitude absolue*. C'est à partir de cet horizon que pense également Bergson, de telle sorte pourtant que, suivant la "logique" de l'*inversion* de l'ordre ontologique traditionnel qui fait suite à ce qu'on appelle l'« écroulement des systèmes idéalistes », il ramène cependant cette relation sujet/objet au plan de la *vie sensible*. Le sujet est alors le sujet vivant, qui est d'abord présent « en soi » (*in sich*), dans l'intériorité de la vie sensible qui lui est donnée par la conscience immédiate, et qui devient alors « pour soi » (*für sich*) en projetant par sa conscience réfléchie dans l'en-dehors de soi, dans l'extériorité claire et distincte de l'espace, les données immédiates enveloppées dans son intériorité. On peut bien, à partir de là, comprendre que le temps comme ἀριθμὸς κινήσεως devient chez Bergson *pur espace*. Car le sujet projette alors également le temps, qui est d'abord, selon Kant, la *forme* de ses données intérieures, dans l'en-dehors de l'espace, pour les objectiver en une vision claire et distincte. Alors, le temps, comme nombre de la suite des "maintenant" – apparu dans et avec le *mouvement* chez Aristote – ne fera plus que s'étendre distinctement dans l'extensivité de l'espace homogène. Toute idée de mouvement-éclosion due à la dimension de la φύσις en a en effet disparu. En sa pure objectivité, le temps ne sera dès lors pas plus qu'*espace simultané*.

L'essence même du temps est par là abolie. Car le temps n'est pas un espace simultané. C'est pourquoi Bergson cherche à saisir le temps tel qu'en lui-même par un autre concept que celui du temps quantitatif objectif : celui du temps comme *durée*.

2. Le temps comme durée

Avec ce concept du temps, Bergson paraît bien innovant par rapport au concept aristotélicien. Mais à vrai dire, là encore, il lui demeure redevable. Il ne fait somme toute que reprendre un certain élément impliqué dans le concept aristotélicien du temps, tout en le concevant à partir de l'horizon moderne, "post-idéaliste", de la relation sujet/objet ramené au plan de la vie sensible. Qu'est donc que la durée ? L'élément dont il s'agit ici et qui fait défaut au temps/espace est celui de la *successivité et continuité* du temps. Bergson pense cet élément en l'opposant de façon conséquente au temps/espace. Or le temps/espace est le temps tel qu'il est devenu objectif *pour* le sujet par la conscience réfléchie. Au contraire, le *temps/durée*, caractérisé par la successivité et la continuité, est le temps tel qu'il se trouve originellement enveloppé dans l' « en-soi » (*in-sich*), dans l'intériorité profonde du sujet vivant. Par conséquent, si le temps/espace a pour caractère l'homogénéité, l'écartement, la distinction, la fixité et la simultanéité de toutes ses parties, le temps/durée est déterminé exactement par les caractères opposés : forme de la vie intérieure du sujet vivant, il est essentiellement hétérogénéité, successivité, progrès, – *continuité* dynamique et vivante, à tel point que ce temps, qui siège originellement dans l'« en-soi », dans l'intériorité profonde du sujet préréflechi et vivant, et qui est enveloppé, en sa successivité même, par l'unité originelle de celui-ci, fusionnera, en cette successivité même, en une seule et *même présence dynamique qui dure* : la *durée pure*. Ainsi, par exemple, une étoile filante[13], passant dans le ciel nocturne, ou même les coups successifs d'une horloge[14], seront perçus par la conscience immédiate sur le mode d'une seule et même présence fusionnée, dynamique, qui dure. Bergson l'énonce ainsi :

> A mesure que nous pénétrons davantage dans les profondeurs de la conscience, [nous découvrons] que le moi intérieur, celui qui sent et se passionne [...], est une force dont les états et les modifications se pénètrent intimement [...][15].
>
> [...] plusieurs états de conscience s'organisent entre eux, se pénètrent, s'enrichissent de plus en plus, et pourraient donner ainsi, à un moi ignorant de l'espace, le sentiment de la durée pure [...][16].

Si ce concept du temps/durée est bien distinct de celui du temps/espace, il repose néanmoins comme celui-ci en dernière instance sur le concept traditionnel du temps tel qu'Aristote l'a établi. Car l'élément essentiel de ce concept du temps/durée est la *continuité* du temps dans la *succession des maintenants*. Or, chez Aristote, le temps, en tant qu'ἀριθμὸς κινήσεως est bien caractérisé par la *continuité*. Car, nous l'avons vu, le

---

[13] *Essai*, p. 83.
[14] p. 95.
[15] p. 93.
[16] p. 91.

mouvement (κίνησις) dans lequel le temps apparaît – comme l'*autant* (ποσόν) dénombrable de la présence de celui-ci – est lui-même essentiellement passage ἔκ τινος εἴς τι, passage en lequel ce qui se meut se *tend à partir* de l'un *jusque vers et dans* l'autre. Ainsi ce mouvement est-il lui-même *étendu* – il est μέγεθος – et partant ininterrompu, sans trou ni saut, *continu*, συνεχές. En sa continuité même, ce μέγεθος se manifeste de nouveau de façon éminente dans le mouvement local : l'espace qu'il parcourt étant chez Aristote non pas l'*es-pace (spatium)* qui écarte (l'un de l'autre), mais l'*étendue* qui, comme telle, s'étend continûment. Ainsi le temps, comme l'*autant* de la présence d'un tel mouvement, est lui-même également un tel *continu* (συνεχές). La continuité appartient bien au concept aristotélicien du temps, dont Bergson est donc toujours redevable en concevant le concept de temps/durée.

Cependant, en concevant ce concept par opposition à celui du temps quantitatif, Bergson témoigne finalement de la recherche ardente d'un nouveau concept du temps, adéquat à la *conscience vivante*, au sein même de la domination du temps quantitatif qui *abolit le temps comme temps*.

11. Leib – Seele – Sport.
Versuch einer philosophischen Bestimmung des Sports im Ausgang von Aristoteles

Die moderne Welt ist durch die Herrschaft der Technik bestimmt. Demgemäß findet sich der moderne Mensch herausgefordert, seinerseits die *Natur* auf Energie hin herauszufordern, so dass diese auf Abruf bereitsteht und jederzeit und überall in die Wirksamkeit losgelassen werden kann[1]. Das geschieht durch industrielle Arbeit, die ihrerseits die industrielle Organisation von Gesellschaft, Wirtschaft und Politik verlangt. In dieses Geflecht von Technik, Gesellschaft, Wirtschaft und Politik gehört auch der moderne Sport. Dementsprechend sieht sich der moderne Sportler – dessen Exponent der Hochleistungs- und internationale Spitzensportler ist – herausgefordert, die *Natur in ihm*, d. h. seinen *eigenen Leib* auf einsatz- und startbereite Energie hin zu mobilisieren, um sie in Absicht auf quantitativ messbare Rekorde jederzeit und überall in Wirksamkeit versetzen zu können. Diese Mobilisierung der physischen Energien wird durch die technisch-wissenschaftliche Organisation des Trainings, die industriellen Produkte der konkurrierenden Wirtschaft, die Konkurrenz der gesellschaftlichen Systeme, die Nationalismen sowie die Politik mit besorgt. Insofern untersteht der moderne Sportler den sog. „Zwängen"[2] der modernen Welt.

---

[1] Dieses Wesen der modernen Technik hat bekanntlich M. Heidegger in seinen Technik-Aufsätzen herausgestellt. Vgl. u.a. „Die Frage nach der Technik", in *Vorträge und Aufsätze* (1954), hrsg. von F.-W. von Herrmann, GA 7 (2000), insbes. S. 15-24.

[2] Der Begriff der „Zwänge" wird vor allem in der Soziologie gebraucht. Vgl. z. B. Robert Heiss, *Utopie und Revolution*, Reihe Pieper 1973, München 1973, darin insbes. Kapitel 7: „Die Krise des Fortschritts". Auf den Zusammenhang zwischen dem Begriff der „Zwänge" und dem Wesen der modernen Technik hat M. Heidegger aufmerksam gemacht in „Seminar in Zähringen 1973", in *Vier Seminare* (1977), in *Seminare*, hrsg. von Curd Ochwadt, GA 15, S. 372-400, insbes. S. 388-391.

Dies wurde bereits in den sechziger und den siebziger Jahren durch die Kritik am Internationalen Spitzen- und Hochleistungssport ans Licht gestellt[3]. Jedoch ist es zugleich ein Faktum, dass sich der aktive Sportler selbst in dieser Kritik zumeist nicht wiederzuerkennen vermag[4]. Angesichts dieses Faktums stellt sich die Frage: Ist es hier nur das Bewusstsein des Sportlers, das sich die moderne Wirklichkeit noch nicht voll zugeeignet hat? Oder aber bekundet sich in diesem Bewusstsein eine *andere Möglichkeit* des Sports, die freilich durch den technisierten Sport überlagert und abgedrängt ist? Worin aber könnte diese Möglichkeit bestehen? Hier sei die folgende Überlegung angestellt: Wenn der moderne Sportler seinen Leib auf messbare Rekorde hin mobilisiert, so bleibt er seinem eigenen Leib, ihn empfindend, als der Natur in ihm selbst doch stets überantwortet. Mithin wird sich ihm sein eigener Leib – selbst im modernen Hochleistungssport – immer auch wieder auf elementare Weise in dem bekunden, wie er von sich her ist. Sollte sich also im Bewusstsein des Sportlers eine Möglichkeit des Sports bekunden, die – freilich heutzutage überlagert und verdeckt – anfänglich schon im Leib selbst, wie er von Natur ist, angelegt ist? Was aber wäre dieses Phänomen des Sports, das auch durch alle Technik hindurch immer wieder hervorscheinen würde?

Auf diese Frage kann im Rückgang auf das Leib-Seele-Verhältnis, wie es sich bei Aristoteles darstellt, eine Antwort gefunden werden. Demgemäß stellt sich eine zweifache Aufgabe:

1. das Leib-Seele-Verhältnis bei Aristoteles, wie er es im 1. Kapitel des 2. Buches von *De Anima* bestimmt, in einer Interpretation erinnernd vor Augen zu führen[5],

---

[3] Die Grundzüge dieser Kritik, die weitgehend im Gefolge der „Frankfurter Schule" steht, fasst der Spitzensportler und Philosoph Hans Lenk zusammen u.a. in seinem Aufsatz „Leistungsprinzip und Sportkritik", in *Pragmatische Vernunft, Philosophie zwischen Wissenschaft und Praxis*, Philipp Reclam jun., Stuttgart 1979, S. 153-175, sowie in seiner Monographie *Leistungssport: Ideologie oder Mythos?*, Kohlhammer, Stuttgart 1974, insbes. S. 7-41. (Hans Lenk, geb. 1935, war Bugmann des Ruderachters der BRD, der auf den Olympischen Spielen in Rom 1960 die Goldmedaille gewann).

[4] Vgl. dazu H. Lenk, op. cit.; ferner ders.: „ „Manipulation" oder „Emanzipation" im Leistungssport? Die Entfremdungsthese und das Selbst des Athleten", in: *Philosophie des Sports*, hrsg. von H. Lenk, Moser, Beyer, Hofmann, Schorndorf 1973, S. 167-209.

[5] Als Ausgabe liegt zugrunde: Aristoteles, *De Anima*, recognovit brevique adnotatione instruxit W. D. Ross, Oxford, 1956 (vielfach wiederaufgelegt). Die allgemeine Bestim-

2. im Ausgang von diesem zu versuchen, den Sport philosophisch zu bestimmen.
Im Folgenden soll dieser doppelten Aufgabe entsprochen werden.

1. Das Leib-Seele-Verhältnis bei Aristoteles

Zunächst fragt sich, welches der *Horizont* ist, in dem und aus dem her Aristoteles das Leib-Seele-Verhältnis erfährt. Im 1. Kap. des 1. Buches von *De Anima* heißt es:

δοκεῖ δὲ [...] πρὸς ἀλήθειαν ἅπασαν ἡ γνῶσις [τῆς ψυχῆς] μεγάλα συμβάλλεσθαι, μάλιστα δὲ πρὸς τὴν φύσιν· ἔστι γὰρ οἷον ἀρχὴ τῶν ζῴων.

Es scheint aber [...] im Blick auf die Wahrheit insgesamt die Erkenntnis [der Seele] Großes beizutragen, am meisten aber im Blick auf die Natur; denn sie [die Seele] ist derart, dass sie der Anfangsgrund der Lebewesen ist.[6]

Die Erkenntnis der „Seele" (ψυχή) würde also „Großes beitragen" im Blick auf die „Wahrheit insgesamt" (ἀλήθεια ἅπασα), am meisten aber im Blick auf die „Natur" (φύσις), – sei die Seele doch der „Grund", besser der *„Anfangsgrund der Lebewesen"* (ἀρχὴ τῶν ζῴων) als solcher. Um zu verstehen, was dies meint, bedarf es einiger Erläuterungen. Zunächst ist daran zu erinnern, dass bei Aristoteles das Wort ψυχή, „Seele", das „beseelende" und d.h. das belebende Leben der Lebewesen überhaupt bedeutet. Diese sind dadurch ausgezeichnet, dass sie wachsen, d. h. von sich her ins Erscheinen aufgehen (φύειν). Deshalb aber dürfte gerade an ihnen sichtbar

---

mung des Leib-Seele-Verhältnisses findet sich De An. II, 1; 412a-412b. Vf. versucht, diesen Text verständlich zu machen. Die Textanalyse geht auf ein Seminar zurück, das Vf. im WS 1979/80 am Philosophischen Seminar der *Deutschen Sporthochschule Köln* mit Sportstudenten durchgeführt hat. Grundlage bildet die von K.-H. Volkmann-Schluck verfasste Monographie *Die Metaphysik des Aristoteles*, Klostermann, Frankfurt a. M. 1979 (insbes. S. 233-250), der auch die Übersetzungen der zitierten Passagen (abgesehen von einigen Modifikationen) entnommen sind. Eine deutsche Übersetzung von *De Anima* hat Willy Theiler angefertigt: *Aristoteles. Über die Seele*, Akademie-Verlag, Berlin 1979, die von Vf. mit zu Rate gezogen wurde. Zu den weiteren Übersetzungen, Kommentaren und zur Literatur zu *De Anima*, vgl. W. Theiler, *op. cit.*, insbes. S. 83-85.

[6] De An. I, 1; 402a 4sq.

werden, wie es mit der φύσις, der Natur überhaupt, ja am Ende sogar mit der „Wahrheit insgesamt" steht. Denn die φύσις ist das *Ganze* dessen, was von sich her ins Erscheinen aufgeht, ein Ganzes, zu dem nicht nur die Lebewesen, sondern auch die Gewächse, Gestein, Gestirne sowie Erde und Himmel gehören. Die „Wahrheit insgesamt", ἀλήθεια ἅπασα, aber ist nicht nur das Ganze der Natur, sondern das noch umfassendere Ganze alles dessen, was überhaupt da und gegenwärtig, d. h. im Offenen seines Seins anwesend ist, zu welchem Ganzen dann auch das über die Natur hinaus liegende Göttliche bzw. „der Gott" (ὁ θεός)[7] gehört. Der Horizont, in und aus dem her Aristoteles die ψυχή erfährt und denkt, ist also der weiteste Umkreis, den es überhaupt gibt, nämlich das Ganze des im Offenen seines Seins anwesenden Seienden überhaupt.

Demgemäß nimmt die Wesensbestimmung der Seele, die im 1. Kapitel des 2. Buches von *De Anima* durchgeführt wird, ihren Ausgang vom Blick auf das Ganze des Seienden überhaupt:

> λέγομεν δὴ γένος ἕν τι τῶν ὄντων τὴν οὐσίαν, ταύτης δὲ τὸ μὲν ὡς ὕλην, ὃ καθ' αὑτὸ οὐκ ἔστι τόδε τι, ἕτερον δὲ μορφὴν καὶ εἶδος, καθ' ἣν ἤδη λέγεται τόδε τι, καὶ τρίτον τὸ ἐκ τούτων. ἔστι δ' ἡ μὲν ὕλη δύναμις, τὸ δ' εἶδος ἐντελέχεια, καὶ τοῦτο διχῶς, τὸ μὲν ὡς ἐπιστήμη, τὸ δ' ὡς τὸ θεωρεῖν.

> Wir sprechen einen bestimmten Stammbereich des Seienden als Wesen an, und von diesem sagen wir einmal es sei Stoff, nämlich das, was von ihm selbst her nicht als ein Dieses besteht, zum anderen sagen wir, es sei die Gestalt und der Anblick des Was-es-ist, von dem her und auf das hin immer schon ein Dieses angesprochen wird, und zum Dritten das aus beiden Bestehende. Es ist aber der Stoff die Möglichkeit, der Anblick des Waseins das sich Halten in der Vollendung, und dieses wiederum in zweifacher Weise, einerseits wie das Wissen, andererseits wie das Betrachten.[8]

In diesen Sätzen fasst Aristoteles seine Denkarbeit zusammen, die er in verschiedenen Schriften durchgeführt hat. Sie seien im Umriss erläutert. „Das

---

[7] Zum Gott des Aristoteles, dessen Aufenthaltsort sich über die Natur hinaus, „außerhalb" (ἔξω) derselben, befindet, vgl. *infra* unseren Artikel Nr. 14, « Les mathématiques dans la cosmologie ancienne et dans les sciences modernes », S. 266-286, insbes. S. 274.

[8] De An. II, 1; 412a 6sqq.

Seiende" (τὰ ὄντα), von dem hier die Rede ist, ist alles, was überhaupt ist, sofern es durch Sein bestimmt ist, also das Ganze des Seienden überhaupt. Das Sein desselben aber zeigt sich im λόγος, d.h. in dem in diesem stets – ausdrücklich oder unausdrücklich – gesagten „ist". Das im „ist" gemeinte Sein aber enthält eine Mannigfaltigkeit von Weisen des Seins, die von Aristoteles sog. *Kategorien.* Aus diesen stammt ein Jegliches ab, sofern es ein Seiendes ist, so dass sie gemäß Aristoteles die obersten Stammbegriffe des Seienden als solchen sind. Eine der Kategorien aber ist das Sein im Sinne des wesentlichen *Wasseins,* das sich als die οὐσία, das eigentliche Sein, erweist. Es ist vor den übrigen Kategorien ausgezeichnet. Denn das, *was* ein Seiendes ist, ist mit dem Seienden selbst identisch. Daher ist allein die οὐσία das, was abgetrennt (χωριστόν) für sich selbst, d.h. *selbständig* besteht. Sie ist das selbständig für sich Bestehende. Dagegen vermag das Sein aller übrigen Kategorien – das Beschaffensein, das Wannsein, das In-Beziehung-sein ... – niemals selbständig für sich selbst, sondern immer nur als *Bestimmtheit* (Eigenschaft) *an* der οὐσία zu bestehen. Die οὐσία ist die *erste* Kategorie. Diese gilt es nunmehr, näher zu bestimmen. Denn sie bildet offenbar den kategorialen Stammbereich, in den die Lebewesen gehören, um deren Bestimmung es hier ja geht.

Fasst man nun die οὐσία näher ins Auge, so zeigt sich, dass sie auf dreifache Weise ausgelegt werden kann, – macht sie doch den selbständigen Bestand eines Seienden aus. Seinen *Bestand* aber verdankt das Seiende zunächst dem *Stoff* (ὕλη). Ein Haus z B. verdankt seinen Bestand den Baustoffen, aus denen es besteht, – den Ziegeln, Holz, Zement usw. Der Stoff ist ja das, was von sich her schon *vor- und zugrundeliegt* (ὑπόκειται), so dass er imstande ist, den Bestand des Seienden auszumachen. Deshalb kann die οὐσία *erstens* in den Stoff verlegt werden. Aber allein vom Stoff her vermöchte das Seiende doch nicht „Dieses" (τόδε τι), d. h. das jeweils *bestimmte* Seiende zu sein, das es doch ist. Von Ziegeln, Hölzern, Zement her allein vermag das Haus kein Haus zu sein, da diese immer auch Anderes sein können, z. B. eine Brücke. Dass das Haus gerade ein Haus, also *dieses bestimmte* Seiende ist, verdankt sich vielmehr seiner *Gestalt* (μορφή), in die seine mannigfaltigen stofflichen Bestandteile zusammengestellt sind, bzw. dem *Anblick dessen, was es ist,* dem εἶδος, das uns aus seiner Gestalt her und in ihr anblickt. Deshalb bietet sich *zweitens* auch das εἶδος als die οὐσία an. Aber auch dieses ist für sich allein nicht imstande, den Bestand des Hauses auszumachen; denn es vermag allein für sich selbst nicht vorzuliegen (ὑποκεῖσθαι). Das Vorliegen verdankt das εἶδος vielmehr dem schon vor- und zugrundeliegenden Stoff, in dem es als dessen Bestimmtheit sein Bestehen hat. Mithin kann schließlich *drittens* allein das *einige Ganze aus Stoff und* εἶδος (τὸ ἐκ τούτων) dasjenige sein, was die οὐσία in vollem Sinne ausmacht. Diesem erst verdankt das Seiende, ein für sich bestehendes wasbestimmtes Dieses (τόδε τι) zu sein.

Jedoch machen Stoff und εἶδος innerhalb des Ganzen, in dem sie geeint sind, auf verschiedene Weise das Sein des Seienden aus. Der Stoff macht zwar den Bestand des fertigen Hauses aus und *ist* insofern das Haus. Aber für sich allein ist er *noch nicht* ein Haus. Vielmehr ist er das Haus dann nur so, dass er es sein *kann*. Der Stoff ist das Haus in der Weise des Seinkönnens bzw. der *Möglichkeit* (δύναμις), d. h. er ist dazu *geeignet,* ein Haus zu sein. Wäre er nicht dazu geeignet, niemals vermöchte er, ein Haus zu sein. Dieser *Eignungscharakter* ist konstitutiv für den Stoff. Aber der Stoff ist doch erst dann in vollem Sinne ein Haus, wenn in ihm der Anblick dessen, was ein Haus ist, das εἶδος des Hauses, in das Erscheinen hervorgebracht ist. Dieses macht also erst eigentlich das Sein des Hauses aus. Als das im Stoff in das Erscheinen Hervorgebrachte aber ist das εἶδος auf die folgende Weise. Das Hervorbringen des εἶδος im Stoff ist – auf das Haus selbst gesehen – das Werden des Hauses. Dieses besteht darin, dass der Stoff zunehmend in das εἶδος des Hauses ein- und aufgeht. Deshalb findet das Werden dann sein Ende, wenn der Stoff vollständig in das εἶδος ein- und aufgegangen bzw. das εἶδος vollständig in ihm in das Sich Zeigen hervorgebracht ist. Das Ende aber, indem sich ein Werden vollendet, heißt griechisch τέλος. Das εἶδος als das im Stoff Hervorgebrachte ist also in der Weise des τέλος. Das Haus aber vermag nur solange in seinem εἶδος als τέλος zu weilen, als es sich eigens gegen den möglichen Schwund in ihm hält (ἔχει). Mithin ist das εἶδος als das im Stoff Hervorgebrachte in der Weise anwesend, dass sich das Haus eigens in ihm als τέλος hält. Das sich-Halten-im-τέλος heißt griechisch wörtlich: ἐν-τέλει-ἔχειν, ἐντελέχεια, „Entelechie". Also *ist* das εἶδος das Haus in der Weise der „*Entelechie*". Das meint: Es macht in der Weise das Sein des Hauses aus, dass in ihm der Stoff in das vollendete sich Zeigen dessen aufgegangen ist, wozu er als Stoff gerade geeignet ist.

Aber auch hier tut sich noch einmal eine zweifache Möglichkeit auf. Das εἶδος kann die Entelechie auf zweifache Weise sein: Einmal wie das „Wissen" (ἐπιστήμη), zum anderen wie das „Betrachten" (θεωρεῖν). Hier greift Aristoteles bereits zu Beispielen, die aus dem Bereich der Lebewesen stammen; denn Wissen und Betrachten gibt es nur, sofern es Menschen gibt. Einmal also kann das εἶδος die Entelechie wie das Wissen sein. In der Tat ist auch das Wissen das τέλος, das vollendende Ende einer Werdebewegung, nämlich der Bewegung des Lernens. Diese nimmt ihren Ausgang vom Menschen, sofern er wissend sein *kann*, d. h. des Lernens fähig, zu ihm „geeignet" ist. Das Ende aber, in dem sich das Lernen vollendet und beschließt, ist die vollendete Gegenwart des Wissens selbst, in der sich der Mensch aber eigens halten muss. Das Wissen also ist in der Weise der Entelechie. Aber wenn ein Mensch durch ein Lernen wissend geworden ist, so mag zwar das Wissen in ihm gegenwärtig sein; es braucht sich jedoch nicht eigens in seiner Gegenwart zu zeigen und offenkundig zu sein. Offensichtlich wird es erst dann, wenn der Wissende den gewussten Sachverhalt anderen oder auch sich selbst eigens vor Augen führt, d. h. ihn „betrachtet" (θεωρεῖ). Deshalb kann die Entelechie zum anderen auch so wie das Betrachten (θεωρεῖν) sein. Dann ist das εἶδος nicht mehr nur in vollendeter Weise, sondern so gegenwärtig, dass es sich eigens in seiner vollendeten Gegenwart zeigt. Es ist also in einer *gesteigerten Gegenwart* anwesend[9]. Damit aber ist die Seinsstruktur der οὐσία bereits im Umriss bestimmt

Deshalb kann Aristoteles in einem weiteren Schritt dazu übergehen, zu bestimmen, welches *Seiende* in den Stammbereich der οὐσία gehört:

> οὐσίαι δὲ μάλιστ' εἶναι δοκοῦσι τὰ σώματα, καὶ τούτων τὰ φυσικά· ταῦτα γὰρ τῶν ἄλλων ἀρχαί. τῶν δὲ φυσικῶν τὰ μὲν ἔχει ζωήν, τὰ δ' οὐκ ἔχει· ζωὴν δὲ λέγομεν τὴν δι' αὐτοῦ τροφήν τε καὶ αὔξησιν καὶ φθίσιν. ὥστε πᾶν σῶμα φυσικὸν μετέχον ζωῆς οὐσία ἂν εἴη [...].

Wesen scheinen aber am meisten die Körper zu sein und unter ihnen wiederum die natürlichen; denn sie sind die Anfangsgründe für die anderen; von den natürlichen Körpern haben die einen Leben, die anderen haben es nicht; Leben aber nennen wir die Ernährung

---

[9] Diesen Unterschied zwischen der „ersten" und „zweiten Entelechie" entwickelt Aristoteles vor allem *De An.* II, 5; 417a 21-417b 16.

sowie das Wachsen und Schwinden im Durchgang durch es selbst. Demnach wäre also jeder natürliche Körper, der am Leben teilhat, ein Wesen [...].[10]

Die οὐσία ist in jedem Fall das abgetrennt für sich bestehende, wasbestimmte Diese. Von dieser Art aber sind offenbar zunächst die Körper (σώματα), d. h. alles das, was körperlich leibhaft anwesend ist und mit den Sinnen wahrgenommen werden kann. Denn die Körper bestehen – im Unterschied zu ihren Eigenschaften, die immer nur *an* ihnen sind – abgetrennt für sich selbst. Von den Körpern aber sind wiederum die natürlichen Körper in höherem Maße οὐσία als diejenigen, die nur unter der Leitung des Wissens des Menschen hergestellt sind, die hergestellten Körper also. Denn sie sind das, von dem deren Herstellung den Anfang nimmt, was in sie mit eingeht und ihren Bestand mit ausmacht. Die natürlichen Körper sind also in höherem Maße für sich als die bloß hergestellten Körper. Aber diese *Steigerung* des οὐσία-Charakters geht weiter. Denn die natürlichen Körper unterscheiden sich ihrerseits dadurch, dass „die einen das Leben haben, die anderen aber nicht". Das Leben (ἡ ζωή) aber – und hier erfolgt eine erste Wesensbestimmung des Lebens, die am Phänomen des Lebens selbst orientiert ist – ist „die Ernährung sowie das Wachsen und Schwinden im Durchgang durch es [das Lebende] selbst" (τὴν αὐτοῦ τροφήν τε καὶ αὔξησιν καὶ φθίσιν). Das Wesen des Lebens besteht also gemäß Aristoteles vor allem darin, dass das Lebendige sich *ernähren* kann. Das sich Ernähren (τροφή) ist der Grundzug des Lebens des Lebendigen, durch den es sich vom Leblosen unterscheidet. Das Lebendige lebt ja nur solange, als es sich zu ernähren vermag; stellt es das sich Ernähren ein, schwindet das Leben aus ihm hinweg. Im sich Ernähren als Grundzug des Lebens sind die weiteren Bestimmungen des Lebens, das Wachstum und das Schwinden, fundiert. Das sich Ernähren aber vollzieht sich in einer in sich doppelt gerichteten Bewegung, nämlich in der Bewegung, nach Anderem, das ein möglicher Nährstoff sein kann, zunächst auszulangen und dieses sodann zu sich zu holen, sich einzuverleiben und anzuverwandeln. Das sich Ernähren vollzieht sich in Gestalt der Bewegung des *Hin zu Anderem* und *Zurück zu sich selbst*. Um diese Bewegung aber vollziehen zu können, bedarf das Le-

---

[10] *De An.* II 1; 412a 11-16.

bendige der *Durchgänge*, durch die hindurch (διά) es sich zu dem Anderen hinbewegen und dieses zu sich einholen kann. Diese Durchgänge sind aber nichts Anderes als das Lebendige, nichts von ihm Verschiedenes, sondern sie sind gerade *es* selbst (αὐτό): Es sind seine eigenen *Organe*, die das Lebendige selbst sind. Denn jedes Lebendige lebt *selbst* in seinen Organen. So verlegt sich das Leben des Lebendigen bei Aristoteles in das *Organische*. Weil nun das Lebendige in der Weise ist, dass es nicht nur abgetrennt für sich besteht, sondern darüberhinaus im Durchgang durch seine eigenen Organe ins Erscheinen hervorgeht, deshalb sind die lebendigen Körper in höherem Maße οὐσία als alle nicht-lebendigen Körper. Denn sie sind nicht nur „an sich selbst" (καθ' αὐτό), sondern auch „durch sich selbst" (δι' αὐτοῦ). Sie gehen also *ganz von sich her* ins Erscheinen hervor. Das bedeutet aber, dass sich die οὐσία im Bereich der sinnlich wahrnehmbaren Körper gerade im Lebendigen in höchster Weise erfüllt. Deshalb sind die Körper, die das Leben haben – bzw. (wie Aristoteles jetzt sagt) an ihm „teilhaben" – selbst οὐσία, also solches, was in vollem Sinne *ist;* ja sie sind sogar das, was innerhalb des Bereichs der Natur auf höchste Weise ist.

Damit aber wendet sich Aristoteles gegen Platon und seinen metaphysischen Idealismus. Denn gemäß Platon ist allein die transzendente Idee des Lebens selbst οὐσία. Die lebendigen Körper aber haben ihm gemäß nur an dieser teil und sind nur solange als Lebendige anwesend, als sie an ihr teilhaben. Niemals aber sind sie selbst οὐσία wahrhaft und eigentlich Seiendes. Demgegenüber sind gemäß Aristoteles die lebendigen Körper selbst οὐσία. Denn auf das Phänomen ihres Lebens selbst und von ihm her gesehen zeigen sie sich gerade als solche, die das Wesen der οὐσία in höchster Weise erfüllen: Sie leben und wachsen im Durchgang durch ihre eigenen Organe, nicht aber im Durchgang durch eine transzendente Idee außer und über ihnen, sondern gerade im Durchgang durch sich selbst, also ganz von sich her.

Wenn Aristoteles sich hier gegen Platons transzendenten Idealismus wendet und die lebendigen Körper selbst als οὐσία bestimmt, so scheint das Leben ganz auf die Körper zurückzufallen, so dass sich nunmehr umgekehrt die Möglichkeit eines reszendenten *Materialismus* auftut, der das Leben in das bloß materiell Körperliche verlegt. Jedoch weist Aristoteles auch diese Position ab:

ἐπεὶ δ' ἐστὶ καὶ σῶμα τοιόνδε, ζωὴν γὰρ ἔχον, οὐκ ἂν εἴη σῶμα ἡ ψυχή· οὐ γάρ ἐστι τῶν καθ' ὑποκειμένου τὸ σῶμα, μᾶλλον δ' ὡς ὑποκείμενον καὶ ὕλη. ἀναγκαῖον ἄρα τὴν ψυχὴν οὐσίαν εἶναι ὡς εἶδος σώματος φυσικοῦ δυνάμει ζωὴν ἔχοντος. ἡ δ' οὐσία ἐντελέχεια. τοιούτου ἄρα σώματος ἐντελέχεια.

Da es [das Leben] nun ein so gearteter Körper ist – der nämlich Leben hat – wäre also die Seele nicht Körper; denn der Körper gehört nicht zu dem, was über ein zugrundeliegendes bestimmend ausgesagt wird, sondern er verhält sich eher so wie ein Zugrundeliegendes und wie ein Stoff. Also ist es notwendig, dass die Seele Wesen in dem Sinne ist, dass sie der Wesensanblick eines natürlichen Körpers ist, der geeignet und befähigt ist, das Leben zu haben, das Wesen aber ist die Seinsvollendung. Folglich ist die Seele die Seinsvollendung eines derartigen Körpers.[11]

Hier fasst Aristoteles ins Auge, wie sich das Leben selbst zu den lebendigen Körpern verhält. Offenbar kann es nicht in den materiellen Körpern selbst bestehen. Denn es macht ja gerade die bestimmende Wesensart der lebendigen Körper aus, durch die diese sich von den anderen unterscheiden. So wenig wie also der transzendente Idealismus dem Phänomen des Lebens entspricht, so wenig entspricht der reszendente Materialismus der Art und Weise, wie uns das Leben im λόγος schon immer erschlossen ist. Denn wir sagen doch: „Der Körper *ist lebendig*" d. h. er ist durch das Leben *bestimmt*. Wenn man sich also an den λόγος hält, der das Sein bzw. die Weise des Seins offenbar macht, so zeigt sich, dass das Leben die *Bestimmtheit* des Körpers ist, nicht aber als der Körper selbst. Der Körper selbst ist vielmehr – gemäß dem λόγος – dasjenige, dem das Leben als dem schon Vor- und Zugrundeliegenden als seine Bestimmtheit zugesprochen wird. Als das schon Vor- und Zugrundeliegende (ὑποκείμενον) aber wäre der Körper von der Art des Stoffes; denn der Stoff ist eben dadurch gekennzeichnet, dass er schon vor und zugrunde liegt. Das Leben selbst aber wäre, da es die Bestimmtheit des Körpers ist, von der Art des εἶδος; denn das εἶδος ist eben das, was das schon Vor- und Zugrundeliegende bestimmt. Als dieses εἶδος allein macht das Leben das volle Sein des lebendigen Körpers als

---

[11] 412a 16-22.

solchen aus, so dass es als εἶδος – nicht aber als Materiell-Körperliches – οὐσία ist. Aber wenn das Leben auch als εἶδος die οὐσία des lebendigen Körpers ist, so besteht es doch nicht – wie bei Platon – als transzendente Idee für sich, sondern eben nur – gemäß dem λόγος – als die Bestimmtheit des Körpers, der ihm gleichsam als Stoff zugrunde liegt. Hier also kommt in Abwehr eines reszendenten Materialismus einerseits und eines transzendenten Idealismus andererseits die *dritte* Auslegungsmöglichkeit der οὐσία ins Spiel, wie sie zunächst innerhalb des allgemeinen Aufrisses der Seinsstruktur der οὐσία am Beispiel eines hergestellten Körpers, des Hauses, dargelegt wurde. Die lebendigen Körper sind selbst οὐσία – aber im Sinne des *synthetischen* Ganzen von Stoff und εἶδος (οὐσία οὕτως ὡς συνθέτη)[12] dergestalt dass das Leben weder im bloß materiell Stofflichen noch im bloß transzendent Ideellen besteht, sondern – obzwar es εἶδος *ist und erst als εἶδος das volle Sein des lebendigen Körpers* als solchen ausmacht – doch als εἶδος stets auf das stofflich Körperliche zurückbezogen bleibt. Damit hat Aristoteles seine eigene Grundstellung in der Auslegung des Lebens des Lebendigen gewonnen

Wenn aber die lebendigen Körper οὐσία im Sinne des einigen Ganzen von Stoff und εἶδος sind, dann muss es auch möglich sein, das Verhältnis des Leibes einerseits und des Lebens andererseits, also das sog. „Leib-Seele-Verhältnis" am Leitfaden eben *der* Seinsbegriffe weiter durchzubestimmen, die für dieses einige Ganze kennzeichnend sind. Wenn der Körper – gemäß dem λόγος – von der Art ist, dass er das schon Vor- und Zugrundeliegende, das ὑποκείμενον, und daher von der Art des Stoffes ist, so ist er in der Weise innerhalb des einigen Ganzen des lebendigen Körpers, dass er zum Leben befähigt und für es geeignet ist. *Dieser Eignungscharakter ist für den Leib konstitutiv* und das heißt: er ist selbst von der Art des *Organs*, dessen, was als Durchgang (διά) zum Vollzug der Lebensbewegung (des auslangenden Einholens von Anderem) befähigt und für sie geeignet ist. Die Lebensbewegung selbst aber ist als εἶδος des organischen Leibes in der Weise der *Entelechie*. Sie ist das Aufgegangensein des organischen Leibes in das offene Sich-Zeigen dessen, was er als Leib zu sein vermag. Das Leben also ist nicht abgetrennt vom Leib, sondern es ist *eine Seinsweise des organischen Leibes* selbst, derart, dass dieser sich in ihm

---

[12] 412a 15.

gerade in das sich Zeigen dessen hervorgebracht hat, wozu er als Leib befähigt und geeignet ist. Aber dieser Aufgang in das sich Zeigen dessen, was er zu sein vermag, ist beim Lebendigen immer schon geschehen. Denn der Leib ist Organ, als welches er *durch sich und von sich her* immer schon in das Leben hervorgegangen ist. Das Leben also wäre – gemäß Aristoteles – der *immer schon geschehene Aufgang des organischen Leibes in das offene Sich-Zeigen dessen, was er zu sein vermag*. In diesem Sinn ist das Leben die Entelechie des organischen Leibes.

Aber die Entelechie kann, wie sich im Aufriss der Seinsstruktur der οὐσία gezeigt hat, auf zweifache Weise sein, nämlich einmal wie das Wissen, zum anderen wie das Betrachten. Deshalb fragt sich, in welcher Weise das Leben die Entelechie des Leibes ist. Hier fasst Aristoteles wiederum das Phänomen des Lebens selbst ins Auge:

> ἐν γὰρ τῷ ὑπάρχειν τὴν ψυχὴν καὶ ὕπνος καὶ ἐγρήγορσίς ἐστιν, ἀνάλογον δ' ἡ μὲν ἐγρήγορσις τῷ θεωρεῖν, ὁ δ' ὕπνος τῷ ἔχειν καὶ μὴ ἐνεργεῖν· προτέρα δὲ τῇ γενέσει ἐπὶ τοῦ αὐτοῦ ἡ ἐπιστήμη. διὸ ἡ ψυχή ἐστιν ἐντελέχεια ἡ πρώτη σώματος φυσικοῦ δυνάμει ζωὴν ἔχοντος.

Dadurch dass das Leben anwesend ist, sind auch Schlafen und Wachen anwesend. Es entspricht aber das Wachen dem Betrachten, der Schlaf dem Haben und nicht-am-Werke-Sein; früher aber ist dem Entstehen nach bei demselben das Wissen; deshalb ist das Leben die erste Seinsvollendung eines Leibes, der der Möglichkeit nach das Leben hat.[13]

Wenn ein Lebewesen lebt, so gehört es offenbar zu seinem Leben, dass es schlafen oder auch wachen kann. So ist auch der Schlaf ein Phänomen, das zum Leben gehört. Und das Lebendige lebt auch dann, wenn es schläft. Im Schlaf aber geht das Leben in sich zurück und verschließt sich in sich selbst. Die Lebensbewegung des auslangenden Einholens wird reduziert, d. h. sie ist zwar im Leib gegenwärtig, aber sie tritt in ihrer Gegenwart nicht eigens in das offene sich Zeigen heraus. Mithin entspricht die Gegenwart der Lebensbewegung im Zustand des Schlafs seinsmäßig der Gegenwart des Wissens, sofern dieses sich noch nicht eigens zeigt. Sofern aber

---

[13] 2; 412a 23-28.

das Lebewesen aus dem Schlaf erwacht, tritt auch seine Lebensbewegung eigens in das offene sich Zeigen heraus. Das Lebewesen verschließt sich nicht länger in sich selbst, sondern öffnet sich wahrnehmend seiner Umgebung und greift selbst auslangend auf diese aus. Die Lebensbewegung des auslangenden Einholens kommt in den mannigfachen Möglichkeiten ihrer selbst eigens zum Zug. Das Lebewesen holt jetzt selbst das Andere zu sich ein und bewegt sich, sofern es dazu fähig ist, selbst in Gestalt der Ortsbewegung (κίνησις κατὰ τόπον)[14] zu Anderem hin. Auf diese Weise tritt die Lebensbewegung eigens in das offene sich Zeigen hervor. Ihre Gegenwart wird als Gegenwart offenbar. Deshalb aber entspricht die Lebensbewegung im Zustand des Wachens seinsmäßig dem *Betrachten*. Denn auch im Betrachten wird die Gegenwart des Wissens eigens als solche offenbar. Nun aber geht die bloße Gegenwart ihrer ausdrücklichen Offenbarkeit der Genesis nach (τῇ γενέσει) voran. Sie ist also die der Genesis nach vorgängige, erste Entelechie. Mithin ist auch das Leben im Zustand des Schlafens in der Weise der *ersten Entelechie*. Da aber ein Leib bereits dann lebt, wenn das Leben auch nur im Zustand des Schlafens in ihm anwesend ist, so ist das Leben bereits dann in ihm anwesend, wenn es auch nur in der Weise der ersten Entelechie ist. Damit ist bestimmt, was das Leben seiner allgemeinsten Bestimmung nach ist: Es ist die *erste Entelechie eines organischen Leibes* (ἐντελέχεια ἡ πρώτη ςώματος [ὀργανικοῦ])[15].

Zugleich aber hat sich gezeigt, dass das Leben als Entelechie des organischen Leibes *steigerungsfähig* ist. Denn im Wachen tritt seine Gegenwart eigens in das offene sich Zeigen heraus. Nun hat zwar die Gegenwart des Lebens als solche *der Genesis nach* die Priorität; sie ist insofern die erste und ihr offenes sich Zeigen nur die zweite Entelechie. Dem *Seinsrang* nach aber stehen beide im umgekehrten Verhältnis zueinander; ihm gemäß hat die zweite Entelechie die Priorität vor der ersten. Denn sie ist eben nicht mehr nur eine einfache Gegenwart, sondern sie ist die als Gegenwart eigens gegenwärtige Gegenwart, also eine gesteigerte Gegenwart. In ihr hat sich der organische Leib nicht mehr nur in das τέλος der Lebensbewegung, sondern dieses eigens in das offene sich Zeigen hervorgebracht.

---

[14] 2; 413a 23-24.
[15] II, 1; 412b 5sq.

Wenn aber die Gegenwart des Lebens eines organischen Leibes als Gegenwart steigerungsfähig ist, – sollte es dann nicht auch möglich sein, den *Sport* als eine gesteigerte Gegenwart der Lebensbewegung zu begreifen? Dann wäre auf der Basis des aristotelischen Grundgedankens von der steigerungsfähigen Entelechie der Lebensbewegung des organischen Leibes eine philosophische Bestimmung des Sports möglich. Dies sei im Folgenden im Umriss versucht.

2. Ausblick:
Versuch einer philosophischen Bestimmung des Sports im Ausgang vom Leben als steigerungsfähige Entelechie

Auch der Sport ist eine Weise der Lebensbewegung eines organischen Leibes, nämlich des Menschenleibes. Die sportliche Lebensbewegung ist ihrer allgemeinen Grundgestalt nach *Ortsbewegung* (κίνησις κατὰ τόπον); denn alle Weisen der sportlichen Bewegung lassen sich auf diese zurückführen. Als Ortsbewegung eines organischen Leibes aber ist die sportliche Lebensbewegung nicht die in sich verschlossene Lebensbewegung der ersten Entelechie, sondern die eigens in das offene sich Zeigen aufgegangene Lebensbewegung der zweiten Entelechie. Aber im Sport wird die Lebensbewegung *noch einmal gesteigert*, – wozu allein der Mensch fähig ist. Denn der Mensch ist seinem Leben nicht nur wahrnehmend, sondern auch *denkend geöffnet*. Er vermag also das εἶδος des Lebens als solches eigens abzuheben und herauszustellen. Deshalb aber vermag auch der menschliche Leib sich in der Weise in das εἶδος der Lebensbewegung hervorzubringen, dass dieses in ihm nicht nur gegenwärtig ist und sich in seiner Gegenwart zeigt, sondern *eigens in seiner sich zeigenden Gegenwart herausgebracht* wird. Das aber würde gerade im Sport geschehen. Die sportliche Lebensbewegung also wäre nicht allein das offene sich Zeigen der Gegenwart des Lebens, d. h. „zweite Entelechie", sondern das eigens als das sich Zeigen herausgebrachte sich Zeigen der Gegenwart der Lebensbewegung, also eine *nochmals gesteigerte zweite Entelechie*. Als solche aber wäre sie eine *höchste Präsenz der Lebensbewegung des organischen Menschenleibes*. In der sportlichen Lebensbewegung bringt der organische Menschenleib das Phänomen der Lebensbewegung in seine höchste Offenkundigkeit heraus. Der Sport also wäre – aus der Dimension des Aristoteles gedacht – das *eigens herausgebrachte Phänomen der Lebensbewegung* des organischen Menschenleibes. Im Sport würde sich der organische Menschenleib eigens als das *Phänomen*[16] herausbringen, zu dem er von sich her als Leib gerade befähigt und geeignet ist

Nun aber wird überall da, wo eine δύναμις sich in ihr τέλος bringt, dem Streben die Erfüllung gewährt, die als solche etwas Beglückendes ist. Wo aber, wie im Sport, der organische Leib sich nicht nur in das ihm eigene τέλος, die Lebensbewegung, bringt, sondern dieses in einer gesteigerten Gegenwart eigens herausbringt, da wird ihm die höchste Erfüllung gewährt, die etwas zuhöchst Beglückendes ist. So kann – aus der Dimension des Aristoteles gedacht – verständlich werden, inwiefern der Sport, *rein an sich selbst* eine höchste spezifisch leibliche Beglückung in sich zu tragen vermag. Der Sport kann dem Menschen eine eigene εὐδαιμονία gewähren.

Diese Möglichkeit des Sports, wie sie aus der φύσις des organischen Leibes des Menschen selbst erwächst, mag es sein, die sich auch heute noch immer wieder im Bewusstsein des modernen Sportlers, der seinem Leib als der Natur in ihm selbst überantwortet bleibt, bekundet. Jedoch ist diese in der φύσις des Leibes selbst gründende Möglichkeit des Sports heute – im Zeitalter der Herrschaft der Technik – weitgehend abgedrängt. Statt ihrer ist eine Möglichkeit des Sports herrschend geworden, die gerade darauf beruht, dass in ihr die φύσις des Leibes selbst zurückgedrängt wird. Aber auch diese Möglichkeit zeichnet sich, wenngleich nur im Ansatz, bei Aristoteles vor und lässt sich von ihm aus philosophisch begreifen. Dazu gilt es, den Grundgedanken des Aristoteles von der *steigerungsfähigen Entelechie* noch weiter zu durchdenken.

Im Umkreis des Aristoteles selbst ist die steigerungsfähige Entelechie nur die steigerungsfähige Offenbarkeit des εἶδος, das in der δύναμις des organischen Leibes selbst hinterlegt ist. Wenn aber die *Entelechie* gemäß Aristoteles überhaupt durch eine *Steigerungsfähigkeit* bestimmt ist, erscheint es – grundsätzlich gesehen – als *möglich, dass diese Steigerungsfähigkeit selbst und als solche in der Entelechie vordringlich* wird und so ihren ande-

---

[16] Der Begriff „Phänomen" ist hier terminologisch im Sinne des griechischen φαινόμενον (= das, was sich zeigt, was erscheint und so da und gegenwärtig ist) zu verstehen. Zu den vielfachen Bedeutungen von „Phänomen" vgl. M. Heidegger, *Sein und Zeit*, GA 2, S. 38-42.

ren Grundzug, das εἶδος, zurückdrängen kann. Dann würde die Entelechie des organischen Leibes einen anderen Charakter gewinnen. Sie wäre dann nicht mehr primär die Offenbarkeit des εἶδος, wie es φύσει im Leib selbst hinterlegt ist, sondern sie wäre dann primär der nicht mehr eidetisch bestimmte bloße *Vollzug, die bloße actualitas* der δύναμις des Leibes. Mit Aristoteles gesagt: Die Entelechie wäre dann nicht mehr fundamental und wesentlich erste Entelechie, in der das εἶδος auf erste Weise ins Offene gebracht ist; sondern sie wäre ausschließlich und nur noch zweite Entelechie, so jedoch, dass von dieser nur noch das Vollzugshafte als solches übrig bliebe. Wenn aber auf diese Weise in der Entelechie das εἶδος zurückgedrängt wird und sie selbst primär zum Vollzug, zur *actualitas* der δύναμις des Leibes wird, dann ist die Entelechie als diese actualitas und Wirksamkeit *prinzipiell* steigerungsfähig. Denn dann kann das εἶδος, das ja die eigene *Wesensgrenze* bestimmt, nicht mehr das begrenzende Maß und Ziel ihrer möglichen Steigerung abgeben, so dass sie *in die prinzipielle Steigerungsfähigkeit ihrer selbst entlassen ist*. Aber auch darin bleibt sie immer noch Entelechie, d. h. das τέλος und Ziel, auf das alle δύναμις des Leibes hin orientiert ist. Mithin wird jetzt die *Steigerung* der Wirksamkeit, die doch selbst ohne festes Maß und ohne festes Ziel ist, gerade *als solche* zum eigentlichen Ziel, auf das es beim Vollzug der δύναμις des Leibes ankommt.

Dieser *Wandel der Entelechie*, die jetzt freigesetzt ist, *steigerungsfähige actualitas* zu sein, würde aber auch auf die δύναμις des Leibes zurückschlagen und deren Charakter verwandeln. Denn die δύναμις ist ja stets das, was für die Entelechie bereit und geeignet ist. Der Eignungscharakter ist für die δύναμις konstitutiv. Wenn sich also die Entelechie dahingehend gewandelt hat, dass sie zur steigerungsfähigen *actualitas* geworden ist, dann muss sich auch die δύναμις dahingehend wandeln, dass sie nunmehr das ist, was eben dazu bereit und geeignet ist, in eine steigerungsfähige Wirksamkeit versetzt werden zu können. Mit Aristoteles gesagt: Wenn sich die Entelechie im Ganzen aus der ersten Entelechie heraus- und in die nur noch vollzugshafte steigerungsfähige zweite Entelechie hineinverlagert, dann übernimmt die δύναμις jetzt selbst gewissermaßen die Rolle der ersten Entelechie, d. h. sie wird selbst zu dem, was dazu bereit und geeignet ist, in Vollzug versetzt werden zu können. Da es bei diesem Vollzug aber nicht auf die Offenbarkeit des εἶδος, sondern eben nur noch auf die Steigerung der Wirksamkeit als solche ankommt, so kann auch die δύναμις nicht mehr primär dadurch bestimmt sein, dass in ihr das εἶδος hinterlegt ist; sondern in ihr muss ebenfalls die *Steigerungsfähigkeit* ihrer selbst zum beherrschenden Grundzug werden. Auch die δύναμις des Leibes also wäre prinzipiell in die Steigerungsfähigkeit ihrer selbst *entlassen*. Sie wäre prinzipiell *steigerungsfähige Potenz*, die ihre Grenze nicht mehr in einem in ihr hinterlegten εἶδος, sondern nur noch in der Faktizität des Tatsächlichen hat. Ja, das Prinzip der Steigerung, welches das ganze Verhältnis von δύναμις und Entelechie nunmehr vordringlich bestimmt, hätte dann sogar seinen primären und eigentlichen Sitz in der δύναμις des Leibes selbst. Denn nicht mehr wäre die δύναμις auf die Offenbarkeit des εἶδος der Lebensbewegung als ihr begrenzendes τέλος abgestimmt, sondern die Steigerungsfähigkeit des aktuellen Vollzugs der Lebensbewegung wäre einzig durch die faktische Steigerungsfähigkeit der *potentia* des Leibes bedingt. Auf *deren* Steigerung kommt es jetzt primär an. Im Ausgang von Aristoteles zeichnet sich also im Ansatz die Möglichkeit vor, dass der *Leib* auch zum *prinzipiell steigerungsfähigen Potential physischer Energie*[17] werden kann, die in ihre sich steigernde Wirksamkeit losgelassen werden kann. Damit zeichnet sich aber gerade eine Möglichkeit des Sports vor, in der die gesteigerte Lebensbewegung nicht mehr das eigens herausgebrachte *Phänomen* der naturhaften δύναμις, sondern die *steigerungsfähige Wirksamkeit des steigerungsfähigen Energiepotentials des Leibes* ist.

Jedoch kann diese Möglichkeit im Umkreis des Aristoteles selbst nicht zum Zuge kommen. Denn bei Aristoteles bleibt der Leib in die φύσις gebunden: Er bleibt das *Organ*[18], das er von Natur ist. Wirksam kann diese Möglichkeit erst werden, wenn die *moderne Technik* die *Mittel* bereitstellt, durch die die Organe im methodischen Zugriff auf die in ihnen beschlossene Energie hin gestellt werden können. Dazu gehört auch, die biologischen Prozesse der auf Energie hin herausgeforderten Organe, unter Kontrolle

---

[17] Der Begriff „Energie" ist insofern gerechtfertigt, als dieses Potential nicht von Natur im Leib vorliegt, sondern in ihm eigens als ἔργον herausgebracht werden muss, so dass die *potentia* des Leibes jetzt – mit Aristoteles gesagt – gleichsam an die Stelle der ἐνέργεια (ἐν-ἔργῳ-εἶναι) tritt.

[18] Er bleibt Organ, das meint gemäß den obigen Ausführungen: er bleibt der für das εἶδος der Lebensbewegung geeignete, von sich her in den Aufgang drängende, mögliche offene Durchgang (das διά) für sie.

zu halten, so dass sie für eine weitere Steigerung verfügbar bleiben. So wird der Leib unter der Herrschaft der Technik zu einem verfügbaren Energiepotential, das jederzeit und überall in die Wirksamkeit versetzt werden kann. Diese Möglichkeit bestimmt im gegenwärtigen Zeitalter der Technik offenbar weitgehend den modernen Sport, dessen exemplarischer Exponent ja der technisierte internationale Spitzen- und Hochleistungssport ist. Denn dieser sieht sich herausgefordert, den organischen Menschenleib auf einsatz- und startbereite Energie hin zu mobilisieren, die in Absicht auf steigerungsfähige Rekorde jederzeit und überall wirksam werden kann[19].

Aber auch dieser moderne Sport ist, *rein an sich selbst*, immer schon von einer eigenen Lust durchstimmt. Denn wo immer eine *potentia im jeweiligen Stand ihrer Verfügbarkeit* eigens zum *Vollzug* und d.h. eigens ins Offene herausgebracht wird, bereitet dies Lust. Die steigerungsfähige Energie des Leibes aber wird im jeweiligen Stand ihrer Verfügbarkeit gerade an ihrer Wirksamkeit und d. h. an ihrer Wirkung, also an den messbaren Rekorden manifest. Deshalb bereiten diese *Lust*. Aber diese Lust ist von der εὐδαιμονία, in die – gemäß Aristoteles – das eigens herausgebrachte Phänomen der Lebensbewegung des organischen Leibes zu stimmen vermag, grundverschieden. Bar eines jeglichen Verweilens im καιρός einer leiblich gewährten beglückenden Seinserfüllung, trägt diese Lust vielmehr schon immer den beunruhigenden, fiebernden Stachel des ständigen sich Überbietens in sich. Denn der jeweilige Rekord, der in die Lust stimmt, ist ja selbst nur der manifeste Zeuge des momentan-aktuellen Standes beherrschbarer physischer Energie, die schon immer in ihre weitere Steigerung herausgefordert ist.

Andererseits aber bleibt es dabei, dass auch durch die gesteigerte Lebensbewegung des volltechnisierten Sports hindurch immer noch und immer wieder das Phänomen des Sports, wie es aus der φύσις des Leibes selbst erwächst, freilich zusehends überlagert und abgedrängt, mit zum Vorschein kommen wird. Denn der Sportler bleibt, wie gesagt, seinem eigenen

---

[19] Dies stellt u.a. Christian Graf von Krockow, freilich auf soziologischem Wege, in seiner Arbeit, *Sport und Industriegesellschaft*, München 1972, insbes. im 1. Kapitel heraus. In seinem Aufsatz „Leistungsprinzip und Herrschaft" (in: *Philosophie des Sports*, s. *supra*, S. 220, Fußnote Nr. 4) heißt es: „Es ist deshalb das Rekordwesen in ihm [= dem modernen Sport] von Anfang an angelegt, auch wenn dies erst verhältnismäßig spät ausformuliert und institutionalisiert wird" (S. 122).

Leib als der Natur in ihm selbst auch im modernen Sport auf elementare Weise, d. h. wie er selbst von sich her ist, überantwortet. Deshalb wird sich auch die aus der φύσις des Leibes selbst erwachsende Möglichkeit des Sports samt der ihr eigenen Lust immer wieder im Bewusstsein des modernen Sportlers mit bekunden. Gleichwohl kann sie im Zeitalter der Herrschaft der Technik keine bestimmende Wirklichkeit mehr sein. Wohl aber kann sie denkend in Erinnerung gerufen werden. Dann wird sie als eine *andere Möglichkeit neben der modernen Möglichkeit des Sports* sichtbar, die dann ihrerseits von dieser her ein anderes *Gesicht* als bisher gewinnt[20]. So aber stehen wir nicht länger nur im faszinierenden Bann des modernen Sports, sondern gelangen in ein freies Verhältnis zu ihm, in welchem er allein frei durchdacht werden kann. Ein solches freies, denkendes Verhältnis mit vorzubereiten, ist der Sinn dieses Versuchs.

---

[20] Sie wird dann eigens aus ihrem Ab- und Zurückgedrängtsein wiedergewonnen, dergestalt, dass die *Rückgänglichkeit* fortan als Grundzug mit in sie hineinzunehmen ist.

12. Möglichkeiten des Sportverständnisses im Ausgang von Aristoteles[1]

Gegenwärtig macht sich ein zunehmendes Unbehagen an einer ausschließlichen Orientierung am internationalen Hochleistungssport breit. Beweis ist unter anderem die Diskussion um den Breitensport, die für diesen ein eigenes Verständnis zu finden versucht[2]. Jedoch fehlen hier oftmals die begrifflichen Mittel. Denn auch der Breitensport ist weitgehend im Bann des internationalen Hochleistungssports befangen. Dessen begriffliche Artikulation durchdringt auch die Terminologie des Breitensports, so dass Ansätze eines eigenen Verständnisses überlagert oder sogar verdeckt werden. Selbst

---

[1] Grundlage dieses Artikels bildet der vorangehende Artikel Nr. 11: „Leib – Seele – Sport. Versuch einer philosophischen Bestimmung des Sports im Ausgang von Aristoteles." (*supra,* 219-237). In ihm wird der zweite Teil desselben (*supra,* 232sqq), d.h. die philosophische Bestimmung des Sports und insbesondere die des modernen Hochleistungssport weiter ausgeführt. Seinem Stil nach unterscheidet er sich von diesem, da er auch mit Rücksicht auf Leser geschrieben ist, die keine „Fachphilosophen" sind. Mitverfasserin ist Kerstin Kirsch, die als diplomierte Spitzensportlerin und Sportwissenschaftlerin der *Deutschen Sporthochschule Köln* an dem von Vf. daselbst im Wintersemester 1979/80 durchgeführten Seminar zu Aristoteles' *De anima* (s. *supra,* Artikel Nr. 11, S. 220, Fußnote Nr. 5) engagiert teilgenommen hat (sowie auch an den beiden folgenden Seminaren, nämlich dem im Sommersemester 1980 durchgeführten Seminar zum Wesen des Menschen bei Plato und dem im Wintersemester 1980/81 durchgeführten Seminar zum Wesen des Leibes bei Nietzsche).

[2] Zum Beispiel gibt es derzeit Tendenzen im Breitensport, sich nicht ausschließlich an Leistung und Leistungsmaximierung zu orientieren. So sagt man: Sport mache als solcher Freude; es komme nicht auf das Gewinnen an; Sport trage zur Steigerung des „Lebensgefühls" bei usw. Dies scheint auch eines der Motive der sogenannten „Trimm-Dich-Aktion" des *Deutschen Sportbundes* (DSB) zu sein. Auch die Ansätze der präventiven und kurativen Medizin sind in diesem Zusammenhang zu nennen: Diese bezieht den Sport in der Absicht mit ein, die Funktionen der Organe positiv vorbeugend bzw. rehabilitativ zu beeinflussen. (Beispielhaft dafür mögen der „Gesundheitspark" im Olympiastadion in München oder auch die von ärztlicher Seite initiierten jüngsten Modellversuche von Gesundheitsvorsorgezentren – wie etwa das Hufeland-Haus der *Deutschen Gesellschaft für Gesundheitsvorsorge* (DGGV) in Leverkusen – stehen.)

Aktive im Spitzensport empfinden, dass ihre sportliche Tätigkeit auch eine andere Seite hat, die sie aber schwer formulieren können. Man beruft sich auf das Beglückende der sportlichen Tätigkeit, – was jedoch von Kritikern des modernen, leistungsorientierten Sports, insbesondere des Hochleistungssports bestritten wird.[3]

Hier kann Aristoteles eine begriffliche Hilfe bieten. Denn von ihm her wird eine Verständnismöglichkeit des Sports sichtbar, die im Menschen von Natur angelegt ist, – was nicht bedeutet, dass sie heute in der modernen Welt unmittelbar noch verwirklicht werden könnte. Wohl aber könnte sie ein kritisches Korrektiv einer ausschließlichen Orientierung an dem weitgehend durch den modernen Leistungsbegriff[4] geprägten internationalen Spitzensport sein.[5]

Worin besteht diese Möglichkeit? Diese wird sichtbar, wenn man den Begriff des Lebens, wie ihn Aristoteles konzipiert, näher durchdenkt.[6] Den Lebensbegriff des Aristoteles finden wir in einer seiner Spätschriften, die den Titel trägt: „De Anima" (Περὶ Ψυχῆς) – der im Allgemeinen im Deutschen mit „Über die Seele" übersetzt wird. Jedoch ist hier sogleich darauf hinzuweisen, dass griechisch ψυχή bzw. lateinisch *anima* nicht das von uns sog. Psychische, d. h. Innerseelische, sondern ganz allgemein das *Leben des Lebendigen* (dessen Lebendigsein) bedeutet, – wozu nicht nur das Leben des Menschen, sondern auch das der übrigen Lebewesen und sogar das der

---

[3] Diese Kritik fasst in Grundzügen Hans Lenk zusammen u.a. in seinem Aufsatz: „Leistungsprinzip und Sportkritik", in: *Pragmatische Vernunft*. Philosophie zwischen Wissenschaft und Praxis, Stuttgart 1979, S. 153-175 sowie in den ersten beiden Kapiteln seines Buches: *Leistungssport: Ideologie oder Mythos?* Stuttgart, 1974, S. 7-14. (Zu Hans Lenk, s. *supra* Artikel Nr. 11, S. 220, Fußnote Nr. 3

[4] Der moderne Leistungsbegriff bedarf einer Definition. die indes hier nicht thematischer Gegenstand sein kann. Wohl aber wird im Folgenden eine Orientierung gegeben, wie er gemäß der Geschichte der neuzeitlichen Philosophie zu verstehen wäre (s. *infra*, S. 246*sq* und Fußnote Nr. 23.)

[5] Die Leistungsorientierung bestimmt gegenwärtig nicht nur den internationalen Spitzensport, sondern weitgehend das moderne Sportgeschehen überhaupt. Dies zeigt z. B. Henning Eichberg (1942-2017) in: *Der Weg des Sports in die industrielle Zivilisation*, Baden-Baden 1973, S. 109-140.

[6] Das bedeutet nicht, dass Aristoteles diese Verständnismöglichkeit des Sports selbst ausgearbeitet hätte, sondern nur, dass sie sich aus den Grundbegriffen des Aristoteles konsequent entwickeln lässt.

Pflanzen gehört. Die Schrift des Aristoteles handelt also davon, was Leben überhaupt ist und welche Stufen es hat. Eine erste allgemeine Bestimmung des Lebens findet sich insbesondere im ersten Kapitel des zweiten Buches dieser Schrift[7]. Hier sagt Aristoteles:

ζωὴν δὲ λέγομεν τὴν δι' αὐτοῦ τροφήν τε καὶ αὔξησιν καὶ φθίσιν[8]

Leben aber nennen wir die Ernährung sowie das Wachsen und Schwinden im Durchgang durch sich selbst.

Das meint das Folgende: Das Lebendige ist dadurch gekennzeichnet, dass es wächst, d. h. – im Sinne des Aristoteles – von sich her ins Erscheinen aufgeht. Das Wachsen ist ein wesentlicher Zug des Lebendigen. Aber es vermag doch nur so lange zu wachsen, als es sich ernähren kann. Demnach ist das sich Ernähren der Grundzug des Lebens des Lebendigen, auf dem alle anderen Lebensvollzüge aufbauen. Stellt nämlich das Lebendige das sich Ernähren ein, schwindet es dahin und stirbt ab.

Hier gilt es, genauer ins Auge zu fassen, was sich Ernähren (τροφή), ganz elementar gesehen, bedeutet. Wenn sich ein Lebendiges ernährt, so langt es aus nach Anderem, seinem möglichen Nährstoff, holt diesen zu sich ein und verwandelt ihn sich an (– welche Anverwandlung wir heute „Assimilation" nennen). Damit vollzieht das Lebendige eine zweifache Bewegung: Einmal die Bewegung, die hin zu seinem möglichen Nährstoff geht, zum anderen die Bewegung, in der es ihn zu sich einholt. Das sich Ernähren vollzieht sich also in Gestalt einer doppelt gerichteten Bewegung: des *Hin zu Anderem* und des *Zurück zu sich*. Da nun, wie gesagt, das sich Ernähren der Grundzug des Lebens ist, besteht das Leben elementar in dieser Bewegung. Aber hier bedarf es eines weiteren Zusatzes. Die Lebensbewegung des Lebendigen geschieht – wie Aristoteles sagt – „im Durchgang durch sich selbst" (δι' αὐτοῦ). Das meint: Um zu den möglichen Nährstoffen hin zu gelangen, bedarf das Lebendige der *Durchgänge*. Diese sind aber nicht etwa ein ihm fremdes Instrumentarium, das durch τέχνη, d. h. künstlich erzeugt und von außen für seinen Aufbau an es herangebracht wird

---

[7] Vgl. zum Folgenden den vorangehenden Artikel Nr. 11, in dem Vf. eine ausführliche Interpretation von De An. II, 1; 412a 6-412b 6 vorlegt. Vf. stellt im jetzigen Artikel Nr. 12 nur die für die Sportthematik jeweils wesentlichen Schritte heraus.

[8] Zur Textausgabe und zur Übersetzung, vgl. den vorangehenden Artikel Nr. 11, S. 220, Fußnote Nr. 5.

(wie z. B. die Werkzeuge beim Bau eines Hauses), sondern sie sind das Lebendige selbst: Es sind nämlich seine eigenen *Organe,* die das Lebendige selbst ist. Denn jedes Lebendige lebt *selbst* in seinen Organen.[9] So verlegt sich das Leben des Lebendigen bei Aristoteles in das Organische.[10]

Hier gilt es, das Verhältnis zwischen den Organen und der Lebensbewegung genauer zu bestimmen. Aristoteles sagt:

[...] τὴν ψυχὴν οὐσίαν εἶναι ὡς εἶδος σώματος φυσικοῦ δυνάμει ζωὴν ἔχοντος. ἡ δ' οὐσία ἐντελέχεια. τοιούτου ἄρα σώματος ἐντελέχεια.

Die Seele ist Wesen in dem Sinne, dass sie der Wesensanblick eines natürlichen Körpers ist, der geeignet und befähigt ist, das Leben zu haben; das Wesen aber ist die Seinsvollendung. Folglich ist die Seele die Seinsvollendung eines derartigen Körpers.[11]

Das Verhältnis zwischen den Organen und der Lebensbewegung ist also das folgende. Die Organe stehen so zur Lebensbewegung, dass sie das sind, was dazu befähigt und geeignet ist, die Lebensbewegung zu vollziehen. So ist z. B. auch das Auge ein Organ[12]. Seine Lebensbewegung ist – gemäß Aristoteles – das Sehen; denn dieses besteht darin, hin zum Gesehenen zu gelangen und dessen Anblick zu sich einzuholen. Das Auge aber ist, sofern es Organ des Sehens ist, gerade dadurch bestimmt, dass es befähigt und geeignet ist, diese Bewegung des Sehens zu vollziehen. Dieser Eignungscharakter macht das Organhafte des Augenorgans aus. Und es kommt nur insofern als *Organ* in den Blick, als sein Eignungscharakter in den Blick gefasst wird. Wenn aber etwas zu etwas befähigt und geeignet ist, dann steht es in der *Möglichkeit,* dieses zu sein: Es ist das dieses sein Könnende. Deshalb bestimmt Aristoteles die Organe durch den Begriff der *Möglichkeit* (gr. δύναμις, lat. potentia). Anders steht es mit der Lebensbewegung selbst.

---

[9] Das bezeugt z. B. die Verletzung eines Organs. Wenn auch nur ein Finger verletzt ist, so tut er nicht isoliert für sich, sondern mir, diesem Lebendigen, weh. Das zeigt, dass das Lebendige *selbst* in den Organen lebt.

[10] Vgl. zum δι' αὐτοῦ auch die ausführlichere Interpretation in Artikel Nr. 11 (insbes. S. 224, die dieses dem Kontext gemäß nicht gegen das durch τέχνη Hergestellte, sondern gegen Platons Auslegung der γένεσις im Durchgang durch die Idee unterscheidet. Näher betrachtet sind beide Auslegungen im Grunde identisch.

[11] De An. II, 1; 412a 19sq.

[12] Dieses Beispiel führt Aristoteles selbst an *De An.* II, 1; 412b 18sq.

Diese ist der wirkliche Vollzug dessen, wozu die Organe von sich aus befähigt und geeignet sind. Deshalb bestimmt Aristoteles die Lebensbewegung selbst u. a. durch den Begriff der Wirklichkeit (gr. ἐνέργεια, lat. actualitas), aber er bestimmt sie auch – und vor allem – durch den Begriff der „*Entelechie*" (ἐντελέχεια), der im Deutschen nur durch eine sinngemäße Umschreibung wiedergegeben werden kann. Wenn ein Organ die Lebensbewegung, zu der es von sich aus fähig ist, wirklich vollzieht, dann tritt es in das volle Erscheinen dessen heraus, was es von sich her zu sein vermag. Dadurch kommt die Lebensbewegung, die es keimhaft schon in sich birgt, in plastischer Gestalt ins Offene heraus. Diesen offenen Anblick dessen, was etwas ist, nennt Aristoteles Eidos (εἶδος). Auf dessen volles Erscheinen hin ist das Organische angelegt. Dieses ist seine Vollendung (τέλος) und seine Erfüllung. Der Zustand, in dem es in seiner Vollendung verweilt, nennt Aristoteles „Entelechie" (ἐντελέχεια).[13] Wenn also ein Organ sich in die Lebensbewegung, zu der es von sich her befähigt und geeignet ist, hervorgebracht hat, d. h. diese vollzieht, dann ist die Lebensbewegung seine „Entelechie". Damit ist das Verhältnis des Organs einerseits und der Lebensbewegung andererseits genauer bestimmt. Wie gesagt, ist das Organ das, was diese vollziehen *kann*; es ist deren *Möglichkeit*; die Lebensbewegung selbst, sofern sie von ihm vollzogen wird, ist seine *Wirklichkeit* oder *Entelechie*. Sie ist das volle, „plastische" Erscheinen dessen, was das Organ von sich her vermag, d. h. seine gestaltgewordene Vollendung und seine Erfüllung. Damit hat Aristoteles bereits eine erste Definition des Lebens gewonnen. Leben ist Lebensbewegung, und diese ist, wie Aristoteles sagt:

τοιούτου [...] σώματος ἐντελέχεια,

Entelechie eines derartigen Körpers[14],

d. h. sie ist die Entelechie eines von sich her zu ihr befähigten und geeigneten Organs.

---

[13] ἐντελέχεια setzt sich zusammen aus ἐν τέλει ἔχειν und besagt wortwörtlich: sich im Telos halten. Das Lebendige muss sich eigens in seiner Vollendung *halten*, weil es stets durch den Schwund bedroht ist.

[14] De An. II, 1; 412a 21sq.

Jedoch muss diese Definition weiter durchbestimmt werden. Denn es erhebt sich der folgende Einwand. Auch wenn ein Lebendiges die Grundbewegung des Lebens nicht in voller Offenkundigkeit vollzieht, also nicht augenfällig auf Anderes auslangt und es zu sich einholt – was nicht mehr im Wachen, sondern im Schlaf geschieht –, so ist es doch auch dann immer noch lebendig. Die Art der Anwesenheit der Lebensbewegung muss also differenziert werden. Auch im Schlaf ist die Lebensbewegung anwesend – wenngleich reduziert; das Lebendige geht in sich selbst zurück und verschließt sich in sich selbst. Aber auch im Schlaf atmet z. B. ein Mensch noch und holt dadurch Nährstoffe (in Form von Sauerstoff, Stickstoff usw.) ein. Auch im Schlaf haben sich die Organe in die Lebensbewegung hervorgebracht, auf die hin sie angelegt sind, – wenngleich (wie gesagt) reduziert. Ins volle Erscheinen und in ihre eigentliche Vollendung gelangt die Lebensbewegung aber erst dann, wenn das Lebendige aufwacht und wachend in einem offenen Bezug zu seiner Umgebung steht. Aber diese gesteigerte Lebensbewegung im Wachen ist nur auf der Basis und unter der Voraussetzung der Lebensbewegung, die auch im Schlafen geschieht, möglich. Deshalb ist diese die *erste Entelechie*, jene die *zweite Entelechie*. Das Leben ist also seiner allgemeinen, vollen Definition nach

> [...] ἐντελέχεια ἡ πρώτη σώματος φυσικοῦ δυνάμει ζωὴν ἔχοντος.

> [...] erste Entelechie eines natürlichen Körpers, der der Möglichkeit nach das Leben hat.[15]

Die Lebensbewegung kann sich also als „erste" oder als „zweite Entelechie" in den Organen hervorbringen.

Damit aber zeigt sich, dass die Lebensbewegung als Entelechie grundsätzlich *steigerungsfähig* ist. Je mehr sich die offene „plastische" Gegenwart der Lebensbewegung steigert, desto mehr gelangt das Lebendige in seine Vollendung und seine Erfüllung. Deshalb ist die zweite Entelechie zwar der Genesis nach später als die erste, dem *Seinsrang* nach aber ist die zweite Entelechie der ersten überlegen.

---

[15] 412a 27sq.

*

Von diesem Grundgedanken des Aristoteles her ergibt sich nun eine Perspektive, in der ein Verständnis des Sports im Ausgang von Aristoteles möglich ist. Dabei gilt es, ins Auge zu fassen, dass die Lebensbewegung als Entelechie grundsätzlich *steigerungsfähig* ist. Denn auch der Sport ist eine Weise der organisch-leibhaften Lebensbewegung, – nämlich die des organischen Menschenleibes im Ganzen. Dabei ist die sportliche Bewegung insbesondere dadurch bestimmt, Ortsbewegung (κίνησις κατὰ τόπον) zu sein[16]. Denn alle Weisen der sportlichen Bewegung lassen sich so oder anders auf diese zurückführen[17]. Als Ortsbewegung eines organischen Leibes aber ist sie nicht die in sich verschlossene Lebensbewegung der „ersten Entelechie", sondern die eigens in das offene Erscheinen aufgegangene Lebensbewegung der „zweiten Entelechie". Aber im Sport wird die Lebensbewegung *noch einmal* gesteigert, – wozu allein der Mensch fähig ist. Denn der Mensch ist seinem Leben nicht nur wahrnehmend (wie das Tier), sondern auch *denkend geöffnet*. Er vermag also das Eidos des Lebens als solches eigens abzuheben und herauszustellen. Deshalb aber vermag sich auch der menschliche Leib in der Weise in das Eidos der Lebensbewegung hervorzubringen, dass dieses nicht nur gegenwärtig wird (= erste Entelechie) und sich in seiner Gegenwart offen zeigt (= zweite Entelechie), sondern ei-

---

[16] Die Ortsbewegung ist für Aristoteles nicht nur irgendeine Bewegung der Lebewesen, sondern diejenige, in der sich der Unterschied von Lebewesen und Pflanze in vordringlicher Weise zeigt. Dieser besteht – gemäß Aristoteles – darin, dass allein die Lebewesen abgetrennt von den Nährstoffen, frei für sich, die Pflanzen dagegen in ungetrennter Einheit mit ihnen leben. Deshalb erfüllen erst die Lebewesen das, was Aristoteles οὐσία nennt: Erst sie sind *selbständig Seiendes*. Die Folge ist, dass sie sich durch die Ortsbewegung zu den Nährstoffen hinbewegen müssen. Die Ortsbewegung ist also eine Auszeichnung der Lebe-*wesen* als solcher (d. h. als οὐσία). Demgemäß kommt auch dem Sport, sofern er eine Weise von Ortsbewegung ist, eine ausgezeichnete Bedeutung zu: Er ist – wie noch zu zeigen ist – in nochmals gesteigerter Weise der Exponent des selbständigen Seins (= οὐσία) menschlicher Lebendigkeit. Vgl. *De An.* III, 9-10; 432b-433a 1sqq.

[17] So sind gerade auch die sogenannten „statischen" Elemente sportlicher Bewegungen (z. B. Halten eines Gewichts, Kreuzhang an den Ringen, Waage auf dem Balken) zwar durch isometrische Muskelarbeit gekennzeichnet; gleichwohl sind sie die Modifikation der Ortsbewegung; sie sind ein übergängig gespanntes Innehalten derselben und schwingen wieder in diese zurück, d. h. sie bleiben stets auf diese bezogen.

gens in dieser letzteren *herausgebracht* wird. Das aber geschieht gerade im *Sport*. Die *sportliche* Lebensbewegung wäre also nicht allein die offene Gegenwart der Lebensbewegung, d. h. „zweite Entelechie", sondern die eigens *herausgebrachte* offene Gegenwart der Lebensbewegung, d. h. eine nochmals *gesteigerte „zweite Entelechie"*. Als solche wäre sie eine *höchste Präsenz der Lebensbewegung des organischen Menschenleibes*. In der sportlichen Lebensbewegung bringt der organische Menschenleib das gestalthafte Phänomen[18] der Lebensbewegung in seine höchste Offenkundigkeit heraus. Der Sport also wäre – aus der Dimension des Aristoteles gedacht – das *eigens herausgebrachte Phänomen* der Lebensbewegung des organischen Menschenleibes. Im Sport bringt sich der organische Menschenleib eigens als *das Phänomen* heraus, zu dem er von sich her als Leib gerade befähigt und geeignet ist.

Nun aber wird überall da, wo eine Anlage und Fähigkeit (gr. δύναμις, lat. *potentia*) verwirklicht wird, d. h. in ihr Telos gelangt, dem Streben die Erfüllung gewährt, die stets etwas Beglückendes ist. Wo aber, wie im Sport, der organische Leib sich nicht nur in das ihm eigene Telos, die Lebensbewegung, bringt, sondern diese in einer *gesteigerten* Gegenwart sogar eigens *herausbringt,* da wird ihm die *höchste* Erfüllung zuteil, die etwas zuhöchst Beglückendes ist. So kann – von Aristoteles her – verständlich werden, inwiefern der Sport, *rein an sich selbst,* eine höchste spezifisch leibliche Beglückung (εὐδαιμονία)[19] für den Menschen in sich zu tragen vermag. Diese erwächst ihm aus seinem eigenen Leib selbst, wie er von Natur aus ist.

Damit ist ein Sportverständnis umrissen, das von Aristoteles her sichtbar wird. Diesem gemäß erwächst der Sport aus der Physis (φύσις), der Natur, des menschlichen Leibes selbst, d. h. aus der Art, wie er *von sich her*

---

[18] Der Begriff „Phänomen" ist hier terminologisch zu verstehen im Sinne des griechischen φαινόμενον (= das, was sich zeigt, was erscheint und so da und gegenwärtig ist).

[19] εὐδαιμονία meint bei Aristoteles ganz allgemein jegliche auf Seinsvollendung beruhende Beglückung überhaupt. Vgl. die Definition der εὐδαιμονία: ἡ εὐδαιμονία κατ' ἀρετὴν ἐνέργεια. „Das beglückende Geglücktsein [des Lebens] ist ein Am-Werke-Sein, das sich gemäß einer Bestheit [d. h. einer Vollendungsmöglichkeit] vollzieht". Nik. Eth. X, 7; 1177a 12. Die εὐδαιμονία kann gemäß Aristoteles auch leiblich sein. So trägt die Gesundheit als beste Verfassung des Leibes eine eigene, spezifisch leibliche εὐδαιμονία in sich (vgl. z. B. Nik. Eth. VI, 13; 1144a 5sq).

ist.[20] Von seinem eigenen Leib aber kann sich der Mensch nicht ablösen. Er bleibt ihm als der Natur in ihm selbst stets – und d. h. auch in einem hochtechnisierten Weltzustand wie dem unseren – überantwortet. Deshalb wird sich die im Umriss von uns entworfene Verständnismöglichkeit des Sports, nicht zuletzt wegen der naturhaft leiblichen Glücksempfindung sportlicher Bewegung, immer wieder, auch im modernen Sport, von sich her mit bekunden, – ohne deshalb heute die *bestimmende* Wirklichkeit sein zu können.

Aber auch der moderne Sport, der weitgehend im Bann der quantitativen Leistungsmaximierung steht, wird im Ausgang von Aristoteles und seinem Begriff der steigerungsfähigen Entelechie formulierbar. So wäre Aristoteles ein Schlüssel, durch den sowohl das gekennzeichnete „natürliche" Sportverständnis wie auch das moderne „leistungsorientierte" Sportverständnis gleichermaßen begrifflich fassbar würden. Dies sei im folgenden Umriss gezeigt.

Dazu gilt es, den Grundgedanken des Aristoteles von der steigerungsfähigen Entelechie noch weiter zu durchdenken. Für Aristoteles selbst, d. h. im Umkreis des griechisch-antiken Denkens, das an der *Physis*[21] orientiert ist, ist die Steigerung der Entelechie nur die Steigerung der Offenbarkeit des Eidos, d. h. der plastisch-gestalthaften Anwesenheit dessen, was etwas von Natur aus ist und woraufhin es von Natur angelegt ist. Dieses Eidos, d. h. die plastische, in feste Grenzen umrissene Gestalt des Lebendigen, gibt der möglichen Steigerung der Entelechie von vornherein ihr Ziel und ihre *Grenze*. Eine weitere Steigerung wäre für Aristoteles *sinnlos*. Denn im griechischen Verständnis ist Grenze (πέρας) nichts Negatives; sie ist keine hemmende Schranke, über die hinauszugehen ist, sondern sie gibt und umreißt einem Jeden gerade sein eigenes maßbestimmtes Wesen. Jedoch zeichnet sich von Aristoteles her auch die Möglichkeit vor, dass der Maß- und Grenzgedanke zugunsten der bloßen Steigerungsfähigkeit der Entelechie zurücktreten kann. Denn wenn die Entelechie gemäß Aristoteles *über-*

---

[20] Gemäß Aristoteles besteht der Grundzug der φύσις, d. h. der Natur darin, von sich her (gr. καθ' αὐτό, lat. per se) zu sein.

[21] Gemäß der griechisch-antiken Erfahrung ist die *Physis* – und das Wort φύσις gehört zum Verb φύειν, „wachsen", „hervorkommen", „erscheinen" – der von sich her geschehende Aufgang des Ganzen des Seienden ins eidetische Erscheinen.

haupt durch eine *Steigerungsfähigkeit* bestimmt ist, dann ist es – grundsätzlich gesehen – möglich, dass die Steigerung das Eidos und seine Grenze *überwältigt* und, indem so jedes feste Ziel und jede Grenze fehlt, selbst zum einzigen Ziel wird. Die Entelechie wird in die bloße Steigerungsfähigkeit ihrer selbst entlassen. Die sportliche Lebensbewegung hat dann ihr Ziel und d. h. ihren Sinn einzig in der Steigerung ihrer selbst[22].

Damit aber stellt sich die Frage: Woher bezieht diese Steigerung eigentlich ihr Sein? Denn wenn in der Entelechie das Eidos zurücktritt und sie in die bloße Steigerung entlassen wird, so kann ihr gesteigerter Vollzug, d. h. ihre gesteigerte (nunmehr im Wirken bestehende) Aktualisierung bzw. *actualitas*, auch nicht mehr das gesteigerte Erscheinen des Eidos sein, das von Natur, gleichsam als physische Gunst, im Leib angelegt ist und sich von sich her ins Erscheinen hervorbringt. Da es ja nunmehr auf das Eidos und dessen Erscheinen nicht mehr ankommt, gibt es sozusagen im Leib nichts mehr, was sich von sich her ins Erscheinen aufmacht. Zumindest kommt es darauf nicht mehr an. Wenn es aber im Leib nichts mehr gibt, was sich von sich her naturhaft ins Sein hervorbringt, dann muss die Wirklichkeit der in die Steigerung entlassenen Entelechie in äußerster Anspannung gleichsam aus Nichts und d. h. zugleich in Gegenwendung gegen das Nichts eigens aufgebracht, d. h. *geleistet* werden. Das Sein der in die Steigerung entlassenen Entelechie besteht in der *Seinsleistung*[23]. Es zeichnet sich vor, dass der Sport fortan dem *„Leistungsprinzip"* untersteht.

---

[22] Die Möglichkeit, dass das Eidos als Maß und Grenze entschwindet und an seiner Statt einzig die Steigerung zum Ziel wird, zeichnet sich auch schon im Ansatz bei Platon vor. In seinem Spätdialog „Politikos" unterscheidet Platon zwei Weisen des Messens (283d-e): Die eine besteht darin, das Größere am Kleineren und umgekehrt das Kleinere am Größeren wechselseitig (πρὸς ἄλληλα) zu messen, die andere darin, beides am „Angemessenen" (πρὸς τὸ μέτριον) zu messen. Das Angemessene ist ein αἰσθητόν, d. h. ein sinnlich wahrnehmbares Einzelnes, in dem das rechte Maß (μέτρον), d. h. das Eidos, *in concreto* erscheint. Wenn die Sicht auf dieses beim Messen entfällt, wird das Messen komparativisch; im bloß komparativen Messen liegt die Tendenz auf eine ständige Steigerung des Vergleichsmaßstabs. Damit wird das Gemessene in eine grundsätzliche maß- und grenzenlose Steigerung entlassen.

[23] Der Begriff der Leistung bedarf in der modernen Sportwissenschaft einer Klärung. Hans Lenk äußert wiederholt, dass es bisher keine „Philosophie der Leistung" gebe und fordert diese (vgl. Hans Lenk: *Pragmatische Vernunft*, insbes. S. 171 und S. 174; ferner ders.: „Sport – Gesellschaft – Philosophie. Zur Sozialkritik an der sportlichen Leistung

Zu diesem gehört der Begriff der *Quantität* notwendig mit hinzu. Das geleistete Sein der in die Steigerung entlassenen Entelechie ist immer schon quantitativ bestimmt. Denn da es nicht mehr die Anwesenheit des von Natur hinterlegten Eidos (= „qualitas"[24]), sondern lediglich noch durch die Steigerungsfähigkeit seiner selbst bestimmt ist, hat es auch nicht mehr ein „qualitatives", sondern nur noch ein quantitatives Gepräge. Was nur noch steigerungsfähig ist, wird von vorneherein und lediglich auf den möglichen Grad seiner Steigerung, d. h. auf die messbare Quantität hin anvisiert. Zur sportlichen Lebensbewegung als der geleisteten, steigerungsfähigen actualitas der potentia des Leibes gehört die quantitative Messbarkeit konstitutiv mit hinzu. An die Stelle der „qualitas" tritt die bloße „quantitas". Es beginnt die Herrschaft der Quantität über den Sport.[25]

Die sportliche Lebensbewegung ist also fortan die prinzipiell steigerungsfähige, auf Leistung beruhende, quantitativ messbare Aktualisierung der potentia des Leibes.

Dieser Wandel der Entelechie aber schlägt auch auf den Leib selbst zurück. Denn dieser ist das, was für die Entelechie bereit und geeignet ist. Sein

---

und Programmatik einer Philosophie des Sports", in: *Sportwissenschaft* I, 1971, S. 19-32, hier vor allem S. 31sq.) Indessen gilt es, an das Folgende zu erinnern. Schon Descartes' „ego existo" ist lediglich im Akt des Denkens („ego cogito") selbst präsent. Es zeichnet sich vor, dass Existenz oder „Sein" akthaft aufgebracht, d. h. geleistet wird (vgl. *Meditationes de prima philosophia*, II, Absatz 3 und 6). Dies greift Leibniz auf, indem er es radikalisiert. Gemäß Leibniz lautet die Grundfrage der Philosophie bekanntlich: „[...] pourquoi il y a plus tôt quelque chose que rien ?". „[...] warum ist [überhaupt irgend] Etwas und nicht vielmehr nichts?" (vgl. Leibniz: *Principes de la Nature et de la Grâce fondés en Raison* – Vernunftprinzipien der Natur und der Gnade, Hamburg, 1956, S. 12sq (Philosophische Bibliothek Meiner Band 253, unveränderter Nachdruck 1969). Das Sein wird also in Gegenwendung gegen das Nichts diesem abgerungen und aufgebracht, d. h. geleistet. Sein ist Seinsleistung. Sie geschieht durch das willentliche *cogito*. Dieser Grundgedanke von Leibniz durchzieht alle neuzeitliche Philosophie. Insofern ist diese insgesamt eine Philosophie der Leistung. Das schließt nicht aus, sondern gerade ein, dass dies in einer gesonderten Arbeit in Bezug auf die verschiedenen Ausgestaltungen der neuzeitlichen Philosophie herausgestellt wird.

[24] „Qualitas" ist hier nicht im Sinne der eigenschaftlichen Kategorie (= Beschaffenheit), sondern als Wesensbeschaffenheit zu verstehen. In diesem Sinne verwendet bekanntlich Leibniz den Terminus „qualitas" (vgl. z. B. *Discours de Métaphysique*, §8). „Qualitas" ist insofern ein Übersetzungswort für das griechische Eidos.

[25] Konsequenterweise führt dies dazu, sportliche Leistungen bis in den nur elektronisch fassbaren Mikrobereich zu messen.

Eignungscharakter muss also auf den Charakter der Entelechie abgestimmt sein. Im Umkreis des Aristoteles war der Leib auf die eidetisch bestimmte Entelechie abgestimmt: Er war das Organ, das für die Anwesenheit des Eidos bereit und geeignet ist. Im Umkreis der in die Steigerungsfähigkeit entlassenen Entelechie ist auch der Leib auf deren bloße Steigerung abgestimmt: Er wird zu einer *potentia*, zum prinzipiell steigerungsfähigen „Potential" physischer Energie, zum steigerungsfähigen „Energiepotential".

Als dieses liegt er nicht von Natur schon vor. So wie vielmehr die „Entelechie" nur noch durch Leistung aufgebracht werden kann, so muss auch der ganze Leib auf die in ihm beschlossenen Potenzen physischer Energie eigens *zusammengenommen* werden. Dazu gehören nicht allein die Potenzen, die sich schon von sich her aktualisieren, sondern auch die, die im Bereich der willentlichen „Einsatzreserven", ja am Ende sogar der „autonom geschützten Reserven" liegen, die nur bei Lebensgefahr mobilisiert werden. Der Leib wird im Ganzen dem Anspruch der „Leistungsbereitschaft" unterstellt[26].

Das aber kann nicht allein Sache des individuellen Willens sein. Vielmehr muss *sichergestellt* sein, dass der Leib auch das Energiepotential ist, auf das hin er herausgefordert ist. Das ist erst möglich, sofern die moderne Wissenschaft und Technik[27] die aufzubringende Leistung mit übernehmen, d. h. in Gestalt der modernen Sportmedizin[28] sowie des modernen wissenschaftlich fundierten Trainings die *Mittel* bereitstellt, durch die die Organe im *methodischen* Zugriff auf die in ihnen beschlossene Energie hin herausgefordert und in Wirksamkeit versetzt werden können. Da jetzt die in den Organen beschlossenen Reserven freigesetzt werden, kommt es vor allem darauf an, die Organe unter Kontrolle zu halten, so dass sie nicht geschädigt oder gar zerstört werden, sondern für eine erneute Steigerung verfügbar bleiben. Auch die Kontrolle steht, so gedacht, im Dienst der

---

[26] Vgl. zu diesen Unterscheidungen Jürgen Stegemann: *Leistungsphysiologie*. Physiologische Grundlagen der Arbeit und des Sports. Stuttgart 1977, insbes. S. 262sq.

[27] Die moderne Technik wäre in diesem Sinne ein Exponent des modernen Leistungsgedankens.

[28] Das besagt nicht, dass alle Richtungen der Sportmedizin gegenwärtig ausschließlich darauf abgestellt wären; denn ihr Gegenstand bleibt immer auch der Leib, wie er von Natur ist. Deshalb wird es in der Sportmedizin stets verschiedene, ja sogar widerstreitende Tendenzen geben.

Steigerung selbst und allein.²⁹ Wie weit diese Steigerung geht, ist *a priori* nicht zu bestimmen³⁰; denn sie ist jetzt ja gerade aus der bestimmenden Grenze eines naturhaft angelegten Eidos entlassen. Dieses kann daher nicht mehr den apriorischen Maßstab abgeben. Vielmehr kann sich jetzt nur noch *empirisch-faktisch* zeigen, wie weit die Steigerung möglich ist. Das heißt, sie hängt vor allem von dem Stand der modernen technischen Mittel ab.

Von hier aus kann ein Licht auch auf die Problematik fallen, vor die das moderne Doping stellt. Doping ist

> [...] der Versuch einer unphysiologischen Steigerung der Leistungsfähigkeit des Sportlers durch Anwendung (Einnahme, Injektion oder Verabreichung) einer Dopingsubstanz [...].³¹

Betrachten wir die Problematik des Dopings auf der Grundlage des zweifachen Sportverständnisses, wie wir es im Ausgang von Aristoteles entwickelt haben. Fragen wir zunächst: Wie nimmt sich diese Problematik von dem von uns sog. „natürlichen Sportverständnis" her, d. h. innerhalb des Horizontes des Aristoteles selbst aus? Hier ist der menschliche Leib *Organ,* d. h. er ist konstitutiv dadurch bestimmt, für das Erscheinen des Eidos, das von Natur in ihm angelegt ist, bereit und geeignet zu sein. Dieser Eignungscharakter des Leibes kann selbstverständlich gesteigert wer-

---

²⁹ Wenn die moderne Sportmedizin leistungslimitierende Faktoren (z. B. Laktatbildung) erforscht, ist sie nicht primär an der apriorischen, maßbestimmten Grenze des naturhaften Eidos, sondern am faktischen, stets zu überbietenden „limit" weiterer Steigerung orientiert.

³⁰ So geht z. B. auch J. Stegemann (op. cit.) vom Begriff einer „fiktiven, nicht bestimmbaren Höchstleistungsfähigkeit" aus.

³¹ Fortsetzung des Zitats: „ [...] durch den Sportler oder eine Hilfsperson (z. B. Mannschaftsleiter, Trainer, Betreuer, Arzt, Pfleger oder Masseur) vor einem Wettkampf oder während eines Wettkampfes und für die anabolen Hormone auch im Training". Diese Definition führt der *Deutsche Sportbund* (DSB) in den Rahmenrichtlinien zur Bekämpfung des Dopings an, die am 3. Dezember 1977 in Kraft traten. Sie ist der Sache nach identisch mit den Definitionen anderer internationaler Gremien, z. B. des *Internationalen Olympischen Komitees* (IOC). Vgl. Donike, Manfred / Kaiser, Ch.: *Dopingkontrollen,* hrsg. vom Bundesinstitut für Sportwissenschaft, Köln 1980, S. 76-81, insbes. S. 76. – Zur Aufzählung der Dopingsubstanzen im engeren und weiteren Sinn vgl. ebd., S. 40-70.– In den Umkreis des Dopings gehört auch das sog. „Antidoping", das wir als die *un*physiologische Herabsetzung der Leistungsfähigkeit des Gegners durch Anwendung leistungshemmender Substanzen definieren.

den, – sofern und so wahr auch seine Entelechie, die Lebensbewegung, steigerungsfähig ist. Und er *muss* sogar gesteigert werden, wenn es darum geht, in der sportlichen Bewegung seine Entelechie in den vollen Glanz ihres Erscheinens zu bringen. Jedoch hat diese Steigerung dann nur zum Ziel, die von Natur angelegte eigene Grenze, das eigene erfüllende Maß, zum vollen Erscheinen zu bringen: Sie ist also von vorneherein maß- und grenzorientiert. Und sie geht davon aus, dass der Leib als das Organ, das er ist, wesentlich dadurch bestimmt ist, δι' αὐτοῦ, „im Durchgang durch sich selbst"[32], in die Lebensbewegung aufzugehen. Der Leib als Organ bringt sich – im Umkreis des Physis-Gedankens des Aristoteles – *von sich selbst her* in das Erscheinen des Eidos, das keimhaft schon in ihm beschlossen ist, hervor. Eine Steigerung des Eignungscharakters des Leiborgans kann hier nur von der Art sein, dass sie dem Leib *verhilft,* sich von sich her *selbst* ins Erscheinen zu bringen. Sie ist θεραπεῖα[33], ein „Hegen und Pflegen" dessen, was der Leib von sich her naturhaft vermag. Das bedeutet, dass alle Möglichkeiten einer Steigerung der Eignungsfähigkeit der Organe durch „technische" (d.i. von außen an ihn herangebrachte) Mittel ausgeschlossen sind. Denn sie würden – gemäß Aristoteles – den naturhaften *Organcharakter* des Leibes verfehlen. Was hier allein als Mittel in Betracht kommt, muss von der Art sein, dass es dem Leib stets zuletzt und das heißt maßgeblich und zuerst überlassen bleibt, selbst von sich her ins Erscheinen aufzugehen. Dies mag es sein, was heute im Begriff der *„physiologischen* Leistungssteigerung" mitintendiert ist[34]. Eine *„un-physiologische"* Leistungssteigerung

---

[32] *De An.* II, 1: 412a 19-22. Vgl. *supra*, S. 240sq.

[33] Die θεραπεῖα des Leibes besteht darin, diesem dazu zu verhelfen, in das *eigene Wesen* hervorzugehen So ist gemäß Platon die θεραπεῖα eine Weise der ποίησις, d.h. des „Hervor-bringens", das selbst ein ἄγειν εἰς οὐςίαν, „[etwas] in das eigene Wesen geleiten" ist (*Sophistes*, 219a-b).

[34] Die Abgeordnetenversammlung des Schweizerischen Landesverbandes für Sport hat einen Grundsatzentscheid gefällt, der sich gegen *jegliche* pharmakologisch-medizinische Beeinflussung im Spitzensport wendet, diese sogar mit Sanktionen belegt und andererseits Maßnahmen fordert, damit „wieder von der alleingültigen Plattform aus – der physiologisch gesteigerten sportlichen Leistung – in Wettbewerb getreten werden kann". (Vgl. FAZ Nr. 260 vom 8. Nov. 1977, 21). Diese Forderung, die selbst nicht weiter begründet ist, mag manchen und verschiedenen Motiven entspringen (z. B. auch dem moralisch-rechtlichen Motiv des sog. „sauberen Sports"), jedoch dürfte in ihr auch ein Widerschein des aristotelischen Gedankens von der Physis des menschlichen Leibes

dagegen – im Sinne des Dopings – wäre für Aristoteles gar nicht möglich. Sie liegt außerhalb seines Horizontes; denn sie würde gegen den *Sinn* der Organe als solcher, der in der Physis, ihrem von sich her Sein, liegt, verstoßen.

Anders nimmt sich dagegen die Problematik des Dopings von dem modernen, von uns sog. „leistungsorientierten" Sportverständnis her aus, das sich ebenfalls im Ausgang von Aristoteles, freilich nur ansatzhaft vorzeichnet. Auch hier ist der Leib durch seinen Eignungscharakter bestimmt: Nicht mehr aber ist er dazu geeignet, von sich her ins Erscheinen des in ihm hinterlegten Eidos aufzugehen, sondern wofür er einzig noch geeignet ist, das ist, sich durch Leistung in den steigerungsfähigen, quantitativ messbaren Vollzug der Lebensbewegung zu bringen. Dazu muss er sich selbst im Ganzen auf die in den Organen beschlossenen Energiereserven zusammennehmen, was – wie gesagt – nicht mehr allein dem individuellen Willen überlassen, sondern durch den methodischen Zugriff von Wissenschaft und Technik sichergestellt werden muss. Da nun das Ziel der Leistung des Leibes einzig deren Steigerung ist, muss auch der Leib als Energiepotential ständig gesteigert werden. Diese Steigerung kann zwar erwirkt werden – und wird auch zunächst und zumeist erwirkt – auf dem Wege einer bloß „physiologischen Leistungssteigerung", die freilich – da der Leib das sicherzustellende Energiepotential ist – methodisch durch Wissenschaft und Technik gesteuert ist. Durch diese werden die willentlichen „Einsatzreserven" des Leibes mobilisiert und verfügbar gemacht. Da der Leib aber auch in der „physiologischen Leistungssteigerung" vorgängig schon das Energiepotential ist, das durch Wissenschaft und Technik methodisch sicherzustellen ist, so liegt in diesem Ansatz selbst schon die *Möglichkeit* beschlossen, die Steigerung des Energiepotentials Leib am Ende auch „*unphysiologisch*" zu garantieren, – was eben durch das Doping geschieht. Dieses fordert den Organen durch technische Manipulation methodisch diejenigen Energien ab, die im Bereich der „autonom geschützten Reserven" beschlossen sind und natürlicherweise nur durch Affekt (z. B. bei Lebensgefahr) freigesetzt werden. Damit verwirklicht das Doping aber nur eine Tendenz, die im modernen Verständnis des Leibes schon grundsätzlich angelegt ist. Denn dieser ist eben von Grund auf in die Steigerung seiner *potentia* frei-

---

enthalten sein.

gesetzt. Indes hat selbst das Doping auf seine Weise auch eine Schranke mit im Blick. Denn einerseits ist es durch die Steigerung der Energien des Leibes motiviert; andererseits bewegt es sich in der Gefahrenzone der Mobilisierung der letzten Reserven des Leibes. Deshalb muss es bei ihm immer auch darum gehen, die Organe weder zu schädigen, noch gar zu zerstören, sondern für eine weitere Steigerung verfügbar zu halten. Da dies aber nur faktisch-empirisch feststellbar ist, werden die Schranken einer möglichen Anwendung des Dopings stets fließend sein. Sie hängen nicht zuletzt vom Stand der modernen Wissenschaft und Technik ab. Deshalb wird das Doping rein aus sich selbst stets Gegenstand kontroverser Diskussionen sein. Diese bewegen sich indes im Horizont des modernen, leistungsorientierten Sportverständnisses selbst und allein, – ohne dass hier der aristotelische Physis-Gedanke mit ins Spiel kommen müsste.

Wenn hier das Doping als mögliche Konsequenz des modernen, „leistungsorientierten" Sportverständnisses dargestellt wird, so geht es nicht etwa darum, einen Freibrief für das Doping auszustellen. Im Gegenteil: Unsere Überlegungen im Ausgang von Aristoteles versuchen zu zeigen, dass auch der moderne Mensch immer noch seinem eigenen Leib als der Natur in ihm selbst überantwortet bleibt. Deshalb wird das organisch-naturhafte Verständnis des Leibes sein Bewusstsein, wie abgedrängt auch immer, stets mitbestimmen. Nicht anders verhält es sich mit dem Bewusstsein des Sportlers und dem aller derer, die seine Ausbildung zu übernehmen haben[35]. Deshalb kann die aristotelische Konzeption des Leibes ein kritisches Korrektiv des modernen Sportverständnisses sein, freilich so, dass sie nicht einfach übernommen, wohl aber die Grundlage für das erneute Durchdenken der modernen Sportwirklichkeit sein könnte. Dies anzuregen, war der Sinn dieses Versuchs.

---

[35] Dafür können auch die in jüngerer Zeit sich mehrenden öffentlichen Diskussionen, die aus der Erfahrung der *Grenze* des Hochleistungssports erwachsen sind, ein Zeugnis sein, Vgl. z. B. das im Deutschlandfunk am 10. 8. 1980 gesendete Gespräch zwischen den Sportmedizinern Wildor Hollmann und Ludwig Prokop sowie den Sportjournalisten Karl-Bernd Skamper und Herbert Fischer-Solms: „Die Zukunft des internationalen Hochleistungssports". Hier weist Hollmann nachdrücklich darauf hin, dass die eigenen physiologischen Grenzen sportartenspezifisch unbedingt zu berücksichtigen sind (vgl. maschinenschriftliches, unveröffentlichtes Manuskript Band Nr. 125/80, S. 12).

13. Pour inciter à repenser la vie.
La biologie moléculaire et l'essence de la vie selon Aristote

Le tournant du millénaire a été marqué par l'événement du déchiffrement du génome humain, qui est lui-même l'accomplissement de recherches entreprises depuis longtemps. Durant les décennies précédentes, on avait en effet déjà réussi à déchiffrer une partie du génome humain ainsi que le génome entier d'autres êtres vivants, moins complexes et plus primitifs, vertébrés et non vertébrés ainsi finalement que celui d'organismes unicellulaires telles que les bactéries. Dans cette optique, le génome humain ne se distingue que par le degré de complexité. Il appartient à la longue histoire du développement de la vie sur notre planète ; il en résulte.

Mais qu'entend-on alors au juste par « vie » ? La génomique fait partie de la biologie moléculaire qui constitue aujourd'hui – en son union avec la technologie génétique – le sommet, et donc le *représentant éminent* de la recherche scientifique sur le vivant. Pour répondre à notre question, il convient donc de s'orienter d'abord sur la biologie moléculaire.

Qu'entend-elle donc par « vie » ? Comment conçoit-elle le vivant ? Suivant la méthode de la science moderne, cartésienne, la biologie moléculaire procède de la façon suivante[1] : elle *décompose* d'abord le vivant en des éléments toujours plus simples : 1) la cellule ; 2) le nucléus ; 3) les chromosomes ; 4) les gènes qui sont contenus dans les chromosomes et qui font partie d'une longue molécule filiforme, appelée le « fil ADN » et qui s'entrelace avec un fil ADN complémentaire formant ainsi une « double hélice » ; 5) les nombreuses pièces dont consiste le fil ADN et qui sont (entre autres) des bases de quatre genres differents – l'adenine, la thymine, la guanine, la cytosine – désignées par les lettres A, T, G, C ; 6) les substances

---

[1] Nous nous référons ici à l'instructif article de Christiane Nüsslein-Volhard, intitulé « Den Göttern gleich ich nicht ! », in : *Frankfurter Allgemeine Zeitung*, 23 février 2001, n° 46, p. 43 (6 colonnes) / « Aux dieux, je ne ressemble pas ! », traduit de l'allemand par Michel Herren et Ingeborg Schüssler, in : *Penser la vie. Contributions de la philosophie*, Etudes de Lettres, Revue de la Faculté des Lettres de l'Université de Lausanne, 3-4, 2008, p. 251-362.

chimiques dans lesquelles la molécule filiforme se désagrège lors de l'hydrolyse et qui sont surtout du sucre, du phosphore et de l'urée... Ce sont ces substances chimiques qui constituent donc en dernière instance la vie du vivant selon la biologie moléculaire.

Ayant décomposé le vivant jusque dans ses éléments les plus simples, la biologie moléculaire cherche alors à *reconstruire* – suivant également la méthode cartésienne – le vivant ; et d'abord la cellule ou le vivant unicellulaire (la bactérie). A cette fin, elle s'oriente sur les *protéines* : substances qui constituent les structures des cellulles, qui agissent dans celles-ci et qui conditionnent ainsi finalement les propriétés du vivant. Ces protéines sont des (macro-)molécules qui consistent, elles aussi, en certaines pièces, les aminoacides. Au nombre de vingt quant à leurs genres, ces aminoacides déterminent les propriétés de la protéine qu'elles composent. Et c'est l'ordre des bases (A, T, G, C) dans les gènes correspondants qui détermine, de manière codée, les aminoacides qui composent la protéine. C'est donc dans la totalité des bases contenues dans le fil ADN d'un être vivant que consiste le « *code génétique* ». Et les protéines, constituées d'après les règles de ce dernier, composent alors la cellule et effectuent par leurs actions ses propriétés.

Dans la technologie génétique, on ne fait pas qu'analyser les protéines, mais on arrive à isoler les gènes qui en sont responsables. On arrive à « *dépecer* » le fil ADN et à introduire une pièce de celui-ci dans une cellule bactérie hôte où cette pièce se multiplie (on la clone, en quelque sorte). Bien plus, on est aujourd'hui capable de faire se multiplier ces pièces *in vitro*. Par la multiplication de ces pièces, on arrive facilement à déchiffrer le code génétique qui est responsable d'une protéine en question. On peut alors *fabriquer* les protéines en introduisant les gènes respectifs ou leurs pièces dans des bactéries ou cultures cellulaires. On les fabrique « [en profitant] de la machinerie de la synthèse protéique de l'ADN propre aux cellules mères » (*man macht sich dabei die Maschinerie der DNS- und Proteinsynthese der Wirtszellen zunutze*)[2]. On fabrique ainsi des protéines dans le but de guérir des maladies. Dans la mesure où l'on dispose techniquement toujours davantage de la production des protéines – soit de celle du génome

---

[2] Ch. Nüsslein-Volhard, *op. cit.*, texte allemand, p. 43 (2e colonne) / traduction française, *in* : *op. cit.*, p. 354.

du vivant –, on cherchera sans doute pour finir à fabriquer entièrement le vivant.

Nous avons retracé par là les traits caractéristiques de la conception du vivant qui régit la biologie moléculaire (en son union avec la technologie génétique). Selon elle, le vivant est donc un objet, plus précisément un objet purement matériel, composé de pièces physico-chimiques, voire même une sorte de machine qui, par des processus chimiques, se produit ou se fabrique elle-même ; auto-fabrication qui permet en principe d'être remplacée finalement par une fabrication technologique.

Cette conception peut faire office de pierre d'achoppement qui met en branle la pensée. Le vivant est-il vraiment un objet matériel, physico-chimique, voire une sorte de machine qui, par ses propres pièces chimiques, se fabrique elle-même selon le code génétique ? Il est vrai que cette manière d'envisager le vivant donne des résultats : on découvre objectivement des processus physico-chimiques dans le vivant et on arrive à les dominer techniquement. Mais la question est de savoir si l'on a saisi par là *le vivant comme vivant*, autrement dit, si l'on a compris par là la *vie même* du vivant.

Qu'est donc cette vie elle-même ? C'est ici que la philosophie est sollicitée, la question de savoir ce qu'est (τί ἐστιν) une chose étant précisément affaire de la philosophie. Elle est même sollicitée par rapport à toute son histoire – la vie étant une question primordiale de la philosophie depuis son commencement dans l'Antiquité grecque, chez Platon et Aristote.

Au début de son *De anima*, le premier grand traité sur la vie dans la philosophie occidentale, Aristote dit de manière programmatique :

> Τῶν καλῶν καὶ τιμίων τὴν εἴδησιν ὑπολαμβάνοντες, μᾶλλον δ'
> ἑτέραν ἑτέρας ἢ κατ' ἀκρίβειαν ἢ τῷ βελτιόνων τε καὶ θαυμα-
> σιωτέρων εἶναι, δι' ἀμφότερα ταῦτα τὴν περὶ τῆς ψυχῆς ἱστορίαν
> εὐλόγως ἂν ἐν πρώτοις τιθείημεν. δοκεῖ δὲ καὶ πρὸς ἀλήθειαν ἅπα-
> σαν ἡ γνῶσις αὐτῆς μεγάλα συμβάλλεσθαι, μάλιστα δὲ πρὸς τὴν
> φύσιν· ἔστι γὰρ οἷον ἀρχὴ τῶν ζῴων.

> Si nous supposons que le savoir appartient aux choses qui sont belles et dignes et qu'un genre de savoir y appartient plus que l'autre – serait-ce en raison de la précision [qui lui est propre] ou en raison du fait qu'il porte sur des choses qui [quant à leur constitution d'être] sont meilleures et plus étonnantes –, nous placerions alors, pour cha-

cune de ces raisons, à bon droit la recherche sur l'âme parmi les savoirs qui ont le premier rang. La connaissance de l'âme semble aussi contribuer grandement à la [connaissance de la] vérité tout entière et surtout à [celle de] la nature. Car l'âme est en quelque sorte le principe des êtres vivants.[3]

La recherche concernant l'âme (ψυχή, *anima*), *i.e.* la vie qui anime les êtres vivants, appartient donc bien, selon Aristote, à ces genres du savoir (εἴδησις) qui, parmi tous, ont le premier rang, aussi bien en raison de la précision (ἀκρίβεια) qui leur est propre comme savoir, qu'en raison du caractère qui revient à leur objet : l'âme, la vie animant les êtres vivants étant, quant à sa constitution d'être, meilleure (βέλτιον), *i.e.* plus élevée et plus étonnante (θαυμασιώτερα) que les objets de bien d'autres sciences. Davantage, la connaissance de l'âme – loin de porter seulement sur l'âme elle-même – contribue grandement à la saisie de la vérité tout entière (ἀλήθεια ἅπασα) et, surtout, à celle de la nature (φύσις) – l'âme étant, comme le dit Aristote dans le texte cité, « le principe (ἀρχή) des êtres vivants (ζῷα) ».

Aristote place donc le savoir qui porte sur la vie non seulement parmi les savoirs qui ont le *premier rang*, mais lui attribue également une *portée qui est la plus ample*. Selon lui, la connaissance de la vie contribue grandement à saisir – ou, mieux, à faire ressortir proprement – la vérité tout entière (ἀλήθεια ἅπασα) et surtout, au sein de celle-ci, la nature (φύσις). Qu'est donc cette vérité tout entière ? Comme l'indique le mot ἀ-λήθεια, qui veut dire littéralement « dés-abritement, dé-voilement, dé-closion », les Grecs expérimentent la totalité de ce qui est comme déterminé, en son être même, par le mouvement d'une « dé-closion ». Saisi par elle, l'être (de tout ce qui est) é-clôt, *i.e. s'ouvre* pour être *ouvertement* présent en tant que *phénomène* (φαινόμενον) qui apparaît (φαίνεται) de manière manifeste et

---

[3] Aristotelis, *De anima recognovit brevique adnotatione instruxit W.D. Ross*, Oxford, 1956 (nombreuses rééditions), livre I, 1 ; 402 a 3*sq*. Concernant la traduction française, *cf.* Aristote, *De l'âme*, texte établi par Antonio Jannone, traduction et notes de Edmond Barborin, Les Belles Lettres, 1995. Concernant la traduction allemande, *cf.* Aristoteles, *Über die Seele*, übersetzt von Willy Theiler, 5. Auflage, Akademie-Verlag, Berlin, 1979. Concernant l'interprétation (et la traduction allemande) du texte cité ci-dessus, *cf.* Karl-Heinz Volkmann-Schluck, *Die Metaphysik des Aristoteles*, Klostermann, Frankfurt a. M., 1979 (en part. p. 233 *sqq*), ouvrage auquel nous devons les orientations essentielles (nous traduisons).

même en un certain éclat ou splendeur (en lequel réside, pour les Grecs, la beauté). C'est par l'excès de l'afflux des phénomènes en l'éclat de leur apparaître que les Grecs sont pris et ravis : ils en sont étonnés. C'est par *l'étonnement* (θαυμάζειν) qu'ils se trouvent ex-statiquement « ab-sentés » (*ent-rückt*) vers et dans cet éclat des phénomènes en leur apparaître[4]. Or, si cette é-closion est bien expérimentée par eux par rapport à l'être de la totalité de ce qui est (comme l'atteste l'expression « la vérité tout entière [ἀλήθεια ἅπασα]) », c'est toutefois la nature (φύσις) qui est le domaine où cette éclosion se manifeste de manière éminente (comme l'indique le mot φύσις lui-même, venant de φύειν, *croître, éclore*). Les choses naturelles (φύσει ὄντα) se distinguent en effet par le fait qu'elles éclosent d'elles-mêmes (καθ' αὐτά), spontanément : elles comportent en elles-mêmes le principe de leur éclosion[5], alors que les choses artisanales (τέχνῃ ὄντα) ne sont que par le savoir-faire (τέχνῃ) de l'homme[6]. Mais plus encore que la nature, c'est le phénomène de la vie (ψυχή) qui atteste cette éclosion : la vie en est la manifestation la plus éminente. Car la vie – et voici une première définition qu'en donne Aristote – est « le principe des êtres vivants (ἀρχὴ τῶν ζῴων) ». Notons d'abord que, selon cette définition, la vie, loin de dépendre elle-même de l'être vivant, soit de l'organisme (et de ses pièces) en tant qu'« étant » (*Seiendes*) ou « objet », est bien plutôt inversement

---

[4] A propos de l'excès de la phénoménalité des phénomènes et de l'étonnement à leur égard au commencement grec de la philosophie occidentale, *cf.* M. Heidegger, « Séminaire du Thor 1969 », texte rédigé par par Jean Beaufret, *in* : *Questions* IV, Paris, Gallimard, 1976, p. 259-306, en part. p. 260 *sq* et p. 264 *sq*. / „Seminar in Le Thor 1969", traduit du français par Curd Ochwadt, *in* : *Seminare*, hrsg. von Curd Ochwadt, GA 15, 1986, p. 326-371, en part. p. 327 et p. 330 *sq*.

[5] Aristote définit la nature (en tant que principe) comme suit dans la *Physique* II, 1 ; 192 b 21 *sqq* : « La nature est [...] le principe et la cause du mouvement [...] de ce dans quoi elle réside, de manière inaugurale et dominante, selon lui-même (ἡ φύσις ἀρχή [...] καὶ αἰτία τοῦ κινεῖσθαι [...] ἐν ᾧ ὑπάρξει πρώτως καθ' αὐτὸν [...]) » (nous traduisons). Le terme κίνησις, *mouvement*, a ici un sens large. Aristote distingue quatre genres de mouvement, selon les quatre catégories suivantes : la substance, la qualité, la quantité et le lieu. Chacun de ces mouvements a pour caractère fondamental la μεταβολή, *i.e.* le passage du non-être à l'être, soit le fait de venir au jour et d'apparaître.

[6] Comme le dit Aristote dans l'*Ethique à Nicomaque* [cité *Eth. Nic.*], les choses artisanales ont leur ἀρχή « dans celui qui les produit (ἐν τῷ ποιοῦντι) », alors que les choses naturelles l'ont « dans elles-mêmes (ἐν αὐτοῖς) » (Aristote, *Eth. Nic.*, VI, 4 ; 1140 a 13 *sq*).

ce dont dépend l'être vivant : la vie est son ἀρχή, *i.e.* ce par quoi il commence à être (éclore) et ce qui le régit de part en part en tout son être. Or, cette vie (ψυχή, *anima*) est telle qu'elle qualifie l'être vivant non seulement d'éclore (*i.e.* croître, se maintenir, procréer, etc.) *de* lui-même (καθ' αὑτό), spontanément, mais d'éclore de surcroît *par* lui-même ou mieux au moyen de lui-même (δι' αὑτοῦ)[7], soit au moyen de ses propres organes, – alors que les autres choses de la nature (l'eau, la terre, les pierres, les rochers, etc.) éclosent et apparaissent certes d'elles-mêmes, spontanément, mais non pas au moyen (διά) d'elles-mêmes (*i.e.* par des organes qui leur seraient propres). Ainsi la vie des êtres vivants est-elle en fait la manifestation la plus éminente de l'éclosion universelle, soit de la *vérité* (ἀλήθεια) en laquelle apparaît l'être de tout ce qui est selon l'expérience des Grecs au commencement de la philosophie occidentale.

Mais cette vie connaît, selon Aristote, à son tour une gradation. La vie telle qu'elle vient d'être déterminée – comme ce qui éclôt de soi et par soi – revient en effet non seulement aux êtres vivants au sens propre, *i.e.* aux animaux (ζῷα), mais avant eux déjà aux plantes (φυτά). Celles-ci éclosent d'elles-mêmes et par elles-mêmes : elles se nourrissent au moyen de leurs propres organes, surtout les racines – par lesquelles elles se trouvent d'ailleurs unies de manière fixe avec leur milieu nutritif (la terre), sans pouvoir se déplacer pour chercher leur nourriture. La question est alors de savoir quel est le *discrimen* qui distingue l'animal de la plante. De prime abord, on dirait que c'est précisément le pouvoir de se déplacer, soit le mouvement local (κίνησις κατὰ τόπον). Mais, selon Aristote, c'est bien plutôt la sensation (αἴσθησις), comme l'attestent ces êtres vivants qui sont attachés de manière fixe à un certain endroit, comme les éponges par exemple, sans être pour autant de simples plantes ; car ils possèdent la sensation[8]. C'est donc bien avec la sensation que commence la vie animale, en distinction de la vie végétale, bien que ce ne soit que dans la mesure où l'animal est apte à se mouvoir librement qu'il est οὐσία, soit un *être*

---

[7] Au livre II du *De anima*, Aristote définit la vie comme suit : « Nous appelons vie [...] le [mouvement de] se nourrir, croître et dépérir au moyen de soi-même (ζωὴν [...] λέγομεν τὴν δι' αὑτοῦ τροφήν τε καὶ αὔξησιν καὶ φθίσιν) » (*De anima* II, 2 ; 412 a 14 *sq* ; nous traduisons).

[8] *Op.cit.*, II, 2 ; 413 b 2 *sqq.*

(Wesen) indépendant, et partant un *être vivant (Lebewesen)* au sens propre. Or, la sensation permet à l'animal d'*accéder* et de *s'ouvrir* à son milieu ambiant, ne serait-ce d'abord que par le sens du toucher (ἀφή) lui révélant l'agréable (τὸ ἡδύ) et le désagréable (τὸ λυπηρόν)[9]. Selon l'expérience des Grecs, la vie de l'être vivant est donc non seulement un phénomène qui manifeste de manière éminente l'éclosion ou le mouvement d'ouverture comme trait fondamental de l'être de tout ce qui est, mais elle est telle qu'en cette éclosion ou en ce mouvement d'ouverture (en lequel elle se trouve engagée elle-même), elle s'ouvre de surcroît elle-même aux phénomènes qui l'entourent (ne serait-ce d'abord que par la sensation) ; phénomènes qui, tout comme elle-même, se trouvent, eux aussi, en éclosion, – *double ouverture* selon laquelle la vie de l'être vivant se révèle davantage encore que précédemment être un phénomène tout à fait éminent au sein de l'éclosion de l'être de ce qui est dans son ensemble. Or, cette ouverture de l'être vivant aux phénomènes autour de lui s'accroît par degrés. Ces degrés qui sont, selon Aristote, *autant de modalités de la vie* elle-même, sont la sensation (le toucher, le goût, l'odorat, l'ouïe, la vue), l'imagination (φαντασία), la mémoire (μνήμη), l'expérience (ἐμπειρία) et la pensée (νόησις)[10]. Suivant ces degrés, la vie *s'ouvre* toujours plus à ce qui est : elle s'élève de la vie animale à la vie pensante humaine et finalement jusqu'à la vie pensante divine. Car selon Aristote, le dieu est lui aussi un être vivant (ζῷον) : sa vie est éclosion pure et incessante (exempte de toute disparition et de tout non-être) ; elle est *pure pensée* (an-hylétique) : ouverture permanente à l'être même en son ouverteté (ἀλήθεια) tout entière ; ouverteté de l'être que le dieu *maintient* précisément par sa pensée[11] Ainsi la vie s'avère-t-elle être en fait un phénomène *étonnant*, suscitant même un étonnement

---

[9] II, 3 ; 414 b 3 *sqq.*

[10] Concernant ces degrés (auxquels s'ajoute la différence entre la διάνοια, la *pensée discursive*, et la νόησις au sens restreint, *i.e.* la *pensée intellective*), *cf.* 1) le tracé des modes de la vie (ou des facultés) du vivant *in* : *De anima* II, 2-3 et 2) les indications concernant les degrés du savoir au début du livre I de la *Métaphysique* [cité *Mét.*].

[11] « Le dieu [...] [est] l'être vivant [qui est] éternel et le meilleur ([...] ὁ θεός [...] ζῷον ἀίδιον καὶ ἄριστον) » (*Mét.* XII, 7 ; 1072 b 29). Concernant les autres déterminations de la vie du dieu que nous ne pouvons qu'indiquer ici, *cf. Mét.* XII, 7 ; 1072 b 15-30 et notre article intitulé « Φύσις et θεός (Aristote, *Métaphysique* Λ) », *cf. supra*, article n° 9, p. 197-210, en part p. 206sqq.

qui va *s'accroissant* : elle contribue grandement à la révélation, *i.e.* la mise au jour proprement dite de la « vérité tout entière (ἀλήθεια ἅπασα) », non seulement parce qu'elle est un phénomène qui manifeste de façon éminente cette vérité, mais aussi parce que, loin d'être l'objet d'un domaine limité, elle s'étend elle-même de la plante jusqu'au dieu.

Telle est, selon Aristote, l'expérience de la vie au commencement de la philosophie occidentale chez les Grecs.

Aristote a par là établi le *tracé fondamental* de la philosophie de la vie en Occident. Selon celui-ci, la vie est ce qui éclot de soi et par soi. Elle s'étend de la plante jusqu'au dieu. Elle commence proprement là où le vivant s'ouvre aux phénomènes autres que lui-même : elle s'élève de la sensation jusqu'à la pensée. C'est ce tracé fondamental que suit et déploie de diverses manières la philosophie de la vie durant son histoire, jusqu'à la modernité tardive (Nietzsche par exemple).

Toutefois, l'expérience qui sous-tend ce tracé fondamental – à savoir l'expérience de la vie comme phénomène éminent au sein de l'é-closion ou de la « dé-closion » (ἀ-λήθεια) universelle de l'être de ce qui est – nous est devenue aujourd'hui étrangère. Nous en gardons peut-être encore un lointain souvenir. Elle est absente du projet de la vie tel que le suivent les sciences de la vie aujourd'hui, comme l'atteste la biologie moléculaire (en son union avec la technologie génétique) qui est leur représentant éminent, bien qu'on puisse montrer que, même en elle, le tracé fondamental d'Aristote, relevant de cette expérience, a laissé ses traces, par exemple la notion d'un certain finalisme qui régit l'auto-fabrication du vivant.

Mais il y a davantage : ce n'est pas seulement ladite *expérience* de la vie, mais – plus originellement encore – le *phénomène de la vie comme telle* qui est absente des sciences de la vie. Pour la biologie moléculaire en effet, le vivant est un simple *objet* d'ordre physico-chimique qui se prête à une fabrication par la technologie génétique. Dans cet objet, la vie fait défaut. À le prendre au sens strict, il est quelque chose sans vie, quelque chose de *mort*. Johann Gottlieb Fichte, philosophe moderne de la vie de la subjectivité, a déjà reconnu à sa manière que le domaine de l'*objectivité* est « le champ de la mort (*das Lager des Todes*) »[12]. Mais si le phénomène

---

[12] Fichte emploie cette formule par rapport à toute activité objectivante qu'exerce le sujet conscient. Activité objectivante qui commence selon lui déjà au sein du sujet lui-même

de la vie y est absente – est-ce à dire que cette absence est à imputer à la science elle-même ou à ses représentants, les scientifiques (en tant que personnes) ? Au sens d'une négligence ou d'une faute ? Ou est-ce peut-être *la vie elle-même qui s'est de plus en plus soustraite* à la science, tout comme elle s'est *toujours plus retirée (hat sich mehr und mehr entzogen)* de notre expérience[13] ? Et ce non seulement à notre époque, mais en un long processus qui s'étend à travers toute l'histoire ontologico-destinale du déploiement du projet gréco-aristotélicien ?

Si tel est le cas, il nous faut bien prêter attention à ce mouvement de *se retirer* comme tel et méditer s'il n'appartient pas d'une certaine manière *à*

---

par l'objectivation de soi dans la conscience de soi telle que Descartes l'a conçue au début de l'époque moderne (*ego cogito = cogito me cogitare*) (*cf.* Johann Gottlieb Fichte, *Die Wissenschaftslehre* 1804, 14. Vortrag, in : *Gesamtausgabe der Bayerischen Akademie der Wissenschaften*, hrsg. von Reinhard Lauth und Hans Gliwitzky, Stuttgart/Bad Cannstatt, 1962, *sqq*, II. *Nachgelassene Schriften* 1804-1805, hrsg. von Reinhard Lauth und Hans Gliwitzki unter Mitwirkung von Erich Fuchs, Albert Mues und Peter Schneider, Band 8, en part. p. 220). Déjà dans la *Wissenschaftslehre 1801/02*, Fichte a distingué la vie elle-même et la vie en tant qu'elle est représentée sous une forme objective qui, selon lui, la « tue » (*Darstellung der Wissenschaftslehre aus den Jahren 1801/02*, Einleitung, in : J. G. Fichte *Gesamtausgabe*, II, 6, Nachgelassenen Schriften 1800-1803, hrsg. von Reinhard Lauth und Hans Gliwitzki unter Mitwirkung von Eric Fuchs, Peter Schneider und Manfred Zahn, Hamburg, Meiner, 1977, en part. p. 130). Ainsi juge-t-il comme erronée la tentative de passer à partir de l'être (au sens de l'être figé de l'objectivité) à la vie : « [Il est évident] qu'une philosophie vraiment vivante doit passer de la vie à l'être et que le chemin [qui cherche à passer] de l'être à la vie est complètement faux et doit engendrer un système [qui est] erroné en toutes [ses] parties (*Es [leuchtet ein], daß eine wahrhaft lebendige Philosophie vom Leben zum Seyn gehen [muß], und daß der Weg vom Seyn zum Leben völlig verkehrt [ist], und ein in allen Theilen irriges System erzeugen [muß]*) » (*op. cit.*, p. 132 ; notre traduction).

[13] Nous trouvons une brève indication de cette pensée chez M. Heidegger qui l'exprime dans les termes suivants : « Le vivant, comme tout ce qui est susceptible d'être objectivé, va offrir au progrès de la science des possibilités sans fin et toutefois en même temps se soustraire [lui-même] de plus en plus [à la science], plus la science se trouve elle-même en même temps dépourvue de fondement (*Das Lebendige wird wie alles Gegenstandsfähige dem Fortschritt der Wissenschaft endlose Möglichkeiten bieten und sich doch zugleich mehr und mehr entziehen, je grundloser zugleich die Wissenschaft selbst wird*) », in : M. Heidegger, *Beiträge zur Philosophie. Vom Ereignis* (1936-38), hrsg. von F.-W. von Herrmann, GA 65, 1989, n° 153, p. 276 / *Apports à la philosophie. De l'avenance*, Traduit de l'allemand par François Fédier, Paris, Gallimard, 2013, p. 316 (trad. mod.).

la vie elle-même (quelle que soit sa forme). Car il se peut que ce mouvement (de se soustraire et de se refuser au cours de l'histoire ontologico-destinal) ne soit que l'exposant éminent destiné à nous donner à entendre que le retrait (l'*Entzug*, le *sich Entziehen*) ou le mouvement de se cacher (le *sich Verbergen*, λανθάνειν, κρύπτεσθαι) est originellement un trait propre de la vie elle-même[14]. C'est là évidemment un trait ou mouvement qu'on n'a guère lié jusqu'ici à la vie (s'il est vrai que « vivre » veut dire pour nous : éclore, venir à la présence, *être présent*). Dans la mesure où l'on reconnaît que la vie a pour trait intime le mouvement de se retirer, elle présente alors un tout autre visage que celui qu'elle a montré jusqu'ici dans le projet gréco-aristotélicien ainsi que dans son histoire et même, d'une certaine manière, jusque dans les sciences objectives technologiques d'aujourd'hui ; car celles-ci, en s'efforçant de la *maîtriser*, cherchent à lui conférer précisément le caractère d'une *présence constante absolument disponible*. Cet autre visage que présente la vie nous laisse donc entrevoir que le mouvement de se retirer est bien également ce qui lui revient et même peut-être ce qui lui revient originellement, de sorte que la vie du vivant repose *originellement* dans une *ab-sence profonde, voire abyssale (abgründiges Abwesen)* – laquelle se refuse à toute maîtrise et mise à disposition. Vue à partir de l'idée de la présence, de sa mise à disposition, de son accroissement

---

[14] Nous reprenons ici une pensée fondamentale de M. Heidegger : le mouvement du *refus* (*Verweigerung*) *croissant* de l'être qui s'étend depuis le commencement grec à travers toute son histoire et qui est finalement expérimentée (par Nietzsche) comme la montée du « nihilisme occidental » (*europäischer Nihilismus*), n'est pas quelque chose de négatif (comme cela semble d'abord être le cas), mais a au contraire un sens positif : il révèle que le mouvement de *se retirer* (*sich entziehen*) ou celui de *se cacher* (*sich verbergen*, λανθάνειν, κρύπτεσθαι) est un mouvement qui appartient intrinsèquement à l'être lui-même (*cf. Beiträge*, GA 65, n° 87, p. 174 / *Apports*, p. 204 *sq*). Ce mouvement, qui est d'abord propre à l'*être* de tout ce qui est, nous le reconnaissons comme mouvement qui est aussi propre à la *vie* du vivant (comme exposant éminent de la φύσις, et donc de l'être). Notons que le mouvement de la vie de se retirer toujours plus au cours de l'histoire du projet gréco-aristotélicien n'exclut nullement que le phénomène de la vie rejaillisse, de manière imprévisible et factuelle, à différentes reprises au cours de la même histoire, en changeant toutefois le lieu et le mode de son déploiement (comme par ex. à l'époque moderne chez Leibniz ou chez Hegel, chez lesquels il a pour lieu la subjectivité moderne [finie ou infinie] et pour mode de son déploiement d'être la vie de l'esprit). Mais le mouvement de se retirer demeure une tendance générale qui sous-tend alors aussi ces rejaillissements.

et intensification, cette absence peut bien apparaître aujourd'hui comme quelque chose de négatif. Pensée par rapport à elle-même, elle peut toutefois s'avérer être un *fonds* profond qui, se refusant à toute pénétration et exploitation, se retient et *se réserve* essentiellement pour être une *ressource* cachée et inépuisable. Fonds abyssal qui nous jette son énigmatique regard dans l'œil de tout être vivant[15].

---

[15] Repenser le vivant dans le sens indiqué est une tâche qui, à notre connaissance, reste à accomplir. On en trouve quelques notes éclairantes chez M. Heidegger, *Beiträge*, GA 65, n° 154, p. 276 *sq* / *Apports*, p. 316 *sq*.

14. Les mathématiques dans la cosmologie ancienne et dans les sciences modernes.
Aristote et Kant

Les mathématiques jouent un rôle important aussi bien dans la cosmologie ancienne que dans les sciences modernes de la nature. Mais ce rôle est bien différent. Dans la cosmologie anciemme, elles fondent les *phénomènes naturels* qui se montrent dans la perception sensible ; dans les sciences modernes, elles sont constitutives de la *scientificité*, soit de la certitude du savoir de celles-ci. Nous proposons d'illustrer cette différence en nous référant, d'une part à la cosmologie d'Aristote, soit à son écrit intitulé Περὶ Οὐρανοῦ, *De Caelo*, et d'autre part à la fondation des sciences modernes de la nature par Kant dans les *Premiers principes métaphysiques des sciences de la nature*.

*

Aristote commence par cerner le domaine des choses qui sont l'objet de la science de la nature. Or, les choses qui sont naturelles – c'est là un principe fondamental chez Aristote – se montrent également à nous de manière naturelle : par l'αἴσθησις, les *sens*. La *perception sensible* constitue ainsi l'accès approprié aux phénomènes de la nature. Or, les choses qu'elle nous donne à voir, sont les *corps* (ςώματα) – animés et inanimés – qui s'étendent dans l'espace, qui changent, c'est-à-dire passent d'un état à l'autre et sont donc en mouvement[1]. Les choses qui sont l'objet de la science de la nature sont donc les corps, leurs étendues ou extensivités (μεγέθη), leurs changements (πάθη) ainsi que leurs mouvements (κινήσεις).

Or, si les corps physiques sont bien des μεγέθη qui s'*étendent*, ils n'éclatent toutefois pas, en s'étendant, en morceaux isolés, mais sont, dans

---

[1] *De Caelo. Libri quattuor. Recognovit brevique adnotatione critica instruxit D. J. Allan* [cité *DC*], Oxford, 1936 (réimprimé 1965), I, 1 ; 268 a 1 *sqq*. Nous consultons la traduction allemande de Olof Gigon, *in* : *Aristoteles, Vom Himmel – Von der Seele – Von der Dichtkunst*, hrsg. von Olof Gigon, Bibliothek der alten Welt, Zürich, 1950.

leur extension même, toujours un *con-tinuum*, un συνεχές[2], littéralement : quelque chose qui se *con-tient* (συν-ἔχει) et qui n'a donc pas de trous ni lacunes. On peut en effet diviser chaque partie d'une extensivité de nouveau, et ce à l'infini. La con-tinuité (συνέχεια) distingue les μεγέθη comme tels. Bien davantage : les corps naturels ne s'étendent pas seulement dans une dimension (comme la ligne) ni seulement dans deux (comme le plan), mais bien dans trois – tout en ne cessant d'être des *con-tinua*. Or il ne saurait y avoir plus de trois dimensions, non seulement parce que la perception sensible le montre, mais également – et surtout – parce que le nombre *trois* – et voici l'intervention des mathématiques – désigne l'accomplissement (τελείωσις), alors que le nombre *un* ne signifie qu'un début où manque encore tout et que le nombre *deux* vise le milieu où manque toujours quelque chose ; de sorte que seul le nombre *trois* achève ce qui a commencé avec le nombre *un*[3]. Parmi tout ce qui s'étend, ce sont donc les corps tridimensionnels – et eux seulement – qui se distinguent, en leur extension, par l'*accomplissement*[4]. Certes, ces corps s'étendent à chaque fois en en touchant d'autres qu'ils ne sont pas, de sorte qu'en ce sens ils sont in-accomplis, mais le *tout* du monde corporel – vu qu'il s'étend en trois dimensions – s'annonce ainsi être ce qui est accompli sans restriction. Et c'est le nombre *trois* – donc les mathématiques – qui le donnent d'abord à l'entendre. Le thème général est par là indiqué : c'est la question de l'*accomplissement du monde corporel*, plus précisément celle de savoir s'il est, en son extension tridimensionelle, *sans* limites (ἄπειρος κατὰ τὸ μέγεθος)[5], de sorte qu'il lui manque toujours quelque chose, ou s'il repose dans des limites (πέρατα) qui lui confèrent précisément son accomplissement intrégal. Cette question est à mettre au clair par les *mathématiques*.

A cette fin, Aristote commence par examiner les corps naturels tels qu'ils se présentent dans la perception sensible. Or, tous ces corps naturels ont pour caractère fondamental d'être *d'eux-mêmes en mouvement* (καθ' αὐτὰ κινητά)[6]. Comme Aristote l'a statué au début de la *Physique* :

---

[2] *DC* I, 1 ; 268 a 6 *sq.*
[3] 268 a 10-20.
[4] 268 a 22 *sq.*
[5] I, 2 ; 268 b 11 *sq.*
[6] 268 b 15.

ἡμῖν δ' ὑποκείσθω τὰ φύσει [...] κινούμενα εἶναι · δῆλον δ' ἐκ τῆς ἐπαγωγῆς.

Nous posons comme principe que les choses naturelles sont en mouvement. Cela est manifeste par l'ἐπαγωγή [qui est un certain tournant du regard fondé sur la perception sensible].[7]

Si leur mouvement présente certes plusieurs aspects – Aristote, on le sait, distingue quatre genres de mouvements catégorialement différents : genèse et dépérissement, augmentation et diminution, changement qualitatif et mouvement local[8]–, c'est pourtant ce dernier qui se manifeste en premier lieu. Dans la mesure en effet où les corps naturels sont tous des μεγέθη, soit des extensivités qui, de surcroît, se touchent les unes les autres, leur mouvement, vu sous cet aspect, se présente lui aussi comme ce qui *s'étend*, soit précisément comme mouvement local. Comme l'αἴσθησις le montre, les corps naturels passent en effet – par ce genre de mouvement – d'un lieu à l'autre. Mais ces lieux ne sont pas n'importe lesquels ; chaque corps naturel tend bien plutôt à atteindre le lieu qui est le sien : celui qui lui convient par nature et qui lui permet d'éclore et de s'épanouir pleinement. C'est là d'ailleurs la signification qu'Aristote lie à la notion de « lieu » (τόπος). Loin d'être un simple point parmi d'autres dans l'espace homogène, le lieu tel que l'expérimente Aristote est bien plutôt de l'ordre du τόπος : le *lieu propre* à chaque être naturel[9]. Nous l'avons dit : chaque corps naturel tend donc à atteindre, par son mouvement local, son τόπος ; ou plutôt se trouve *porté* (φέρεται) vers celui-ci par sa nature propre, – la nature (φύσις) étant précisément selon Aristote le principe, inhérent à chaque être naturel, de son mouvement propre[10]. Ainsi le mouvement local, la κίνησις κατὰ τόπον, s'avère-t-il être selon lui de l'ordre d'une φορά[11], d'une *translation* vers le lieu propre, relevant de la nature des corps naturels. Tel est le caractère fondamental des corps naturels.

---

[7] *Physique* [cité *Phys.*] I, 2 ; 185 a 12 *sq.*
[8] *Phys.* III, 1 ; 200 b 33 *sqq.*
[9] *Phys.* IV, 1 ; 208 b 11 *sqq.*
[10] *Phys.* II, 1 ; 192 b 21 *sqq.* La φύσις est le « principe interne » du mouvement des choses naturelles.
[11] *DC* I, 2 ; 268 b 17. *Cf.* aussi *Phys.* III, 1 ; 201 a 15.

La question est alors de savoir quels sont les *genres* de ces mouvements d'ordre local[12]. Or, ces derniers étant des μεγέθη, soit quelque chose qui s'étend, chacun d'entre eux est ou bien *rectiligne* (εὐθεῖα) – c'est lui qui se montre ici d'abord –, ou bien *circulaire* (κύκλῳ), ou encore un composé (μικτή, *melangé*) des deux. Il n'y a en effet pas d'autres genres du mouvement local, puisque les mouvements rectiligne et circulaire sont les seuls à être *simples* (ἁπλᾶ). Or si le mouvement ciculaire est bien celui qui court *autour du centre* (περὶ τὸ μέσον), le mouvement rectiligne va quant à lui soit *vers le haut* (ἄνω) soit *vers le bas* (κάτω) ; « vers le haut » au sens où il part du centre et s'éloigne de lui (ἀπὸ τοῦ μέσου), « vers le bas » au sens où il va vers le centre (ἐπὶ τὸ μέσον). Les mouvements simples sont donc : 1) le mouvement qui part du centre, 2) celui qui passe vers le centre, 3) celui qui tourne autour du centre (περὶ τὸ μέσον), – triplicité qui en constitue le nombre complet ou la totalité.

Ce sont là évidemment des définitions d'ordre *mathématique*, qui semblent même être purement mathématiques. Mais à y regarder de plus près, il s'avère que ces définitions – loin d'être seulement mathématiques – présupposent toutes la notion de *centre* (μέσον), qui ne nous est pas donnée par le μέγεθος trimensionnel, mais qui nous parvient de la perception sensible. Dans notre perception naturelle, c'est la *terre* qui constitue le *centre*, de telle sorte que nos trois mouvements s'avèrent se définir en référence à elle. Si ce sont néanmoins les *mathématiques* qui établissent ces définitions, elles s'y basent en même temps sur la perception sensible, tout comme elles fondent celle-ci par ces mêmes définitions. La perception sensible ne nous montre en effet pas seulement que la *t erre* est le centre ; elle nous montre également les autres corps élémentaires, simples, en leurs translations locales : le *feu* et l'*air* qui montent vers le haut, l'*eau* et les *matières terreuses* qui descendent vers le bas, tout comme elle montre la voûte du *ciel* étoilé qui tourne autour de la terre. Le soleil se lève, parcourt sa trajectoire et décline pour se lever de nouveau. Ce sont là des phénomènes que nous percevons par nos sens : nous les voyons (ὁρῶμεν)[13]. Et les mathématiques ne font que *fonder* et *élucider* ceux-ci de sorte de nous les rendre compréhensibles. Elles s'annoncent ainsi être une *géo-métrie* au sens littéral :

---

[12] Pour ce qui suit, *cf.* DC I, 2 ; 268 b 17 *sqq.*
[13] DC I, 5 ; 272 a 5.

une mensuration (*Vermessung*) du κόσμος, qui part de la terre (γῆ) comme centre et qui détermine alors à partir de celle-ci – en se basant sur les phénomènes sensibles – les lieux essentiels (τόποι) ainsi que les mouvements respectifs des corps naturels. Elles accomplissent donc leur *géo-métrie* par une *topo-graphie*,– correspondant en cela au fait que les translations des corps naturels se déterminent par leur τόποι. Les mathématiques sont donc, somme toute, une *géo-métrie cosmologique d'ordre topographique* qui a pour but de mettre au jour que le monde corporel est *fini* et partant *accompli* (τέλειος). Tel est le rôle qui leur est dévolu dans la cosmologie ancienne.

Notons que les mathématiques sont bien capables d'assumer ce rôle et de fonder ainsi les phénomènes sensibles. Car l'acte constitutif par lequel elles obtiennent les μαθήματα, les pures quantités comme telles (corps, plan, ligne, point, μονάς) est, selon Aristote, l'ἀφαίρησις, l'acte de les *abstraire* des phénomènes sensibles et de laisser de côté toutes leurs autres déterminations, pour ensuite *thématiser* ces déterminations mathématiques, ainsi obtenues, *en tant que telles* et en faire leur objet. Celles-ci sont alors les déterminations les plus *simples* (ἁπλᾶ) et donc les plus exactes (ἀκριβεῖς)[14], de sorte qu'elles sont bien susceptibles de fonder et élucider les phénomènes sensibles et de nous les rendre compréhensibles.

Pour montrer que le monde corporel est fini et accompli, Aristote procède de la façon suivante. Il montre d'abord que les translations *simples* – celle autour du centre, celle partant du centre et celle allant vers le centre – appartiennent à *autant* de corps naturels simples (les corps naturels portant en eux-mêmes le principe de leur mouvement), pour mettre ensuite au jour qu'aucun de ces corps élémentaires ne saurait s'étendre infiniment, et ce précisément en raison du genre de son mouvement.

Mais quels sont ces corps simples élémentaires ? Si la perception sensible nous montre que les corps élémentaires auxquels appartiennent les translations rectilignes sont bien d'une part le *feu* qui se meut vers le haut, et d'autre part la terre ou la *matière terreuse* qui se meut vers le bas, la

---

[14] Concernant les actes constitutifs des μαθήματα comme tels, *cf. Métaphysique* [cité *Mét.*] XI, 3 ; 1061 a 28 *sqq* et XIII, 3 ; 1077 b 13 *sqq*. Concernant leurs caractères d'être les plus « simples » et « les plus exactes », *cf.* 3, 1078 a 10 *sq. Cf.* aussi notre ouvrage intitulé *Aristoteles, Philosophie und Wissenschaft* (Das Problem der Verselbständigung der Wissenschaften), Klostermann, Frankfurt a. M, 1982, p. 153 *sqq*.

question de savoir quel est le corps élémentaire qui accomplit par sa nature propre le mouvement circulaire paraît plus difficile. Car il ne semble pas y avoir d'autres corps élémentaires que la terre et le feu (l'eau et l'air sont apparentées, en leur mouvements, à la terre et au feu de sorte qu'Aristote les laisse ici de côté). Certes, la perception sensible nous montre que le *ciel étoilé* se trouve dans un mouvement circulaire. Mais quel genre de corps est-il[15] ? S'il était du feu – comme le donne à entendre le phénomène des astres –, le mouvement circulaire ne lui parviendrait pas de sa propre nature, mais *contre* celle-ci (παρὰ φύσιν), par force (βίᾳ). Il serait le *contraire* (ἐναντίον) du mouvement qui lui parvient par nature. Toutefois, une chose n'a pour contraire qu'*un seul* contraire. Or dans son mouvement vers le haut, le feu a pour contraire le mouvement vers le bas – et non le mouvement circulaire. Ce dernier ne saurait donc lui parvenir contre sa nature. Le corps céleste doit donc être d'une *autre nature* que les corps engagés dans les mouvements rectilignes,– le mouvement circulaire se trouvant précisément *hors* de tout ce rapport d'opposition propre aux mouvements rectilignes. Le corps céleste ne saurait d'ailleurs *dépendre* de ces autres corps. Car le mouvement circulaire a pour caractère propre que chaque point de départ est à la fois le *point final* (τέλος), de sorte qu'il est partout *achevé* (τέλειον), alors que les mouvements rectilignes ne sont jamais achevés, ni quand la ligne droite qu'ils parcourent est in-finie (ἄ-πειρον) – elle est alors inachevée –, ni quand elle est finie : elle a alors quelque chose en dehors d'elle (τι ἔκτος) qui lui manque. Seul le mouvement circulaire possède donc le caractère d'*accomplissement*, de sorte qu'il est le *premier* (πρώτη) parmi les mouvements. Ainsi, le corps auquel il appartient par nature, doit occuper, lui également, le premier rang parmi les corps simples et ne saurait donc dépendre de ceux-ci. Il doit bien être d'une nature propre, *distincte* des autres, qui les dépasse et qui est d'ordre *divin*. Ce caractère divin se dégage d'ailleurs également du fait que le corps céleste, dans son mouvement circulaire, n'est assujetti à aucun changement ; tout changement étant le passage d'un état à l'autre, états *contraires* l'un de l'autre. Or nous l'avons vu : le mouvement circulaire n'a pas de contraire. Il ne peut donc changer : il est ἀ-ΐδιον, *im-périssable*, éternel. Par suite, le corps céleste auquel il est inhérent, est lui aussi *éternel*. Il est – comme l'ont appelé les Grecs – l'αἰθήρ :

---

[15] Concernant ce qui suit, *cf.* *DC* I, 2 ; 269 a 2 *sqq*.

ἀεὶ θεῖ, *court toujours*. Il est donc bien d'ordre *divin*. C'est pourquoi les religions ont considéré de tout temps – remarque Aristote – le ciel comme τόπος où séjournent des dieux[16].

La question est alors de savoir si le corps céleste s'étend à l'infini ou s'il est fini. Il s'avérera être fini, et ce en raison de son mouvement *circulaire* qui exclut l'étendue infinie du corps auquel il est propre. Or comme le ciel entoure notre κόσμος sensible, ce dernier s'annonce être *fini* lui aussi. Et ce sont bien les *mathématiques* qui le prouvent, en accomplissant leur mensuration topographique du κόσμος. Elles le prouveront par toute une série de preuves[17], qui ont cependant un noyau commun :

1) Si le corps céleste s'étendait à l'infini, alors ses *rayons* – qui partent du centre – s'étendraient eux aussi, et eux d'abord, à l'infini, tout comme les secteurs entre eux s'élargiraient à l'infini. Dans son mouvement circulaire, le corps céleste parcourerait des distances infinies, sans jamais atteindre les divers points de sa circonférence, ceux-ci s'écartant toujours davantage les uns des autres. Tournant avec le ciel autour de la terre, le soleil ne pourrait *se lever* : il n'atteindrait jamais la ligne horizontale tracée comme diamètre à travers la sphère du corps céleste, ligne horizontale qui représente l'horizon. Pas plus qu'il ne pourrait *décliner* : il n'arriverait jamais à abandonner l'horizon. Finalement, supposé qu'il se lève malgré tout et parcoure sa trajectoire, supposé qu'il atteigne une ligne droite tracée verticalement sur la ligne horizontale, le point de leur intersection reculerait à l'infini, de sorte qu'il *s'arrêterait*. Toutefois, nous *voyons* (ὁρῶμεν) par la perception sensible que le soleil se lève, décline et poursuit sa trajectoire. Ainsi est-il impossible que le corps céleste s'étende à l'infini. Il doit être fini et avoir une limite qui l'achève.

2) A cela s'ajoute un autre argument, qui relève de la *forme sphérique* du corps céleste elle-même. Supposé qu'une *ligne droite* – qui, comme telle, s'étend toujours dans une seule et unique dimension, par exemple l'horizontale – soit limitée et en ce sens *finie*, elle peut toutefois se rendre *infinie* en s'étendant dans une *deuxième* dimension, dans ce cas verticale, tout en se transformant par là en un plan infini. Supposé alors pareillement

---

[16] *Ibid.* I, 3 ; 270 b 22 *sq* et b 5 *sqq*.
[17] Aristote y consacre le long chapitre V presque en son entier (*DC*, I, 5 ; 271 b 26 – 273 a 6).

qu'un *plan* soit *limité* en haut et en bas, il peut toujours lui aussi se rendre *infini* en s'étendant dans la *troisième* dimension, la profondeur. Supposé finalement qu'un *corps* soit *limité* en ses trois dimensions, ce corps – et seulement lui – ne saurait se rendre infini en s'étendant dans une dimension ultérieure, puisqu'il n'y en a pas plus de trois. Ainsi la sphère céleste tridimensionnelle – limitée et close dans toutes ses dimensions – ne peut nulle part s'étendre vers l'infini. Nulle part sans fin, le corps céleste est partout limité et fini : il est de part en part *achevé*.

Reste à savoir si les autres corps élémentaires, le *feu* et la *terre* ou la *matière terreuse*, peuvent s'étendre à l'infini[18]. La *géo-métrie* prouve de nouveau que c'est impossible. Intervenant maintenant proprement comme mensuration *topographique* du κόσμος, elle mesure d'abord les τόποι vers lesquels tendent ces deux corps par leurs translations naturelles, pour conclure ce qu'il en est de ceux-ci. Or, le *bas* (κάτω) qui est le lieu vers lequel se trouvent portées les matières terreuses, ne saurait s'étendre infiniment. Car un corps terreux, une pierre par exemple, quand il tombe sur la terre, s'arrête dans sa chute et reste à cet endroit. Le centre intime et profond de la terre ne saurait être infini. Par suite, le *haut* (ἄνω), soit la région vers laquelle se meut le feu (et tout ce qui est de son ordre), ne saurait lui non plus être infini. Le haut est en effet le *contraire* (ἐναντίον) du bas. Or ce dernier étant limité, il faut que le haut, son contraire, le soit lui aussi, – puisqu'en toute logique, un contraire n'a jamais qu'un *seul contraire* qui, se définissant à partir de lui, partage avec lui le même caractère fondamental (ici : le fait d'être limité). Par suite, l'*entre-deux*, le μεταξύ, l'espace entre le haut et le bas, est lui aussi nécessairement limité puisqu'il s'étend entre deux termes qui sont limités. Le *feu* – et voici la conclusion – ne peut donc s'étendre à l'infini puisque le haut vers lequel il tend est fini. De même, les *matières terreuses* ne sauraient, elles non plus, s'étendre sans fin puisque le bas ou le centre profond de la terre est fini.

Le κόσμος s'avère donc être fini. Il repose dans des limites qui l'achèvent et qui constituent son intégralité ou accomplissement (τελείωσις). S'élevant à partir du centre profond de la terre jusque vers la région céleste, c'est la sphère éthérique du ciel qui l'entoure et limite de part en part, tout comme les autres corps élémentaires – la terre et le feu – ne dé-

---

[18] I, 6 ; 273 a 8 *sqq.*

passent pas les limites de leur régions propres, le haut et le bas. Reste toutefois une dernière possibilité de dépasser les limites de notre monde : celle de l'existence d'une *pluralité de mondes* ou de κόσμοι (πλείοι οὐρανοί)[19]. Dans ce cas, il existerait une *pluralité de centres*, à savoir ceux de chacun de ces mondes. Les corps élémentaires, le feu et la terre, auraient alors pour point de référence de leurs translations non seulement le centre de notre monde, mais toujours également le centre d'un *autre* monde. Ils semblent donc bien pouvoir dépasser à chaque fois les limites de notre monde, en se mouvant vers le centre de cet autre monde. Mais cela voudrait dire – et les mathématiques le montrent – qu'ils se trouveraient toujours aussi engagés dans le mouvement *contraire* à celui qui leur est propre : le feu se meuvrait alors non seulement vers le haut, mais également vers le bas, tout comme les matières terreuses se meuvraient à la fois vers le haut. Ce qui est *impossible* (ἀδύνατον)[20], voire *absurde*.

Vu qu'il n'y a donc pas d'autre monde en dehors de ce κόσμος-ci et que celui-ci est *fini*, la question est alors de savoir ce qui se trouve *en dehors* (ἔξω) de lui[21]. Il ne peut y avoir ni de lieu (τόπος) qui est toujous le lieu possible d'un corps, ni de vide (κενόν) qu'un corps pourrait toujours remplir, ni de temps (χρόνος) qui n'est jamais présent sans mouvement et donc pas non plus sans un corps qui se meut. Mais il n'y a pas de corps en dehors des limites de notre monde, puisqu'il n'y pas d'autre monde. En dehors de ce κόσμος-ci, il y a, nous dit Aristote, l'αἰῶν[22], l'*éternité* plénière qui embrasse – comme terme extrême (τέλος) – le temps tout entier ainsi que le mouvement circulaire du ciel. C'est là que séjourne le *dieu suprême* qui – absolument immatériel, pur esprit – maintient, par sa simple présence, le mouvement sempiternel du ciel et, avec lui, le mouvement tout entier de la nature[23].

---

[19] I, 8 ; 276 a 18 *sqq.*
[20] I, 8 ; 276 b 14.
[21] I, 9 ; 279 a 11 *sqq.*
[22] I, 9 ; 279 a 22.
[23] *Mét.* XII, 7. Concernant ce dieu, qui, sans se mouvoir ni faire rien lui-même, meut par sa simple présence la nature tout entière, *cf. supra*, p. **XXX** notre article n° 9, intitulé Φύσις et Θεός, Aristote, Métaphysique Λ en part. **p. XXX (zu ergänzen)**.

*

Mais qu'en est-il quand *le centre cesse d'être le point de référence* ? Quand il *disparaît* et nous n'en faisons plus d'expérience ? *Toute la topographie du* κόσμος *disparaît elle aussi.* Le *centre* faisant défaut, il n'y a ni *bas* ni *haut* ni *autour* ni *dehors.* Il n'y a ni de τόπος céleste comme séjour des dieux, ni l'ἔκτω comme séjour du dieu suprême. C'est la « *fuite des dieux* » (expérimentée par le poète Hölderlin) qui, pour être présents, ont besoin de *séjour.* Disparaissent alors également les mouvements des corps naturels comme translations naturelles vers le lieu qui leur est propre, tout comme disparaît la *limitation* de l'espace mondain par les lieux extrêmes, le centre le plus profond de la terre et le lieu le plus haut (ἀνώτατον) de la sphère céleste. En lieu et place de cet espace-là apparaît l'*espace homogène* où chaque lieu n'est qu'un *point* pareil à l'autre, et qui s'étend à l'infini. Par suite, la translation ancienne, la κίνησις κατὰ τόπον, n'est alors qu'un mouvement d'un point à l'autre, tout comme il est alors entièrement *relatif*, la fixité d'un point de référence faisant défaut.

S'ensuit également une *mutation des mathématiques.* Elles cessent d'être une géo-métrie topographique du monde physique qui fonde et élucide celui-ci comme phénomène sensible. Ayant déjà initialement eu pour acte constitutif l'abstraction (ἀφαίρησις) ainsi que la thématisation des μαθήματα comme tels, elles *radicalisent* alors leur libération d'avec les phénomènes sensibles. Le centre – point de référence de toute la mensuration du κόσμος – en pleine disparition, les μαθήματα cessent d'avoir pour sol les mesures propres des phénomènes sensibles et d'être donc liés à ceux-ci. Exemptes de cette liaison, les *mathématiques s'autonomisent alors entièrement* par rapport à la perception naturelle : elles s'en "s'émancipent", – pour devenir une *mathesis universalis* primordialement *opérationnelle.* Soit qu'elles accomplissent alors leurs opérations mathématiques (tracer une ligne par exemple) *a priori* dans l'*intuition pure (reine Anschauung) du sujet*, comme chez Kant, soit qu'elles abandonnent encore cette dernière pour devenir un simple *calcul logique* des opérations mathématiques, comme chez Leibniz.

S'ensuit finalement une *mutation de la nature* elle-même. Si elle était φύσις qui se lève à partir du centre profond de la terre pour éclore lumineusement jusque vers l'éther le plus clair du ciel, tout en se manifestant en cette phénoménalité toujours plus lumineuse de manière naturelle dans la perception sensible, dans la mesure où ce centre profond, sa source disparaît, cette nature (φύσις) disparaît elle aussi. Pour que la "nature" puisse, somme toute, subsister dans toute cette éclipse de la φύσις, il faut qu'elle devienne l'*objet* (*Gegenstand*) du savoir certain de soi du *sujet* connaissant, soit de la science moderne, certaine de soi. Or étant donné que les mathématiques se distinguent comme *mathesis opérationnelle a priori* précisément par la certitude de soi et la nécessité absolue de leur savoir, il faut donc que les sciences modernes de la nature se *fondent* sur les mathématiques. Par là, les mathématiques entrent de nouveau en jeu, mais dans un sens bien différent de celui qu'elles avaient dans l'anciennne science de la nature. Comme Kant l'affirme :

> Ich behaupte aber, daß in jeder besonderen Naturlehre nur so viel *eigentliche* Wissenschaft angetroffen werden könne, als darin *Mathematik* anzutreffen ist.
>
> Or j'affirme que, dans toute doctrine particulière de la nature [...], on ne peut trouver de science *proprement dite* que dans l'exacte mesure où il peut s'y trouver de la *mathématique*.[24]

C'est bien pour s'assurer de la *scientificité de leur propre savoir* que les sciences modernes de la nature sont censées *se mathématiser* autant que possible, alors que l'ancienne "science de la nature" comportait les mathématiques pour fonder et *élucider les mesures topographiques, inhérentes aux phénomènes sensibles.*

Si la nature est ainsi censée devenir l'objet du savoir certain de soi du sujet et si ce sont précisément les mathématiques qui constituent la scientificité de ce savoir, alors le sujet doit se rapporter à la nature de manière à en faire l'*objet possible d'une connaissance mathématique*. Il doit donc la rendre présente comme étant "essentiellement" d'ordre mathématique,

---

[24] *Metaphysische Anfangsgründe der Naturwissenschaft* (1. Auflage 1786), *in* : *Kant Werke*, 10 Bände, hrsg. von Wilhelm Weischedel, Wissenschaftliche Buchgesellschaft, Darmstadt 1968, Band VIII, p. 7-135 [cité *MAN*], „Vorrede", p. 11-24, en part. p. 14 / *Premiers principes métaphysiques de la science de la nature*. Texte présenté, traduit et annoté par François De Gandt, *in* : *Emmanuel Kant, Œuvres philosophiques* [cité *OP*], 3 tomes, Paris, Gallimard, 1980-86, tome II, p. 347-493, « Préface », p. 362-377, en part. p. 367 (trad. mod.), (Akademieausgabe IV, 470).

soit mathématiquement calculable. Pour qu'elle se présente ainsi à lui, il doit donc *mathématiser tous* les *concepts fondamentaux* de la nature[25], tant ceux de la nature « matérielle » (la nature « en dehors de nous ») et que ceux de la nature « en nous » (l'"âme"). C'est en établissant la « métaphysique de la nature »[26], science rationnelle *a priori* de la nature « particulière », qu'il accomplit cette tâche tant pour l'un que pour l'autre (l'âme se prêtant peu, selon Kant, à la mathématisation, voire y étant réfractaire, nous nous limitons ici à la nature en dehors nous, la *res extensa*). Le sujet y procède en deux temps. Appliquant d'abord à l'*objet matériel* son système, complet et certain, des concepts fondamentaux d'un objet comme tel (les *catégories*) et obtenant par là le système correspondant, complet et certain lui aussi, des concepts fondamentaux d'un objet matériel, il analyse ensuite ces concepts pour y découvrir les principes permettant de les mathématiser[27].

La question est toutefois d'abord de savoir quelle est la *détermination fondamentale* de l'objet de la nature « matérielle » ou de l'objet en *dehors de nous*. Comme chez Aristote, cette détermination fondamentale réside chez Kant dans le *mouvement* :

> Die Grundbestimmung eines Etwas, das ein Gegenstand äußerer Sinne sein soll, mußte Bewegung sein.
>
> La détermination fondamentale de quelque chose qui doit être l'objet de sens externes devait [nécessairement] être le mouvement.[28]

Ce n'est pourtant plus la perception sensible des phénomènes naturels qui le manifeste (par l'ἐπαγωγή) ; car la φύσις a disparu. C'est maintenant l'*affection* de nous-mêmes qui – *frappant* comme "im-pression" notre sens externe – l'atteste en toute *certitude*. Car – argumente Kant – pour qu'un « quelque chose » hors de nous puisse *affecter* (*affizieren*) notre sens, il faut qu'il puisse se déplacer et *se mouvoir* vers nous[29]. Le mouvement local s'avère ainsi être la détermination fondamentale de l'objet naturel externe ou de l'objet matériel, soit de la « *matière* ». C'est donc à cet objet matériel

---

[25] *MAN*, p. 16 / p. 369 (AK IV, 472).
[26] p. 13 *sqq* / p. 365 *sqq* (AK IV, 469 *sq*).
[27] p. 18 / p. 371 (AK IV ; 473 *sq*) et p. 24 / p. 377 (AK IV, 378).
[28] *MAN*, « Phoronomie », p. 22 / p. 374 *sq* (trad. mod.) (AK IV, 476 *sq*).
[29] *Ibid.*

qu'il faut appliquer ledit système des concepts catégoriaux[30]. La première catégorie n'étant plus – comme chez Aristote – l'essence ou la substance (οὐσία), mais bien la *quantité*, c'est la *phoronomie purement mathématique* qui devient *la science fondamentale de la physique moderne*. En nous limitant à celle-ci, nous en examinerons quelques concepts fondamentaux pour montrer qu'ils sont *entièrement mathématiques*. Toute référence *topologique*, et même le moindre residu de celle-ci, s'y trouvera éliminé. L'ancienne *phoronomie topographique* se transformera intégralement en *phoronomie mathématique*.

Lorsqu'on applique maintenant la catégorie de la quantité à la notion de « matière », soit à « quelque chose susceptible de mouvement », la matière se dégage être – et c'est là le *premier concept fondamental* de celle-ci – *le mobile dans l'espace* (*das Bewegliche im Raume*)[31], le « mobile » au sens de ce qui *peut* se trouver en mouvement, mais qui, considéré sous un autre angle, peut bien être également en repos. C'est là une détermination purement quantitative ou mathématique de la matière, respectivement du corps matériel, selon laquelle celui-ci pourrait également être un *simple* « *point* » *dans l'espace*[32]. En précisant les notions impliquées dans cette définition, Kant dégage tous les concepts fondamentaux de la phoronomie. Nous nous limitons aux suivants :

1) L '*espace*. Selon la *philosophie* ou *métaphysique* « *transcendantale* » – qui porte sur les conditions constitutives de *tous* les objets comme tels, soit sur celles de leur objectivité –, l'espace est (comme on le sait) la forme *a priori* de notre intuition sensible (*sinnliche Anschauung*) des objets du sens externe, soit une condition subjective de ces derniers en tant qu'objets pour nous[33]. Mais de ce statut *transcendantal* de l'espace, il n'en est ici pas question (comme Kant nous le dit lui-même)[34]. La *métaphysique*

---

[30] Nous présentons cette application pour chacune de classes de catégories (quantité, qualité, relation, modalité) dans notre article intitulé « Philosophie et science selon Kant. A propos de l'"émancipartion" de la science selon la *Préface* des *Principes métaphysiques de la science de la nature* », *cf.* nos *Etudes généalogiques*, tome II, article n° 14.
[31] *MAN*, « Phoronomie », p. 25 / p. 378 (AK IV, 480).
[32] *Ibid.*
[33] *Cf.* le premier "chapitre" de la *Critique de la raison pure* [cité *CRP*] : l' « Esthétique transcendantale ».
[34] *MAN*, p. 26 / p. 379 (AK IV, 481).

« *particulière* » des objets pour nous, dont il s'agit ici, porte en effet spécifiquement – et d'emblée – sur l'objet *extérieur*, tout en présupposant que celui-ci soit déjà constitué comme objet[35]. Ainsi, l'espace – loin d'être en lui une condition transcendantale de l'objet du sens externe comme objet – y est bien plutôt lui aussi d'emblée *quelque chose d'extérieur*. Et puisqu'il est quelque chose d'extérieur, il est alors aussi – tout comme l'objet extérieur – quelque chose d'*empirique*, quelque chose donc qui nous est *donné dans l'expérience* (sans quoi nous ne pourrions pas en avoir connaissance). C'est pourquoi Kant l'appelle l'*espace empirique* (*empirischer Raum*)[36], en le distinguant par cette dénomination de l'espace pur, transcendantal.

Dans la mesure où cet espace est d'emblée *extérieur et matériel*, il doit bien correspondre, lui aussi, au concept fondamental de la matière. Il doit donc lui aussi être un « *mobile dans l'espace* ». Tel un corps matériel, il se trouve donc lui aussi dans un autre espace, plus grand que lui, – lequel, matériel et empirique lui aussi, est à son tour un « mobile » dans un espace empirique encore plus grand, et ainsi de suite, à *l'infini*. Or, tous ces espaces étant « mobiles » et *pouvant* donc être en mouvement (mais aussi en repos), le *mouvement d'un objet matériel* au sein d'un espace empirique s'avère "essentiellement" *relatif*. Car il dépend de la mobilité de l'espace empirique par rapport auquel nous le percevons.

Kant de préciser cette *relativité du mouvement* comme suit. Si l'espace empirique par rapport auquel nous percevons l'objet mobile comme étant en mouvement se présente à nous comme étant en *repos*, il est par principe possible qu'il soit lui aussi en mouvement, et ce par rapport à un autre espace empirique : celui dans lequel il se trouve à son tour et par rapport auquel nous le percevons. Supposé qu'il soit en fait en mouvement par rapport à ce second espace et que la *direction* de son mouvement soit *inverse* à celle de notre objet matériel alors que la *vitesse* de son mouvement est la même, les deux mouvements ici en jeu – celui de notre objet matériel et celui du premier espace – vont bien se *neutraliser*, de sorte que notre objet matériel,

---

[35] Concernant la différence entre 1) la « partie transcendantale » de la métaphysique de la nature ou la métaphysique transcendantale de celle-ci, et 2) la « métaphysique particulière » de la nature externe ou interne, *cf. MAN*, « Vorrede », p. 14 / « Préface », p. 366 *sq* (AK IV, 470).
[36] *Ibid.*

considéré relativement au second espace empirique, ne se mouvra alors pas, mais sera en repos par rapport à celui-ci[37]. Or, cette modification du mouvement (sa neutralisation et "mise en repos") peut se poursuivre à l'infini, et ce en dépendance de la modification de l'espace empirique relativement auquel nous percevons à chaque fois le mouvement de l'objet en question. Son mouvement s'avère donc essentiellement relatif, car il peut toujours être *neutralisé* par le changement de l'espace empirique pris comme point de référence, – changement de l'espace qui peut en effet toujours avoir lieu. Car l' espace par rapport auquel le mouvement de l'objet est *perçu* est lui aussi toujours un espace *relatif* : relativement à l'objet mobile dont le mouvement s'observe à partir de lui. Vu cette relativité "essentielle" de l'espace qui sert de référence, il s'avère donc bien que le *mouvement d'un corps matériel* demeure toujours *relatif*. Relativité "essentielle" de l'espace de référence qui est la raison proprement dite de la relativité du mouvement d'un corps empirique.

C'est pourquoi il convient de préciser également – et même tout d'abord – cette relativité de l'espace : c'est bien d'elle que dépend toute la relativité du mouvement. A cette fin, Kant renoue avec l'argument du début : la nécessaire mobilité d'un objet externe, matériel. Car l'espace empirique (donné à nous dans l'expérience externe) est bien un tel objet externe, matériel et partant lui aussi, par principe, un *objet mobile*. Ainsi, notre premier espace (relativement auquel notre premier objet était en mouvement) est donc bien lui aussi un objet *mobile* qui se trouve dans un espace empirique, relatif lui aussi. Deuxième espace qui – relatif, empirique et mobile – est alors susceptible de la même modification : il peut être considéré comme un corps matériel qui se trouve dans un troisième espace encore plus grand. Modification qui – vu la relativité de tous ses espaces empiriques *mobiles* – peut alors se poursuivre, et ce *à l'infini*. Il n'y a donc pas

---

[37] *Ibid.* L'exemple que présente Kant est une bille qui roule sur une table installée dans une cabine de bateau. A considérer cette bille par rapport à la cabine (l'espace de référence qui est en repos), elle se présente en mouvement. Mais à la considérer par rapport aux rives du fleuve (le second espace de référence, soit celui par rapport auquel le bateau y compris la cabine se présente comme descendant le fleuve), elle se présente en repos : son mouvement vers l'amont est neutralisé par le mouvement vers l'aval du bateau (*MAN*, « Phoronomie », p. 35 / p. 389 [A IV, 488]). L'exemple est d'actualité : la cabine du bateau peut être remplacée aujourd'hui par celle d'un vaisseau spatial.

d'espace empirique – aussi grand soit-il – qui soit absolument espace : *il n'y a pas d'espace absolu.*

Si on suppose tout de même quelque chose comme un *espace absolu* – un espace donc qui n'est plus seulement *relativement* à un objet mobile, donné en lui, et qui n'est donc plus entouré par un autre espace, mais qui comporte en lui-même tous les espaces empiriques –, ce dernier ne saurait plus être un espace empirique (réellement donné dans notre perception sensible), mais seulement un *espace pensé*[38]. Un tel espace conçu comme absolu et embrassant donc tous les autres espaces possibles est en effet un *concept limite* ou une sorte d'*idée régulatrice* que conçoit notre raison pour nous permettre de représenter tout espace empirique – quelque grand soit-il et fixe qu'il paraisse – comme *mobile*. Détruisant l'apparence (subjective) d'un espace empirique qui est fixement espace, le concept d'espace absolu a donc pour fonction de nous permettre de connaître objectivement et par l'expérience même la mobilité de n'importe quel espace[39], tout comme ce même concept d'espace absolu peut fonctionner comme *supposition méthodologiquement indispensable* pour nous permettre de *construire* mathématiquement le concept quantitatif d'un mouvement en question. Loin donc d'être la limite réelle de tous les espaces empiriques, l'espace absolu est un simple concept-limite d'ordre purement épistémologique, voire seulement méthodologique.

Tel est donc l'espace qui se dégage lorsque le *centre* disparaît et avec lui toute la *topographie* propre au monde "physique" (relevant de la φύσις). C'est un espace absolument homogène (sans τόποι), toujours relatif, susceptible d'être toujours de nouveau élargi par d'autres espaces (relatifs eux aussi), à l'infini, et embrassé finalement par un "espace absolu" qui n'est qu'un simple concept-limite d'ordre épistémologique, voire méthodologique.

Dans cet espace absolument homogène, les lieux et séjours essentiels (τόποι) des corps naturels vers lesquels ils tendent par nature ont donc tous disparu. Leur mouvement ne peut plus se déterminer à partir de ceux-ci : il n'est plus une translation naturelle qui les porte vers leur lieu essentiel. Il se détermine bien plutôt – nous l'avons vu – *relativement à l'espace empirique*

---

[38] *Ibid.*
[39] p. 26 / p. 379 *sq* (AK IV, 481 *sq*).

par rapport auquel lequel le corps mobile en question est à chaque fois perçu comme tel.

2) Kant ne définit alors plus le *mouvement local* comme *changement de lieu* (*Ortsveränderung*), – cette définition encore habituelle à son époque faisant toujours écho à l'ancienne définition *topologique*, quelque réduite qu'y soit la notion de "lieu" (qui peut être un simple point). Il le définit *de manière entièrement relationelle* comme « changement des *rapports externes* d'une chose à un espace donné (*Veränderung der* äusseren *Verhältnisse eines Dinges zu einem gegebenen Raum*) »[40], – tout en recommandant d'ailleurs de se passer autant que possible de ladite définition habituelle. Kant relève en outre que cette nouvelle définition s'impose d'autant plus du fait qu'il existe des corps qui *se meuvent sans changer de lieu*, comme par exemple les corps qui tournent autour de leur propre axe[41]. Sans changer de lieu, ces corps changent pourtant sans cesse leur rapport externe à l'espace empirique dans lequel ils se trouvent placés. La nouvelle définition exprime bien la *relativité* de tout mouvement, – tout corps mobile pouvant en fait être considéré indifféremment soit comme en mouvement, soit comme en repos, et ce précisément selon l'espace *donné* qui sert de point de référence. Qu'on le considère comme en mouvement ou comme en mouvement, cela dépend finalement aussi de la *constructibilité* mathématique des mouvements ; car ladite relativité a l'avantage de permettre de disposer librement des mouvements en vue de leurs constructions mathématiques possibles.

3) La question est alors de savoir quels sont les *genres du mouvement* tels qu'ils viennent d'être définis. Comme Aristote, Kant distingue lui aussi les mouvements simples et composés (nous nous limitons aux premiers). Mais la différence apparaît aussitôt. Ayant éliminé la définition habituelle du mouvement comme *changement de lieu*, Kant commence sa division des mouvements par celui de la *rotation* qui est – comme il vient de le dire – le mouvement d'un corps *autour de son axe*, où le corps change bien ses rapports à un espace donné sans pour autant changer de lieu[42]. De ce mouvement rotatoire, où le corps reste sur place, il convient de distinguer les

---

[40] p. 27 / p. 380 (AK IV, 482).
[41] p. 27 / p. 381 (AK IV, 482).
[42] p. 28 *sq* / p. 382 (AK IV, 483) (valable aussi pour ce qui suit).

mouvements qui sont *progressifs* (*fortschreitend*) où le corps avance. Mouvements progressifs qui se divisent à leur tour en mouvements qui *élargissent* l'étendue de l'espace parcouru, et en *mouvements enfermés* dans un espace donné (*den Raum erweiternde oder auf einen gegebenen Raum eingeschränkte Bewegungen*). Aux premiers appartiennent ceux en *ligne droite* et en *ligne courbe*, pour autant que ces derniers ne retournent pas en eux-mèmes. Quant aux seconds (qui sont donc enfermés dans un espace donné), ils retournent précisément en eux-mêmes. Mouvement de retour qui peut s'accomplir à son tour soit comme mouvement *circulaire* soit comme mouvement *oscillant*, le premier parcourant l'espace donné toujours dans la même direction alors que le second le parcourt en des directions opposées, en les alternant.

Dans ces divisions également, nous pouvons observer l'*élimination complète* du mouvement en tant qu'il est expérimenté au sens topologique et défini comme *changement de lieu*. Un premier indice en est déjà que le mouvement *rectiligne* intervient chez Kant seulement *après le mouvement rotatoire*, alors que chez Aristote les mouvements rectilignes, vers le *haut* et vers le *bas*, sont précisément les *premiers* dans la série des mouvements (puisque, parmi les mouvements topologiques, ils sont les premiers à se manifester naturellement à nous par la perception sensible). Mais cette élimination se montre surtout par le fait que le mouvement rectiligne se définit chez Kant – sans aucune référence à un lieu à atteindre – de manière purement *extensionnelle* comme ce qui *progresse* et *élargit son étendue* relativement à un espace donné. De même, le mouvement *circulaire* se définit – sans aucune référence à un lieu central (fût-ce un point) – comme mouvement relatif à un espace donné, – étant ainsi pareil aux autres mouvements (rotatoires, progressifs, droits, courbes, etc.). A cette différence près qu'il se range maintenant *après* les mouvements progressifs puisque, retournant en lui-même, il est plus *complexe* qu'eux. Il est donc loin d'être le mouvement accompli qui occupe le *premier rang* (ontologique) parmi tous les mouvements, comme chez Aristote. Il est également loin de tourner – en sa forme suprême, celle du mouvement céleste – autour de la terre ou autour du centre profond de celle-ci, tout en étant alors le τόπος suprême de notre κόσμος sensible : il n'en est plus la limite extrême qui l'entoure de part en part tout en lui conférant par là son accomplissement. Loin d'entourer le κόσμος, le mouvement circulaire se présente maintenant au contraire comme étant lui-même *"enfermé"* dans un certain espace donné qui est à son tour embrassé par d'autres, à l'infini. Le mouvement circulaire est réduit à un mouvement extensionnel, relatif, géométrico-mathématique, – toute notion ontologico-topographique y étant éliminé.

4) Ne restent alors comme *propriétés* du mouvement local que des moments strictement *phoronomiques*, soit la *direction (Richtung)* et la *vitesse (Geschwindigkeit)*[43]. Quant à la *direction*, Kant la détermine elle aussi de manière purement mathématique, comme ce qui suit une *ligne droite qui traverse un plan*, – tout point de référence d'ordre topologique y étant absent, même sous forme résiduelle d'un point (purement géométrique) vers où... Ainsi, un corps qui se meut *circulairement* et qui change donc continuellement de direction – tout en ayant pris, lors du retour au point de départ, *toutes* les directions possibles – ne fait rien d'autre (nous explique Kant) que réorienter continuellement la ligne droite tracée à travers un plan, rien d'autre donc – pour le dire plus radicalement – que changer continuellement la ligne droite qu'il suit déjà depuis le point de départ de son mouvement. Retourné à ce départ, il a finalement suivi toutes les lignes droites possibles tracées dans le même plan. Kant cherche ici évidemment à *composer le mouvement circulaire par la totalité de ces lignes droites possibles*, – lignes *plus simples du point de vue mathématique* et donc plus facilement constructibles que la ligne circulaire. Mais par là, il élimine précisément le mouvement circulaire *comme tel*, et avec lui le dernier résidu de la notion de centre : celui d'un point (purement géométrique) autour duquel se trace une ligne circulaire.

Quant à la *vitesse*, il y élimine également toute référence topologique. Il ne la détermine plus à partir des *qualités essentielles* des corps élémentaires (la terre et le feu), soit le *poids* et la *légèreté* qui se définissent selon Aristote de manière topologique : est *lourd* (βάρυ) ce qui se meut vers le bas, et *léger* (κουφόν) ce qui se meut vers le haut[44]. Kant ne l'expérimente donc plus comme relevant de la « lourdeur » respectivement de la « légèreté » du corps concerné, pas plus qu'il ne la définit à partir de ces qualités données dans la perception sensible, comme le fait Aristote. Selon ce dernier, la rapidité du

---

[43] p. 29 *sq* / p. 382 *sq* (AK IV, 483 *sq*) (valable aussi pour ce qui suit).
[44] *DC* I, 273 b 30 *sq*.

mouvement d'un corps se définit en effet en fonction de la lourdeur ou de la légereté de celui-ci : le mouvement vers le bas – respectivement vers le haut – est plus rapide que celui d'un autre (il nécessite moins de temps que lui) quand le corps est plus lourd – respectivement plus léger – que l'autre[45]. Sans se rapporter du tout à ces qualités naturelles, Kant définit en revanche la vitesse de manière *purement quantitative* : elle résulte du rapport entre la *distance* parcourue et le *temps* dans lequel s'effectue le parcours (*celeritas = spatium : tempus*)[46]. Peu importe que l'objet soit lourd ou léger, plus le temps qu'il nécessite est bref, plus sa vitesse est grande. Libérée, elle aussi, de toute notion qualitative et topologique, réduite au purement quantitatif, la vitesse est ainsi intégralement constructible par les mathématiques.

5) Pour ce qui est finalement du *repos* (*Ruhe*), celui-ci réside selon Kant ni dans le fait de *séjourner* (*weilen*) dans le τόπος propre, ni dans le *zéro* ou manque total de mouvement lors de son changement de direction, comme chez Aristote. Vu la *continuité* du mouvement, le repos réside bien plutôt selon Kant dans l'*infinie petitesse de la vitesse du mouvement*[47] ; infinie petitesse qui implique en effet que le mouvement ne « progresse » ou mieux ne « s'étend » pas *relativement à l'espace donné par rapport auquel il se présente comme mouvement, mais reste fixement présent relativement à cet espace durant un temps déterminé*. Autrement dit, le repos est la *présence persistante* (*beharrliche Gegenwart*) du mobile (*des Beweglichen*) durant un certain temps, relativement à un espace donné ; présence persistante qui n'est autre que l'infinie petitesse de son mouvement[48]. Relatif et *purement phoronomique*, ce concept de repos est lui aussi intégralement constructible.

Voilà donc les déterminations fondamentales du mouvement des corps naturels telles qu'elles se dégagent quand le *centre* disparaît et, avec lui, la φύσις (qui se lève et éclôt à partir de lui), – φύσις qui se transforme alors en nature qui s'assure d'elle-même en se faisant l'objet de la science moderne, certaine de soi, et dont la scientificité est garantie par les mathématiques. Ces déterminations permettent en effet de *construire a priori*

---

[45] *Cf*. I, 273 b 30 *sqq.*
[46] *MAN*, « Phoronomie », p. 31 / p. 384 (AK IV ; 484).
[47] *Cf..* p. 33 / p. 386*sq* (AK IV ; 486).
[48] *Ibid.*

les *possiblités ontiques* du mouvement local des corps naturels et d'établir ainsi celles-ci en toute nécessité, et donc de manière absolument scientifique et certaine. Mais ces constructions – quelques nécessaires et certaines qu'elles soient – ont toutefois pour statut d'être d'abord de pures *hypothèses*. Car ces constructions mathématiques se font selon Kant *a priori* dans l'*intuition pure* de l'espace et du temps ; intuition qui est selon lui constitutive de la seule *possiblité* des objets empiriques, et non de leur existence effective. Ainsi ces hypothèses requièrent-elles d'être *confirmées* par l'expérience sensible qui seule *donne l'effectivité*[49]. Si cette expérience se règle certes d'avance sur les hypothèses mathématiques *a priori*, si elle est donc plutôt de l'ordre d'une *expérimentation* méthodique (pouvant se réduire à faire apparaître ses données comme informations sur un écran), elle n'en demeure pas moins pour nous le témoin du fait que la nature se *donne* finalement d'elle-même (καθ' αὐτό) dans la *perception sensible*.

---

[49] « La perception sensible est le seul caractère de l'effectivité » (*CRP* A 225 / B 273, *OP* I, p. 953 [AK III, 190], trad. mod.).

C. Durchblicke / Aperçus

15. Das Wesen der Wahrheit und seine Wandlungen. Von den griechischen Anfängen bis zur postmetaphysischen Wesensbestimmung der Wahrheit

Für einen Lexikonartikel[1]

§ 1. Die vorphilosophische Erfahrung der Wahrheit. (Von Homer zu Parmenides)

Im Altgriechischen gibt es anfänglich bei Homer mehrere Wörter für „wahr" / „Wahrheit":

1) ἀληθής / ἀλήθεια, wörtlich: „unverborgen" / „Unverborgenheit" (aus : ἀ-privativum und λήθη, „Vergessen", „Vergessenheit", zu λανθάνω, λήθω, „verborgen sein"; zur Wurzel *la-*, in lat. *lateo*, „verborgen, gesichert sein"; *latens*, „verborgen"; Sanskrit: *ratri*, „Nacht");
2) ἐτεόν, ἔτυμον, ἐτήτυμον: „seiend", „echt" (vgl. Sanskrit: *satyas*, „wahr", zur Wurzel *se-*, „sein");
3) νημερτής, wörtlich: „nicht verfehlend", „treffend" (aus: νη-, „un", und ἁρμαρτάνω, „verfehlen");
4) ἀτρεκής, „unverdreht", „unumwunden" (aus ἀ-privativum und der Wurzel *traq-*, „drehen") / ἡ ἀτρέκεια, „die volle Wahrheit";
5) σαφής, „hell", „klar", „offen", „deutlich", adverbial σάφα (aus: *sa-*, „sehr" und der Wurzel *bha-*, zu φάος, φῶς, „Licht", „Helligkeit"; vgl. φαίνω, „erscheinen").[2]

---

[1] Der Beitrag enthält die ausführliche Originalfassung eines Lexikonartikels, der in gekürzter Form unter dem Stichwort „Wahrheit / Wahrhaftigkeit" in der *Theologische[n] Realenzyklopädie*, hrsg. von Gerhard Müller, Walter de Gruyter, Berlin / New-York, 1994 sqq, Band XXXV, 3/4, Sommer 2003, S. 347-363, erschienen ist. Der Stil eines Lexikonartikels wurde beibehalten. Die Ziffern zu Beginn der Abschnitte heben die Gliederung hervor und verweisen auf das im Anhang befindliche Inhaltsverzeichnis, das, mit Stichworten versehen, den Gedankengang herausstellt und der Orientierung dient (s. infra, S. 353sqq)

[2] Vgl. dazu: Bruno Snell, „Die Entwicklung des Wahrheitsbegriffs bei den Griechen", in: *Der Weg zum Denken und zur Wahrheit, Studien zur frühgriechischen Sprache*, Vanden-

Es fällt auf, dass ἀ-ληθής, νη-μερτής, ἀ-τρεκής *privative* Formen sind, wobei sich die Privation entweder, wie bei ἀ-λήθεια, auf eine (ursprüngliche) „Verbergung" (λήθη, zur Wurzel *la*-, „Nacht") oder, wie bei ἀ-τρεκής und νη-μερτής, auf ein verdeckendes Verdrehen bzw. Verfehlen bezieht. So wird bei Homer das ἀ-ληθής, „un-verborgen", dem λαθόν, „verborgen", entgegengesetzt (οὐδ' ὅ γ' ἀληθέα εἶλπε, πάλιν δ'ὅ γε λάζετο μύθον, „und er [Odysseus] sagte nicht gänzlich Wahres, vielmehr verbarg er das Geredete auch wieder")[3], – wie auch bei ihm alle diese Wörter einschließlich σαφής dem Substantiv τὸ ψεῦδος, das „Falsche", „Täuschende", „Erlogene", bzw. dem Adjektiv ψευδής, „falsch", „täuschend", „erlogen", entgegengesetzt werden[4]. Und auch das ἐτεόν, „das, was (tatsächlich) *ist*", wird seinem Gegenteil, nämlich dem, was *nicht ist*[5], sowie auch dem ψεῦδος entgegengesetzt[6,7].

Ferner ist darauf hinzuweisen, dass die genannten Wörter für „wahr" / „Wahrheit" wie auch die Wörter ψευδής / τὸ ψεῦδος bei Homer (und auch nach ihm) – wie das der Odyssee entnommene Zitat anzeigt – meist in Verbindung mit *verba dicendi* (λέγειν, ἐπεῖν, μυθεῖν, u.a.) gebraucht werden. So stehen bei Homer τὰ ἀληθέα, d.i. die Fülle dessen, was unverborgen da ist, und das καταλέγειν, „[etwas] genau [i.e. in allen zu ihm gehörigen Stücken, lückenlos] darlegen", in enger Beziehung zueinander[8]. Solches Sagen des Wahren ist aber nicht bloße Leistung des Menschen. Vielmehr steht bei Homer das erinnernde Sinnen der Musen dafür gut, dass menschliches Sagen das ἀληθές – entgegen der verbergenden λήθη – lückenlos dar-

---

hoeck & Ruprecht, Göttingen 1978, S. 91-104; und Langenscheidts Großwörterbuch, Griechisch Deutsch, unter Berücksichtigung der Etymologie, von Prof. Dr. Hermann Menge. Berlin – München – Wien – Zürich – New York, 27. Auflage, 1993.

[3] *Odyssee* XIII, 254; vgl. Wilhelm Luther: *„Wahrheit" und „Lüge" im ältesten Griechentum*, Robert Naske Verlag, Berra-Leipzig 1935, S. 13; kritisch dazu Snell, op. cit. S. 95, Anm. 7.

[4] Snell, S. 100, Anm. 15a.

[5] Vgl. *Ilias* II, 300.

[6] Vgl. *Ilias*, X, 534 und Snell, S. 95 sqq.

[7] Vgl. zu dem ganzen Themenkomplex: J.-P. Levet, Le vrai et faux dans la pensée grecque archaïque, Étude du vocabulaire, Tome I: Présentation générale, Le vrai et le faux dans les épopées homériques, 1976, mit reichen Literaturangaben.

[8] Vgl. z. B. Ilias XXIV, 407; Snell, S. 94 sqq mit Verweisen auf weitere Sekundärliteratur.

zulegen vermag⁹. Und das Sagen des ἐτεόν, d. i. dessen, was „tatsächlich" *ist* bzw. sein wird, bleibt dem Weissagen (μαντεύειν) des Sehers Kalchas vorbehalten¹⁰, wie auch er allein das Seiende in seinem ganzen Umfang zu wissen vermag (ἤδη τά τ' ἐοντα τά τ' ἐσσόμενα πρό τ' ἐόντα / „Gesehen hat er sowohl das, was ist, wie auch das, was sein wird, wie auch das, was war".¹¹

Die weitere Entwicklung ist dadurch bestimmt, dass sich eine zunehmende Dominanz des Wortes ἀληθές / ἀλήθεια vorzeichnet¹². Während bei Homer die genannten Wörter für „wahr" / „Wahrheit" noch gleichrangig sind, werden bei Hesiod ἔτυμος und νημερτής eng mit ἀληθής / ἀλήθεια zusammengestellt¹³. Auch sagen die Musen dem Dichter der Theogonie sowohl das Wahre (ἀληθέα) wie auch alles, was bei den Göttern „ist, sein wird und war"¹⁴. So gewinnt das Wort ἀληθής / ἀλήθεια nicht nur an Umfang (es nimmt den Sinn der übrigen Wörter für „wahr" in sich auf), sondern auch an Bedeutung (es gewinnt einen hohen Sinn, indem es auf das ewige Sein der Götter geht), bis es schließlich bei Parmenides zum Grundwort für „Wahrheit" in der europäischen Philosophie wird¹⁵. Dabei kommen „Wahrheit" und „Sein" zusammen: Wahrheit (ἀλήθεια) ist *Wahrheit des Seins* (ὄν).

§ 2. Die Genesis der Grundbegriffe der Wahrheit in der griechisch- antiken Philosophie

2.1. Die wachsende Macht der Wahrheit als Un-verborgenheit. (Von der Vorsokratik zur Sophistik)

2.1.1. In der Philosophie kommt das Wort ἀλήθεια erstmalig bei Heraklit vor: [...] σωφίη ἀληθέα λέγειν καὶ ποιεῖν κατὰ φύσιν ἐπαΐοντας / „[...] Weisheit ist, Wahres [d.i. Un-verborgenes] zu sagen und zu tun nach der Natur, auf sie hinhörend"¹⁶. Hier wird bereits die ἀ-λήθεια mit der φύ-

---

⁹ Snell, S. 94 sq.
¹⁰ *Ilias* II, 300.
¹¹ I, 70.
¹² Snell, S. 100 ff.
¹³ z. B. Theogonie 27 sq und 233 sqq.
¹⁴ *Theogonie*, 24-38.
¹⁵ Snell, S. 102.
¹⁶ Frgm. 112, in: Diels/Kranz, Die Fragmente der Vorsokratiker, Weidland Dublin/Zürich, 6. Auflage 1951, 16. unveränderte Auflage 1972.

σις, d.i. dem (im Aufgang befindlichen) Sein alles dessen, was ist, zusammengestellt. Dabei ist die φύσις, ähnlich der (sie bestimmenden) ἀ-λήθεια, in sich gegenwendigen Wesens: [ἡ] φύσις κρύπτεσθαι φιλεῖ / „[die] Natur ist dem sich Verbergen zugetan"[17]. Und auch hier ist das Sagen (λέγειν) und Tun (ποιεῖν) des Wahren keine bloße Leistung des Menschen, sondern es beruht im Hören auf die φύσις, d. i. auf einem im Sein selbst waltenden Sagen, dem λόγος[18].

2.1.2. Voll kommt diese Erfahrung im philosophischen Lehrgedicht des Parmenides zum Ausdruck: Im Prooemion spricht eine Göttin (δαίμων) dem Denker die Wahrheit (ἀλήθεια) des Seins anfänglich zu[19]. Und da sich das Sein dessen, was ist, gänzlich vom Nichtsein unterscheidet, legt sie dem Denker im Lehrgedicht zwei mögliche Wege (ὀδοί) vor: den des Seins (ἔστιν) und den des Nichtseins (οὐκ ἔστι)[20]. Indes weist sie den letzteren sogleich ab. Denn das gänzliche Nichtsein ist als das gänzlich Verborgene παναπευθές, „gänzlich ohne Kunde"[21]: es gibt nichts zu denken und zu sagen. Der Weg des *Seins* aber „folgt der Wahrheit" (Ἀληθείηι γὰρ ὀπηδεῖ)[22]. So bleibt er allein als Weg des Denkens. τὸ γὰρ αὐτὸ νοεῖν ἐστίν τε καὶ εἶναι, „denn dasselbe ist Denken sowohl wie auch Sein"[23]. Denken ist Denken des Seins. Indes kommt mit dem Unterschied von Sein und Nichtsein noch ein dritter Weg auf, nämlich der der δόξαι βροτῶν, der „Ansichten der Sterblichen", auf welchem Sein und Nichtsein ständig ineinander über- und so durcheinander gehen, – halten doch die Sterblichen das ihnen *jeweils* Offenkundige und Gegenwärtige für das, was (eigentlich) *ist*[24]; dieses aber wechselt und geht vom Sein ins Nichtsein und von diesem ins Sein über. Da nun solche δόξα das Sein verstellt, geht es auf dem Weg des Seins darum – und dies ist Sache des 1. Teils des Lehrgedichts –, im Gegenzug zur δόξα Sein und Nichtsein zu unterscheiden und so das *Sein* eigens in seine Wahrheit zu bringen. Demgemäß ist das eigentliche Thema des Lehrgedichts das

---

[17] Frgm. 123.
[18] Vgl. Heraklit, Frgm.1 und 50.
[19] I, 28-29.
[20] Frgm. II, 1-5.
[21] Frgm. II, 6.
[22] Frgm. II, 4.
[23] Frgm. III.
[24] Frgm. VI, 4-9.

Verhältnis von *Wahrheit und Schein*, ἀλήθεια und δόξα. Im Prooemion sagt die Göttin dem Denker: χρεὼ δέ σε πάντα πυθέσθαι / ἠμὲν ᾿Αληθείης εὐκυκλέος ἀτρεμὲς ἦτορ / ἠδὲ βροτῶν δόξαις, ταῖς οὐκ ἔνι πίστις ἀληθής [...]. „Not ist, dass du alles erfährst, sowohl das ruhige Herz der wohlgerundeten Wahrheit wie auch die Ansichten der Sterblichen, in denen kein wahrer Verlass ist [...]"[25]. Der doxische Schein des Durcheinanders von Sein und Nichtsein ist aber erst dann vollends beseitigt, wenn er in seinem Ursprung begriffen ist. So geht es im 2. Teil des Lehrgedichts darum, jenen Schein aus der φύσις als dem *Ganzen* des Seins in seiner *Genesis* einsichtig zu machen (Doxologie und Kosmologie gehen hier zusammen). Dabei zeigt sich: die φύσις, d. i. das Ganze des Seins, schwingt auf mannigfache Weise im Urstreit der ἀ-λήθεια, d.i. im Gegenverhältnis von Verbergung und Entbergung, von zuhöchst gelichtetem Anwesen und zutiefst verborgenem Abwesen[26], so zwar, dass, gemäß dem Vorrang der Dimension der *Un*-verborgenheit, sogar das Abwesende (τὰ ἀπεόντα) sich dem Denken (νοῦς) als Anwesendes (παρεόντα) zeigt[27]. Die Sterblichen aber sind – wie schon bemerkt – an dem jeweils unverborgen Anwesenden orientiert und halten dieses für das, was eigentlich *ist*, – worin eben ihre δόξα besteht. Und wie bei Parmenides, so versieht sich auch bei Heraklit die δόξα der Sterblichen an der Wahrheit (ἀλήθεια) der in sich widerwendigen φύσις, so dass sie im Unterschied zur δόξα durch das λέγειν der ἀ-ληθέα bzw. das ἐπάειν der φύσις eigens ins Offene zu bringen ist[28].

2.1.3. Mit dem Unterschied zwischen der durch die Gottheit zugesprochenen Wahrheit (ἀλήθεια) des Seins einerseits und der δόξα der Sterblichen andererseits tut sich geschichtlich gesehen – zumal wenn sich die alles ins Offene rückende ἀλήθεια weiter steigert – die Möglichkeit auf, sich *ausschließlich* an das sich vordrängende, nur jeweils einem Jeden Offenkundige und Erscheinende zu halten, d.h. die δόξα zum einzig möglichen Weg für die Sterblichen zu erklären. Diese Möglichkeit ist in der *griechischen Sophistik* bestimmend geworden[29]. So fordert Protagoras, das Göttliche auf

---

[25] Frgm. I, 28-30.
[26] M. Heidegger: *Parmenides*, Freiburger Vorlesung WS 1942/43, hrsg. von Manfred Frings, GA 54, 1982.
[27] Vgl. Frgm. IV.
[28] Vgl. Heraklit, z. B. Frgm. 2 und 17.
[29] Vgl. zur Genesis der Sophistik K.-H. Volkmann-Schluck, *Die Philosophie der Vorso-*

sich beruhen zu lassen, da es dem sterblichen Menschen verwehrt sei, solche Dinge auf Grund sowohl der „Nichtoffenbarkeit" (ἀδηλότης) wie auch der „Kürze der Lebenszeit" zu wissen[30], und sich an den begrenzten Umkreis des einem Jeden jeweils Erscheinenden zu halten. Denn das, was „mir [jeweils] erscheint" (ἐμοί φαίνεται), sei eben das, was „für mich *ist*" (ἔς-τιν ἐμοί)[31]. πάντων χρημάτων μέτρον ἄνθρωπος εἶναι, τῶν μὲν ὄντων ὡς ἔστι, τῶν δὲ μὴ ὄντων ὡς οὐκ ἔστιν, „aller Dinge Maß ist der Mensch, der seienden, dass sie sind, der nicht seienden, dass sie nicht sind"[32]. Und auch gemäß Gorgias ist das im Ansehen stehende Scheinbare (τὰ εἰκότα) höher zu schätzen als das Wahre (τὰ ἀληθέα)[33]. Da alle δόξαι gleich viel gelten, kommt es darauf an, durch die „Macht der Rede", διὰ ῥώμην λόγου[34], d.h. durch glänzende Rhetorik und geschickte Eristik, die schwächere δόξα, τὸν ἥττω λόγον, zur stärkeren, λόγον κρείττω[35], zu machen und so seine eigene δόξα durchzusetzen. So kommt durch den sophistischen λόγος der *doxische Schein* zur vollen Macht, der nicht nur die Wahrheit verstellt, sondern auch das Leben zerrüttet.

2.2. Wahrheit und Idee (Plato)

2.2.1. Dem doxischen Schein haben Sokrates und Platon im Namen der Wahrheit (ἀλήθεια) und des ἦθος den Kampf angesagt. Damit folgen sie der anderen *Möglichkeit,* die sich, geschichtlich gesehen, mit dem vorsokratischen Unterschied von Wahrheit und Schein auftut, zumal dann, wenn die alles ins Offene rückende ἀ-λήθεια (*Un*-verborgenheit) sich bis zur höchsten und letzten Möglichkeit ihrer selbst aufsteigert[36]. Denn dann wird sie zur reinsten Offenheit, d.i. hellstem Licht, das alle ursprüngliche

---

kratiker. Der Anfang der abendländischen Metaphysik, hrsg. von Paul Kremer, Königshausen & Neumann, Würzburg 1992, S. 141sqq.

[30] Diels/Kranz II, Frgm. 4, S. 265.
[31] Zitiert von Plato, *Theätet* 152a 7sqq; vgl. *Kratylos,* 386a 1sqq.
[32] Theätet, 152a 2sqq, vgl. Kratylos, 385e 6sqq.
[33] *Phaidros,* 267a 6sqq.
[34] So der Sophist Gorgias, zitiert von Platon, *Phaidros,* 267b 1.
[35] So Protagoras, zitiert gemäß Aristoteles, *Rhetorik* II, 24; 1402a 24.
[36] Vgl. dazu M. Heidegger, *Beiträge zur Philosophie, Vom Ereignis* [1936-38], hrsg. von F.-W. von Herrmann, GA 65, 1989, insbes. Nr. 211. ἀλήθεια. *Die Krisis ihrer Geschichte bei Plato und Aristoteles, das letzte Aufstrahlen und der völlige Einsturz.*

Verbergung überstrahlt und überblendet, so dass das in ihr gelichtete Sein nunmehr zu der nur noch in ihrem *eigenen Licht* erscheinenden, von aller Verbergung und allem Nichtsein freien, fest bestimmten, beständigen *Idee* bzw. zu dem in deren Lichte erscheinenden εἶδος, dem Anblick dessen, *was* etwas *ist* (τί ἐστιν), wird: Die Idee ist das „Schein-same", d.i. das, was nur noch mit sich selbst „zusammen" [engl. same] ist und in seinem eigenen Lichte erscheint[37]. Damit *wandelt sich das Wesen der Wahrheit*. Denn jetzt ist sie nicht mehr von der Art der in sich gegenwendigen *Un-verborgenheit*, d. i. der *Offenheit* des Seins im Gegenverhältnis zu dessen *Verbergung*, sondern eben das *(überhelle) Licht der Idee, das alle Verbergung beseitigt und schon beseitigt hat*. Und wenn sich auch schon gemäß vorsokratischer Erfahrung die Wahrheit als Un-verborgenheit des Seins dem Denken des sterblichen Menschen überantwortet hat, so entrückt sie ihn doch jetzt als das reine Licht der Idee in das (nunmehr unsterbliche) Denken, dergestalt, dass dieses Licht – das doch eigentlich das höchste und letzte „Aufstrahlen" der ἀ-λήθεια ist und sich so der in sich rückgänglich-aufgänglichen *Verbergung* als Quelle verdankt – nunmehr *selbst* die ursprüngliche, der Sonne vergleichbare Lichtquelle ist bzw. als solche erscheint. So wie nun – gemäß dem Sonnengleichnis[38] – das Licht der Sonne in eins und zumal den sinnlichen Augen das Sehen und dem sinnlich Sichtbaren seine Sichtbarkeit gewährt, ebenso gewährt das Licht der Idee in eins und zumal der Seele (ψυχή) das Denken (νοεῖν, νοῦς) bzw. das Erkennen (γιγνώσκειν, γνῶσις) wie auch dem (zunächst im Dunkel der sinnlichen Erscheinungen liegenden) Denk- und Erkennbaren die Offenbarkeit (ἀλήθεια) dessen, was es ist (τί ἐστιν), und damit seine Denk- und Erkennbarkeit[39]. Insofern ist die Wahrheit (ἀλήθεια) nunmehr das „Joch"[40], das beide – Seele und Sein – zusammenspannt. ὅταν [... ἡ ψυχή] οὗ καταλάμπει ἀλήθειά τε καὶ τὸ ὄν, εἰς τοῦτο ἀπερείσηται, ἐνόησέν τε καὶ ἔγνω αὐτὸ καὶ νοῦν ἔχειν φαίνεται. „Wenn [... die Seele] sich auf das heftet, woran [die] Wahrheit sowohl wie das Sein leuchtet, dann denkt sie und erkennt es und hat offenbar Ver-

---

[37] M. Heidegger, „Platons Lehre von der Wahrheit" [1936], in: *Wegmarken*, hrsg. von F.-W. von Herrmann, GA 9; 1976, S. 203-238, insbes. S. 225.
[38] *Staat* VI, 506b sqq.
[39] δύναμις des γιγνώσκεσθαι, – *Staat*, 508b 2sqq.
[40] ζυγόν, 507a 1.

nunft."⁴¹ Damit aber kommt der Wesenswandel der Wahrheit erst in seine ihn *radikalisierende* Vollendung. Denn nicht nur überantwortet sich die wesende Wahrheit des Seins dem Denken, sondern als Licht der Idee, d.h. als sichtige Blickbahn (Joch) fordert sie, dass sich das sichtige Denken auf ihr geradezu auf die Idee bzw. das εἶδος *richtet*, um in solcher „Richtigkeit" (ὀρθότης) nunmehr *selbst* – anstelle der sich entziehenden ἀλήθεια – in herrschender Weise Blickbahn und Idee zumal offenzuhalten. Die Wahrheit wechselt ihren *Ort*: sie verlagert sich von der wesenden Wahrheit des Seins selbst auf die *Richtigkeit* der Sicht (der Seele)⁴². Andererseits bleibt sie doch Licht, aber so, dass dieses nunmehr als Möglichkeitsgrund der auf die Idee (εἶδος) hin orientierten *Richtigkeit* der Sicht hin anvisiert wird. Das bedeutet, dass die Wahrheit des Seins vor allem zur *Offenbarkeit* (ἀληθές qua δῆλον bzw. ἐναργές) des τί des τί ἐστιν als des eigentlich Seienden wird. Als solche ist sie der Nachklang der urprünglichen ἀλήθεια, so jedoch, dass diese schon von der Richtigkeit her erfahren wird.

Nun gewährt das im Lichte der Idee offenbare (fest bestimmte) τί ἐστιν als οὐσία, d.i. als (das nunmehr eigentliche) Sein und Wesen den Erscheinungen ihren *Bestand*, ebenso wie die menschliche Seele, sofern sie sich erkennend auf es richtet, festen *Stand* in der Welt, d. i. ein ἦθος gewinnt. Insofern ist es ein ἀγαθόν, ein „Gutes", d.i. etwas, das zum Sein tauglich macht. Deshalb ist gemäß Platon das Licht als solches, das doch erst der οὐσία die Offenbarkeit und, vermittelst der Richtigkeit, der Seele ihr Ethos gewährt, ἡ τοῦ ἀγαθοῦ ἰδέα, „die Idee des Guten", die alles gedeihen lässt. Von dieser sagt Platon im „Höhlengleichnis"⁴³: πάντων [...] ὀρθῶν τε καὶ καλῶν αἰτία [...], „sie ist die Ursache sowohl alles Richtigen wie alles Schönen [...]", und die [...] κυρία ἀλήθειαν καὶ νοῦν παρασχομένη, die „Herrin, die Wahrheit und Vernunft gewährt". Die Idee des Guten, d. i. das Licht der Idee, gewährt als Joch in eins und zumal der Seele die *Richtigkeit* des Ideenblicks, d. i. die Vernunft, und dem Sein den Glanz der Schönheit,

---

⁴¹ 508d 4sqq.
⁴² Vgl. M. Heidegger, „Platos Lehre von der Wahrheit", GA 9, insbes. S. 136sq. Dazu auch Vf: *La question de la vérité* [Thomas d'Aquin, Nietzsche, Kant, Heidegger], Editions Payot Lausanne, 2001, insbes. S. 221-225.
⁴³ Staat VII, 516c 1sqq.

d. i. die Wahrheit im Sinne der Offenbarkeit. Damit eben gewährt sie dem Menschen zugleich den festen Stand in der Welt, d. i. das Ethos.

2.2.2. Deshalb kommt es für den europäischen Menschen von nun an darauf an, den Blick der Seele unbeirrbar auf die Ideen zu richten und in der Blickbahn auf sie zu halten. Da aber solche Richtigkeit des Ideenblicks auf einem Wesenswandel der Wahrheit beruht – welcher sich bei und für Plato eben darin bekundet, dass der Blick der Seele des Menschen zunächst verdunkelt an den (bloßen Schatten vergleichbaren) sinnlichen Erscheinungen haftet –, bedarf es dazu – gemäß Platons Höhlengleichnis – einer περιαγωγὴ ὅλης τῆς ψυχῆς, einer „Umwendung der ganzen Existenz" des Menschen, die selbst Sache der παιδεία ist[44]. Deren Aufgabe besteht darin, den europäischen Menschen durch allmähliche Gewöhnung[45] zunehmend in die Richtigkeit des Ideenblicks einzuüben, bis schließlich das ständige *Sichhalten* in solcher Richtigkeit, bzw. das ständige Ausgerichtetsein auf die Wahrheit (qua Offenbarkeit des εἶδος) und in diesem Sinne die *Wahrhaftigkeit* zum *Grundethos* desselben wird. Wenn sich auch bei Plato noch kein eigentlicher Begriff für dieselbe findet, so wird sie doch der Sache nach durch ihn als europäisches Grundethos gestiftet. (Zwar nennt Plato den Achill einen ἀληθής, d.i. „Wahren", „Offenen", und Odysseus einen ψευδής, d.i. „Falschen"[46]. Aber er meint damit so wenig das besagte Grundethos, dass er vielmehr am Ende den Wahren und den Falschen identifiziert, weil nur derjenige, der der Wahrheit mächtig ist, auch das eigentliche Täuschen vermag).

Die Einübung in das besagte Ethos der Wahrhaftigkeit geschieht gemäß dem „Höhlengleichnis" durch einen Aufstieg, ἀνάβασις[47], der mehrere Stufen durchläuft. Dabei entsprechen gemäß dem „Liniengleichnis"[48] die jeweiligen Verhaltungen der menschlichen Seele jeweils der sich aufsteigernden (ontischen) Wahrheit, d. i. der sich aufsteigernden Offenbarkeit dessen, was sich als „seiend" zeigt. Beginnend bei der εἰκασία (lat. coniectura, „Vermutung"), dem Sichhalten an den bloßen, gleichsam nur

---

[44] *Staat* VII, 518b-d.
[45] συνηθεία, – 516a 4.
[46] *Hippias minor*, 369a 9.
[47] *Staat* VII, 517b 4.
[48] VI, 509d-511e.

sich hinspiegelnden Augenschein, steigert sich die Haltung der menschlichen Seele über die πίστις (lat. fides, „Glaube", „Vertrauen"), d.i. das doxische sich Halten an die den Sinnen sich zeigenden Erscheinungen, zunächst bis zur διάνοια (ratio, Verstand), dem wissenschaftlichen sich Halten an die als Beweisvoraussetzungen (ὑποθέσεις) auf- und angenommenen εἴδη als des offenkundigen, eigentlich Seienden, und schließlich bis zur νόησις (intellectio, Vernunft), der philosophischen Sicht des Lichtes der ἰδέα τοῦ ἀγαθοῦ, die erst die εἴδη *als* das eigentlich Offenkundige (ἀληθές) und eigentlich Seiende (οὐσία) einsichtig macht. Erst solche νόησις *befestigt* das sich Halten in der Richtigkeit des Ideenblicks, d.i. die Wahrhaftigkeit. Wenn auch solche ἀνάβασις – wie der Schlussmythos von der λήθη in Platons *Staat*[49] zu verstehen gibt – im Ausgang von einer letzten Erfahrung der λήθη als Grundzug des Wesens des Seins geschieht[50], so lässt sie doch dieselbe im zunehmenden sich Richten auf das im (überhellen) Licht der Idee erscheinende εἶδος *hinter sich*.

2.2.3. Wenn sich nun die Seele im richtigen Denken auf das im Lichte der Idee erscheinende εἶδος bzw. τί ἐστιν richtet, dann ist sie imstande, das sich wandelnde sinnlich Erscheinende als das darzulegen, was es ist, d.h. einen λόγος zu bilden. Der sich nach der *Idee* richtende λόγος aber unterscheidet sich vom λόγος des vorsokratischen Denkens. War dieser ein versammelndes Darlegen des in der ἀλήθεια schwingenden, gegenwendigen *Seins*, so ist der λόγος seit Plato die Darlegung des *Seienden* in dem, was es ist. Denn das im reinen Lichte der Idee erscheinende, fest bestimmte, beständige τί ἐστιν lässt das sinnlich Erscheinende, es bestimmend, eben als Seiendes offenbar werden. Der λόγος wird zur *Aussage*. Auch der zur Aussage gewordene λόγος ist, seiner Struktur nach, *versammelnd* (wie auch das Wort λόγος bzw. das Verb λέγειν, „lesen", „sammeln", anzeigt), so zwar, dass er nicht mehr Versammlung des in der ἀλήθεια schwingenden gegenwendigen Seins, sondern nunmehr συμπλοκή (connexio, nexus, „Verflechtung") des mannigfaltigen (eigentlich)*Seienden*, i.e. der εἴδη[51], bzw. σύνθεσις (compositio) der diese vermeinenden Worte, i.e. von ὀνο-

---

[49] X, insbes. 620e-621b.
[50] M. Heidegger, GA 54, *Parmenides*, Freiburger Vorlesung, WS 1942/43, hrsg. von Manfred Frings, 1982, S. 175-194.
[51] *Sophistes* 259e 5sq; 262c 6.

μα (nomen) und ῥῆμα (verbum) ist[52]. Als die durch Synthesis bestimmte Aussage aber kann der λόγος *wahr oder falsch* sein. *Wahr,* ἀληθής, „ent-deckend" ist er, wenn er – sich auf die entsprechenden *Ideen richtend* – das Seiende *so* darlegt, *wie* es ist (τὰ ὄντα λέγει ὡς ἔστιν[53]), *falsch,* ψευδής, „verstellend", wenn er es so darlegt, *wie* es *nicht* ist (ὡς οὐκ ἔςτιν).[54] Für Platon ist Wahrheit nicht mehr göttliche Gunst, sondern sie steht einzig beim „richtigen" λόγος. Das Falsche, der Irrtum, ist bei ruhiger Besinnung vermeidbar. Es gilt nur, wie beim Würfelspiel, die „Faktoren" der uns betreffenden Dinge dem „richtigen" λόγος gemäß zu setzen[55]. Ja, letzlich geht es bei Plato darum, des ψεῦδος, d. i. des trügerischen Scheins in allen seinen Abwandlungen (εἴδωλα, bloße „Erscheinungen", εἰκόνα, „Eben-Bilder", φαντάσματα, „Trugbilder", δόξα, „Ansicht", ψευδὴς δόξα, „falsche Ansicht")[56] als des Exponenten des sich selbst bis ins Nichts verbergenden Seins nicht nur ontisch, sondern ontologisch Herr zu werden, d.i. ihn ontologisch zu *beseitigen.* Plato gelingt dies im *Sophistes* durch genetische Einsicht aus den höchsten Bestimmungen (γένη) des Strukturgefüges der Ideen selbst. Wenn, wie gesagt, der λόγος wahr ist, sofern er das Seiende *so* darlegt, *wie* es ist, also das mit dem jeweils Seienden *Selbe* (ταὐτόν) synthetisch-identifizierend *als mit ihm Selbes* darlegt (wie z. B. das Sitzen mit dem sitzenden Theätet), so ist dies, genetisch gesehen, dadurch möglich, dass der λόγος sich durch die die Ideen bestimmende Struktur der ταὐτότης (Identität) leiten lässt. Und wenn der λόγος falsch ist, sofern er das Seiende *nicht* so darlegt, wie es ist, also das, was es *nicht* ist, d. i. ein *Anderes* (ἕτερον) als das, was es ist, synthetisch-identifizierend *als mit ihm Selbes* (ταὐτόν) darlegt (wie z. B. das Fliegen mit dem sitzenden Theätet), so geschieht dies dadurch, dass der λόγος von der das Ideengefüge auch immer bestimmenden ἑτερότης (Andersheit) *übermächtigt* wird[57]. Eben damit aber ist das ψεῦδος ontologisch klar gefasst und das heißt: be-

---

[52] 263d 2sq.
[53] *Kratylos*, 384b 7.
[54] b 8. Vgl. *Sophistes* 263b 4sqq.
[55] *Staat* X, 604c sq.
[56] *Sophistes* 239d sq und 263d sq.
[57] M. Heidegger, *Platon: Sophistes*, GA 19, 1992, S. 603sqq.

seitigt, – ist es doch als bloßes ἕτερον kein nichtiger Schein, sondern selbst ein Modus des offenbaren Seins[58].

2.3. Logisch-dianoetische und noetisch-ontologische Wahrheit (Aristoteles)

2.3.1. Aristoteles nimmt die bei Platon gewonnenen Grundbestimmungen der Wahrheit auf, dergestalt, dass er sie nicht nur begrifflich weiter durchbestimmt und damit *befestigt*, sondern auch und vor allem die Wahrheit als Charakter des Seins (οὐσία) im gründenden Rückgang auf die φύσις ihrem vollendenden Höhepunkt entgegenführt. Freilich wird bei ihm eben dadurch Platons These von der Beherrschbarkeit des Irrtums fraglich. – Ausgangspunkt der aristotelischen Bestimmung der Wahrheit ist die vielfältige Bedeutung des im λόγος vermeinten Seins (τὸ ὂν λέγεται πολλαχῶς, „das Seiende wird in vielfältiger Weise ausgesagt"[59]): mag das im „ist" gemeinte Sein auch stets „etwas-sein" (A ist das und das...) bedeuten, so meint es dieses doch – seinen Hauptbedeutungen nach – in vierfachem Sinne[60]:

1.) als [nur] beiläufig Sein (τὸ ὂν κατὰ συμβεβηκός),
2.) als von ihm selbst her Sein (τὸ ὂν καθ᾽αὑτό), i.e. als kategorial bestimmtes Identischsein,
3.) als Wahrsein (ἔστιν ὅτι ἀληθές),
4.) als möglich oder wirklich Sein (τὸ ὂν τὸ μὲν δυνάμει τὸ δὲ ἐντελεχείᾳ).

Das „ist", zumal wenn es betont ausgesprochen wird (ἔστιν), meint also immer auch: „es ist wahr (entdeckend), dass...", – wie auch das „ist nicht" (μὴ ἔστιν) immer auch: „es ist falsch (verstellend), dass...", bedeutet. Wahrheit und Falschheit sind Charaktere des im λόγος gemeinten Seins. Indes fragt sich, *wie* diese Charaktere dem Sein zukommen. Da nun der λόγος als solcher, nicht aber das in ihm vermeinte Sein, das πρότερον πρὸς ἡμᾶς, das „für uns Frühere", d.i. das zunächst sich uns aufdrängende Phänomen ist, so lautet die erste Antwort des Aristoteles – zumal sich bei Platon das ἀλ-

---

[58] Vgl. unseren Artikel Nr. 5 „Le Sophiste de Platon dans l'interprétation de M. Heidegger", supra, S. 75-98., inbes. 92 sq.
[59] Met. IV, 2; 1003a 33.
[60] Met. V, 7; 1017a 7sqq.

DURCHBLICKE / APERÇUS   299

ηθές dem λόγος überantwortet hatte – , dass Wahrheit (Entdecktheit) bzw. Falschheit (Verstelltheit) dem Sein nicht auf Grund seiner eigenen Natur (φύσις), sondern nur von seiten der διάνοια, des synthetisch-dihairetischen Denkens des Verstandes, zukomme⁶¹. [...] οὐ γάρ ἐστι τὸ ψεῦδος καὶ τὸ ἀληθὲς ἐν τοῖς πράγμασιν, [...] ἀλλ' ἐν διανοίᾳ [...]. „[...] nicht nämlich ist das Falsche und das Wahre in den Sachen, [...] sondern im Verstand [...]"⁶². *Wahrheit und Falschheit haben ihren Ort im Verstand,* bzw. im λόγος. Denn es gibt sie nur da, wo σύνθεσις und διαίρεσις ins Spiel kommen, die eben Sache der διάνοια bzw. des λόγος sind. Alle Aussage ist nämlich entweder (auf vorgängiger διαίρεσις beruhende) durch σύνθεσις zustande kommende *Bejahung* (κατάφασις, affirmatio) oder (auf vorgängiger σύνθεσις beruhende) durch διαίρεσις zustande kommende *Verneinung* (ἀπόφασις, negatio). *Wahr* aber ist sie, *sowohl* wenn sie als *Bejahung* beim συγκείμενον, dem „zusammen Vorliegenden", das Prädikat dem Subjekt zuspricht, *wie auch,* wenn sie als *Verneinung* beim διῃρημένον, dem „auseinander Liegenden", dem Subjekt das Prädikat abspricht. *Falsch* ist sie, wenn sie im Widerspruch (ἀντίφασις) dazu Bejahung und Verneinung in entgegengesetzter Weise verteilt⁶³. Wahrheit und Falschheit, Entdecktheit und Verstelltheit, kommen dem Sein durch die διάνοια zu. [...] συμπλοκή γὰρ νοημάτων ἐστι τὸ ἀληθές ἤ ψεῦδος, „[...] eine Verflechtung des [im Denken] Vermeinten nämlich ist das Wahre oder Falsche"⁶⁴. Insofern sind Wahrheit und Falschheit nur gleichsam „akzidentelle" Bestimmungen des Seins, die dieses nicht in seinem eigenen Wesen betreffen. Wahrheit ist Sache der *Logik,* nicht aber der Ontologie.

2.3.2. Indes ist der λόγος – so gibt Aristoteles in vertiefender Besinnung⁶⁵ zu bedenken – doch nicht allein auf Grund des synthetisch-dihairetischen Denkens, sondern ἐπὶ τῶν πραγμάτων, „in Bezug auf die Sachen"⁶⁶, wahr oder falsch. οὐ [...] διὰ τὸ ἡμᾶς οἴεσθαι ἀληθῶς σὲ λευκόν εἶναι εἴ σὺ λευκός, ἀλλὰ διὰ τὸ σὲ εἶναι λευκόν ἡμεῖς οἱ φάντες τοῦτο ἀληθεύομεν. „Nicht weil wir wahr (entdeckend) meinen, du seist weiß, bist

---
⁶¹ Met. VI, 4; 1027b 34sqq.
⁶² 1027b 25sqq.
⁶³ 1027b 20sqq.
⁶⁴ *De Anima,* III, 8; 432a 11; vgl. auch III, 6; 430a 26 sqq.
⁶⁵ Met. IX, 10.
⁶⁶ 1051b 2.

du weiß, sondern weil du weiß bist, sind wir, die wir dieses sagen, entdeckend"[67]. Um wahr zu sein, muss sich der λόγος in das Sein der Sachen gründen und an diesen ausweisen. Nur wenn er sich auf *gleiche* Weise wie diese verhält, also synthetisch in Bezug auf das συγκείμενον, dihairetisch in Bezug auf das διῃρημένον ist, ist er wahr[68]. Wenn er sich ἐναντίως, „auf [ihnen] *entgegensetzte* Weise"[69], verhält, ist er falsch[70]. Insofern beruht gemäß Aristoteles die Wahrheit des λόγος in der ihn sachlich begründenden und ausweisenden *Angleichung* desselben an die *Sache*.

So hat die Tradition auch dem Aristoteles die ὁμοίωσις (assimilatio, Angleichung) bzw. die daraus resultierende adaequatio (Übereinstimmung) und correspondentia (Entsprechung) von λόγος und Sache als Begriff der Wahrheit zugeschrieben. Jedoch kommt der Begriff ὁμοίωσις als Bestimmung der Wahrheit bei Aristoteles selbst nicht eigentlich terminologisch vor[71]. Die Tradition hat ihn den Anfangssätzen von *Peri Hermeneias* entnommen, in denen es jedoch nicht um die Wahrheit des λόγος, sondern um die Bestimmung der Sprache geht: Wie Stimme und Schrift Zeichen der παθήματα τῆς ψυχῆς, „Erleidnisse der Seele" sind, so sind die letzteren ὁμοιώματα τῶν πραγμάτων, „Angleichungen bezüglich der Dinge"[72].

Indes gehen *Sinn und Macht* der Wahrheit als ὁμοίωσις der Sache nach u. E. eher auf Platon sowie auf die ihm folgende *logische* Bestimmung der Wahrheit bei Aristoteles[73] zurück. Wenn – gemäß Platon – der λόγος wahr ist, sofern er, im „richtigen" Ideenblick gründend, das Seiende *so* darlegt, *wie* (ὡς) es ist, dann ist er eben wahr, sofern er sich dem Seienden *angleicht*, so dass er mit ihm *übereinstimmt* und ihm *entspricht*. Mit dem formalen Bezug des *So – wie* zeichnet sich der Sache nach bereits bei Plato die Möglichkeit vor, dass die Wahrheit zur *bloßen* Angleichung (assimilatio) bzw. Übereinstimmung (adaequatio) und Entsprechung (correspondentia) des Verstandes in Bezug auf die Dinge wird, – zumal auch schon die *Richtigkeit*, in deren Gefolge jene Bezüge stehen, als rein *formaler* Bezug

---

[67] 1051b 6sqq.
[68] b 2sq.
[69] b 4sq.
[70] Vgl. die Definitionen des Wahren und Falschen Met. IV, 1011b 25-27.
[71] Nur beiläufig *Peri Hermeneias* 9; 19a 33.
[72] Op. cit. 1; 16a 3sqq. Vgl. dazu M. Heidegger, *Sein und Zeit*, GA 2, S. 284.
[73] Met. VI, 4.

(ja am Ende als Subjekt-Objekt-Relation) verstanden werden kann. Dazu kommt, dass in der Nachfolge Platons bei Aristoteles[74] dem λόγος der Primat im Strukturgefüge der Wahrheit zukommt. Bei Platon und Aristoteles freilich stehen diese „formalen" Bezüge im Dienste des als ἀληθεύειν („Entdeckendseins") verstandenen Wahrseins des λόγος. Ja, bei Aristoteles empfängt[75] die „Angleichung" ihren ganzen Sinn aus dem im Sachbezug und Sachausweis gründenden ἀληθεύειν des λόγος.

2.3.3. Soll aber solcher begründender Sachbezug und Sachausweis möglich sein, so muss die betreffende Sache, d.i. das synthetisch Seiende vorgängig schon in dem, was es ist (τί ἐστιν), i.e. in seinem *Wesen* (οὐσία) offenbar sein. Denn nicht nur zeichnet sich allein durch dieses der sachliche Umkreis seiner möglichen eigenschaftlichen Bestimmungen vor (z.b. derer des Menschen als solchen), sondern nur auf Grund der ursprünglichen Einheit und Identität der οὐσία vermag das Seiende in der Vielheit seiner Bestimmungen ein (synthetisch) *Eines* (ἕν) zu sein[76] und so eben *selbst* jene Bestimmungen wesensmäßig zu *sein* (τὸ [...] εἶναι ἐστι τὸ συγκεῖσθαι καὶ ἓν εἶναι, „das Sein [...] ist das Zusammenvorliegen und Einessein"[77]. Allein auf Grund solcher vorgängigen Offenbarkeit des synthetischen Eines-*seins* des wesentlich Seienden mit seinen möglichen Bestimmungen vermag aber der *dianoetische* λόγος, sich in sie rückgründend, solche Seinseinheit eigens dihairetisch-synthetisch zu artikulieren und *herauszustellen* und so selbst in dem von ihm im „ist" vermeinten Sein *wahr*, ἀληθές (im Sinne des artikulierenden Entdeckendseins) zu sein, – ist dieses doch von ihm als (synthetisches) Eines-*sein* vermeint (τὸ [...] εἶναι τὸ ὡς ἀληθές [...] ἓν [...] ἐστιν [...], „das Sein als Wahrsein [i.e. das im λόγος vermeinte Sein] ist [vermeint als] Eines [...]"[78]. Die Offenbarkeit der οὐσία aber ist nicht mehr durch die διάνοια, d.i. das dihairetisch-synthetische Denken des Verstandes, sondern allein durch den einfachen Blick des νοῦς, der *Vernunft*, möglich. Denn die οὐσία, die selbst ein ur-

---

[74] Gemäß Met. VI, 4.
[75] Gemäß Met. IX, 10.
[76] Met. VII, 17; 1041b 25sqq.
[77] 1051b 11sq.
[78] b 33sq. Vgl. dazu und zum Folgenden Karl-Heinz Volkmann-Schluck, *Die Metaphysik des Aristoteles*, Klostermann Frankfurt a. M., insbes. S. 286-289, sowie von Vf. *La question de la vérité*, insbes. S. 154 sqq.

sprünglich *Eines* ist[79], ist ein ἀσύνθετον bzw. Einfaches ἁπλοῦν[80], so dass sie nur in einem einfachen Erfassen (τιγεῖν) und Sagen (φάσις) offenbar werden kann[81]. Die Wahrheit der οὐσία liegt im νοεῖν[82], im einfachen „Vernehmen" der Vernunft. Solche noetische Wahrheit aber hat ihr Gegenteil nicht mehr im ψεῦδος, dem verstellenden Falschen (das ja nur im Umkreis des σύνθετον möglich ist), sondern in der ἄγνοια, dem Ausbleiben des νοεῖν. Sie selbst ist höchste – weil zuhöchst seiende (beständige) – Wahrheit (τὸ [...] κυριώτατα ὂν ἀληθές, „das zuhöchst seiende Wahre"[83]), da ja das Falschseinkönnen aus ihrem Umkreis ausgeschieden ist. Ja, recht bedacht, ist sie selbst ihrem eigenen Sinne nach ἀεί, immer und ewig (also auch der ἄγνοια entnommen), – ist doch ihr „Gegenstand", die οὐσία, als einfacher, allem Entstehen und Vergehen zuvor in reiner ἐνέργεια[84] vorgängig immer schon da. Eben deshalb ist solche noetische Wahrheit nicht nur die „zuhöchst seiende" (κυριώτατα ὂν) Wahrheit, sondern als solche auch und gerade *das höchste, eigentlichste Sein* (τὸ κυριώτατα ὂν ἀληθές, „das als höchstes Sein [wesende] Wahre"), d. i. die höchste Weise des Seins überhaupt, – wenn anders das Sein vorgängig schon im Aufstrahl seiner als φύσις durch Wahrheit im Sinne der Un-verborgenheit (ἀλήθεα) bzw. Gegenwart bestimmt ist. Deshalb lässt Aristoteles auch die Hauptbedeutungen von Sein (Sein als kategoriales Sein, d. i. als οὐσία, Sein als Möglich- und Wirklichsein) im ἀληθές gipfeln[85]. Demgemäß ist Wahrheit Sache der Ontologie, *nicht* aber der Logik. Das geht aus der Wendung zur ausweisenden Begründung der logischen Wahrheit in der Sache selbst als dem πρότερον τῇ φύσει („der Natur nach Früheren") hervor.

Freilich hat diese noetische Wahrheit des Seins ihren Preis. War bei Platon der Irrtum durch die συμπλοκή des „richtigen" λόγος beherrschbar, so ist bei Aristoteles die ἄγνοια das *abgründige Gegenwesen* der wesentlichen Wahrheit, dessen der sterbliche Mensch niemals Herr zu werden vermag. Sie ist der Grund aller tragischen ἁμαρτία, der sich versehenden

---

[79] ἕν, – vgl. z. B. Met. IV, 2; 1003b 22sqq und XIII, 3; 23sq.
[80] Met. VI, 4; 1027b 27.
[81] Met. IX, 10; 1051b 24.
[82] IX, 10; 1052a 1.
[83] IX, 10; 1051b 1.
[84] 1051b 28.
[85] Met. IX, 10, 1051a 34sqq.

„Verfehlung", wie Aristoteles dies in seiner Tragödientheorie zeigt[86]. In ihr bringt sich im Aufstrahl des Seins als φύσις noch einmal das „lethische" Gegenwesen der Wahrheit ins Spiel, das Plato in der ἀνάβασις hinter sich gelassen hat.

2.3.4. Deshalb vermag auch gemäß Aristoteles der sterbliche Mensch allein von sich aus niemals den νοῦς in sich zum Vollzug zu bringen. Vielmehr widerfährt dieser dem Menschen dank des Einschlags göttlicher Gunst. Der menschliche νοῦς ist νοῦς παθητικός, der durch das Licht des νοῦς ποιητικός die Wahrheit erleidet. νοῦς ποιητικός οἷον τὸ φῶς[87]. Der νοῦς ποιητικός aber ist – gemäß Aristoteles – immer schon der Wirklichkeit nach (ἐνεργείᾳ) die Offenbarkeit des Seins (ibid.). Darin trifft er sich mit der höchsten ἀρχή des Seienden als solchen im Ganzen, dem θεός, der selbst reine ἐνέργεια und als solche νόησις νοήσεως ist, d. i. sich in der Offenbarkeit des Seins selbst anschauendes Denken[88]. Insofern beruht – so gibt Aristoteles es zu verstehen – die Wahrheit des synthetisch-dihairetischen λόγος letztlich in der allein durch den göttlichen νοῦς verbürgten Offenbarkeit des Seins überhaupt[89].

2.3.5. Mit dem Sein ist immer auch schon seine *Einheit* offenbar. Auch und gerade in diesem Einheitscharakter hat das Sein das Denken immer schon in Anspruch genommen, so dass die Einheit und Identität des Seins „Axiom" (ἀξίωμα, „Anspruch") ist[90]. Indessen weist Aristoteles dies nicht aus dem Wesen des Seins selbst (d.i. aus dem ursprünglichen Entbergungsgeschehen), sondern vom λόγος her auf. So wahr der λόγος selbst ein „Seiendes", also durch das identische Sein bestimmt ist, ist es unmöglich, dass er sich selbst entgegengesetzt ist, d.h. sich widerspricht[91], — würde er sich doch im Widerspruch vernichten. Sofern nun in widersprechenden Aussagen, d.i. in Bejahung und Verneinung jeweils Sein bzw. Nichtsein vermeinend aufgedeckt ist, hat der λόγος notwendig das Sein im Unterschied zum Nichtsein, d.i. in seiner *Einheit* im Blick. Insofern ist die Einheit und Iden-

---

[86] *Poetik*, 13; 1453a 1sqq.
[87] *De Anima* III, 5; 430a15; s. auch III, 6; vgl. K.-H. Volkmann-Schluck, op. cit., S. 217 sqq.
[88] Met. XII, 7; 1072b 18sq und 9; 1074b 33sqq.
[89] Vgl. zu diesem Zusammenhang Volkmann-Schluck, op. cit., S. 218sq und S. 283sq.
[90] Met. IV, 3.
[91] Met. IV, 3; 1005b 23-32.

tität des Seins in der Tat „Axiom": da immer schon im Blick des λόγος stehend, ist sie die ἀρχή des Wissens (ἐπιστήμη), die die „Bekannteste" (γνωριμοτάτη), schlechthin Täuschungsfreie, Festeste und eigentlich Bestandgebende (βεβαιοτάτη) ist[92]. Nun ist zwar dieses Axiom der Identität des Seins – wie Aristoteles in seiner Kritik der protagoräischen Sophistik und des Heraklitismus zeigt[93] – wiederum die notwendige Bedingung der *Wahrheit* des λόγος, – wäre doch, wenn Sein und Nichtsein durcheinander gingen, der Unterschied des wahren und falschen λόγος aufgehoben. Da aber das ontologische Axiom der Identität zunächst vom λόγος her aufgewiesen ist, zeichnet sich bei Aristoteles die Möglichkeit vor, dass eine bloß *logische* Axiomatik sowohl Bestimmungsgrund des Seins wie damit auch selbst positives Prinzip der Wahrheit des λόγος werden kann.

2.3.6. Andererseits bleibt es dabei, dass bei Aristoteles der νοῦς die zum Sein selbst gehörige Offenbarkeit desselben ist. Diese noetisch-ontologische Wahrheit ist die ursprüngliche, eigentliche Wahrheit, die der Grund der Wahrheit des das synthetisch Eine artikulierenden λόγος ist. Demgemäß kann Aristoteles auch das ψεῦδος, das doch zunächst seinen Ort im λόγος hat, ontologisch als möglichen Charakter des Seienden selbst fassen: „Falsch" ist eine *Sache* (πρᾶγμα) zum einen, wenn sie ein Nichtseiendes ist, d.i. wenn ihre Bestimmungen nicht zusammen bestehen können (wie z. B. die „kommensurable Diagonale")[94], zum anderen, wenn sie zwar ist, aber sich anders gibt, als sie ist und so eine „falsche Vorstellung hervorbringt" (φαντασίαν ψευδῆ ἐμποιεῖ)[95]. Und auch ein Mensch ist „falsch" (ψευδής), wenn er auf Grund von natürlicher Disposition und Vorsatz Falsches sagt und verbreitet[96].

2.3.7. Gegen solches trügende Scheinwesen wie gegen das Dunkel der ἄγνοια gilt es – auch bei Aristoteles –, sich eigens in der Wahrheit zu *halten*. Und ähnlich wie bei Platon bilden auch bei ihm[97] die ἕξεις τοῦ ἀληθεύειν, die „Haltungen des Wahrseins" (i.e. des Entdeckendseins und der

---

[92] 1005b 11sqq.
[93] Met IV, 5-6.
[94] Met. V, 29; 1024b 17-20.
[95] Wie z. B. Schatten, Traumerscheinungen, b 21-26, aber auch „wirkliche" Dinge, Met. V, 29; 1025a 5-6.
[96] 1025a 2-6.
[97] *Nikomachische Ethik* VI.

Entdecktheit) gemäß der sich aufsteigernden Wahrheit eine Stufenfolge, so zwar, dass die Stufen – gemäß der sich bei Aristoteles eröffnenden *Differenz von Theorie und Praxis* – zum einen die des praktischen und zum anderen die des theoretischen Verhaltens sind. Im *Bereich des Wandelbaren* (τὸ ἐνδεχόμενον ἄλλως ἔχειν)[98], der allein den menschlichen Eingriff zulässt, folgt auf die τέχνη („technisches Wissen") als der ἕξις der Wahrheit des ποιητόν, d.i. des „Machbaren"[99], die φρόνησις („praktische Einsicht") als die ἕξις der Wahrheit des πρακτόν, d.i. des für den Menschen jeweils tunlich Guten[100]. Im *Bereich des Unwandelbaren* (τὸ μὴ ἐνδεχόμενον) bzw. des immer Seienden (τὸ ἀεὶ ὄν) folgt auf die ἐπιστήμη („wissenschaftliches Wissen") als der ἕξις der Wahrheit des aus Prinzipien Beweisbaren[101] die im νοῦς gegründete σοφία als die ἕξις der Wahrheit des Seienden als solchen im Ganzen aus den höchsten Prinzipien selbst[102]. Und schließlich wird die φρόνησις durch die σοφία als ἕξις der höchsten (weil der Sache nach immer seienden) Wahrheit übertroffen[103,104]. Auch bei Aristoteles geht es um das „sich Halten" in der Wahrheit und in diesem Sinne um das Grundethos der „Wahrhaftigkeit", so jedoch, dass auch bei ihm ein eigentlicher Begriff für die so verstandene Grundhaltung fehlt. Freilich gibt es bei ihm den – dem ψευδής entgegengesetzten – ἀληθευτικός[105], den „Wahren", „Offenen", d. i. denjenigen, der sich in „Wort und Tat" auf Grund der ihm eigenen „Seelengröße" (μεγαλοψυχία) stets so zeigt, wie er ist. Aber solche „Offenheit" betrifft gemäß Aristoteles eine zwar dem besagten europäischen Grundethos günstige Charaktereigenschaft, nicht aber dieses selbst, das ja primär geistiger Natur ist.

---

[98] Vgl. VI, 2; 1139a 7sq.
[99] VI, 4.
[100] VI, 5.
[101] VI, 3 und 6.
[102] VI, 6-7.
[103] Eth. Nic. X, 6-7.
[104] Vgl. zu der Stufenfolge Martin Heidegger, *Platon: Sophistes*, GA II, 19, hrsg. von Vf. (I. Schüßler), 1992, S. 21-64 und S. 132-174; ferner von Vf. „Die Frage der εὐδαιμονία in der Nikomachischen Ethik des Aristoteles", s. *supra,* Artikel Nr. 8, S. 138-196, insbes. S. 182-196.
[105] Eth. Nic. IV, 8; 1124b 26-30 und IV,13; 1127a 20-26; auch den ἀληθής, – II, 7; 1108a 20 und Große Ethik I, 33; 1193a 33, oder den φιλοαληθής, Eth. Nic. XII, 4; 1127b 4.

2.4. Das traditionelle Strukturgefüge der Wahrheit gemäß Platon und Aristoteles (Zusammenfassung)

Mit der bei Plato im richtigen Ideenblick und bei Aristoteles im νοῦς gründenden Wahrheit des synthetischen λόγος ist das Strukturgefüge des Wesens der Wahrheit, wie es in der Geschichte der europäischen Philosophie bestimmend wird, aufgestellt. Die Wahrheit des λόγος gründet stets vorgängig in der (im richtigen Ideenblick bzw. im νοῦς übernommenen) Offenheit des – durch *Identität und Beständigkeit* bestimmten – eidetischen, *wesentlichen Seins* (τί ἐστιν, οὐσία), das in seiner Offenheit selbst ein „Intelligibles", Verstehbares, ist. Denn ohne dieses ist weder ein sich Richten (ὀρθότης) auf das Seiende noch ein sich Angleichen (ὁμοίωσις) an es möglich, wäre doch am Ende das Erscheinende – vor allem möglichen sich Richten auf es und allem sich Angleichen an es – kaum da, auch schon wieder anders bzw. weg, so dass man, gemäß Kratylos, nichts mehr von ihm sagen, sondern nur flüchtig mit dem Finger auf es zeigen könnte[106].

Die Offenheit und Verstehbarkeit des „Wesens" (οὐσία) aber, auch wenn sie seit Plato entschieden durch das Denken übernommen wird, verdankt sich doch letztlich der Gunst des ursprünglichen Entbergungsgeschehens (ἀ-λήθεια, ἀ-ληθεύειν) des wesenden Seins selbst. Wenn nun im Zuge des zu diesem gehörenden Widerspiels der wachsenden Verbergung (λήθη, λανθάνειν) des Seins sich am Ende diese ganze wesende und wesentliche Offenheit entzieht, so schwindet im Andrang der bloßen sinnlichen Erscheinungen das εἶδος als das eigentlich Intelligible. Allein das den Sinnen Zugängliche (τὸ αἰσθητόν) bleibt als das Wahre (ἀληθές), Offenkundige, übrig. *Empirismus* und *Skeptizismus* als Gegenwendung gegen die „Dogmatik" der intelligiblen Ideen und εἴδη sind die Folge.

2.5. Die ἐποχή der Wahrheit des Seins bzw. Verdunklung des εἶδος und die Reduktion des Offenbaren auf das sinnliche φαινόμενον (Hellenistische Philosophie)

2.5.1. So lehrte die ältere Skepsis (Pyrrhon, 360-270 v. Chr., und sein Hauptschüler Timon) in Wiederaufnahme sophistischer (von Aristoteles, Met. IV, widerlegter) Positionen gemäß dem Bericht des Peripatetikers

---

[106] Platon, *Kratylos*, 339c-440e; dazu Aristoteles, Met. IV, 5; 1010a 9-15.

Aristokles: Überall herrsche nur die *Erscheinung* (τὸ φαινόμενον πάντῃ σθένει)[107]; die Dinge (τὰ πράγματα) seien „in gleicher Weise" (ἐξ ἴσης), „ohne Unterschied" (ἀδιάφορα), „ohne Bestand" (ἀστάθμητα) und „ununterscheidbar" (ἀνεπίκριτα); deshalb seien weder unsere Wahrnehmungen (αἰσθήσεις) noch unsere Meinungen (δόξαι) wahr oder falsch (ἀληθεύειν [... ἢ] ψεύδεσθαι); wir dürften ihnen nicht trauen (πιστεύειν), sondern müssten ohne Meinung (ἀδοξάστους) und ohne Vorliebe (für diese oder jene Meinung) (ἀκλινεῖς) sein; von einem Jeglichen gelte es zu sagen, dass es nicht mehr (οὐ μᾶλλον) *sei* (ἔστιν) als nicht sei (οὐκ ἔστιν), wie auch, dass es sowohl sei als nicht sei, und schließlich dass es weder sei noch nicht sei; daraus folge die ἄφασις, die „Sprachlosigkeit", d. i. die von der nachfolgenden Skepsis sog. ἐποχή, die *Urteilsenthaltung*, und damit verbunden die ἀταραξία, „*Unerschütterlichkeit*"[108].

2.5.2. Demgegenüber ist für Zenon aus Kition (336-264 v. Chr.), dem Begründer der Stoa, sowie für seine Nachfolger, die φαντασία der Ausgang möglicher Erkenntnis, die – ihnen gemäß – am Ende vor allem in der αἴσθησις, der sinnlichen Wahrnehmung, besteht. Dabei ist die φαντασία nicht mehr, wie bei Platon und Aristoteles, das Wie des Erscheinens (φαίνεσθαι) der Sache selbst, sondern sie ist – gemäß dem zu jener Zeit einsetzenden „verinnerlichenden" Rückwurf der ψυχή auf sich selbst – τύπωσις ἐν ψυχῇ, „Einprägung in der Seele"[109]. Und solche φαντασία gilt erst dann als καταληπτική, d.i. die Sache „genau erfassend", wenn sich in ihr deren Beschaffenheit in die ψυχή „eingeknetet" (ἐναπομεγμαμένη) und „eingraviert" (ἐναπεσγραφισμένη) hat.[110] Dann ist die φαντασία ἐναργής, „evident"[111]. In der so bestimmten ἐναργεία besteht, gemäß stoischer Erkennt-

---

[107] *Grundriß der Geschichte der Philosophie,* begründet von Friedrich Überweg, völlig neu bearbeitete Ausgabe. *Die Philosophie der Antike,* Band 4; Schwabe & Co AG Verlag, Basel 1994, S. 739.
[108] Überweg, Antike, 4, S. 737.
[109] Zitiert gemäß *Stoicorum veterum fragmenta,* hrsg. von Hans Friedrich von Arnim, 4 Bde, Leipzig 1903-1924, Nachdrucke [=SVF], 1, frgm. 68. Vgl. Überweg, S. 530.
[110] Ibid.
[111] „evidens", wie Cicero übersetzt, – zitiert nach Cicero, *Lucullus* 17.46. u.ö., vgl. Überweg, Antike, 4, S. 800.

nislehre, das κριτήριον der *Wahrheit*[112]. Auf ihr beruht letztlich der stets richtige λόγος (ὀρθὸς λόγος) des stoischen Weisen. Was indes die noetischen „Allgemeinvorstellungen" (ἐννοήματα) und so auch die platonischen Ideen betreffe, so entstünden sie erst nachträglich aus Wahrnehmungen, so dass sie selbst ohne Realität, d.i. bloße φαντάσματα ψυχῆς seien[113]. – Ähnlich sind auch für Epikur (342/41-271/70 v. Chr.) die εἴδωλα, d.i. die der ψυχή – gemäß seiner demokritisch orientierten Erkenntnislehre – von den Dingen her (in feinsten Atomen) zuströmende „Bilder" derselben, der Ausgang für mögliche wahre „Vorstellungen". Und auch er fragt nach den κριτήρια τῆς ἀληθείας, die er in seiner „Kanonik" (d. i. in einer den Titel Κανών, „Richtscheit", tragenden Schrift) nicht nur in die αἰσθήσεις, sondern auch in die προλήψεις, die vorgefassten „Allgemeinvorstellungen" setzt. Denn da, ihm zufolge, jene aus den der ψυχή *konzentriert* zuströmenden εἴδωλα, diese aus der μνήμη, dem Behalten sich *wiederholender* εἴδωλα (sowie zugleich aus der Sprache, d.i. den Bedeutungen der sie bezeichnenden Wörter) hervorgehen, seien beide ἐναργεῖς und also stets wahr, ἀληθεῖς, – wie eben „Bilder" wahr seien[114].

2.5.3. Gegen solchen empirischen Dogmatismus (vor allem der Stoiker) richtet sich die *mittlere akademische Skepsis*. Arkesilaos (315-241 v. Chr.), ihr Begründer, bestreitet sowohl die ἐνάργεια als Kriterium der Wahrheit der φαντασία wie auch in eins damit die Möglichkeit der καταληπτικὴ φαντασία[115]. Es gebe keine einzige wahre φαντασία, die, auch wenn sie „evident" sei, nicht falsch sein könnte[116]. Nur das πιθανόν (zu ἡ πειθώ, die schmeichelnd betörende „Überredung"), das „Wahrscheinliche", sei erreichbar und dieses genüge für die Praxis des Lebens. – Karneades (214-129 v. Chr.) definiert das πιθανόν als φαντασία φαινομένη ἀληθής, als „wahr scheinende Vorstellung", und die eigentliche πιθανή φαντασία als die, die σφόδρα, „heftig", wahr zu sein scheint. Da konsequente Urteilsenthaltung zur ἀταραξία führe, gelte es, sich in der Praxis an diese zu halten. – Cicero (106-43 v. Chr.) beklagt unter Berufung auf

---

[112] Zitiert nach Sextus Empiricus, Πρὸς μαθηματικοῦς, II, 257 und 63, vgl. Überweg, Antike, 4, S. 865.
[113] Zitiert gemäß SVF 1; frgm. 64.65, vgl. Überweg, Antike, 4, S. 532.
[114] Überweg, Antike, 4, IV, S. 132-134.
[115] Überweg, Antike, 4, S. 800-801.
[116] Überweg, Antike, 4, S. 799.

Demokrit, dass „die Natur die Wahrheit in einen Abgrund tief versenkt habe", „natura [...] in profundo veritatem [...] penitus abstruserit"[117]. Indes gelte es, durch die disputatio in utramque partem nicht nur, wie in der bisherigen Skepsis, das „Gleichgewicht" (ἰσοσθένεια) entgegengesetzter Ansichten aufzuzeigen und ἐποχή zu üben, sondern positiv das πιθανόν, das „probabile" (zu probus, „tüchtig"), ja dieses sogar, wenn möglich, in seiner höchsten Form hervorleuchten (elucere) zu lassen[118], um es der politischen Praxis zugrunde zu legen. – In der *späteren Skepsis* radikalisiert und vollendet sich in Wiederaufnahme der phyrronischen Skepsis die antike Skepsis. So formuliert Aenesidemus (um 70 v. Chr. in Alexandrien) die „zehn Tropen" des skeptischen Nachweises, dass alle sich auf die φαινόμενα gründende „Erkenntnis" dem Verdikt des *Relativismus* (πρός τι) verfällt[119]. Und Sextus Empiricus (200-250 n. Chr.) fordert nicht nur konsequente Urteilsenthaltung bis zu den Kriterien der Wahrheit selbst[120], da es eben gar nichts Wahres gebe (οὐδὲν ἐστι ἀληθοῦς)[121], sondern lässt alle Wahrheit im Nichts der Ortlosigkeit versinken, – sei sie doch in keinem der Elemente des λόγος, weder in der Stimme (φωνή) noch in der Bedeutung (λεκτόν) noch im Denken (διάνοια) vorhanden[122].

2.6. Die griechische Wesensvollendung der Wahrheit als Identität von Denken und Sein in der νοῦς-Lehre des <u>Plotin</u>: Gott als die einzige, allumfassende Wahrheit (die νόησις νοήσεως als innergeistige Präsenz der Ideen)

Gegen jenen Abgrund des Nichts der Wahrheit, in dem die Reduktion des Offenbaren auf das sinnliche φαινόμενον notwendig endet, erhebt sich dank eines letzten Aufstrahls des Seins selbst der Neuplatonismus. In kritischer Auseinandersetzung mit dem empirisch-aisthetischen Dogmatismus (vor allem der Stoiker), sieht Plotin (205-270) am Ende im göttlichen νοῦς

---

[117] *Lucullus* 32. Diels-Kranz, *Die Fragmente der Vorsokratiker,* 6. verbesserte Auflage, 1952, Band II, S. 166, Demokrit, frgm. 117; *Überweg,* Antike, 4, S. 1089.
[118] De officiis II, 8; vgl. Überweg, Antike, 4, S. 1089.
[119] Sextus Empiricus , *Pyrrhonische Grundzüge* I, 14; 36-39.
[120] Op. cit. II, 7; 79.
[121] Op. cit. II, 9; 94-96.
[122] Op. cit., II, 8; 84.

die einzig mögliche Stätte der Wahrheit¹²³. So evident (ἐναργές) auch das εἴδωλον als innerseelisches „Bild" sein möge, so bleibe doch die ihm zugrunde liegende Sache ein Anderes (ἕτερον) außer ihm (ἔξω)¹²⁴, so dass nicht nur die erfassende αἴσθησις, auch wenn sie wahr ist, falsch werden kann, sondern – grundsätzlicher – alle (vermeintliche) „Erkenntnis", sofern sie bloße Bilder, nicht aber die Sache selbst erfasst, doxisch sei¹²⁵. Solle also bleibende und wahre Erkenntnis möglich sein, so müsse die Differenz von Sache und Bild aufgegeben und die Sache selbst – die dann freilich das Intelligible (νοητόν) sei – in den νοῦς verlegt werden¹²⁶. So werden bei Plotin die platonischen Ideen in Verbindung mit der aristotelischen νόησις νοήσεως zu den Gedanken des νοῦς. Indem der νοῦς sie denkt, sind sie für ihn sowohl selbst wie auch in ihrer synthetischen Einheit (ἕν) vorgängig offenbar, so dass er als λόγος mit ihnen selbst in dieser zusammenzutreffen (συντυχάνειν)¹²⁷ und so selbst bleibend wahre Erkenntis zu sein vermag. [...] ἡ ὄντως ἀλήθεια οὐ συμφωνοῦσα ἄλλο ἀλλ' ἑαυτῇ, καὶ οὐδέν παρ' αὑτήν ἄλλο λέγει, ἀλλ' ὃ λέγει καὶ ἔστι, καὶ ὃ ἔστι, τοῦτο καὶ λέγει. „[...] die Wahrheit, die in seiender [i.e. bleibender] Weise ist, stimmt nicht mit einem anderen, sondern mit ihr selbst zusammen, und [sie] sagt [i.e. legt dar] nichts anderes außer ihr, sondern was sie sagt, das ist sie auch, und was sie ist, das sagt sie auch"¹²⁸. So ist der νοῦς sowohl alles Seiende (τὰ ὄντα πάντα) wie auch alle Wahrheit¹²⁹. *Er ist der Gott, der einzig die Wahrheit ist*¹³⁰. Damit hat Plotin im radikalisierenden (verinnerlichenden) Verfolg der Identität von Denken und Sein das Wesen der Wahrheit zu seiner *griechischen Vollendung* geführt.

---

[123] Enn. V 5, 1-3; *Plotins Schriften*. Übersetzt von Richard Harder. Neubearbeitung mit griechischem Lesetext und Anmerkungen fortgeführt von Rudolf Beutler und Willy Teiler, Band IIIa, Felix Meiner Hamburg 1969, S. 7-77. Zur Auseinandersetzung mit den Stoikern, vgl. Dominic O'Meara, *Plotin, Une introduction aux Ennéades*, Editions Universitaires Fribourg Suisse, 1992, S. 51-53.
[124] V 5, 1; 12-22.
[125] 1; 50-65.
[126] 2; 11.
[127] ἕν, – 1; 42. συντυχάνειν, 1; 21.
[128] 2; 17-20.
[129] 3; 1-2.
[130] 3; 2-4.

§ 3. Die Gründung der griechisch-antiken Wahrheitsstrukturen in den christlichen Glaubenswahrheiten. Ihre umgestaltende Ausgestaltung (Mittelalter und Renaissance)

3.1. Die Wahrheitslehre des christlichen Neuplatonimus (christliche Lichtmetaphysik: Augustin)

3.1.1. In der Leere des Wortstreits von Dogmatismus und Skeptizismus ist indes auch schon ein anderes Wahrheitswesen mächtig geworden. Die Offenbarungswahrheit des *Faktums* der Menschwerdung Gottes lässt die Wahrheit der Philosophen verblassen, ja alle Weisheit der Welt zur *Torheit* werden[131], – zumindest sofern sie sich anmaßt, durch sich selbst allein die Präsenz der Wahrheit zu sein. Andererseits nämlich ermöglicht die Philosophie, jene im Glauben geglaubte Wahrheit zu *verstehen* (*intelligere*). So jedenfalls hat Augustin (354-430) das Verhältnis von christlicher Glaubenswahrheit und philosophischer Vernunftwahrheit erfahren. „[...] *id quod credimus, nosse et intelligere cupimus"*, „[...] das, was wir glauben, begehren wir zu erkennen und zu verstehen."[132] Aber das Umgekehrte ist auch – und vor allem – wahr: erst der Glaube lässt ein eigentliches Verstehen erwachsen. *„Nisi crediteris, non intelligetis".*[133] So ergibt sich für Augustin die Notwendigkeit einer Synthesis von Glaubenswahrheit und philosophischer Wahrheit. Dabei wird ihm – entgegen dem Skeptizismus – der Neuplatonismus, vor allem Plotins, zum Medium des Verständnisses der christlichen Glaubenswahrheiten. So legt er die λόγος-Spekulation des Johannesevangeliums durch Plotins νοῦς-Lehre aus[134]. Gott als das schöpferische Wort (λόγος) ist die *Wahrheit*. *Est autem veritas Deus*[135]. Indem der intellectus divinus sich selbst anschaut (νόησις νοήσεως), schaut er die Ideen an. *„Sunt [...] ideae principales formae quae in divina intelli-*

---

[131] I. *Korinther-Brief* 3; 19, Siehe auch *Theologische Realenzyklopädie* XXVI, Artikel „Philosophie", S. 545.

[132] *De libero arbitrio*, II; 2, 5.

[133] Jesaja 7; 9, gemäß der Übersetzung der Septuaginta; zitiert in Op. cit., II; 2, 6; vgl. II; 7, 25-26.

[134] Vgl. dazu Charles Boyer, *L'idée de la vérité dans la philosophie de Saint Augustin,* Paris, Beauchesne, 1920, S. 72-74; hier auch Angabe aller relevanten Stellen bei Augustin.

[135] *De diversis quaestionibus* LVIII,1.

gentia continentur"[136]. Damit werden die platonischen Ideen zu den *schöpferischen Gedanken* des Geistes des christlichen Schöpfergottes[137]. Dieser schaut sie nicht nur als allgemeine, sondern auch in ihrer Besonderung bis zu den Individuen an. Er ist *visio* des Ganzen in eins und zumal *(providentia): ibi omnia unum sunt*[138]. Gott ist die allumfassende Weisheit *(sapientia)*[139].

Aber bei Augustin ist Gott die Wahrheit nicht nur im Sinne solcher (christlich umgedeuteten) logisch-noetischen Wahrheit eines Plotin, sondern infolge der jüdisch-christlichen aeternitas auch und vor allem in dem Sinne, dass er als Präsenz der intelligiblen unwandelbaren Ideen selbst unwandelbar (incommutabilis) ist. Gott ist *veritas incommutabilis*[140], bzw. *veritas stabilis*[141], – ist doch das eigentlich „Wahre" das, was niemals „falsch", d.i. trügerisch-täuschend sein kann. Und dies eben ist das Unwandelbare, welches sich ja niemals anders darstellen kann, als es ist. *Quod vere est, incommutabiliter manet*. „Was in wahrer Weise ist, bleibt unwandelbar"[142]. *Deus veraciter est quia mutari non potest*, „Gott ist wahrhaftig, weil er sich nicht wandeln kann"[143]. So wird bei Augustin in der Auslegung Gottes als der Wahrheit – in Abwehr des trügerisch-Falschen – in weiterführender Analogie zur ontisch-logischen Definition des sachlich Falschen bei Aristoteles eine ontisch-logische Definition des sachlich Wahren *bestimmend*, die doch bei Platon und Aristoteles nur auf dem Grunde der ursprünglichen Wahrheit des Seins (ἀλήθεια) aufgestellt werden konnte. (Die logische Definition der Wahrheit überlagert und verdeckt ihre eigene Herkunft). Demgemäß definiert Augustin: *verum est quod ita se habet ut cognitori videtur si velit possitque cognoscere*, „das Wahre ist das, was sich so verhält, wie es dem Erkennenden erscheint, wenn er es erkennen will und kann"[144]; *falsum est, quod aliter quam est, videtur*, „das Falsche ist das, was anders

---

[136] *Quaest.* LXXXIII, 46, 2.
[137] Boyer, S. 73. Vgl. dazu quaest. LXXXIIn §46, *finis*.
[138] *De Trinitate*, IV, 1; 3.
[139] *Lib. arb.* II, 9; 26.
[140] *Lib. arb.* II, 12; 32.
[141] *Confessiones* XI, 10; 271.
[142] *De fide et symbolo* IV, 7.
[143] *In Joan. Tract.* 99; 5.
[144] *Soliloquia* II; 8.

erscheint, als es ist"[145]. So kehrt bei Augustin in ontisch-logischer Umgestaltung die Identität von Sein und Wahrheit wieder: Gott ist als summum ens die Wahrheit, d.i. das, was nicht täuscht. Indes ist Gott als die Wahrheit noch mehr.

3.1.2. Sofern Augustin die christliche Trinitätslehre neuplatonisch durch die Hypostasenlehre Plotins zu verstehen versucht, ist Gott als der schöpferische λόγος, d. i. als *intellectus* und Präsenz des intelligiblen Seins, in eins und zumal (consubstantialiter) das ἐπέκεινα des ἕν, das – gemäß Platons Sonnengleichnis – reines Licht ist[146]. Gott als die beständige intelligible Wahrheit ist zumal *Licht*. Als dieses ist er der *Creator mundi*, – ist doch gemäß Augustin das unergründliche Geheimnis der Schöpfung in neuplatonischem Sinne der vielfältigen Verstrahlung des Lichtes vergleichbar[147]. So sind die Erscheinungen der Sinnenwelt nichthafte Abbilder (imagines) der intelligiblen Welt, d. i. der intelligiblen Ideen des intellectus divinus, die als μιμήματα an ihnen teilhaben[148]. Und der je einzelne Mensch ist gemäß der pro-visio Gottes ein Funken des göttlichen Lichts und als dieses imago Dei.

Freilich ist der Mensch als kreatürlich sinnliches Leibwesen zunächst der Sinnenwelt und ihrem Schein verhaftet, ja deren Lüge sündig verfallen. Sofern aber Gott das ursprüngliche Licht ist, vermag er – gemäß Augustins christlicher Umdeutung des Sonnengleichnisses der Politeia sowie des ἐξαίφνης des Symposion[149] – durch *illuminatio* sowohl das geistige Auge des Menschen wie die sinnlichen Erscheinungen bzw. deren Bilder in der menschlichen Seele blitzartig *(ictu)* zu erleuchten[150], so dass der menschliche intellectus die in diesen abbildhaft aufscheinenden intelligiblen Ideen zu erblicken und sie so in analytisch-synthetischer cogitatio in dem zu erkennen vermag, was und wie sie sind[151]. So wird gemäß Augustin die

---

[145] Ibid., vgl. auch *De vera religione* XXXVI, 66.
[146] Boyer, S. 82-91.
[147] Boyer, S. 129-120; *De libero arbitrio* II, 34.
[148] *Soliloquia* II, 18.
[149] Symposion 210e.
[150] z. B. *De Trinitate* VIII, 2; 3 und *Confessiones*, X, 37; 38.
[151] *De magistro* XI, 38-40; *Soliloquia* I, 2; 3. Zur Lehre von der *illuminatio*, Boyer, S. 181-186; hier auch Angabe der relevanten Stellen zur *illuminatio*.

menschliche Erkenntnis der Wahrheit durch die *participatio* des intellectus humanus an der *visio* des *intellectus divinus* möglich.[152]

3.1.3. Solche Teilhabe ist das summum bonum für den Menschen, das ihn im Leben glücklich macht. Deshalb strebt er, sofern er sich recht versteht, immer schon nach der Wahrheit Gottes[153]. Da er aber zunächst sündig der Lüge der Welt verfallen ist,[154] bedarf es – in christlicher Umwandlung der platonischen περιαγωγὴ τῆς ψυχῆς – einer *conversio* der menschlichen Existenz. Diese ist allein durch confessio[155], d.i. befreiendes Bekenntnis der sündhaften Existenz vor Gott, d.i. durch Aufdeckung des eigenen „doppelten Herzens"[156] möglich, in dem – gemäß Augustin – das Wesen der Lüge besteht. Denn „Falsches sagen" und „lügen" ist nicht dasselbe, – ist doch „lügen" ein „Falsches sagen", das nicht bloßer Irrtum (error), sondern mit Absicht (*ex animi sententia*)[157] geschieht. *Mendacium est enuntiatium voluntate falsum enunciandi.* „Die Lüge ist eine Aussage mit dem Willen, Falsches zu sagen"[158]. Solche Lüge ist eine immundatio (Befleckung) der menschlichen Seele[159], sofern diese ja ihrem Wesen nach ein Funken der göttlichen Wahrheit ist. Nur durch die unbedingte Wahrhaftigkeit der confessio, d.i. durch Prüfung des Abgrundes des Gewissens (abyssus conscientiae)[160], ist die Wiederherstellung der sanctitas[161] der menschlichen Seele möglich. Deshalb ist die Wahrhaftigkeit in jeder Beziehung (auch gegen Andere) unbedingtes (göttliches) Gebot. So wird bei Augustin das platonisch-europäische Grundethos der Wahrhaftigkeit in christlicher Umprägung zur unbedingten willentlich-persönlichen, gewissenhaften Aufrichtigkeit (sinceritas)[162].

---

[152] Boyer, ibid.
[153] *Desiderio veritatis*, vgl. *In Joan. Tract.* 26; 5.
[154] *Confessiones* IX, 15.
[155] *Confessiones* X,1.
[156] *Duplex cor*, – *De mendacio* I; III, 3.
[157] Ibid.
[158] Op. cit. IV, 4.
[159] Op. cit. 15.
[160] *Confessiones* X; I,1.
[161] *De mendacio* IX, 40.
[162] Ibid.

3.2. Die Wahrheitslehre des christlich-scholastischen Aristotelismus (Der Primat des Verstandes: Thomas von Aquin)

3.2.1. Thomas (1225/6-1274), der die vielfachen Arbeiten seiner Vorgänger zur „quaestio de veritate" auf den Gipfel der Hochscholastik führt, legt die creatio mundi als Anmessung bzw. assimilatio der entia creata an die mensura des intellectus divinus (bzw. der scientia Dei) aus, die selbst die prima veritas ist[163]. Demgemäß sind die entia creata insofern wahr, als sie selbst in ihrem Sein dem intellectus divinus, d.i. ihren Ideen bzw. formae als dem ihnen zugedachten Maß (mensura) angemessen sind. Hier kehrt in christlich-theologischer Umprägung die Wahrheit als Identität von Denken und Sein (ὀρθότης) wieder, so freilich, dass sie jetzt primär das *Verhältnis zwischen dem intellectus divinus und den entia creata* betrifft. Demgemäß ist jedes Seiende als ens creatum durch die ihm zugemessene forma bestimmt.

3.2.2. So fängt das intelligere des intellectus humanus damit an, dass sich ihm das *ens* überhaupt als solches in einem ersten Offenbarwerden zu verstehen gibt, also in einen Bezug zu ihm und d.h. – gemäß Thomas – in einer *convenientia* mit ihm zusammen- und übereinkommt und so in seine Gewalt gelangt (wie dies lat. convenientia andeutend sagt). Solche *convenientia entis ad intellectum* ist das *anfängliche verum*, welches das *ens* allgemein und überhaupt betrifft und in solcher höchsten, alles bestimmte Seiende übersteigenden (i.e. „*transzendentalen"*) Allgemeinheit das *verum transcendentale ist*[164]. In diesem bringt sich das ἀληθές des ὄν, ja wohl die

---

[163] *Quaestiones disputatae de veritate*. In: S. Thomae de Aquino Opera omnia, iussu Leonis XIII P. M. edita, Tomus XXII, Volumen I, Fasc. 2, Rom 1970. Gesonderte Ausgabe: *Thomas von Aquin, Von der Wahrheit, De veritate (Quaestio I)*. Ausgewählt, übersetzt und herausgegeben von Albert Zimmermann. Lateinisch-deutsch. Meiner, PhB Band 384, Hamburg 1986. Zur creatio qua Anmessung, vgl. Articulus II, Meiner, S. 16sq. Zum intellectus divinus als prima veritas, vgl. Articulus IV, Meiner S. 26sq und Articulus V, Meiner S. 30sq. Zur creatio als „Anmessung", vgl. M. Heidegger, *Einführung in die phänomenologische Forschung*. Marburger Vorlesung, WS 1923/24, hrsg. von F.-W. von Herrmann, GA 17, 1994, Viertes Kapitel. „[...] Das verum esse bei Thomas von Aquin", S. 162-199, insbes. S. 189. Vgl. zur quaestio veritatis bei Thomas auch *Summa theologica, De Deo, Quaestio XVI, De veritate*. Zur creatio qua assimilatio, vgl. Articulus VI, responsio, fines.

[164] *De veritate*, Quaestio I, Articulus I. Meiner S. 7sq.

ἀλήθεια des (von allem Seienden differenten) *Seins* selbst an, so zwar, dass sie, auch sogleich schon ontisch auf den Bezug zum intellectus, die besagte convenientia, ab- und in sie hineingestellt wird. Anders gesagt: Die anfängliche Erfahrung der ἀλήθεια wird sogleich durch das *formal-ontische Relationsverhältnis* der convenientia in Bezug auf den intellectus (divinus oder humanus) ausgelegt. Mit der convenientia entis ad intellectum aber beginnt die Erkenntnis (cognitio) des Seienden durch den Verstand. Und diese vollendet sich (perficitur) dadurch, dass sich der erkennende Verstand in einer assimilatio (ὁμοίωσις) der zu erkennenden Sache angleicht, indem er sich durch die forma derselben bestimmen lässt (disponitur)[165]. *Oportet [...]ut cognitum sit in cognoscente per modum cognoscentis*[166]. Damit vollendet sich auch die anfängliche convenientia: sie wird zur *conformitas* und so zur *adaequatio intellectus et rei*, d.i. zu einem Verhältnis, in dem beide, sowohl die Sache wie der Verstand, seinsmäßig auf gleicher Höhe und in diesem Sinne *aequi*, „Gleiche", sind, – ist doch jetzt nicht mehr nur die Sache, sondern auch der Verstand durch die forma (der Sache) bestimmt. Umgekehrt macht erst solche vollendete Erkenntnis die zu erkennende Sache in dem, was sie ist, vollends offenbar.

So kann Thomas unter Berufung auf Autoritäten die veritas qua convenientia dreifach definieren[167]:

1) gemäß ihrem gründenden Anfang: *verum est id quod est* („das Wahre ist das, was ist"), – wobei er Augustins ontisch-logische Definition des verum[168] in bloßer Reduktion auf das *ens* übernimmt;

2) gemäß ihrer Vollendung: *veritas est conformitas sive adaequatio rei et intellectus* („Wahrheit ist die Gleichförmigkeit oder Angeglichenheit von Sache und Verstand"), — eine angeblich von Isaak Israeli (845-940), indes eher von Ibn Sina Avicenna (980-1037) stammende Definition[169];

3) gemäß ihrem effectus, d.i. der cognitio: verum est declarativum et manifestivum esse („das Wahre klärt das Sein auf und macht es offen-

---

[165] Ibid., Meiner S. 8/9.
[166] Op. cit., Articulus 2; Solutio. Meiner S. 14.
[167] Articulus I; Meiner S. 8sq.
[168] Vgl. *supra*, S. 314sq.
[169] Vgl. Meiner Anmerkungen, Anm. 6, S. 85sq.

bar"), – eine von Hilarius von Poitiers (≈ 325-366) übernommene Definition.

3.2.3. Damit stellt sich (in aristotelisierender Tradition) die Frage, ob die Wahrheit ihren primären Ort in den Dingen oder im Verstande hat[170]. Nun ist zwar die res, sofern sie in der convenientia in den Bezug zum Verstand kommt, der gründende Anfang der Wahrheit. Sofern sich aber die Wahrheit als convenientia in der *conformitas* des intellectus mit der res, also dank des besagten actus des Verstandes, sich durch die forma der Sache bestimmen zu lassen, vollendet, so hat die Wahrheit ihren Ort primär im Verstand: *verum et falsum sunt in mente* („Wahres und Falsches sind in der mens"), wie Thomas mit Berufung auf Aristoteles[171] – freilich *in gänzlicher Sinnverkehrung* – sagt, eine Verkehrung, die sich aus der gesteigerten Herrschaft des Verstandes im Wahrheitsgefüge nährt und diese gerade bezeugt (ist doch bei Aristoteles umgekehrt das ὄν qua ἀληθές die eigentliche und höchste Wahrheit, in der das ἀληθεύειν der διάνοια gründet[172]. Indes sind gemäß Thomas auch die Dinge wahr, so jedoch, dass sie nur durch ihren ordo ad intellectum, ihre „Hinordnung auf den Verstand", nämlich durch ihre *adaequatio ad intellectum,* wahr zu nennen sind: *res [...] non dicitur vera nisi secundum quod est intellectum adaequata*[173]. Demgemäß: *Verum per prius dicitur de intellectu vero et per posterius de re sibi adaequata*[174]. Dabei fragt sich, was solche adaequatio der Dinge in Bezug auf den intellectus meint. Nun sind die Dinge der Natur (res naturales) sowohl auf den göttlichen wie auch auf den menschlichen Verstand bezogen, so zwar, dass ihr Verhältnis zu jedem derselben verschieden ist. Sofern der intellectus divinus – dem artifex vergleichbar – für alles (omnia) in Gestalt der essentiae und formae das *Maß (mensura)* enthält, sind die res naturales als res creatae jeweils durch den intellectus divinus *gemessen (mensuratae),* – geschieht doch gemäß Thomas die creatio, wie gesagt, als *Anmessung* der res creatae an das Maß des intellectus divinus. Andererseits sind sie als so Gemessene selbst das messende Maß (mesurantes) für den intellectus hu-

---

[170] *De Veritate,* Articulus II.
[171] Met. VI, 4; 1027b 25.
[172] Vgl. *supra,* S.301sq und S. 303.
[173] Articulus II, Solutio; Meiner S. 14sq.
[174] Articulus II, Responsio 1; Meiner S. 18sq.

manus, sofern die cognitio desselben, wie gesagt, darin besteht, sich durch die forma der res bestimmen zu lassen. Sofern die res naturalis in diesem Sinne zwischen beiden intellectus steht, ist sie – gemäß der Wahrheit als adaequatio – jeweils dann wahr zu nennen, wenn sie dem jeweiligen Verstande adaequat ist (*res naturalis inter dos intellectus constituta secundum adaequationem ad utrumque vera dicitur*): gemäß der adaequatio in Bezug auf den göttlichen Verstand ist sie wahr, *in quantum implet hoc ad quod est ordinata per intellectum divinum*[175], „soweit sie das erfüllt, wozu sie durch den göttlichen Verstand bestimmt ist", d.i. in ihrer Existenz ihr Wesen als das ihr zugedachte Maß realisiert. Gemäß der adaequatio in Bezug auf den intellectus humanus ist sie wahr, *in quantum est nata de se facere veram aestimationem*, „sofern sie so geartet ist, [dass sie es ermöglicht], sich [von ihr] eine wahre Einschätzung zu machen"[176], – wogegen sie in Bezug auf diesen falsch ist, sofern „sie so geartet ist, dass sie sich als das zu sehen gibt, was oder wie sie nicht ist"(*falsae dicuntur quae sunt nata videri quae non sunt aut qualia non sunt*)[177]. Hier kehren bei Thomas die ontisch-logischen Definitionen des Wahren und Falschen wieder, wie sie Augustin in der Nachfolge der platonisch-aristotelischen Definitionen des ontischen ψεῦδος (vor allem in Bezug auf Gott als höchste Wahrheit) gebildet hat[178], so zwar, dass sie nunmehr bei Thomas aus der *Wahrheit qua adaequatio ad intellectum* (sive divinum sive humanum) ihre prägende Bestimmtheit erhalten, – womit Thomas zum eigentlichen Begründer der sog.„*Sachwahrheit*" wird. Dabei geht bei Thomas gemäß dem Horizont der creatio divina die Sachwahrheit in ordine ad intellectum divinum derjenigen in ordine ad intellectum humanum voraus (einmal principalius, dem Seinsrange nach, sofern die Dinge als Geschaffene notwendig vor dem intellectus divinus, aber nur beiläufig, accidentaliter, vor dem intellectus humanus erscheinen, zum anderen per prius, der Zeit nach, sofern Gott die causa der res naturales und unsere Erkenntnis deren effectus ist)[179], – obwohl doch u. E. die Sachwahrheit erst in der zweiten Hinsicht in ihr

---

[175] Articulus II, Solutio; Meiner S. 16sq.
[176] Ibid.
[177] Ibid.
[178] Vgl. supra, S. 314sq.
[179] Articulus IV, Meiner S. 26sq.

volles Wesen gelangt (wahres Gold = Gold, das als das erscheint, was es „tatsächlich" [i.e. in seiner Existenz] ist, nämlich Gold).

Aber auch im intellectus humanus, der doch zunächst der primäre Ort der Wahrheit als convenientia war, gilt es, eine zweifache Präsenz der Wahrheit zu unterscheiden. Denn wie Aristoteles διάνοια und νοῦς[180] unterscheidet, so unterscheidet auch Thomas, freilich in kennzeichnender Abwandlung, den *intellectus componens et dividens* und den *intellectus formans quidditatem rerum vel definitionem*[181]. Nun ist zwar die prima operatio des erkennenden Verstandes die formatio quidditatis[182], – ist doch ein Zu- bzw. Absprechen von Attributen nur auf dem Grunde der Erfassung des Wesens der Sache möglich. Indes kann solch definierender Intellekt nicht der primäre, eigentliche Ort der Wahrheit qua adaequatio sein. Denn als definierender ist der Verstand der Sache, da durch deren forma bestimmt, zwar wie ein Bild „ähnlich", similis, ihr aber nicht „gleich", aequalis, – wenn anders die aequalitas hier eine aequalitas diversorum est, eine solche „von *Verschiedenem*" ist[183]. Denn der Verstand ist von den Dingen verschieden, sofern er urteilt, – ist doch das Urteil „ein ihm Eigenes, das nicht in den Dingen vorfindbar ist" (*iudicium est quoddam proprium ei quod non invenitur extra in re*)[184]. Das Urteilen aber besteht darin, der in ihrem Was erfassten Sache ein von ihr Verschiedenes (aliquid) als Prädikat im actus der compositio zuzusprechen oder es ihr im actus der divisio abzusprechen (*iudicare = dicere [de re apprehensa] esse aliquid vel non esse*)[185]. So findet sich die Wahrheit als adaequatio rei et intellectus primär (per prius) im intellectus componens et dividens. Indes findet sie sich auch im definierenden Verstand, aber nur in zweiter Linie (per posterius). Denn auch die Definition erscheint jetzt, im Lichte des intellectus componens betrachtet, in gewisser Weise als durch compositio bestimmt, – ist doch eine Definition wahr (bzw. falsch) sowohl dann, wenn der Verstand sie als Prädikat einer Sache zuspricht, deren Definition sie „in der Tat" ist (bzw. nicht ist), wie auch dann, wenn sie aus kompatiblen (bzw. inkompatiblen, sich widerspre-

---

[180] Vgl. supra, S. 303sq.
[181] Art. III, Meiner S. 20sqq.
[182] Art. III, Meiner S. 24sq.
[183] Articulus III, Meiner S. 20sq.
[184] Ibid., Meiner S. 21sq.
[185] Ibid.

chenden) Bestandstücken zusammengesetzt ist. *Definitio non dicitur vera et falsa nisi per ordine ad compositionem*[186]. Der intellectus componens et dividens ist in erster Linie, der intellectus formans definitiones, in zweiter Linie der Ort der Wahrheit qua adaequatio rei et intellectus (humani). So wie sich zuvor schon das aristotelische Verhältnis zwischen der Wahrheit (ἀληθές) des ὄν und der Wahrheit der διάνοια umgekehrt hat, so hat sich auch hier das (jenem entsprechende) Verhältnis zwischen νοῦς und διάνοια umgekehrt, – eine Umkehr, die sich wiederum aus der wachsenden Herrschaft des Verstandes im Wahrheitsgefüge ergibt und diese bezeugt. Nicht auf das enthüllende Sein des Denkens bei den Sachen (ἐπί τὰ πράγματα), sondern auf das *proprium* des *intellectus* gegenüber dem *ens* kommt es an. Die Wahrheit im Sinne der adaequatio ist ein Gleichheitsverhältnis von *Verschiedenem*. Und hier hat die Benennung der Wahrheit als *correspondentia* ihren Ursprung und eigentlichen Sinn[187]. Diese Verschiedenheit des Verstandes – und d.h. sein zunehmendes sich auf sich selbst Stellen – kommt bei Thomas auch dadurch zum Ausdruck, dass der Verstand die Bewegung seiner in den Dingen beginnenden Erkenntnis durch die *reflexio*, das sich Zurückbeugen auf sich, bzw. den *reditus*, das Zurückgehen in sich, vollendet, um sowohl seine Geistigkeit wiederherzustellen wie auch das Erkannte sich voll anzueignen[188]. *Veritas est rectitudo sola mente perceptibilis*, wie Thomas aus *De veritate* des Anselm von Canterbury (1033-1109) zitiert[189]. Gemäß solcher *Differenz* zwischen Verstand und Sache im Verhältnis der Wahrheit als adaequatio erhält dann auch erst *die sog. „Erkenntniswahrheit"* – als *Urteilswahrheit* – ihre eigene prägende Bestimmtheit, so dass Thomas sich hier als Begründer der „Erkenntniswahrheit" – im Unterschied zur „Sachwahrheit" – erweist.

---

[186] Articulus III, Meiner S. 21sq.
[187] Articulus III, S. 20sq.
[188] Articulus IX, Meiner S. 64sq. Vgl. M. Heidegger, *Einführung in die phänomenologische Forschung*, GA 17, Viertes Kapitel: „[...] Das verum esse bei Thomas von Aquin", S. 162-199, insbes. S. 180.
[189] Thomas, *De veritate*, Art. I, responsio; Meiner S. 6sq.

3.2.4. Letztlich aber hat alle Wahrheit ihre Quelle im intellectus divinus. Dieser ist die *summa et prima veritas*[190]. Und er ist *una veritas*[191]. Denn er erkennt (intelligit) mit einem Blick *omnia simul,* – und zwar sowohl
1.) das bloß Mögliche, d.i. das Ganze der möglichen realitates als solcher (einschließlich der – für ihn – unmittelbar in ihnen enthaltenen Attribute), das Sache seiner *scientia necessaria naturalis,* d.i. seines ihm wesentlichen, sich selbst denkenden Denkens (νόησις νοήσεως) ist, wie auch
2.) das (individuell verwirklichte) Wirkliche, Kontingente, d.i. das Zukünftige, Gegenwärtige und Vergangene, das Sache seiner – von ihm im Modus des praesens intuitus vollzogenen – *scientia libera* oder freien *visio* ist[192].

Omnia prout sunt in sua praesentialitate, „[für Gott] ist alles gleichsam in seiner Gegenwärtigkeit [da]"[193]. Allein dank des Bezuges auf den intellectus divinus als veritas una et prima hat alle übrige Wahrheit ihren Bestand, nicht nur die Wahrheit der res creatae, die selbst adaequatio rei ad intellectum divinum ist, sondern auch die Wahrheit der mannigfachen Erkenntnisse des intellectus humanus, die die mannigfachen similitudines der sich in ihnen gleichsam mannigfach spiegelnden una veritas des intellectus divinus sind[194].

3.2.5. Einem Menschen aber kommt die „Wahrheit", analog zu den res creatae, in doppeltem Sinne zu, einmal im Sinne der veritas vitae, sofern er in seinem Leben die ihm von Gott zugemessene essentia erfüllt[195], und zum anderen im Sinne der „Wahrhaftigkeit", sofern er electivus verorum (vgl. den φιλοαληθής des Aristoteles), „wahrheitsliebend" ist, d.h. „sich im Sagen und Tun so zeigt, wie er ist"[196], bzw. „eine wahre Einschätzung von sich

---

[190] *Summa theologica,* De Deo, Quaestio XVI, De veritate, Articulus 5, Responsio, fines.
[191] *De veritate,* Articulus 5; Meiner S. 36sq.
[192] *Summa theologica, De Deo,* Quaestio XIV, De scientia Dei, insbes. Articulus 9 sowie auch Articuli 7 und 14. Zum intellectus divinus als νόησις νοήσεως, siehe op. cit. Quaestio XVI, *De veritate,* Articulus 5, Responsio. Zur scientia Dei bei Thomas: M. Heidegger, *Metaphysische Anfangsgründe der Logik im Ausgang von Leibniz,* Marburger Vorlesung Sommersemester 1928, herausgegeben von K. Held, GA 26, 1978, S. 54-59.
[193] Zitiert nach Heidegger, GA 26, S. 57 sq.
[194] *De veritate,* Quaestio I, Articulus 5; Meiner, S. 36sq.
[195] *Summa theologica,* De Deo, Quaestio XVI, Articulus 4, Responsio: ad tertium.
[196] Ibid.

oder anderen durch das, was er sagt oder tut, bewirkt" *(facit existimationem de se vel de aliis veram [...] per ea quae dicit vel facit)*"[197].

3.3. Die Wahrheitslehre der Renaissance. (Die Unbegreiflichkeit Gottes als der Wahrheit selbst und die mens humana als imago Dei. Nikolaus von Kues)

3.3.1. Wenn gemäß dem wachsenden sich Entziehen der Gunst des in seiner Wahrheit wesenden Seins sich bereits bei Thomas ein entsprechend zunehmender Vorrang des intellectus humanus in Gestalt des intellectus componens et dividens als Ort der Wahrheit qua adaequatio bekundet, so ist für Nicolaus von Cues (1401-1464) die Erfahrung bestimmend, dass der urteilende Verstand des Menschen niemals das Seiende adäquat, d.h. so, wie es selbst ist, zu erkennen vermag. Denn alles urteilende „Erkennen" ist vergleichshaft, – geschieht es doch dadurch, dass der menschliche Verstand das zu bestimmende Unbekannte aus dem vergleichenden Hinblick auf das Verhältnis eines ihm schon in seiner Bestimmtheit Bekannten zu bestimmen versucht. (So wie sich A zu B verhält, so muss sich A [oder ein ihm Entsprechendes] auch zu C verhalten, sofern C mit A so oder anders identisch ist). *Omnes [...] investigantes in comparatione praesuppositi certi proportionaliter incertum iudicant; comparativa igitur omnis inquisitio, medio proportionis utens.* „Alle Forschenden beurteilen ein [zu erkennendes] Unbestimmtes im Vergleich zu einem vorausgesetzten [bekannten] Bestimmten, indem sie das Verhältnis von jenem durch das Verhältnis von diesem bestimmen; vergleichend ist also alles Forschen, da es sich des Mittels des Verhältnisses von Verhältnissen bedient."[198] Sofern aber das zu erkennende Eine aus dem vergleichenden Verhältnis zu einem Anderen bestimmt wird, vermag die ihm zugesprochende Bestimmtheit ihm nicht selbst adaequat zu sein, sondern sie bleibt hinter ihm zurück. Das zu erkennende Seiende ist stets *mehr* als die ihm zugeprochene Bestimmtheit. Es bleibt von dem Maß, durch das es bemessen wird, verschieden. *Mensura et mensuratum [...] semper differunt*[199]. Insofern ist hier das „Wahre" nicht

---

[197] *De veritate,* Quaestio I, Articulus 3; Meiner S. 22.sq.
[198] *Nicolai de Cusa opera omnia,* Heidelberger Akademie der Wissenschaften 1932 sqq. Band I: *De docta ignorantia,* Leipzig 1932. I. Buch, 1. Kapitel, S. 5.
[199] Op. cit. I, 3, S. 9.

erkannt, wenn anders das Wahre (– hier aus dem messenden Erkennen her gedacht –) das ist, was sich als Gemessenes mit dem messenden Maß deckt, dergestalt, dass es sich als Erkanntes genau (praecise) so darstellt, wie es ist. Die Wahrheit ist *veritas praecisa.* Diese aber vermag die mens humana durch den vergleichend-messenden Begriff nicht zu begreifen. *Veritas praecisa est incomprehensiblis*[200]. Sofern sie jedoch die Ungemäßheit des vergleichenden Begriffs begreift, leuchtet ihr – in solcher *docta ignorantia*, der „über sich belehrten Unwissenheit" – die veritas praecisa als das jedes Vergleichsverhältnis überragende *Maximum* ein, das mit dem *Minimum* koinzidiert. Die Wahrheit besteht in der *coincidentia oppositorum*[201]. So ist sie das unendliche Eine (ἕν), das alles (omnia) ursprünglich complicative in sich enthält: *ante omnem pluralitatem est unitas, et haec est unitas uniens [...], in qua omnia unum*[202].

3.2.3. Jenes Eine aber ist gemäß Nicolaus von Cues, der hier die neuplatonische Nous-Lehre verwandelnd übernimmt, der *eine* göttliche Blick (νοῦς), der, indem er sich in seinen Blicken selbst je und je erblickt (νόησις νοήσεως), sich sowohl zählend in die Vielheit „expliziert" wie diese auch immer schon wieder in seine Einheit „kom-pliziert" und sich so als *Einheit von Einheiten,* d.i. als *Zahl* bzw. als *Verhältnis von Einheiten, d.i.* als *Proportion,* selbst gegenwärtig ist[203]. Sofern der göttliche Blick immer auch schon *intentio* („Intention", Absicht, Wille) ist[204], hat sich das unendlich Eine immer auch schon, je und je, in die unendliche Mannigfaltigkeit der entia creata „kontrahiert". Gemäß Nicolaus von Cues ist die creatio – von Gott als dem unendlich Einen (ἕν) her gedacht – eine dieses welthaft explizierend-kontrahierende *Anmessung* der entia creata an das ursprünglich einige Maß, welches das unendlich Eine selbst ist[205]. Insofern ist auch bei Nicolaus von Cues die creatio eine auf Anmessung beruhende *Ars,* ja sie ist anmessende Ars in eigentlichem Sinne, da das Urmaß selbst das ἕν

---

[200] Op. cit. I, 3, S. 8.
[201] Op. cit., I, 4, S. 9. Vgl. dazu Karl-Heinz Volkmann-Schluck, *Nicolaus Cusanus. Die Philosophie im Übergang vom Mittelalter zur Neuzeit,* Klostermann, Frankfurt a. M. 1957, 2. durchgesehene Auflage 1968, S. 12sq.
[202] *Idiota de mente*, cap. 6, S. 71sq.
[203] Vgl. Volkmann-Schluck, S. 87-96.
[204] Vgl. Volkmann-Schluck, S. 113.
[205] Vgl. Volkmann-Schluck, S. 52-59.

ist und die Maße Zahlen sowie Proportionen sind. Deshalb haben auch die entia creata ihre entitas nicht mehr – wie in der platonisch-aristotelisch-thomistischen Tradition – in einer essentia, sondern eben in *Zahl und Proportion.* Indem sie dieser gemäß sind, sind sie jeweils die göttliche veritas praecisa im Modus ihrer welthaft explikativen Kontraktion. Insofern sind sie endlich.

3.3.3.
Allein der Mensch ist als endliches Geschöpf zugleich unendlich. Denn die *mens humana* ist *imago Dei,* – ist sie doch der *gottähnliche, eine-einfache Blick,* der explikativ-komplikativ alles welthaft geschöpflich Seiende in erkennender Nachbildung in Zahl und Proportion erscheinen lassen kann. Aber solche „Erkenntnis" vermag den entia creata niemals – wie bei Thomas – adäquat zu sein. Denn als endlich Geschöpfliche vermag die mens humana die Einheit ihres Blickes niemals von sich her, sondern immer nur anlässlich der sinnlichen Wahrnehmung der zu erkennenden Dinge zu entfalten[206]. Dann sieht sie zwar aus diesen ihre eigenen Hinblicke heraus, aber da diese nicht *realiter* (wie bei der mens divina) das Sein der res creatae selbst, sondern nur *notionaliter, post rem,* also nur ihre eigenen Gebilde sind, so vermögen sie den Dingen niemals voll adäquat, sondern immer nur *similis,* „ähnlich" zu sein. *Si omnia sunt in mente divina ut in sua praecisa et propria veritate, omnia sunt in mente nostra ut in imagine seu similitudine propriae veritatis, hoc est notionaliter: similitudine enim fit cognitio.* „Wenn alles in der mens divina als in seiner präzisen und eigenen Wahrheit [präsent] ist, [dann] ist alles in unserer mens als in einem Bilde oder einer Ähnlichkeit der eigentlichen Wahrheit, d.h. notionaliter [präsent]: durch Anähnlichung nämlich macht sich Erkenntnis."[207] Indem die mens humana die Einheit ihres Blicks in die unendliche Mannigfaltigkeit der entia creata erkennend im vergleichenden Bilden von Zahlen und Proportionen explikativ-komplikativ entfaltet, misst sie die Dinge dem Maß ihres erkennenden Blickes an und ist so die versichtbarende Erscheinung der göttlichen Ars in der Welt. Menschliche Erkenntnis ist Ars und als solche imago der Ars divina. *[...] hominem esse secundum Deum. Nam sicut Deus est creator entium realium et naturalium formarum, ita homo rationalium entium et formarum artificialium, quae non sunt nisi sui intellectus*

---

[206] Vgl. Volkmann-Schluck, S. 85–86.
[207] *De mente,* 3, S. 57; vgl. Volkmann-Schluck, S. 77.

similitudines, sicut creaturae Dei intellectus similitudines. Ideo homo habet intellectum qui est similitudo divini intellectus in creando. Hinc creat similitudines similitudinum divini intellectus [...]. „[...] der Mensch ist ein zweiter Gott. Denn wie Gott der Schöpfer des real Seienden und der natürlichen Formen ist, so ist der Mensch der Schöpfer des rational Seienden und der künstlichen Formen, welche nichts als [versichtbarende] Ähnlichkeiten seines Geistes sind, so wie die Geschöpfe die [versichtbarenden] Ähnlichkeiten des Geistes Gottes sind. So hat der Mensch einen Geist, der eine Ähnlichkeit mit dem göttlichen Geist im Schaffen ist. Deshalb schafft er Ähnlichkeiten der Ähnlichkeiten des göttlichen Geistes [...]"[208]. Indem nun die mens humana ihr unendliches Blickvermögen in der Sehnsucht nach der Wahrheit selbst (*desiderium intellectuale*)[209] in *unendlicher Bewegung* erkennend und bildend in Zahl und Verhältnis in das Ganze dessen, was ist, entfaltet, ist sie selbst die versichtbarende Erscheinung der *unendlichen Wahrheit* in der Welt. Je mehr sie diese durch jene Bewegung in der Welt zum Erscheinen bringt, desto mehr *gleicht sie sich ihr an*.[210] Insofern ist sie gerade in der *unendlichen Bewegung des versichtbarenden Erkennens wahr* (im Sinne der adaequatio). Denn sie ist dann die gleichnishafte *similitudo*, d.i. die bildhafte Darstellung der unendlichen Wahrheit in der Welt. In der Erfahrung des Entzugs der Wahrheit selbst vermag die im christlichen Glauben geglaubte imago-Dei-Lehre die sich entziehende Wahrheit in der mens humana gleichwohl ins gleichnishafte Erscheinen zu bringen.

§ 4. Gewissheit und Wahrheit. Die neuzeitliche Gründung der Wahrheit im selbstgewissen Subjekt

4.1. Zum Beginn der Neuzeit

Wenn zufolge des stets wachsenden Entzuges der Wahrheit (ἀλήθεια) des Seins selbst am Ende auch die imago-Dei-Lehre als Grund der Auslegung der mens humana schwindet, dann vermögen die von ihr gebildeten Proportionen und Zahlverhältnisse nicht mehr die similitudines der veritas praecisa zu sein. Dann ist die unendliche Bewegung ihres alles

---

[208] *De beryllo*, 6, S. 8; vgl. Volkmann-Schluck, p. 99.
[209] Vgl. Volkmann-Schluck, S. 137-145.
[210] Vgl. Volkmann-Schluck, S. 160.

mit allem Vergleichens nichts denn ein sinnloses, leeres Umherschweifen. Dann ist es gänzlich *zweifelhaft (dubium)*, ob die mens humana in ihren Bildern die Dinge so darstellt, wie sie sind, bzw. ob diese selbst jeweils so oder anders oder gar überhaupt nicht sind[211]. Mit dem Hinfall der christlichen Glaubensgewissheiten kommt der moderne radikale *Zweifel* auf, der den Zweifel der antiken Skepsis wesentlich übertrifft. Denn er beruht ja nicht mehr nur auf der Grunderfahrung des Entzugs der Wahrheit des Seins (ἀλήθεια), sondern auch – und vor allem – auf der *Enttäuschung* der (an deren Stelle getretenen) unbedingten Glaubensgewissheit. Unausweichlich vor die andrängende Leere des *Nichts* gestellt und gleichwohl an unbedingter Gewissheit orientiert, ist er selbst *unbedingt*. Demgemäß ist nun auch nicht mehr das Falsche (ψεῦδος), sondern bereits das bloße *dubium* (mag es auch wahr sein) der Exponent der lethisch-nichthaften Gegenmacht der Wahrheit.

Da das bisherige oberste Maß der Wahrheit menschlicher Erkenntnis, Gott selbst, fehlt, sieht sich die mens humana – soll Wahrheit des Seins fortan noch sein – *reflexiv an sich selbst verwiesen,* um nunmehr das Maß aus sich selbst zu schöpfen, das – im Gegenzug zum radikalen Zweifel – die Wahrheit ihrer Erkenntnis in einer von allem Zweifel sich abscheidenden, zu sich entschiedenen *Gewissheit (certitudo)* verbürgt. Sie muss fortan selbst das oberste Richtmaß *(Regula)* sein, nach der sich die zweifelsfrei-gewisse Erkenntnis der Wahrheit zu richten hat. *Damit wird die seit Plato latente Reflexivität der Wahrheit als „Richtigkeit" zum bestimmenden Grundzug derselben.* Und die sich reflektierend auf sich selbst stellende mens humana wird selbst das *Sonnenlicht,* das doch seit dem griechisch-platonischen Anfang ein göttliches war. Das bedeutet, dass die Wahrheit im Sinne der vorgängigen Offenbarkeit der οὐσία des Seienden sich auf den Umkreis der vorgängig durch das Licht der mens humana erhellten Gegenständlichkeit der Gegenstände möglicher zweifelsfrei-gewisser Erkenntnis eingeschränkt findet. Die Wahrheit des Seins wandelt sich zu der auf Gewissheit abgestellten Wahrheit der Gegenstände selbstgewisser Erkenntnis.

---

[211] Vgl. Volkmann-Schluck, Nicolaus Cusanus, S. 173.

4.2. Die Selbstgewissheit der mens humana (scientia humana) als Grund der Wahrheit (Descartes)

4.2.1.

Die Aufgabe der Errichtung der mens humana als des Richtmaßes für die Richtigkeit zweifelsfrei-gewisser Erkenntnis der Wahrheit übernimmt Descartes (1596-1650) in seiner Frühschrift, den *Regulae ad directionem ingenii* (≈1628/29). In deren Beginn stellt er heraus: Nicht empfängt die scientia humana – wie in der aristotelisch-thomistischen Tradition – ihr bestimmendes Maß aus der zu erkennenden Sache (d.i. letztlich aus der *scientia Dei,* die dieser ihr Maß zumisst), dergestalt, dass sie in einer assimilitio jeweils durch deren forma bestimmt und so(als durch diese bestimmte) je nach erkannter Sache anders ist, vielmehr ist sie jetzt selbst das *solis lumen,* das vorweg die richtig zu erkennenden Sachen erhellt und als solches *überall dasselbe bleibt*[212]. Als oberstes Richtmaß schöpft die mens humana in steter Reflexion auf sich selbst, d.i. auf die Idee der von ihr zu leistenden zweifelsfrei gewissen Erkenntnis eine Reihe von Maßen bzw. Regeln (regulae), die ihr selbst als Richtschnur dienen, um angesichts des dubium, die *recta ad quaerenda veritatis via,*[213] die „Richtung auf das in Gewissheit zu erkennende Wahre" einzuhalten. Die erste Regel kann allein in der Bestimmung dessen bestehen, was eine *zweifelsfrei* wahre Erkenntnis selbst ist. Zweifelsfrei ist die Erkenntnis, wenn sie als solche eigens erkannt, d.i. als Erkenntnis *evident,* „ersichtlich", ist. In solcher reflexiven Ersichtlichkeit ist sie vom dubium abgeschieden und zu sich selbst entschieden und in diesem Sinne gewiss *(certum).* Dann ist sie gesichert-feste ἐπιστήμη. *scientia est cognitio certa et evidens*[214], – so lautet die Definition der in Selbstgewissheit wahren Erkenntnis. Da nun wahre Erkenntnis zugleich Erkenntnis des *Wahren* ist, nämlich der zu erkennenden Sache, sofern sie *so* ist, *wie* sie von ihr erkannt ist, so ist mit dieser Definition

---

[212] Regula I, 17-21. Zur Bedeutung dieses Umschwungs, vgl. Jean-Luc Marion, *Sur l'Ontologie grise de Descartes. Science cartésienne et savoir aristotélicien dans les Regulae,* Paris, Bibliothèque d'histoire de la philosophie, 1. Auflage 1975, 2. Auflage 1981, insbes. S. 29. Ferner: Ingeborg Schüßler, „L'émancipation des sciences selon les Regulae de Descartes", in: *Freiburger Zeitschrift für Philosophie und Theologie,* Freiburg/Schweiz, Band 33, 1986, Heft 3, S. 553-569; auch in *Studien zur Genealogie des europäischen Denkens,* Teilband II: Neuzeit/Temps modernes, Artikel Nr. 3.

[213] Regula I, 331-32.

[214] R. II, 3.

zugleich auch das Wahre als solches definiert: das Wahre ist das, was Gegenstand der vom dubium sich abscheidenden, zu sich selbst entschiedenen evidenten Erkanntheit ist: *verum = certum et evidens*. Solche Erkanntheit aber besteht ihrerseits dann, wenn der zu erkennende Gegenstand ein *perfecte cognitum*, ein „durchgefertigt", d.i. vollständig in allen seinen Bestimmungen Erkanntes ist[215]. Denn da hier keine Bestimmung übrig bleibt, dergemäß der Gegenstand selbst noch anders sein könnte, ist es *notwendig*, dass er *so* ist, *wie* er erkannt ist. Er ist also wahr, „aufrichtig", trügt nicht. Hier kehrt die ontisch-logische Definition der Wahrheit des Wahren wieder, wie sie – in nachfolgender Analogie zur ontisch-logischen Definition des Falschen bei Aristoteles – von Augustinus („Gott ist die Wahrheit") und Thomas aufgestellt wurde, – so freilich, dass sie nunmehr (nach dem Vorspiel bei Nikolaus von Cues) gänzlich auf das *Richtmaß der Erkenntnis zugeschnitten ist* (wahr ist die Sache nicht insofern, als sie sich so zeigt, *wie* sie *selbst* ist, sondern sofern sie *so* ist, *wie* sie *erkannt* ist). Als *endlich geschöpflicher* aber vermag der intellectus humanus die zu erkennenden mannigfaltigen Dinge nicht – wie der intellectus divinus (der idealer Maßstab bleibt) – durch den einfachen Blick des intuitus allein, sondern immer nur durch *intuitus und deductio* zum *perfecte cognitum* zu machen[216]. Wenn der intuitus die *simplicia* im konzentriert durchdringenden Blick(perspicue)[217] zur Evidenz zu bringen vermag, so liegt es der – sowohl in jedem Schritt evidenten wie auch bruchlosen – deductio ob, die *involuta*, das Verwickelte, zum Gegenstand selbstgewisser Erkenntnis zu machen[218], um schließlich – mittels des aufzählend-zusammennehmenden flugartigen Überblicks der *wissenschaftlichen imaginatio – omnia et singula*, alle Bestimmungen des Gegenstandsbestandes und jede *distinct* in eine dem intuitus vergleichbare *praesens evidentia* zu überführen[219] (und so die cognitio humana dem intuitus divinus anzugleichen).

Demgemäß müssen die zu erkennenden – zunächst verworren (confuse) vorliegenden – zu erkennenden Gegenstände im vorhinein auf den mögli-

---

[215] R. II, 13.
[216] R. III, 50-52.
[217] R. III, 88.
[218] R. III, 81-93.
[219] praesens evidentia, R. III, 95-96. Zur imaginatio, vgl. R. VII, 1-4.

chen Zugriff durch *intuitus* und *deductio* ab- und für diesen bereitgestellt werden. Dazu bedarf es der „*Methode*" als *ars inveniendi*[220], d.i. als Kunst, im vorhinein in den Dingen das Wie ihrer Verfügbarkeit für den Zugriff des intellectus humanus zu erblicken und sie demgemäß ein- und zuzurichten. *Necessaria est methodus ad veritatem investigandam*[221]. Deren Leitbegriffe sind *ordo et mensura*[222] sowie *ordo et dispositio*[223], – geht es doch darum, die zu erkennenden Gegenstände letztlich nach der mensura der mens humana anzuordnen und für sie „disponibel" zu machen. Das Wie der Verfügbarkeit aber ist die Präsenz der Möglichkeiten des Zugreifens selbst. Insofern erblickt sich der intellectus humanus in den möglichen Gegenständen seiner Erkenntnis *a priori* im Wie seiner eigenen möglichen Handlungen selbst. Diese können mit Zeichen versehen und so in ihrer möglichen Ordnung *a priori* berechnet werden. Die „Methode" erweist sich so als *mathesis universalis*[224] in Form einer universalen Algebra, die noch vor der Algebra als symbolischer Mathematik liegt[225], so zwar, dass sie in dieser ihren nächsten Exponenten findet[226]. In der epistemischen Anmessung der Gegenstände an die Idee der mathesis universalis erfüllt sich das cartesisch-neuzeitliche Wesen der selbstgewissen, evidenten Wahrheit des Wahren, wie sie in der Formel *verum=certum et evidens* vorweg gefasst ist.

4.2.2. Da solche Anmessung jedoch das Seiende gleichsam in *pure selbstgewisse Vorgestelltheit* auflöst, erscheint es am Ende als zweifelhaft, ob sich in den Konstruktionen der mathesis überhaupt noch so etwas wie *Seiendes* darstellt, oder ob sie nicht vielmehr seinslose *bloße Konstrukte* sind. Das lethisch-entzugshafte Nichts des Seins selbst drängt sich in den epistemisch zugerichteten Gegenständlichkeiten hervor. Das dubium setzt dem selbstgewissen Wahren nach. Ein *radikal-ontologischer* Zweifel bemächtigt sich der Konstruktionen der *mathesis*. *Die epistemische Gewissheit wird durch den Zweifel an der wesentlichen Wahrheit erschüttert.* War der thomistisch-„ontologische" Wahrheitsbegriff der *adaequatio intellectus*

---

[220] Vgl. R. IV, 32-34.
[221] R. IV, 1.
[222] Appendix ad regulam IV, 76-80.
[223] V, 1.
[224] Appendix ad Regulam IV, 83.
[225] R. IV, 47-86; vgl. Jean-Luc Marion, op. cit. S. 64-69.
[226] Schüßler, op. cit., in *Freiburger Zeitschrift*, 1986, Nr. 33, 3, S. 565 und *Studien*, II, Nr. 3.

et rei in den *Regulae* bereits durch den epistemisch-methodischen Wahrheitsbegriff überholt, so bringt sich jener hier erneut ins Spiel. Denn es stellt sich eben die Frage, ob das in Gewissheit Erkannte mit dem Seienden *übereinstimmt*, wie es selbst „von sich her", d.i. außer (extra) der Erkenntnis ist. Deshalb stellt sich die Aufgabe, sicherzustellen, dass das in Gewissheit Erkannte auch ein wahrhaft Seiendes ist. Ging es bisher darum, das verum qua certum et evidens zu errichten, so geht es jetzt darum, die Gleichung: certum et evidens = verum qua vere *ens* zu sichern[227]. Das *Spannungsverhältnis von selbstgewisser Richtigkeit und wesentlicher Wahrheit* ist das Motiv, das seit Descartes das neuzeitliche Denken beunruhigt und weitertreibt.

Descartes kommt der genannten Aufgabe in den *Meditationes de prima philosophia* nach[228]. Hier findet der radikal-ontologische Zweifel an den selbstgewissen Konstruktionen der mathesis seinen extremen methodischen Ausdruck in der Möglichkeit, dass Gott als creator aufgrund seiner *Allmacht (omnipotentia)* willentlich hätte bewirken können, dass die ganze Außenwelt überhaupt nicht existiert, so zwar, dass sie dem intellectus des Menschen in seinen selbstgewissen Vorstellungen – d.h. vor allem in den mathematischen Fundamentalvorstellungen – sich als existierend darzustellen und *so* darzustellen scheint, *wie* sie existiert. Dann wäre Gott ein *genius malignus*, der uns stets täuschen würde. Dann wären unsere selbstgewissen Vorstellungen wahrheitslos in dem Sinne, dass ihnen die veritas als *similitudo* bzw. *conformitas* mit den res extra nos abgehen würde.[229] Dieser radikal-ontologische Zweifel könnte nur dadurch beseitigt werden, dass sich eine Vorstellung finden lässt, die ihr Vorgestelltes gerade selbst in zweifelsfreier „*E-videnz*" bzw. Klarheit *als seiend, d.i. als existierend* einsieht. Denn gegen eine solche perceptio vermöchte der radikal-ontologische-Zweifel (der Betrügergott) nichts. Diese Vorstellung ist bekanntlich die Vorstellung, *dass ich (ego), sofern ich denke (cogito), bin (sum).* Wenn ich dies nämlich bezweifelte und annähme, dass ich diesbezüglich getäuscht würde, so würde

---

[227] Vgl. Volkmann-Schluck, Nicolaus Cusanus, S. 182.
[228] Descartes, René, *Meditationes de prima philosophia*, 1. Auflage, Paris 1641; 2. Auflage, Amsterdam 1642. Auf Grund der Ausgabe von Artur Buchenau neu herausgegeben von Lüder Gäbe, Felix Meiner, Hamburg 1959.
[229] Meditatio III, Absatz 6, Meiner S. 66.

eben der Zweifel (bzw. das Getäuschtwerden) selbst (durch seinen eigenen Vollzug) das angenommene Nichtsein meiner widerlegen, – da ich ja eben als Zweifelnder (bzw. Getäuschtwerdender) *bin*. Dies sehe ich klar und deutlich (clare et distincte) ein, sofern ich dies eigens in energischer Reflexion auf mich, den Zweifelnden, *e-vident*, d.i. ersichtlich mache. Also habe ich die klare und deutliche Vorstellung: *ego sum, ego existo*[230]. Denn diese Vorstellung schließt durch ihren eigenen – auf sich reflektierenden – Vollzug gerade ein, dass das von ihr Vorgestellte (ego cogitans – sum) *ist, d.i. existiert. Sum certus me esse rem cogitantem*[231].

Da nun diese Vorstellung als evident-klare gerade das esse des von ihr Vorgestellten impliziert, sie also gewiss ist, dass das evident und klar Vorgestellte mit dessen esse übereinstimmt, so bildet ihre Evidenz und Klarheit auch den ursprünglichen Maßstab für die certitudo des *verum esse*: Alles, was ich ebenso klar und deutlich (*ita clare et distincte*) erfasse, wie eben dies, dass ich als Denkender bin, kann nicht falsch sein. In solcher Klarheit und Deutlichkeit waltet die Macht der Sache selbst: sie stellt sich so dar, *wie* sie ist. Deshalb lautet die *Regula generalis veritatis rei*: *illud omne esse verum quod valde clare et distincte percipio*. „Jenes alles ist wahr, was ich mit der ganzen Macht der Klarheit und Deutlichkeit erfasse"[232]. Dabei ist das „Klare" das, was dank des durchdringend „er-sichtenden" Blicks der mens *im Ganzen* offen vor Augen liegt, während das „Deutliche" (distinctum) das ist, was nicht nur im Ganzen klar ist, sondern zufolge des Abscheidens (seiunctio) und Abschneidens (praecisio) des Unklaren nur klare Bestimmungen enthält[233].

Damit hat sich die mens humana in der Reflexion auf sich selbst nicht mehr nur (wie in den *Regulae*) „epistemisch" als *methodisches* Prinzip selbstgewisser Richtigkeit, sondern „ontologisch" als *seiendes fundamentum inconcussum*, d.i. als Subjekt der *selbstgewissen wesentlichen Wahrheit* derselben errichtet. Sofern sich nämlich das Subjekt in solcher Reflexion nicht nur auf sich selbst, sondern zugleich an der *Richtschnur der Regula*

---

[230] Meditatio II, Abs. 3, Meiner S. 42-45.
[231] Med. III, Abs. 2, Meiner S. 60sq.
[232] Med. III, Abs. 2, Meiner S. 62sq.
[233] Vgl. zu den Definitionen des Klaren und Deutlichen, Descartes, *Principia philosophiae*, Pars prima, XLV.

generalis unbeirrt auf die zu erkennenden Gegenstände richtet, ist es gewiss, dass es das zu Erkennende als *vere ens* erkennt. *Die sich reflektierende selbstgewisse Richtigkeit errichtet sich zumal als Ort der wesentlichen Wahrheit,* – zumindest dem Ansatz nach.

Denn das dubium, d.i. der mögliche *deus malignus* setzt auch hier der selbstgewissen Richtigkeit nach. Zwar trägt die Vorstellung meiner selbst als *res cogitans* durch ihren Vollzug die Gewissheit des Seins ihres Vorgestellten in sich, aber alle übrigen Vorstellungen, d.i. die der *res extra me*, so klar und deutlich sie auch sein mögen – wie vor allem die Fundamentalvorstellungen der mathesis – , schließen doch nicht durch ihren bloßen Vollzug die Wahrheit, d.i. das *esse extra me* ihres Vorgestellten ein. Sie mögen zwar als modi cogitandi des selbstgewissen Subjekts intern einen Sachgehalt (*realitas objectiva*) enthalten, aber dieser braucht doch nicht – so klar und deutlich sie ihn auch vorstellen mögen – mit der *realitas actualis* der res extra me übereinzustimmen, da diese eben anders oder gar nicht existieren könnten. Soll die wesentliche Wahrheit der selbstgewissen Richtigkeit *universal* gesichert sein, so muss das Argument des deus malignus beseitigt, d.h. die *veracitas Dei* gesichert werden. (Die Macht des lethischen Nichts muss durch die Gewissheit des „wahren Gottes" bewältigt werden). Das geschieht in den *Meditationen* in einem dreifach geführten „ego-logischen" Beweisgang, der – unbeirrt der Richtschnur der Regula generalis folgend – die selbstgewisse Vorstellung der mens humana als substantia cogitans zum Ausgang nimmt und dreifach überhöhend Gott als *fons veritatis*[234] ausweist. Das Beweismittel ist die der mens humana notwendig inhäherende Gottesvorstellung selbst. Mag die mens humana sich auch dem (lethischen) Nichts ausgesetzt finden, so trägt sie doch in eins mit der Vorstellung ihrer selbst als *substantia finita* vorgängig schon die Idee der *substantia infinita*, d.i. Gottes als *ens perfectissimum* bzw. *ens realissimum* in sich[235]. Der als ens realissimum existierende Gott aber kann kein Betrügergott sein, da Betrug und Täuschung in einer ontologischen *Defizienz* (defectus) beruhen[236] (wie ja auch bei Plato das ψεῦδος im Nichtsein der vermeinten Sache beruht). Mithin kann Gott als ens realissimum auch nicht der Urheber täuschender

---

[234] Med. II, I, Abs. 12, Meiner S. 38.
[235] Med. III, Abs. 17 und Abs. 24-27.
[236] Med. III, Abs. 38, Meiner S. 94.

Vorstellungen in mir als einem von ihm dependenten Wesen sein. Vielmehr stellt sich in der Gewalt der klaren und deutlichen (zwingenden) Vorstellungen das zwingende *Wesen (essentia)* bzw. *die Natur (natura) der Sachen selbst dar*[237], *wie sie jeweils in Gott selbst als dem ens realissimum immer schon extra me präsent ist*[238]. Insofern sind sie in Gewissheit *wahr,* – sowie die der mens inhärierende Gottesidee *imago* einer *vera et immutabilis natura*, nämlich Gottes selbst ist[239]. Die „veracitas Dei" ist nicht moralischer, sondern streng ontologischer Natur: Gott ist als existierendes *ens realissimum* – vor allem Willen und aller Macht – *fons veritatis rei*[240]. So kann Descartes als Regel selbstgewisser Wahrheit statuieren: *[Omnia sunt vera quae] a me clare cognoscuntur, ideoque aliquid sunt, non merum nihil: patet enim illud omne quod verum est esse aliquid [...].* „Alles, was von mir klar erkannt wird, ist wahr [d.i. nicht bloße Fiktion, sondern eine *natura*, die sich *so* darstellt, *wie sie ist*], so dass es *etwas* ist, nicht ein bloßes Nichts: es ist nämlich offensichtlich, dass alles jenes, was wahr ist, *etwas* ist."[241]

Das gilt nun insbesondere von den – zuhöchst – klaren und deutlichen Vorstellungen der *pura et abstracta mathesis*[242], d.i. der mathesis universalis, so dass *deren Wahrheit die gewisseste* (certissima)[243] ist. Das bedeutet nicht, dass die res extra nos, d.i. die res extensa der Natur immer schon actualiter mit den Kalkülen und Konstruktionen der mathesis übereinstimmen. Vielmehr stellen sich in diesen nur deren essentiae, d.i. Wesensmöglichkeiten vor. Die aktuale Übereinstimmung muss sich vielmehr durch Sinneswahrnehmung bewähren, – bezeugt diese doch, gemäß Descartes, als passiv-rezeptive notwendig die Kausalität einer ihr konformen vis activa außer ihr und damit die (aktuale) existentia der res extensa, d.i. der Natur[244].

Damit hat Descartes, grundsätzlich gesehen, die selbstgewisse Richtigkeit durch ego-logische Gründung in den wahren Gott innerhalb der Dimension der Gewissheit in die wesentliche Wahrheit überführt.

---

[237] Med. V, Abs. 5, S. 117.
[238] Vgl. Med. VI, Abs. 1, S. 129.
[239] Med. V, Abs. 11, Meiner S. 122)
[240] Vgl. insbes. Med. V, Abs. 16sq, Meiner S. 128sq.
[241] Med. V, Abs. 6, Meiner S. 116.
[242] Med. V, Abs. 6, S. 118sq.
[243] Ibid.
[244] Med. VI, Abs. 10, Meiner S. 140sqq.

4.2.3. Indes erhebt sich ein letzter Zweifel: Wenn Gott als ens realissimum nicht trügen kann und wenn er (gemäß dem 2. Beweisgang, s. *supra*) der Urheber der durchgängig von ihm abhängigen mens humana ist, – woher dann die Täuschung? Diese kann offenbar allein noch auf dem *freien Willen* (*voluntas sive liberum arbitrium*[245]) der (im Nichts) auf sich selbst gestellten mens humana beruhen. Das sich Täuschen kommt dadurch zustande, dass sie ein *Urteil fällt* (iudicium ferre[246]), *auch wenn sie das zu Erkennende nicht klar und deutlich erkannt hat*. Ein Urteil fällen aber ist eben ein freier Willensakt, – kommt doch ein Urteil, gemäß Descartes' notwendiger *Neuauslegung* desselben, nicht allein durch den Intellekt, sondern eigentlich durch den *Willen* zustande. Das Urteil als solches besteht im Akt, den durch den Verstand vorgelegten Vorstellungsinhalt entweder zu bejahen (affirmare) oder zu verneinen (negare), d.i. ihm die Zustimmung zu gewähren *(assensum praebere*[247]) oder zu versagen, welches eben so etwas wie ein Erstreben oder Meiden, „Verfolgen oder Fliehen" (prosequi vel fugere) desselben, also Sache des Willens ist[248]. Da nun der Wille als freies Vermögen des Ja oder Nein sich über die Sphäre des intellectus hinaus bis ins *Nichts* erstreckt, ist es möglich, dass er von der Richtung auf das klar und deutlich Erkannte abbiegt (deflectit) und abirrt und so selbst durch eigene Schuld (culpa) den Irrtum (error) erwirkt[249]. Wenn das ψεῦδος gemäß Plato in der Macht des ἕτερον und gemäß Aristoteles in der ἄγνοια beruhte, so ist die neuzeitlich-cartesisch verstandene Falschheit vermeidbarer *error* und widergöttliche *Schuld*, die der Freiheit des sich ins Nichts erstreckenden Willens des neuzeitlichen Subjekts entspringt. Auf diese Weise hat Descartes das Faktum des Irrtums als Einwand gegen die veracitas Dei *beseitigt* und diese gegen den Zweifel gesichert.

---

[245] Vgl. Med. IV, Abs. 8, Meiner S. 102sq.
[246] Med. IV, Abs. 8, Meiner S. 102sq.
[247] *Principia philosophiae*, Pars prima, XLIII.
[248] Med. IV, Abs. 8, Meiner S. 104sq.
[249] Med. IV, Abs. 9, Meiner S. 106sq.

4.3. Die Selbstgewissheit der *scientia divina* als Grund der Wahrheit (Die Bestimmung der Wahrheit durch die Logik). (Leibniz)

4.3.1. Da gemäß Descartes die selbstgewisse Richtigkeit durch ihre *Gründung in die Wahrheit Gottes als ens realissimum* ihrer wesentlichen Wahrheit (realitas) *gewiss* ist, geht *Leibniz* (1646-1716) sogleich von *Gott als dem Garanten der wesentlichen Wahrheit* der selbstgewissen Richtigkeit aus[250]. Und da Leibniz offenbar – wie seine Grundfrage „pourquoi il y a plutôt quelque chose que rien?" bezeugt[251] – noch mehr als Descartes das Nichts als die eigentlich vordringliche Macht erfährt, setzt er in *verschärftem Gewissheitswillen* Gott – vor aller (ins Nichts hinausgestellten) omnipotentia und voluntas – *primär als Macht der Vernunft (intellectus)* an, *als welche dieser dem Nichts und dem Zweifel immer schon zuvorgekommen ist*. So tritt an die Stelle der *scientia humana* der *Regulae* des Descartes erneut die scholastisch-thomistische *scientia divina* als Ursprung und oberstes Richtmaß aller wahren Erkenntnis, so freilich, dass sie *neuzeitlich verwandelt*, d.i. durch *Selbstgewissheit* bestimmt ist. Demgemäß muss zunächst neu ausgemacht werden, was „Wahrheit" überhaupt besagt, sofern sie aus dem Hinblick auf die *selbstgewisse scientia Dei* gedacht ist. Dazu hält sich Leibniz an das *Urteil,* das ja traditionell der Ort der Wahrheit (und Falschheit) ist, dergestalt, dass er – gemäß seiner Orientierung an der Vernunft als solcher – dieses nicht, wie Descartes, als willentliche Stellungnahme, sondern primär im Blick auf seinen sachlichen Gehalt auffasst[252]. Nun aber ist das bejahende Urteil in Gewissheit wahr, d.i. in Gewissheit *der Sache adäquat,* wenn *in* dieser selbst als dem sachlichen Subjekt die Prädikatsbestimmung *enthalten* und sie (die Sache) so mit ihm (dem Urteil) notwendigerweise *identisch* ist (wie ja schon bei Plato die Wahrheit der συμπλοκή des λόγος in der Vormacht der ταὐτόν beruhte[253]). „[...] il

---

[250] *Monadologie* [1714], Abs. 43sq; in: G. W. Leibniz, *Kleine Schriften zur Metaphysik, Philosophische Schriften,* Band I, französisch und deutsch, hrsg. und übers. von Hans Heinz Holz, Suhrkamp, Frankfurt a. M. 1996; S. 439-483.

[251] *Principes de la nature et de la grâce, fondés en raison [1714],* Abs. 7; in: op. cit., S. 415-438.

[252] Vgl. M. Heidegger, *Metaphysische Anfangsgründe der Logik im Ausgang von Leibniz,* GA 26; S. 44sqq.

[253] Vgl. *supra,* unseren Artikel Nr. 5, „Le Sophiste de Platon dans l'interprétation de M. Heidegger", S.75-98, insbes. S. 93sq.

est constant que toute prédication véritable a quelque fondement dans la nature des choses, et [...] que] le prédicat [...] soit compris [...] dans le sujet, [...] et c'est ce que les Philosophes appellent *in-esse*, en disant que le prédicat *est dans* le sujet." / „ [... es] steht fest, dass jede wahrhafte Prädizierung einen bestimmten Grund in der Natur der Sachen hat und [...] [dass das Prädikat [...] [im Subjekt enthalten ist [...] und dies nennen die Philosophen in-esse, indem sie [damit] sagen, dass das Prädikat *im* Subjekt *ist*."²⁵⁴ Im *Enthaltensein (in-esse)* des Prädikatsbegriffs im Subjeksbegriff, d.i. in dessen *Identität* mit diesem *(idem esse)*, besteht also gemäß Leibniz die Wahrheit – „*oder ich weiß nicht, was Wahrheit sonst bedeuten soll.*"²⁵⁵ Solches *in-esse* ist das *principium infallibilitatis* der Wahrheit des Urteils. *Videbam [...] commune esse omni propositioni verae affirmativae [...], ut praedicatum insit subjecto, seu ut praedicati notio in notioni subjecti [...] involvatur; idque esse principium infallibilitatis in omni veritatum genere [...]*. „Ich sah, dass es jeder wahren affirmativen Aussage [...] gemeinsam ist, dass das Prädikat *im* Subjekt *ist*, d. i. dass die Notion des Prädikats in der des Subjekts involviert ist und dass dies das Prinzip der Unfehlbarkeit in jeder Art von Wahrheit ist [...]."²⁵⁶ So ist das Wahrsein (der zu erkennenden Sache), i.e. die Möglichkeit ihres notwendig-gewissen sich *so* Dar- und Vorstellens, *wie* sie ist, *im vorhinein vom* λόγος *her anvisiert und ersichtet*. Damit kommt die bei Aristoteles sich vorzeichnende Möglichkeit des Entwurfes der Wahrheit des Seins aus der *Logik*²⁵⁷ – aufgrund des neuzeitlichen Gewissheitswillens – verwandelt voll zum Zuge, dergestalt, dass die συμπλοκή des λόγος nunmehr von der Art der zwingenden – und so eben selbstgewissen – *connexio* ist. *Semper [...] praedicatum [...] inest subjecto [...]; et in hoc ipso consistit natura veritatis [...] seu connexio inter terminis enuntiationis, ut etiam Aristoteles observavit*. „Immer ist das Prädikat [...] im Subjekt [enthalten ... .]; und eben darin besteht

---

²⁵⁴ Leibniz, *Discours de Métaphysique* (verfasst 1686), Abs. 8; in: op. cit., S. 51-172.
²⁵⁵ Briefwechsel mit Antoine Arnauld, Juni 1686; in: *Die philosophischen Schriften von Gottfried Wilhelm Leibniz*, hrsg. von C. I. Gerhardt, 7 Bände, Berlin 1875-90 (Nachdruck Hildesheim 1960-61), Band II, S. 56. Hervorhebung von Vf.
²⁵⁶ De libertate, in: *Nouvelles Lettres et Opuscules inédits de Leibniz*. Publ. par L. A. Foucher de Careil, Paris 1857 (Nachdruck Hildesheim 1971); S. 179. Alle Zitate auch bei Heidegger, op. cit. S. 40-43.
²⁵⁷ Met. IV,3 und 5-6. Vgl. auch *supra*, S. 300.

die Natur der Wahrheit [...] oder die *connexio* zwischen den Termini der Aussage, wie auch Aristoteles beobachtete."[258] Leibniz' neuzeitlich durch Gewißheit bestimmte Wahrheitstheorie ist eine logische „Inklusionstheorie"[259]. *Die Wahrheit als rectitudo wird so zur selbstgewissen, durch die Logik bestimmten, das Seiende selbst a priori auf sie zu-richtenden Richtigkeit. Wahrsein (der Sache) heißt der Logik entsprechen und sich ihr gemäß dar-, d.i. vor-stellen.*

4.3.2. Aus der so bestimmten, allgemeinen Idee der selbstgewissen Wahrheit ergeben sich die verschiedenen Arten der Wahrheit, die jeweils einem bestimmten Grad der Offensichtlichkeit des inesse, d. i. der Inklusion entsprechen. An der Spitze stehen die *primae veritates* oder *veritates originariae,* die „Urwahrheiten", bei denen das inesse bzw. das idem esse – oder auch das Gegenteil desselben – unmittelbar „offenkundig" (manifeste)[260] bzw. unmittelbar „ausdrücklich" (expresse) ist[261]. Zu ihnen gehören vor allem die logischen Axiome, allen zuvor der Satz der Identität (A=A), auf den sich die Inklusion selbst gründet, ferner der Satz vom zu vermeidenden Widerspruch (A $\neq$ non-A), der sie ausschließt, sowie deren kategoriale Abwandlungen[262]. Auf die „Urwahrheiten" folgen die *veritates derivatae,* die „abgeleiteten Wahrheiten", bei denen das inesse bzw. idem esse „*verborgen"* (tecte[263]) bzw. *„virtuell"* (virtualiter)[264] präsent ist. Diese gliedern sich sogleich in zwei Arten: einmal die *veritates necessariae,* die „notwendigen Wahrheiten", die dadurch bestimmt sind, dass ihr Gegenteil unmöglich ist[265], wie z. B. und vor allem die Wahrheiten der Mathematik, und zum anderen die *veritates contingentes,* die „zufälligen Wahrheiten", deren Gegenteil möglich ist[266], zu denen sowohl die Vorkommnisse

---

[258] Cat. 5; 2a 29-32, freilich in anderem Sinne. „Primae veritates", in: *Opuscules et Fragments inédit de Leibniz,* éd. par Louis Couturat, Paris 1903 (Nachdruck Hildesheim 1961), S. 518/9; auch bei Heidegger, op. cit., S. 44.
[259] Heidegger, op. cit., S. 40.
[260] „Primae veritates", in: Couturat, op. cit, S. 11; auch bei Heidegger, op. cit. S. 49.
[261] Vgl. *Discours,* Abs. 8.
[262] „Primae veritates", Cout. S. 518; auch bei Heid. S. 48.
[263] Ibid.
[264] *Discours,* Abs. 8.
[265] *Monadologie,* Abs. 33.
[266] Ibid.

der Natur sowie die geschichtlichen Vorgänge gehören (z. B. die Todesart Alexanders des Großen[267])[268]. Da andererseits die Urwahrheiten ebenfalls notwendige und d.h. „ewige Wahrheiten" sind, kann Leibniz die Wahrheiten auch – in einer zweiten, die erste überschneidenden Einteilung – in die notwendigen, „ewigen" Wahrheiten (veritates aeternae) und die kontingent-„zeitlichen" Wahrheiten unterscheiden. Und da jene notwendigen Wahrheiten insgesamt aus der Vernunft selbst hervorgehen, die kontingenten Wahrheiten dagegen sich (zunächst) durch ihre Tatsächlichkeit ausweisen, kann er jene auch „vérités de raison", *veritates rationis* („Vernunftwahrheiten"), und diese „vérités de faits", *veritates facti* („Tatsachenwahrheiten") nennen (*Monadologie,* Abs. 33). Dabei geht diese Unterscheidung grundsätzlich auf die scholastisch-thomistische Konzeption der *scientia Dei* zurück[269], – ist doch solche scientia Dei gemäß Thomas in einem einzigen praesens intuitus zum einen (gemäß der Natur des intellectus divinus, d.i. der νόησις νοήσεως) *scientia naturalis necessaria*, d. i. Erkenntnis des Ganzen der möglichen, in sich notwendigen realitates (entia increata), und zum anderen *scientia libera* (visio) des möglichen zeitlich Wirklichen (entia creata), das jeweils deren „kontingente" Verwirklichung ist[270]. Auch bei Leibniz ist die *scientia Dei* – freilich in neuzeitlich verwandelter, durch Selbstgewissheit bestimmter Gestalt – der nunmehr in die Ur-connexio der Logik zurückgenommene praesens intuitus aller sowohl möglichen, in sich notwendigen, wie auch möglicherweise wirklichen, kontingenten realitates. Indessen fragt sich, wie die beiden Grundarten von Wahrheiten für uns Menschen als Wahrheiten in Gewissheit erkennbar sind. Dabei bilden offenbar die *veritates contingentes* das eigentliche Problem. Da diese *anders*, ja gar *nicht sein* könnten, sind *sie* vor allem der Exponent des möglichen Nichtseins, so dass *sie* vor allem durch explizierende Rückführung auf ihren *Grund* vorgängig schon als seiend ausgewiesen werden müssen. So ist Leibniz genötigt, die traditionellen Axiome der Logik eigens durch den *Satz vom zureichenden Grunde* („principe de la raison suffisante") zu ergänzen, dem dann freilich

---

[267] *Discours*, ibid.
[268] Vgl. zu dem Unterschied Leibniz' kleine Schrift „Definitiones logicae", in: *Die philosophischen Schriften von Gottfried Wilhelm Leibniz*, hrsg. von C. I. Gerhard, 7 Bände, Berlin 1875-90, (Nachdruck Hildesheim 1961), Band VII, S. 300.
[269] Vgl. dazu M. Heidegger, op. cit, S. 53-59.
[270] Vgl. *supra*, S. 323

auch die *veritates derivatae necessariae* (vor allem möglichen Nichtsein) unterworfen sind[271]. Demgemäß unterstehen beide Grundarten der Wahrheit, sowohl die *veritates contingentes* wie die *veritates necessariae*, so wahr sie in Gewissheit Wahrheiten sind, einmal dem *Satz der Identität*, und zum anderen, was vor allem ihren *Ausweis* als Wahrheiten betrifft, sowohl dem *Satz vom Widerspruch* als auch dem *Satz vom Grunde*.

4.3.3. Was diesen Ausweis betrifft, so fragt sich zunächst, wie weit er die Sache selbst zu durchdringen hat. Hier unterzieht Leibniz Descartes' *Regula generalis* einer scharfen Kritik, die indes nur seinen eigenen, verschärften Gewissheitswillen bezeugt, – nimmt er sie doch in Verkennung ihres ontologischen Sinnes[272] als vermeintliche Regel der *cognitio perfecta* in die „*epistemische*" Selbstgewissheit von Descartes' *Regulae* zurück. Möge sie auch Klarheit und Deutlichkeit der „Ideen" als Maßstab der Gewissheit der Wahrheit derselben fordern, so sei sie doch gänzlich „*nutzlos*" *(inutile),* da sie keine *Kriterien* des „Klaren und Deutlichen" angebe[273]. Weder die Klarheit der Sache im Allgemeinen noch die Deutlichkeit ihrer „Merkmale" (nota) reiche hier zu, vielmehr müssten deren „hervorstechende Momente" (requisita) vollständig herausgestellt und diese ihrerseits nicht nur „blind" (caece), d.i. „symbolisch" durch stellvertretende (sprachliche) Zeichen, sondern selbst „anschaulich" (intuitive) vorgestellt werden. Erst in einer solchen Erkenntnis, die dem vollen Sachgehalt der Sache *intuitive adaequata* sei, könne am Ende die *cognitio perfectissima*[274] beruhen.

Was den Ausweis der Wahrheit selbst betrifft, so erfolgt er dadurch, dass – gemäß dem Satze vom Grunde, der eben unbedingte Vollständigkeit verlangt – im Vorblick auf die in der fraglichen Sache latent (tecte) enthaltenen identischen Bestimmungen – diese *vollständig* durch fortschreitende *analysis notionum* in jeweiliger Erprobung ihrer Widerspruchsfreiheit eigens als jeweils kompatibel, d.i. als ineinander enthalten aufgewiesen und so durch fortschreitende *resolutio* auf immer höhere einfachere Identitäten, ja am Ende auf einfachste Identitäten zurückgeführt werden, die per se ma-

---

[271] Monadologie, Abs. 32 und 36.
[272] Vgl. *supra*, Descartes, S. 333 sqq.
[273] *Meditationes de cognitione, veritate et ideis* (1684), in: Suhrkamp, Band I, S. 32-47, insbes. S. 43; vgl. Heidegger. S. 83.
[274] *Meditationes de cognitione* [...], in op. cit., S. 33-35.

nifest sind²⁷⁵. Damit ist die durchgängige Identität der Bestimmungen der fraglichen realitas aus höchsten Gründen ausdrücklich aufgewiesen und so deren Wahrheit gesichert.

Dabei bleibt die *scientia Dei* das *Richtmaß für die scientia humana*, – geht es doch in solcher *analysis* und *resolutio notionum* gerade darum, die Sachheit der Sache vollständig in ihrem ganzen logischen Baugefüge „anschaulich-adäquat" zur Evidenz zu bringen²⁷⁶. Darin eben besteht eigentlich die *cognitio perfectissima,* zu der freilich der Mensch, wenn überhaupt, nur annäherungsweise fähig ist²⁷⁷.

4.3.4. Wenn der intellectus humanus die analysis notionum – zumindest was die veritates contingentes betrifft – zunächst gleichsam „von unten nach oben" vollzieht, so vollzieht der intellectus divinus solche analysis bei allen veritates *a priori* im Ausgang von der Ur-identität bzw. Ur-connexio, die er selbst als Denkender in der reflexiven Selbstgewissheit seiner selbst anfänglich ist. Dabei geht er *methodisch* vor, dergestalt, dass er die möglichen connexiones des totums der realitates in Hinsicht auf ihr Wie, d.i. die logischen Operationen als solche, in einer *„mathesis universalis"* bzw. *ars combinatoria* (der *„scientia generalis")* in einem Nu durchkalkuliert und so im vorhinein das logische Baugefüge des Seienden im Ganzen blitzartig ersichtet²⁷⁸. *Dum Deus calculat et cogitationem exercet, fit mundus.* „Wenn Gott [...] rechnet und sein Denken in die Tat umsetzt, entsteht die Welt."²⁷⁹ *Die Wahrheit der „realen" Welt ist in Gott a priori mathematisch-logisch richtig gesichtet und gesichert.* Und die selbstgewisse Richtigkeit der „formalen" Logikkalküle der scientia humana kann ihrer wesentlichen

---

[275] Zur *analysis notionum*, vgl. „Primae veritates", Cout. 519 und 369, auch bei Heidegger S. 49; zur *resolutio,* vgl. Gerh. VII, 300; auch bei Heid. 50-51; ferner Heidegger S. 60 und S. 66 mit vielen Zitaten.

[276] *Meditationes de cognitione* [...], in op. cit. S. 33-35. Vgl. dazu Heid. S. 72-84.

[277] Op. cit., S. 36 und S. 40-42.

[278] Belege in: G.W. Leibniz, *Schriften zur Logik und zur philosophischen Grundlegung der Naturwissenschaft. Philosophische Schriften,* Band 4, hrsg. und übers. von Herbert Herring, Suhrkamp, 1996.

[279] *Dialogus* (1677), in op. cit.: S. 23-37, insbes. S. 30. In der Übers. von D. Mahnke: *Leibnizens Synthese von Universalmathematik und Individualmetaphysik,* in: *Jahrbuch für Philosophie und phänomenologische Forschung.* Bd. VII und Separat, Halle 1925 (Nachdruck), Stuttgart-Bad-Cannstatt 1964; zitiert von Heidegger S. 36.

Wahrheit gewiss sein, da sie sich ja – gemäß Leibniz – in sich *annähernder Angleichung* an die scientia divina vollzieht.

4.4. Die endlich-menschliche Vernunft und die transzendental- kritische Gründung der Wahrheit (Kant)

4.4.1. Bei Kant setzt sich der mit Nikolaus von Cues anhebende und durch Leibniz retardierte *Rückstoß* in die mens humana fort. Diese sieht sich nunmehr endgültig an sich selbst verwiesen und muss aus sich selbst den Gegenstandsbezug ihrer Vorstellungen sicherstellen. Aber gemäß Kant ist die menschliche Vernunft *wesentlich endlich*. Als solche vermag sie nicht, wie der intellectus divinus (νόησις νοήσεως), von sich her die anschauliche Präsenz des von ihr Gedachten aufzubringen. Demgemäß erfährt Kant die *Leere der formalen Logik* in allen ihren Gestalten, sowohl als Begriffs- und Urteilslogik wie als Schlusslogik.

Wenn daher – auch für Kant – die Wahrheit *theoretischer Erkenntnis* ihren Ort im Urteil, d.i. in der connexio (συμπλοκή) der Vorstellungen hat, so reicht doch die nach den Gesetzen der formalen Logik, d.i. den logischen Axiomen erfolgende *analysis notionum* nicht hin, um den *Gegenstandsbezug* der Vorstellungsverbindung sicherzustellen. Deren Übereinstimmung mit den formal-axiomatischen Gesetzen des Denkens sichert der Erkenntnis lediglich ihren formalen Bestand, nicht aber die Übereinstimmung mit sachhaltig bestimmten Gegenständen als solchen. Mit Kant gesagt: Der Satz vom Widerspruch ist zwar das „hinreichende Prinzip" der Wahrheit (d.i. der Richtigkeit, adaequatio) analytischer Urteile[280], sofern deren Subjektsbegriff (samt der in ihm enthaltenen Begriffe) schon mit dem Gegenstand übereinstimmt, keineswegs aber das der Wahrheit synthetischer Urteile, die die Erkenntnis bezüglich der Gegenstände erweitern. Soll die Wahrheit derselben *überhaupt* möglich sein, so muss der menschliche Verstand a priori aus seiner eigenen bloß logischen Sphäre zu einem „ganz Anderen"[281], von ihm selbst gänzlich Verschiedenen, hinausgehen und sich synthetisch mit ihm verbinden. Dieses Andere ist, gemäß Kant, die Sinnlichkeit, d.i. die in der reinen Form der Zeit gegebene Anschauung

---

[280] KrV, A151 / B191.
[281] A154 / B193sq.

der empirischen Erscheinungen als solcher, bzw. das solche Anschauung vorgängig einigende und so sie allererst darbietende Schema der Einbildungskraft (das innerhalb des endlichen intellectus humanus das Substitut der intuitio des intellectus divinus ist). Das anschauliche Dargebot der Einbildungskraft aber, so sehr es auf den Verstand hin orientiert ist, ist an sich begriffslos und blind[282]. Es ermangelt der notwendigen synthetischen Einheit und Identität und stellt noch keinen Gegenstand vor. Insofern ist die Wahrheit der synthetisch-erweiternden Urteile, d.i. deren Übereinstimmung mit sachhaltigen (realen) Gegenständen als solchen am Ende allein dadurch möglich, dass sich die Erkenntnis a priori nach der in sich dreifachen, subjektiven Bedingung der Erfahrung richtet, nämlich

1.) der reinen Anschaung der Zeit,

2.) dem reinen Schema der Einbildungkraft und

3.) der ursprünglichen Einheit des reinen Selbstbewusstseins (Apperzeption), das (als Urconnexio) selbst Ursprung der reinen Begriffe und einigenden Regeln (Kategorien) des Verstandes ist[283].

Denn solche dreifach subjektive Bedingung möglicher einheitlicher Erfahrung ist zugleich die dreifach objektive Bedingung der möglichen Gegenstände der Erfahrung[284], – stellt sich doch jener gemäß das Vorgestellte unserer Vorstellungen a priori als sachhaltig synthetisches ἕν, d.i. eben als Gegen-stand vor. Wenn die „empirische Wahrheit" darin besteht, dass sich die Erkenntnis nach den empirisch gegebenen Gegenständen richtet, so ist solche „empirische Wahrheit" nur durch die „transzendentale Wahrheit" der reinen Anschauungen und reinen Begriffe möglich[285], d.h. dadurch, dass diese a priori mit der *Möglichkeit* der Erfahrung bzw. der Gegenstände derselben übereinstimmen, *indem sie diese Möglichkeit selbst ermöglichen*. Demgemäß ist die jene Möglichkeit a priori ergründende „*transzendentale Analytik*" des menschlich-endlichen Verstandes eine „Logik der Wahrheit"[286]. Sie vollzieht nach dem Vorgang von Descartes' epistemisch-methodischer Gründung der Wahrheit als selbstgewisser Richtigkeit durch

---

[282] A78 / B103; vgl. A124.
[283] A155 / B194.
[284] A158 / B197.
[285] A147 / B185.
[286] A62 / B87.

transzendental-ontologische Gründung die sog. *„kopernikanische Revolution"* derselben[287], dergemäß sich der Verstand sich nur insofern nach Gegenständen zu richten vermag, als diese sich vorgängig als solche nach den Regeln des Verstandes richten[288].

4.4.2. Indes schließt die „transzendentale Wahrheit" der reinen Begriffe des menschlich-endlichen Verstandes (zufolge ihrer Schematisierung) die *kritische Restriktion* ihres „Gebrauchs" auf den Bereich der Erfahrung ein. Über deren Grenzen hinaus entbehren sie der objektiven Realität (Inhalt) und stellen bloß leere νοούμενα vor[289]. Deshalb vermag der endliche Verstand durch sie auch nicht die übersinnlichen, höchsten Ideen der Metaphysik zu bestimmen und zu erkennen. Diese bleiben für die theoretische Vernunft leer, wenngleich sie sie gemäß den Formen der Schlußlogik nach dem Satze vom zureichenden Grunde notwendig erzeugt[290]. Die auf der Logik beruhende Metaphysik der intelligiblen Ideen ist leer. Und sie verfällt dem *Schein,* sofern ihnen die menschliche Vernunft spekulierend gleichwohl objektive Realität zuerkennt[291]. *Der lethische Entzug der Wahrheit des Seins selbst entleert das „Logische"* in allen seinen Gestalten, während sich doch im anschaulichen *Dargebot der Einbildungskraft* – als dem „ganz Anderen" im Bereich logischer Richtigkeit – *eben dasselbe lethische Sein als gewährende* Gunst bekundet. In solcher Konstellation der Wahrheit des Seins selbst kehren sich die überlieferten Verhältnisse von Wahrheit und Schein merkwürdig um: Das „Logische" ist *Schein* und das sinnliche Sein ist das *Wahre.* Und wenn die transzendentale Analytik des menschlichen Verstandes eine „Logik der Wahrheit" war, so ist die „transzendentale Dialektik" als kritische Enthüllung der Genesis des übersinnlichen Scheins aus dem Wesen menschlich-endlicher Vernunft selbst eine „Logik des Scheins"[292].

Wenn überhaupt, so kann menschliche Vernunft dem „Logischen" der Ideenmetaphysik nur dadurch objektive Realität verschaffen, dass sie selbst (leistender) *Wille,* d.i. praktisch wird. Und auch dieser muss sich *anschaulich* darstellen, um selbst als Realität („Sache") offenbar zu sein. Nun aber

---

[287] Vgl. KrV, Vorrede, BXVI.
[288] Vgl. A 92sq / B124.
[289] A 46sq / B187sq; vgl. auch A238sq / B298sq.
[290] A303-308 / B359-365.
[291] A295 / B352; vgl. A308sq / B 365 sq.
[292] A61sq / B86sq.

ist die sittliche Freiheitstat des Menschen in der Sinnenwelt in praktischer Erfahrung allerdings als „Tat-sache" gegeben und so „Sache" des „Wissens"[293]. Auf praktische Anschauung der Freiheitstat gestützt, enthüllen sich der praktischen Vernunft die höchsten Ideen der Metaphysik, d.i. Gott und Unsterblichkeit, – „sonst gänzlich für uns verborgene Wesen"[294] – als *reale* Wesen, so zwar, dass sie selbst niemals Gegenstand der Anschauung, d.i. des Wissens, sondern (gewissermaßen in Umkehr der Stufen platonischer Anabasis) Sache eines freien moralisch-praktischen *Glaubens* sind[295]. Deshalb kommt alles darauf an, das die Freiheitstat des Menschen gebietende Sittengesetz in seiner Reinheit und Unbedingtheit zu erhalten. Die „innere Lüge", mit der alles moralisch Falsche – in uns und gegen Andere – beginnt, ist unbedingt zu verwerfen[296]. Bei Kant wird das schon bei Augustin verinnerlichte europäische Grundethos der Wahrhaftigkeit zum *unbedingten* Gebot innerer Aufrichtigkeit und Gewissenhaftigkeit.

4.5. Die absolute Vernunft und die Bewältigung des „Anderen" durch die spekulative Dialektik. Die neuzeitliche Vollendung der überlieferten Wahrheit (=selbstgewisse absolute Richtigkeit) (Hegel)[297]

4.5.1. Wenn Kant das in die endlich-menschliche Vernunft zurückgenommene „Logische" nur dank der Gunst des „Anderen" vor der Leere

---

[293] *Kritik der Urteilskraft*. Hrsg. von Karl Vorländer, Meiner, PhB 39a, Hamburg 1924, unveränderter Neudruck 1974. § 91 ([455sq] und [466]).

[294] § 91 [466].

[295] Zu den Stufen, vgl. unseren Artikel: „ Der Wahrheitscharakter der Metaphysik in Kants Kritik der Urteilskraft", in: *Perspektiven der Philosophie. Neues Jahrbuch* Hrsg. von R. Berlinger, E. Fink, T. Imamichi, W. Schrader. Band 15. Rodopi, Amsterdam 1989, S. 51-89. Erscheint auch als Artikel Nr. 10 im Teilband II *Neuzeit / Temps modernes* unserer *Studien*.

[296] *Metaphysik der Sitten*. Tugendlehre. § 9, A 83-87. Vgl. auch Kants Schrift „Über ein vermeintes Recht, aus Menschenliebe zu lügen".

[297] Was die Bewältigung des „Anderen" in den Systemen des Deutschen Idealismus betrifft, so beschränken wir uns hier auf Hegel. Zu den Positionen von Fichte und Schelling, vgl. unseren Artikel „Certitude et vérité. La question de la vérité dans les idéalismes et postidéalismes modernes", in: *La vérité. Antiquité – modernité*. GENOS, Cahiers de philosophie 7. Edité par J.-F. Aenishanslin sous la direction de D. Omeara, I. Schüssler et A. Schild. Editions PAYOT-Lausanne, 2004, S. 93-117. Erscheint auch als Artikel Nr. 29 im Teilband II *Neuzeit / Temps modernes* unserer *Studien*.

des Nichts zu bewahren und ihm Realität zu verschaffen vermochte, so geht es Hegel darum, die in den Bereich selbstgewisser Richtigkeit einschlagende *Negativität des Anderen* zu *beseitigen*. Denn die selbstgewisse Richtigkeit kann – dem Wesen der ἀλήθεια gemäß – die Abhängigkeit von dem lethischen Anderen nicht dulden. Sie muss das Andere zu dem Ihren machen. Die Idee muss absolut werden. Demgemäß überführt Hegel die Wahrheit als selbstgewisse Richtigkeit in ihr *absolutes Wesen*. Das ist allein durch *spekulative Dialektik* möglich. Der Begriff (i.e. die selbstgewisse cogitatio) hebt als „durch-greifende" Macht der Methode *dialektisch* das Andere auf, macht es zu sich selbst und eignet es sich als Inhalt an, um in ihm spekulativ bei sich selbst zu sein. Dazu setzt freilich der Begriff voraus, dass das Andere *sein* Anderes ist, es also eigentlich er selbst ist, der sich in ihm anders geworden ist. Allein die Selbstbewegung der zum Absoluten erhobenen selbstgewissen cogitatio (des Ich=Ich bzw. der Subjekt-Objekt-Identität) ermöglicht die dialektisch-spekulative Aufhebung des Anderen. In solcher absoluten Subjektivität gelangt die νόησις νοήσεως (Identität von Denken und Sein) in ihre neuzeitlich-absolute Wesensvollendung, so zwar, dass das Denken nicht mehr diensthaft die Offenheit des Seins übernimmt, sondern sich herrschaftlich des Wesens des Seienden vergewissert und bemächtigt. Der sich sowohl subjektiv wie objektiv zur Totalität entwickelnde und entwickelte absolute Begriff ist die „absolute Idee"[298]. Diese sieht überall nur sich selbst. Sie ist „die bedingungslos sich selbst sehende und spiegelnde Gesichtetheit"[299]. *Sie ist die neuzeitliche Vollendung der überlieferten Gestalt der Wahrheit.* Dabei fallen alle wesentlichen Begriffe des überlieferten Wahrheitsgefüges in ihr zusammen, – ist sie doch

a) absolute „Übereinstimmung" bzw. „reines Entsprechen des Begriffs und seiner Realität",[300] d.i. absolute *Erkenntniswahrheit*[301],

---

[298] G.W.F. Hegel, *Wissenschaft der Logik*. Meiner, PhB, Band 57, 1934/1966, S. 483-506. Vgl. auch unseren Artikel „Le développement dialectique de l'ideé absolue dans la Logique de Hegel". *Études des Lettres*. Revue de la Faculté des lettres de l'Université de Lausanne. Éd. par C. Reichler, S. Roche, P. Junod, M.-J. Borel. Avril/juin 1985, S. 77-92. Erscheint auch als Nr. 28 im Teilband II *Neuzeit / Temps modernes* unserer *Studien*.
[299] M. Heidegger, *Hegel,* hrsg. von Ingrid Schüßler, GA 68, 1993, S. 31.
[300] Hegel, *Logik*, S. 486; vgl. auch *Vorlesungen über die Aesthetik*, Suhrkamp, Hegel Werke, Band 13, S. 150.
[301] Vgl. *Logik,* Meiner, S. 484.

b) Übereinstimmung der Sache mit dem Begriff, d.i. absolute *Sachwahrheit*[302] und

c) da im Anderen bei sich selbst bleibend – das niemals trügende ewig Währende, das stets so ist, wie es sich zeigt, d.i. *göttliche Wahrheit*.

4.5.2. Indes überhöht sich bei Hegel das absolute Wesen der Wahrheit noch einmal, sofern die absolute Idee im dialektischen Durchgang durch das *Anderssein* von Natur und Geschichte am Ende ihr Wesen als wirkendwirklicher Wille des Geistes in *selbstgewisser Wirklichkeit* ist. Das Wahre ist nicht [nur] (sich gleichbleibende) „Substanz", sondern „ebensosehr [...] Subjekt", als welches es in der Zerrissenheit gerade bei sich selbst bleibt[303]. „Das Wahre ist das Ganze"[304] und dies im Modus sich wissender Gewissheit: es ist System der Wissenschaft.[305] Es hat die einschlagende Negativität des Anderen (das Lethische) durch aufhebende *Aneignung* bewältigt und alle mögliche Falschheit getilgt. Und dieses Andere, obgleich als Negatives erfahren, hat sich dem aneignenden Zugriff gefügt, indem es sich als *Inhalt* hergibt.

§ 5. Die Erfahrung der Wesenlosigkeit der logischen Wahrheit (Richtigkeit) in der Epoche der Reszendenz

5.1. Die Enthüllung der Wesen- und Wahrheitslosigkeit der Richtigkeit (Nietzsche)[306]

5.1.1. Wenn sich nun aber das Andere, d.i. das lethische Sein *gänzlich* entzieht, dann wandelt sich die selbstgewisse vergegenständlichende *„Richtigkeit"* zur *machtmäßigen Überwältigung und aneignenden Beständigung des sich entziehenden Anderen*, d.i. des immer anderen *Werdens*. Dann erscheint die selbstgewisse Richtigkeit als Verfälschung der Realität des Werdens im Dienste des Lebens. Dann vollendet sich der *Rückstoß*

---

[302] Vgl. *Vorlesungen zur Aesthetik*, loc.cit.
[303] *Phänomenologie des Geistes*, Meiner, PhB, Band 114, 6. Auflage 1952. „Vorrede", S. 19.
[304] Op. cit., S. 21.
[305] Op. cit., S. 24.
[306] Auf 5.1. folgt in unserem Artikel keine weitere Unterteilung, da wir uns in ihm auf Nietzsche als Repräsentanten der „Reszendenz" beschränken. Als weitere Positionen derselben wären zu erörtern: 1) Schopenhauer, 2) Marx, 3) Kierkegaard, die alle den

in die Subjektivität des Lebewesens Mensch, das als solches nunmehr das vergegenständlichende Zu-richten der Realität des Werdens übernimmt. Diese *innere Gegenwendung des Wahrheitswesens* (ἀλήθεια) gegen sich selbst hat Nietzsche erfahren. Noch dem überlieferten metaphysischen Wahrheitsgefüge verpflichtet, begreift er freilich jene *innere* Gegenwendung – mittels des wesentlich zu ihm gehörenden Momentes des Ethos unbedingter *Wahrhaftigkeit* – als *bloß metaphysische* Gegenwendung derselben gegen ihren eigenen Ursprung, d.i. *Gott als beständige Wahrheit*. Nietzsche formuliert in überlichtender Schärfe: „Der Untergang des Christenthums – an seiner Moral (die unablösbar ist –) welche sich gegen den christlichen Gott wendet (der Sinn der Wahrhaftigkeit, durch das Christenthum hoch entwickelt, bekommt *Ekel* vor der Falschheit und Verlogenheit aller christlichen Welt- und Geschichtsdeutung. Rückschlag von ‚Gott ist die Wahrheit‘, in den fanatischen Glauben ‚Alles ist falsch [...]‘."[307]

Solche „Wahrhaftigkeit" stellt heraus, dass die selbstgewisse Richtigkeit – weit entfernt, sich nach der Realität selbst zu richten und sie *so* zu erkennen, *wie* sie *an sich* ist – diese vielmehr umgekehrt in Richtung auf das lebende Subjekt selbst, d.i. jeweils Subjekt-relativ lebensbezüglich vorstellt: „*Seine* Relation zu vielem Anderem spüren, [...] – wie sollte das ‚Erkenntniss‘ des Anderen sein! [...] Unser Erkenntnisapparat nicht auf Erkenntnis *eingerichtet*"[308]. Demgemäß enthüllt sich die in der vergegen-

---

traditionellen Wahrheitsbegriff, d.i. die theoretisch-objektive *Richtigkeit,* als *leer* erfahren und die *reale* Wahrheit *reszendent* in ein – zwar noch der neuzeitlichen Subjektivität verpflichteten – Anderes (den triebhaften Urwillen des Lebens, die revolutionäre Praxis der arbeitenden Massen, die gläubige Existenz des Einzelnen) verlegen, sowie schließlich 4) die Urteilslehre des Neukantianismus (Windelband, Rickert, Lask), die noch einmal die theoretisch-objektive Richtigkeit als Wesen der Wahrheit im Gefolge von Kant herausstellt, so jedoch, dass sie vor allem im Anschluss an Descartes' Urteilstheorie das theoretische Urteilen als „Werten" sowie das Wahrsein als „Gelten" begreift und so auf ihre Weise die Leere der Wahrheit als Richtigkeit bezeugt. Zu den Positionen 1-3, vgl. unseren Artikel: „Certitude et vérité. La question de la vérité dans les idéalismes et postidéalismes modernes" (siehe *supra,* S. 346, Fußnote Nr. 297).

[307] Friedrich Nietzsche, *Sämtliche Werke,* Kritische Studienausgabe [=KSA], hrsg. von Giorgio Colli und Mazzino Montinari, De Gruyter, 1967-1977, Band XII, *Nachgelassene Fragmente,* Herbst 1885-Herbst 1886, 2 (127), S. 125sq. Vgl. auch *Die Fröhliche Wissenschaft,* 1. Ausgabe 1982, 2. Ausgabe 1887, 5. Buch, Ziffer 357, in: KSA III, S. 600.

[308] Sommer-Herbst 1884, 26, (127); KSA XI; S. 183.

ständlichenden Richtigkeit vorgestellte (beständige) Wahrheit als *Verfälschung* der Realität und, sofern sie gleichwohl für Wahrheit gehalten wird, als „Irrtum". Solche „Irrtumswahrheit" aber ist unumgänglich, sofern das Lebewesen Mensch inmitten der immer anderen Realität des Werdens soll bestehen können. „Wahrheit ist die Art von Irrtum, ohne welche eine bestimmte Art von lebendigen Wesen nicht leben könnte. Der Wert für das Leben entscheidet zuletzt [...]."[309] Denn allein auf Grund der vereinfachenden Schematisierung der Realität vermag sich das Lebewesen Mensch im Chaos des Werdens zu halten. Wahrheit als Richtigkeit ist eine „Erhaltungsbedingung"[310].

5.1.2. Weit mehr: sie ist in sich „Macht-wille"[311]. Denn das willentlich sich auf sich zusammennehmende Subjekt der selbstgewissen Richtigkeit hat sich immer schon vorgenommen, durch das *Machen, d.i.* das *Zurechtmachen* der Realität *Macht* über diese zu gewinnen. Da aber Macht die ständige Übersteigerung ihrer selbst einschließt, ist die machtmäßig waltende Richtigkeit nihilistisch in den fortgesetzten Prozess der Steigerung ihrer selbst als Macht entlassen. Darin findet sie gerade ihre Wahrheit im traditionellen Sinne der adaequatio. Denn sie ist wahr, d.i. der (machtmäßig sich übersteigernden) Realität adäquat, sofern sie auf dem Boden der jeweils erreichten Stufe der Macht dem Entwurf der sie übersteigernden Macht entspricht. Insofern ist sie im Recht und gerechtfertigt. Denn sie entspricht der im Willen zur Macht selbst waltenden „Gerechtigkeit"[312].

5.1.3. Aber die Richtigkeit, auch wenn sie gerechtfertigt ist, vermag der *Wesenlosigkeit* nicht zu entgehen. Der *Wesensentzug* kommt auf Nietzsche in seinem späten Denken zu und wird von ihm dichterisch in den *Dionysos-Dithyramben* ins Wort gebracht. „Die Sonne sinkt" – so lautet der Titel einer derselben[313]. Die Ideen Platons sind nun „boshaft abendliche Sonnenblicke", die den Denker verhöhnen: „Der Wahrheit Freier – du? nein! [...] Nur Narr! Nur Dichter!". Und des „Monds Sichel" schleicht „neidisch"

---

[309] April-Juni 1885; 34 (253); KSA XI; S. 506.
[310] Vgl. Frühjahr 1884, 25 (470), KSA XI, S. 138.
[311] Idem.
[312] Vgl. M. Heidegger: „Der Wille zur Macht als Erkenntnis", in *Nietzsches Lehre vom Willen zur Macht als Erkenntnis*, Freiburger Vorlesung SoS 1939, GA 47, hrsg. von Eberhard Hanser, GA 47, 1989, insbes. § 21, S. 245-263; hier auch die Zitate Nietzsches.
[313] KSA VI, S. 395.

„zwischen Purpurröten" hin, „an Rosenmatten hinsichelnd, bis sie sinken, nachtabwärts blaß hinabsinken"[314]). Doch *eine* Wahrheit bleibt: dass der Denker „von aller Wahrheit verbannt ist"[315]. Diese Wahrheit schlägt auf das präsentierend-objektivierende Denken zurück, das auf gegenständliche Wahrheit aus ist. In solchem Hin- und Her vermag das objektivierende Bewusstsein nicht länger ichhaft auf sich zu bestehen. Es öffnet sich dem *entziehenden Wesen* und lässt es bei sich als solches ein[316].

§ 6. Die postmetaphysische Umkehr des überlieferten Wahrheitsgefüges. Von der ἀ-λήθεια zur ἀ-λήθεια (Heidegger)

6.1. Wenn sich nun aber die *Verweigerung* eigens *als solche* ereignet und lichtet, dann ist sie keine Verweigerung mehr. Dann wandelt sie ihr Wesen und steht und west fortan als *Verbergung* in das Offene der Lichtung hinein. Damit aber wandelt sich, wie Heidegger in seinem „Ereignis"-Denken (seit 1930/31) herausstellt, das überlieferte Wahrheitsgefüge im Ganzen. Denn jetzt wendet sich die Lichtung nicht mehr *gegen* die Verbergung, sondern lässt sie gerade als solche zu und in ihr Offenes ein. Wahrheit ist nicht mehr ἀ-λήθεια, die im Übermaß der Lichtung die Verbergung zu *beseitigen* (ἀ-) trachtet, sondern „Lichtung für *die Verbergung*": ἀ-λήθεια[317]. Als solche nimmt sich die Lichtung bzw. das mit ihr ereignete, sie übernehmende *sterbliche Da-sein* eigens der Verbergung an. Denn die aus der Verweigerung sich lichtende tiefste Verbergung ist die höchste „Schenkung", – ist sie doch gleichsam der tiefste Quellgrund der in sich zurückquellenden Quelle der Lichtung des Seins, der den ganzen Reichtum

---

[314] In: „Nur Narr! Nur Dichter!" KSA VI; S. 377-380.
[315] Op. cit., S. 380.
[316] Vgl. zu diesem Vorgang K.-H. Volkmann-Schluck, *Die Philosophie Nietzsches. Der Untergang der abendländischen Metaphysik*, hrsg. von Bernd Heimbüchel, Königshausen&Neumann, Würzburg 1991, S. 250-63. Vgl. dazu auch unseren Artikel „ Norm und Wahnsinn in der Geschichte der europäischen Philosophie", infra, Nr. 18b, S. 434-452, insbes. S. 450sq.
[317] *Beiträge zur Philosophie. Vom Ereignis* [1936-38], hrsg. von F.-W. von Herrmann, GA 65, 1989, Nr. 226, S. 350.

der noch vorenthaltenen, zukünftigen Möglichkeiten derselben in sich birgt und verwahrt[318].

6.2. Deshalb muss die Lichtung der Verbergung *erdhaft* geborgen werden. Damit wandelt sich das Verhältnis von Lichtung und Verbergung noch einmal, und zwar zunächst – solange es noch den feindlichen Streit in sich trägt – in den Streit von Erde und Welt, um den es in der Abhandlung „Der Ursprung des Kunstwerks", 1935/36, geht[319], um am Ende in elementarer Ruhe inmitten der Herrschaft der stellenden Richtigkeit als das *Weltgeviert* von Erde und Himmel, Göttlichen und Sterblichen aufzugehen, um das es in den Aufsätzen „Das Ding", 1950, und „Bauen Wohnen Denken", 1951, geht[320]. Die „Richtigkeit" selbst aber wandelt sich dann, sich zurücknehmend, zur schonend „einrichtenden" Bergung des Weltgevierts in das Seiende im Ganzen. Sie ist der Austrag des Ethos der Schonung[321].

---

[318] *Beiträge*, Nr. 168 und Nr. 169, S. 293-294. Vgl. auch Vf.: *La question de la vérité*, insbes. § 27. c) „La révolution dans l'essence de la vérité originelle", S. 244-251.

[319] In: *Holzwege*, hrsg. von F.-W. von Herrmann, GA 5, 1977, S. 1-74, insbes. S. 39-43.

[320] Beide in: *Vorträge und Aufsätze,* hrsg. von F.-W, von Herrmann, GA 7, S. 165-187, inbes. S. 179-181 und S. 145-154, insbes. S. 151-153. Vgl. auch Vf.: *op. cit.*, p. 252-274.

[321] *Beiträge*, Nr. 32, S. 71 und Nr. 231, S. 358; „Der Ursprung des Kunstwerks", in GA 5, S. 29-31 und S. 48-50; ferner auch Vf.: *op.cit.*, S. 283-finis.

§ 7. Inhaltsverzeichnis
(mit Stichworten)

§ 1. Die vorphilosophische Erfahrung der Wahrheit :
- Die griechischen Wörter für „Wahrheit" und deren Gegenwesen. Zusammenziehung auf das Wort ἀλήθεια.
- Die Wahrheit und ihr Gegenwesen (Un-verborgenheit / Verborgenheit und Falschheit).
- Das übermenschlich-göttliche Wesen der Wahrheit (der göttliche Zuspruch der Wahrheit).
- Der Weg zur Wahrheit als Wahrheit des Seins.
(Von Homer zu Parmenides).

§ 2. Die Genesis der Grundbegriffe der Wahrheit in der griechisch-antiken Philosophie :
2.1. Die wachsende Macht der Wahrheit als Un-verborgenheit (Von der Vorsokratik zur Sophistik)
2.1.1. Der in der φύσις waltende Zuspruch der Wahrheit. Wahrheit und Verbergung (Heraklit)
2.1.2. Daimon. Wahrheit und Schein (δόξα). Die Überantwortung der Wahrheit an das Denken (=„Identität" von Denken und Sein).
(Parmenides)
2.1.3. Die Herrschaft des Scheins
(Sophistik : Protagoras und Gorgias)
2.2. Wahrheit und Idee (Plato)
2.2.1. Der Wesenswandel der Wahrheit:
- Idee und Richtigkeit (ὀρθότης). Ontische Offenbarkeit (δῆλον)
(Sonnen- und Höhlengleichnis)
2.2.2. Wahrhaftigkeit. Anabasis (εἰκαςία, πίστις, διάνοια, νόησις)
(Linien- und Höhlengleichnis)
2.2.3. Idee und λόγος (Aussage).
- Wahrheit und Falschheit des λόγος (Definitionen)
- Die Beherrschbarkeit des Falschen

2.3. Logisch-dianoetische und noetisch-ontologische Wahrheit (Aristoteles)
 2.3.1. Der λόγος bzw. die διάνοια als Ort der Wahrheit (Met. VI, 4)
 2.3.2. Wahrheit als ὁμοίωσις (assimilatio). Aristoteles und Platon
 2.3.3. Die Gründung der logisch-dianoetischen Wahrheit in der noetischen Wahrheit (=Offenbarkeit des Seins [οὐσία]) (Met. IX, 10). Das tragische Sichversehen (ἄγνοια und ἁμαρτία)
 2.3.4. Die noetische Wahrheit als göttliche Gunst (νοῦς ποιητικός, νοῦς παθητικός und νόησις νοήσεως) (De An. III, 6 und Met. XII, 7 und 9)
 2.3.5. Logik und Wahrheit: die Logik (=Axiomatik) als möglicher Bestimmungsgrund der Wahrheit des Seins (Met. IV, 3 und 6)
 2.3.6. Falschheit von Sachen und Menschen ("Logische" Definitionen)
 2.3.7. "Wahrhaftigkeit". Die Stufen der ἕξεις τοῦ ἀληθεύειν (ἐπιστήμη, τέχνη, φρόνησις, σοφία, νοῦς) (Eth. Nic. VI). – Der ἀληθευτικός bzw. φιλοαληθής (Nik. Eth.)
2.4. Das traditionelle Strukturgefüge der Wahrheit gemäß Platon und Aristoteles (Zusammenfassung)
2.5. Die ἐποχή der Wahrheit des Seins bzw. Verdunklung des εἶδος und die Reduktion des Offenbaren auf das sinnliche φαινόμενον (Hellenistische Philosophie)
 2.5.1. Die Herrschaft der "bloßen (bestandlosen) Erscheinung". Die Gleichwertigkeit der δόξαι. Urteilsenthaltung (ἐποχή).
 Skeptizismus (Ältere Skepsis Pyrrhon)
 2.5.2. Die ἐνάργεια ("evidentia") der innerseelischen sinnlichen Vorstellungen als Kriterium der Wahrheit. αἰσθήσεις und εἴδωλα. Empirismus (Stoa und Epikur)
 2.5.3. – Pragmatismus :
  a. Die Beschränkung auf das „Wahr-scheinliche" (πι-

θανόν) als hinreichendes Prinzip der Praxis. (Mittlere akademische Skepsis: Arkesilaos, Karneades)
b. Das "probabile" als Prinzip der politischen Praxis. Der Abgrund der Wahrheit (Cicero)
– Relativismus: die radikalisierende Wiederaufnahme der pyrrhonischen Skepsis. Die Ortlosigkeit der Wahrheit (Spätere Skepsis : Sextus Empirikus)

2.6. Die griechische Wesensvollendung der Wahrheit als Identität von Denken und Sein in der νοῦς-Lehre Plotins: Gott als die einzige, allumfassende Wahrheit (die νόησις νοήσεως als innergeistige Präsenz der Ideen)

§ 3. Die Gründung der griechisch-antiken Wahrheits-strukturen in den christlichen Glaubenswahrheiten. Ihre umgestaltende Ausgestaltung (Mittelalter und Renaissance).

3.1. Die Wahrheitslehre des christlichen Neu-Platonismus (christliche Lichtmetaphysik: Augustin)

3.1.1. Gott als die Wahrheit
– Ihre zweifache Begründung :
– neuplatonisch: die Umdeutung der νόησις νοήσεως zur pro-visio des christlichen Schöpfergottes. Die Ideen als die schöpferischen Gedanken Gottes – jüdisch-christlich: die aeternitas Dei.
– die an der aeternitas Gottes orientierten "logischen" Definitionen des sachlich Wahren und Falschen

3.1.2. Die Lehre von der creatio mundi und von der Erkenntnis der Wahrheit durch den Menschen :
– creatio mundi: Lichtverstrahlung. entia creata = μιμήματα
– die Erkenntnis der Wahrheit durch den Menschen: illuminatio des Intelligiblen in den sinnlichen Erscheinungen und participatio des intellectus humanus am intellectus divinus

3.1.3. Die christlich-theologische Umdeutung der Wahrhaftigkeit (Verinnerlichung): innere Aufrichtigkeit (sinceritas) (=Gewissenhaftigkeit)

3.2. Die Wahrheitslehre des christlich-scholastischen Aristotelismus (Der Primat des Verstandes. <u>Thomas von Aquin</u>)

3.2.1. Die creatio mundi als Anmessung bzw. assimilatio an die mensura des intellectus divinus (ὀρθότης)

3.2.2. Das Wesen der Wahrheit als (formale) *convenientia* von ens und intellectus und die dreifache Definition der Wahrheit (im Umkreis der Erkenntnis der Wahrheit durch den intellectus humanus):
– verum = ens (verum transcendentale)
– veritas = conformitas <sive> adaequatio rei et intellectus
– effectus der veritas: das manifestivum esse (erhellend-sein) der cognitio in Bezug auf die res cognita

3.2.3. Die Frage nach dem Ort der Wahrheit (die Verkehrung der griechisch-aristotelischen Verhältnisse)
– *Verstand oder Sache*:
Der Verstand (διάνοια) als primärer Ort der Wahrheit und die res creata als sekundärer Ort der Wahrheit. „Sachwahrheit". Die zweifache Definition der Sachwahrheit (quoad intellectum divinum et quoad intellectum humanum)
– *Urteilender oder definierender Verstand* :
Der urteilende Verstand (διάνοια) als primärer Ort der Wahrheit und der definierende Verstand (νοῦς) als sekundärer Ort der Wahrheit. "<u>Urteils- bzw. Erkenntniswahrheit</u>"

3.2.4. Der intellectus divinus als prima und una veritas : die Lehre von der scientia Dei (scientia necessaria naturalis [=νόησις νοήσεως und scientia libera [=visio der entia creanda et creata])

3.2.5. Die Wahrheit des Menschen: electivus verorum (<— φιλοαληθής). Wahrhaftigkeit.

3.3. Die Wahrheitslehre der Renaissance. (Die Unbegreiflichkeit Gottes als der Wahrheit selbst und die mens humana als imago Dei. Nikolaus von Cues)
    3.3.1. Die aus der docta ignorantia gedachte veritas: die veritas praecisa als coincidentia oppositorum. Ihre Unerkennbarkeit für die mens humana (De docta ignorantia)
    3.3.2. Die creatio divina als Ars, i.e. als Anmessung der entia creata an die mens divina durch Zahl und Proportion(die verwandelnde Übernahme der neuplatonischen Lehre von der Zahlen bildenden νόησις νοήσεως: die „arithmetische" explicatio-complicatio / contractio als Vorspiel der cartesischen *mathesis*) (De beryllo)
    3.3.3. Die Erkenntnis der mens humana als versichtbarendes Bild (similitudo) der unendlichen Wahrheit Gottes in der Welt, i.e. als Ars. Ihre Wahrheit als unendliche Angleichung (adaequatio) an die unendliche göttliche Wahrheit (De mente).

§ 4. Gewissheit und Wahrheit. Die neuzeitliche Gründung der Wahrheit im selbstgewissen Subjekt
    4.1. Zum Beginn der Neuzeit: Der Hinfall der christlichen Glaubensgewissheiten als Grund des Wahrheitsgefüges. Nichts und radikaler Zweifel. Wahrheit als selbstgewisse Richtigkeit. Die Ortsverlagerung der Wahrheit in den Bereich des selbstgewissen Subjekts
    4.2. Die Selbstgewissheit der mens humana (scientia humana) als Grund der Wahrheit (Descartes)
        4.2.1. Die mens humana als Richtmaß (regula/mensura) der Richtigkeit der Erkenntnis. (Regulae ad directionem ingenii)
            – verum = certum et evidens – der Primat der Methode (*mathesis universalis*) als Garant der Richtigkeit
        4.2.2. Die mens humana als fundamentum inconcussum der wesentlichen Wahrheit der selbstgewissen Richtigkeit (Meditationes de prima philosophia)
            – certum et evidens = verum qua vere ens

- die Seinsgewissheit der sich vorstellenden res cogitans und die Regula generalis: clare et distincte perceptum = verum est
- die Seinsgewissheit der res extra nos durch Gründung in der veracitas Dei als ens realissimum

4.2.3. Descartes' Urteilstheorie: Urteilen (Bejahen und Verneinen) als Aktus des freien Willens (wertende Stellungnahme). Falschheit als schuldhafter error des Menschen

4.3. Die Selbstgewissheit der scientia divina als Grund der Wahrheit. (Die Bestimmung der Wahrheit durch die Logik). (Leibniz)

4.3.1. Leibniz' Urteilstheorie: Identität (in-esse) als principium infallibilitatis der Wahrheit des Urteils. „Inklusionstheorie"

4.3.2. Die Arten der Wahrheit :
- Vérités de raison (= vérités nécessaires) und vérités de faits (= vérités contingentes)
- Die scientia divina als Ursprung der Unterscheidung der beiden Arten der Wahrheit
- Das Problem des „Kontingenten" und die Aufgabe der Rückführung der vérités de faits auf die vérités de raison mittels der Axiome der Logik

4.3.3. Die Vollständigkeit der analysis notionum als Grund der cognitio perfectissima. Leibniz' Kritik an Descartes. Die scientia Dei als Richtmaß

4.3.4. Der Primat der Methode in der scientia Dei: ars combinatoria (=mathesis universalis=scientia generalis

4.4. Die endlich-menschliche Vernunft und die transzendentalkritische Gründung der Wahrheit (Kant)

4.4.1. Analytische und synthetische Urteile apriori
- Die Leere des „Logischen" und das Dargebot der transzendentalen Einbildungskraft als Gunst
- Die „transzendentale Analytik" als „Logik der Wahr-

heit". Die kopernikanische Revolution in der Auslegung der Wahrheit

4.4.2. Die Frage der Wahrheit der Ideen-Metaphysik
— Die Leere des „Logischen" und die „transzendentale Dialektik" als „Logik des Scheins"
— Die praktische Wahrheit der Metaphysik
— Wille und praktische Anschauung der Freiheitstat
— Wahrhaftigkeit als unbedingtes Gebot

4.5. Die absolute Vernunft und die Bewältigung des „Anderen" durch spekulative Dialektik. Die neuzeitliche Vollendung der überlieferten Wahrheit (=selbstgewisse absolute Richtigkeit) (Hegel)[1]

4.5.1. Die dialektische Entfaltung des absoluten Begriffs zur absoluten Idee
— Die Macht der Methode der Dialektik
— Die absolute Idee als neuzeitliche Vollendung der überlieferten Wahrheit sowie als Einheit der überlieferten Begriffe der Wahrheit

4.5.2. Die höchste Selbstgewissheit der Wahrheit als sich gleichbleibender Richtigkeit
— das Wahre als Einheit von „Substanz" und „Subjekt" bzw. als das „Ganze"

§ 5. Die Erfahrung der Wesenlosigkeit der logischen Wahrheit (Richtigkeit) in der Epoche der Reszendenz

5.1. Die Enthüllung der Wahrheitslosigkeit der Richtigkeit (Nietzsche)[2]

---

[1] Was die Bewältigung des Anderen in den Systemen des Deutschen Idealismus betrifft, so beschränken wir uns hier auf Hegel. Zu erörtern wären auch die Positionen von Fichte und Schelling. Vgl. dazu unseren Artikel Nr. 29 im Teilband II unserer *Studien:* „Certitude et vérité. La question de la vérité dans les idéalismes et postidéalismes modernes".

[2] Auf 5.1. folgt keine weitere Unterteilung, da wir uns auf Nietzsche als Repräsentanten der „Reszendenz" beschränken. Als weitere Positionen derselben wären zu erörtern: 1. Schopenhauer, 2. Marx, 3. Kierkegaard, 4. die Urteilslehre des Neukantianismus(Windelband, Rickert, Lask : Urteilen=Werten, Wahrsein=Gelten ; auch im Anschluss an Descartes' Urteilstheorie). Zu den drei erstgenannten Positionen vgl. unseren in Fußnote Nr. 1 genannten Artikel.

5.1.1. Die Gegenwendung des Wahrheitsgefüges gegen sich selbst
 – Der „Rückschlag" der Wahrhaftigkeit auf den „moralischen Gott" – Die Enthüllung der Selbstbezüglichkeit der Wahrheit als Richtigkeit:
Richtigkeit als „Erhaltungsmittel"
 – Wahrheit als lebensnotwendiger Irrtum
5.1.2. Der Wille zur Wahrheit als Wille zur Macht
 – Wille zum Machen und zur Macht
 – Die Rechtfertigung der Wahrheit als Wille zur Macht durch die „Gerechtigkeit"
5.1.3. Die Erfahrung des Wesensentzuges und das sich Öffnen für das Andere (Dionysos-Dithyramben)

§ 6. Die postmetaphysische Umkehr des überlieferten Wahrheitgefüges. Von der ἀ-λήθεια zur ἀ-λήθεια (Heidegger)
 6.1. Die Lichtung der Verweigerung als Verbergung und als höchster Schenkung
 6.2. Bergung und Einrichtung
  – Wahrheit als Streit von Erde und Welt sowie als Weltgeviert
  – Die Zurücknahme der Richtigkeit in die schonend-einrichtende Bergung der Wahrheit

16. La fondation de la philosophie de l'art à l'Antiquité grecque et son déploiement aux Temps modernes. Problèmes et perspectives

Notre monde actuel est déterminé en ses traits fondamentaux par la domination des sciences „positivistes" en leur union avec la technique. Pour saisir ces traits, il convient donc de préciser comment la réalité se présente aux sciences et à la technique[1]. Or, selon Kant, les sciences n'admettent comme existant objectivement que ce qu'on peut expliquer, suivant le fil conducteur de certains rapports et calculs d'ordre causal, comme effet à partir de certaines causes[2]. Le but de ces sciences consiste, toujours selon Kant, à saisir la totalité de ce qui existe par un *système* de rapports d'ordre causal, calculables[3]. Cela implique que tout ce qui existe devient quelque chose de *disponible*. Car pour autant qu'on dispose des moyens techniques pour produire les causes, on pourra produire, par le truchement de celles-ci, n'importe quel effet, n'importe où, n'importe quand, sur le champ. Cette disponibilité, qui ne cesse d'ailleurs de s'accroître, va de pair avec une *efficacité*, elle également en croissance et accélération perpétuelle, à son tour liée à un processus de *disparition*, de consommation permanente de tout ce qui existe. Vu que tout ce qui existe est destiné au préalable déjà à être disponible pour effectuer un certain effet – ou une série d'effets – possible(s), tout ce qui est, à peine apparu, a déjà passé : il se consume en n'étant qu'en *fonction pour...* Tels sont donc les traits fondamentaux du monde actuel : *disponibilité* universelle, *efficacité* croissante et *disparition* permanente.

Quel sens peut bien avoir, dans ce monde actuel ainsi caractérisé, *l'œuvre d'art* ? L'œuvre d'art – une peinture ou un poème, par exemple – ne

---

[1] Nous avons développé plus amplement ce qui suit dans « Philosophie et positivisme des sciences. L'émancipation des sciences empirico-analytiques selon la *Critique de la faculté de juger* de Kant », in : Etudes de Lettres (Revue de la Faculté des Lettres), Université de Lausanne, 1993, vol. 1, *La philosophie et les modes de la connaissance*, p. 17-38. L'article sera republié dans nos *Etudes généalogiques de la pensée occidentale*, tome II, *Neuzeit / Modernité*, article n° 13 (à paraître).

[2] *Cf.* Kant, *Critique de la raison pure* [cité *CRP*], « 2ème Analogie de l'expérience », A 18 / B 232 *sqq.*

[3] *Cf.* Kant, *Critique de la faculté de juger* [cité *Cfj*], « Introduction », Sections IV et V.

participe évidemment pas de cette efficacité universelle ; elle ne s'y intègre pas ; elle n'est pas quelque chose d'effectif ; et pas même quelque chose d'effectivement réel. On sait que la philosophie de l'art a, depuis Platon, conçu l'œuvre d'art comme étant de l'ordre de l'*apparence* (φαίνεσθαι, *Schein*)[4]. Il est certes toujours possible – et même aujourd'hui encore – qu'une œuvre d'art – par la présence de son apparence, par l'éclat de son apparaître – nous saisisse et nous prenne, de sorte que, plongés en elle – en une contemplation « désintéressée »[5], selon Kant, – nous oublions, en une sorte d'*absence* (*épochè*) notre implication dans l'engrenage de l'efficacité universelle – comme l'a bien vu Schopenhauer[6], par exemple. Mais à considérer une telle œuvre d'art par rapport à la réalité effective, par rapport à son effectivité, son efficacité toujours plus massive, elle ne semble pas être plus que de la *pure* et *simple* apparence (*bloßer Schein*, un pur μίμημα), quelque chose de purement *imaginaire*, une *rêverie*. Bien plus, cette efficacité étant liée à la *fugacité* et disparition immédiate de tout ce qui est, l'œuvre d'art, à peine nous a-t-elle saisi, est déjà emportée par le processus de disparition universelle. Elle n'*est* plus. Le monde actuel n'est donc pas propice à l'art.

La question se pose donc de savoir pourquoi, aujourd'hui encore, de la philosophie de l'art ? Y a-t-il un enjeu pour celle-ci ? Et si oui quel pourrait-il être ? Or nous venons de l'indiquer d'une certaine manière. L'art est certes menacé aujourd'hui jusqu'à risquer d'être anéanti. Mais il demeure vrai que l'œuvre d'art (un poème par exemple) par la présence de son apparence, par son pur apparaître, peut bien nous saisir et nous prendre, de sorte que, "absentés" (ent-rückt) dans ce dernier, nous nous trouvons portés, en une sorte d'*épochè*, hors du monde actuel et l'efficacité sienne. On peut bien sûr dire que c'est là de la pure rêverie. Mais on ne le dira qu'à la condition qu'on prenne comme unique mesure de tout être la réalité effective en son effectivité. Or, c'est là précisément ce que nous commençons aujourd'hui à remettre en question. Et plus cette réalité effective est *effective*, plus son

---

[4] Platon, *République* [cité *Rép.*] X, 596 e 4, 598 b 3 *sq.*
[5] *Cf. Cfj*, « Analytique du Beau », « Premier moment du jugement esthétique », en part. §§ 2 et 5.
[6] Schopenhauer, *Le monde comme volonté et comme représentation*, livre III, § 34, par exemple.

efficacité est *massive*, plus elle nous *oppresse*, moins nous pouvons nous en satisfaire comme seul et unique mode de l'*être*. Nous sommes à la recherche de quelque chose d'*autre*, quelque chose qui soit *autre* qu'elle, *différent* d'elle. Et si cet *autre* était l'œuvre d'art en son caractère d'*apparence*, en son pur apparaître, *fragile, insaisissable* ?

Si tel était le cas, l'œuvre d'art aurait bien besoin de la *pensée* pour lui procurer un *lieu* où elle peut exister de façon protégée au sein du monde actuel. Et ce lieu – cela selon Aristote, pour qui le νοῦς est le lieu des Idées (τόπος εἰδῶν)[7] – la pensée le sera elle-même. Penser l'art est donc aujourd'hui bien un enjeu, voire une nécessité !

Mais *comment* penser l'art aujourd'hui ? Il s'agit de ne pas procéder à l'aventure, en se servant des concepts habituels qui nous viennent à l'esprit. Car tous ces concepts appartiennent d'une façon ou d'une autre – c'est là une thèse que nous allons éclairer par la suite – à la philosophie traditionnelle de l'art telle qu'elle prend son origine à l'Antiquité grecque *chez Platon et chez Aristote*. Or il n'est pas sûr que cette conceptualité se prête encore à saisir l'œuvre d'art à l'époque actuelle. A titre indicatif, nous pouvons dire ceci : aussi longtemps qu'on ne voit dans l'œuvre d'art que de la *pure et simple apparence* (μίμησις, *Schein*), soit de l'imaginaire ou de la fiction (destinée à exercer sur nous un certain effet esthétique, susciter une créativité personnelle, nous informer sur nos "phantasmes") – et cette notion se trouve au centre de la philosophie de l'art depuis Platon –, on ne pourra saisir l'œuvre d'art d'une manière qui convienne à l'époque actuelle. La réalité effective, en son effectivité et efficacité toujours plus massive, va toujours l'emporter et réduire l'œuvre d'art à néant.

Est-ce à dire qu'il faut abandonner cette conceptualité traditionnelle et en créer une *nouvelle*, une toute autre ? Cela n'est évidemment pas possible : nul ne provient du néant. Il convient donc de renouer avec la conceptualité traditionnelle. Mais comment ? Tel est le cheminement qui s'ouvre ici : *repenser* toute cette conceptualité dans sa *genèse*, à partir de son origine dans la pensée grecque d'un Platon et d'un Aristote, mettre au jour les présuppositions implicites et impensées qui l'ont rendue possible et la sous-tendent jusqu'à nos jours, et enfin la transformer, à partir de ces dernières, de telle manière qu'elle devienne appropriée pour penser l'œuvre

---

[7] Aristote, *De anima* [cité *De an.*] III, 4 ; 429 a 27 *sqq.*

d'art à l'époque actuelle. C'est à cette étude *généalogique* que nous voulons contribuer dans ce qui suit.

*

La question est d'abord de savoir quelle est la *dimension* à l'intérieur de laquelle cette genèse de la conceptualité traditionnelle a eu lieu. Cette dimension est indiquée par le titre de nos recherches communes : « *Art et connaissance* »[8]. Voyons en quel sens. La connaissance est toujours connaissance de ce qui est vrai[9]. Une connaissance du faux ne serait pas une connaissance proprement dite, pas un *savoir*. L'affaire de la connaissance est donc la *vérité*. Et la connaissance réclame même pour elle le privilège d'être la seule instance qui peut nous procurer la vérité. Or, le titre « Art et connaissance » lie ces deux termes par un « et ». Cela laisse entendre que l'art a également affaire d'une certaine manière à la vérité, et qu'il réclame, également, le privilège d'être l'instance qui la *révèle*. Ainsi, art et connaissance se trouvent donc engagés dans une *lutte autour de la vérité*[10]. Lutte dans laquelle il en va finalement de décider si c'est l'art *ou* la connaissance qui a le *rang suprême* pour l'existence humaine. Car l'homme est bien l'être de la vérité, au moins selon sa détermination ancienne comme

---

[8] Le présent article remonte à la conférence d'ouverture d'un *3e cycle suisse romand* intitulé *Art et connaissance* que nous avons organisé en collaboration avec les professeurs Raphaël Célis (Université de Lausanne), André De Muralt (Université de Genève) et Eduard Marbach (Université de Berne) au semestre d'hiver 1992/93 à l'Université de Lausanne. Le titre est une sorte de *mot d'ordre* : il reflète la primordialité de la *connaissance* par rapport à l'art à notre époque actuelle dominée par les sciences en leur union avec la technique ; primordialité qui est pourtant plus ancienne puisqu'elle commence déjà avec la fondation de la philosophie de l'art à Antiquité grecque (Platon et Aristote). Elle se maintient au cours de l'histoire de la pensée occidentale pour se manifester crûment à notre époque actuelle. Nous devons ce titre au cours magistral intitulé *Kunst und Erkenntnis* que Karl-Heinz Volkmann-Schluck (1914-1981) a donné à plusieurs reprises à l'Université de Cologne (la dernière fois au semestre d'hiver 1974/75) et qui a paru entre temps sous le même titre : *Kunst und Erkenntnis*, hrsg. von Ursula Panzer, Königshausen & Neumann, Würzburg, 2002. Nous devons à ce cours les bases du présent article.

[9] *Cf.* par exemple Platon, *Rép*. VI, 508 e 1 *sqq.* Aristote, par exemple *An. Post.* II, 1 ; 89 b 29 *sq* et 2 ; 89 b 37 *sqq.*

[10] *Cf.* Platon, *Rép*. X, 607 b 5 *sq* : [...] παλαιὰ μέν τις διαφορὰ φιλοσοφίᾳ τε καὶ ποιητικῇ [...]. / « [...] il existe une ancienne lutte entre la philosophie et l'art [...]. ».

être du νοῦς. C'est donc cette *lutte autour de la vérité* (ou peut-être même le *litigieux dans l'essence* [Wesen] *de la vérité elle-même*) qui est la dimension à l'intérieur de laquelle la conceptualité traditionnelle de l'art a pris sa genèse.

Mais en quel sens l'art peut-il réclamer le privilège de *révéler la vérité* ? Pour le voir, il convient de préciser d'abord ce que veut dire ici le mot « vérité ». Or, Aristote, lorsqu'il détermine, dans la *Métaphysique* (II, 1), la philosophie comme « science de la vérité (ἐπιστήμη τῆς ἀληθείας) »[11], désigne ce que nous nommons « vérité » (*veritas, Wahrheit*) par le mot grec ἀ-λήθεια, qui veut dire, à le traduire littéralement, *dé-voilement* ou *dés-occultation*. Et cette vérité, cette ἀλήθεια, il l'identifie d'une part avec l'*être* (εἶναι)[12], l'être de ce qui est, et d'autre part avec la totalité de ce qui est, le *tout* (ὅλον)[13]. De plus, au lieu du nom ἀλήθεια, il emploie également le nom de φύσις[14], *nature, éclosion* ; et dit par rapport à la vérité qu'elle est de l'ordre de « ce qui, par la φύσις, est le plus manifeste de tout (τὰ τῇ φύσει φανηρώτατα πάντων) »[15]. A réunir toutes ces déterminations, la vérité est donc – et il s'agit ici de la *vérité* tout court – tout ce qui est dans son ensemble, le *tout*, en tant que, *en son être*, il est là, de façon dé-voilée, et ce grâce à un *dé-voilement*, une dés-occultation qui revient à ce que cet être, l'être de ce qui est dans son ensemble, est de l'ordre de la φύσις, qu'il se trouve donc en *éclosion*, de sorte qu'il *apparaît*, se montre, et cela au point même qu'il est le plus manifeste de tout (φανηρώτατον πάντων). Et en effet, nous, les hommes, avant d'avoir affaire à ceci ou cela, sommes toujours *ouverts* à ce qui est *dans son ensemble*, soit au *monde*, et cela de telle façon que nous l'avons au préalable déjà compris en son être. L'être est, suivant Platon et Aristote, le πρῶτον νοητόν, le *primum intellectum*, pour le dire avec Thomas d'Aquin[16]. Nous autres hommes nous trouvons donc toujours déjà *dans* la vérité, dans cette éclosion de l'être, à laquelle

---

[11] Aristote, *Mét.* II, 1 ; 993 b 20.
[12] 993 b 30.
[13] 993 b 6.
[14] 993 b 2.
[15] 993 b 11.
[16] Platon, par exemple *Théétète*, 185 a 9. Aristote, par exemple *Analytiques postérieures* II, 1 ; 86 b 29 *sq* et 2 ; 89 b 37 *sqq*. Thomas d'Aquin, par exemple *Quaestiones disputatae de veritate*, Quaestio I, Articulum 1.

nous ne pouvons échapper. Mais – comme nous le dit Aristote dans le même chapitre (*Mét*. II, 1) sur la vérité – de même que l'éclat du jour est trop pour les yeux des chauves-souris, de même l'éclat de l'être, en toute sa brillance et sa lumière, est trop pour l'esprit (νοῦς) de l'homme mortel[17]. La vérité se voile donc pour nous toujours déjà en une obscurité. L'homme est *dans* la vérité, *dans* la lumière de l'être, mais en même temps dans l'obscurité à son égard. C'est pourquoi précisément l'être requiert d'être explicitement porté par nous au jour de la vérité.

Or, c'est d'abord la connaissance, et tout d'abord la connaissance philosophique (la σοφία) qui porte l'être à la vérité. En effet, la connaissance philosophique consiste – selon Aristote – à saisir l'étant *en ce qu'il est*, en son essence (οὐσία); non pas d'abord cet étant-ci ou cet étant-là, mais l'étant comme tel dans son ensemble. La connaissance philosophique porte donc bien l'être à la vérité et le retient, le garde en elle.

Mais alors en quel sens l'art porte-t-il lui aussi l'être à la vérité et révèle-t-il lui aussi, l'étant en son essence ? Pour le voir, il convient de nous mettre sous les yeux, par une esquisse préliminaire, la détermination traditionnelle de l'art en ses traits fondamentaux.

Pour Platon, de même que que selon Aristote, les beaux-arts sont de l'ordre de la ποίησις, de la *production*, comme le sont également les autres arts, d'ordre artisanal. Cette ποίησις, *pro-duction* est selon Platon un *conduire quelque chose à l'être* (ἄγειν εἰς οὐσίαν)[18], à la présence, de sorte qu'il soit là de façon manifeste. Et cette ποίησις ne se fait pas à l'aveugle, mais est toujours déjà conduite par un *savoir*, le savoir de *ce qu'est* la chose à *pro-duire*, à conduire à la présence manifeste. Ce savoir, qui guide la ποίησις et qui éclaire tout un domaine, Platon et Aristote l'appellent τέχνη. La τέχνη n'est donc pas, d'abord, le procédé de la production matérielle, mais bien plutôt, et en premier lieu, un *savoir qui éclaire* et qui, comme savoir éclairant, guide la ποίησις. Les arts, tous les arts, sont donc de l'ordre de la τέχνη ποιητική, de l'ordre d'un *savoir*, qui grâce à la *vue* qu'il a de *ce qu'est* la chose à pro-duire, s'entend à *pro-duire* celle-ci, à la conduire à la présence manifeste[19]. Or les beaux-arts sont eux également de l'ordre

---

[17] Aristote, *Mét*. II, 1 ; 993 b 9 *sqq.*
[18] Platon, *Sophiste*, 219 b 4 *sqq.*
[19] Selon Aristote, *Eth. Nic.* VI, 4, 1140 a 10, la τέχνη est : « une "tenue" qui, guidée par

d'une telle τέχνη ποιητική. Et ce que ces arts (la peinture, la poésie, etc.) *produisent*, conduisent ainsi à la présence, de façon qu'il soit là de façon manifeste, c'est tout d'abord *un certain aspect sensible individuel* (*ein bestimmter sinnlicher Einzelanblick*), une certaine *face* déterminée que présente un certain objet sensible, ou bien un certain mode qu'il a d'apparaître (φαίνεσθαι), que Platon appelle φάντασμα[20]. Cet aspect intuitif individuel, l'artiste le reprend à l'objet pour le re-produire, par la μίμησις, par une *reproduction* qui le renforce et le met en évidence, dans une certaine matière, dont il est alors, selon Aristote, la μορφή, la *forme*, la *Ge-stalt*, ce dans quoi la matière « se rassemble » (*ge-*), ce grâce à quoi elle a une certaine tenue (*-stalt*), une certaine *con-sistance*. Mais les beaux-arts, procédant ainsi, sont – et c'est sur quoi Aristote insiste – τέχνη ποιητική : ils ont d'une certaine manière en vue l'*essence* de l'objet concerné. Ainsi, dans la mesure où ils viennent, sous la forme des beaux-arts, à leur plus haut déploiement (ἀρετή), les arts sont eux-mêmes de l'ordre de la *sagesse* (σοφία)[21]. Les Grecs ont en effet appelé leurs plus grands artistes – un Phidias ou un Polyclète, par exemple – des *sages*, des σοφοί[22]. Or la sagesse est ce qui porte l'*essence*, l'οὐσία, à la *vérité*, à la présence manifeste. Ainsi, en reproduisant, par la μίμησις, dans une certaine matière sensible, un certain *aspect* sensible individuel, les beaux-arts *pro*-duisent, conduisent à la présence manifeste, au travers de cet aspect, l'*essence* (οὐσία) de l'objet concerné ; et puisque la τέχνη éclaire tout un domaine, ils vont finalement rendre manifeste, toujours par le truchement d'un certain aspect sensible individuel, même l'essence de *tout* ce qui est, *l'être*, le monde comme tel dans son ensemble[23]. C'est ainsi que le « sage » Phidias a par exemple, en sculptant sur

---

le λόγος [par la vue de *ce qu'est* la chose à produire] s'entend à la ποίησις, à la *production* [de celle-ci] (ἕξις μετὰ λόγου ποιητική) ». Guidée par cette vue qui éclaire et conduit à la lumière de celle-ci la chose en question à la présence manifeste, la τέχνη est bien de l'ordre de l'ἀληθεύειν (*cf. op.cit,.* 3 ; 1139 b 15 *sqq*). Nous traduisons ici et par la suite.

[20] Platon, *Rép.* X, 598 b 2 *sqq* : « Se rapportant à ce qui apparaît comme il apparaît, la μίμησις a bien pour "objet" l'apparence (φάντασμα) ([...] πρὸς τὸ φαινόμενον ὡς φαίνεται, φαντάσματος [...] οὖσα μίμησις) ».

[21] *Cf. Eth. Nic.* VI, 7 ; 1141 a 11 sqq : « La sagesse est [...] la τέχνη en son accomplissement (ἡ σοφῖα [...] ἀρετὴ τέχνης ἐστιν) »

[22] *Ibid.*

[23] *Cf.* également Aristote, *Poétique* [cité *Poét.*] 9 ; 1151 b 5 *sqq*.

les frises du Parthénon les panathénées, cortège en l'honneur d'Athéna, a révélé *l'essence tout entière* de celles-ci. L'art peut donc bien revendiquer le privilège de porter l'*essence* de ce qui est à la lumière de la vérité. Mais vu que la connaissance réclame elle aussi ce privilège, art et connaissance se trouvent bien engagés dans une *lutte* autour de la vérité.

C'est donc de cette lutte que sont issues les déterminations fondamentales de l'essence de l'art chez Platon et chez Aristote ; déterminations qui régissent la conceptualité traditionnelle sur l'art.

Voyons d'abord comment *Platon* détermine l'essence de l'art, au livre X de la *République*. Vu que les beaux-arts sont de l'ordre de la μίμησις et que cette μίμησις est un certain mode de la ποίησις, que les beaux-arts partagent avec les arts communs, Platon détermine les beaux-arts en les distinguant des arts communs. Or, ce que les arts communs produisent, ce sont des objets d'usage, utiles pour la vie pratique quotidienne, et qui appartiennent donc à la sphère des rapports de finalité propres à la vie pratique. Pour produire ces objets, les artisans procèdent de la façon suivante[24]. Prenant en vue *l'Idée* de l'objet concerné, ils le produisent *d'après* celle-ci, en la *pro-duisant*, en la faisant apparaître (φαίνεσθαι) dans une certaine matière sensible. Le produit qui en résulte, l'objet d'usage, est alors le *phénomène* (φαινόμενον) de l'Idée. Ainsi, le menuisier, par exemple, produit une table de telle manière que, prenant en vue l'Idée d'une table comme telle, il pro-duit celle-ci dans le bois, la fait apparaître en lui. La table matérielle, sensible, l'objet d'usage, est alors le phénomène de l'Idée de la table. Mais cette production artisanale a une double limite : d'une part, pour que ses produits soient bien réussis, il faut que chaque artisan s'en tienne à son domaine de compétence ; d'autre part, l'artisan n'est pas en mesure, par cette production artisanale, de produire lui-même les *Idées*, celles-ci étant justement ce qui le conduit dans sa production. Si ces Idées sont elles aussi affaire d'une *pro-duction*, d'une ποίησις – et elles doivent bien l'être pour parvenir à la présence pleinement manifeste –, elle le sont d'un autre artisan, qui n'est aucun autre que le νοῦς divin. C'est lui qui les porte proprement à la vérité, c'est-à-dire les laisse pleinement apparaître, elles qui sont déjà, selon Platon, des « *natures* (φύσεις) »[25] en éclosion de par elles-

---

[24] *Cf.* pour ce qui suit *Rép.* X, en part. 595 b *sq.*
[25] 597 b 5 *sqq.*

mêmes, grâce à l'ἀλήθεια, la *dés-occultation*, qui les rend au préalable déjà manifestes. Mais il existe encore un troisième mode de la ποίησις : la ποίησις mimétique des artistes. Qu'est ce donc qu'ils *pro-duisent*, conduisent à la présence manifeste, par cette pro-duction mimétique ? Si l'artisan se limite à ne produire des objets que dans le domaine où il est compétent, l'artiste (un peintre par exemple), prend quant à lui la liberté de pro-duire *tout* : non seulement tous les objets d'usage, mais toutes les choses du monde, voire le monde lui-même tout entier : ce qui pousse et vit sur la terre, la terre, le ciel, et même les dieux[26]. La production de l'artiste est *universelle*. Mais comment une telle production est-elle possible – vu que l'homme ne dispose pas de compétence, de savoir quant à la production de tout ce qui est ? Elle n'est évidemment possible que si l'artiste produit tout cela – le monde dans son ensemble – comme dans un *miroir* (κάθοπτρον)[27]. En effet, quand on tourne un miroir de plusieurs côtés, tout un monde peut y briller en un éclat propre. Ce qui revient à dire que l'artiste ne produit pas les choses par rapport à ce qu'elles sont "effectivement", au jour de la vérité, mais seulement par rapport à leur *manière d'apparaître*, en tant que *phénomènes purement paraissant* : φαινόμενα, οὐ μέντοι ὄντα τῇ ἀληθείᾳ[28]. Raison pour laquelle la pro-duction de l'artiste ne peut pas être une production véritable : elle ne peut être que de la μίμησις, une sorte d'*imitation*. Mais que produit-il donc à proprement parler par cette dernière ? Nous l'avons déjà indiqué : l'artiste, disons un peintre, quand il peint une table, reprend à une certaine table sensible le simple mode qu'elle a d'apparaître (φαίνεσθαι), un certain aspect sensible, son φάντασμα ; et ce de telle façon qu'il re-pro-duit ce dernier dans une matière sensible, en l'y rendant plus brillant dans et au moyen de cette matière sensible. Voilà en quoi consiste la ποίησις mimétique proprement dite[29]. En l'espèce, le peintre met en évidence l'aspect sensible (le φάντασμα) des choses et lui confère sa brillance par les tracés des lignes (σχήματα) et par des couleurs (χρώματα), le poète par des noms (ὀνόματα) et des phrases (ῥήματα) qui résonnent, par le rythme

---

[26] 596 c.
[27] 596 d 9.
[28] 596 e 4 : « Il produit [les choses] en tant qu'apparences [φαινόμενα] et aucunement en tant qu'étants [qui sont] en vérité ».
[29] 601 a 2 *sqq*.

et la rime, par l'harmonie, etc[30]. Et c'est en cette *brillance sensible* que consiste alors la beauté spécifiquement *sensible* du μίμημα (du φάντασμα re-pro-duit dans une matière sensible)[31] – beauté sensible qu'il convient selon Platon de bien distinguer de la *beauté intelligible* qui est la splendeur propre à l'Idée ou la lumière même de l'ἀλήθεια qui l'éclaire[32].

Cela étant, Platon – premier philosophe au *début* de l'histoire de la philosophie et comme tel ekstatiquement pris par cette splendeur de la vérité qui éclaire le monde – va donc dès lors considérer par rapport à celle-ci les trois productions en jeu ici : l'*Idée*, l'*objet sensible*, le μίμημα[33]. Comment ces productions se présentent-elles à les considérer à partir de cette ἀλήθεια, cette *dés-occultation* ou ce *dé-voilement* ? Or, l'*Idée* d'une table, par exemple, est la chose table en tant que présente de façon parfaitement dé-voilée, en elle-même (αὐτό), comme telle, en toute sa pureté, sans être obscurcie par quelque autre chose, soit par une quelconque autre détermination. L'Idée est donc l'*étant* proprement dit, l'ὄν parfaitement dévoilé[34]. L'*objet sensible* par contre, la table sensible en l'occurrence, n'est cette Idée qu'en tant qu'elle apparaît en une certaine matière sensible, de sorte qu'elle se trouve alors pour ainsi dire "codéterminée" par des déterminations matérielles, sensibles, et donc obscurcie (ἄμυδρον, *getrübt*)[35], par celles-ci. Ainsi, l'objet sensible n'est que le *phénomène* (φαινόμενον), l'*apparition* (*Erscheinung*) de l'Idée, – et non l'Idée elle-même. Comme tel, il est moins manifeste que celle-ci, amoindri par rapport à l'ἀλήθεια parfaite qui distingue l'Idée comme telle. L'objet sensible se trouve donc déjà en une certaine *distance* par rapport au dévoilement parfait réservé à l'Idée. Or, plus loin encore de cette vérité se trouve le produit de l'artiste, le μίμημα. En effet, ce μίμημα n'est même plus l'objet sensible, lui-même déjà phénomène obscurci de l'Idée. Il n'est que le pur et simple *mode d'apparaître* qu'a

---

[30] *Ibid.*
[31] 602 b 3.
[32] Platon attribue à l'Idée suprême, celle du Bien (ἰδέα τοῦ ἀγαθοῦ), la splendeur d'une *beauté excessive* (ἀμήχανον κάλλος) (*Rép.* VI, 509 a 6 *sq*). L'Idée suprême de cette beauté intelligible (convertible avec l'Idée suprême du Bien) est le thème du discours de Diotime dans le *Banquet* (*cf*. en part. 210 a *sqq*).
[33] *Cf. Rép.* X, 597 a *sqq.*
[34] *Cf.* 597 a 5 *sqq* et 597 d 1 *sq.*
[35] 597 a 11.

cet objet sensible, son φάντασμα, mode d'apparaître qui apparaît d'ailleurs toujours autrement selon l'angle de vue sous lequel apparaît l'objet sensible. Bien plus, le μίμημα est ce φάντασμα en tant qu'il est repris et renforcé encore en son apparaître (déjà multiple, changeant) par la μίμησις. Ainsi, dans ce μίμημα, l'Idée, l'étant lui-même (l'ὂν αὐτό), est obscurci, voilé non seulement par les déterminations matérielles, comme dans l'objet sensible, mais en plus par les simples modes qu'a celui-ci d'apparaître, modes qui sont encore renforcés par la μίμησις. Le μίμημα, le produit de l'artiste, est donc *le plus éloigné* de l'étant lui-même *parfaitement dévoilé*. Il n'occupe que la *troisième place* par rapport à cette mesure qu'est l'ἀλήθεια ; il est, comme le dit Platon, τρίτον ἀπὸ τῆς ἀληθείας[36].

Pourtant, cette pure apparence qu'est le μίμημα – en son apparaître, en cette brillance qu'est sa beauté spécifiquement sensible – exerce φύσει, *par sa nature même*, une μεγάλη κήλησις[37], un *immense charme*, un enchantement sur l'âme humaine, de sorte que l'homme se trouve saisi, pris, par ce pur apparaître, *ab-senté* (*ent-rückt*), par lui hors du monde des multiples rapports de finalité pratique, ab-senté vers et dans ce pur apparaître comme tel. Mais à vrai dire, il ne s'agit là – comme le relève Platon aussitôt – que d'un jeu (παιδία) auquel manque le sérieux (ἡ σπουδή)[38]. Car cette apparence qu'est le μίμημα n'est pas plus que *rien* : elle n'est bonne à *rien*. Pire encore : ces pures apparences, ces εἴδωλα[39], qui changent sans cesse, *détournent* par leur charme l'âme humaine de la vue de l'*Idée*. Or seule l'Idée – l'étant parfaitement dévoilé, que rien n'obscurcit et qui est donc toujours identiquement le même – peut être la *ferme mesure* dont l'homme a besoin pour gagner une ferme tenue (ἦθος) dans le va-et-vient du monde. Seule l'ἐπιστήμη, le savoir constant de l'Idée constante, peut accorder à l'homme cet ἦθος constant. Le μίμημα, cette *apparence vacillante*, jette en revanche le trouble (ταραχή)[40] dans l'âme de l'homme et en détruit la

---

[36] Platon dit de l'artiste qu'il est le τρίτος ἀπὸ τῆς ἀληθείας (599 d 2 *sqq*), mais emploie des formules semblables également pour parler du μίμημα (*cf*. 599 a 1 et 602 c 1).
[37] 601 b 2 *sq*.
[38] 602 b 8.
[39] 605 c 4.
[40] 602 d 1.

bonne constitution. Il ne s'adresse pas au λόγος, mais à l'ἄ-λογον et libère celui-ci de sorte qu'il prend le dessus[41].

Or, tout cela vaut également pour la *poésie tragique*, qui est la cible proprement dite de la critique qu'exerce Platon à l'égard des arts. La tragédie a en effet pour enjeu de représenter, par la μίμησις, l'homme bouleversé par le destin (τύχη)[42], un grand malheur (ἀτυχία), de sorte que son âme, emportée par le πάθος, la *passion*, la *souffrance*, au lieu de dévoiler, par le λόγος ou la délibération (βουλεύεσθαι)[43], le juste chemin, hors d'elle, n'erre plus, à l'égard de celui-ci, que dans des apparences vacillantes (φαντάσματα) auxquelles la μίμησις, en les reprenant, donne tout un éclat trompeur par les moyens matériels du langage. La tragédie, ainsi déterminée, s'adresse donc bien à l'ἄ-λογον de l'homme. Et même plus : elle n'a de lieu de présence *que* dans celui-ci, à savoir dans un certain πάθος, la *com-passion* (ἔλεος)[44] qui l'envahit. Elle réveille ainsi cet ἄλογον et dissout la bonne constitution de l'âme de l'homme.

Reste que cette critique de la tragédie par Platon, *Aristote* ne va pas l'*admettre*, sans pour autant réfuter entièrement la position de Platon. Aristote va bien plutôt *modifier* le statut de la tragédie et, avec lui, celui des beaux-arts dans leur ensemble. Pour le dire par avance : Aristote *modère* la position de Platon. Dans sa *Poétique* (Περὶ Ποιητικῆς, *De Arte poetica*), il n'*exile* plus les arts du domaine de la vérité, mais il les y *réintègre* en leur attribuant une *place intermédiaire* entre l'histoire (ἱστορία) et la connaissance philosophique[45].

Voyons comment Aristote arrive à cette position modérée. Selon lui également, la tragédie a pour enjeu *un grand malheur* qui bouleverse toute la vie d'un homme[46]. Et c'est d'ailleurs, selon Aristote, l'homme lui-même qui, par son *agir* – son δρᾶν (de là le *drame*, δρᾶμα)[47] – l'amène : il le

---

[41] *Cf.* 604 d 9 et 605 c 1.
[42] *Ibid.* 603 e 4.
[43] *Ibid.* 604 c 5.
[44] *Cf. ibid.* 606 b 2.
[45] *Cf.* en part. Aristote, *Poét.* 9 ; 1451 b 4 *sqq.*
[46] La tragédie a avant tout pour enjeu la μεταβολή de la εὐτυχία à la δυστυχία, le revirement (que subit l'homme dans sa vie) du *bonheur* au *malheur* (*cf. Poét.* 7 ; 1451 a 12 *sqq* et 13 ; 1453 a 14 *sq*).
[47] *Poét.* 3 ; 1448 a 28 *sq.*

provoque lui-même par une *immense faille* ou *"faute"* (ἁμαρτία μεγάλη)[48], due à l'*erreur* (ἄγνοια)[49], qui est l'apanage de l'homme comme être *mortel*. De plus – de nouveau comme pour Platon –, la tragédie est pour Aristote aussi de l'ordre de la μίμησις[50] : elle reprend à ce drame vécu le φάντασμα et met celui-ci en évidence par la disposition et le langage poétique. Et ce sont de nouveau des πάθη qui ouvrent, ab-sentent le spectateur à ce "phantasme" mimétique du drame et à ce qu'il donne à voir. Ces πάθη sont selon Aristote non seulement la *compassion* (ἔλεος) avec l'homme représenté dans le drame, mais également la *peur* (φόβος) pour celui-ci[51]. Or, si, lors de la réalité vécue, effective, ces deux πάθη se trouvent mélangés à beaucoup d'autres, à l'égard de la tragédie la compassion et la peur interviennent en toute leur pureté, précisément parce qu'il *ne* s'agit *pas* de la réalité effective, mais d'un simple φάντασμα mimétique. C'est en ce sens que la tragédie est bien la κάθαρσις, *purification* de la compassion et de la peur : elle les conduit à l'état de leur pureté[52]. Or, pour Platon, le πάθος de la compassion n'est qu'*abandon*, *"ab-sence"* (*Entrückung*) de l'âme de l'homme-spectateur à ou dans des apparences vacillantes ; apparences qui détournent celle-ci de la vérité, jettent le trouble en elle et dissolvent sa bonne constitution. Mais pour Aristote, c'est précisément cette "ab-sence", cette *Entrückung* à et dans le φάντασμα du drame tragique par la compas-

---

[48] 13 ; 1453 a 16.
[49] 14 ; 1454 a 2 *sq*.
[50] 1 ; 1447 a 16.
[51] 6 ; 1449 b 27 et 13 ; 1452 b 30 *sqq*.
[52] La fameuse "définition" d'Aristote de la tragédie dans la *Poétique* (*cf*. 6, 1449 b 24 *sqq*) est la suivante : « La tragédie [...] accomplit au travers de la compassion et de la peur la purification de tels sentiments (τραγῳδία [...] δι' ἐλέου καὶ φόβου περαίνουσα τὴν τῶν τοιούτων παθημάτων κάθαρσιν) » (notre trad.). Nous devons l'interprétation de la κάθαρσις à Karl-Heinz Volkmann-Schluck, qui l'a développée – à partir des travaux préalables de Max Kommerell, *Lessing und Aristoteles. Untersuchungen über die Theorie der Tragödie*, Frankfurt a. M., 1940 – dans son excellent article intitulé *Die Lehre von der Katharsis in der „Poetik" des Aristoteles* (1951), *in* : *Varia variorum, Festgabe für Karl Reinhardt* (dargebracht von Freunden und Schülern zum 14. Februar 1951), Münster/Köln, 1952, p. 104-117. L'article est republié *in* : Karl-Heinz Volkmann-Schluck, *Von der Wahrheit der Dichtung*, hrsg. von Wolfgang Janke und Raymund Weyers, ELEMENTA, Band XXX, Würzburg/Amsterdam, 1984, p. 71-88. K.-H. Volkmann-Schluck a présenté cette interprétation aussi dans *Kunst und Erkenntnis* (concernant les références bibl. *cf. supra*, p. 362, notre note n° 8), en part. p. 51 *sqq*.

sion et la peur qui ouvre l'âme de l'homme-spectateur à ce qui se révèle là d'*essentiel* au travers de ce φάντασμα intuitif, sensible : ce qu'il en est de l'homme mortel comme tel, de *l'essence de l'homme mortel*. Il en est de même de tous les beaux-arts en général : le φάντασμα intuitif, sensible, repris et mis en évidence par la μίμησις, dévoile, d'une certaine manière, originellement l'*essence* de l'objet concerné[53].

Mais comment cela est-il possible ? Pour le savoir, il convient de se rappeler le statut ontologique de l'εἶδος chez Aristote, en distinction de l'Idée chez Platon : alors que, chez Platon, l'Idée comme telle existe séparément de la chose sensible, au-dessus d'elle, dans une sphère intelligible, l'εἶδος, chez Aristote, existe bien *dans* la chose sensible individuelle elle-même. Mais cet εἶδος, bien qu'il y ait son existence, n'y est pas pour autant présent tel qu'en lui-même, *comme* εἶδος, en son unité propre, mais uniquement sur le mode de la multiplicité de ses propres aspects (*Anblicke*) sensibles. L'εἶδος ne devient présent *comme tel*, en son unité propre, que dans la mesure où la pensée (νοῦς) le rassemble à partir de sa dispersion dans les multiples choses individuelles sensibles pour le rendre présent en son unité propre[54]. Pourtant, cela n'est pas possible de façon immédiate. Il faut pour ce faire l'intervention d'un tiers entre la dispersion de l'εἶδος dans la multiplicité de ses propres aspects sensibles et la présence de ce même εἶδος en son unité. Or, ce tiers est selon Aristote précisément le φάντασμα, qui a donc chez lui un statut différent de celui qu'il a chez Platon[55]. Chez ce dernier, le φάντασμα n'est que le pur et simple mode d'apparaître

---

[53] Ce n'est pas d'emblée l'essence même ou le καθόλου (le général) comme tel que l'art révèle au travers du φάντασμα, mais bien plutôt ce qui se rapproche de celle-ci et qui est donc *plus général* que les seules données sensibles. En ce sens, Aristote dit de l'art poétique qu'il dit « plus le général (μᾶλλον τὰ καθόλου) », alors que l'histoire dit » le particulier (τὰ καθ' ἕκαστον) » (*cf. Poét.* 9 ; 1451 b 7).

[54] Aristote le montre dans *De an.* III, 4-8. Le développement culmine au chap. 8, où il détermine le νοῦς comme l'εἶδος εἰδῶν (*De an.* III, 8 ; 432 a 2), c'est-à-dire la présence des εἴδη comme tels. Nous renvoyons à l'excellente interprétation de *De an.* III, 4-8 par K.-H. Volkmann-Schluck, in : *Die Metaphysik des Aristoteles*, Klostermann, Frankfurt a. M., 1979, p. 208-232.

[55] L'interprétation que nous présentons concernant le statut du φάντασμα chez Aristote résulte de l'union de deux textes : 1) *De an.* III, 3, où Aristote détermine la φαντασία ; et avant tout *De an.* III, 8 ; 432 a 2-14, où il détermine le rôle du φάντασμα par rapport à la saisie de l'εἶδος par la pensée (νοῦς). Et 2) *Poét.* 9 ; 1451 a 36-1451 b 11.

de l'objet sensible comme phénomène de l'Idée, de sorte qu'il est le plus éloigné de la vérité celle-ci. Mais chez Aristote, selon lequel il s'agit de rassembler, par la pensée du νοῦς, l'εἶδος à partir des objets sensibles en son unité propre et de le rendre présent comme tel, ce même φάντασμα, s'il est bien toujours le *pur mode* d'apparaître de l'objet sensible matériel, est précisément *comme tel* ce dans quoi l'aspect eidétique se trouve *libéré*, d'une première manière, de l'objet sensible matériel[56], de sorte que le φάντασμα *prélude* donc à la saisie de l'εἶδος comme tel par la pure pensée. Or, le φάντασμα, comme pur mode d'apparaître de l'objet sensible est toujours affaire de la φαντασία, sorte d'imagination sensible. Cette φαντασία, si elle est bien d'abord la présence du φάντασμα comme tel, peut également reprendre celui-ci à l'objet sensible et le *re*-présenter alors en lui-même, indépendamment de la présence actuelle de l'objet sensible. Cette même φαντασία est bien sûr à l'œuvre dans la μίμησις. Or c'est dans la mesure où elle reprend le φάντασμα à l'objet sensible qu'elle peut le représenter sur le mode d'une certaine *variabilité libre* – un peu comme le Schema-*Bild* chez Kant[57]. Et c'est alors au travers de ce φάντασμα en libre mouvement qu'apparaît, toujours pour cette imagination, la *façon* (τὸ οἷον) qu'a l'objet en question de se comporter *en général*, καθόλου, soit : l'aspect de son "comment" général (toujours affecté, lui aussi, par une certaine variabilité libre)[58], soit – pour le dire avec Kant – son *schéma* (*Schema*). C'est à ce stade que la pensée (νοῦς) peut intervenir et *faire ressortir* définitivement, à partir de cet aspect-schéma, l'εἶδος lui-même en son unité propre. Ainsi donc, le νοῦς, l'organe de la connaissance philosophique proprement dite, et donc cette connaissance philosophique elle-même, accomplit finalement le *dévoilement suprême* : le νοῦς est la présence de l'εἶδος *comme tel en sa vérité*. L'histoire, par contre, la ἱστορία, qui est la recherche des *faits*

---

[56] *De an.* III, 8 ; 432 a 9 *sq* : « Les φαντάσματα sont comme les perceptions sensibles, sauf qu'ils sont sans matière (τὰ [...] φαντάσματα ὥσπερ αἰσθήματά ἐστι, πλὴν ἄνευ ὕλης) » (notre trad.).

[57] *CRP*, « Du schématisme des concepts de l'entendement pur », en part. A 141 *sq* / B 181 *sq*.

[58] Cf. *Poét.*, 9 ; 1451 a 36 *sqq* : le poète rend présent, par son dire, « les façons dont les choses auraient pu se produire et [donc] les possibilités [essentielles] de celles-ci (οἷα ἂν γένοιτο καὶ τὰ δυνατά [...]) ». Et *ibid.* 1451 b 7 : « La poésie dit plus [que l'histoire] le général (ἡ μὲν γὰρ ποίησις μᾶλλον τὰ καθόλου [...] λέγει [...]) » (notre traduction).

passés, n'est la connaissance des objets sensibles que dans leur *particularité* ou *individualité* (τὰ καθ'ἕκαστον)[59]. Et si elle entrevoit elle aussi déjà d'une certaine manière l'εἶδος en sa généralité, elle ne le fait pourtant qu'en vue des faits particuliers, de sorte qu'elle n'en reste pas moins à ne dévoiler l'εἶδος qu'en son *aspect sensible individuel*. Mais l'art, en tant qu'il est de l'ordre de la μίμησις, rend librement présent le φάντασμα comme tel, de sorte que, par le truchement de celui-ci, il dévoile l'objet concerné en l'aspect eidétique de son "comment" général. Ainsi, à le considérer par rapport à l'œuvre de la vérité, l'art se situe bien *entre l'histoire et la philosophie*. Plus parfaite que l'histoire, quant à cette œuvre de la vérité, l'art demeure néanmoins à ce même égard en dessous de la philosophie. C'est ainsi qu'Aristote a *modéré* la position de Platon eu égard aux arts.

Nous avons par là présenté les deux positions fondamentales de l'art à l'Antiquité grecque :
1. celle de Platon, selon laquelle l'œuvre d'art est du *pur et simple apparaître* (φαίνεσθαι, μίμημα), *sans vérité du tout* ;
2. celle d'Aristote, selon laquelle l'œuvre d'art est de l'ordre d'un φάντασμα *intuitif qui nous dévoile originellement l'essence*.

Ces deux positions fondamentales seront toujours à nouveau reprises au cours de l'histoire de la pensée occidentale, tout en se trouvant modifiées de maintes façons. Nous devons nous limiter ici à quelques indications.

*

Dans l'Antiquité grecque déjà, *Plotin* unit les deux positions, et ce conformément à son projet général de synthèse des positions philosophiques de Platon et d'Aristote au sein d'une dimension platonisante. Plotin reprend ainsi à Platon l'Idée suprême de la Beauté intelligible – celle dont la splendeur éclaire les Idées – pour la considérer comme resplendissant d'une certaine manière déjà dans la beauté sensible du φάντασμα et du μίμημα platoniciens. Ainsi l'éclat du pur apparaître sensible du μίμημα dévoile-t-il, à l'instar du φάντασμα aristotélicien, l'*essence* des choses sensibles ; bien plus, il emporte l'âme humaine même jusque vers l'Idée suprême de la Beauté suprasensible, c'est-à-dire jusque vers l'ἕν qui, pure lumière, sans

---

[59] *Ibid.*

distinction, est finalement, tout comme le soleil de Platon, la source de toute lumière, de toute splendeur, de toute beauté, aussi bien celle des Idées intelligibles que celle des phénomènes sensibles. Le φάντασμα, l'εἴδωλον, renvoyant l'âme humaine, par sa beauté sensible, à la beauté suprasensible de l'εἶδος et finalement à celle de l'ἕν, devient ainsi chez Plotin le *symbole sensible du suprasensible*, et même de la transcendance suprême de l'ἕν[60].

Dans les *temps modernes*, les anciennes déterminations de l'œuvre d'art sont insérées dans la dimension de la *relation sujet-objet* et sont réinterprétées dans le cadre de celle-ci. L'œuvre d'art en sa beauté sensible se montre alors essentiellement comme *objet* dans le *rapport réflexif* au sujet. Par là, l'œuvre d'art devient affaire de *l'esthétique proprement dite*, de sorte qu'elle n'a dès lors sa présence que dans le rapport réflexif à l'αἴσθησις ou *état esthétique* du sujet. L'œuvre d'art devient l'*objet* de la *réflexion esthétique* du sujet. Ainsi, selon *Kant*, l'œuvre d'art est bien la présence d'un certain *aspect intuitif sensible* (φάντασμα) ou de la simple *représentation* (*Vorstellung*)[61] de l'objet, qui n'apparaît en sa *forme belle* que par la *réflexion esthétique* du sujet sur lui-même, sur le *sentiment* qu'il éprouve à son égard : c'est bien la simple *représentation* (le pur φάντασμα) de l'objet qui plaît au sujet, – et non l'idée de l'existence effective de l'objet, comme c'est le cas du plaisir des sens à l'*agréable* (*das Angenehme*) promettant de

---

[60] Cf. Plotin, *Ennéades* I, 6 : « Περὶ τοῦ καλοῦ (Du Beau) », en part. 3 ; 30-36 : les εἴδωλα et les σκίαι (ombres) ont pour caractéristique propre « de montrer [à notre âme], dans l'autre, le même [c'est-à-dire l'εἶδος] (ἐν ἄλλῳ τὸ αὐτὸ δείξασαι) » (notre trad.). Le terme « symbole » ne se trouve pas chez Plotin. Il a été introduit dans la sphère de la philosophie par le discours d'Aristophane dans le *Banquet* de Platon (191 d 3 *sqq*). Pour la genèse et l'histoire du *symbole*, voir l'excellent article de Wolfgang Janke, „Das Symbol", *Philosophisches Jahrbuch*, im Auftrag der Görres-Gesellschaft hrsg. von M. Müller, 76. Jahrgang, 1. Halbband, Alber, Freiburg/München, 1968, p. 164-180.

[61] Kant, *Kritik der Urteilskraft* [cité *KUK*], hrsg. von Karl Vorländer, Hamburg, Meiner, Philosophische Bibliothek Band 39a, Unveränderter Neudruck 1963 der Ausgabe von 1924, Ausgabe 1974, Erster Teil, Erster Abschnitt, Erstes Buch, Analytik des Schönen, § 2 [6], p. 40 *sq* / Kant, *Œuvres philosophiques*, Paris, Editions Gallimard, Tome II, 1985, *Critique de la faculté de juger* [cité *Cfj*], Première partie, Première section. Livre I : « Analytique du beau », § 2, p. 959 [Ak V, 204]. Nous ajoutons entre crochets les références de l'*Akademieausgabe*, c'est-à-dire de l'édition des œuvres de Kant par l'*Académie prussienne des sciences* (*Königlich Preußische Akademie der Wissenschaften*).

remplir un besoin physique[62]. Ainsi, vu l'absence de toute *condition privée* (*Privatbedingung*)[63] de son plaisir, le sujet va-t-il prétendre à ce que celui-ci soit *universel*, partageable par tous, sans pour autant pouvoir se fonder sur le *concept* de l'objet (sinon son jugement serait cognitif et non esthétique)[64]. Or rien n'étant universellement partageable sauf la connaissance (et ce qui a trait à elle), ce plaisir ne peut avoir pour fondement que le *rapport subjectif* de nos propres facultés de connaître *convenant à la connaissance comme telle* (en son caractère formel)[65]. Ce rapport est alors celui d'un accord libre (librement « final ») de l'imagination (la faculté d'appréhender, par des synthèses, la représentation donnée) et de l'entendement (la faculté des concepts), – accord où l'imagination, sans être contrainte par aucun concept déterminé de ce dernier, est déjà *d'elle-même*, en l'activité sienne, conforme à la légalité (ou à l'unité formelle) du concept comme tel. Cet accord libre, ce *jeu aisé et harmonieux de l'imagination et de l'entendement* est alors bien affaire d'un sentiment de plaisir. C'est donc par la réflexion esthétique du sujet – accomplie par lui à l'égard de la représentation donnée sur ce jeu harmonieux de l'imagination et de l'entendement – que cette représentation lui apparaît en une forme *harmonieuse, belle*[66]. Pour le dire avec Kant – suivant le troisième moment de l' « Analytique du beau » : « La *beauté* est la forme de la *finalité* d'un objet, en tant qu'elle est perçue dans cet objet *sans représentation d'une fin* »[67], – pour autant donc que cette forme soit perçue en lui par la *réflexion esthétique* du sujet sur le rapport de ses propres facultés de connaître, rapport qui est alors de l'ordre d'une simple « finalité subjective »[68], sans objet, purement formelle, soit ledit *accord libre*, le jeu *harmonieux* de celles-ci. Ce jeu harmonieux, animant déjà l'imagination et l'entendement, peut alors engager la vie de l'esprit tout en-

---

[62] *KUK / Cfj*, § 2 et § 3.
[63] *KUK* § 6 [17], p. 48 / *Cfj*, p. 967 *sq* [Ak V, 211].
[64] *Ibid.*
[65] *KUK* § 9 [27*sqq*], p. 55 *sqq* / *Cfj*, p. 974 *sqq* [Ak V, 217 *sqq*].
[66] *KUK* § 10 et § 11 [33*sqq*], p. 59 *sqq* / *Cfj*, p. 979 *sqq* [Ak V, 220 *sq*].
[67] « *Schönheit* ist die Form der *Zweckmäßigkeit* eines Gegenstandes, sofern sie *ohne Vorstellung eines Zwecks* an ihm wahrgenommen wird », *KUK* § 17 [61], p. 77 / *Cfj*, p. 999 [Ak V, 236].
[68] *KUK* § 11, [36], p. 60 ; § 12 [37], p. 61 et § 15 [46 *sq*], p. 67 / *Cfj*, p. 980 [Ak V, 221] ; p. 981*sq* [Ak V, 222] et p. 988 [Ak V, 227].

tier jusqu'à la raison (*Vernunft*, νοῦς), la faculté des Idées inconditionnelles. Toutes les facultés de connaître, les facultés d'ordre sensible, l'intuition et imagination, ainsi que les facultés d'ordre intellectuel se trouvent alors en un jeu harmonieux où elles s'animeront réciproquement. L'imagination ne va alors pas en rester à laisser apparaître une représentation donnée en sa *forme belle*, mais va se trouver engagée – en dernière instance par son accord latent avec la *raison* – à produire créativement, à partir des données matérielles sensibles – par sa seule nature, toujours en accord avec la légalité de l'entendement, des *Idées esthétiques* (*ästhetische Ideen*). Une telle *Idée esthétique* est une certaine représentation intuitive sensible (un φάντασμα) qui anime la *vie* de notre esprit tout entier (raison pour laquelle Kant l'appelle « esthétique ») et qui donne donc beaucoup, voire infiniment à penser, jusqu'aux *Idées inconditionnelles* (raison pour laquelle il l'appelle « Idée »)[69]. Ainsi, l'Idée esthétique, dans l'apparaître de sa forme belle, – telle que la conçoit Kant –, s'avère-t-elle être la réinterprétation moderne à

---

[69] Kant explique ce qu'il entend par « Idée esthétique » in : *KUK*, Erster Abschnitt, Zweites Buch, § 49 /*Cfj*, Première partie, Livre II, § 49. Concernant l'accord de l'Idée esthétique avec la légalité de l'entendement, *cf*. *KUK* § 49, p. 173 *sq* [200], p. 173 / *Cfj*, §49, p. 1102 *sq* [Ak V, 318]. – Les facultés qui se trouvent en un jeu harmonieux à l'égard d'une certaine forme belle sont donc *d'abord* l'imagination et l'entendement (*cf. KUK*, Einleitung, VII [XLIV], p. 27 / *Cfj*, Introduction, VII, p. 946 [Ak V, 189 *sq*] ; *KUK*, Erstes Buch, § 15 [46], p. 67 / *Cfj*, Livre I, § 15, p. 988 [Ak V, 228] ; *KUK*, Allgemeine Anmerkung [...], p. 89 [69 *sq*] / *Cfj*, Remarque générale [...], p. 1005 [Ak V, 240 sq]. Mais bien que d'abord uniquement *"formelle"*, l'imagination peut devenir d'elle-même – par le mouvement et l'*élan* de son jeu harmonieux avec la faculté *intellectuelle* – une imagination *"matérielle"*, productrice d'images sensibles, qui mettent en mouvement la *raison* comme faculté des *Idées suprasensibles*. Selon Kant, l'imagination "formelle" comme élément intégrant du jugement esthétique ou du *goût* (*Geschmack)*, et l'imagination "matérielle" comme *faculté du génie*, sont donc en dernière instance *une seule et même faculté*. Preuve en est, entre autres, que Kant définit le génie d'abord par l'aptitude naturelle à la *Stimmung der Vermögen*, disons : à la sensibilité au *jeu harmonieux des facultés de connaître* (imagination et entendement) qui est d'abord constitutif du jugement esthétique (*KUK* § 46, p. 180 [182] / *Cfj*, p. 1089 *sq* [Ak V, 307 *sq*]). Mais Kant caractérise également, par des formules analogues, le jeu des facultés de connaître dans le jugement esthétique, d'une part (*cf. KUK* § 9 [31], p. 57 et § 12 [37], p. 61 / *Cfj*, p. 977 [Ak V, 219] et p. 981 *sq* [Ak V, 222]), et dans l'*esprit* (*Geist*), la faculté proprement dite du génie, d'autre part (*cf. KUK* § 49 [192], p. 167 *sqq* / *Cfj*, p. 1096 *sqq* [Ak V, 313 sq]). En ce sens, le *goût* (la faculté du jugement esthétique) est déjà *esprit* (*Geist*).

la fois du μίμημα *platonicien* (il s'agit bien du φάντασμα en son pur φαίνεσθαι) que du φάντασμα *aristotélicien* (qui ouvre sur la pensée des Idées). Or mettant ainsi en un jeu harmonieux nos facultés sensibles et nos facultés intellectuelles (y compris la raison) – par ailleurs bien hétérogènes –, l'Idée esthétique en sa forme belle est alors, selon Kant, le témoin du fait que la *nature sensible* de l'homme se trouve *d'elle-même* déjà en un *accord fondamental* avec la législation de la *faculté intellectuelle* et finalement avec celle de la *raison*, de sorte que la réalisation de la *liberté pratico-morale*, commandée par cette législation, est bien *possible* dans la *nature humaine*. L'Idée esthétique en sa forme belle est ainsi le *symbole de la liberté réelle de l'homme*[70].

C'est cette pensée de Kant que *Schiller* reprend dans ses *Lettres sur l'éducation esthétique de l'homme*[71], où il développe son *humanisme esthétique* en aiguisant l'opposition que contient l'idée esthétique chez Kant : d'une part elle est de l'ordre du pur apparaître sensible (*reiner Schein*) – comme le μίμημα de Platon –, d'autre part ce qui ouvre jusque vers les Idées inconditionnelles de la raison – à l'instar du φάντασμα aristotélicien (dans sa réinterprétation plotinienne). Les deux positions opposées de Platon et d'Aristote coïncident donc chez Schiller dans l'*Idée esthétique*[72]. Or, grâce à l'unité du sensible et de l'intelligible dans l'Idée esthétique, l'homme – face à celle-ci, face à la pure apparence de la beauté sensible – se

---

[70] *Cf. KUK* § 59 : « Von der Schönheit als Symbol der Sittlichkeit [d.h. der praktisch-moralischen Freiheit] », p. 211 *sqq* [254 *sqq*] / *Cfj,* § 59 : « La beauté comme symbole de la moralité [c'est-à-dire de la liberté pratico-morale] », p. 1141 *sqq* [Ak V, 351 *sqq*]. *Cf.* aussi notre article intitulé « Métaphysique et symbolique. La beauté comme symbole de la liberté chez Kant », paru dans *Art & vérité*, édité par Ingeborg Schüßler, Raphaël Célis et Alexandre Schild, GENOS, Cahiers de philosophie, Lausanne, Rédaction et administration : Case postale 13, CH-1000 Lausanne, ISBN 2-940040-03-6, Septembre 1996, p. 145-164. A paraître aussi dans *nos Études généalogiques*, tome II *Neuzeit / Modernité*, article n° 16.

[71] F. Schiller, *Über die ästhetische Erziehung des Menschen in einer Reihe von Briefen* (1795), *in* : Schiller, *Sämtliche Werke*, Hauser, München, 1959, Band 5, p. 570-669 / *Lettres sur l'éducation esthétique de l'homme* [cité *Lettres*], Paris, Aubier, 1976 (bilingue). Les développements proprement philosophiques se trouvent dans les lettres XI-XXVII.

[72] Au lieu de l'« Idée esthétique », Schiller parle de l'« apparence esthétique (*ästhetischer Schein*) » (*cf. Lettres* XXVI).

trouve conduit dans l'unité de son essence humaine qui, sans cela, se trouve déchirée par l'antagonisme entre sensibilité et raison. C'est dans cette unité du jeu harmonieux des facultés humaines, par ailleurs opposées, que réside selon Schiller la *liberté proprement humaine, esthétique*[73]. L'Idée esthétique en sa belle apparence est bien le *symbole* de la liberté, non pas cependant comme chez Kant d'une liberté pratico-morale, différente de l'état esthétique, mais de cette liberté qui s'effectue déjà en la simple présence de ce symbole lui-même : la *liberté esthétique*[74]. Unissant ainsi – dans la dimension de la *certitude* de soi de la *subjectivité moderne* et en vue de la liberté esthétique de cette dernière – les positions opposées de la philosophie de l'art de Platon et d'Aristote, Schiller, avec son « humanisme esthétique », constitue *l'accomplissement* de la philosophie traditionnelle de l'art proprement dite.

Mais cet accomplissement *interne* de la philosophie de l'art n'est pas pour autant l'accomplissement ou la fin de la lutte entre *Art et Connaissance* ou *Art et Vérité*. Cette lutte recommence bien plutôt dans la dimension d'une subjectivité qui se veut absolue, dans la dimension d'un idéalisme, qui n'est plus transcendantal, mais absolu. Dans son *Système de l'idéalisme transcendantal* qui tend déjà vers l'absolu, *Schelling* montre que l'œuvre d'art, loin d'être un simple *symbole* de la liberté de la subjectivité, est bien plutôt le *seul document* qui atteste et révèle, par le fait de son existence, que cette subjectivité, le « Moi » dont l'essence originelle est l'identité du réel et de l'idéel, est *effectivement l'absolu, le tout en tout*[75]. Car cette subjectivité – en elle-même, comme origine transcendantale de la conscience, foncièrement insaisissable – se trouve précisément *objecti-*

---

[73] *Lettres* XX : « L'état moyen de la liberté esthétique (*der mittlere Zustand ästhetischer Freiheit*) ».

[74] *Lettres* XIV : Le beau est, pour l'homme, « le symbole de l'exécution de sa destination (*das Symbol seiner ausgeführten Bestimmung*) ».

[75] F.-J.-W. Schelling, *System des transzendentalen Idealismus* [cité *STI*] (1800), Hamburg, Meiner, Philosophische Bibliothek, Band 254, 1957, Sechster Hauptabschnitt : « Deduktion eines allgemeinen Organs der Philosophie der Kunst nach Grundsätzen des transzendentalen Idealismus » / *Système de l'Idéalisme transcendantal* [cité *SIT*], présenté, traduit et annoté par Christian Dubois, Louvain, Peeters, 1978, Chapitre VI : « Déduction d'un organe général de la philosophie, ou propositions principales de la philosophie de l'art d'après les principes de l'idéalisme transcendantal ».

vement réalisée, en son essence transcendantale, dans l'œuvre d'art en tant qu'*Idée esthétique*. Ainsi, l'art est *l'organe* de la philosophie, qui révèle à celle-ci l'absoluité effective de la subjectivité. *L'art l'emporte donc sur la philosophie* : car il est le seul organe de la *vérité*[76]. Mais cette primauté de l'art ne se fait jour que pendant un court moment. *Hegel* va l'écarter par son idéalisme absolu, d'ordre platonisant : l'art n'est plus, chez lui, l'organe adéquat de la révélation de la vérité, c'est-à-dire de l'absoluité de la subjectivité ou de *l'esprit*, mais n'en est qu'une première manifestation *sensible*. L'art n'est, comme le dit Hegel dans ses *Cours sur l'esthétique*, que l'« *apparaître sensible* de l'*Idée [absolue]* (*sinnliches Scheinen der Idee*) »[77]. C'est la *fin* de l'art à l'époque de l'accomplissement de l'idéalisme platonisant par un *Idéalisme absolu*. Or, cet accomplissement implique en même temps que l'*Idée* ou la lumière de la *vérité* en vient à son épuisement. S'ouvre alors comme ultime possibilité d'*inverser* totalement le rapport entre *Art et Vérité*, comme le fait *Nietzsche*. La vérité n'étant alors *elle-même* rien de plus que de *l'apparence inavouée*, c'est dès lors l'*apparence de l'art*, apparence qui *s'avoue et se veut*, qui a le rang suprême, et ce au nom de la *vie*[78]. Emportant toujours à nouveau la vie par

---

[76] *Ibid.* VI, § 3, 2) : « Die Kunst [ist] das einzige wahre und ewige Organon zugleich und Dokument der Philosophie (*STI*, p. 297) / « L'art [est] l'unique organon véritable et éternel ainsi que le document de la philosophie » (*STJ*, p. 259).

[77] G.-W.-F. Hegel, *Vorlesungen über die Aesthetik* (professées à plusieurs reprises à l'Université de Berlin entre 1823 et 1829), in : *Werke in 20 Bänden*, vol. 13-15, Suhrkamp, Frankfurt a. M., Suhrkamp, 1.-2. Auflage 1989, vol. 13, p. 151 : « Das Schöne bestimmt sich [...] als das sinnliche Scheinen der Idee » / *Cours d'esthétiques I*, traduction de Jean-Pierre Lefebvre et Veronika von Schenk, Paris, Aubier, 1995, p. 153 : « Le beau se définit [...] comme l'apparaître sensible de l'Idée. » (notre trad.).

[78] C'est la position que Nietzsche défend dès son œuvre de jeunesse *La naissance de la tragédie à partir de l'esprit de la musique* (1871), in : Friedrich Nietzsche, *Œuvres philosophiques complètes* [cité *OPC*], vol. I, 1, G. Colli et M. Montinari (éd.), traduit par Michel Haar, Philippe Lacoue-Labarthe et Jean-Luc Nancy, Paris, Gallimard, 1977 / *Die Geburt der Tragödie aus dem Geiste der Musik*, in : Friedrich Nietzsche, *Kritische Gesamtausgabe Werke* [cité *KGW*], hrsg. von Giorgio Colli und Mazzino Montinari, De Gruyter, Berlin/New York, 1972, III,1. *Cf.* en particulier la préface à la seconde édition (1886), *Essai d'autocritique*, § 5.

son charme, l'art est le grand stimulant pour celle-ci à l'âge du nihilisme[79].
Mais c'est là toujours et encore la μίμησις du platonisme.

*

La question se pose dès lors de savoir si cette détermination de l'art comme pure et simple apparence, comme μίμημα, est le concept adéquat et suffisant pour penser l'art à notre époque actuelle et lui procurer un lieu de présence. Il semble que *non*. En effet, si dans l'œuvre d'art les choses ne sont présentes que sur le mode du pur et simple apparaître, alors un tel mode d'être, à le comparer à la réalité effective en son effectivité ou efficacité *massive*, ne vaut pas plus que *rien*. Ce serait là, pour le dire avec Hegel, la *fin* de l'art. Au vu de cette expérience actuelle de la *"néanteté"* (*Nichtigkeit*) de l'œuvre d'art comme pur et simple apparaître par rapport à la réalité *effective*, on peut (et doit) se demander si cette conception de l'art comme pure apparence n'implique pas d'une certaine manière déjà la fin de l'art à partir de Platon[80]. Dans ce cas, il faudrait ou bien *renoncer* à cette conception, ou bien la *réinterpréter*. Mais en quel sens ?

La question est d'abord de savoir quand, à quelle condition, la présence des choses dans l'œuvre d'art est considérée de l'ordre de la pure et simple *apparence*. Quelle en est la mesure ou jauge ? A notre époque actuelle, il s'agit évidemment de l'*étant effectif* (*das wirklich Seiende*) dans son *effectivité* massive : c'est par rapport à lui que nous expérimentons l'œuvre d'art comme pur et simple apparaître (*bloßer Schein, bloßes Scheinen*) et ainsi finalement réduite à n'être *rien*. Mais cette mesure et jauge ne date pourtant pas d'aujourd'hui. L'étant "effectif" est primordial chez et depuis Platon. Platon est certes ekstatiquement ab-senté dans la lumière brillante de l'Idée

---

[79] Nietzsche dit dans un fragment tardif de mai-juin 1888, 17 [3] : « L'art et rien que l'art ! Il est la grande puissance qui rend la vie possible, la grande séductrice de la vie, le grand stimulant de la vie (*Die Kunst und nichts als die Kunst ! Sie ist die große Ermöglicherin des Lebens, die große Verführerin zum Leben, das große Stimulans zum Leben*) » (*OPC* XIV, p. 269 / *KSA* XIII, p. 521).

[80] C'est ce que Heidegger laisse entendre dans le « Nachwort » à « Der Ursprung des Kunstwerks » (1935/36), *in :* Heidegger, *Holzwege*, hrsg. von F.-W. von Herrmann, GA 5 (1977), p. 68 / « Postface » à « L'origine de l'œuvre d'art », *in : Chemins qui ne mènent nulle part*, Paris, Gallimard, 1962, p. 90 *sq.*

suprasensible – lumière brillante qui se doit à l'ouverture (ἀ-λήθεια, *dés-occultation*) excessive de l'être –, mais bien qu'elle occupe le rang suprême dans les degrés de la vérité (ἀ-λήθεια), cette Idée a pourtant finalement pour fonction d'être le *fondement* qui fonde l'étant (sensible) comme tel, de sorte qu'elle est orientée sur celui-ci. En ce sens, l'*étant* l'emporte par rapport à l'Idée : il est *primordial* par rapport à l'être lui-même en toute l'ouverture sienne. Pourtant, *l'étant effectif* – ne nous satisfait plus aujourd'hui. Son efficacité massive nous oppresse bien plutôt : il n'est plus pour nous aujourd'hui la mesure absolue, unique, de tout être. Expérience qui implique que nous remettions également en question la primordialité de l'étant (sensible) chez Platon, et par là toute l'ouverture de l'être telle qu'elle est à l'origine de sa pensée ; ouverture donc selon laquelle l'être n'est déterminé que par l' "ouverteté" (sans retrait), par l'*apérité* (*aperitas*) totale, de sorte qu'il est bien de l'ordre du φανηρώτατον. Ce mode d'ouverture de l'être ne peut donc plus constituer pour nous la mesure absolue ; pas davantage que la présence des choses dans l'œuvre d'art ne peut être considérée comme pure et simple apparence (μίμησις) : sorte de dernier "reflet" de l'être, qui se fait jour dans la primordialité de l'étant.

Comment alors comprendre l'être des choses dans l'œuvre d'art ? Comment le comprendre quand l'*étant* est destitué de sa primordialité ? Destitution qui implique que c'est inversement à *l'être lui-même en l'ouverture sienne que revient dès lors la primordialité*. Il est évident que l'être des choses dans l'oeuvre d'art ne peut alors plus être pensé comme ce en quoi les choses ne font qu'*apparaître* (au sens de la *pure et s imple apparence, Schein*). Il est bien plutôt à penser comme ce en quoi les choses *paraissent* (*erscheinen*) de manière à être bien *là* en leur être ou, plus exactement, comme *paraissant lui-même* dans l'œuvre d'art, de manière à être lui-même là, ouvertement[81], ne serait-ce que pour un court instant. Dans l'œuvre d'art, l'être n'interviendrait donc plus sur le mode de la simple apparence (*bloßer Schein*), mais sur celui de la *parution (Erscheinung) de lui-même*. Mais en la parution de leur être dans l'œuvre d'art, les choses demeurent pourtant étrangement *insaisissables*, comme le sont, selon Platon, les phénomènes dans un miroir. Mieux : l'être lui-même, en toute sa parution dans l'œuvre

---

[81] Au sens où quelqu'un apparaît *en personne* dans l'encadrement d'une porte.

d'art, demeure lui-même étrangement insaisissable. Comment ce caractère est-il donc à penser aujourd'hui ?

A le considérer par rapport à l'effectivité de l'étant effectif aujourd'hui, "effectivité" ou *efficacité* par laquelle tout ce qui est justement bien *saisissable*, c'est-à-dire disponible à tout moment et présent sur le champ, tout en étant cependant rongé, voire anéanti en son être par la "consommation", – qu'en serait-il si on comprenait ce caractère d'être *insaisissable* comme étant de l'ordre d'un mouvement de l'être de *se retirer* (*sich entziehen*), de *se mettre à couvert* (*sich verbergen*), voire de *se mettre à l'abri* (*sich bergen*), mouvement par lequel il se soustrait à toute tentative de le saisir, de s'en emparer en vue de le mettre à disposition et le rendre disponible (à l'instar d'un étant) ? L'art aurait aujourd'hui pour tâche d'assumer un *nouveau mode de l'ouverture de l'être*, mode en lequel *l'être* vient à la *parution (Erscheinen) de lui-même*. Et même à une *parution pure (reines Erscheinen)*, puisque *l'Idée (ou l'étant), destituée de sa primordialité*, ne le réduit plus à *un reflet obscur*. Parution pure qui est paradoxalement telle que ce même être se retire (*entzieht sich*), se met à couvert (*verbirgt sich*), se met à l'abri (*birgt sich*) par rapport à toute saisie possible.

Mais comment alors *penser* cette nouvelle ouverture de l'être qui a lieu dans l'œuvre d'art ? On ne peut rien penser à partir de zéro (le néant total) ni à l'aventure, sous peine de manquer de repères solides et de vaciller dans des notions infondées. Vu que ledit nouveau mode de l'ouverture de l'être, sa *parution dans le retrait*, se dégage à partir de la crise actuelle de la première ouverture de l'être, celle qui date de l'Antiquité grecque, il semble approprié de faire retour à cette *première ouverture*, non pas pour la reprendre, mais pour *s'expliquer avec elle*, pour la *problématiser* et mettre par là, si possible, au *jour les "présuppositions"* sur lesquelles elle repose. Car il est très bien possible que ces présuppositions – *impensées* comme telles par les premiers philosophes – permettent aujourd'hui de penser de manière fondée ledit "nouveau" mode de l'ouverture de l'être. Quelles sont donc ces présuppositions ? Ou quelle en est *la* présupposition essentielle, impensée en tant que telle au début de la pensée occidentale et par l'ensemble de la tradition qui s'ensuit ?

Selon les recherches de Heidegger sur *l'ouverture de l'être* aux débuts grecs, le mot ἀ-λήθεια lui-même, à bien le penser, peut *indiquer* cette présupposition. Ce mot consiste en deux éléments : 1) le préfixe ἀ- en son double sens, *intensif* et *privatif*, qui exprime *à la fois* l'intensification que la privation ; et 2) le mot λήθη, apparenté au verbe λανθάνειν, *se retirer, se mettre à couvert* (*sich verbergen*) au sens large. Ainsi, conformément à ce qu'indique le mot, c'est précisément la λήθη[82], le *retrait* (*Entzug*) et la mise-à-couvert (*Verbergung*) de soi de l'être, et plus exactement l'*intensification* de cette λήθη en ses tendances propres, qui rend possible la *privation* de cette même λήθη : l'ἀ-λήθεια comme ouverture (excessive), comme *dés-occultation* ou *éclairie* de l'être. Les deux mouvements vont de pair. C'est donc dans cette λήθη qui va s'intensifiant que réside selon ces indications la *présupposition*, implicite et impensée, de l'ouverture de l'être au début grec de la pensée occidentale. Toute cette ouverture de l'être (finalement claire comme le jour) relève donc (paradoxalement) de la λήθη, de l'*occultation*, de la *mise-à-couvert (Verbergung), voire du refus (Verweigerung) de soi de l'être*, c'est-à-dire somme toute de l'*"ab-sence" (Ab-wesen)* (en "acte") ou de l'*ab-sentement* de soi de l'être, qui va s'intensifiant. Elle relève d'une λήθη qui, conformément à son intensité ou *excessivité* propre, se retire et refuse non seulement elle-même (se voilant et faisant oublier elle-même), mais va aussi toujours s'accroissant ; refus croissant qui va de pair avec le processus inverse (en le rendant possible) : celui de l'ouverture ou de la dés-occultation de l'être qui croît lui aussi. Cette dimension de la λήθη, du *refus* (*Verweigerung*) croissant, sous-tend donc l'ouverture ou l'éclaircie tout entière de l'être ainsi que *tout étant* qui se fait jour en son sein, en ne manquant pas de ronger (*anzehren*) et de *consumer* (*verzehren*) ce dernier en son être ; tout comme la dimension de l'ouverture ou de la désoccultation correspondante transforme ce même étant toujours plus en un fond disponible. Or, dans la mesure où cette λήθη est finalement expérimentée *comme telle* (comme c'est bien le cas à notre époque du nihilisme), devenant alors même affaire de la pensée, cette même λήθη n'est évidemment plus de l'ordre du *refus* pur et simple ou du refus en toute sa crudité, mais s'approchant alors d'une certaine manière de nous, elle regagne son sens orginel : elle se re-transforme en *mise-à-couvert* (*Verbergung*) de soi de

---

[82] *Cf.* Heidegger, « Seminar in Le Thor (1969) », *in : Seminare*, GA 15, 1986, en part. p. 331 / *Séminaire du Thor* (1969), *in :* Questions IV, Paris, Gallimard, 1976, en part. p. 265.

l'être. Or, ce mode de la λήθη se recouvre évidemment avec le *retrait* de l'être que nous avons dégagé comme trait essentiel de la "nouvelle" ouverture de l'être dans l'œuvre d'art : *le retrait de l'être en sa parution même*. Cette "nouvelle" ouverture de l'être serait par là *fondée* à partir de la *présupposition* de l'ancienne ouverture de l'être, soit de celle de la conception traditionnelle de l'œuvre d'art comme pure apparence (μίμημα).

Mais si nous avons bien dégagé ainsi généalogiquement cette "nouvelle" ouverture à partir de l'ancienne, nous ne voyons maintenant plus très bien ce que cette ouverture-là pourrait avoir à faire à *l'œuvre d'art*. Pourquoi se fait-elle *événement (Ereignis)* dans l'œuvre d'art ? Devenant toujours plus refus, la λήθη est certes finalement *expérimentée* en tant que refus, tout en regagnant par là son caractère orginel comme *retrait* qui met à couvert (*verbirgt*) et à l'abri (*birgt*), mais ce même retrait s'est toutefois fait jour à partir du refus, de sorte qu'il demeure *affecté par la possibilité de rechuter dans le refus*. Ainsi, l'être, porté à l'ouverture et à la parution à partir de la λήθη intervenant comme retrait, a beau se mettre à l'abri (*sich bergen*) par ce seul retrait. Il a besoin d'une *mise-à-l'abri (Bergung) d'une autre envergure*, qui le protège contre son propre refus ou protège toute cette "nouvelle" ouverture de l'être contre la possibilité latente d'être engloutie par l'abîme du refus. Cette mise-à-l'abri s'accomplira dans ce que la philosophie traditionnelle a appelé la « *matière* ». Mais cette matière n'est alors plus un simple moyen mimétique de la mise en évidence du φάντασμα en son pur apparaître, soit un *renforcement* de ce dernier, mais bien inversement *ce dans quoi l'être*, s'ouvrant à partir de la λήθη, *se trouve mis à l'abri (geborgen)*. Or, la matière est ce qui constitue la choséité proprement dite d'une chose. Ainsi, la "nouvelle" ouverture de l'être – celle de la parution de l'être à partir de son retrait et dans celui-ci – a donc bien besoin d'être mise à l'abri (*geborgen*) dans cette chose qu'est l'œuvre d'art[83]. Etant donné que selon Aristote la ποίησις de l'œuvre d'art visait

---

[83] Heidegger l'indique très succinctement dans une apostille de 1960 au texte de « Der Ursprung des Kunstwerks » : « Kunst : Das im Ereignis gebrauchte Her-vor-bringen der Lichtung des Sichverbergens-Bergens ins Ge-bild. » « L'art : [c'est bien] la pro-duction de l'éclaircie [de l'être] en son appartenance à la mise-à-couvert/mise-à-l'abri dans le pro-duit façonné rassemblant (*Ge-bild*), pro-duction dont l'événement propriant (*Ereignis*) [de l'être] a besoin. » (Notre trad.). *In* : « Der Ursprung des Kunstwerks », in GA 5, p. 2, apostille a. (Les apostilles ne sont pas encore traduites en français). Concernant

finalement la pro-duction de l'*universel*, de tout un *monde* dans celle-ci, l'art aurait donc pour tâche de mettre à l'abri (*bergen*), dans l'œuvre d'art, l'ouverture (à partir de la λήθη) de l'être lui-même ou de tout un *monde*.

Ce sont là quelques indications pour un projet « postmétaphysique » de l'œuvre d'art tel qu'il s'ouvre aujourd'hui généalogiquement à partir d'un retour à la fondation inaugurale de l'art dans l'Antiquité grecque.

---

la nécessité de la mise-à-l'abri de l'ouverture de l'être et en particulier de celle dans l'œuvre d'art, *cf.* également *Beiträge zur Philosophie (Vom Ereignis)*, GA 65, 1989, en part. V, e : « Die Wesung der Wahrheit als Bergung », n° 243-246, p. 389-392 / *Apports à la philosophie. De l'avenance*, traduit de l'allemand par François Fédier, Paris, Gallimard 2013, en part. V, e : « Le déploiement de la vérité comme mise-à-l'abri » (trad. mod.), p. 443-447.

17. a) La motivation de la philosophie.
Etonnement – Doute – Angoisse[1]

L'époque actuelle est déterminée en ses traits principaux par la *fin de la philosophie traditionnelle*, c'est-à-dire de la *métaphysique* qui a commencé avec Platon et Aristote. Cette fin consiste – pour la caractériser brièvement – en le processus suivant. Jadis, le savoir, soit la recherche et la connaissance des principes et des causes des choses qui sont, était en tout premier lieu l'affaire de la philosophie ; la philosophie était le siège originel du savoir dans son ensemble et partant également du savoir des sciences[2]. A la suite de l'accomplissement (*Vollendung*) du savoir de la philosophie dans les systèmes du « savoir absolu », d'un Fichte, d'un Schelling et d'un Hegel en particulier, se produit une sorte de mécanisme d'échange : le savoir cesse d'avoir son siège dans la philosophie, se dé-place et prend place dans les sciences modernes, exactes, technicistes, pour résider désormais entièrement dans celles-ci[3]. Au travers d'un calcul planétaire et même interplanétaire, ces sciences s'assurent de plus en plus les ressources et processus

---

[1] L'article présente le texte de notre *Leçon inaugurale* (1982) à l'Université de Lausanne (*cf. Documentation* p. 472). Elle était adressée non seulement aux "spécialistes", mais aussi au grand public.

[2] *Cf.* par exemple Aristote, *Métaphysique* [cité *Mét.*], VI, 1 ; 1025 b 3-18. Concernant le rapport entre la philosophie et les sciences, *cf.* également nos ouvrages *Philosophie und Wissenschaftspositivismus. Die mathematischen Grundsätze in Kants Kritik der reinen Vernunft und die Verselbständigung der Wissenschaften*, Frankfurt a. M., Klostermann, 1979, et *Aristoteles, Philosophie und Wissenschaft, Das Problem der Verselbständigung der Wissenschaften*, Frankfurt a. M., Klostermann, 1982.

[3] La domination des sciences dans le monde actuel est, selon Heidegger, la possibilité extrême (*äußerste Möglichkeit*) de la philosophie traditionnelle, c'est-à-dire de la métaphysique elle-même. Heidegger a établi cette thèse dans « Das Ende der Philosophie und die Aufgabe des Denkens » (1964), *in : Zur Sache des Denkens* (1969), hrsg. von F.-W. von Herrmann, *Gesamtausgabe* [cité GA], Band 14, 2007, p. 67-90, en part. p. 71 *sqq* / « La fin de la philosophie et la tâche de la pensée », traduit par Jean Beaufret et François Fédier, *in : Questions IV*, Paris, Gallimard, 1976, p. 112-139, en part. p. 115 *sqq*.

énergétiques du globe et de l'espace, transformant progressivement ceux-ci en un système fonctionnel de fonds d'énergie disponible.

Face à cette situation, la philosophie devient tout à fait problématique. On ne sait plus très bien ce qu'elle est ; on va jusqu'à lui contester sa raison d'être. Néanmoins, cette situation peut aussi inciter à poser certaines questions, dont les suivantes : s'il est vrai que notre monde actuel, scientifique et technique, a son origine dans la philosophie – qu'était-elle donc jadis et que peut-elle encore être aujourd'hui et demain ? Comment se fait-il que les hommes s'adonnaient à la philosophie ? Quelle en était la motivation et quelle peut-elle encore être aujourd'hui et à l'avenir, dans notre monde scientifique et technique ?

Comme on le sait, ce sont Platon et Aristote qui sont les premiers à déterminer ce qu'est la philosophie. Selon le *Sophiste* de Platon, la question principale de la philosophie est celle-ci :

> τί [...] βούλεσθε σημαίνειν ὁπόταν ὂν φθέγγεσθε[·]
>
> Que voulez-vous indiquer, quand vous prononcez [le mot] ὄν [c'est-à-dire « étant »] ?[4]

Aristote reprend cette question et la formule à plusieurs endroits de sa *Métaphysique*. Dans le livre VII, il la formule ainsi :

> τί τὸ ὄν·
>
> Qu'est-ce que l'étant ?[5]

Et dans le livre IV, il caractérise la philosophie, en tant qu'elle pose cette question, de la façon suivante :

> Ἔστιν ἐπιστήμη τις ἣ θεωρεῖ τὸ ὂν ᾗ ὂν καὶ τὰ τούτῳ ὑπάρχοντα καθ' αὑτό.
>
> Il y a une science qui considère l'étant en tant qu'étant et tout ce qui lui appartient en tant que tel.[6]

A réunir les deux formules, la question principale de la philosophie est donc selon Aristote celle-ci :

---

[4] *Sophiste*, 244 a 5 *sq* (notre trad.).
[5] *Mét*. VII, 1 ; 1028 b 4. (Platon l'avait déjà formulé ainsi : *Sophiste*, 244 b 7 ; *Timée*, 27 d 6).
[6] *Mét*. IV, 1 ; 1003 a 21 *sq*.

τί τὸ ὂν ᾗ ὄν ·
Qu'est-ce que l'étant en tant qu'étant ?

Que veut dire cette question ? Elle a pour objet *l'étant* (τὸ ὄν), c'est-à-dire tout ce qui est déterminé par l'être, de telle sorte qu'il *est*, qu'il *existe*, de quelque manière que ce soit. Et elle considère ces « étants » – comme le dit Aristote – « en tant qu'étant », c'est-à-dire par rapport à la détermination qui leur est propre, en tant qu'ils sont des étants. Cette détermination n'est autre que l'*être*. La question a donc pour objet les étants, considérés par rapport à leur être, – qui est la détermination et le principe des étants, qui *font* qu'ils sont des étants. Selon Platon et Aristote, les deux principaux représentants de la philosophie de l'antiquité grecque, la philosophie est donc au fond engagée dans une seule question : *la question de l'être* (pris au sens large du mot).

Cette question nous semble étrange. D'autant plus étrange qu'aujourd'hui, plongés que nous sommes dans un monde scientifique et technique, nous ne la posons plus du tout. Et pourtant cette question a engagé toute la philosophie occidentale, non seulement à ses débuts, dans l'antiquité grecque, mais – certes sous forme modifiée – jusque chez Kant, Hegel et même Nietzsche, qui pourtant vient renverser toute la philosophie traditionnelle. Rappelons que dans son « Architectonique » de la philosophie, Kant détermine, à la fin de la *Critique de la raison pure*, la philosophie comme étant, au fond, « *philosophie trancendantale* » *(philosophia transcendentalis)* et celle-ci, ajoute-t-il, est « *ontologie* » *(ontologia)* : λόγος τοῦ ὄντος, *science de l'être*[7]. Dans sa *Grande Logique*, Hegel détermine l'Idée absolue, comble et résultat de la philosophie traditionnelle, comme « *erfülltes Sein* » : être rempli par toute la richesse des catégories développées jusqu'ici[8]. Et dans le cadre de son renversement de la philosophie

---

[7] Kant, *Critique de la raison pure*, « L'architectonique de la raison pure », A 845 / B 873. Concernant l'identité entre la « philosophie transcensdantale » et l'« ontologie », *cf.* aussi son écrit intitulé : *Les progrès de la métaphysique / Welches sind die wirklichen Fortschritte, die die Metaphysik seit Leibnizens und Wolffs Zeiten in Deutschland gemacht hat ?* (1791), Erste Handschrift, [Einleitung], en part. A 10 *sq.*

[8] Hegel, *Wissenschaft der Logik*, Meiner, Philosophische Bibliothek, Erster Teil Band 56, Hamburg 1967, Zweiter Teil, Band 57, Hamburg 1975. In Band II, « Die absolute Idee », p. 483-506, en part. p. 504 : « [...] es [d.i. das Sein, sofern es Resultat der Entwicklung der absoluten Idee ist] ist nun auch *erfülltes* Sein. » / Hegel, *Science de la*

traditionnelle, Nietzsche comprend le devenir, la vie, le processus de la subjectivité – devenue volonté de puissance – comme l'*être* :

> Das innerste Wesen des Seins [ist] Wille zur Macht.
>
> L'essence la plus intime de l'être [est] volonté de puissance.[9]

Et pourtant, à l'époque actuelle, nous ne posons plus la question de l'être. C'est pourquoi nous nous demandons, justement : comment cette question a-t-elle pu apparaître ? *Quelle en était la motivation* ? Sur ce point également, Platon et Aristote sont les premiers à donner une réponse. Dans le *Théétète*, Platon dit :

> Μάλα γὰρ φιλοσόφου τοῦτο τὸ πάθος, τὸ θαυμάζειν· οὐ γὰρ ἄλλη ἀρχὴ φιλοσοφίας ἢ αὕτη.
>
> Elle est bien d'un philosophe en effet cette passion : s'étonner (τὸ θαυμάζειν) ; car il n'y a pas d'autre principe de la philosophie que celui-ci.[10]

Et Aristote de dire, dans le livre I de la *Métaphysique* :

> Διὰ γὰρ τὸ θαυμάζειν οἱ ἄνθρωποι καὶ νῦν καὶ τὸ πρῶτον ἤρξαντο φιλοσοφεῖν.
>
> C'est par et à travers l'étonnement (θαυμάζειν) que les hommes ont toujours commencé à philosopher, actuellement aussi bien qu'à l'origine.[11]

Selon Aristote et Platon, c'est donc une certaine passion qui est l'origine de la philosophie : l'étonnement (θαυμάζειν). Or au sens grec du mot,

---

Logique. Edition de 1812. Traduction, présentation et notes par Pierre-Jean Labarrière et Gwendoline Jarczyk. Paris, Aubier Montaigne. Tome I 1972, tome II 1976, tome III 1981. In : tome III, p. 367-393, en part. p. 391 : « [...] il [i.e. l'être en tant qu'il est le résultat du développement de l'Idée absolue] est maintenant aussi être *rempli* » (trad. mod.).

[9] Nietzsche, *Nachgelassene Fragmente*, Frühjahr 1888, 14 [80], *in :* *Sämtliche Werke. Kritische Gesamtausgabe* [cité *KGW*], hrsg. von Giorgio Colli und Mozzino Montinari, De Gruyter, Berlin/New York, 1972, Band VIII/3, p. 52 / Nietzsche, *Fragments posthumes*, « Printemps 1888, 14 [80] », *in :* *Œuvres philosophiques complètes* [cité *OPC*], G. Colli et M. Montinari (éd.), traduit par Jean-Claude Hémery, Paris, Gallimard, 1977, vol. XIV, p. 58

[10] Platon, *Théétète*, 155 d.

[11] Aristote, *Mét.* I, 2 ; 982 b 12-13.

une *passion* (πάθος) n'est pas le sentiment intérieur d'une subjectivité repliée sur elle-même, mais envahit toute l'existence de l'homme dans son ouverture au monde dans son ensemble. C'est en ce sens que les Grecs s'étonnaient : ils étaient pris par l'étonnement dans toute leur existence ouverte au monde, soit à la totalité des étants ; cela compte tenu du fait que, *somme toute, il y a des étants*, c'est-à-dire des choses qui *sont* et qui sont *comme* elles sont. Or, une chose qui étonne requiert qu'on la comprenne. Ainsi les Grecs ont-ils cherché la détermination et le principe qui font que les étants soient et soient tels qu'ils sont. L'étonnement vis-à-vis des étants les incitait à poser la question de l'être, question principale de la philosophie.

Nous pouvons nous demander aujourd'hui ce que les étants pouvaient bien avoir de si étonnant pour que les Grecs s'en étonnent, et cela même passionnément ? Comme nous l'a rappelé Heidegger, les étants (τὰ ὄντα) se présentaient pour eux comme des *phénomènes* (φαινόμενα)[12]. Ils se montraient à eux comme quelque chose qui est là, présent, de façon apparente, brillant dans la splendeur de sa propre forme, de ses propres limites, et tout cela dans une certaine constance. Et il était effectivement étonnant pour les Grecs qu'il y ait de tels phénomènes apparents et constants. Car est étonnante toute chose qui pourrait ne pas être telle qu'elle est, qui pourrait être son contraire ou qui pourrait même ne pas être du tout. Or c'est là précisément ce qui caractérisait les phénomènes tels qu'ils se présentaient aux Grecs. Si les Grecs étaient saisis d'étonnement à l'égard du fait qu'*il y ait* des phénomènes apparents et constants, c'est parce qu'en même temps ils étaient oppressés par l'expérience de ce qui n'est jamais un tel phénomène, constant, apparent, brillant dans l'accomplissement de ses propres limites, à savoir le *sans-limite*, l'ἄπειρον mentionné maintes fois par Platon, Aristote et jusqu'à Plotin ; sans-limite qui prive tout de ses limites et le fait sombrer dans la confusion[13]. Ainsi, les phénomènes leur apparaissaient toujours déjà

---

[12] *Cf.* par exemple « Seminar in Le Thor 1969 », *in* : *Seminare*, hrsg. von Curd Ochwadt, GA 15, 1986, p. 326-371, en part. p. 327 et p. 331 *sqq* / « Séminaire du Thor 1959 », *in* : Heidegger, *Questions IV*, Paris, Gallimard, 1976, p. 259-306, en part. p. 260 *sq* et p. 264 *sqq*. *Cf.* aussi la succincte indication dans *Sein und Zeit* (1927), hrsg. von F.-W. von Herrmann, GA 2, 1977, p. 38 / *Être et Temps*, traduit de l'allemand par François Vezin, Paris, Gallimard, 1986, p. 55.

[13] Platon, *Philèbe*, 23 c-27 c. Aristote parle plutôt de ἀόριστον (*Mét.* I, 8 ; 989 b 18 et

affectés par la possibilité de sombrer dans la confusion de l'ἄπειρον : d'être entraînés par le fleuve du devenir inconstant et engloutis par le chaos dévorant. Le fait qu'*il y ait* des phénomènes lumineux et constants était pour les Grecs bel et bien étonnant. Aussi surgissait pour eux la question de savoir ce qui constitue, à proprement parler, la phénoménalité de ces phénomènes, en d'autres termes, en quoi consiste l'être des étants, c'est-à-dire la détermination et le principe qui *font* qu'ils *sont* des étants et non des non-étants engloutis par le chaos dévorant. C'est ainsi que les Grecs en sont venus à poser la question de l'*être*.

Ce principe des étants ne peut être que quelque chose qui, lui-même, est un phénomène au plus haut degré, de telle sorte qu'il ne soit pas affecté par le fleuve du devenir inconstant et le chaos dévorant. Et ce phénomène, qui brille constamment dans la clarté de ses propres limites, c'est l'εἶδος, l'ἰδέα, l'*Idée*. En tant qu'aspect bien délimité de l'essence propre de chaque phénomène donné par les sens, aspect qui se montre toujours déjà à la raison, l'*Idée* est en effet ce qui se maintient constamment au travers du multiple changeant, tellement qu'elle est apte à constituer des phénomènes constants[14]. C'est ainsi que Platon a reconnu et établi l'*Idée* comme principe des étants. Telle est la réponse de Platon à la question de l'être. Réponse qui a été, en principe, conservée par la philosophie de l'antiquité grecque, certes en subissant maintes modifications, telles celles d'Aristote, qui situe l'εἶδος dans le domaine du sensible[15], ou celle de Plotin, qui le situe dans le νοῦς, la *raison* divine[16]. On peut dire que, dès Platon, dans l'antiquité grecque, les étants sont fondés sur l'Idée, qui en est le principe, pensé par la raison. Dès lors, les étants, pour être admis comme tels, doivent répondre à la raison, comme le disaient déjà Socrate et Platon : λόγον διδόναι, *ratio-*

IV, 5 ; 1010 a 1 *sqq*). Plotin, *Ennéades*, I, 8 « Qu'est-ce que le mal et d'où provient-il ? Περὶ τοῦ τίνα καὶ πόθεν τὰ κακά) » 3, 12 *sqq* et 6, 41 *sqq*.

[14] *Cf.* Heidegger, « Platons Lehre von der Wahrheit » (1940), *in : Wegmarken*, hrsg. von F.-W. von Herrmann, GA 9, 1976, p. 203-238, en part. p. 225 et p. 228 / « La doctrine de la vérité de Platon », traduit par André Préau, *in : Questions II*, Paris, Gallimard, 1968, p. 117-163, en part. p. 145 et p. 149 *sq*.

[15] Aristote, par exemple *Categories*, 5, 2 a 11 *sqq* ; *Mét.* VII, 6 ; 1031 a 28-1031 b 18.

[16] Plotin, par exemple *Ennéades*, V, 9 « De la raison, des idées et de l'étant. (Περὶ τοῦ νοῦ καὶ τῶν ἰδεῶν καὶ τοῦ ὄντος) », 8, 1-22.

nem reddere[17]. C'est là le début de la domination de la raison. Et également le début du savoir, s'il est bien vrai que le savoir consiste dans la connaissance des choses à partir des principes pensés par la raison. Ce savoir est *d'abord* la connaissance des principes qui fondent les étants comme tels, soit le savoir propre de la philosophie et *partant également* la connaissance de ce qu'*il en est* de ces étants, des rapports multiples de ces étants, soit le savoir propre des sciences. C'est donc bien l'étonnement qui, dans l'antiquité grecque, est l'origine de la philosophie aussi bien que des sciences.

S'il est vrai que l'étonnement était la motivation de la philosophie à son origine, dans l'antiquité grecque, il ne l'est pourtant plus dans les temps modernes, qui commencent à proprement parler avec le *cogito*, soit la subjectivité consciente d'elle-même, pensé par Descartes. Or on trouvera ici également une passion fondamentale de la philosophie, mais différente : le *doute*[18].

Comment cela se fait-il ? Pour le comprendre, il convient de partir à nouveau de la question principale que pose la philosophie, cette fois en tant que philosophie moderne. Cette question n'est plus celle de la philosophie antique. Il s'agit certes d'une reprise, mais marquée par une transformation. Car il ne s'agit alors plus de connaître simplement le ὂν ᾗ ὄν ou, dans les termes de la scolastique latine, le *ens qua ens*, l'*étant en tant qu'étant*, mais maintenant – pour en rester à cette terminologie – de savoir le *ens qua certum ens*, c'est-à-dire l'*étant en tant qu'il est avec certitude un étant*[19]. Il s'agit donc de connaître dès lors l'être ou le principe des étants, qui fait qu'ils soient *avec certitude* des étants – et qui doit donc être lui-même le plus certain possible. C'est ainsi que Descartes, dans ses *Méditations*, qu'il dit porter sur la « *prima philosophia* » – renouant par là avec l'ontologie ancienne –, cherche un fondement (*fundamentum*) qui soit certain et inébranlable (*certum sit et inconcussum*)[20]. Et Fichte – pour ne rappeler

---

[17] Platon, par exemple *Théétète*, 202 e 3.
[18] Heidegger a bien mis en relief la *différence* entre la passion fondamentale de la philosophie dans l'antiquité grecque et celle aux temps modernes dans *Was ist das – die Philosophie ?*, Pfullingen, Neske, 1956, Einzelausgabe, 31 pages, en part. p. 26 *sq* / « Qu'est-ce que la philosophie ? », traduit de l'allemand par Kostas Axelos et Jean Beaufret, *in* : *Questions II*, Paris, Gallimard, 1968, p. 7-38, en part. p. 34 *sq*.
[19] *Op. cit.*, p. 27 / p. 34 *sq*.
[20] Descartes, *Meditationes de Prima Philosophia. Méditations métaphysiques* [cité *Medi-*

qu'un des meilleurs représentants de la tradition cartésienne de l'idéalisme allemand – cherche, dans sa *Wissenschaftslehre* (*Doctrine de la Science*) de 1794/95, les principes qui sont, comme le dit la préface, *unumstösslich, inébranlables*[21] et, avant tout, un premier principe qui soit, comme le dit le premier paragraphe, *schlechthin unbedingt, absolument in-conditionné*[22] et donc absolument certain. Il s'agit donc, à partir d'un fondement absolument certain, d'assurer à la totalité des étants la certitude de leur être ; et il s'agit de s'assurer du monde entier en l'établissant en fin de compte comme *le système d'un savoir absolument certain*. Or, la certitude est – comme le suggère d'ailleurs le terme même – toujours le résultat d'un acte de cerner qui implique aussi bien une exclusion qu'une inclusion. Et ce qui est exclu, dans le cas de la certitude moderne[23], ce qui est mis à l'écart, c'est, comme le dit Descartes au début de la première méditation, tout ce qui est douteux, tout ce qui prête au moindre doute, aussi minime soit-il[24]. Ce qui, par contre, est inclus, ce qui est retenu explicitement, de façon ferme et décidée, c'est uniquement ce dont on ne peut douter du tout. La certitude est donc cette manière d'être des étants selon laquelle ils existent comme distincts de tout ce qui prête au moindre doute, enclos, enserrés dans la certitude indubitable.

Mais posons-nous la question suivante : quand donc a-t-on la volonté de garantir aux étants, à tout ce qui est, cette sûreté indubitable, de mettre à l'écart, de rejeter tout ce qui peut prêter au moindre doute ? C'est manifestement quand, au préalable, on est profondément ébranlé par le *doute*[25]. Le doute serait donc la passion qui motive l'effort de la philosophie moderne.

---

tationes], texte latin et traduction du Duc de Luynes, Paris, J. Vrin, 1953, Méd. I, p. 18 : « *fundamenta* » ; Méd. II, p. 25 : « *certum [...] et inconcussum* ».

[21] Johann Gottlieb Fichte, *Grundlage der Gesamten Wissenschaftslehre* 1794/95. Felix Meiner. Philosophische Bibliothek Band 24. Neudruck auf der Grundlage der zweiten von Fritz Medicus herausgegebenen Auflage von 1922. Unveränderter Nachdruck 1961. « Vorrede », p. 9 [*Gesamtausgabe* 1834-1846 : I, 89].

[22] *Op. cit.*, Erster Teil, Grundsätze der gesamten Wissenschaftslehre, § 1, « Erster schlechthin unbedingter Grundsatz » ; p. 11 [GA 1834-1846 : I, 91].

[23] Concernant la différence entre la *certitudo* de la scolastique médiévale et la certitude moderne, cf. Heidegger, *op. cit.* (cf. *supra*, note de bas de page n° 18), p. 27 / p. 34 sq.

[24] Descartes, *Meditationes*, Méd. I, p. 18 et Méd. II, p. 25 (cf. *supra*, notre note de bas de page n° 20).

[25] *Op. cit..* , Méd. I, p. 18 et p. 22 ; et Méd. II, p. 24.

En effet, il faut bien que toute l'existence de l'homme dans son ouverture au monde soit déjà ébranlée par le doute pour qu'il s'engage dans la volonté d'établir une certitude indubitable. Il faut bien que tous les étants apparaissent douteux pour qu'il s'engage à leur assurer la certitude de leur être. C'est donc l'aspect douteux qui s'empare de tous les étants qui fait surgir la question de la philosophie moderne : celle de connaître le principe et fondement qui garantit aux étants la certitude de leur être. C'est ainsi que, dans les temps modernes, surgit la question de l'être.

Mais qu'est-ce que les étants ont de si douteux pour que, vis-à-vis d'eux, l'homme moderne soit dans toute son existence profondément ébranlé par le doute ? Pour y voir plus clair, il convient de considérer ce qu'est, à proprement parler, le *douteux*. Or, le douteux, le *dubium*, est – comme le suggère le terme lui-même – ce qui, de deux choses, peut être les deux, c'est-à-dire ceci ou cela, ou même ne pas être du tout. Le douteux est donc ce qui est, en principe, placé dans la possibilité du *non-être*. Non-être qu'il faut prendre ici au sens absolu. Car, dans le doute *métaphysique* (universel), *tous les étants*, sans aucune exception, apparaissent douteux. Le « néant » devient le concept absolument opposé (l'ἐναντίον) à celui d'étant comme tel. Tous les étants se trouvent préalablement en proie à la possibilité d'être « néant ». Et qu'il l'avoue ou non, l'homme moderne est hanté par ce néant, dans le gouffre duquel peuvent sombrer tous les étants. A l'instar d'un choc, ce néant ébranle les étants, de sorte que – vacillant entre être et non-être – ils apparaissent douteux[26]. Et, apparaissant ainsi, ces étants ébranlent à leur tour l'homme, de sorte qu'il est pris par le doute. Tremblant dans le πάθος du doute, l'homme se reprend pour arracher les étants au néant et leur assurer la certitude de leur être. Cela ne peut se passer que dans un acte qui rejette d'abord le néant pour fonder ensuite les étants sur un fondement inébranlable. C'est ainsi que Leibniz vise d'abord le *néant* quand il pose la question bien connue :

Pourquoi il y a plus tôt quelque chose que rien ?[27]

---

[26] *Ibid.*, Méd. I, p. 23 et Méd. II, p. 25.
[27] Leibniz, *Principes de la nature et de la grâce fondés en raison*, § 7. Leibniz a rédigé cet écrit en français. Notons que la formule « plus tôt » est à entendre au sens de « plutôt ». *Cf. Dictionnaire étymologique de la langue française* par Oscar Bloch et Walter von Wartburg, Paris, Presses universitaires de France, 1960 : terme « tôt ».

Soit :
Warum ist überhaupt Seiendes und nicht vielmehr nichts ?
Pourquoi y a-t-il, somme toute, de l'étant plutôt que du néant ?[28]

Et c'est ainsi que Leibniz exige, en riposte à ce néant, que les étants soient fondés sur la *ratio sufficiens*, la *raison suffisante*[29], capable d'assurer à ceux-ci la certitude de leur être ; raison suffisante qui est évidemment de l'ordre d'un fondement en soi nécessaire et inébranlable. Pour le dire avec Descartes : un nécessaire *fundamentum inconcussum*. Et quand la métaphysique scolaire du XVIIIe siècle prend, chez Christian Wolff en particulier, son point de départ dans la définition de l'*impossible*, pour ne se tourner que dans un deuxième temps vers celle du *possible*, elle ne fait elle aussi que rejeter le néant pour, à partir du possible, s'assurer d'autant plus des étants[30]. La possibilité du néant ébranle donc bien les étants, de sorte que l'homme, ébranlé par le doute, pose la question visant à connaître le principe qui assure aux étants la certitude de leur être.

Or le principe ainsi recherché ne peut être que quelque chose de certain au plus haut degré. Il doit donc être, pour reprendre la formule de Descartes, un *fundamentum inconcussum*, un *fondement inébranlable* par le doute, et cela parce qu'il s'est toujours soustrait à lui, parce qu'il l'a toujours précédé. Un tel fondement est la subjectivité qui, immédiatement consciente d'elle-même, a, par sa propre activité (de douter), toujours réfuté le doute

---

[28] "Traduction" pensante de Heidegger, qui en interprète déjà le sens. *In :* » Was ist Metaphysik ? « (1929), in : *Wegmarken*, GA 9, p. 103-122, en part. p. 122 / « Qu'est-ce que la métaphysique ? », traduit de l'allemand par Henry Courbin, in : *Questions* I, Paris, Gallimard, 1968, p. 47-72, en part. p. 72 (trad. mod. par nous) Et in : „ Einleitung zu » Was ist Metaphysik ?« Der Rückgang in den Grund der Metaphysik" (1949), in : *op. cit.*, p. 365-384, en part. p. 381 / « Introduction : Le retour au fondement de la métaphysique », in : *op. cit.*, p. 23-46, en part. p. 43. Heidegger comprend certes cette question (ainsi traduite par lui) dans un sens « postmétaphysique » (soit comme question visant la raison pour laquelle c'est bien à l'étant que revient, dans la métaphysique traditionnelle, la primauté par rapport au déploiement de l'être lui-même), alors que *nous* l'entendons toujours au sens métaphysique traditionnel, c'est-à-dire en tant que question – moderne radicalisée – de l'être, visant le fondement de l'étant comme tel.

[29] *Ibid.*

[30] Christian Wolff, *Philosophia prima sive Ontologia. Methodo scientifica pertracta qua Omnis Cognitionis Humanae Principiae continentur*, Frankfurt/Leipzig, 1736, sectio II, caput I « De Possibile et Impossibile », §§ 79, 85, 101, 102.

qui, finalement, l'assaillait elle-même[31]. Le fondement inébranlable, c'est la subjectivité et ses modes de penser : ce en quoi se transforment alors les anciennes idées. C'est donc à partir des concepts de la subjectivité qu'il faut dès lors assurer à la totalité des autres étants la certitude de leur être. Engagée dans la réflexion sur soi, la subjectivité se réfère donc à ceux-ci par le truchement de ses propres concepts, tout en les opposant à elle-même, tout en les établissant vis-à-vis d'elle-même comme des *objets* fermes et stables, comme des *Gegen-stände* (libres du purement "subjectif", soit du douteux), de telle sorte que tous les étants n'existent désormais que comme ses propres *objets*. C'est dans les systèmes de la subjectivité absolue, celui de Hegel en particulier, que cette tâche s'accomplit, s'achève en principe[32]. Désormais, le monde entier existe en son fond comme système assuré de la subjectivité absolue. Il existe dans la certitude absolue de son être. Le doute métaphysique s'éteint. La philosophie, du moins dans sa forme traditionnelle, s'accomplit, s'achève. En conséquence se produit le mécanisme de déplacement que nous avons esquissé : le savoir se déplace de la philosophie pour résider dès lors entièrement dans les sciences modernes, exactes, techniques. Et celles-ci, en lieu et place de la philosophie et par un calcul absolu qui embrasse tout, s'assurent du monde entier comme système fonctionnel de fonds d'énergie disponible.

La question se pose de savoir si, dans une telle situation, la philosophie doit rester muette ou si, une nouvelle fois, une passion fondamentale peut surgir en tant que motivation et susciter une pensée essentielle, différente de celle de la philosophie traditionnelle. Pour la découvrir, il convient de jeter un coup d'œil sur le monde actuel. Nous l'avons mentionné : ce dernier est régi par les sciences modernes, exactes, techniques qui, par un calcul universel, s'assurent toujours plus des réserves d'énergie en transformant progressivement le globe et l'espace tout entier en un réseau fonctionnel d'énergie disponible. Or, ce qui existe dans un tel réseau ne peut plus exister, comme dans l'antiquité grecque, en tant que phénomène constant, brillant dans sa propre essence, ni même, comme dans les temps modernes, en tant qu'objet stable (*Gegen-stand*), assuré de son être

---

[31] Descartes, *op. cit.*, Méd. II, p. 25.
[32] Hegel détermine l'essence de la « subjectivité absolue » entre autres *in* : *Encyclopédie des sciences philosophiques* (1830), « Introduction », §§ 19-23.

par la subjectivité. Ce qui existe aujourd'hui dans ce système fonctionnel d'énergie disponible n'existe que comme *fonds disponible* (*bereitstehender Bestand*), c'est-à-dire comme quelque chose qui est toujours à disposition pour remplir n'importe où et n'importe quand une certaine fonction qui, par ailleurs, ne vise jamais qu'à assurer et à pousser en avant d'autres fonctions dans le système multifonctionnel de fonds disponibles[33]. La manière d'être des étants consiste donc désormais à être prêt, disponible, à disposition pour une certaine fonction... Mais si les étants n'existent désormais qu'en fonction d'une autre fonction, et pour rien d'autre, ils n'existent que comme étant préalablement destinés à être utilisés, usés dans la fonction requise, de telle sorte que tout ce qui existe est déjà préalablement condamné à l'usure, à la consommation, à la disparition, à l'annihilation. C'est ainsi que, dans le monde actuel, tout ce qui est est déterminé par un processus de disparition, de dépérissement incessants. Processus de néantisation qui se cache dans un processus inverse : celui d'une efficacité toujours croissante qui, en dépassant toujours ses propres fins, se surpasse toujours elle-même, dans un processus sans fin. C'est cet aspect du monde actuel que Nietzsche met en lumière sous le nom de *nihilisme*. Dans un de ses poèmes tardifs des *Dithyrambes de Dionysos*, Nietzsche caractérise par cette image effrayante le processus de consommation et de dépérissement incessants, caché dans celui d'une efficacité toujours croissante – processus qui ronge la substance de toute chose :

> Die Wüste wächst : weh dem, der Wüsten birgt !
> Stein knirscht an Stein, die Wüste schlingt und würgt.
> Der ungeheure Tod blickt glühend braun
> und *kaut*, – sein Leben ist sein Kaun...

> Le désert croît : malheur à qui recèle des déserts !
> Pierre contre pierre crisse, le désert avale et dévore.
> La monstrueuse mort jette un regard brun de braise
> et *mâche*, – sa vie est mâchement.[34]

---

[33] *Cf.* Heidegger, « Die Frage nach der Technik » (1953), *in* : *Vorträge und Aufsätze* (1954), hrsg. von F.-W. von Herrmann, GA 7, 2000, p. 5-36, en part. p. 17 / « La question de la technique », *in* : *Essais et Conférences*, traduit de l'allemand par André Préau et préfacé par Jean Beaufret, Paris, Gallimard, 1958, p. 9-48, en part. p. 23.

[34] Nietzsche, *Dionysos-Dithyramben*, « Unter Töchtern der Wüste », *KGW* VI, 3, p. 379-385, en part. p. 385 / *Dithyrambes* de *Dionysos*, « Parmi les filles du désert », *OPC*

Mais si le processus de l'efficacité croissante recèle en lui-même celui qui ronge les choses en leur substance, l'homme se trouve alors placé dans un monde où rien ne subsiste, où tout s'en va, où tout ne cesse de disparaître. Disparaissant ainsi sans cesse, les étants ne peuvent plus lui servir d'appui. Au milieu des étants, l'homme se trouve en face du *néant*. Un néant qui n'est plus le néant *hors* des étants, éprouvé dans le doute, et qui pouvait être apprivoisé et maîtrisé par les systèmes de la certitude absolue. Le néant s'est maintenant immiscé au cœur même des étants, vu qu'ils sont *eux-mêmes* sans cesse rongés, consommés, annihilés dans l'efficacité croissante. Au milieu des étants, l'homme d'aujourd'hui est placé sans issue face au néant. Et ce néant, auquel l'homme ne peut plus échapper, il l'éprouve dans l'*angoisse* : passion fondamentale de l'époque technique et industrielle. Angoisse ainsi comprise qui n'est pas seulement – ni essentiellement – l'angoisse ressentie face à la possibilité d'une catastrophe atomique ou écologique, car de telles catastrophes ne feraient qu'accomplir sur le plan des faits ce qui régit déjà préalablement le monde sur le plan de l'"essence", à savoir l'annihilation de la substance des choses, cachée par la consommation incessante dans l'efficacité croissante.

Etant donné qu'à chaque époque une certaine passion est toujours ce qui motive la philosophie dans l'établissement de sa pensée rectrice, la question se pose aujourd'hui de savoir si l'angoisse n'en est pas à son tour une, susceptible de motiver, à notre époque technique et industrielle, une telle pensée. Mais quelle serait alors cette pensée, s'il est vrai que la philosophie occidentale était depuis son origine grecque fondamentalement : *ontologie* ? Est-il possible que, dans l'angoisse, l'être – l'être de ce qui est dans son ensemble – se montre à nouveau de quelque manière ? Et quelle serait alors la question de l'être à notre époque techniciste et industrielle ?

C'est à cette question que Heidegger a apporté une réponse dans sa leçon inaugurale de 1929 intitulée « Qu'est-ce que la métaphysique ? »[35]. La réponse est la suivante : l'homme est placé dans l'angoisse devant les étants qui glissent dans l'absence. Dans cette annihilation des étants, l'homme est

---

VIII/2, p. 22-35, en part. p. 35 (trad. mod., nous soulignons).
[35] Heidegger, « Was ist Metaphysik ? » (1929), *in* : *Wegmarken*, GA 9, p. 103-122, en particulier p. 111 *sq* / « Qu'est-ce que la métaphysique ? », traduit par Henry Corbin, *in* : *Questions I*, Paris, Gallimard, 1968, p. 47-84, en part. p. 58 *sq*.

angoissé par le néant. Mais c'est précisément aussi dans ce glissement des étants dans ce néant angoissant que se montre à l'homme le *fait irréductible que* tous ces étants – ainsi que lui-même – *sont*. C'est ainsi que se révèle l'*être* qui n'est, certes, d'abord rien d'autre que cet être purement factuel des étants qui glissent dans l'absence[36].

Mais comment se révèle-t-il ? Quel trait fondamental présente-t-il maintenant ? Il ne se présente plus – comme dans la pensée de la philosophie traditionnelle – comme *détermination* des étants, qui les *détermine et domine*, ni comme *principe* (ou fondement) qui *garantit* qu'ils soient des étants, de telle sorte qu'ils deviennent déductibles et *calculables*. Loin d'être une telle détermination déterminante et un tel principe calculant, visant la prise et la possession des étants, loin donc d'entretenir avec eux un *rapport d'identité*, aussi impératif que possessif, l'être se révèle maintenant comme ce qui se donne aux étants (il les laisse initialement apparaître dans la simple facticité de leur être), mais tout *en y étant – et restant* – en même temps essentiellement *différent* d'eux (parce qu'il se révèle lui-même précisément dans le glissement des étants). Dans le glissement des étants qui angoisse l'homme, l'être lui-même se dévoile comme *autre* que les étants. Ainsi l'être (au sens essentiel de l'οὐσία, *das Wesende*) serait-il désormais à penser en sa *"différence"* d'avec les étants. Une nouvelle pensée de l'être s'ouvre par là, différente de la pensée traditionnelle de l'être telle qu'elle a lieu dans la philosophie traditionelle. Quel est donc le sens de cette nouvelle pensée ?

L'être se déploie à partir de sa *dif-férence par rapport à l'étant*, mais en même temps il *se donne* à ce même étant, en lui permettant d'être. C'est donc bien à partir de sa *dif-férence qu'il se donne à l'étant, tout en en restant différent*. Cela signifie que le rapport de l'être à l'étant n'est plus ledit rapport d'identité, aussi impératif que possessif, mais précisément celui de *différence* qui libère l'étant en son être. Autrement dit, c'est le rapport dans lequel l'être *se donne en se retirant*, – tout en accordant ainsi à l'étant l'espace qu'il lui faut pour se déployer en son propre être : le rapport qui *laisse librement* être[37].

---

[36] *Op. cit.*, p. 114 *sq* / *op. cit.*, p. 62 *sq.*
[37] Karl-Heinz Volkmann-Schluck explique le sens de la nouvelle pensée de l'être de Heidegger dans son article intitulé « Der Mensch und sein Geschick (Der Grundgedanke

Avec cette nouvelle pensée de l'être au sein de notre époque techniciste et industrielle s'annonce la possibilité d'un nouveau rapport à l'étant. Non plus un rapport de calcul et de domination, mais un rapport qui, sur fond d'angoisse, abandonne toute volonté de domination et de possession. En se *tournant avec une sorte d'amour* vers l'étant, tout en *se retirant* à la fois lui-même, il s'agit de *renoncer* à tout rapport de domination et de possession. Aussi nouveau que puisse paraître ce rapport, la *disposition affective* (πάθος) qui le sous-tend se trouve elle aussi déjà recelée germinalement dans l'*achèvement* de la pensée traditionnelle. Elle réside en effet dans une espèce d'*amour renonçant pour ce qui est*, – amour renonçant qui constitue précisément le point culminant de la pensée du Schelling tardif dans son *Ecrit sur la liberté* de 1809. Rappelons en guise de conclusion ses mots :

> [Aber über dem Geist] [...] ist das von allem freie und doch alles durchwirkende Wohltun, mit Einem Wort die Liebe, die Alles in Allem ist.
>
> [Mais au-dessus de l'esprit] est [...] le bien-faire, libre de tout, et qui pourtant se répand et agit en tout, de part en part, en un mot l'amour, qui est tout en tout.[38]

Martin Heideggers) », *in : Das Denken am Ende der Philosophie. In memoriam Dušan Pirjevec*, éd. par Mihailo Djurić et Ivan Urbančič, Ljubljana, Privatdruck (limitierte Auflage), 1982, p. 11-16, en part. p. 12 *sq.*

[38] Schelling, *Philosophische Untersuchungen über das Wesen der menschlichen Freiheit und die damit zusammenhängenden Gegenstände* (1809), *in :* Friedrich Wilhelm Joseph Schelling, *Ausgewählte Werke* (Reprographischer Nachdruck, *Sämmtliche Werke*, Band VII, Stuttgart und Augsburg, Cotta, 1856 *sqq*). *Schriften von 1806-1813*, p. 275-360, en part. p. 352 [408] / *Recherches sur la liberté humaine*, introduction, traduction, notes et commentaires de Marc Richir, Paris, Payot, 1977, en part. p. 156 (trad. mod.). Notons que le mot *Wohltun*, intraduisible en français, ne signifie à vrai dire pas le "' bien-faire » (au sens moral), mais bien plutôt : *faire du bien à quelqu'un...* (au sens éthique large). Nous remercions les Messieurs Christophe Calame et Alexandre Schild, assistants diplômés au début des années quatre vingt auprès de la chaire que nous avons eu l'honneur d'occuper à l'Univwrsité de Lausanne, ainsi que Monsieur le docteur Michel Herren, coéditeur de nos *Etudes généalogiques de la pensée occidentale*, pour leurs judicieuses remarques concernant les questions de langue.

17. b) Vom Ursprung der Philosophie.
Staunen – Zweifel – Angst[1]

Das gegenwärtige Zeitalter ist in seinen Grundzügen durch das *Ende der überlieferten Philosophie*, d.h. der *Metaphysik*, die mit Platon und Aristoteles beginnt, bestimmt. Dieses Ende besteht, kurz gesagt, in folgendem Geschehnis. Ehemals war das Wissen, d.h. die Erforschung und Erkenntnis der Ursachen und Prinzipien dessen, was ist, in erster Linie Sache der Philosophie: Die Philosophie war der ursprüngliche Sitz des Wissens überhaupt und im Ganzen und so auch ursprünglicher Sitz des Wissens der Wissenschaften[2]. Im Gefolge der Vollendung des Wissens der Philosophie in den Systemen des „absoluten Wissens" eines Fichte, eines Schelling und vor allem eines Hegel kommt eine Art von „Austauschmechanismus" ins Spiel. Hatte das Wissen bislang seinen usprünglichen Sitz in der Philosophie, so verlagert es sich jetzt: Es verlegt sich in die modernen, mathematisch exakten, technisch geprägten Wissenschaften, um von nun an seinen Sitz gänzlich in diesen zu beziehen[3]. Diese aber stellen in einem stets weiter ausgreifenden Kalkül die Energiereserven der Erde, ja die des planetarischen und interplanetarischen Weltraumes sicher, so dass sie die Welt im Ganzen

---

[1] Der Artikel enthält die von Vf. angefertigte deutsche Übersetzung der von ihr in französischer Sprache an der Universität Lausanne (Schweiz) im Jahre 1982 gehaltenen Antrittsvorlesung (s. *Nachweise*, S. 472). Diese wurde nicht nur an „Fachphilosophen", sondern auch an ein breiteres Laienpublikum gerichtet.

[2] Vgl. dazu z.B. Aristoteles, Met. VI, 1; 1025 b3 sqq. Zum Verhältnis von Philosophie und Wissenschaft, vgl. auch die folgenden Arbeiten von Vf.: *Philosophie und Wissenschaftspositivismus. Die mathematischen Grundsätze in Kants Kritik der reinen Vernunft und die Verselbständigung der Wissenschaften*, Frankfurt a. M., Klostermann, 1979; und *Aristoteles, Philosophie und Wissenschaft, Das Problem der Verselbständigung der Wissenschaften*, ebenda 1982.

[3] Die Herrschaft der Wissenschaften in der modernen Welt ist gemäß Heidegger die *äußerste Möglichkeit* der überlieferten Philosophie, d.h. der Metaphysik selbst. Heidegger hat diese These aufgestellt in *Das Ende der Philosophie und die Aufgabe des Denkens* (1964), in: *Zur Sache des Denkens* (1969), hrsg. von F.-W. von Herrmann, GA 14, 2007, S. 67-90, insbes. S. 71 *sqq*.

zunehmend in ein funktionales System verfügbarer Energiebestände verwandeln.

Angesichts dieser Lage wird die Philosophie gänzlich problematisch. Man weiß nicht mehr recht, was Philosophie ist und bestreitet ihr oft sogar jedes Existenzrecht. Indessen kann diese Lage auch Anlass sein, die folgenden Fragen zu stellen: Wenn schon die moderne, wissenschaftlich-technische Welt ihren Ursprung in der Philosophie hat, was war dann ehemals die Philosophie und was kann sie heute noch und womöglich in Zukunft sein? Wie kam es überhaupt dazu, dass der europäische Mensch sich der Philosophie anheim gab? Was war einst der Ursprung der Philosophie? Was war das „Motiv", das den europäischen Menschen in die Philosophie trieb, und was könnte dieses „Motiv" heute noch und in Zukunft inmitten der wissenschaftlich-technischen Welt sein?

Bekanntlich haben in der griechischen Antike Platon und Aristoteles erstmalig bestimmt, was Philosophie überhaupt ist. Ihnen zufolge ist die Philosophie im Grunde von einer einzigen (und einzigartigen) Frage geleitet. Platon formuliert sie im Dialog „Sophistes" folgendermaßen:

> τί ποτε βούλεσθε σημαίνειν ὁπόταν ὂν φθέγγεσθε[·]
>
> Was wollt ihr eigentlich zu bedeuten geben, wenn ihr [das Wort] „seiend" aussprecht?[4]

Aristoteles nimmt diese Frage auf und formuliert sie an verschiedenen Stellen der „Metaphysik". Im VII. Buch formuliert er sie so:

> τί τὸ ὄν·
>
> Was ist das Seiende?[5]

Und im Buch IV bestimmt er die Philosophie, sofern sie diese Frage stellt, auf folgende Weise:

> Ἔστιν ἐπιστήμη τις ἣ θεωρεῖ τὸ ὂν ᾗ ὂν καὶ τὰ τούτῳ ὑπάρχοντα καθ' αὑτό.
>
> Es gibt eine Wissenschaft, die das Seiende als solches betrachtet und das, was diesem von ihm selbst her zukommt.[6]

---

[4] Sophistes 244 a5 *sq* (Übersetzung von Vf.).
[5] Met. VII,1; 1028 b4.
[6] Met. IV, 1; 1003 a21 sq (Übersetzung von Vf.).

Wenn man beide Formulierungen zusammennimmt, so ist die wesentliche und leitende Frage der Philosophie diese:

τί τὸ ὄν ᾗ ὄν·

Was ist das Seiende als Seiendes ?

Was meint diese Frage? Der Gegenstand derselben ist „das Seiende" (τὸ ὄν), d.h. alles, was durch das Sein bestimmt ist, so dass es *ist*, in welcher Weise auch immer. Und sie betrachtet dieses „Seiende", wie Aristoteles sagt, „als Seiendes" (ᾗ ὄν), d. h. im Hinblick auf diejenige Bestimmung, die ihm zu eigen ist, insofern es *Seiendes* (und nicht ein Nicht-Seiendes) ist. Diese Bestimmung ist das *Sein*. Die Frage hat also zu ihrem Gegenstand das *Seiende* (alles Seiende), und sie betrachtet dieses im Hinblick auf sein Sein, – welches *Sein* diejenige Bestimmung ist, die es vom Nicht-Seienden *unterscheidet* und so der *Grund* dafür ist, dass es ist. Gemäß Platon und Aristoteles, den maßgeblichen Repräsentanten der Philosophie in ihrem Beginn in der griechischen Antike, ist die Philosophie also im Grunde von einer einzigen (und einzigartigen) Frage bewegt, – der *Frage nach dem Sein* (im weiten Sinne des Wortes genommen).

Diese Frage erscheint uns merkwürdig. Und sie erscheint uns umso merkwürdiger, als wir heute in der wissenschaftlich-technischen Welt aufgehen und sie überhaupt nicht mehr stellen. Und dennoch hat diese Frage die ganze europäisch-abendländische Philosophie in Bewegung versetzt, und zwar nicht nur in ihrem Beginn in der griechischen Antike, sondern – freilich in verwandelter Gestalt – bis hin zu Kant, Hegel und sogar Nietzsche, der doch die ganze überlieferte Philosophie umstürzt. So sei daran erinnert, dass Kant in seiner – sich am Ende der *Kritik der reinen Vernunft* befindenden – „Architektonik" der Philosophie das Wesen derselben dahingehend bestimmt, dass sie im Grunde zunächst „*Transzendentalphilosophie*" sei, die selbst – so fügt er erläuternd hinzu – „*Ontologie*", also λόγος τοῦ ὄντος, „Wissenschaft des Seins" sei[7]. Ferner bestimmt Hegel

---

[7] „Die Architektonik der reinen Vernunft", in *Kritik der reinen Vernunft* (1. Auflage [A] 1781 / 2. Auflage [B] 1786), A 832/B 860 – A 851/B 879, *cf.* insbes. A 845/B 879. Zur Identität von „Transzendentalphilosophie" und „Ontologie", vgl. auch Kants sog. Preisschrift: *Welches sind die wirklichen Fortschritte , die die Metaphysik seit Leibnizens und Wolffs Zeiten in Deutschland gemacht hat?* (1791), Erste Handschrift, [Einleitung], insbes. A 10sq.

in seiner *Großen Logik* die *absolute Idee,* die selbst das Resultat der ganzen Geschichte der überlieferten Philosophie ist, als „*erfülltes Sein*", d.h. als das Sein, das den ganzen Reichtum aller bisher entwickelten Kategorien in sich enthält[8]. Und schließlich begreift Nietzsche im Horizont des in seinem Denken und Werk vollzogenen Umsturzes der überlieferten Philosophie das Werden, das Leben, den Prozess der *zum Willen zur Macht* gewordenen Subjektivität als das, was das Wesen des Seins von allem ausmacht. So heißt es in einem seiner späten Fragmente:

[...] Das innerste Wesen des Seins [ist] Wille zur Macht [...].[9]

Und dennoch: Wir stellen diese Frage heute im Zeitalter von Technik und Wissenschaft nicht mehr. Deshalb aber stellt sich für uns heute gerade die Frage: Wie war es überhaupt möglich, dass sich jene Frage nach dem Sein stellte? Was war ihr Ursprung, also gleichsam ihr „Motiv"? Auch hier geben Platon und Aristoteles als Erste die Antwort. Im Dialog *Theätet* sagt Platon:

Μάλα γὰρ φιλοσόφου τοῦτο τὸ πάθος, τὸ θαυμάζειν· οὐ γὰρ ἄλλη ἀρχὴ φιλοσοφίας ἢ αὕτη [...].

Denn gar sehr ist dies das πάθος des Philosophen: das Staunen; denn es gibt keinen anderen Anfang der Philosophie als diesen.[10]

Und Aristoteles sagt im ersten Buch der *Metaphysik* :

[...] διὰ γὰρ τὸ θαυμάζειν οἱ ἄνθρωποι καὶ νῦν καὶ τὸ πρῶτον σἤρξαντο φιλοσοφεῖν [...].

[...] durch das Staunen nämlich begannen die Menschen sowohl heute wie auch zu Anfang zu philosophieren.[11]

Gemäß Platon und Aristoteles ist also ein bestimmtes πάθος, eine über sie herkommende *Stimmung,* der Ursprung der Philosophie. Diese ist das

---

[8] G.W.F. Hegel, *Wissenschaft der Logik,* Meiner, Philosophische Bibliothek, Band 57, Hamburg, 1975, Band II, S. 504.
[9] F. Nietzsche, *Nachgelassene Fragmente,* Frühjahr 1888, 14 [80], in: *Sämtliche Werke, Kritische Gesamtausgabe* [zitiert KGW], hrsg. von Giorgio Colli und Mazzino Montinari, De Gruyter, Berlin/New York, 1977, Band VIII, 3, S. 52
[10] *Theätet,* 155 d2 *sq* (Übersetzung von Vf.).
[11] Met. I, 2 ; 982 b12 sq.

Staunen (τὸ θαυμάζειν). Eine solche Stimmung, ein πάθος, im griechischen Sinne des Wortes verstanden, ist nicht das innere Gefühl einer in sich selbst eingeschlossenen Subjektivität, sondern ein solches „pathetisches" Gestimmtsein ergreift den Menschen in seiner ganzen – der Welt im Ganzen geöffneten und an sie hin- und ausgegebenen – *Existenz*. In diesem Sinne staunten die Griechen: Das Staunen ergriff sie in ihrer ganzen – dem *Seienden im Ganzen* geöffneten und in dessen Offenheit entrückten – Existenz. Und was sie ins Staunen versetzte, das war dies, dass *Seiendes* überhaupt *ist* und *so* ist, wie es ist. Wenn uns aber eine Sache erstaunt, sie also erstaunlich ist, so fühlen wir uns genötigt, sie zu verstehen. Demgemäß suchten die Griechen, eben dies zu verstehen, *dass Seiendes* überhaupt *ist* und *so* ist, wie es ist. Sie suchten also nach dem, was das Seiende dazu *bestimmt*, überhaupt zu sein und *so* zu sein, wie es ist. Und das heißt: Sie suchten nach der *bestimmenden Bestimmtheit* bzw. dem *Grunde* des Seienden als solchen. So nötigte sie das Staunen, die *Frage nach dem Sein* zu stellen. Das Staunen war der Ursprung der Philosophie.

Jedoch verstehen wir heute nicht mehr so recht, inwiefern das Seiende als solches überhaupt etwas Erstaunliches sein konnte. Wir fragen uns, was denn das Seiende so Erstaunliches an sich hatte, dass es die Griechen ins πάθος des Staunens versetzen, ja hinreißen konnte. Heidegger hat daran erinnert, dass das Seiende, τὰ ὄντα, sich den Griechen als *Phänomen*, als φαινόμενον, darstellte[12]. Das Seiende, was es auch sei, alles Seiende, war für die Griechen φαινόμενον, d.h. etwas, was sich zeigt (φαίνεται) und so offen da und gegenwärtig ist, dergestalt, dass es im Glanz seiner Gestalt erscheint und in den festen Grenzen derselben besteht und verweilt. Dies aber, *dass* es solches in seiner Gestalt erglänzendes und in ihr währendes Seiendes gibt, war für die Griechen gerade erstaunlich. Denn erstaunlich ist das, was nicht so zu sein braucht, wie es ist, ja überhaupt nicht zu sein brauchte. So aber steht es gerade mit dem Seienden als dem offen sich zeigenden, beständigen φαινόμενον. Wenn die Griechen angesichts dessen vom πάθος des Staunens ergriffen waren, dass es überhaupt solches *Seien-*

---

[12] Z. B. „Seminar in Le Thor 1969", in *Seminare*, hrsg. von Curd Ochwadt, GA 15, 1986, S. 326-371, insbes. S. 327 und S. 331 *sqq*. Vgl. auch den Hinweis auf die Identität von ὄν und φαινόμενον bei den Griechen in *Sein und Zeit* (1927), hrsg. von F.-W. von Herrmann, GA 2, 1977, S. 38.

des, solche offen sich zeigenden, beständigen φαινόμενα gibt, so geschah dies deshalb, weil sie zugleich durch die Erfahrung dessen bedrängt wurden, was niemals ein solches φαινόμενον, also niemals im Glanz und in den Sein und Bestand gewährenden festen Grenzen seiner Gestalt beständig da zu sein vermag. Und dies ist das, was selbst ohne Grenze, πέρας, ist, was ihrer entbehrt, das ἄ-πειρον, das „Grenzen-lose", das sich bei Platon und Aristoteles bis hin zu Plotin immer wieder bedrängend geltend macht. Denn das ἄ-πειρον ist gerade jenes „Un-wesen", das – da selbst „grenzenlos", d.h. der Grenze und so des Seins und Bestandes entbehrend, „seinsgierig" alles „Seiende" anzehrt, es seiner Grenze beraubt und es so in das Chaos von Sein und Nichtsein versinken lässt[13]. So erschienen den Griechen die sich ihnen als φαινόμενα darbietenden ὄντα immer schon von der Möglichkeit bedroht, ins haltlose Durcheinander des ἄπειρον zu versinken, d.h. vom Fluss des bestandlosen Werdens mitgerissen bzw. vom abgründigen Chaos verschlungen zu werden. So war es für die Griechen allerdings erstaunlich, dass es überhaupt *Seiendes* in Gestalt der lichten, beständigen φαινόμενα gibt. Eben deshalb stellte sich ihnen die Frage, was eigentlich die *Phänomenalität* der φαινόμενα – und das heißt: *was* eigentlich das *Sein* der ὄντα – ausmacht, dergestalt, dass die gesuchte, sie bestimmende Bestimmtheit die ὄντα, alles *Seiende*, nicht nur gegen das haltlose Werden *unterscheidet* und vor diesem *bewahrt*, sondern am Ende der *Grund* (αἰτία, ἀρχή) dafür ist, *dass* das Seiende *ist* und nicht vielmehr *nicht ist, d.h. ins bestandlose Chaos verschlungen ist*. So kamen die Griechen dazu, die *Frage nach dem Sein* zu stellen.

Nun aber kann der gesuchte Grund nur etwas sein, was selbst ein φαινόμενον, ein „Phänomen" im ausnehmenden, höchsten Sinne ist, dergestalt, dass es selbst in keiner Weise vom Fluss des bestandlosen Werdens bzw. vom abgründigen Chaos von Sein und Nichtsein berührt ist. Dieses ausgezeichnete, im Glanz seines Lichtes erscheinende und in seinen Grenzen beständig anwesende Phänomen ist das εἶδος, die ἰδέα, die *Idee*. Denn das im *Licht* seiner selbst erscheinende εἶδος – und d.h. die *Idee* – ist der dem νοῦς, der „Vernunft", sich zeigende festumgrenzte, sich im sich wandeln-

---

[13] Vgl. zu Platon, *Philebos* 23c-27c; zu Aristoteles (der eher vom ἀόριστον spricht), Met. I, 8; 989 b18 und Met. IV, 5; 1010 a1*sqq*; und zu Plotin, *Enneade* I, 8 (Περὶ τοῦ τίνα καὶ πόθεν τὰ κακά; „Was ist das Böse und woher kommt es?") 3; 12sqq und 6; 41sqq.)

den Mannigfaltigen beständig durchhaltende *Wesens-Anblick* der sinnlich wahrnehmbaren φαινόμενα, der gerade als solcher imstande ist, das zunächst sinnlich gegebene sich wandelnde Mannigfaltige so zu bestimmen und zu begründen, dass es seinerseits als festumrissenes φαινόμενον beständig da und anwesend ist (zumindest solange, als es durch das εἶδος bestimmt ist und dieses in ihm erscheint)[14]. So hat Platon die Idee als *Grund des Seins* des Seienden erkannt und sie eigens in der ὑπόθεσις des εἶδος als solchen Grund aufgestellt. Dies also ist die Antwort Platons auf die Frage nach dem Sein.

Diese Antwort wurde, grundsätzlich gesehen, in der Philosophie der griechischen Antike beibehalten, so zwar, dass sie mannigfaltigen Umwandlungen unterlag, so etwa bei Aristoteles, der das εἶδος ursprünglich in den sinnlich wahrnehmbaren Bereich der Natur verlegte[15], oder bei Plotin, der es im göttlichen νοῦς ansiedelte[16]. Seit Platon ist in der griechischen Antike das Seiende in der Idee gegründet. Diese ist sein Grund, der in der *Vernunft* gedacht wird. Seither muss jegliches Seiende, um überhaupt *als Seiendes* zugelassen und anerkannt zu werden, der Vernunft, der *ratio*, entsprechen. Es muss, wie Platon im Gefolge des Sokrates sagte: λόγον διδόναι, *rationem reddere*, „Rechenschaft abgeben" darüber, dass es ist und so ist, wie es ist[17]. Darin besteht der Anfang der *Herrschaft der Vernunft*. Und darin besteht zugleich auch der Anfang der *Herrschaft des Wissens*, so wahr das Wissen (ἐπιστήμη) eben die *Erkenntnis der Dinge in ihren* – durch die Vernunft zu erfassenden – *Gründen* ist. Solches Wissen ist zuerst das Wissen der höchsten Gründe, der ἀρχαί, der *Prinzipien*, die das Seiende als solches begründen, also das *ontologische Wissen der Philosophie*, und sodann – in dessen Gefolge – das Wissen dessen, was *mit* dem so begründeten Seienden ist, der συμβεβηκότα, d.h. Eigenschaften und Verhältnisse desselben, also das *ontische Wissen der Wissenschaften*. So zeigt sich, dass das πάθος des *Staunens* (θαυμάζειν) in der griechischen Antike in der Tat der Ursprung sowohl der Philosophie wie der Wissenschaften ist.

---

[14] Vgl. M. Heidegger, *Platons Lehre von der Wahrheit* (1940), in *Wegmarken,* hrsg. von F.-W. von Herrmann, GA 9, 1976, S. 203-238, inbes. S. 225 et S. 228.
[15] Aristoteles, z.B. Cat. 5, 2a 11 sqq; Met. VII, 6; 1031 a28 sqq.
[16] Plotin, z. B. *Enneade* V, 9 (Περὶ τοῦ νοῦ καὶ τῶν ἰδεῶν καὶ τοῦ ὄντος, „Über die Vernunft, die Ideen und das Seiende"), 8, 1 sqq.
[17] Platon, z. B. *Theätet* 202 e3.

War nun in der griechischen Antike das Staunen der Ursprung der Philosophie, so geht sie doch in der – mit Descartes' *ego cogito*, dem selbstbewussten Subjekt beginnenden – *Neuzeit* nicht mehr aus diesem hervor. Jedoch entspringt auch hier die Philosophie einem πάθος, einer Grundstimmung, nämlich dem *Zweifel*[18].

Wie kommt es dazu? Um dies zu verstehen, gilt es, wiederum von der wesentlichen Frage auszugehen, die die Philosophie – und zwar jetzt insbesondere als *neuzeitliche* – stellt. Diese Frage ist nicht mehr die Gleiche wie die der griechisch antiken Philosophie. Zwar nimmt die neuzeitliche Philosophie die Frage der griechisch-antiken Philosophie wieder auf, so jedoch, dass sie sie zugleich *verwandelt*. Denn von nun an geht es nicht mehr nur darum, das ὂν ᾗ ὄν bzw. lateinisch-scholastisch gesagt: das *ens qua ens*, das *Seiende als Seiendes*, sondern darum, das *ens qua certum ens*, das *Seiende als ein in Gewissheit Seiendes*, zu erkennen[19]. Es gilt jetzt also, denjenigen Grund des Seienden, der dieses als ein in Gewissheit Seiendes begründet, zu erkennen, es aus diesem zu begründen und so zu wissen. Dieser Grund muss der ursprüngliche Sitz aller Gewissheit und so selbst das zuhöchst Gewisse sein. So sucht Descartes in seinen *Meditationen* – den *Meditationes de prima philosophia*, die gemäß ihrem Titel *die antik-scholastische Ontologie* aufnehmen und weiterführen – ein *fundamentum, qui certum sit et inconcussum*, einen festen Grund, „der gewiss und unerschütterlich ist"[20]. Und Fichte – um hier nur einen der herausragenden Repräsentanten der cartesischen Tradition des sog. „Deutschen Idealismus" zu nennen – sucht in der *Wissenschaftslehre* von 1794/95 nicht nur diejenigen Grundsätze aufzufinden, die – wie es im Vorwort heißt – „unumstösslich" sind[21], sondern unter ihnen vor allem einen „ersten Grundsatz", der – wie der erste Paragraph

---

[18] Heidegger hat den Unterschied zwischen der Grundstimmung der griechisch antiken und der der neuzeitlichen Philosophie herausgestellt in *Was ist das – die Philosophie?*, Pfullingen, Neske, 1956 (Einzelausgabe), 31 Seiten, insbes. S. 26 sq.
[19] *Op. cit.*, S. 27.
[20] Descartes, *Meditationes de Prima Philosophia. Méditations métaphysiques*, texte latin et traduction du Duc de Luynes. Paris, J. Vrin, 1953. Med. 1, S. 18: „fundamenta"; Med. II, p. 25: „certum [...] et inconcussum".
[21] J. G. Fichte, *Grundlage der Gesamten Wissenschaftslehre* 1794/95. Vorrede I, 89.

fordert – „schlechthin unbedingt"[22] und d.h. selbst *schlechthin gewiss* ist. Es geht jetzt also darum, im Ausgang von einem *schlechthin gewissen Prinzip* das Ganze des Seienden in seinem Sein sicherzustellen, sich so der Welt im Ganzen zu versichern und d.h. sie letztlich als *System des absolut gewissen Wissens* aufzustellen. Nun aber ist die Gewissheit, die *certitudo* – wie das zu *cernere*, „umgrenzen", gehörende lateinische Wort anzeigt – stets das Ergebnis einer in sich gedoppelten Handlung, nämlich der des *ausgrenzenden Eingrenzens*. Und was in der neuzeitlichen *certitudo*[23] aus-gegrenzt bzw. *ab-geschieden* wird, ist – wie Descartes zu Beginn der *Ersten Meditation* sagt –*alles das,* was ein *dubium*, ein mögliches „Doppeltes", „Zweifaches", ist und so Anlass zum *Zweifel* gibt, wie gering er auch sei[24]. Was hingegen auf sich selbst hin ein-gegrenzt, d.h. zu sich selbst „*ent-schieden"* wird, das ist allein das, was schlechthin *zweifelsfrei* ist. Die Gewissheit ist also jener Modus des Seins, in dem das Seiende im *entschiedenen Unterschied* zu allem, was auch nur den geringsten Anlass zum Zweifel bietet, besteht.

Jedoch stellt sich auch hier die folgende Frage: Wann hat der Mensch überhaupt den Willen, dem Seienden jene unbedingte Gewissheit zu verschaffen und alles, was auch nur den geringsten Anlass zum Zweifel bietet, beiseite zu stellen und zu verwerfen? Offenbar dann, wenn er in seiner ganzen, der Welt ekstatisch geöffneten Existenz vorgängig von Grund auf durch den *Zweifel* erschüttert ist[25]. Der Zweifel wäre dann also die pathetische Grundstimmung, die die neuzeitliche Philosophie trägt und bewegt, den nötigen Leistungswillen aufzubringen, um die Sicherstellung des Seienden als solchen zu gewährleisten. In der Tat muss der Mensch vorgängig in seiner dem Seienden geöffneten Existenz von Grund auf durch den Zweifel erschüttert sein, um sich in den unbedingten Willen zur zweifelsfreien Gewissheit zu verlegen. Und in der Tat muss alles Seiende, τὰ ὄντα, vorgängig im *Anblick des Zweifelhaften* erscheinen, wenn der Mensch sich darauf einlassen soll, ihm willentlich entschieden die Gewissheit seines Seins zuzusichern. So erweist sich dieser – sich alles Seienden bemächtigende –

---

[22] *Op. cit.*, Erster Teil, Grundsätze der gesamten Wissenschaftslehre, § 1. Erster schlechthin unbedingter Grundsatz. I, 91.
[23] Zum Unterschied zwischen der *certitudo* der mittelalterlichen Scholastik und der *certituto* der cartesischen Neuzeit, vgl. Heidegger, *op. cit. (cf. supra,* Fußnote n° 18), S. 27.
[24] Descartes, *op. cit. (cf. supra,* Fußnote Nr. 20), Med. I, S. 18 und S. 25.
[25] *Op. cit.*, Met. I, S. 18 und S. 22, und Met. II, S. 24.

Anblick des Zweifelhaften als der Ursprung, aus dem die Frage der neuzeitlichen Philosophie entspringt, nämlich die Frage nach dem *fundamentum inconcussum*, das dem Seienden die Gewissheit seines Seins verbürgt. Auf diese Weise also entspringt in der Neuzeit die Frage nach dem Sein. Jedoch stellt sich auch hier eine analoge Frage wie zuvor, nämlich die, weshalb denn das Seiende insgesamt als ein so Zweifelhaftes erscheint, dass sich der neuzeitliche Mensch angesichts seiner von Grund auf in seiner Existenz durch den Zweifel erschüttert findet? Um dies zu klären, gilt es, genauer zu bestimmen, was eigentlich das Z*weifelhafte* ist. Das *Zweifelhafte*, das *dubium*, ist – wie sowohl das deutsche als auch das lateinische Wort anzeigt – das, was „zwei", *duo*, nämlich entweder dies oder das, so oder anders sein, ja, was sein oder auch gar nicht sein kann. Das Zweifelhafte ist das, was in der Möglichkeit steht, auch *gar nicht zu sein*. Das Nichtsein ist hier in absolutem Sinne zu nehmen. Denn im *metaphysischen* (universellen) Zweifel erscheint ausnahmslos *alles Seiende* als etwas, das zweifelhaft ist. Das Nichts ist nunmehr der schlechthinnige Gegenbegriff zu dem des Seienden überhaupt. In die Möglichkeit dieses Nichts findet sich das Seiende im Ganzen im Vorhinein hineingehalten. Von diesem Nichts, in dessen Abgrund Alles und Jedes versinken kann, ist der neuzeitliche Mensch umgetrieben, – mag er es sich eingestehen oder nicht. Dieses Nichts erschüttert – gleich einem Schock – alles Seiende, dergestalt dass es im schwankenden Hin und Her als zweifelhaft erscheint[26]. Und dieses so erscheinende „Seiende" erschüttert wiederum den Menschen, so dass ihn der Zweifel packt. Vom πάθος des Zweifels durchschüttert, fängt und fasst sich der Mensch, um das Seiende dem Nichts zu entreißen und ihm die Gewissheit seines Seins zuzusichern. Soll dies möglich sein, muss zuerst das sich vordrängende Nichts *abgewiesen*, d.h. eigens ab-geschieden werden, um sodann das von ihm erschütterte Seiende auf ein unerschütterliches Fundament, ein *fundamentum inconcussum*, zu gründen. Wenn z. B. Leibniz die Frage der neuzeitlichen Philosophie in folgender Form stellt:

> Pourquoi il y a plus tôt quelque chose que rien ?
>
> Warum ist vielmehr etwas und nicht nichts?[27]

---

[26] *Op. cit,.* Med. I, S. 23 und Med. II, S. 25.
[27] „Pourquoi il y a plus tôt quelque chose que rien ?" In: *Principes de la nature et de la*

und das meint:

Warum ist überhaupt Seiendes und nicht vielmehr Nichts?[28]

So fasst er offenbar zuerst das *Nichts* ins Auge, um sodann im abweisenden Gegenzug zu ihm das Seiende auf die „ratio sufficiens", d.h. denjenigen *Grund* zu gründen, der schlechterdings *zureichend* ist[29], es vor dem Nichts sicherzustellen. Dieser Grund aber ist offenbar ein an sich selbst schon immer notwendiger sowie selbst unerschütterlich-gewisser Grund, mit Descartes gesagt: ein an sich notwendiges *fundamentum inconcussum*. Und wenn die Schulmetaphysik des 18. Jahrhunderts, ein Christian Wolff insbesondere, den Ausgang von der Definition des *impossibile*, des „Unmöglichen", nimmt, um sich erst in einem zweiten Schritt der Definition des *possibile*, des „Möglichen", zuzuwenden, weist auch dieses Denken zunächst das *Nichts* ab, um sodann auf dem Grunde des *Möglichen* sich nur desto mehr des Seienden als eines solchen zu vergewissern[30]. So zeigt sich, dass das Seiende sich in der Tat durch die Möglichkeit des Nichts erschüttert findet, dergestalt, dass der neuzeitliche Mensch, vom Zweifel

---

grâce fondés en raison, § 7. In: G. W. Leibniz, *Vernunftprinzipien der Natur und der Gnade. Monadologie.* Französisch-deutsch. Meiner, Philosophische Bibliothek Band 25. Hamburg, 1956. Auf Grund der kritischen Ausgabe von André Robinet (1954) und der Übersetzung von Arthur Buchenau. Darin: *Vernunftprinzipien* [...], S. 2-25, inbes. S. 12*sq* (Übersetzung von Vf.). Das „plus tôt" (wörtlich: „eher", „früher") ist im Sinne von „plutôt" („vielmehr") zu verstehen (vgl. *Dictionnaire étymologique de la langue française* par Oscar Bloch et Walter von Wartburg. Presses universitaires de France 1960. Stichwort: „tôt").

[28] Interpretierende Übersetzung von M. Heidegger. In: „Was ist Metaphysik?" (1929), in: *Wegmarken*, GA 9, S. 103-122, insbes. S. 122; und in: „Einleitung zu » Was ist Metaphysik? «" (1949), in op. cit., S. 365-384, insbes. S. 381. Freilich versteht Heidegger die von ihm in dieser Form übersetzte Frage in postmetaphysischem Sinne (d.h. als Frage nach dem Grund des Primats des Seienden vor der Wesung des Seins selbst innerhalb der traditionellen Metaphysik), während Vf. sie hier in traditionell metaphysischem Sinne (d. h. als neuzeitlich radikalisierte Frage nach dem *Grund* des Seienden als solchen) versteht.

[29] Christian Wolff, *Philosophia prima sive Ontologia. Methodo scientifica pertracta qua Omnis Cognitionis Humanae Principiae continentur*, Frankfurt / Leipzig, 1736, sectio II, caput I „De Possibile et Impossibile", §§ 79, 85, 101, 102.

[30] Christian Wolff, *Philosophia prima sive Ontologia. Methodo scientifica pertracta qua Omnis Cognitionis Humanae Principiae continentur*, Frankfurt / Leipzig, 1736, sectio II, caput I „De Possibile et Impossibile", §§ 79, 85, 101, 102.

durchschüttert, die Frage nach dem Grunde stellt, der dem Seienden in Gewissheit sein Sein zusichert.

Nun aber kann dieser Grund nur „etwas" sein, das selbst in höchster Weise gewiss ist. Dieses „etwas" muss also – um Descartes' Formel wieder aufzunehmen – ein *fundamentum inconcussum*, ein „Fundament" sein, das selbst „unerschütterlich" ist, d.h. schlechterdings durch keinen Zweifel erschüttert werden kann. Das aber ist offenbar dann der Fall, wenn es sich der Möglichkeit des Zweifels *immer schon entzogen* hat, wenn es *ihm immer schon zuvorgekommen* ist. Ein solches *fundamentum* ist gemäß Descartes das *ego cogito*, das *selbstbewusste Subjekt*. Dieses hat durch den *Vollzug* (d.i. die Existenz) seines eigenen Zweifelns – in dem es sich wie in allen Bewusstseinsvollzügen immer schon *unmittelbar* seiner selbst bewusst und d.h. in unmittelbarer Evidenz gewiss ist – *im voraus schon* den zuletzt es selbst (sein eigenes Sein) betreffenden Zweifel überholt und damit abgewiesen[31]. Das gesuchte *fundamentum inconcussum* ist also das *ego cogito*, das *selbstbewusste, selbstgewisse Subjekt* einschließlich seiner *modi cogitandi*, der *Modi* seiner selbstgewissen Bewusstseinsvollzüge. In diese selbstgewissen *modi cogitandi* bzw. selbstgewissen *cogitationes* verlegen sich nunmehr die *Ideen* der griechisch-antiken Philosophie und verwandeln sich in sie. Deshalb geht es jetzt darum, im Ausgang von den *cogitationes*, den *Begriffen* des selbstbewussten Subjekts, allem übrigen Seienden die Gewissheit seines Seins zu verbürgen. Das Subjekt wird also in rückbezüglicher Reflexion auf sich selbst alles übrige Seiende *mittels seiner selbstgewissen Begriffe* im Gegensatz zu sich selbst als (vom „Subjektiven", Zweifelhaften freies) festes *Ob-jekt* (als *Gegen-stand*) sich gegen-

---

[31] Descartes, *Op. cit.*, Med. II, S. 25. Sowohl im vorangehenden französischsprachigen Text (Artikel Nr. 17.a) wie auch im jetzigen Text, der deutschen Übersetzung desselben (Nr.17.b), beschränken wir uns darauf, nur kurz an den Kern der Argumentation des Descartes zu erinnern. Indes sei hier das Kernargument des Descartes noch etwas ausführlicher dargelegt: Wenn der Zweifel sich zuletzt auf das Subjekt richtet, wenn es also am Ende sein eigenes Sein, seine eigene Existenz, anzweifelt, so hat dieses an sich selbst zweifelnde Subjekt doch durch den *Vollzug, d.h. die Existenz solchen Zweifelns selbst* den Zweifel an sich selbst *im voraus schon* überholt und zurückgewiesen, – ist es doch in allen seinen Denkvollzügen, seinen *cogitationes* bzw. *modi cogitandi* und so auch in denen des Zweifelns unmittelbar seiner selbst bewusst und d.h. in unmittelbarer Evidenz seiner Existenz gewiss.

überstellen, dergestalt dass alles Seiende von nun an *nur noch* als *Objekt* für das selbstbewusste Subjekt, existiert. Aber als dieses ist es im Zugriff des selbstgewissen Subjekts und seiner Begriffe gerade in seinem Sein sichergestellt. Diese sich dem neuzeitlich-cartesischen Denken stellende Aufgabe der Sicherstellung alles Seienden als des Ob-jekts des selbstgewissen Subjekts ist in den *Systemen der absoluten Subjektivität*, wie sie der sog. „Deutsche Idealismus" aufstellt, insbesondere dem eines Hegel, grundsätzlich gesehen vollendet[32].

Seither existiert die Welt im Ganzen im Grunde genommen als das sichergestellte System der absoluten Subjektivität. Das Ganze des Seienden ruht nunmehr in der absoluten Gewissheit seines Seins. Der metaphysische Zweifel erlischt. Die Philosophie – zumindest in ihrer traditionellen Gestalt – geht zu Ende. Mit der Folge, dass der zu Beginn skizzierte „Austauschmechanismus" geschieht. Das Wissen verlagert sich: Hatte es seinen Sitz bisher in der Philosophie, so verlegt es sich nunmehr in die modernen, mathematisch exakten, technisch geprägten Wissenschaften. Diese sind es nunmehr, die sich – anstelle der Philosophie – mittels eines *absoluten (allumfassenden) Kalküls der Welt im Ganzen als eines funktionalen Systems verfügbarer Energiebestände versichern.*

Damit aber stellt sich die Frage, ob in einer solchen Lage die Philosophie schlechthin verstummt oder ob nicht noch einmal eine Grundstimmung aufkommen kann, die erneut Ursprung eines wesentlichen Gedankens sein könnte, der freilich von dem der überlieferten Philosophie verschieden ist. Um diese mögliche Grundstimmung aufzufinden, gilt es, einen näheren Blick auf die gegenwärtige Welt zu werfen. Wie bereits angedeutet, ist dieselbe durch die Herrschaft der modernen, mathematisch exakten, technisch geprägten Wissenschaften bestimmt. Diese versichern sich mittels eines universalen Kalküls mehr und mehr der möglichen Energiereserven, dergestalt, dass sie die Erde, ja den planetarischen und interplanetarischen Weltraum zunehmend in ein funktionales System verfügbarer Energiebestände verwandeln. Was aber innerhalb eines solchen Systems existiert, kann offenbar nicht mehr wie in der griechischen Antike ein im Glanz seines eigenen Wesens bestandhaft anwesendes φαινόμενον und nicht ein-

---

[32] Hegel bestimmt das Wesen der „absoluten Subjektivität" u.a. in der *Enzyklopädie der Philosophischen Wissenschaften* (1830), §§ 19-23.

mal, wie in der Neuzeit, ein durch die Subjektivität sichergestellter *Gegenstand* sein. Was heute innerhalb dieses Systems verfügbarer Energie existiert, existiert als bloß *bereitstehender Bestand,* d.h. als etwas, das ständig bereit steht, um auf Abruf an beliebigem Ort und zu beliebiger Zeit eine bestimmte Funktion zu erfüllen, die ihrerseits darauf abzielt, wiederum andere Funktionen innerhalb des multifunktionellen Systems verfügbarer Bestände zu sichern, zu fördern und voranzutreiben[33]. Die Weise, wie das „Seiende" heute *ist,* besteht darin, bereit zu stehen, d.h. ständig verfügbar zu sein für eine Funktion. Wenn aber das „Seiende" nunmehr jeweils nur in Funktion für eine weitere Funktion existiert – und für sonst nichts –, dann existiert es in der Weise, dass es im Vorhinein schon dazu bestimmt ist, in seiner Funktion *gebraucht und verbraucht* zu werden, dergestalt, dass alles, was ist, im Vorhinein schon auf den *Verbrauch,* den *Verzehr, Schwund und Vernichtung* abgestellt ist. So ist in der gegenwärtigen Welt alles, was ist, durch den Prozess eines unaufhörlichen Schwindens und Vergehens bestimmt. Dieser Prozess verbirgt sich einem umgekehrt gerichteten Prozess, nämlich dem Prozess einer unaufhörlich sich steigernden Produktivität und Effizienz, der seine Ziele ständig überholt, sich ständig übertrifft und selbst, grundsätzlich gesehen, end-los ist. Diesen in sich gedoppelten Anblick der modernen Welt hat Nietzsche unter dem Namen des „Nihilismus" eigens ans Licht gebracht und durchdacht. In einer seiner späten Gedichte, den „Dionysos-Dithyramben", stellt Nietzsche den sich in der steigernden Effiziens verbergenden unaufhörlichen Prozess des Verzehrtwerdens und des Verschwindens in einem erschreckenden Bilde dar:

> Die Wüste wächst: weh dem, der Wüsten birgt!
> Stein knirscht an Stein, die Wüste schlingt und würgt.
> Der ungeheure Tod blickt glühend braun
> und *kaut,* – sein Leben ist sein Kaun...[34]

---

[33] Vgl. M. Heidegger, „Die Frage nach der Technik" (1953), in: *Vorträge und Aufsätze* (1954), hrsg. von F.-W. von Herrmann, GA 7, 2000, S. 5-36, insbes. S. 17.

[34] F. Nietzsche, *Dionysos-Dithyramben,* „Unter Töchtern der Wüste, 2. Die Wüste wächst, weh' dem, der Wüsten birgt", in: *Kritische Gesamtausgabe, Werke* [KGW], hrsg. von G. Colli und M. Montinari, VI / 3, Berlin / New York, De Gruyter, 1969, S. 380-385, insbes. S. 385.

Wenn aber der heutige Prozess der sich steigernden Effizienz in sich selbst schon immer den umgekehrten Prozess des Verzehrs und Schwindens aller Dinge in sich birgt, dann findet sich der heutige Mensch in eine Welt versetzt, in der kein Ding mehr bleibend besteht, in der alles unaufhörlich entgeht und vergeht. So kann ihm das „Seiende" im unaufhörlichen Schwund seiner selbst *keinen Halt* mehr bieten. So findet sich der Mensch inmitten des schwindenden Seienden vor das *Nichts* gestellt. Aber dieses Nichts ist jetzt nicht mehr das Nichts, das sich – als das schlechthinnige Gegenteil (ἐναντίον) zum Seienden – *außerhalb* des Ganzen des Seienden – befindet, wie es im Zweifel erfahren wurde, und das gleichsam „gezähmt" werden und am Ende durch die Systeme der absoluten Gewissheit beherrscht werden konnte. Das Nichts hat sich jetzt *ins Innerste* des Seienden selbst eingeschlichen; denn dieses findet sich – in der sich steigernden Effizienz der Bestände – *selbst und als solches* unaufhörlich angezehrt und verzehrt. Dem Nichts kann der Mensch *nicht mehr entweichen*. Dieses unausweichliche Nichts ist in der *Angst* offenbar. Die Angst ist die Grundstimmung, die im Zeitalter von Technik und Industrie die menschliche Existenz durchstimmt. Diese Angst ist offenbar nicht nur – und auch nicht wesentlich – die Angst vor einer technisch bedingten, z. B. atomaren oder ökologischen Katastrophe. Denn solche Katastrophen würden nur ontisch-faktisch offenbaren und vollenden, was die heutige Welt im Vorhinein schon in ihrem Wesen bestimmt, nämlich die Vernichtung der Dinge in ihrer Substanz, die sich in der sich steigernden Effizienz verbirgt.

Da nun in jedem Zeitalter eine bestimmte Grundstimmung der Ursprung war, dem jeweils der leitende Grundgedanke der Philosophie entsprang, so stellt sich die Frage, ob nicht im gegenwärtigen, durch Technik und Industrie beherrschten Zeitalter die Angst die Grundstimmung sein könnte, aus der erneut ein solcher Grundgedanke und mit ihm erneut die Philosophie entspringen könnte. Welcher Gedanke aber könnte dieser sein, wenn anders die Philosophie seit ihrem griechischen Anfang zuerst und vor allem *Ontologie*, λόγος τοῦ ὄντος, Denken des *Seins* (in weitem Sinne des Wortes) ist? Wäre es möglich, dass sich in der Angst das *Sein* dessen, was ist, erneut offenbart? Und welches wäre dann die Frage nach dem Sein im gegenwärtigen technisch-industriellen Zeitalter?

Auf diese Frage hat Heidegger in seiner unter dem Titel „Was ist Metaphysik?" im Jahre 1929 gehaltenen Freiburger Antrittsvorlesung eine Antwort gegeben[35]. Es ist die folgende. In der Angst findet sich der Mensch vor das Seiende gebracht, das in die Absenz entgleitet. In diesem Entgleiten, dieser „Vernichtung" des Seienden ist es das *Nichts*, das den Menschen bedrängt und ängstet. Aber gerade in diesem Entgleiten und auf dem Grunde des ängstenden Nichts zeigt sich dem Menschen das *irreduktible Faktum*, *dass* alles dieses Seiende – wie auch er selbst – *ist*. Auf diese Weise also wird in der Angst das *Sein* offenbar, das freilich zunächst das *bloß faktische Sein* des in die Absenz entgleitenden Seienden ist[36].

Wie aber wird es offenbar? Welches ist der Grundzug, den es jetzt offenbart? Es offenbart sich nicht mehr wie im Denken der überlieferten Philosophie, als *determinatio*, als *Bestimmung* des Seienden, die dieses *bestimmt* und *beherrscht,* und auch nicht mehr als höchster Grund bzw. *Prinzip* des Seienden, das ihm *verbürgt und sichert,* dass es *Seiendes* ist, also ableitbar, berechenbar und kalkulierbar ist. Weit entfernt, als solch determinierende Bestimmung und solch berechnendes Prinzip im determinierend-rückbezüglichen, gebietend-possessiven *Identitätsverhältnis* zum Seienden auf dessen Beherrschung und Inbesitznahme aus zu sein, offenbart das Sein sich jetzt vielmehr als das, was sich zwar dem Seienden *gibt* (es lässt dieses hier ja anfänglich in der Faktizität des Dass seines Seins anwesend sein), aber doch so, dass es selbst darin wesentlich von ihm *verschieden* bleibt, weil es sich ja selbst und als solches gerade im Entgleiten des Seienden offenbart. In dem in die Angst versetzenden Entgleiten des Seienden enthüllt sich das *Sein* als ein *Anderes* im Verhältnis zum Seienden. Demnach wäre jetzt das Sein (die οὐσία, das „Wesen", das eigentlich „Wesende") aus dem *Unterschied,* der „*Dif-ferenz*" im Verhältnis zum Seienden zu denken. Dies aber ist offenbar ein neuer Seinsgedanke, der sich von dem der überlieferten Philosophie unterscheidet.

Was aber wäre der *Sinn* dieses neuen Seinsgedankens? Das Sein west aus dem *Unterschied* zum Seienden, aber es ist doch zugleich das, was sich dem Seienden *gibt*, d.h. es *als seiend* ins Spiel bringt. Es *gibt sich ihm* also *aus dem Unterschied zu ihm*. Das aber bedeutet, dass das Verhält-

---

[35] „Was ist Metaphysik?" (1929), in : *Wegmarken*, GA 9, 1976, S. 103-122, insbes. S. 111.
[36] *Op. cit*, S. 114 sq.

nis des Seins zum Seienden *nicht mehr* das besagte gebietend-possessive *Identitäts-Verhältnis,* sondern ein *Differenz-Verhältnis* ist, das das Seiende gerade *als solches* (d.i. als ontisch Wesendes) *freigibt.* Es ist das Verhältnis des Sein-*lassens,* in dem das Sein im gewährenden *Entzug* seiner selbst dem Seienden den freien Spielraum seiner Wesensentfaltung einräumt[37].

So kündigt sich im heutigen technisch-industriellen Zeitalter mit dem neuen Seinsgedanken ein neues Verhältnis zum Seienden an. Dieses Verhältnis wäre, wie gesagt, nicht mehr ein solches, das auf Kalkül und Beherrschung des Seienden abzielt, sondern ein solches, das auf dem Grunde der Angst von allem Herrschaftswillen über das Seiende ablässt. Es würde darin bestehen, *in liebender Zuwendung* zu ihm, sich selbst zugleich *zurückzunehmen* und auf alles beherrschend-possessive Verhältnis zu *verzichten.* Aber auch die Grundstimmung *dieses* Verhältnisses, so neu es erscheinen mag, ist schon *anfänglich* in der *Vollendung* der überlieferten Philosophie hinterlegt. Sie ist das Gestimmtsein der *verzichtenden Liebe,* von der der späte Schelling in seiner Freiheitsschrift aus dem Jahre 1801 spricht:

> [Aber über dem Geist] [...] ist das von allem freie und doch alles durchwirkende Wohltun, mit Einem Wort die Liebe, die Alles in Allem ist.[38]

---

[37] K.-H. Volkmann-Schluck erläutert den Sinn des neuen Seinsgedankens in „Der Mensch und sein Geschick (Der Grundgedanke Martin Heideggers)", in: *Das Denken am Ende der Philosophie. In memoriam Dušan Pirjevec,* hrsg. von Mihailo Djurić und Ivan Urbančič, Ljubljana, Privatdruck (limitierte Auflage), 1982, S. 11-16, insbes. S. 12 *sq.*

[38] F. W. J. Schelling, *Philosophische Untersuchungen über das Wesen der menschlichen Freiheit und die damit zusammenhängenden Gegenstände* (1809). In: Friedrich Wilhelm Joseph Schelling, *Ausgewählte Werke.* Schriften von 1806-1813 (Reprographischer Nachdruck. *Sämmtliche Werke.* Stuttgart und Augsburg, Cotta 1856 *sqq,* Band VII), S. 275-360, insbes. S. 352 [408].

18. a) La norme et la folie dans l'histoire de la philosophie occidentale.
Platon – Descartes – Nietzsche[1]

Le concept de norme a une longue histoire. Il provient du latin *norma* qui, tout comme le mot *regula*, traduit le grec κανῶν, la *règle*. *Norma* appartient originellement au domaine de la géométrie et avant tout à celui de l'architecture. Chez Pline, il signifie la *règle*, le *cordeau*, chez Vitruve l'*équerre*[2]. Dans les deux sens, la *norma* est une mesure qui ne s'écarte pas de la bonne direction, mais se tient strictement dans celle-ci. A la Renaissance, le traducteur allemand de Vitruve traduit *norma* par *Winkelhacken* (équerre-houe). Il parle à son propos de la *Gerechtigkeit des Winckelhacken*, la *justice de l'équerre-houe*, – ce qui exprime que la *norme*, l'*équerre* taille de façon équitable, mais aussi de façon impitoyable les pierres et les choses qui tombent sous sa coupe. Vu que *norma* signifie la juste mesure qui ne s'écarte pas de la bonne direction, le terme se prête à un double développement : d'une part, suivant la tradition *idéaliste* (de type platonisant), il désigne ce qui, tel un modèle ou un idéal, est la *norme*, au sens normatif et impératif, de ce qui *devrait* être ; d'autre part, suivant la tradition *réaliste* (de type aristotélisant), il signifie la *normalité*, la (bonne) moyenne, au sens descriptif de ce qui est un fait, de ce qui existe par nature et est donc naturel. C'est dans le premier sens que les Romains transfèrent le terme *norma* du domaine de l'architecture à celui du droit, où il prend

---

[1] L'inspiration du présent article relève d'une invitation de la part de la rédaction de la revue *UNILausanne* de participer au numéro intitulé *La folie et la norme* (année 1990, cahier n° 3). De même que l'actuel *Uniscope*, cette revue avait pour but de faire connaître au grand public la recherche effectuée à l'Université de Lausanne. Le bref article de notre plume paru dans *UNILausanne* a trouvé sa prolongation dans le présent article destiné lui aussi au grand public (*cf.* la *documentation bibliographique* à la fin de notre tome I).

[2] Pour l'histoire du concept de « norme », *cf.* les articles « Norm », « Normal », « Normalität », « Normativ / deskriptiv ; Normativismus » *in : Historisches Wörterbuch der Philosophie*, hrsg. von I. Ritter und K. Gründer, Band VI, Basel/Stuttgart, 1984.

son premier essor : Cicéron emploie par exemple les termes *norma* et *regula* dans sa philosophie du droit. Quant au second sens, il faut attendre le XVIIe siècle pour voir apparaître le terme *normal* dans le domaine de la médecine et remplacer le mot *sain* – les Romains ayant identifié, à la suite des Grecs, le *sain* (*sanum* en latin, ὑγιές en grec) avec ce qui est *naturel*, soit conforme à la nature (κατὰ τὴν φύσιν). A partir du *normal*, c'est-à-dire de la (bonne) moyenne, on conçoit alors ce qui est *a-normal*, qu'on identifie au pathologique. Cette distinction *normal/anormal* se transfert dès le XIXe siècle progressivement du domaine de la vie physique à celui de la vie psychique et mentale ; en s'intéressant avant tout à ce qui est psychiquement *a-normal*. On en trouve de nombreux exemples chez Broussais (*De l'irritation et de la folie*), chez Comte, chez Freud et beaucoup d'autres. C'est pourtant le sens *normatif* qui va amener le concept de *norme* à son essor proprement dit. Bien qu'il ait traversé les siècles à partir du droit romain, il ne fait sa pleine apparition qu'au XIXe siècle, avant tout en Allemagne, dans le cadre de la discussion de la philosophie de Kant (qui ne l'emploie d'ailleurs que rarement, et au sens de *modèle*). Le philosophe allemand Wilhelm Wundt[3] le place notamment au centre de son éthique, qui devient chez lui la *Normwissenschaft*, la *science des normes*. A partir de là, le terme se répand de manière universelle pour designer tout ce qui représente, d'une façon ou d'une autre, quelque chose comme une *obligation* (*Verbindlichkeit*) pour l'homme, – obligation d'ordre logico-épistémologique, juridique, éthique ou encore esthétique. Comme terme universel, le terme fait alors une carrière internationale, sans toutefois que sa provenance originelle, mathématico-technique, soit oubliée. Celle-ci devient au contraire toujours plus prépondérante au cours du XXe siècle : la rationalisation exige en effet que les produits et les moyens de la production industrielle soient conformes aux *normes* nationales ou internationales. Il va de soi que l'homme, comme "facteur" de cette production, doive lui aussi s'y conformer. Et cette notion de *norme*, d'ordre technologique, affecte alors toutes les autres normes, logico-épistémologiques, juridiques, éthiques, esthétiques, et renforce leur caractère *normatif* de sorte qu'on ne

---

[3] Wilhelm Wundt (1832-1920), philosophe et psychologue allemand, dès 1875 professeur à l'université de Leipzig.

peut guère se soustraire à la norme – sous peine de risquer de passer pour psychiquement *a-normal*, c'est-à-dire *fou*.

A considérer ce pouvoir qu'exerce dès lors la *norme* sur la vie humaine, la question se pose de savoir d'où il provient. Est-il d'ordre économique ? Ou d'ordre sociologique ? Ou encore d'ordre psychologique, de sorte qu'il relève de notre subconscient ? Toutes ces explications saisissent sans doute quelque chose de juste et contribuent à éclaircir le problème. Néanmoins, la philosophie, pour autant qu'elle se souvienne de sa propre histoire, avance la thèse suivante : le concept de *norme* tel qu'il domine actuellement la civilisation occidentale est une ultime figure de ce qui, au début de la philosophie occidentale chez Platon, était les *Idées*. Dans ces Idées, Platon reconnaît, à la suite de Socrate, ce qui constitue à proprement parler l'« *être* » *de ce qui est* ; Idées qui ont alors ouvert et assigné les chemins de la vie à l'homme occidental – qui en fait a toujours déjà réglé sa vie sur des Idées. Car qu'il le sache ou non, l'homme se distingue en ce qu'il comprend l'*être* et vit à partir de la compréhension de celui-ci. Ainsi la domination du concept de norme est-elle la domination d'une certaine figure de l'être. De là son pouvoir. De là que tout ce qui n'est pas conforme à la *norme* soit écarté comme *a-normal*, comme *folie*. Et pourtant, au début de la philosophie occidentale, chez Platon, le rapport entre *Idée* et *Folie* (μανία) se présente bien autrement. La connaissance des Idées est affaire de la *sagesse*, σοφία, *sapientia*. Mais comme le dit le terme φιλο-σοφία, l'homme mortel ne peut s'élever à celle-ci que grâce à la φιλία, à l'amour. Cette φιλία, cet amour est de l'ordre de l'ἐρώς : Il est l'amour passionné enthousiaste qui est, selon Platon, une forme de la μανία. On peut donc dire qu'au début n'était pas la norme, soit l'Idée, mais bien la μανία. Cette μανία qui était celle du jour par trop resplendissant de l'Idée suprême, comparée par Platon au soleil. C'est donc d'elle qu'est née, d'une certaine manière, l'Idée. Mais à l'autre bout de la tradition initiée par Platon, la même μανία est également la *fin* de la philosophie, dans la pensée de Nietzsche. La folie est alors d'un autre genre : elle est celle de l'obscurité de la nuit. Le soleil de l'Idée suprême a décliné. Les Idées ne sont plus que des « idoles » vides, sans vérité. Nécessaires et utiles pour la vie, ces dernières deviennent finalement des *règles* ou *normes* indispensables.

Mais comment ce revirement a-t-il pu se produire ? Pour le comprendre, il convient de considérer une troisième étape de la philosophie occidentale : Descartes et sa fondation de la méthode des sciences modernes et contemporaines. Nous parcourrons donc les étapes suivantes dans ce qui suit :
1. Idée et folie chez Platon ;
2. Méthode et folie chez Descartes ;
3. Norme et folie chez Nietzsche.

1) Idée et folie chez Platon

Nous l'avons dit : l'homme se distingue en ce qu'il comprend l'être de telle façon que ce dernier – son être propre aussi bien que celui des autres phénomènes – soit *ouvertement là* pour lui. En ce sens, tout homme, bien qu'exposé en sa mortalité à l'obscurité de la mort, est une *ouverture lumineuse* de l'être. La tradition philosophique a parlé du *lumen naturalis* que tout homme porte en lui-même. Qu'importe leur monde culturel, tous les hommes portent en eux-mêmes cette lumière naturelle. Or le commencement de la philosophie occidentale chez les Grecs réside dans l'événement suivant : cette lumière ressort comme telle et fait irruption dans l'existence humaine, de sorte à l'envahir et posséder comme πάθος, comme *passion*. Le voile de secret qui a occulté – et protégé – le monde à l'âge du mythe se trouve alors retiré ; le monde en est privé ; une ἀ-λήθεια, un *dé-voilement*, une *dés-occultation* se produit, comme l'indique à titre de trace le mot grec. Le monde gît alors là, ouvertement, de façon lumineuse, bien que sur fond d'obscurité et de mort – l'homme demeurant toujours le mortel. Le monde se présente comme φύσις, comme *éclosion* lumineuse, comme vie, en même temps que comme φθορά, *dépérissement*, *disparition* dans la mort. Toutefois, ce n'est pas seulement le monde, c'est-à-dire la totalité des *choses* qui sont (τὰ ὄντα, « les étants »), qui, dans toute cette éclosion, est là de façon ouverte et lumineuse, mais c'est – à bien y faire attention – également et au préalable déjà toute cette éclosion elle-même, soit toute la manière d'être du monde, son « être » (εἶναι) qui est là de la même façon. C'est en tout premier lieu l'*être* (de ce qui est), cet être comme tel, qui ressort ouvertement et lumineusement, de telle manière qu'étant ouvertement là et présent, il devient pensable pour la *raison* (νοῦς) de l'homme. Ainsi, vu que toute cette éclosion se produit sur fond de disparition et de mort, la question se pose dès lors de savoir en quoi consiste, à proprement parler, *cet être* en sa luminosité propre – question qui est, selon Platon, la question proprement dite de la philosophie. Platon répond, à la suite de Socrate, que cet être, dont la lumière éclaire le monde, c'est l'*Idée* suprasensible, accessible par la seule raison. Car l'Idée, dans le mouvement incessant de l'apparaître et du disparaître des phénomènes sensibles, est ce qui ne cesse d'être en éclosion, d'être présent ouvertement, lumineusement. Elle est le proprement ἀ-ληθές. C'est la lumière de l'Idée qui fait apparaître les phénomènes sensibles en leur aspect propre (εἶδος) de sorte qu'eux aussi sont alors ἀ-ληθῆ, manifestes. Ils ne sont manifestes que dans la mesure où ils participent de la lumière de l'Idée. Ainsi se tendent-ils vers l'Idée, voire *doivent* se tendre vers elle pour devenir, eux aussi, *manifestes*. Au début grec déjà, l'Idée devient ainsi une sorte d'*impératif* sur lequel tout ce qui est, les choses aussi bien que les hommes, doit se régler. Vu que la lumière des Idées ne cesse d'éclairer le monde affecté par le changement, le dépérissement, la disparition et la mort, et que les Idées, en leur lumière propre, n'en sont pas affectées, il faut bien supposer – selon Platon – une source intarissable de cette lumière des Idées ; source qui est l'*Idée suprême*, au-delà des autres (ἐπέκεινα τῆς οὐσίας)[4], que Platon compare au soleil[5]. Cette Idée, source de toute lumière, est le *Bien suprême* ; tout comme elle est, en sa splendeur, la *Beauté même*. C'est en elle que sont unis, comme en leur siège originel, le *Vrai* (ἀληθές), le *Bien* (ἀγαθόν) et le *Beau* (καλόν)[6]. Or nous l'avons dit : la connaissance des Idées, qui porte jusqu'à cette Idée suprême, est affaire de la philosophie. Les philosophes, ravis par l'ἀλήθεια, la *désoccultation*, sont ceux qui, enlevés au monde quotidien des phénomènes sensibles, s'élèvent, voire s'*ab-sentent* (en allemand : *sich ent-rücken*) dans la transcendance de la lumière des Idées suprasensibles jusqu'au soleil de l'Idée suprême ; enlèvement et absentement *qui* est μανία, *folie* – non pas, certes, comme le précise Platon dans le *Phèdre*, cette folie qui provient des « maladies humaines », mais celle qui provient « d'un dé-tournement divin des règles habituelles (ὑπὸ

---

[4] Platon, *République* [cité *Rép.*], VI, 509 b 9.
[5] *Rép.* VI, 506 b *sqq.*
[6] 508 e *sqq.*

θείας ἐξαλλαγῆς τῶν εἰωθότων νομίμων) »[7]. Or ceux qui se tiennent, s'en tiennent à ces règles habituelles pour s'occuper des étants (ὄντα), Platon les appelle les οἱ πολλοί, *la foule*, les hommes tels qu'ils existent la plupart du temps, dans leur vie quotidienne moyenne, *normale*. Par rapport à ceux-ci, le philosophe est bien – en son dé-tournement et enlèvement qui l'*ab-sente* dans les Idées – quelqu'un qui est *fou* (en allemand *ver-rückt*). Mais cette folie est d'origine divine : elle relève d'une faveur. Car l'homme, dans sa mortalité, n'est pas capable de s'élever par lui-même à la lumière des Idées. C'est l'ἔρώς, l'*amour passionné*, enthousiaste de la Beauté, *démon* situé entre les mortels et les dieux immortels, qui le ravit et l'enlève vers la transcendance des Idées jusque vers l'Idée suprême[8]. On peut bien dire que cet ravissement du philosophe par l'ἔρώς exprime chez Platon à sa façon l'évènement de l'ἀλήθεια, qui, comme πάθος, envahissait les Grecs. En ce sens, l'Idée est bien née à partir de la "folie".

Si le début de la philosophie occidentale consiste bien en ce que l'ἀλήθεια fasse irruption dans l'existence des Grecs comme πάθος, cet événement de l'ἀλήθεια n'est pas pour autant devenu *l'objet* thématique de leur pensée ; il en constitue bien plutôt l'*élément* ou l'arrière-fond dont ils font simplement expérience. L'objet thématique de leur pensée est bien plutôt ce qui se montre à eux grâce à cette dés-occultation : le monde, la totalité des *étants* (ὄντα) apparaissant comme phénomènes en leur εἶδος à la lumière des Idées. En tant qu'arrière-fond impensé, l'ἀλήθεια cède la place à cet objet de la pensée. Cédant toujours davantage, elle tombe progressivement dans l'*oubli* (λήθη). Avec pour conséquence que l'Idée suprême et divine – source originelle de toute lumière éclairant le monde, le soleil – s'obscurcit toujours davantage, et avec elle le monde. Toutefois, l'homme occidental reste attaché à l'ἀλήθεια : au fait que le monde soit un objet bien *manifeste* (ἀληθές) pour lui. Il lui faut dès lors assumer lui-même, par la performance de sa propre raison, en suivant toute une *méthode*, l'*évidence* des objets de sa connaissance. Il s'agit là d'un long processus qui marque l'histoire de la pensée occidentale et qui devient pour la première fois tout à fait explicite chez *Descartes*.

---

[7] Platon, *Phèdre*, 265 a 9 *sqq*.
[8] *Cf.* Platon, *Le Banquet*, 202 d 8 *sq*.

2) Méthode et folie chez Descartes

Le soleil qui éclaire le monde n'est alors plus l'Idée suprême et divine du Bien et du Beau, mais l'*ingenium* de l'homme, la faculté de connaître qui lui est propre en tant qu'homme, sa raison (*ratio, mens*). Descartes l'exprime lui-même au début des *Regulae* : « la science humaine [... est] la lumière du soleil » (*humana scientia* [... est] *solis lumen*)[9]. Ce revirement constitue le *début* de l'histoire de la pensée *moderne*. Il est motivé par l'expérience du déclin progressif du soleil divin – expérience qui va selon Descartes de pair avec celle que les hommes sont des mortels (*Mortales*) exposés à l'obscurité de la mort. Le monde apparaît alors comme un « labyrinthe »[10] obscur et inextricable. C'est à ce monde en son obscurité que l'*ingenium* de l'homme, en son délaissement, se trouve d'abord confronté. Comment donc peut-il être le soleil qui l'éclaire ? Il n'existe qu'une possibilité : l'*ingenium*, la faculté de connaître de l'homme, loin de pouvoir se confier à ses objets comme à des phénomènes en eux-mêmes manifestes (ἀληθῆ), doit au contraire *s'assurer de sa propre connaissance comme telle*, et ce en écartant, par un acte de volonté, toutes les connaissances qui se prêtent au moindre doute (même celles qui sont vraies) et en n'admettant que des connaissances qui sont *certaines* (*certae*). Le critère de cette *certitude* réside dans l'*évidence* de la connaissance *comme telle*. Ce n'est qu'alors qu'elle est admise en tant que *savoir* : *scientia est cognitio certa et evidens*[11]. L'évidence de la connaissance consiste en ce que la connaissance est *visiblement*, manifestement, une connaissance, ce qui se dégage dans la mesure où l'*ingenium* opère une « *réflexion* » sur lui-même

---

[9] Nous nous basons sur le texte latin paru dans l'édition bilingue (latine et allemande) suivante : Descartes, *Regulae ad directionem ingenii. Regeln zur Ausrichtung der Erkenntniskraft*, Kritisch revidiert, übersetzt und herausgegeben von Heinrich Springmeyer, Lüder Gäbe und Hans Günter Zekl, Felix Meiner Verlag, Philosophische Bibliothek, Band 262a, Hamburg, 1973. Concernant la traduction française, nous nous orientons sur : Descartes, *Les Règles pour la direction de l'esprit*, traduction nouvelle par Jacques Brunschwig, in : *Œuvres philosophiques* [cité OP], tome I (1618-1637), textes établis par Ferdinand Alquié, Paris, Editions Garnier, 1963, p. 69-206. Nous indiquons uniquement le *numéro de la Regula*, suivi du *numéro de la ligne* dans le texte latin. Le texte cité *supra* se trouve dans la Regula [cité R] I, ligne 18 *sqq*.

[10] R V, 10.

[11] R II, 4.

ou la connaissance en question. La source originelle de la lumière, le soleil, qui éclaire le monde, est donc dès lors l'*ingenium* en tant que, par son énergie propre, il opère la réflexion sur lui-même. Autrement dit, c'est le *sujet* présent comme tel pour lui-même dans la réflexion : le sujet comme *subjectivité*. Mais pour que l'*ingenium*, par le biais de sa propre connaissance évidente, puisse bien éclairer le monde, il faut qu'il suive résolument la direction qui le conduit à cette connaissance – sans quoi il risque de succomber de nouveau à ce qui est douteux (*dubium*). Pour cela, il lui faut des *règles* (*regulae*) qui, tels des *cordeaux*, le dirigent et auxquelles il peut se tenir ; il faut des *Regulae ad directionem ingenii*. L'ensemble de ces règles constitue la *méthode*. La connaissance en tant que *cognitio certa et evidens* n'est possible que par la méthode : *necessaria est methodus ad veritatem investigandam*[12]. Celui qui ne se laisse pas diriger par la méthode n'est possédé que par une *curiosité aveugle* (*caeca curiositas*)[13], d'ailleurs typique des mortels[14], de sorte qu'il se promène dans les ténèbres[15]. Si le monde, sans la méthode, est enveloppé dans l'obscurité, c'est donc bien la méthode qui – en lieu et place de l'ancienne Idée – est dès lors la lumière qui éclaire le monde. C'est elle qui trace les voies dans l'obscurité du monde : elle est, selon Descartes, le « fil de Thésée » auquel l'*ingenium* doit se tenir pour pénétrer dans le « labyrinthe » obscur du monde[16]. Cette méthode consiste en un ensemble de règles que l'*ingenium*, en son délaissement, ne peut puiser que dans lui-même, en vue de sa propre connaissance certaine et évidente, et qu'il va donc se donner lui-même par un acte d'*auto-nomie*. La règle principale est celle de l'*ordo et dispositio*[17], qui commande de disposer les problèmes donnés dans un ordre tel qu'ils puissent devenir l'objet de la connaissance certaine et évidente pour l'*ingenium* humain. L'*étant* (τὸ ὄν) devient un objet *disponible*, et l'homme le « maître de la nature »[18].

---

[12] R IV, 1.
[13] R IV, 3.
[14] *Ibid.*
[15] R IV, 16.
[16] R V, 9 *sq.*
[17] R V, 1.
[18] *Discours de la méthode,* in : *OP*, tome I, p. 549-715, en part. p. 634 : « [... nous pourrions] nous rendre comme maîtres et possesseurs de la nature ».

Qui est cet homme ? Nul autre que le sujet qui assume l'*ingenium*, la faculté de connaître propre à l'homme, qui s'assure de la connaissance par la méthode qu'elle se donne à elle-même. Tout homme qui suit la méthode peut ainsi atteindre la connaissance évidente. L'évidence est évidence *pour tous* ; elle est d'ordre *public*. La connaissance évidente est – sinon en fait, au moins en principe – affaire de tout un chacun (*unusquisque*), de n'importe qui (*quicumque*)[19], de tout le monde. L'homme comme sujet de l'*ingenium* est « monsieur tout le monde ». Pour être réalisée, la *méthode* requiert certaines facultés de la part de l'homme ; facultés qui doivent être cultivées (*excolere*)[20] et exercées[21] par une formation publique pour tous. En tant que sujet de l'*ingenium*, l'homme est formé, pour ainsi dire "rectifié", par la "direction" des *Regulae*. Il est le sujet "tout le monde" vivant dans l'évidence publique.

Celui qui ne suit pas les voies ouvertes et connues (*apertae et cognitae viae*)[22] tracées et prescrites par les *Regulae*, celui qui s'en écarte et se meut en dehors d'elles, en préférant donc l'obscurité du douteux (*dubium*) à la lumière publique de la connaissance évidente, devient un cas pour la psychologie : sa conduite est jugée soit intellectuellement ab-errante, absurde[23], soit moralement corrompue[24]. Dans les deux cas, il est jugé comme mentalement dé-tourné (*ver-rückt*) par rapport à la *bona mens*, c'est-à-dire mentalement malsain (*male sanus*)[25], en ce sens *fou* (*a-mens*) Cette folie qu'est la prédilection pour les choses obscures repose selon Descartes sur la mortalité de l'homme[26]. Elle est écartée du domaine de la connaissance certaine et évidente.

Cependant, la folie fait retour sur la connaissance dans les *Méditations*[27]. Au cours du chemin du doute, parcouru dans la 1ère méditation,

---

[19] R VI, 8 ; R II, 16 ; *cf.* aussi R VIII, 66 *sqq.*
[20] R IX, 1.
[21] R II, 42.
[22] R X, 54 *sq.*
[23] *Cf.* les exemples *in :* R IV, 3 *sqq* et R V, 14*sqq.*
[24] *Cf.* les exemples *in :* R III, 19 et R IV, 49 *sqq.*
[25] R IX, 28.
[26] Par exemple R IV, 3 *sqq.*
[27] Nous nous basons sur le texte latin paru dans l'édition bilingue (latine et allemande) suivante : Descartes, *Meditationes de prima philosophia. Lateinisch-deutsch. Meditationen*

Descartes envisage la possibilité que toute cette connaissance, aussi certaine et évidente qu'elle soit pour elle-même, soit – et c'est là ce qui semble d'abord bien être de la folie – sans vérité, c'est-à-dire dépourvue de tout rapport adéquat au monde extérieur. Apparaît alors la possibilité que la *méthode*, l'ensemble des règles que le sujet se donne à lui-même et qui est finalement une *mathématique apriorique universelle* (*mathesis universalis*), ne soit en somme qu'une *chimère*[28], comme un rêve[29], une illusion (en allemand : *ein Wahn*) : notre créateur peut être un « malin génie »[30] qui nous trompe sans cesse. D'ailleurs, la *méthode* n'a jamais prétendu à une vérité objective, ontologiquement fondée, mais bien toujours à la seule *disponibilité* du monde comme objet de la connaissance. Cette possibilité du caractère chimérique, illusoire de la *mathesis*, Descartes la réfute par la preuve de la véracité du Dieu-créateur.

La possibilité ne cesse cependant d'exister et jette son ombre sur le chemin de l'histoire de toute la philosophie moderne. La philosophie serait-elle finalement de nouveau de la folie ? Non plus, certes, cette folie qui, chez les Anciens, consistait à être *pris* par l'ἐρώς et emporté par lui vers l'Idée suprême, divine, de la vérité (ἀλήθεια), mais une folie *moderne* : un *Wahn-sinn* qui consiste à être irrémédiablement *prisonnier de ses propres illusions*. C'est cette ombre qui rattrape la pensée de Nietzsche. C'est la *fin* de la philosophie occidentale telle qu'elle a commencé avec Platon : fin qui consiste dans l'expérience de la *non-vérité* de la philosophie, l'ἀλήθεια s'étant retirée. Nietzsche en fait l'expérience sous la forme de la « mort de Dieu ». Au contraire de la lumière des Règles qui tracent les voies de l'évidence publique de « tout le monde » – lumière qui pourtant, selon Nietzsche, s'avère être mensongère –, le philosophe subit la tentation d'une autre folie, celle de la *nuit*.

über die Grundlagen der Philosophie. Auf Grund der Ausgaben von Artur Buchenau neu herausgegeben von Lüder Gäbe. Felix Meiner Verlag. Philosophische Bibliothek Band 250a. Hamburg 1959. Concernant la traduction française, nous nous orientons sur : Descartes, *Meditationes de prima philosophia. Méditations métapyhsiques*. Texte latin et traduction du Duc de Luynes. Introduction et notes par Geneviève Rodis-Lewis. Paris, J. Vrin 1978.

[28] *chimerae*, in : Med. II, § 2 (S. 42).
[29] *ludificationes somniorum*, in : Med. I, § 12 (S. 40).
[30] *Méd.* I, §§ 9-12 (p. 40 *sqq*) ; *genius malignus*, in : I, § 12 (p. 39).

3) Norme et folie selon Nietzsche

Par ses *Regulae ad directionem ingenii*, Descartes a ouvert la voie à la pensée moderne. Il y a établi sa figure fondamentale : le *sujet* qui, par un acte d'*auto-nomie*, se donne lui-même les *règles*. La philosophie moderne, avant tout celle de *Kant*, déploie cette figure dans trois domaines : la science, l'éthique et l'esthétique, de sorte que les règles sont soit logico-épistémologiques, soit éthiques ou esthétiques. De plus, en tant qu'il assume le rôle de sujet, l'homme est selon Descartes tel qu'il existe dans la moyenne, publiquement. Ainsi la subjectivité de ce sujet se prête-t-elle à être assumée par un sujet *collectif* – possibilité réalisée par Marx, par l'institution de la *société industrielle comme sujet*[31]. Cette dernière est alors le législateur qui se donne les règles par lesquelles elle s'assure de l'existence et de l'accroissement de sa *puissance*, aussi bien sur la nature que sur elle-même. Ces Règles – exemptes selon les *Regulae* de Descartes de toute fondation ontologique – ne sont que des *outils*, des *instruments* au service de la puissance. Elles ne se *vérifient* que par leur performance. Cette expérience de la perte de la vérité des règles et des valeurs directrices de la vie, Nietzsche l'a vécue comme expérience du « *nihilisme* »[32]

---

[31] Selon K.-H. Volkmann-Schluck, l'importance proprement philosophique qui revient (et ne cessera de revenir) à la pensée de Karl Marx réside dans l'acte d'avoir institué la *société industrielle moderne* en tant sujet *(subjectum)* des processus de la nature et de l'histoire. Thèse qu'il a reprise à M. Heidegger qui ne l'a indiquée que sous forme d'une apostille *(Randbemerkung)* in : « Brief über den Humanismus » (rédigé en 1946, publié dans un collectif en 1947 et, sous la forme d'une publication autonome, en 1949 chez Klostermann, Francfort s. M.), republié in : *Wegmarken,* hrsg. von F.-W. von Herrmann, GA 9 (1976), p. 313-364, en part. p. 341, apostille d (ajoutée par Heidegger à l'édition de 1949). K.-H. Volkmann-Schluck a développé cette thèse dans « Was ist die moderne Gesellschaft ? Versuch einer ontologischen Bestimmung » (Qu'est ce que la société moderne ? Essai d'une détermination ontologique), *in : Philosophische Perspektiven,* hrsg. von Rudolph Berlinger und Eugen Fink, Band II, Klostermann, Frankfurt a. M. 1970, p. 279-304. *Cf.* aussi notre article intitulé « Le communisme positif dans les *Manuscrits de 44* de Karl Marx. L'institution de la société industrielle comme sujet », à paraître dans nos *Études,* tome II : *Neuzeit/Modernité,* article n° 30.

[32] Nietzsche, *Nachgelassene Fragmente,* Herbst 1887, 9 [35-37] *in : Kritische Gesamtausgabe, Werke* [citée *KGW*], hrsg. von Giorgio Colli und Mazzino Montinari. De Gruyter, Berlin/New-York 1967 *sqq* : VIII, 2, en part. p. 15 *sq / Fragments posthumes,* automne 1887, 9 [35-37], in : *Oeuvres philosophiques complètes* [citée *OPC*], Paris, Gallimard, 1967 *sqq* ; tome XII, trad. de J. Hervier, 1979, en part. p. 27-29.

Ces Règles ont remplacé les anciennes Idées qui étaient le Bien pour l'homme. Les anciennes Idées succombent donc au nihilisme. Alors qu'elles étaient des phénomènes lumineux éclairant le monde, elles perdent de plus en plus leur *phénoménalité*. Les *valeurs* s'obscurcissent en leur contenu propre. Aussi leur faut-il un substitut formel : substitut qui est précisément le concept de *norme*. Et plus les *valeurs* s'obscurcissent en leur contenu, plus on en fait des impératifs, plus on les *"normalise"*, les taille comme normes ; normalisation qui est bien – comme l'a vu le phénoménologue Scheler – l'indice que « le sentiment immédiat pour les valeurs [...] s'est obscurci »[33]. Le concept de *norme* s'avère ainsi être le substitut nihiliste, universel et formel, des anciennes *valeurs* suprêmes, du Vrai, du Bien et du Beau – substitut qui relève d'un acte d'abstraction et d'universalisation formelle. Le concept de *norme* s'y prête par sa provenance même. Désignant originellement l'*équerre*, dans le domaine de la géométrie, il provient des mathématiques, qui ont toujours fait *abstraction* du contenu propre des phénomènes. Le sujet qui établit aujourd'hui de plus en plus les normes est la société industrielle. Les normes deviennent ainsi de plus en plus *techniques*, et le concept de *norme* est aujourd'hui un concept fondamental de la production industrielle. Il s'y prête également par sa provenance : la *norma*, l'*équerre* appartenait, tout comme la *regula*, le *cordeau*, originellement à cette τέχνη qu'est l'architecture.

Nietzsche a fait l'expérience de ce caractère *nihiliste* des *Idées*, *valeurs* et *normes* à l'époque actuelle. Il l'a pensé et formulé philosophiquement dans son énoncé : « Dieu est mort »[34]. La possibilité qui s'est annoncée depuis Descartes que les *Regulae* puissent être de l'ordre de l'*illusion* (*Wahn*) est devenue réalité. La subjectivité de la société technique et industrielle suit la voie des *Règles* qui, selon Nietzsche (et Marx), sont de l'ordre de l'*illusion collective* (*Kollektiv-Wahn*) ; ce qu'elle se masque pourtant en se laissant emporter – sans s'arrêter pour méditer (*besinnungslos, forcené, insensé*)[35]

---

[33] Max Scheler, *Der Formalismus in der Ethik und die materiale Wertethik* (1913). Franke Verlag Bern und München, 1916/1965⁵, p. 223.

[34] *Cf.* par exemple *Die fröhliche Wissenschaft*, Drittes Buch, n° 125 : « Der tolle Mensch », *in : KGW*, V, 2, p. 158 *sqq / Le gai savoir*, Livre III, n° 125 : « L'homme fou », *in :* OPC V, p.137 *sqq*.

[35] *Cf. Nachgelassene Fragmente*, November 1887-März 1888, *in : KGW* XIII, « Vorrede »,

Mais en tant que philosophe, Nietzsche s'arrête (*besinnt sich*)[36] et démasque cet état de fait, en en faisant précisément l'*objet* de sa pensée. Toutefois, par contrecoup, sa propre pensée de philosophe – et par suite toute la pensée philosophique à l'époque actuelle – en est inévitablement affectée. Comme Nietzsche l'exprime dans ses poèmes tardifs, les *Dithyrambes de Dionysos*, tous les concepts de la philosophie ne sont désormais que de « mensongers ponts de mots (*lügnerische Wortbrücken*) »[37], c'est-à-dire des fictions trompeuses. Le philosophe n'est plus, comme chez Platon, « l'amant de la vérité (*der Wahrheit Freier*) »[38], emporté par la μανία de l'Ἔρως vers la vérité des Idées, mais « rien que bouffon, rien que poète (*nur Narr, nur Dichter*) ». C'est là encore une figure de la folie contemporaine. La raison de ce revirement relève selon Nietzsche du *déclin du soleil de Platon*. Les pensées du philosophe, les anciennes Idées (ou εἴδη) sont alors les « regards méchants du soleil vespéral (*boshaft abendliche Sonnenblicke*) »[39] qui le raillent, lui, l'ancien amant de la vérité, emporté par la « manie de la vérité (*Wahrheits-Wahnsinn*) »[40], qui n'est dès lors plus qu'un *bouffon* (*Narr*). Loin de se faire emporter, ni par la folie ancienne de l'Ἔρως, ni par la folie moderne de la course collective à la lumière d'illusions trompeuses, le philosophe *sait* maintenant qu'il est « exilé de toute vérité » (*verbannt von aller Wahrheit*)[41]. Cette vérité le consume, lui qui était toujours assoiffé de vérité. C'est son tourment. La tentation le prend de se laisser emporter par l'obscurité de la nuit, par le déclin achevé du

---

11 [411], p. 189 *sq* / *OPC* VII/2, « Prologue », 11 [411], p. 362. – par l'accélération du processus de sa performance (*Leistungsprozess*) s'accroissant en vue de la puissance. Telle est la figure actuelle de la *folie*. La volonté de puissance est la réalité fondamentale qui affecte en faisant ses *outils* toutes les règles, valeurs et normes, tous les concepts et toutes les représentations en général.

[36] *Ibid.*
[37] *Dionysos-Dithyramben*, « Nur Narr ! Nur Dichter ! », in : *KGW* VI, 3, p. 375-378 ; Strophe 2 / *Dithyrambes de Dionysos*, « Rien que bouffon ! Rien que poète ! », in : *OPC* VIII/2 ; p. 14-21, strophe 2.
[38] *Ibid.*
[39] *Op. cit.*, strophe 1.
[40] *Op. cit.*, strophe 8.
[41] *Ibid.*

soleil[42]. C'est là encore une forme de la folie contemporaine : la *folie de la nuit*, c'est-à-dire l'abandon de la pensée (νοῦς, *ratio*), sa dissolution. Mais le philosophe y résiste ; il demeure celui qu'il a été dès le début : l'amant de la vérité, le *penseur*. Car *une* vérité demeure : celle d'être exilé de toute vérité. Cette vérité retient et maintient la pensée. Mais celle-ci est dès lors impliquée dans un mouvement contradictoire : d'une part, le philosophe cherche la vérité, mais subit un échec : il est exilé de toute vérité ; d'autre part, cette seule et même vérité retient et maintient sa pensée : l'exil de toute vérité. Ce mouvement contradictoire *diminue l'énergie* de la pensée. La pensée cesse d'être une pensée qui, par l'énergie de la *réflexion* sur elle-même, cherche à s'assurer de la vérité comme de son *ob-jet* (Gegenstand). Adoucie, elle s'ouvre bien plutôt à l'*autre comme tel* et le suit en son mouvement propre. Cet « autre », c'est bien l'être lui-même en sa vérité propre qui, à cette pensée, apparaît alors autrement : non plus comme ce qui – dans l'optique de la pensée objectivante – agit sur le philosophe en l'exilant, mais bien plutôt comme ce qui, de son côté, *cède, se retire, se retient*. La vérité est, comme l'exprime Nietzsche, « l'azur de l'oubli (*blaue Vergessenheit*) »[43]. C'est à cette vérité en son mouvement de retrait, qu'est alors ouverte, en s'y *ab-sentant* (*sich ent-rückend*), la pensée *douce* qui laisse libre et en repos. Cet ab-sentement, cette *ab-sence* (*Ent-rückung*) de la pensée peut bien passer elle également de nouveau pour de la *folie* (*Verrücktheit*), tout au moins aux yeux de la pensée *normale* de la subjectivité collective contemporaine, folle de normes bien saisissables. Cependant, pour Nietzsche, cette *ab-sence* dans la douceur du crépuscule apporte *bonheur, repos, et promesse* :

> [...]
> Die Sonne sinkt.
> Schon steht die glatte
> Flut vergüldet
> [...]
> In grünen Lichtern
> spielt Glück noch der braune Abgrund herauf.
> [...]

---

[42] « Die Sonne sinkt », in : *Dionysos-Dithyramben*, *KGW*, 3, p. 393-395, Strophe 3. / « Le soleil décline », *in :* OPC VIII/2, p. 50-55, strophe 3.

[43] *Op. cit.*, strophe 7.

Rings nur Welle und Spiel.
Was je schwer war,
sank in blaue Vergessenheit,
müssig steht nun mein Kahn.
Sturm und Fahrt – wie verlernt er das !
Wunsch und Hoffen ertrank,
glatt liegt Seele und Meer.
[...]
Glüht nicht das Eis meiner Gipfel noch ?
Silbern, leicht, ein Fisch
Schwimmt nun mein Nachen hinaus... .
[...]

Le soleil décline.
Déjà les lisses
flots reposent, dorés.
[...]
Dans de vertes lumières,
le brun abîme laisse encore monter du bonheur.
[...]
Partout rien que les vagues et leur jeu.
Et tout ce qui fut jamais lourd
a sombré dans l'azur de l'oubli.
Oisif, mon canot repose.
Tempête et traversée – comme c'est désappris !
Vœux et espoir s'est noyé ;
lisse, s'étend âme et mer.
[...]
N'est-elle pas encore embrasée la glace de mes sommets ? ?
Argentée, légere, un poisson,
ma nacelle nage maintenant vers le large... [44]

---

[44] « Die Sonne sinkt » / « Le soleil décline », extraits des strophes 4, 7 et 8 (trad. mod.). Nous devons les bases de notre interprétation des *Dithyrambes de Dionysons* au cours magistral de K.-H.-Volkmann-Schluck (1914-1981) intitulé *Die Philosophie Nietzsches. Der Untergang der abendländischen Metaphysik*, donné par lui à plusieurs reprises (la dernière fois au semestre d'hiver 1977/78) à l'Université de Cologne et édité par Bernd Heimbüchel, Königshausen & Neumann, Würzburg 1991. *Cf.* en part. « V. Teil : Der Untergang der Metaphysik », p. 250-267.

18. b) Norm und Wahnsinn in der Geschichte der europäischen Philosophie.
Plato – Descartes – Nietzsche[1]

Der Begriff der Norm hat eine lange Geschichte. Er geht auf das lateinische Wort *norma* zurück, das ebenso wie lateinisch *regula* das griechische Wort κανῶν übersetzt, das „Richtscheit", „Richtschnur", „Maß-stab" bedeutet. Wenn auch das griechische Wort κανῶν schon in die Bedeutung des lateinischen Wortes *norma* vorausweist, so gewinnt doch das Wort *norma* erst bei den Römern seine eigentlich terminologische Bedeutung. Bei ihnen gehört es ursprünglich in den Bereich der *Geometrie* und vor allem in den der *Architektur*. So bedeutet *norma* bei dem römischen Architektur-Theoretiker Vitruv das „*Winkeleisen*", also das Werkzeug des Winkelmasses, das beim Errichten von Bauwerken dem Messen der rechten Winkel dient, und der römische Schriftsteller Plinius versteht unter *norma* die „*Richtschnur*", der entlang die Geradheit der Bauwerke vermessen wird[2]. In beiden Bedeutungen ist die *norma* ein Mass, das sich selbst ohne Abweichung strikt in der richtigen Richtung hält. Der deutsche Renaissance-Übersetzer des Vitruv, Walter Herrmann Ryff, übersetzt *norma* mit „Winkelhacken" und spricht von der „Gerechtigkeit des Winkelhacken", – womit er zum Ausdruck bringt, dass die *norma* als Mass zwar unbestechlich ist, aber auch

---

[1] Der Artikel enthält die Übersetzung des vorangehenden Artikels : « La norme et la folie dans l'histoire de la philosophie occidentale. Platon – Descartes – Nietzsche ». Die Übersetzung wurde von Vf. für einen Vortrag vor einem interessierten Laienpublikum angefertigt (s. Nachweise, S. 473) und nimmt sowohl sprachlich wie kulturell Rücksicht auf das deutschsprachige Publikum (und ist deshalb ausführlicher als die französische Originalversion).

[2] Zur Geschichte des Begriffs *norma*, vgl. *Historisches Wörterbuch der Philosophie*, hrsg. von Joachim Ritter, Karlfried Gründer und Gottfried Gabriel. Völlig neu bearbeitete Ausgabe des Wörterbuchs der philosophischen Begriffe von Rudolf Eisler. Gesamtherstellung: Schwabe AG, Basel / Muttenz 1971-2007. Lizensausgabe für die Mitglieder der Wissenschaftlichen Buchgesellschaft, Darmstadt. Band VI (Basel / Stuttgart 1984): Stichwörter: „Norm"; „Normal, Normalität"; „Normativ / deskriptiv; Normativismus".

alles, was unter sie fällt – sowohl Baumaterialien wie sonstige Dinge – erbarmungslos ihrem Zuschnitt unterwirft. Sofern *norma* das rechte Maß bedeutet, das selbst das „Richtige" ist, ist verständlich, dass das Wort geeignet ist, sich in zweifacher Bedeutungsrichtung zu entwickeln, nämlich einerseits in Richtung einer *idealistischen* Tradition platonisierenden Denkstils, dergemäß es ein *Vorbild* und *Ideal* bedeutet, also die „Norm", die im normativen, ja imperativen Sinne bestimmt, was sein *soll*, und zum anderen in Richtung einer mehr *realistischen* Tradition aristotelisierenden Denkstils, dergemäß es das „Normale", den „guten" Durchschnitt, meint, der lediglich in *deskriptivem* Sinne das angibt, was faktisch *ist*, was von Natur und so natürlich ist. Gemäss der erstgenannten (platonisierenden) Bedeutungsrichtung haben bereits die Römer den Begriff *norma* aus dem Bereich der Architektur auf den Bereich des *Rechtswesens* übertragen, in welchem er einen ersten Aufschwung erlebte. So verwandte z. B. Cicero den Begriff *norma* – wie auch den Begriff *regula* – in seiner Rechtsphilosophie im Sinne von *Rechtsnorm* und *Rechtsregel*. Was die zweite (aristotelisierende) Bedeutungsrichtung betrifft, so kommt sie eigentlich erst im 18. Jahrhundert – und zwar zunächst vor allem im französischen Sprachraum – voll zum Zuge, in welchem das Wort „normal" zunächst im Bereich der Medizin erscheint und an die Stelle des Wortes „gesund" tritt, – ein Wortgebrauch, der bereits durch die Römer vorbereitet ist, die im Gefolge der Griechen das „Gesunde", lat. *sanum*, gr. ὑγιές, mit dem, was der Natur gemäß (κατὰ τὴν φύσιν) ist, gleichgesetzt haben. Im Ausgang von dem sog. „Normalen", also dem „guten" Durchschnitt, wurde sodann das Nicht-Normale bzw. „A-nomale" bestimmt, das mit dem Krankhaften, Pathologischen identifiziert wurde. Seit dem 19. Jahrhundert wurde – wieder zunächst vor allem im französischen Sprachraum – der Unterschied zwischen dem „Normalen" und „A-nomalen" zunehmend aus dem Bereich des physischen Lebens auf den des psychischen Lebens übertragen, wobei sich das psychisch „A-nomale" eines besonderen Interesses erfreute. Zahlreiche Beispiele dafür finden sich bei François Broussais[3] in seiner Abhandlung „De l'irritation et de la folie" („Von Reiz und Wahnsinn"), bei Auguste Comte, bei Sigmund Freud und vielen anderen. Jedoch verdankt der Begriff Norm seinem Gebrauch in „normativem" Sinne seinen eigentlichen

---

[3] François Broussais (1772-1838), französischer Arzt und Mediziner.

Aufschwung. Und auch der so verstandene Begriff der Norm kommt – obzwar er seit dem römischen Rechtswesen die Jahrhunderte durchlebte – doch erst eigentlich im 19. Jahrhundert voll zum Zuge, und zwar vor allem im deutschen Sprachraum im Zusammenhang mit der damaligen Diskussion der Philosophie Kants (der übrigens selbst den Begriff „Norm" nur selten, und zwar im Sinne von „Vorbild" verwendet). Im letzten Drittel des 19. Jahrhunderts ist es vor allem der deutsche Philosoph und Psychologe Wilhelm Wundt, der den Begriff der „Norm" in das Zentrum seiner Ethik stellt: Die Ethik wird bei ihm zur sog. *„Normwissenschaft"*. Von hier aus wird der Begriff verallgemeinert, dergestalt, dass er alles bezeichnet, was irgendwie – in welchem Sinne auch immer – eine *Verbindlichkeit* darstellt, sei diese logisch-erkenntnistheoretischer, rechtlicher bzw. ethischer oder ästhetischer Art. Als dieser universale Begriff macht er fortan international Karriere. Dabei ist seine ursprüngliche Herkunft aus Mathematik und Technik nicht vergessen. Im Gegenteil, diese gewinnt im Verlauf des 20. Jahrhunderts zunehmend an Bedeutung. Die weltweite *Rationalisierung* der industriellen Produktion erfordert, dass Produkte und Produktionsmittel den nationalen und internationalen *„Normen"* konform sind. Es versteht sich von selbst, dass auch der Mensch als Produktionsfaktor denselben konform zu sein hat. Und dieser vorherrschende technisch-industrielle Begriff der Norm übt wiederum seinen Einfluss auf die übrigen Normen aus – seien diese, wie gesagt, logisch-erkenntnistheoretischer, rechtlicher, ethischer oder ästhetischer Art –, um diese als (normative) Normen nur desto mehr zu *normieren*, so dass man sich kaum noch der *Herrschaft der Norm* entziehen kann, – es sei denn, man nimmt in Kauf, für einen gehalten zu werden, der nicht normal, a-nomal, im wörtlichen Sinne „ver-rückt", ja, im *ab-seitigen Wahne* lebend, eigentlich „wahnsinnig" ist.

Die Norm ist also unleugbar eine Macht, die heute ihre Herrschaft über das menschliche Leben ausübt. Damit aber stellt sich die Frage: Woher kommt eigentlich diese Macht? Welchen Wesens ist sie? Ist sie wirtschaftlich-ökonomisch bedingt? Ist sie gesellschaftlicher Art? Oder hat sie ihre Wurzeln in der Psychologie, im Un- bzw. Unterbewussten? Alle diese Erklärungen enthalten zweifellos etwas Richtiges und tragen dazu bei, das Problem aufzuhellen. Indessen wird die *Philosophie*, sofern sie ihrer eigenen Geschichte seit Plato eingedenk ist, die folgende These aufstellen: Der Begriff der Norm, wie er heute seine Macht über die europäisch-westlich geprägte Weltzivilisation ausübt, ist eine letzte Gestalt dessen, was im Beginn des europäischen Denkens bei Plato die *Ideen* waren. In diesen hat Plato in der Nachfolge des Sokrates bekanntlich das erblickt, was das *Sein* dessen, was ist, ausmacht. Seither waren es die Ideen, die dem Leben des europäischen Menschen die Bahnen und Wege eröffnet und angewiesenv haben, wie auch der europäische Mensch sein Leben stets nach Ideen ausgerichtet hat. Denn der Mensch ist dadurch gekennzeichnet, dass er irgendwie das *Sein* dessen, was ist, versteht und sein Leben stets aus einem Seinsverständnis heraus vollzieht – mag er davon eigens wissen oder nicht. So wäre also die Herrschaft des Norm-Begriffes die Herrschaft einer *bestimmten Gestalt des Seins* dessen, was ist, nämlich des Seins als Idee. Daher seine Macht. Daher die Beseitigung alles dessen, was nicht der Norm entspricht, als „a-nomal", als ver-rückt, als abseitiger Wahn. Und doch war das Verhältnis von Idee und Wahnsinn, μανία, zu Beginn der europäischen Philosophie bei Plato anders. Die Erkenntnis der Ideen war Sache eines ausgezeichneten Wissens, der σοφία, der „Weisheit". Dieser aber vermag sich der sterbliche Mensch – wie dies das Wort φιλο-σοφία sagt – nur durch φιλία, durch ein ständiges, liebendes Aussein auf sie, zu nähern. Aber diese φιλία ist ἔρως. Der ἔρως aber, die leidenschaftlich begeisterte Liebe, ist gemäß Plato eine Gestalt der μανία, des „Wahnsinns". Am Anfang steht also nicht die Norm, d.i. die Idee, von der dann der Wahnsinn abweichen würde, sondern den *Anfang* bildet gerade die μανία selbst. Aus ihr ist in gewisser Weise erst die Idee geboren. Diese μανία, dieser Wahnsinn, ist gemäß Plato das ekstatische Entrücktsein in die Überhelle des Lichtes der höchsten göttlichen Idee, die Platon mit der Sonne vergleicht. Aber der Wahnsinn bildet auch das *Ende* der europäischen Philosophie, wie es Nietzsche erfährt und dann in seinem Denken eigens vollzieht. Indes ist hier der Wahnsinn von anderer Art: Er ist der Wahnsinn des Dunkels der Nacht, in die das Denken umnachtet versinkt. Platons Sonne, das Licht der höchsten Idee, ist untergegangen. Die Ideen sind gemäß Nietzsche nur noch leere „Idole", die zwar selbst ohne Wahrheit, aber doch notwendig und nützlich für das Leben sind, und schließlich, wie heute, bloße unerlässliche *Regeln* und *Normen* einer universalen rationell-technisch-industriellen Produktion.

Damit stellt sich die Frage, wie es zu diesem Umschwung hat kommen können. Um dies zu zeigen, gilt es noch eine dritte Station der europäischen Philosophie zu bedenken: nämlich Descartes und seine Grundlegung der Methode der neuzeitlichen Wissenschaften. Wir werden also die folgenden Stationen durchlaufen:
1) Idee und Wahnsinn bei Platon,
2) Methode und Wahnsinn bei Descartes,
3) Norm und Wahnsinn gemäß Nietzsche.

1) Idee und Wahnsinn bei Plato

Der Mensch ist – wie gesagt – derjenige, der das Sein dessen, was ist, versteht, so dass das Sein, sowohl das seine wie das aller übrigen Dinge, für ihn *offen* da ist. Insofern ist jeder Mensch, obzwar als Sterblicher dem Dunkel des Todes ausgesetzt, gemäß Heidegger eine „Lichtung" des Seins. Die philosophische Überlieferung spricht vom *lumen naturale*, das jeder Mensch immer schon in sich trägt. Dies gilt für alle Menschen, welchem Kulturkreis sie auch angehören. Im griechischen Anfang des europäischen Denkens aber tritt dieses „Licht", also das offene Gelichtetsein von Welt und Mensch, eigens als solches heraus und kommt als πάθος über die Welt und den Menschen her. Damit aber ist der Schleier des Geheimnisses, in den die Welt im Zeitalter des Mythos gehüllt und geborgen war, zerrissen. Die Welt ist seiner bar: Eine *Ent-schleierung* ereignet sich, wie dies spurhaft im Grundwort des griechischen Denkens: ἀλήθεια angezeigt ist, das ja wörtlich übersetzt „Ent-bergung" meint. Die Welt ist jetzt offen im Licht und Glanz ihres Gelichtetseins da, so zwar dass sie als solche auf dem Grunde des Dunkels des Todes erscheint, bleibt doch für die Griechen der Mensch der Sterbliche. Das Ganze dessen, was ist, geht als φύσις – gleich einer aufbrechenden Blüte – auf und blickt den griechischen Menschen offenen Auges an, so zwar, dass es auch immer schon in der Gegenbewegung der φθορά, des Schwindens und Vergehens, in das Dunkel des Todes zurückgeht. Aber nicht nur das Ganze der „Dinge", τὰ ὄντα, „das Seiende", ist jetzt offen da, sondern in eins mit ihm, ja ihm zuvor, ist auch schon sein ganzes *Wesen und Sein* – eben in der Weise der φύσις, des aufgänglichen Seins, zu sein – *offen da und anwesend und blickt den griechischen Menschen an.* Das Sein (dessen, was ist), das der Mensch schon immer irgendwie, wenngleich meist nur dunkel, verstanden hat, tritt jetzt eigens ins Offene, Lichte, heraus, so dass es denkbar und sagbar, also Sache der *Vernunft* (νοῦς) und des λόγος wird. Da nun dieser ganze Aufbruch ins Offene und Lichte auf dem Grunde des Dunkels des Todes geschieht, in das Alles immer auch wieder verschwindet, stellt sich den Griechen die Frage, was denn dieses Sein – dank dessen als dem vorgängig Offenen erst alles Seiende offen da zu sein vermag – eigentlich ist, d.h. worin es besteht. Diese Frage: „Was ist das Sein?" – τί τὸ ὄν – ist gemäß Platons Dialog *Sophistes* die Grundfrage der Philosophie. Die Antwort, die Platon im Gefolge des Sokrates gibt, ist bekanntlich die Folgende: Das Sein, dessen Licht die Welt erhellt, ist die übersinnliche, allein der Vernunft zugängliche *Idee*. Denn die Idee ist die eigentliche φύσις, das eigentlich Aufgehende und Aufscheinende, das – in allem Auf- und Untergang der sinnlichen Erscheinungen – stets im Aufgang bleibt. Sie ist das eigentliche ἀ-ληθές, das eigentlich „Un-verborgene", Offenbare. Und erst das Licht der Idee lässt die Dinge in ihrem eigenen Aussehen, ihrem εἶδος, erscheinen, so dass auch sie ἀ-ληθῆ, un-verborgen, offen, da sind. Aber sie sind auch nur offen da, sofern und solange sie im Lichte der Idee erscheinen und an ihm teilhaben. So *strebt* alles, was ist, nach dem Licht der Idee, ja *muss* danach streben, so wahr es ein Offenbares sein soll. So wird die Idee als das *zu Erstrebende* schon im griechisch-platonischen Anfang – zumindest im Ansatz – zu einer Art *Imperativ*, nach dem sich alles, was ist, Dinge und Menschen, zu richten hat. Da nun das Licht der Ideen beständig die Welt der Erscheinungen erhellt, diese aber auch durch unaufhörlichen Wandel, durch ein ständiges Kommen und Gehen sowie durch das Vergehen in das Dunkel des Todes gekennzeichnet sind, so muss es – so wahr die Ideen in ihrem immerwährenden Scheinen und Leuchten davon unberührt sind – gemäß Platon eine die Ideen als solche ermöglichende *höchste Idee* geben, die selbst noch über alle anderen Ideen hinausliegt (ἐπέκεινα τῆς οὐσίας)[4] und die die ursprüngliche hellste Lichtquelle ist, der alles Licht der Ideen entspringt, – welche Plato eben in der *Politeia* mit der *Sonne* vergleicht[5]. Diese höchste Idee gewährt alles Erscheinen und Sein und ist insofern das *höchste Gute* (τὸ ἀγαθόν). Und sie ist in der Pracht ihres Leuchtens und Glänzens

---

[4] Plato, *Politeia* VI, 509 b 9.
[5] Vgl. Politeia VI, 506 b *sqq*.

die *Schönheit selbst* (τὸ καλόν). In ihr sind das Wahre (τὸ ἀληθές), das Gute (τὸ ἀγαθόν) und das Schöne (τὸ καλόν) in ursprünglicher Einheit geeint[6]. Nun aber ist die Erkenntnis der Ideen bis hin zu dieser höchsten Idee (wie gesagt) Sache der Philosophie, der φιλο-σοφία. Die „Philo-sophen" aber, also die im leidenschaftlichen ἔρως nach der σοφία Strebenden, sind gemäß Platons *Phaidros* diejenigen, die – vom Licht des Wahrheitsgeschehens ergriffen und hingerissen – sich aus der tagtäglichen, gewohnten Welt der sinnlichen Erscheinungen in ek-statischer Entrückung in die Tranzendenz des Lichtes der übersinnlichen Ideen bis hin zur Überhelle der höchsten Idee aufschwingen. Dieses ekstatische Entrücktsein aber ist – so Platon im *Phaidros* – μανία, *Wahnsinn*, – nicht zwar, wie er sogleich präzisiert, derjenige uns zunächst bekannte Wahnsinn, der durch eine menschlich-physische Erkrankung verursacht ist, sondern diejenige μανία, die „durch eine göttliche Heraus-kehr – eine Ver-rückung – aus den gewohnten Regeln entsteht" (ὑπὸ θείας ἐξαλλαγῆς τῶν εἰωθότων νομίμων)[7]. Diejenigen aber, die sich an diese gewohnten Regeln halten und in ihrem Lichte sich mit den Dingen zu schaffen machen, sind die von Plato sog. πολλοί, „die Vielen", d.h. die Menschen, die zunächst und zumeist in durchschnittlicher Alltäglichkeit „normalerweise" sind. Von ihnen her gesehen erscheint der Philosoph, sofern er in die Offenheit des Seins bzw. in die Tranzendenz des Lichtes der Ideen, ja sogar bis in das Sonnenlicht der höchsten Idee ent-rückt ist, in der Tat als „ver-rückt". Aber diese „Ver-rücktheit", dieser Wahnsinn, ist göttlichen Ursprungs. Denn er ist eine Gunst. Aus sich allein nämlich vermag der sterbliche Mensch sich nicht in die Transzendenz der Ideen zu entrücken. Es ist ein *Dämon*, ein Zwischenwesen zwischen den Sterblichen und den Göttlichen, nämlich Ἔρως, die Begeisterung der leidenschaftlichen Liebe zur Schönheit, die den sterblichen Menschen aus der Alltäglichkeit in das Licht der Ideen bis hin zur höchsten Idee entrückt[8]. In der Gestalt solchen Entrücktseins durch den Ἔρως hat Plato auf seine Weise das Geschehen der ἀλήθεια, der Ent-bergung der Welt, gefasst, die als πάθος über die Griechen herkam. In diesem Sinne ist die Idee in der Tat aus dem Wahnsinn geboren.

---

[6] *Op. cit.*, 508 e *sqq.*
[7] Phaidros 265 a 9 *sqq.*
[8] Vgl. Symposion 202 d 8 *sq.*

Wenn der Anfang der europäischen Philosophie darin beruht, dass die ἀ-λήθεια, die Lichtung der Welt, als πάθος über den griechischen Menschen herkam, so wurde sie doch nicht eigens Thema des Denkens. Sie war vielmehr gleichsam das Element, in dem sich die Griechen bewegten und das ihr Denken trug. Thematisch gedacht wurde von ihnen das, was sich in solchem Ent-bergungsgeschehen enthüllt und zeigt: das Sein als Idee und die Welt, das Ganze des Seienden, sofern es im Lichte der Ideen erscheint. Die ἀ-λήθεια, die Ent-bergung selbst und als solche, zog sich als nicht weiter bedachtes Element zugunsten jenes *Seienden* als des thematisch gedachten Gegenstandes zurück. Indem sie sich ungedacht mehr und mehr entzog, fiel sie zunehmend in das Dunkel der *Vergessenheit* (λήθη). Denn was nicht gedacht wird, wird vergessen. Die Folge ist, dass sich die höchste göttliche Idee, die – von Platon mit der „Sonne" verglichene – ursprüngliche Quelle alles die Welt erhellenden Lichtes, sich ihrerseits ebenfalls zunehmend verdunkelt und mit ihr die Welt im Ganzen. Aber auch nach dem griechisch-platonischen Anfang steht der europäische Mensch weiterhin im Gefolge jenes anfänglichen Entbergungsgeschehens. Noch hält er sich an das, was sich ihm verdankte und noch geht es ihm darum, also darum, dass die Welt – das Ganze dessen, was ist – in unverhüllter Offenbarkeit vor Augen liegt. Demnach muss er die *Offenbarkeit* der Welt fortan *selbst* durch die Leistung seiner eigenen Vernunft *(ratio)* aufbringen, d.h. als *methodisch* gesicherte *Evidenz* einer zu seinem Erkenntnisgegenstand gemachten Welt gewährleisten. Dieser schon in der griechischen Antike einsetzende, sich lang hinziehende geschichtliche Vorgang kommt erst im Beginn der Neuzeit bei *Descartes* voll zum Durchbruch.

2. Methode und Wahnsinn bei Descartes

Die Sonne, die die Welt erleuchtet, ist nun also nicht mehr die höchste, göttliche Idee des Wahren, Guten und Schönen. Denn diese hat sich verdunkelt und ist dabei, unterzugehen. Die Sonne ist jetzt gemäß Descartes das *ingenium* des Menschen selbst, d.h. die ihm angeborene Erkenntniskraft, seine eigene Vernunft *(ratio, mens)*. Im Beginn seiner Methodenabhandlung, den *Regulae ad directionem ingenii*, den „Regeln zur Ausrichtung der menschlichen Erkenntniskraft", sagt Descartes gleichsam programmatisch: *humana scientia [... est] solis lumen*, „die menschliche

Wissenschaft [ist...] das Sonnenlicht"[9]. Dieser Umschwung, der den Beginn des neuzeitlichen Denkens bildet und diesem seine Geschichtsbahn eröffnet, ist – wie gesagt – durch die Erfahrung des zunehmenden Untergehens des göttlichen Sonnenlichtes begründet, – eine Erfahrung, die bei Descartes mit einer anderen Erfahrung zusammengeht, nämlich der, dass die Menschen „Sterbliche", *Mortales*, sind, d.h. im Leben selbst stets schon dem Dunkel des Todes ausgesetzt sind. Demgemäß ist ihnen die Welt zunächst ein unentwirrbares, dunkles „Labyrinth"[10]. Dieser Welt in der ihr eigenen Dunkelheit ist das *ingenium* des Menschen in der Überlassenheit an es selbst zunächst ausgesetzt. Wie also kann es die Sonne sein, die dieses erhellt? Hier bleibt nur eine Möglichkeit: Das *ingenium* – weit entfernt, sich den Gegenständen seiner Erkenntnis als bloßer (an sich selbst schon wahrer, offenbarer) Phänomene anvertrauen zu können – muss sich jetzt vielmehr zunächst selbst seiner eigenen *Erkenntnis als solcher versichern*. Dies geschieht dadurch, dass es alle Erkenntnis, die im geringsten zweifelhaft, *dubium*, ist, von sich abscheidet und sich – in willentlicher Entschiedenheit – nur noch zu solcher Erkenntnis entscheidet, die selbst als Erkenntnis *gewiss*, *certa*, ist. Das Kriterium der certitudo der Erkenntnis ist die *Evidenz* der Erkenntnis als solcher. Alles Wissen besteht fortan nur noch in solcher vom *dubium* geschiedenen, evidenten Erkenntnis: *scientia est cognitio certa et evidens*[11]. Die Evidenz der Erkenntnis als solcher aber besteht darin, dass sie in *ersichtlich-offenkundiger* Weise Erkenntnis ist. Dies vermag sich allein dadurch zu zeigen, dass das ingenium sich auf sich selbst *zurückwendet* und in solcher *Reflexion* auf sich selbst die fragliche Erkenntnis eigens vor sich bringt, dergestalt, dass sie für es da und präsent ist und als evident (oder nicht) erscheinen kann. Die ursprüngliche Lichtquelle, die alle Evidenz als solche erscheinen lässt, und insofern als Sonne die Welt erhellt, ist also nunmehr das *ingenium* selbst, sofern es in willentlich-energischer Reflexion auf sich selbst in seinen Erkenntnisvollzügen für sich selbst da und präsent ist. Das bedeutet, anders gesagt: Die Sonne ist nunmehr das *Sub*-

---

[9] Descartes, *Regulae ad directionem ingenii. Regeln zur Ausrichtung der Erkenntniskraft.* Lateinisch – deutsch. Kritisch revidiert, übersetzt und herausgegeben von Heinrich Springmeyer, Lüder Gäbe und Hans Günter Zekl. Meiner PhB 262a. Hamburg 1973. Regula I [= R. I] 18 *sqq*. (Übersetzung von Vf.).
[10] R. V, 10.
[11] R. II, 4.

jekt im Modus der *selbstgewissen Subjektivität*. Soll indes das *ingenium* die Welt vermittelst der Evidenz seiner eigenen Erkenntnis erhellen können, so muss es ohne Abweichung strikt die *Richtung* auf diese Evidenz einhalten, – andernfalls es Gefahr läuft, dem *dubium* zu verfallen. Dazu bedarf es der *Regeln*, der *regulae* im römisch-lateinischen Sinne, d.h. der festen Richtmaße, an die sich das ingenium als „*Richtschnur*" halten kann: Es bedarf – wie der Titel der Abhandlung des Descartes sagt – der *Regulae ad directionem ingenii*, der „Regeln zur Ausrichtung der Erkenntniskraft". Das Ganze dieser Regeln konstituiert die *Methode*. Die Erkenntnis als *cognitio certa et evidens*, als „selbstgewisse evidente Erkenntnis", ist allein durch die Methode möglich, weshalb es der Methode bedarf: *necessaria est methodus ad veritatem investigandam*, „zur Erforschung der Wahrheit ist Methode notwendig"[12]. Derjenige, der sich nicht von der Methode leiten lässt und nur „auf gut Gück" (*temere*) verfährt, folgt bloß der „blinden Neugier" (*caeca curiositas*)[13], die freilich die Sterblichen (*mortales*)[14] besetzt hält, und treibt sich im „Reich der Finsternis" (*tenebris ambulare*) umher[15]. Wenn aber die Welt, solange sie ohne Methode erforscht wird, ins Dunkel der Finsternis gehüllt bleibt, so bedeutet dies umgekehrt, dass eben die *Methode* das *Licht* ist, das nunmehr *anstelle der Idee* die Welt erleuchtet. Erst die Methode schlägt die lichten Bahnen möglicher Erkenntnis in das Dunkel der Welt. Und allein die Methode ist der „Faden des Theseus" (*Thesei filum*), an den sich das *ingenium* halten muss, um in das Dunkel des Weltlabyrinthes einzudringen[16]. Die Methode aber besteht aus einem *Ganzen von Regeln*, die das *ingenium* – in der Überlassenheit an es selbst – nur noch aus sich selbst, d.h. aus dem Hinblick auf die Idee selbstgewisser evidenter Erkenntnis schöpfen kann, dergestalt dass es sich die fraglichen Regeln selbst durch einen freien Akt der *Selbstgesetzgebung (Auto-nomie)* gibt. Die ganze Methode aber zieht sich in eine Hauptregel zusammen, die der *ordo et dispositio*[17]: Es gilt vor allem, die Probleme zunächst so *anzuordnen*, dass sie überhaupt Gegenstand selbstgewisser evidenter Erkenntnis

---

[12] R. IV, 1.
[13] R. IV, 3.
[14] *Ibid.*
[15] R. IV, 16.
[16] R. V, 9 *sq.*
[17] R. V, 1.

werden *können*, und sie so für den Zugriff des *ingeniums disponibel*, d.i. „verfügbar" zu machen. Das „Seiende", τὸ ὄν, wird zu einem verfügbaren Gegenstand. Und der Mensch wird gemäß dem Diktum des *Discours de la méthode* zum *maître et possesseur de la nature*[18].
Wer ist dieser Mensch? Kein anderer als der Träger des *ingeniums*, der angeborenen Erkenntniskraft, die mittels der sich selbst gegebenen Methode sich der Erkenntnis *als solcher* versichert. Jeder, der der Methode folgt, ist imstande, zur selbstgewissen, evidenten Erkenntnis zu gelangen. Denn die *Evidenz* ist, wenn auch nicht faktisch, so doch prinzipiell, *Evidenz für Alle und Jeden* und gehört in den Raum der Öffentlichkeit *(aperitas)*. Der Mensch als Träger des *ingeniums* ist also der Mensch in Gestalt des „Jedermann" (*unusquisque, quicumque*)[19], der Mensch, wie er zunächst und zumeist in durchschnittlicher „Normalität" ist, der „Normalmensch", der Repräsentant der *sana mens*, des „gesunden Verstandes". Da nun die Methode bzw. die Befolgung derselben ganz bestimmte Fähigheiten erfordert, wird der Mensch fortan insbesondere auf diese hin anvisiert und beanpructh. Deshalb gilt es, gerade diese *auszubilden (excolere)*[20] und durch Übung *(exercitium)*[21] auf die Höhe zu bringen, welche Ausbildung und Übung Aufgabe der öffentlichen und allgemeinen „Kultur"-politik (d.i. der Schul- und Ausbildungspolitik) ist. So wird der neuzeitlich-cartesische Mensch durch die *directio*, die „Ausrichtung" seines ingeniums auf die Methode als des Gesamt der als Richtschnüre fungierenden *Regulae* gleichsam „abgerichtet". Er wird auf den Jedermann festgelegt, der sich im öffentlichen Raum der Allen und Jedem ersichtlichen Evidenz *(aperitas)* bewegt und lebt.
Wer nicht den „öffentlichen und bekannten Bahnen" *(apertae et cognitivae viae)*[22] der *Regulae* folgt, wer von ihnen abweicht und sich außerhalb ihrer bewegt, wer das Dunkel des *dubium* dem öffentlichen Licht evidenter Erkenntnis vorzieht, der wird – gemäß Descartes – zum Fall der Psycho-

---

[18] *Discours de la méthode,* in: Descartes, *Œuvres philosophiques.* Tome I (1618-1637). Textes établis par Ferdinand Alquié. Paris, Éditions Garnier, 1963; S. 549-715, insbes. S. 634: *[... nous pourrions] nous rendre comme maîtres et possesseurs de la nature.* „Wir könnten uns zu Meistern und Eigentümern der Natur machen."
[19] R. II, 16: *unusquisque*; R. VI, 8:*quicumque. Siehe auch* R. VIII, 66 *sqq.*
[20] R. IX, 1.
[21] R. II, 42.
[22] R. X, 54 *sq.*

logie: Man hält sein Verhalten entweder für absurd – so wie wenn jemand unter Umgehung der Treppen mit einem Sprung vom untersten Stockwerk auf das Dach eines Gebäudes zu kommen versucht[23] –, oder für sittlich nicht einwandfrei und führt es auf ungute Motive zurück, z. B. aus Ehrgeiz, sich interessant machen zu wollen[24]. In beiden Fällen wird er im Verhältnis zum geistig „Normalen", zur *bona mens*, für „geistig krank" (*male sanum*)[25] und in diesem Sinne für *ver-rückt*, für „wahnsinnig" (*a-mens*) gehalten. Diese „Ver-rücktheit", dieser Wahnsinn, der das Obskure dem Evidenten vorzieht, ist zwar in gewissem Sinne verständlich, beruht er doch, so Descartes, in der *Sterblichkeit* des Menschen[26], der eben als Sterblicher das Dunkle dem Klaren vorzieht. Aber solcher Wahnsinn ist doch aus dem Herrschaftsbereich der selbstgewissen evidenten Erkenntnis auszuweisen.

Und doch kommt der Wahnsinn auf die selbstgewisse Erkenntnis zurück und dies gemäß der zweiten Hauptschrift des Descartes, den *Meditationes de prima philosophia*[27]. Auf dem Wege des in der *ersten Meditation* methodisch-systematisch durchgeführten Zweifels tut sich nämlich am Ende die Möglichkeit auf, dass alle diese Erkenntnis, so gewiss und evident sie auch für das *ingenium*, d.i. das erkennende Subjekt selbst sein mag, doch in der sich in sich einschließenden, *„einkapselnden" Selbstgewissheit* ihrer selbst insofern *schlechthin wahrheitslos* sein könnte, als sie womöglich – und hier wird von Descartes der methodische Zweifel auf die Spitze getrieben – der *Übereinstimmung (adaequatio)* mit der ausser uns (dem Subjekt) existierenden Welt entbehrt, ihr also womöglich in der *Außenwelt* gar nichts entspricht. Die Möglichkeit tut sich auf, dass die *Methode*, das Ganze der selbstgewisse Erkenntis verbürgenden, selbst gegebenen *Regulae* – die sich im übrigen als *mathesis universalis,* als eine Art algebraischer *Universal-Mathematik a priori* erweist –, nichts denn eine bloße *Vorstel-*

---

[23] Zu den Beispielen, vgl. R. IV, 3 *sqq* und R. V, 14 *sqq.*
[24] Zu den Beispielen, vgl. R. III, 19 und R. IV, 49 *sqq.*
[25] Zu den Beispielen, vgl. R. IV, 3 *sqq* et R. V, 14 *sqq.*
[26] Z.B. R. IV, 3 *sqq.*
[27] Descartes, *Meditationes de prima philosophia. Lateinisch-deutsch. Meditationen über die Grundlagen der Philosophie.* Auf Grund der Ausgaben von Arthur Buchenau neu herausgegeben von Lüder Gäbe. Felix Meiner Verlag. Philosophische Bibliothek Band 250a. Hamburg 1959.

lung des Subjekts selbst, so etwas wie ein *Traum*[28], eine *Chimäre*[29], also ein bloßer *Wahn* sein könnte. Denn der höchste Weltgrund, der *creator mundi*, der auch uns Menschen geschaffen hat, könnte ein *genius malignus*, ein bösartiger Dämon sein, der uns beständig täuscht[30]. Auch hat ja die *Methode* selbst niemals den Anspruch auf objektive, ontologisch fundierte Wahrheit (als sachgemäße *adaequatio*) erhoben, sondern sie hat es immer nur auf die *dispositio, die Bereitstellung* der Welt als eines möglichen Erkenntnisgegenstandes und ihre verfügende Beherrschbarkeit abgesehen. Diese Möglichkeit, dass die *Mathesis* ein wahrheitsloser chimärischer Wahn sein könnte, weist Descartes bekanntlich in der *dritten Meditation* durch den Beweis der *veracitas Dei* zurück.

Indes bleibt die Möglichkeit *als solche* bestehen und wirft seit Descartes ihren *Schatten* auf die Geschichtsbahn der ganzen neuzeitlichen Philosophie voraus. Die auf Selbstgewissheit bedachte neuzeitliche Philosophie und Wissenschaft überhaupt – wäre sie am Ende womöglich doch so etwas wie ein Wahnsinn? Nicht zwar wie im griechisch-platonischen Anfang der Wahnsinn im Sinne des Eros, des leidenschaftlich begeisterten Entrücktseins in die Transzendenz der Ideen bis hin zur höchsten göttlichen Idee als des zuhöchst Offenkundigen, Wahren, ἀ-ληθές, sondern neuzeitlich der Wahnsinn im Sinne eines *Verfangenseins* in den Chimärismus der eigenen *Wahn-vorstellungen*. Dieser Schatten hat das Denken Nietzsches eingeholt. Darin besteht das *Ende* der europäischen Philosophie, wie sie mit Plato beginnt. Dieses Ende besteht in der Erfahrung der *Wahrheits-losigkeit* der Philosophie, da sich eben ihr anfängliches Element, das Licht des die Welt lichtenden Ent-bergungsgeschehens (ἀ-λήθεια), selbst und als solches entzogen hat. Nietzsche hat diese Wahrheitslosigkeit in Gestalt des Kraftloswerdens des platonisch-metaphysischen Gotteswesens erfahren und in der Formel „Gott ist tot" gefasst. Angesichts dieses Geschehens findet sich der Philosoph von der Versuchung befallen, sich aus dem Lügenlicht der Regeln öffentlich-durchschittlicher Evidenz in eine andere Gestalt des Wahnsinns ent-rücken zu lassen, nämlich den des Dunkels der Nacht, in dem das Bewusstsein verlischt.

---

[28] *ludificationes somniorum*, ein „Spiel von Träumen", in: Med. I, § 12 (S. 40).
[29] *chimerae*, in: Med. II, § 2 (S. 42).
[30] Med. I, §§ 9-12 (S. 40 sqq). *genius malignus*, in: § 12 (S. 39).

3. Norm und Wahnsinn bei Nietzsche

Descartes hat mit den *Regulae ad directionem ingenii* dem neuzeitlichen Denken die Bahn eröffnet. In ihnen hat er die *Grundgestalt* desselben aufgestellt, nämlich das sich durch einen Akt freier Selbstgesetzung (Autonomie) selbst die Regeln gebende, selbstbewusste Subjekt. Diese Grundgestalt wird die neuzeitliche – vor allem kantische – Philosophie in drei Gebiete entfalten: 1. das der wissenschaftlich-theoretischen Erkenntnis, 2. das der Ethik und 3. das der Ästhetik, so dass die Regeln bzw. Gesetze, die sich das Subjekt gibt, 1. logisch-theoretische Gesetze, 2. ethisch-praktische Gesetze und 3. ästhetische Gesetze sind. Und sofern gemäß Descartes der Mensch als Träger und Subjekt selbstgewisser Erkenntnis der im Medium der Öffentlichkeit sich bewegende allgemein-durchschnittliche *Jedermann* ist, ist mit der Subjektivität dieses Subjekts auch schon die Möglichkeit vorgezeichnet, dass diese nicht nur durch ein einzelnes, individuelles Subjekt, sondern an dessen statt durch ein *kollektives Subjekt* übernommen werden kann. Diese Möglichkeit hat Karl Marx aufgenommen und in seiner Philosophie eigens durchgestaltet, – liegt doch deren *eigentlich philosophische* Bedeutung darin, dass in ihr die *moderne Industriegesellschaft als das Subjekt* von *Natur und Geschichte* eingesetzt wird[31]. Diese ist jetzt also der *Gesetzgeber einer Selbstgesetzgebung,* in der sie sich selbst die Regeln gibt, durch die sie sowohl den Bestand wie die Steigerung ihrer Macht über die Natur und sich selbst sicherstellt. Diese Regeln aber sind – da gemäß den *Regulae* des Descartes jeder ontologischen Fundierung bar – bloße Instrumente im Dienste der Macht und bewähren sich nur durch ihre Leistung. Diesen *Wahrheitsverlust* der das Leben leitenden Richtmaße und „Werte" hat Nietzsche als „Nihilismus" erfahren und gedacht[32].

---

[31] Diese von Heidegger in einer Randbemerkung nur kurz angedeutete These (in: „Brief über den Humanismus" (1946), in: *Wegmarken*, GA 9 (1976), insbes. S. 341, Rb d, 1949) wurde von K.-H. Volkmann-Schluck zum Thema gemacht in: „Was ist die moderne Gesellschaft? Versuch einer ontologischen Bestimmung", in: *Philosophische Perspektiven*, hrsg. von Rudolph Berlinger und Eugen Fink, Band II, Klostermann, Frankfurt a. M. 1970, S. 279-304. Vgl. auch unseren Artikel « Le communisme positif dans les manuscrits de 44 de Karl Marx. L'institution de la société industrielle comme sujet ». Erscheint in unseren *Studien*, Teilband II Neuzeit / Temps modernes, Artikel Nr. 30.

[32] F. Nietzsche, *Sämtliche Werke*, Kritische Studienausgabe [=KSA]. Hrsg. von Giorgio

Jene Regeln und Richtmaße, die *Regulae*, sind aber an die Stelle der ehemaligen Ideen Platons getreten, die das für den Menschen *Gute* waren. Diese also verfallen dem Nihilismus. Waren sie ehemals in sich selbst offenbare Phänomene (φαινόμενα), so schwindet die ihnen eigene Phänomenalität zunehmend dahin. Die „Werte" verdunkeln sich in dem ihnen je eigenen phänomenalen Gehalt. Deshalb bedarf es eines *formalen Substitutes*, das an ihre Stelle tritt und sie ersetzt. Dieses ist der Begriff der „*Norm*". Und je mehr die Werte sich in ihrem eigenen Sachgehalt verdunkeln, desto mehr wird man sie „normieren", präzisieren und zurechtschneiden, desto schneidender, befehlender, imperativischer werden sie. Die Normierung der Normen ist – wie es der Phänomenologe *Max Scheler* gesehen hat – das Indiz dafür, dass „das unmittelbare Gefühl für die Werte [...] sich verdunkelt hat"[33]. So erweist sich der Begriff der *Norm* als das *nihilistische, universalformale Substitut der ehemaligen sachhaltigen Ideen und Werte* bis hin zu den Höchsten derselben, der des Wahren, Schönen und Guten. Als dieses Substitut beruht er auf der abstrahierenden (und verallgemeinernden) Formalisierung jener Werte, die eben dann möglich und notwendig wird, wenn diese schon ihres phänomenalen Gehaltes verlustig und zu leeren bloßen Schemata eines Gesollten geworden sind. Dazu aber, ein solches formales Substitut zu sein, eignet sich der Begriff der Norm von sich her aufgrund seiner eigenen Herkunft. Denn sofern *norma* ursprünglich das *Winkelmaß* im Bereich der Geometrie bedeutete, stammt er aus dem Bereich der Mathematik, die ja schon immer vom je eigenen, phänomenalen Sachgehalt der Dinge *abstrahiert* hat. Das Subjekt aber, das heute die Normen setzt, ist – wie gesagt – die moderne Industriegesellschaft. Damit gewinnen die Normen zunehmend einen technischen Charakter, so dass der Begriff der Norm heute zu einem Grundbegriff der materiellen Produktion geworden ist. Und auch dazu eignet er sich schon von sich her aufgrund seiner Herkunft, da ja die *norma*, das „Winkelmaß", ebenso wie die *regula*, die „Richtschnur", ursprünglich in den Bereich der τέχνη gehörte, nämlich in die τέχνη ἀρχιτεκτονική, die Architektur.

Colli und Mazzino Montniari. DTV, De Gruyter, Berlin/New-York. Band XII, *Nachgelassene Fragmente*, Herbst 1887, 9 [35-37], p. 350-353.

[33] Max Scheler, *Der Formalismus in der Ethik und die materiale Wertethik* (1913). Franke Verlag Bern und München, 1916 / 1965[5], S. 223.

Den nihilistischen Grundcharakter, wie er im gegenwärtigen Zeitalter Ideen, Werte und Normen bestimmt, hat – wie gesagt – Nietzsche erfahren und unter dem Leitwort vom „Tode Gottes"[34] philosophisch durchdacht. Die sich seit Descartes vorzeichnende Möglichkeit, dass die aus der Subjektivität geschöpften und durch sie gesetzten *Regulae* eine Chimäre, ein *Wahn*, sein könnten, ist im gegenwärtigen Zeitalter von Nihilismus, Technik und Industrie zur Wirklichkeit geworden. Die kollektive Subjektivität der technisch bestimmten Industrie-Gesellschaft ist gemäß Nietzsche in ein wahrheitsloses, auf Effizienz und Verfügbarkeit hin orientiertes universales Regel- und Normensystem *ent-rückt*, dergestalt, dass sie in solcher kollektiven μανία, solchem „Kollektiv-Wahn", *besinnungslos*[35] von dem sich übersteigernden und sich beschleunigenden Leistungs- und Machtprozess technischer Produktivität hin- und mitgerissen ist. Darin besteht, gemäß Nietzsche (und Marx), die gegenwärtige Gestalt des Wahnsinns, der μανία. Deren Grundcharakter ist der *Wille zur Macht*, der als Grundrealität alle Regeln, Werte und Normen, ja alle Begriffe und Vorstellungen überhaupt affiziert – und pervertiert, indem er sie zu seinen *Werkzeugen* und *Instrumenten* macht.

Nietzsche aber, der Philosoph und „Einsiedler aus Instinkt", enthüllt dies, indem er „sich besinnt" und es zum Gegenstand seines Denkens macht[36]. Indes schlägt am Ende der wahrheitslose Wahncharakter des von ihm Gedachten doch unweigerlich auf sein Denken und d.h. auf das philosophische Denken im gegenwärtigen Zeitalter überhaupt zurück. Alle Begriffe der Philosophie sind – wie Nietzsche in einem seiner späten Gedichte, den *Dionysos-Dithyramben*, sagt – nichts anderes mehr denn „lügnerische Wortbrücken"[37]. So ist der Philosoph nicht mehr der „Wahrheit Freier"[38], der durch die μανία des Ἔρως in die Wahrheit der Ideen entrückt ist, sondern er ist „nur ein Narr, nur ein Dichter". Und auch dies ist *eine gegen-*

---

[34] Eigentlich bei Nietzsche: „Gott ist tot". Vgl. z. B. *Die fröhliche Wissenschaft* (1882), Drittes Buch, Nr. 125 „Der tolle Mensch", in KSA, 3, S. 480 *sqq;* sowie *Also sprach Zarathustra* (1883-84), Vierter und letzter Teil (1885), „Vom höheren Menschen", in KSA, 4, S. 357.
[35] Vgl. *Nachgelassene Fragmente*, November 1887 – März 1888, *in*: KSA XIII, „Vorrede", 11 [411], S. 189 *sq* 11 [411].
[36] Ibid.
[37] *Dionysos-Dithyramben*, „Nur Narr! Nur Dichter!", in KSA 6, p. 377-380, Strophe 2.
[38] *Op. cit.*, Strophe 2.

wärtige Gestalt des Wahnsinns. Die Sonne Platons ist untergegangen. Die eigenen Gedanken des Philosophen, ehemals die hell leuchtenden Ideen, sind jetzt „boshaft abendliche Sonnenblicke"[39], die ihn verhöhnen:

> Der Wahrheit Freier – du? [...]
> nein! [...]
> [...]
> Nur Narr, nur Dichter!
> Nur Buntes redend,
> aus Narrenlarven bunt herausredend, herumsteigend auf lügnerischen Wortbrücken,
> auf Lügen-Regenbogen
> zwischen falschen Himmeln
> herumschweifend, herumschleichend –
> [...].

Der Philosoph, im griechischen Anfang vom „*Wahrheits-Wahnsinn*"[40] hingerissen, erweist sich am Ende als „Narr", als „Dichter". Und es sind seine eigenen Gedanken, durch die er es nunmehr unweigerlich und *unausweichlich* erfährt. Weit entfernt, sich noch durch irgendeine μανία – sei es die griechisch-antike des Ἔρως oder die spätneuzeitliche der kollektiven Wahnvorstellungen – hin- und mitreissen zu lassen, *weiß* der Philosoph jetzt, dass er „von aller Wahrheit verbannt [ist]"[41]. Diese Wahrheit verbrennt ihn, – ihn, der doch stets nach Wahrheit dürstete. Der nicht mehr zu stillende Durst ist äußerste Qual. Und die Versuchung steigt in ihm auf, sich im Verlöschen des Bewusstseins der *Nacht* zu überlassen und so Erlösung zu finden. Nietzsche bringt sie im Dionysos-Dithyrambus „Die Sonne sinkt" zum Ausdruck:

> [...]
> Schielt nicht mit
> schiefem Verführerblick
> die Nacht mich an?[42]

Und auch dies ist eine *gegenwärtige Gestalt des Wahnsinns*: der *Wahnsinn der Nacht*, das Aufgeben des Denkens, seine Auflösung. Aber der Philo-

---

[39] *Op. cit.*, Strophe 2.
[40] *Op. cit.*, Strophe 8.
[41] *Ibid.*
[42] „Die Sonne sinkt", in KSA 6, S. 395-397, Strophe 3 (Vers 2-4).

soph *widersteht*. Er bleibt der, der er von Anfang an war: der Freier der Wahrheit, der Denker. Denn *eine* Wahrheit bleibt: eben die, dass er „*von aller Wahrheit verbannt sei*". Diese Wahrheit hält sein Bewusstsein zusammen. Damit aber wird das Bewusstsein in eine gegenwendige Bewegung verstrickt: Einerseits sucht es die Wahrheit, so jedoch, dass es einen Rückschlag erleidet und die Erfahrung macht, aus dem Land der Wahrheit ausgewiesen zu sein. Das ist die Versuchung der Auflösung des Bewusstseins. Andererseits bleibt doch eben diese *eine* Wahrheit, auf die das Bewusstsein sich richten und die es zusammenhalten kann: dass es aus dem Land der Wahrheit verbannt ist. Diese gegenwendige Bewegung *dämpft* die Energie des Bewusstseins. Damit nimmt das Denken einen anderen Charakter an: Nicht mehr ist es das aggressiv-gegenständliche Denken des selbstbewussten Subjekts, das alles zu seinem eigenen Gegenstand macht, sondern – da *gedämpft* und also nicht mehr reflexiv auf sich selbst bestehend – öffnet es sich dem *Anderen* als einem solchen und lässt es gerade *als das Andere* sein. Diesem Denken aber wird das *Land der Wahrheit* selbst *anders* erscheinen: nicht mehr wie bisher, gemäß der Sichtweise des gegenständlichen Denkens als ein Land, das gleich einem Gegenstand festliegt und das Bewusstsein aus sich verbannt, sondern als ein Land, das selbst immer schon *weicht, sich entzieht, an sich hält*. Die Wahrheit ist „blaue Vergessenheit"[43]. Dieser sich entziehenden Wahrheit öffnet sich – sich in sie ent-rückend – ein Denken, das nicht mehr aggressiv-vergegenständlichend, sondern *schonend* das Andere als ein solches gerade sein lässt. Indes mag auch dieses Entrücktsein des Denkens als Ver-rücktheit, als μανία, als Wahnsinn erscheinen, – zumindest dem nach griffigen Normen verrückten „Normal-Bewusstsein" der modernen kollektiven Subjektivität. Für Nietzsche aber war das Entrücktsein in die Milde der Dämmerung Ruhe, Glück und Verheißung:

> [...]
> Die Sonne sinkt.
> Schon steht die glatte
> Flut vergüldet
> [...]
> in grünen Lichtern spielt Glück noch der braune Abgrund herauf.
> [...]

---
[43] In: „Die Sonne sinkt", Strophe 8.

Rings nur Welle und Spiel.
Was je schwer war,
sank in blaue Vergessenheit,
müssig steht nun mein Kahn.
Sturm und Fahrt – wie verlernt er das!
glatt liegt Seele und Meer.
[...]
Glüht nicht das Eis meiner Gipfel noch?
Silbern, leicht, ein Fisch
Schwimmt nun mein Nachen hinaus... .[44]

---

[44] *Op. cit.* Verse aus den Strophen 4, 5, 8 und 9.
Vf. verdankt die Grundlagen der Interpretation der *Dionysos-Dithyramben* einer von Karl-Heinz Volkmann-Schluck (1914-1981) unter dem Titel *Die Philosophie Nietzsches. Der Untergang der abendländischen Metaphysik* wiederholt (zuletzt im Wintersemester 1977/78) an der Universität zu Köln gehaltenen Vorlesung, die von Bernd Heimbüchel im Verlag Königshausen & Neumann, Würzburg 1991 herausgegeben wurde. Vgl. insbes. „V. Teil: Der Untergang der Metaphysik".

Bibliographische Hinweise / Indications bibliographiques[1]

LEXIKA / WÖRTERBÜCHER / DICTIONNAIRES
- Friedrich Kluge, *Etymologisches Wörterbuch der deutschen Sprache*. 18. Auflage bearbeitet von W. Mitzka. De Gruyter, Berlin 1960.
- *Dictionnaire étymologique de la langue française* par O. Bloch et W. von Wartburg. 3e édition refondue par W. von Wartburg. Presses universitaires de France, Paris 1960.
- *Grundriss der Geschichte der Philosophie*, begründet von F. Ueberweg, völlig neu bearbeitete Ausgabe, *Die Philosophie der Antike*, Band 4, Schwabe & Co AG Verlag, Basel, 1994.
- *Historisches Wörterbuch der Philosophie*, hrsg. von J. Ritter, K. Gründer und G. Gabriel, völlig neu bearbeitete Ausgabe des *Wörterbuchs der philosophischen Begriffe* von R. Eisler, Gesamtherstellung, Schwabe, Basel/Muttenz, 1971-2007.
- *Langenscheidts Großwörterbuch*, Griechisch Deutsch, unter Berücksichtigung der Etymologie, von Prof. Dr. H. Menge, Berlin/München/Wien/Zürich/New York, 1993[27].
- *Theologische Realenzyklopädie*, hrsg. von G. Müller, Walter de Gruyter, Berlin/New-York, 1994 *sqq*.

ARISTOTELES / ARISTOTE

Griechische Texte / Textes grecs
- *Analytica priora et posteriora*, recensuit brevique adnotatione instruxit W. D. Ross, praefatione et appendice auxit L. Minio-Paluello, Scriptorum classicorum bibliotheca oxoniensis [SCBO], 1964.
- *Categoriae et Liber de interpretatione*, recognovit adnotatione critica instruxit L. Minio-Paluello, SCBO, 1949 (wiederholt aufgelegt / plusieurs rééditions).
- *De anima* recognovit brevique adnotatione instruxit W. D. Ross, SCBO, 1956 (wiederholt aufgelegt / plusieurs rééditions).

---

[1] Die *Bibliographischen Hinweise* beschränken sich auf die zitierten Texte. Sie geben die Editionen an, die seit dem Ende der 60-ger Jahre des 20. Jahrhunderts zugänglich waren, und entsprechen damit dem Beginn der Publikationstätigkeit der Autorin. / Les *Indications bibliographiques* se limitent à présenter les textes cités. Elles présentent les éditions accessibles à partir de la fin des années soixante du 20e siècle et correspondent ainsi à la date où l'auteure a commencé à publier ses textes.

- *De arte poetica liber* recognovit adnotatione critica instruxit R. Kassel, SCBO, 1965 (wiederholt aufgelegt / plusieurs rééditions).
- *De Caelo*, Recognovit brevique adnotatione critica instruxit D. J. Allan, SCBO, 1936 (wiederholt aufgelegt / plusieurs rééditions).
- *Ethica Nicomachea* recognovit brevique adnotatione critica instruxit I. Bywater, SCBO, 1894 (wiederholt aufgelegt / plusieurs rééditions).
- *Metaphysica* recognovit brevique adnotatione critica instruxit W. Jaeger, SCBO, 1957 (wiederholt aufgelegt / plusieurs rééditions).
— *Physica,* recognovit brevique adnotatione critica instruxit W. D. Ross, SCBO, 1950 (wiederholt aufgelegt / plusieurs rééditions).

Übersetzungen

- *Metaphysik*, übersetzt von H. Bonitz, hrsg. von H. Carvallo und E. Grassi. Rowohlt, Hamburg, 1966.
- *Metaphysik*, Neubearbeitung der Übersetzung von H. Bonitz, mit Einleitung und Kommentar, hrsg. von H. Seidl, Griechischer Text in der Edition von W. Christ, Meiner, Hamburg, 3. verbesserte Auflage, 1989.
- *Über die Seele*, übersetzt von Willy Theiler, 5. Auflage, Akademie-Verlag, Berlin, 1979.
- *Vom Himmel – Von der Seele – Von der Dichtkunst*, hrsg. von O. Gigon, Bibliothek der alten Welt, Zürich, 1950.

Traductions

- *De l'âme*, texte établi par A. Jannone, traduction et notes de E. Barbotin, Paris, Les Belles Lettres, 1966.
- *Éthique à Nicomaque*, traduction par J. Tricot, Paris : Vrin, 1959 (plusieurs rééditions).
- *La Métaphysique*, nouvelle édition entièrement refondue, avec commentaire par J. Tricot, Paris, Vrin, 1986.
- *Organon*, 5 vol. (I. *Catégories*, II. *De l'interprétation*, III. *Premiers Analytiques*, IV. *Seconds analytiques*, V. *Topiques*), traduction nouvelle et notes par J. Tricot, Paris : Vrin, 1950 *sqq*.
- *Poétique*, texte établi et traduit par J. Hardy, Paris, Les Belles Lettres, 1952.
- *Physique*, texte établi et traduit par H. Carteron, Paris, Les belles lettres, 1952.

BERGSON, Henri

- *Essai sur les données immédiates de la conscience*, Paris, Alcan, 1889.

BOYER, Charles

- *L'idée de la vérité dans la philosophie de Saint Augustin*, Paris, Beauchesne, 1920.

DE CUES, Nicolas (siehe / voir sous VON KUES, Nikolaus)

DESCARTES, René

Lateinische Texte / Textes latins
- *Œuvres de Descartes*, publiées par Charles Adam & Paul Tannery, 10 tomes, Paris, Vrin, 1996 :
  - *Principia philosophiae, in :* tome III (Première partie).
  - *Regulae ad directionem ingenii, in :* tome X (Première partie).

Übersetzungen
- *Meditationes de prima philosophia*, 1. Auflage, Paris 1641 ; 2. Auflage, Amsterdam 1642, auf Grund der Ausgabe von A. Buchenau neu herausgegeben von L. Gäbe, Meiner, Hamburg, 1959.
- *Regulae ad directionem ingenii. Regeln zur Ausrichtung der Erkenntniskraft.* Lateinisch-deutsch, kritisch revidiert, übersetzt und herausgegeben von H. Springmeyer, L. Gäbe und H. Günter Zekl, Meiner (Philosophische Bibliothek 262a), Hamburg, 1973.

Traductions
- Descartes, *Œuvres et lettres*, texte présenté par A. Bridoux, Paris, Gallimard (Bibliothèque de la Pléiade), 1992 :
  - *Les principes de la philosophie.*
  - *Règles pour la direction de l'esprit.*
  Œuvres philosophiques, tome I, textes établis par F. Alquié, Paris, Garnier, 1963.

FICHTE, Johann Gottlieb

Deutsche Texte
- *Grundlage der gesamten Wissenschaftslehre*, Leipzig, 1794, 2. verbesserte Ausgabe, Jena und Leipzig, 1802, Neudruck auf der Grundlage der 2. von F. Medicus herausgegebenen Auflage von 1922, Hamburg, Meiner (Philosophische Bibliothek, Band 246), unveränderter Abdruck, 1961.
- *Die Wissenschaftslehre 1804, in : Gesamtausgabe der Bayerischen Akademie der Wissenschaften*, hrsg. von R. Lauth und H. Gliwitzky, Stuttgart/Bad-Cannstatt, 1962.

- *Nachgelassene Schriften* 1804-1805, hrsg. von R. Lauth und H. Gliwitzki unter Mitwirkung von E. Fuchs, A. Mues und P. Schneider, Band 8, 1989.
- *Darstellung der Wissenschaftslehre aus den Jahren 1801/02, in: Gesamtausgabe*, II, 6, Nachgelassene Schriften 1800-1803, hrsg. von R. Lauth und H. Gliwitzki unter Mitwirkung von E. Fuchs, P. Schneider und M. Zahn, Hamburg, Meiner, 1977.

Traductions

- *Ecrits de philosophie première. Doctrine de la science 1802-1804 et textes annexes*, traduction par A. Philonenko, Paris, Vrin, 1987.

HEGEL, Georg Wilhelm Friedrich

Deutsche Texte / Textes allemands

- *Enzyklopädie der philosophischen Wissenschaften im Grundrisse (1830)*, Erster Teil: Die Wissenschaft der Logik. Mit den mündlichen Zusätzen. In: *Werke*, Band 8, Frankfurt a. M., 1. Auflage 1968. 5. Auflage 1999.
- *Phänomenologie des Geistes,* Meiner (Philosophische Bibliothek, Band 114), Hamburg, 6. Auflage, 1952.
- *Vorlesungen über die Aesthetik, in : Werke in 20 Bänden*, auf der Grundlage der Werke 1832-1845 neu editierte Ausgabe, Redaktion E. Moldenhauer und K. M. Michel, vol. 13-15, Suhrkamp, Frankfurt a. M., 1.-2. Auflage, 1989.
- *Wissenschaft der Logik*, Meiner (Philosophische Bibliothek, Band 57), Hamburg, 1934/1966.

Traduction

- *Cours d'esthétiques*, traduction de J.-P. Lefebvre et V. von Schenk, Paris, Aubier. Tome I 1995 ; tome II 1996 ; tome III 1997.

HEIDEGGER, Martin

Deutsche Texte / Textes allemands

- *Beiträge zur Philosophie. Vom Ereignis* (1936-38), hrsg. von F.-W. von Herrmann, *in : Martin Heidegger Gesammtausgabe* [GA] 65, Frankfurt a. M., Klostermann, 1989.
- „Das Ge-stell" (1949), *in : Bremer und Freiburger Vorträge*, hrsg. von P. Jaeger, GA 79, 1994.
- *Der Wille zur Macht als Erkenntnis, in : Nietzsches Lehre vom Willen zur Macht als Erkenntnis*, Freiburger Vorlesung Sommersemester 1939, hrsg. von Eberhard Hanser, GA 47, 1989.

- *Die Grundprobleme der Phänomenologie*, Marburger Vorlesung Sommersemester 1927, hrsg. von F.-W. von Herrmann, GA 24, 1975.
- *Einführung in die phänomenologische Forschung*, Marburger Vorlesung Wintersemester 1923/24, hrsg. von F.-W. von Herrmann, GA 17, 1994.
- *Hegel*. 1. Die Negativität (1938/39); 2. Erläuterung der „Einleitung" zu Hegels „Phänomenologie des Geistes" (1942); hrsg. von Ingrid Schüßler, GA 68, 1993.
- *Holzwege*, hrsg. von F.-W. von Herrmann, GA 5, 1977 :
  - „Der Spruch des Anaximander" (1946)
  - „Der Ursprung des Kunstwerks" (1935/36)
- Heraklit. [AK Vollständiger Titel:] « Martin Heidegger – Eugen Fink. Heraklit. Seminar ». Wintersemester 1966/67. In: *Seminare*, hrsg. von C. Ochwadt, GA 15, 1986.
- *Logik. Die Frage nach der Wahrheit*, Marburger Vorlesung Wintersemester 1925/26, hrsg. von W. Biemel, GA 21, 1976.
- *Metaphysische Anfangsgründe der Logik im Ausgang von Leibniz*, Marburger Vorlesung Sommersemester 1928, hrsg. von K. Held, GA 26, 1978.
- *Parmenides*, Freiburger Vorlesung Wintersemester 1942/43, hrsg. von M. Frings, GA 54, 1982.
- *Platon: Sophistes*, Marburger Vorlesung Wintersemester 1924/25, hrsg. von I. Schüßler, GA 19, 1992.
- *Sein und Zeit* (1927), hrsg. von F.-W. von Herrmann, GA 2, 1977.
- „Seminar in Le Thor 1969", in : *Seminare*, hrsg. von C. Ochwadt, GA 15, 1986.
- *Unterwegs zur Sprache* (1959), hrsg. von F.-W. von Herrmann, GA 12, 1985.
- *Vom Wesen der Wahrheit. Zu Platons Höhlengleichnis und Theätet*, Freiburger Vorlesung Wintersemester 1931/22, hrsg. von H. Mörchen, GA 34, 1988.
- *Vorträge und Aufsätze*, hrsg. von F.-W. von Herrmann, GA 7, 2000 :
  - „Das Ding" (1951)
  - „Die Frage nach der Technik" (1953)
  - „Moira (Parmenides, Fragment VIII, 34-41)" (1952).
- *Was ist das – die Philosophie?*, Pfullingen, Neske, 1956 (Einzelausgabe).
- „Wege zur Aussprache" (1937), in: *Aus der Erfahrung des Denkens*, hrsg. von H. Heidegger, GA 13, 1983.
- *Wegmarken*, hrsg. von F.-W. von Herrmann, GA 9, 1976 :
  - „Platons Lehre von der Wahrheit" (1936)
  - „Vom Wesen und Begriff der Φύσις. Aristoteles, Physik B 1" (1939)
  - „Vom Wesen des Grundes" (1929)
  - „Was ist Metaphysik?" (1929)
- *Zur Sache des Denkens* (1969), hrsg. von F.-W. von Herrmann, GA 14, 2007.

Traductions

- *Apports à la philosophie. De l'avenance*, traduit par F. Fédier, Paris, *nrf*, Gallimard, 2013.
- « Chemins d'explication », traduction de J.-M. Vaysse et L. Wagner, *in : Cahiers de l'Herne Martin Heidegger*, sous la direction de M. Haar, éditions de l'Herne, 1983, p. 59-62.
- *Chemins qui ne mènent nulle part*, traduit par W. Brockmeier, Paris, *tel*, Gallimard, 1962 :
  - « La Parole d'Anaximandre » (1946)
  - « L'origine de l'œuvre d'art » (1935/36)
- *De l'essence de la vérité*, traduit par A. Boutot, Paris, *nrf*, Gallimard, 2001.
- « De l'essence et du concept de la Φύσις. Aristote, Physique B 1 », traduit par F. Fédier, *in : Questions II*, Paris, *tel*, Gallimard, 1968.
- *Essais et conférences*, traduit de l'allemand par A. Préau et préfacé par J. Beaufret, Paris, *tel*, Gallimard, 1958 :
  - « La chose » (1951)
  - « La question de la technique » (1953)
  - « Moira » (Parménide, Fragment VIII, 34-41) » (1952)
- *Être et temps*, traduit par F. Vezin, Paris, *nrf*, Gallimard, 1986.
- « Héraclite ». [Titre complet:] « Martin Heidegger – Eugen Fink. Héraclite. Séminaire ». Semestre d'hiver 1966/67. Université de Fribourg). Traduit par J. Launay et P. Lévy, Paris, Gallimard, 1973.
- *Platon : Le Sophiste*, traduit de l'allemand par J.-F. Courtine, P. David, D. Pradelle, Ph. Quesne, sous la resp. de J.-F. Courtine et P. David, Bibliothèque de philosophie, Paris, *nrf*, Gallimard, 2001.
- *Parménide*, traduit par Th. Piel, Paris, *nrf*, Gallimard, 2010.
- *Problèmes fondamentaux de la phénoménologie*, traduit par J.-F. Courtine, Paris, *nrf*, Gallimard, 1985.
- « Qu'est-ce que la métaphysique ? », traduit par Henry Corbin, *in : Questions I*, Paris, *tel*, Gallimard, 1968.
- « Séminaire du Thor 1969 », texte rédigé par J. Beaufret, *in : Questions IV*, Paris, *tel*, Gallimard, 1976.

HUSSERL, Edmund

- *Logische Untersuchungen*, 2. Band, *Untersuchungen zur Phänomenologie und Theorie der Erkenntnis*, 6. Auflage, 1980, unveränderter Nachdruck der 2., umgearbeiteten Auflage 1913, Max Niemeyer Verlag, Tübingen, 1980.

JANKE, Wolfgang

- „Das Symbol", in : *Philosophisches Jahrbuch*, im Auftrag der Görres-Gesellschaft, hrsg. von M. Müller, 76. Jahrgang, 1. Halbband, Alber, Freiburg/München, 1968, S. 164-180.

KANT, Immanuel

Deutsche Texte / Textes allemands
- *Kritik der reinen Vernunft*, hrsg. von R. Schmidt, mit einer Bibliographie von H. Klemme, Meiner, (Philosophische Bibliothek Band 37a), Hamburg, 1993.
- *Kritik der Urteilskraft*, hrsg. von K. Vorländer, Meiner (Philosophische Bibliothek Band 39 a), Hamburg, 1990.
- *Metaphysische Anfangsgründe der Naturwissenschaft*, in: *Werke*, Band VIII, hrsg. von W. Weischedel, Wissenschaftliche Buchgesellschaft, Darmstadt, 1968 (reprografischer Nachdruck der Ausgabe 1957).
- *Die Metaphysik der Sitten,* in: *Werke,* Band VII, hrsg. von W. Weischedel, Wissenschaftliche Buchgesellschaft, Darmstadt 1971 (Reprographischer Nachdruck der Auagabe1968).
- *Opus posthumum*, in: *Gesammelte Schriften*, hrsg. von der Preußischen Akademie der Wissenschaften (=Akademieausgabe), Band XXII, Walter de Gruyter & Co, Berlin und Leipzig, 1938.

Traductions
- *Œuvres philosophiques* (OP), édition publiée sous la direction de F. Alquié, Paris, Gallimard (Pléiade), 1980-1986.
- *Critique de la raison pure*, traduit par A. J.-L. Delamarre et F. Marty à partir de J. Bari, *in :* OP I, 1980.
- *Critique de la faculté de juger*, traduit par J.-R. Ladmiral, M. B. de Launay et J.-M. Vaysse, *in :* OP II, 1985.
- *Premiers principes métaphysiques de la science de la nature*, texte présenté, traduit et annoté par F. De Gandt, *in :* OP II, 1985.
- *Opus posthumum*, Passage des principes métaphysiques de la science de la nature à la physique, traduction, présentation et notes par F. Marty, Paris, PUF, coll. Épiméthée, 1986.

VON KUES, Nikolaus / DE CUES, Nicolas

- *Nicolai de Cusa opera omnia*, Heidelberger Akademie der Wissenschaften. Leipzig 1932 *sqq:*
  - *De docta ignorantia*, in: Band I, Leipzig 1932.

- *Idiota de mente*, in: Band V, Leipzig 1937.
- *De beryllo*, in: Band XI/I, Leipzig 1940.

LEIBNIZ, Gottfried Wilhelm

- *Die philosophischen Schriften von Gottfried Wilhelm Leibniz*, hrsg. von C. I. Gerhardt, 7 Bände, Berlin 1875-90 (Nachdruck Hildesheim 1960-61).
- [G.W. LEIBNIZ,] *Kleine Schriften zur Metaphysik, Philosophische Schriften*, Band I, französisch und deutsch, hrsg. und übers. von H. H. Holz, Suhrkamp, Frankfurt a. M. 1996.
- *Meditationes de cognitione, veritate et ideis* (1684). In: *Kleine Schriften zur Metaphysik*, S. 25-47.
- [G.W. LEIBNIZ,] *Schriften zur Logik und zur philosophischen Grundlegung der Naturwissenschaft, Philosophische Schriften*, Band 4, hrsg. und übers. von H. Herring, Suhrkamp, Frankfurt a. M., 1996.
- *Vernunftprinzipien der Natur und der Gnade, Monadologie*, Französisch-deutsch, Meiner (Philosophische Bibliothek, Band 25), Hamburg, 1956, auf Grund der kritischen Ausgabe von A. Robinet (1954) und der Übersetzung von A. Buchenau.

LUTHER, Wilhelm

- *„Wahrheit" und „Lüge" im ältesten Griechentum*, Robert Naske Verlag, Berra-Leipzig 1935.

MARION, Jean-Luc

- *Sur l'Ontologie grise de Descartes. Science cartésienne et savoir aristotélicien dans les Regulae*, Paris, Bibliothèque d'histoire de la philosophie, 1975[1], 1981[2].

NIETZSCHE, Friedrich

Deutsche Texte / Textes allemands
- *Sämtliche Werke. Kritische Studienausgabe* (*KSA*), hrsg. von G. Colli und M. Montinari, Deutscher Taschenbuchverlag, De Gruyter, Berlin/New York, 1967 *sqq*:
  - *Die Geburt der Tragödie aus dem Geiste der Musik (1. Auflage 1872. Neue Ausgabe mit dem Vesrsuch einer Seébstkritik 1886.* In: KSA I.
  - *Die Philosophie im tragischen Zeitalter der Griechen* (1873). In: KSA I.
  - *Dionysos-Dithyramben* (zusammengestellt 1889). In: KSA VI.

- *Nachgelassene Fragmente* (1869-1889). KSA VII-XIII.

Traductions

- *Œuvres philosophiques complètes* [OPC], G. Colli et M. Montinari (éd.), divers traducteurs, Paris, Gallimard, 1967 *sqq* :
  - *La naissance de la tragédie à partir de l'esprit de la musique*, traduit par M. Haar, Ph. Lacoue-Labarthe et J.-L. Nancy, OPC I, 1977.
  - *La philosophie à l'âge tragique des Grecs*, traduit par M. B. de Launay, *in :* OPC I/2.
  - *Dithyrambes de Dionysos*, traduit par J.-C. Hémery, *in :* OPC VIII/2.
  - *Fragments posthumes*, traduit par J.-C. Hémery *in :* OPC XIV.

NÜSSLEIN-VOLHARD, Christiane

- „Den Göttern gleich ich nicht!", *in* : *Frankfurter Allgemeine Zeitung*, 23. Februar 2001, Nr. 46, S. 43 / « Aux dieux, je ne ressemble pas ! », traduit par M. Herren et I. Schüssler, *in* : *Penser la vie. Contributions de la philosophie*, Etudes de Lettres, Revue de la Faculté des Lettres de l'Université de Lausanne, 3-4, 2008, p. 351-362.

O'MEARA, Dominic

- *Plotin, Une introduction aux Ennéades*, Fribourg, Editions Universitaires Suisse et Paris, Le Cerf, 1992.

PINDAR / PINDARE

- *Pindarus, Pars I, Epinicia*, post B. Snell, edidit H. Maehler, Stuttgart/Leipzig, Teubner, 1964^1, 1997^8.
- *Pindar, Siegeslieder*, Griechisch-deutsch. Herausgegeben, übersetzt und mit einer Einführung versehen von Dieter Berner. 2. überarbeitete Auflage 2003, Artemis & Winkler Verlag, TUSCULUM, Düsseldorf/Zürich.

PLATON

Griechische Texte / Textes grecs

- *Opera*, hrsg. von J. Brunet, Oxford, Clarendon, 1899-1906 (wiederholt aufgelegt / plusieurs rééditions).

Deutsche Übersetzung

- Platon, **Werke in acht Bänden**. Griechisch und deutsch. (In der Übersetzung von F. Schleiermacher). Hrsg. von Gunther Eigler. Wissenschaftliche Buchgesellschaft, Darmstadt 1977.

Traductions françaises

- *Œuvres complètes* (OC), Collection des Universités de France, sous le patronage de l'Association Guillaume Budé, Les Belles Lettres (textes établis et traduits par divers auteurs), 1949-1958 :
  - *Banquet*, traduction par P. Vicaire avec le concours de J. Laborderie, *in :* OC IV.
  - *Phédon*, traduction par L. Robin, *in :* OC IV.
  - *Phèdre*, traduction par P. Vicaire, *in :* OC IV.
  - *Politique*, traduction par A. Diès, *in :* OC IX.
  - *République*, traduction par E. Chambry, *in :* OC VI.
  - *Sophiste*, traduction par A. Diès, *in :* OC VIII.

PLOTIN

Griechischer und deutscher Text / Texte grec et allemand

- *Plotins Schriften*. Übersetzt von Richard Harder. Neubearbeitung mit griechischem Lesetext und Anmerkungen fortgeführt von Rudolf Beutler und Willy Theiler. Meiner, Hamburg 1956-1971:
  - Enn. I 6: Περὶ τοῦ καλοῦ. *Über das Schöne*. In: Band I.
  - Enn. I 8: Περὶ τοῦ τίνα καῦ πόθεν τὰ κακά· *Über Wesen und Herkunft des Schlechten*. In: Band V.
  - Enn. V 1: Περὶ τῶν τριῶν ἀρχικῶν ὑποστάσεων. *Über die drei ursprünglichen Wesenheiten*. In: Band I.
  - Enn. V 2: Περὶ γενέσεως καὶ τάξεως μετὰ τῶν πρώτων. *Über die Entstehung und Ordnung der Dinge nach dem Ersten*. In: Band III.
  - Enn. V 5: Ὅτι οὐκ ἔξω τοῦ νοῦ τὰ νοητά [...]. *Dass die gedachten Dinge nicht außerhalb des Geistes sind* [...]. In: Band III.
  - Enn. V 9: Περὶ νοῦ καὶ τῶν ἰδέων καὶ τοῦ ὄντος. *Über den Geist, die Ideen und das Seiende*. In: Band I.

Traduction

- Plotin, *Du beau (Ennéades I, 6)* et *Du beau intelligible (Ennéades V, 8)*, traduction de P. Mathias, Paris, Presses Pocket (Agora ; 69. Les classiques), 1991.

PRÉSOCRATIQUES (siehe / voir sous VORSOKRATIKER)

SCHELER, Max

- *Der Formalismus in der Ethik und die materiale Wertethik.* Neuer Versuch der Grundlegung eines ethischen Personalismus (1913). Franke Verlag Bern und München, 5., durchgesehene Auflage 1966.

SCHELLING, Friedrich Wilhelm Joseph

Deutsche Texte / Textes allemands
- *Philosophische Untersuchungen über das Wesen der menschlichen Freiheit und die damit zusammenhängenden Gegenstände* (1809), *in: Ausgewählte Werke*, Schriften von 1806-1813 (Reprographischer Nachdruck, *Sämmtliche Werke*, Stuttgart und Augsburg, Cotta 1856 *sqq*, Band VII).
- *System des transzendentalen Idealismus* (1800), mit einer Einleitung von W. Schulz, Meiner (Philosophische Bibliothek, Band 254), Hamburg, 1957.

Traduction
- *Système de l'Idéalisme transcendantal*, présenté, traduit et annoté par Ch. Dubois, Louvain, Peters et les éditions de l'institut supérieur de philosophie, 1978.

SCHILLER, Friedrich

Deutscher Text / Texte allemand
- *Briefe über die aesthetische Erziehung des Menschen, in : Sämtliche Werke* 5, hrsg. von G. Fricke und H. G. Göpfert, Hanser, München, 1959.

Traduction
- *Lettres sur l'éducation esthétique de l'homme*, traduction par R. Leroux, mise à jour par M. Halimi, Paris, Aubier, 1943 (1ère édition), 1992 (éd. mise à jour).

SCHOPENHAUER, Arthur

Deutscher Text / Texte allemand
- *Die Welt als Wille und Vorstellung*, hrsg. von W. F. von Löhneysen, Wissenschaftliche Buchgesellschaft, Darmstadt, reprographischer Nachdruck 1989 der 2., überprüften Auflage, Cotta – Insel, Stuttgart/Frankfurt a. M., 1968.

Traduction
- *Le monde comme volonté et comme représentation*, traduit par A. Burdeau, nouvelle édition revue et corrigée par R. Roos, Paris, PUF, 1966^1, 1989^{12}.

SCHÜSSLER, Ingeborg

- *Philosophie und Wissenschaftspositivismus. Die mathematischen Grundsätze in Kants Kritik der reinen Vernunft und die Verselbständigung der Wissenschaften*, Frankfurt a. M., Klostermann, 1979.
- *Aristoteles. Philosophie und Wissenschaft. Das Problem der Verselbständigung der Wissenschaften*, Klostermann, Frankfurt a. M., 1982.
- *La question de la vérité (Thomas d'Aquin – Nietzsche – Kant – Aristote – Heidegger)*, Lausanne Payot (*Genos*), 2001.
- « L'émancipation des sciences selon les *Regulae* de Descartes ». In: *Freiburger Zeitschrift für Philosophie und Theologie*. Freiburg/Schweiz. Bd. 33, 1986, Heft 3, S. 553-569.
- „Der Wahrheitscharakter der Metaphysik in Kants *Kritik der Urteilskraft*". In: *Perspektiven der Philosophie. Neues Jahrbuch*. Hrsg von R. Berlinger u. a. Band 15. Amsterdam 1989. S. 51-89.

SNELL, Bruno

- *Die Entwicklung des Wahrheitsbegriffs bei den Griechen, in : Der Weg zum Denken und zur Wahrheit*, Studien zur frühgriechischen Sprache, Vandenhoeck & Ruprecht, Göttingen 1978.

STOIKER / STOÏCIENS

- *Stoicorum veterum fragmenta*, 4 Bände, hrsg. von Hans Friedrich von Arnim, 4 Bände, Leipzig 1903-1924, Nachdrucke.

THOMAS VON AQUIN / THOMAS D'AQUIN

Lateinischer und deutscher Text / Texte latin et allemand

- *Von der Wahrheit, De Veritate (Quaestio I)*, ausgewählt, hrsg. von A. Zimmermann, Lateinisch-deutsch, Philosophische Bibliothek, Band 384, Hamburg, 1986.

Traduction

- *Première question disputée : La Vérité (De Veritate)*, texte latin de l'édition Léonine ; traduction par C. Brouwer et M. Peters, Paris, Vrin (Bibliothèque des textes philosophiques), 2002.

VOLKMANN-SCHLUCK, Karl-Heinz

- *Das Denken am Ende der Philosophie. In memoriam Dusan Pirjevec*, hrsg. von Mihailo Durić und Ivan Urbančič, Ljubljana, Privatdruck (limitierte Auflage), 1982.
- „Der Satz vom Widerspruch als Anfang der Philosophie", in: *Festschrift zum 70. Geburtstag von Martin Heidegger*, Neske, Pfullingen, 1959.
- „Die Lehre von der Katharsis in der »Poetik« des Aristoteles" , in: *Varia variorum, Festgabe für K. Reinhardt*, Münster/Köln, 1952, wieder veröffentlicht in: *Von der Wahrheit der Dichtung*, hrsg. von W. Janke und R. Weyers, ELEMENTA, Band XXX, Würzburg/Amsterdam, 1984.
- *Die Philosophie der Vorsokratiker. Der Anfang der abendländischen Metaphysik*, hrsg. von P. Kremer, Königshausen & Neumann, Würzburg, 1992.
- *Die Philosophie Nietzsches. Der Untergang der abendländischen Metaphysik*, hrsg. von B. Heimbüchel, Königshausen & Neumann, Würzburg, 1991.
- *Die Metaphysik des Aristoteles*, Klostermann, Frankfurt a. M., 1979.
- „Ethos und Wissen in der Nikomachischen Ethik des Aristoteles", in: *Sein und Ethos. Untersuchungen zur Grundlegung der Ethik*, hrsg. von P. Engelhardt, Walberger Studien, Bd. 1, Mainz, 1963.
- *Kunst und Erkenntnis*, hrsg. von U. Panzer, Königshausen & Neumann, Würzburg, 2002.
- *Nicolaus Cusanus. Die Philosophie im Übergang vom Mittelalter zur Neuzeit*, Klostermann, Frankfurt a. M., 1957, 2. durchgesehene Auflage 1968.
- „Was ist die moderne Gesellschaft? Versuch einer ontologischen Bestimmung", in : *Philosophische Perspektiven*, hrsg. von R. Berlinger und E. Fink, Band II, Klostermann, Frankfurt a. M., 1970.

VOLLRATH, Ernst

- *Studien zur Kategorienlehre des Aristoteles*, Ratingen bei Düsseldorf, A. Henn Verlag, 1969.

VORSOKRATIKER / PRÉSOCRATIQUES

Griechische und deutsche Texte / Textes grecs et allemands
- *Die Fragmente der Vorsokratiker*. Griechisch und deutsch von H. Diels, hrsg. von W. Kranz (DK). Drei Bände. Weidmann. Dublin/Zürich, 6. Auflage 1951/52 (unverändert bis zur 16. Auflage 1972):
    - Anaximander, in Band I.
    - Anaximenes, in Band. I.
    - Heraklit, in Band I.

– Parmenides, in Band I.

Traductions

– *Anaximandre, Fragments et témoignages*, traduction par Marcel Conche, Paris, PUF, 1991.
– *Héraclite*, traduction par A. Jeannière, Paris, Aubier-Montaigne, 1977.
– *Parménide. Le Poème*, traduction par Jean Beaufret, Paris, PUF, 1955.

WOLFF, Christian

– *Philosophia prima sive Ontologia. Methodo scientifica pertracta qua Omnis Cognitionis Humanae Principiae continentur*, Frankfurt/Leipzig, 1736.

Anhang / Annexe

SPORT

DONIKE, M. / KAISER, Ch.

– *Dopingkontrollen*, hrsg. vom Bundesinstitut für Sportwissenschaft. Köln, 1980.

HEISS, Robert

– *Utopie und Revolution*, Reihe Pieper, München 1973.

VON KROCKOW, Graf Christian

– *Sport und Industriegesellschaft*, Pieper, München, 1972.

LENK, Hans

– *Leistungssport: Ideologie oder Mythos?*, Kohlhammer, Stuttgart, 1974.
– *Pragmatische Vernunft. Philosophie zwischen Wissenschaft und Praxis*, Philipp Reclam jun., Stuttgart, 1979.

STEGEMANN, Jürgen

– *Leistungsphysiologie*, Physiologische Grundlagen der Arbeit und des Sports, Verlag Thieme, Stuttgart, 1977.

Nachweise

Vorwort
Einführung in die „Studien zur Genealogie des europäischen Denkens".
Für die Studien verfasster Text. Unveröffentlicht.

Préface
Introduction aux « Etudes généalogiques de la pensée occidentale ».
Für die Studien verfasster Text. Unveröffentlicht.

I. Griechische Antike / Antiquité grecque

A. *Vorsokratik / La pensée présocratique*

1. *Heidegger und die Vorsokratiker (Anaximander – Heraklit – Parmenides).*
Deutsche Urfassung. Unveröffentlicht. Für die *Studien* überarbeiteter Text.
Erschienen in italienischer Übersetzung: „Heidegger e i Presocratici. Anassimandro, Eraclito, Parmenide", übersetzt von Franco Bianco. In: *Heidegger in discussione.* A cura di Franco Bianco. Franco Angeli. Milano/Italia 1992, S. 223-242.

2. *La "différence" dans la Parole d'Anaximandre. Prolégomènes à une lecture interculturelle.*
Für die *Studien* überarbeiteter Text.
Erschienen in: *Critique et Différence.* Actes du XXIIIe Congrès de l'A.S.P.L.F. (Association des sociétés de philosophie de langue française), Hammamet/Tunisie, 2-4 septembre 1990. Éd. par A. Chenoufi. Tunis/Tunisie 1994, p. 384-392.

3. *La vie et la mort au début de la philosophie occidentale. Héraclite et Platon.*
Für die *Studien* überarbeiter Text.
Erschienen in: *La vie et la mort.* Actes du XXIVe Congrès international de l' A.S.P.L.F. (Association des Sociétés de Philosophie de Langue Française), Poitiers 27-30 août 1992, édité par la Société poitevine de philosophie. Poitiers/Frankreich, 1996, S. 264-267.

4. *La question de la nature au début de la pensée occidentale. Destruction ou conservation? – Considérations à propos du Poème de Parménide.*
Ausführliche Urfassung in französischer Sprache.
Für die *Studien* überarbeiteter Text.
Erschienen
– in bulgarischer Sprache ; übersetzt von Tatyana Batuleva. In: *Philosophical alternatives*, Institute for Philosophical sciences, editor in chief: Anani Soinev. Sofia/Bulgarien. I / 1995, S. 8-13.
– in slovenischer Sprache; übersetzt von Valentin Kalán. In: *PHAINOMENA*. Bulletin of association for phenomenology. Editor in chief: Andrina Tonkli-Komel. Lubljana/Slowenien. Nr. 15-16, Jahrgang 1995, S. 170-183.
– in spanischer Sprache; übersetzt von Teresa Oñate und Cristina G. Santos: „La cuestión de la naturaleza al inicio del pensamiento occidental: ¿ Destrucción o conservación? Consideraciones a propósito del *Poema de Parménides*". In: *Hans-Georg Gadamer : Ontología estética y hermenéutica*. Edición de Teresa Oñate, Cristina García Santos, Miguel Ángel Quintana Paz. Editorial DYKINSON, S. L., Madrid, 2005, S. 257-268.
– in französischer Sprache in gekürzter Fassung; in : *LA NATURE, Thèmes philosophiques – Thèmes d'actualité*. Actes du XXVe Congrès de l' A.S.P.L.F. (Association des Société de philosophie de langue française, Lausanne, 25-28.08.1994. Publiés par la Société romande de philosophie sous la direction de D. Schulthess, Revue de théologie et de philosophie, Genève–Lausanne–Neuchâtel 1996, S. 384-391.

B. Plato, Aristoteles / Platon, Aristote

5. *Le Sophiste de Platon dans l'interprétation de M. Heidegger.*
Für die *Studien* überarbeiteter Text.
Erschienen in
– *Heidegger 1919-1929. De l'herméneutique de la facticité à la métaphysique du* Dasein. Actes du colloque organisé par J.-F. Marquet (Université de Paris-Sorbonne, nov. 1994), édités par J.-F. Courtine. J. Vrin, Paris 1996, S. 91-111.
– In überarbeiteter Fassung in: *Images de Platon et lectures de ses oeuvres*. Actes du Premier Colloque International sur la réception de Platon. Université de Lausanne 26-30 octobre 1993. Édité par A. Neschke et A. Étienne, S. 393-415.

6. *Semantik und Logik. Der elenktische Beweis des Satzes vom Widerspruch.*
Für die *Studien* überarbeiteter Text.

Erschienen in: *Sein und Geschichtlichkeit*. Karl-Heinz Volkmann-Schluck zum 60. Geburtstag. Hrsg. von Ingeborg Schüßler und Wolfgang Janke. Klostermann, Frankfurt a. M. 1974, S. 53-66.

7. *Sprache und Logos. Die Entdeckung der Kategorien in der Kategorienschrift des Aristoteles.*
Für die *Studien* überarbeiteter Text.
Erschienen in: *Prima Philosophia*. Hrsg. von Sabine S. Gehlhaar. Junghansverlag Cuxhaven. Band 1 / Heft 3. Cuxhaven 1988, S. 398-419.

8. *Die Frage der* εὐδαιμονία *in der Nikomachischen Ethik des Aristoteles.*
Ausführliche Urfassung in deutscher Sprache.
Für die *Studien* überarbeiteter Text.
Erschienen in:
– *Perspektiven der Philosophie. Neues Jahrbuch*, hrsg. von R. Berlinger, E. Fink, T. Imamichi, W. Schrader. Rodopi, Amsterdam. 1. Teil: *Neues Jahrbuch* Band 19. 1993, p. 257-296. 2. Teil: *Neues Jahrbuch* Band 20. 1994, p. 155-178.
– in gekürzter französischsprachiger Fassung: „La question de l' εὐδαιμονία dans l'*Éthique à Nicomaque* d'Aristote". Übersetzt von P. Destrée. In: *Études phénoménologiques. Aristote*. Éd. par P. Destrée. OUSIA. Tome VIII. N° 16-17. Brüssel/Belgien 1992 und 1993. *Première partie*: N° 16. 1992, S. 79-102. *Seconde partie*: N° 17. 1993, S. 3-26.

9. Φύςις *et* Θεός *(Aristote, Métaphysique* Λ*).*
Ausführliche Urfassung. Unveröffentlicht.
Für die *Studien* überarbeiteter Text.
In gekürzter Fassung erschienen in: *Aristotle on metaphysics*. Aristotle University of Thessaloniki. Departement of philosophy and education. Edited by Thérèse Pentzopoulou-Valalas, Thessaloniki 1999, S. 139-151.

10. *Le rapport temps / espace chez Aristote et Bergson.*
Für die *Studien* überarbeiteter Text.
Erschienen in: *L'Espace et le Temps*. Actes du XXIIe Congrès de l'A.S.P.L.F (l'Association des Sociétés de Philosophie de Langue Française) (Dijon 29-31 août 1988), Vrin, Paris 1991, S. 122-127.

11. *Leib – Seele – Sport. Versuch einer philosophischen Bestimmung des Sports im Anschluss an Aristoteles.*
Für die *Studien* überarbeiteter Text.

Erschienen in: *Aktuelle Probleme der Sportphilosophie. Topical problems of Sport Philosophy.* Hrsg. von / Edited by Hans Lenk. Schriftenreihe des Bundesinstituts für Sportwissenschaft. Band 46. Verlag Karl Hofmann Schorndorf, 1. Auflage 1983, S. 145-161.

12. *Möglichkeiten des Sportverständnisses im Ausgang von Aristoteles.*
    (Verfasst in Zusammenarbeit mit Kerstin Kirsch, Sportstudentin).
    Für die *Studien* überarbeiteter Text.
    Erschienen in:
    – *Kölner Beiträge zur Sportwissenschaft* 10/11. Jahrbuch der Deutschen Sporthochschule Köln 1981/82. Redaktion: W. Decker, M. Lämmer, Verlag Hans Richarz, St. Augustin 1982, S. 147-160.
    – In englischer Sprache: „Possibilitys of understanding modern sport on the basis of Aristotelian theory". Übersetzt von Kerstin Kirsch. In: *Sport and International Understanding.* Proceedings of the Congress, Helsinki / Finland, July 7-10, 1982. Ed. by M. Ilmarinen. Springer-Verlag. Berlin-Heidelberg-New York-Tokyo 1984, S. 72-77.

13. *Pour inciter à repenser la vie. La biologie moléculaire et l'essence de la vie selon Aristote.*
    Für die *Studien* überarbeiteter Text.
    Erschienen in: *Penser la vie. Contributions de la philosophie.* Colloques internationaux février et mai 2002 Université de Lausanne. Édité par Michel Herren et Ingeborg Schüssler. *Études des Lettres.* Revue de la Faculté des Lettres de l'Université de Lausanne. Sous la direction d'Alain Corbellari. N° 3 / 4, 2008, S. 7-18.

14. *Les mathématiques dans la cosmologie ancienne et dans les sciences modernes. Aristote et Kant.*
    Ursprüngliche ausführliche Fassung. Unveröffentlicht.
    Für die Studien überarbeiteter Text.
    Erschienen in gekürzter Fassung in: *Kant et les sciences.* Un dialogue philosophique avec la pluralité des savoirs. Sous la direction de Sophie Grapotte, Mai Lequain et Margit Ruffing. Vrin, 2011, S. 77-85. Vrin, 2001, S. 77-85.

C. Durchblicke / Aperçus

15. *Das Wesen der Wahrheit und seine Wandlungen. Von den griechischen Anfängen bis zur postmetaphysischen Wesensbestimmung der Wahrheit. (Für einen Lexikonartikel).*

Ursprüngliche ausführliche Fassung. Unveröffentlicht.
Für die *Studien* überarbeiteter Text.
Erschienen in gekürzter Fassung in: TRE. *Theologische Realenzyklopädie*.
Band XXXV, Lieferung 3/4. 2003. Walter de Gruyter, Berlin-New York.
Artikel: „Wahrheit/Wahrhaftigkeit", IV. Abschnitt, S. 347-363.

16. *La fondation de la philosophie de l'art à l'Antiquité grecque et son déploiement aux Temps modernes. Problèmes et perspectives.*
Für die *Studien* überarbeiteter Text.
Erschienen in: *Art et Vérité*. GENOS. Cahiers de philosophie. Dirigés par A. Schild et C. Calame. Cahier n° 3. Édité par Ingeborg Schüssler, Raphaël Célis, Alexandre Schild. Lausanne 1996, S. 7-28.

17. a) *La motivation de la philosophie. Étonnement – doute – angoisse.*
Für die Studien überarbeiteter (und z. T. revidierter) Text.
Erschienen in: *Études de Lettres*, Revue de la Faculté des lettres de l'Université de Lausanne. Lausanne/Suisse 1984. N° 1, S. 75-85.

17. b) *Vom Ursprung der Philosophie. Staunen – Zweifel – Angst.*
Deutsche Übersetzung des französischen Textes Nr. 17. a). Von Vf. angefertigt für einen von ihr im Frühjahr 1986 am Hebelgymnasium in Lörrach/Baden (Deutschland) gehaltenen Vortrag.
Unveröffentlicht. Für die *Studien* überarbeiteter (und z. T. revidierter) Text.
[Auch in spanischer Sprache: „La motivación de la filosofía. Asombro – duda –angustia". Übersetzt von Jorge Pérez de Tudela Velasco. Von Vf. am 7.10.1994 gehaltener Vortrag im Rahmen der Vortragsreihe „Las pasiones en un mundo frío" an der *Universidad autónoma de Madrid*, unter der Leitung von Félix Duque. Unveröffentlicht.]

18. a) *La norme et la folie dans l'histoire de la philosophie occidentale. Platon – Descartes – Nietzsche.*
Für die Studien überarbeiteter (und z. T. revidierter) Text.
Erschienen in:
– *Société suisse des Professeurs de Philosophie de l'Enseignement secondaire. Bulletin* 1990, éd. par C. Calame, Lausanne 1991, S. 1-10.
– In bulgarischer Sprache, übersetzt von Ivanka Raynova ; in: *Filosofotska misal*. Philosophische Zeitschrift der bulgarischen Akademie der Wissenschaften. Hrsg. von Ivan Stefanov. Sofia / Bulgarien, 1991. Nr. 2, S. 26-31.

18. b) *Norm und Wahnsinn in der Geschichte der europäischen Philosophie. Platon – Descartes – Nietzsche.*
Übersetzung des französischen Textes Nr. 18. a). Von Vf. angefertigt für einen von ihr im Jahre 1990 am *Hebelgymnasium* in Lörrach (Baden)/Deutschland gehaltenen Vortrag.
Unveröffentlicht. Für die *Studien* überarbeiteter (und z. T. revidierter) Text.

Documentation

Vorwort
Einführung in die „Studien zur Genealogie des europäischen Denkens".
Texte rédigé pour les *Etudes généalogiques*. Inédit.

Préface
Introduction aux « Etudes généalogiques de la pensée occidentale ».
Texte rédigé pour les *Etudes généalogiques*. Inédit.

I. Griechische Antike / Antiquité grecque

A. *Vorsokratik / La pensée présocratique*

1. *Heidegger und die Vorsokratiker. Anaximander – Heraklit – Parmenides.*
   Version originelle allemande. Texte inédit. Revu pour les *Etudes généalogiques*.
   Paru en traduction italienne sous le titre « Heidegger e i Presocratici. Anassimandro, Eraclito, Parmenide », traduit par Franco Bianco. In : *Heidegger in discussione*. A cura di Franco Bianco. Franco Angeli. Milano / Italia 1992, p. 223-242.

2. *La "différence" dans la Parole d'Anaximandre. Prolégomènes à une lecture interculturelle.*
   Texte revu pour les *Etudes généalogiques*.
   Paru *in*: *Critique et Différence*. Actes du XXIIIe Congrès de l'A.S.P.L.F (Association des sociétés de philosophie de langue française), Hammamet/Tunisie, 2-4 septembre 1990. Éd. par A. Chenoufi. Tunis/Tunisie 1994, p. 384-392.

3. *La vie et la mort au début de la philosophie occidentale. Héraclite et Platon.*
   Texte revu pour les *Etudes généalogiques*.
   Paru *in* : *La vie et la mort*. Actes du XXIVe Congrès international l'A.S.P.L.F. (Association des Sociétés de Philosophie de Langue Française), Poitiers 27-30 août 1992, édité par la Société poitevine de philosophie. Poitiers / France, 1996, p. 264-267.

4. *La question de la nature au début de la pensée occidentale. Destruction ou conservation? – Considérations à propos du Poème de Parménide.*
   Version originelle ample rédigée en langue française.

Texte revu pour les *Etudes généalogiques*.
Paru
– en langue bulgare ; traduit par Tatyana Batuleva. *In: Philosophical alternatives*, Institute for Philosophical sciences, editor in chief: Anani Stoinev. Sofia/Bulgarie. 1 / 1995, p. 8-13.
– en langue slovénienne ; traduit par Valentin Kalan, *In* : *PHAINOMENA*. Bulletin of association for phenomenology. Editor in chief : Andrina Tonkli-Komel. Ljubljana/Slovénie. N° 15-16. Ve Année. 1995, p. 170-183.
– en langue espagnole ; traduit par Teresa Oñate y Cristina G. Santos. « La cuestión de la naturaleza al inicio del pensamiento occidental : ¿Destrucción o conservación ? Consideraciones a propósito del *Poema* de *Parménides* ». *In* : *Hans-Georg Gadamer : Ontología estética y hermenéutica*. Edición de Teresa Oñate, Cristina García Santos, Miguel Ángel Quintana Paz. Editorial DYKINSON, S. L., Madrid, 2005, p. 257-268.
– en langue française en version abrégée *in*: *LA NATURE, Thèmes philosophiques – Thèmes d'actualité*. Actes du XXVe Congrès de l'A.S.P.L.F. (Association des Sociétés de Philosophie de Langue Française), Lausanne, 25-28.08.1994. Publiés par la Société romande de philosophie sous la direction de D. Schulthess, *Revue de théologie et de philosophie*, Genève – Lausanne –Neuchâtel 1996, p. 384-391.

B. Plato, Aristoteles / Platon, Aristote

5. *Le Sophiste de Platon dans l'interprétation de M. Heidegger.*
Texte revu pour les *Etudes généalogiques*.
Paru *in :*
– *Heidegger 1919-1929. De l'herméneutique de la facticité à la métaphysique du* Dasein. Actes du colloque organisé par J.-F. Marquet (Université de Paris-Sorbonne, nov. 1994), édités par J.-F. Courtine. J. Vrin, Paris 1996, p. 91-111.
– En version revue, *in*: *Images de Platon et lectures de ses oeuvres*. Actes du Premier Colloque International sur la réception de Platon. Université de Lausanne 26-30 octobre 1993. Édité par A. Neschke et A. Étienne, p. 393-415.

6. *Semantik und Logik. Der elenktische Beweis des Satzes vom Widerspruch.*
Texte revu pour les *Etudes généalogiques*.
Paru *in* : *Sein und Geschichtlichkeit*. Karl-Heinz Volkmann-Schluck zum 60. Geburtstag. Hrsg. von Ingeborg Schüßler und Wolfgang Janke. Klostermann, Frankfurt a. M. 1974, p. 53 – 66.

DOCUMENTATION 475

7. *Sprache und Logos. Die Entdeckung der Kategorien in der Kategorienschrift des Aristoteles.*
   Texte revu pour les *Etudes généalogiques.*
   Paru *in* : *Prima Philosophia.* Hrsg. von Sabine S. Gehlhaar. Junghansverlag Cuxhaven. Band 1 / Heft 3. Cuxhaven 1988, p. 398-419.

8. *Die Frage der* εὐδαιμονία *in der Nikomachischen Ethik des Aristoteles.*
   Version originelle ample en langue allemande. Texte revu pour les *Etudes généalogiques.*
   Paru *in* :
   – *Perspektiven der Philosophie. Neues Jahrbuch,* hrsg. von R. Berlinger, E. Fink, T. Imamichi, W. Schrader. Rodopi, Amsterdam. 1. Teil *: Neues Jahrbuch* Band 19. 1993, p. 257-296. 2. Teil: *Neues Jahrbuch* Band 20. 1994, p. 155-178 ;
   – en version abrégée en langue française: « La question de l' εὐδαιμονία dans l'*Éthique à Nicomaque* d'Aristote ». Traduit par P. Destrée. In: *Études phénoménologiques.* Aristote. Éd. par P. Destrée. OUSIA. Tome VIII. N° 16 – 17. Bruxelles / Belgique, 1992 et 1993. *Première partie*: N° 16. 1992, p. 79-102. *Seconde partie*: N° 17. 1993, p. 3-26.

9. Φύσις *et* Θεός *(Aristote, Métaphysique* Λ*).*
   Version originelle ample. Inédite. Texte revu pour les *Etudes généalogiques.*
   Paru en version abrégée *in* : *Aristotle on metaphysics.* Aristotle University of Thessaloniki. Departement of philosophy and education. Edited by Thérèse Pentzopoulou-Valalas, Thessaloniki 1999, p. 139-151.

10. *Le rapport temps / espace chez Aristote et Bergson.*
    Texte revu pour les *Etudes généalogiques.*
    Paru *in* : *L'Espace et le Temps.* Actes du XXIIe Congrès de lm' A.S.P.L.F. (Association des Sociétés de Philosophie de Langue Française) (Dijon, 29-31 août 1988), Vrin, Paris 1991, p. 122-127.

11. *Leib – Seele – Sport. Versuch einer philosophischen Bestimmung des Sports im Anschluss an Aristoteles.*
    Texte revu pour les *Etudes généalogiques.*
    Paru *in* : *Aktuelle Probleme der Sportphilosophie. Topical problems of Sport Philosophy.* Hrsg. von / Edited by Hans Lenk. Schriftenreihe des Bundesinstituts für Sportwissenschaft. Band 46. Verlag Karl Hofmann Schorndorf, 1. Auflage 1983, p. 145-161.

12. *Möglichkeiten des Sportverständnisses im Ausgang von Aristoteles.*
    (Rédigé en collaboration avec Kerstin Kirsch, étudiante en matières sportives).
    Texte revu pour les *Etudes généalogiques*.
    Paru *in* :
    – *Kölner Beiträge zur Sportwissenschaft* 10/11. Jahrbuch der Deutschen Sporthochschule Köln 1981/82. Redaktion: W. Decker, M. Lämmer, Verlag Hans Richarz, St. Augustin 1982, p. 147-160.
    – En langue anglaise : „Possibilitys of understanding modern sport on the basis of Aristotelian theory". Traduit par Kerstin Kirsch. In: *Sport and International Understanding*. Proceedings of the Congress, Helsinki / Finland, July 7-10, 1982. Ed. by M. Ilmarinen. Springer-Verlag. Berlin-Heidelberg-New York-Tokyo 1984, p. 72-77.

13. *Pour inciter à repenser la vie. La biologie moléculaire et l'essence de la vie selon Aristote*
    Texte revu pour les *Etudes généalogiques*.
    Paru *in* : *Penser la vie. Contributions de la philosophie.* Colloques internationaux février et mai 2002, Université de Lausanne. Édité par Michel Herren et Ingeborg Schüssler. *Études des Lettres.* Revue de la Faculté des Lettres de l'Université de Lausanne. Sous la direction d'Alain Corbellari. N° 3 / 4, 2008, p. 7-18.

14. *Les mathématiques dans la cosmologie ancienne et dans les sciences modernes. Aristote et Kant.*
    Version originelle ample. Inédite. Texte revu pour les *Etudes généalogiques*.
    Paru en version abrégée *in* : *Kant et les sciences.* Un dialogue philosophique avec la pluralité des savoirs. Sous la direction de Sophie Grapotte, Mai Lequain et Margit Ruffing. Vrin, 2011, p. 77-85.

C. Durchblicke / Aperçus

15. *Das Wesen der Wahrheit und seine Wandlungen. Von den griechischen Anfängen bis zur postmetaphysischen Wesensbestimmung der Wahrheit. (Für einen Lexikonartikel).*
    Version originelle ample. Inédite. Texte revu pour les *Etudes généalogiques*.
    Paru en version abrégée, *in* : TRE. *Theologische Realenzyklopädie.* Tome XXXV, livraison 3 / 4. 2003. Walter de Gruyter. Berlin / New York, Band. Article : « Wahrheit / Wahrhaftigkeit » (*vérité / véracité*), section IV, p. 347-363.

16. *La fondation de la philosophie de l'art à l'Antiquité grecque et son déploiement aux Temps modernes. Problèmes et perspectives.*
Texte revu pour *les Etudes généalogiques.*
Paru *in* : *Art et Vérité.* GENOS. Cahiers de philosophie. Dirigés par A. Schild et C. Calame. Cahier n° 3. Édité par Ingeborg Schüssler, Raphaël Célis, Alexandre Schild. Lausanne 1996, p. 7-28.

17. a) *La motivation de la philosophie. Étonnement – doute – angoisse.*
Texte revu (et partiellement révisé) pour les *Etudes généalogiques.*
Paru *in* : *Études de Lettres*, Revue de la Faculté des lettres de l'Université de Lausanne. Lausanne / Suisse 1984. No 1, p. 75-85.

17. b) *Vom Ursprung der Philosophie. Staunen – Zweifel – Angst.*
Traduction allemande du texte 17. a). Faite par l'auteure pour une conférence donnée par elle au printemps 1986 au *Hebelgymnasium* à Lörrach / Bade (Allemagne).
Inédit. Texte revu (et partiellement révisé) pour les *Etudes généalogiques.*
[Aussi en langue espagnole : « La motivación de la filosofía. Asombro – duda – angustia ». Traduit par Jorge Pérez de Tudela Velasco. Conférence donnée par l'auteure le 7.10.1994 dans le cadre de « Las pasiones en un mundo frío », cycle de conférences, *Universidad autónoma de Madrid*, sous la direction de F. Duque. Texte inédit].

18. a) *La norme et la folie dans l'histoire de la philosophie occidentale. Platon – Descartes – Nietzsche.*
Texte revu et (partiellement révisé) pour les *Etudes généalogiques.*
Paru *in* :
– Société suisse des Professeurs de Philosophie de l'Enseignement secondaire. Bulletin 1990, éd. par C. Calame, Lausanne 1991, p. 1-10.
– En langue bulgare. Traduction par Ivanka Raynova. In: *Filosofotska misal (La pensée philosophique).* Revue philosophique de l'Académie bulgare des sciences, éd. par Ivan Stefanov. 1991, n° 2 ; Sofia / Bulgarie, p. 26-31.

18. b) *Norm und Wahnsinn in der Geschichte der europäischen Philosophie. Platon – Descartes – Nietzsche.*
Traduction du texte français n° 18. a). Faite par l'auteure pour une conférence donnée par elle en l'année 1990 au *Hebelgymnasium* à Lörrach (Bade) / Allemagne.
Inédit. Texte revu (et partiellement révisé) pour les *Etudes généalogiques.*

Neuere Phänomenologie
hrsg. von Dr. Klaus Neugebauer, Prof. Dr. Francesco Alfieri,
Univ.-Prof. Dr. Paola L. Coriando, Prof. Dr. Harald Seubert

Klaus Neugebauer
Medialität der Medien
Zur Metontologie von Sprache, Technik, Öffentlichkeit, Emergenz
Metontologie der Medien, damit ist eine neue regionale Wissenschaft gemeint, die sich hier erstmals auf den Weg macht und eine Herleitung der modernen Kommunikationsmedien aus der hermeneutischen Ontologie versucht, aber auch die Konzepte der analytischen Philosophie, der Systemtheorie und der Sozialwissenschaften berücksichtigt. Im Fokus des ersten Teils der Arbeit steht eine Neugründung von medialen Phänomenen wie Sprache, Technik, Öffentlichkeit und Emergenz. Im zweiten Teil werden diese Begriffe einem Praxistest ausgesetzt. Angesichts bekannter medialer Klassiker aus Literatur (Kafka), Spielfilm (*ARD-Tatort*), Dokumentation (Hannah Arendt), Dokumentarfilm (Claude Lanzmann) und Trivialmedien (*Micky Maus*) sollen die neuen Begriffe zeigen, was sie können.
Bd. 1, 2018, 464 S., 49,90 €, gb., ISBN 978-3-643-13020-4

LIT Verlag Berlin – Münster – Wien – Zürich – London
Auslieferung Deutschland / Österreich / Schweiz: siehe Impressumsseite

Hongjian Wang
Ontologie der Praxis bei Martin Heidegger
Bd. 6, 2020, 242 S., 49,90 €, gb., ISBN 978-3-643-91284-8

Hans-Jörg Reck
Sehen- und Hörenlassen, was ist
Der phänomenologisch-hermeneutische Ansatz in der Psychotherapie
Bd. 5, 2020, 414 S., 49,90 €, br., ISBN 978-3-643-14350-1

Ingeborg Schüßler
Studien zur Genealogie des europäischen Denkens/ Études généalogiques de la pensée occidentale
Teilband III. Zum postmetaphysischen Denken Heideggers / Tome III. Pour la pensée postmétaphysique de Heidegger
Bd. 4, 2020, ca. 664 S., ca. 79,90 €, br., ISBN 978-3-643-80298-9

Ingeborg Schüßler
Studien zur Genealogie des europäischen Denkens/ Études généalogiques de la pensée occidentale
Teilband II. Neuzeit / Tome II. Temps modernes
Bd. 3, 2020, ca. 688 S., ca. 79,90 €, br., ISBN 978-3-643-80297-2

Philosophie: Forschung und Wissenschaft

Veit Thomas
Anatomie der konservativen Destruktivität
Eine leidens- und kulturtheoretische Studie zum Konservativen Charakter
Welches Leiden erzeugt eine Kultur? Welche Entwicklungsmöglichkeiten von Kindern zerstört sie? In welchem Zustand hinterlässt sie ihren Kindern die Erde?
Die Studie entwickelt in einem transdisziplinären Theoriekonzept eine vergleichende *Kulturtheorie des Leidens*. Als Anwendungsbeispiel wird der Konservatismus und Konservative Charakter ideen- und mentalitätsgeschichtlich ab der Französischen Revolution in seinen Destruktivitätssphären nachgezeichnet. Ein abschließender Ausblick entwirft rechtsphilosophische Konsequenzen für eine postkonservative Kultur.
Der Konservative Charakter unterlag im Abendland theologischer, pädagogischer oder klassistischer Abwertung und Missachtung. Er tradiert ein tiefes Gedemütigtsein, das sich als Selbstbefeindung, sozialethische Verachtung und als ökologischer Nihilismus zeigt. Er kann zudem die Existenzialien und seine letztverantwortliche Freiheit nicht parental gereift lieben. Er möchte mit regressiver Sucht seine Verantwortung in einem Autoritären, Ewigen oder Sein symbiotisch vernichten.
Bd. 52, 2019, 454 S., 39,90 €, br., ISBN 978-3-643-14429-4

Assunta Verrone; Peter Nickl (Hg.)
Dreiviertel-Ich: Identitäten
Texte zum 6. Festival der Philosophie Hannover 2018
Bd. 51, 2020, ca. 192 S., ca. 24,90 €, br., ISBN 978-3-643-14272-6

Walter Andreas Euler (Hg.)
Nikolaus von Kues – Denken im Dialog
Bd. 50, 2019, 242 S., 34,90 €, br., ISBN 978-3-643-14270-2

Peter Nickl; Assunta Verrone (Hg.)
Schönheit ist Freiheit
Texte zum 5. Festival der Philosophie Hannover 2016
Bd. 49, 2018, 236 S., 24,90 €, br., ISBN 978-3-643-14020-3

LIT Verlag Berlin – Münster – Wien – Zürich – London
Auslieferung Deutschland / Österreich / Schweiz: siehe Impressumsseite

Philosophy in International Context/Philosophie im internationalen Kontext
edited by / hrsg. von Hans Lenk und Jure Zovko
in connection with/in Verbindung mit Ioanna Kuçuradi, Herta Nagl-Docekal, Gregor S. Paul, Hans Poser, William Sweet, Tran Van Doan

Jure Zovko (Ed.)
Identity? Metaphysical Approach
Proceedings of the IIP Conference Zadar 2013
Identity is considered prima facie the most important philosophical principle in traditional logic and metaphysics. The reflexive ability of the subject implies that he or she can relate to himself or herself and to others, thus establishing the basis for the formation of individual and social identity. The present essays, which contains papers held at the conference of the "Institut International de Philosophie" at the University of Zadar, in 2007, present a range of positions and arguments regarding the possibilities of philosophical interpretation of identity.
vol. 11, 2020, ca. 160 pp., ca. 34,90 €, br., ISBN-CH 978-3-643-91271-8

Ioanna Kuçuradi
Ethics and World Problems
In this collection of the papers on Ethics, Ioanna Kuçuradi clarifies concepts related to Ethics as a philosophical discipline, starting with the term 'ethics' itself. She sketches an approach to and in Ethics as knowledge, not as systems of norms, in the light of which she discusses theoretical problems related to the evaluation and value problem we come across everyday in public life and in politics. As a result of this discussion, which makes obsolete the relativism-absolutism debate, she suggests ways which, if followed, promise to make it possible to overcome some of these problems.
Bd. 10, 2016, 290 S., 39,90 €, br., ISBN 978-3-643-90792-9

Naoshi Yamawaki
Glocal Public Philosophy
Toward Peaceful and Just Societies in the Age of Globalization
Glocal Public Philosophy means a practical philosophy that deals with universal public issues from the particular public world or place where each individual lives and acts. Taking historical changes of the nature of public philosophy, as well as of academic situations from the 19th century onwards into consideration, the author tries to develop this idea in view of contemporary philosophies both in Western countries and in Japan. This book provides not only new knowledge about modern Japanese public philosophies but also inspirations to consider the new role of philosophy for the realization of more peaceful and just societies.
Bd. 9, 2016, 130 S., 29,90 €, br., ISBN 978-3-643-90291-7

António Manuel Martins (Ed.)
Cause, Knowledge and Responsibility
Bd. 8, 2015, 240 S., 34,90 €, br., ISBN 978-3-643-90597-0

Ioanna Kucuradi
Human Rights: Concepts and Problems
Bd. 7, 2013, 232 S., 29,90 €, br., ISBN 978-3-643-90308-2

In-Suk Cha
The Mundialization of Home in the Age of Globalization: Towards a Transcultural Ethics
Bd. 6, 2012, 112 S., 19,90 €, br., ISBN 978-3-643-90184-2

Hans Lenk (Ed.)
Comparative and Intercultural Philosophy
Proceedings of the IIP Conference Seoul 2008
vol. 5, 2009, 224 pp., 24,90 €, br., ISBN 978-3-643-10202-7

LIT Verlag Berlin – Münster – Wien – Zürich – London
Auslieferung Deutschland / Österreich / Schweiz: siehe Impressumsseite

Philosophie – Sprache – Literatur
hrsg. von Prof. Dr. Hans-Ulrich Lessing (Universität Bochum)

Johann-Albrecht Meylahn
[Call] – Responding and the worlds inbetween
Doing (non) philosophy in a time of democratic materialism
The book is a reading of numerous contemporary continental philosophers (Badiou, Deleuze and Guattari, Laruelle and Derrida amongst others) and bringing them into conversation with each other around various ethical and political challenges of living in capitalist worlds. What can contemporary continental philosophy offer with regards to the questions of decolonial thinking, the challenges of identity politics, the formation of political identities in response to the dominant norms in the context of the struggles of victims of these norms?
vol. 12, 2020, ca. 456 pp., ca. 59,90 €, br., ISBN-CH 978-3-643-91322-7

Ulrich Tschierske
Erotisches In-der-Welt-sein
Zwischen Körper und leiblicher Existenz
Der Autor, ehemaliger Hochschul- und Gymnasiallehrer, beschäftigt sich mit den zeitgenössischen Formen des Begehrens und der Einheit von Liebe und Tod vor dem Hintergrund der leibphilosophischen Tradition und der aktuellen Moderne. Damit sind Themen von überragender humaner Bedeutung (im Sinne Kants) angesprochen, die von der zeitgenössischen Philosophie jedoch in nahezu bestürzender Weise vernachlässigt werden.
Unter Rückgriff auf Platon, Nietzsche und Heidegger, aber auch unter Einbeziehung französischer Denkansätze (Sartre, Merleau-Ponty, Bataille, Foucault, Marion) und von Impulsen der modernen Literatur, der Musik und des Films entwickelt der Verfasser eine eigenständige und polyphone Philosophie des erotischen In-der-Welt-seins, die auch in sprachlicher Hinsicht lesenswert und überzeugend ist.
Bd. 11, 2019, 404 S., 34,90 €, br., ISBN 978-3-643-14329-7

Cornelia Eşianu
„Und so führt die Philosophie zur Poesie"
Systematische Studien zu Friedrich Schegel
Dass der heutigen Literaturwissenschaft der anthropologische wie transzendentale Akzent im Begriff der Poesie abhanden zu kommen scheint, soll weder verwundern noch alarmieren. Friedrich Schlegel bezeichnete seine Zeit als eine „entgeistete", der er vorwiegend auf den Wegen der Poesie und Philosophie und ihrer Verbindung durch das menschliche Vermögen der Einbildungskraft zu begegnen versuchte. Warum gilt die Philosophie noch immer als eine „hilfsbedürftige" Wissenschaft, die zu ihrer „Vervollkommnung" einer Ergänzung bedarf? Das Buch rekonstruiert in systematischer Weise, indem es sich sowohl in die Nähe als auch in Distanz zum theoretischen Friedrich Schlegel begibt, die Geschichte einer solchen Verbindung. Es ist jene vielversprechende Geschichte, in der sich Fantasie und Vernunft im Bewusstsein des Menschen wieder gleichermaßen einzufinden haben.
Bd. 10, 2016, 416 S., 19,90 €, br., ISBN 978-3-643-50736-5

Gaetano Chiurazzi (Ed.)
The Frontiers of the Other
Ethics and Politics of Translation
vol. 9, 2020, ca. 248 pp., ca. 29,90 €, br., ISBN-CH 978-3-643-90708-0

Miriam Rainer
Zögern / Hesitate
Versuch über das Übersetzen mit Walter Benjamin
Bd. 8, 2015, 182 S., 29,90 €, br., ISBN 978-3-643-50649-8

Ulrike Bardt
Das Selbst in Geschichten
Philosophisch-literarische Konzeptionen narrativer Identität
Bd. 7, 2020, ca. 304 S., ca. 34,90 €, br., ISBN 978-3-643-12535-4

LIT Verlag Berlin – Münster – Wien – Zürich – London
Auslieferung Deutschland / Österreich / Schweiz: siehe Impressumsseite